기업가치 중심의 -

# 경영분석

김철중 저

명경사
MYUNGKYUNGSA

# 5판 머리말

그동안 학교에서 경영분석을 강의하면서 어떻게 하면 이론적인 배경과 현실적인 상황을 잘 연결할 수 있는지에 대해 많은 생각해 왔다.

학교에서 배운 지식이 이론에 그쳐서는 아니된다는 것과 실무에서 행해지는 기업분석이 기계적으로만 이루어져서도 안된다는 생각이 이 책을 집필하는 동기가 되었다.

5판은 기업가치를 중심으로 기업을 분석하는 데에 보다 중점을 두었다. 또한 한국의 평균적인 제조기업의 재무자료를 기초로 기업가치를 분석하는 데에 중점을 두었다. 그리고 기업의 투자수익률과 자본비용, 위험과 수익성은 논리를 전개하는 데 주요 테마가 되었다.

5판은 재무정보를 측정하고 이를 이론적으로 어떻게 해석할 수 있는지 설명하면서, 독자들이 충분한 실력을 연마할 수 있도록 설명 중간에 사례를 가급적 많이 제시하려고 노력하였다. 그리고 각 장에서 공부한 경영분석의 단편적인 지식을 종합적으로 응용해 볼 수 있도록 마지막 장에 종합 사례분석을 제시하였다.

제5판에서는 국제회계기준(K-IFRS)에 따른 회계처리 방법을 기준으로 내용을 수정・보완하였다. 그리고 한국은행의 「기업경영분석」을 기준으로 재무정보의 명칭을 새롭게 통일하였다. 이외에도 현금흐름과 관련된 재무지표를 보강하고, 기업가치 관련지표를 보완하였다.

본 서를 쓰면서 홍익대학교의 선배, 동료 교수님들과 불편을 참아준 가족들에게 고마움을 전한다. 또한 좋은 책을 만드시느라고 애써주신 명경사 한의명 대표님과 임직원 여러분께 감사드리며 광진사 진혜선 실장님에게도 고마움을 전한다.

2018년 1월

저자 씀

# 차 례

## 제 1 편 경영분석의 기초

## 제 2 편 비율분석의 이론과 실제

### 제 3 장 재무상태표 분석

# 제 3 편 비용구조 분석의 이론과 실제

## 제 7 장 레버리지 분석

## 제 8 장 손익분기점 분석

# 제 4 편 현금흐름 분석과 기업부실 예측

## 제 9 장 현금흐름 분석

## 제 10 장 기업부실 예측

# 제 5 편
# 자산가치평가의 이론과 실제

## 제 11 장 기업가치평가



## 제 12 장 증권가치평가

## 제 6 편
## 종합 사례분석

### 제 13 장 종합 사례분석

# 경영분석의 기초

제 1 편

최근 들어 우리는 기업의 유지 · 발전이 모든 국민들에게 얼마나 중요한 일인지를 피부로 직접 느끼고 있다. 즉, IMF의 구제금융 신청과 글로벌 금융위기를 두루 경험했던 한국경제의 입장에서 기업의 건전한 관리는 무엇보다도 필요한 과제가 되고 있다.

경영분석은 기업단위에서는 건전성, 유지 · 발전가능성, 그리고 부실가능성을 판단하는 데 매우 유용한 정보를 제공해 준다. 경영분석은 분석목적에 따라 다양하게 이용된다. 은행의 입장, 경영자의 입장 기업인수자의 입장 등에 따라 경영분석의 목적은 조금씩 다르다. 본편에서는 경영분석의 의의, 목적 그리고 유용성을 설명하고 경영분석의 기초가 되는 재무제표를 이해하는 데 필요한 지식을 설명하기로 한다.

# 제 1 장 경영분석의 개요

경영분석의 중요성은 최근 들어 점차 고조되고 있다. 특히 단순한 외형 위주의 경영에 제동이 걸리고 수익성과 위험에 기초하여 경영할 필요성이 절실해지면서, 기업에 대한 철저한 경영분석은 은행뿐 아니라 주주, 정부, 기업인수자 등 기업의 이해관계자 모두에게 필수적인 분석으로 자리 잡아가고 있다.

본장에서는 먼저 경영분석의 의의와 목적에 대해서 설명하고, 경영분석의 발전과정과 유용성에 대해서도 설명하기로 한다.

## 1.1 의의와 목적

경영분석의 목적이 다양화되면서 경영분석의 범위도 점차 확대되고 있다. 따라서 경영분석의 의의와 목적을 올바르게 이해하는 것은 앞으로 경영분석 전반을 공부하는 데 있어서 반드시 필요하다. 본절에서는 경영분석의 의의, 절차 그리고 목적에 대해서 구체적으로 설명하기로 한다.

### 1. 경영분석의 의의

경영분석(business analysis)은 기업의 재무제표를 비롯한 회계자료와 기타 관련된 자료들을 기초로 기업의 과거와 현재의 경영성과 및 재무상태를 판단하고 그 원인을 규명하기 위한 분석이다. 또한 경영분석은 기업의 미래상태를 예측하여 경영 의사결정에 유용한 정보를 제공하기 위한 분석이다.

종전의 경영분석은 주로 과거와 현재의 재무상태 및 경영성과를 분석하는 데에 중점을 두고 있었다. 그러나 최근의 경영분석은 과거와 현재는 물론 미래의 재무상태와 경영성과를 평가하는 데 더 많은 관심을 두고 있다.

경영분석은 20세기 초 미국에서 은행이 자금신청자의 단기채무 지급능력을 판단하는 신용분석(credit analysis)의 수단으로 사용한 데서 비롯되었다. 그후 경영학의 발달과 함께 경영분석은 전문적인 투자자들의 투자분석, 기업 내부의 자체평가, 기업인수합병의 타당성 검토, 기업부실의 예측 등 제반목적을 달성하기 위한 수단으로 다양하게 이용되고 있다.

경영분석은 재무제표분석(financial statements analysis)과 재무분석(financial analysis)이라는 용어와 구별없이 사용되는 경향이 있다. 그러나 엄격히 말하면 [그림 1-1]에서 볼 수 있는 바와 같이 이들의 분석범위에는 차이가 있다.

재무제표분석은 재무상태표나 포괄손익계산서 등의 재무제표를 기준으로 기업의 재무상태와 경영성과를 분석하는 데 초점을 맞추고 있다. 다시 말해서 원래 재무제표분석에서는 재무제표만을 분석의 대상으로 하고 있었다.

재무분석은 재무제표 등의 회계자료 이외에도 기업과 관련된 기타 모든 계량화된 자료들을 분석하여 경영 의사결정에 유용한 정보를 제공하는 것을 그 목적으로 한다. 여기서 말하는 계량화된 자료들에는 주가・거래량 등의 주식시장자료, 시장점유율, 제품불량률 등이 포함된다.

경영분석은 전반적인 경영활동, 즉 생산・판매・재무 등 모든 경영활동의 효율성을 판단하기 위하여 수행되는 분석이다. 경영분석의 분석자료에는 재무제표 등의 회계자료와 기타 계량화된 자료뿐만 아니라 비계량적인 질적(質的) 자료들도 포함된다. 비계량적인 질적 자료들에는 경쟁상태, 환경, 제품의 품질, 경영자의 능력 등이 포함된다. 이와 같이 경영분석은

**그림 1-1 경영분석의 범위**

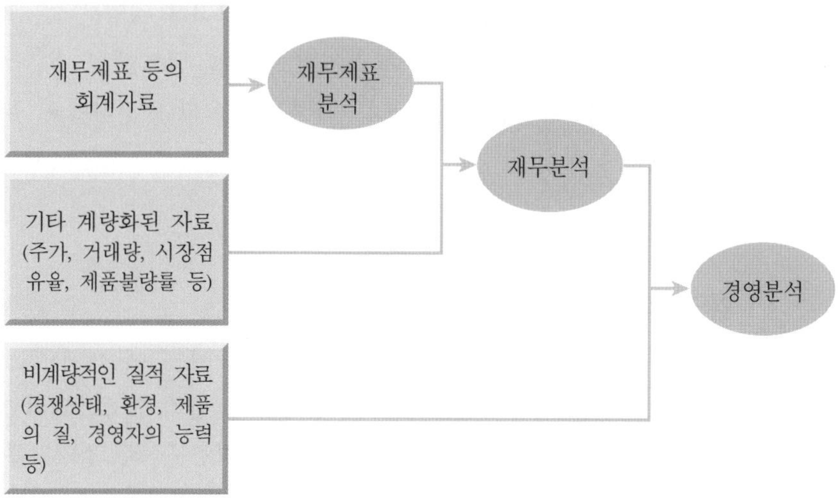


기업활동과 관련된 광범위한 내용을 분석하는 체계이다.

그러나 현실적으로 재무제표분석, 재무분석 그리고 경영분석이라는 용어는 큰 차이없이 사용되고 있다. 본서는 분석범위를 재무제표와 기타 계량화된 자료로 하고 있는 재무분석의 입장에서 주로 구성되어 있다. 재무분석도 분석범위에 따라 넓은 의미와 좁은 의미로 해석할 수 있다.

좁은 의미의 재무분석은 주로 기업의 재무제표를 중심으로 한 유동성, 안전성, 수익성, 활동성, 생산성 그리고 성장성 등에 대한 분석을 뜻한다. 그리고 넓은 의미의 재무분석은 좁은 의미의 재무분석 이외에도 기업의 재무활동 전반, 즉 자본조달결정, 투자결정에 따른 위험과 수익성 분석도 포괄하고 있다.

본서에서는 기업의 전반적인 재무활동에 관한 분석인 넓은 의미의 재무분석뿐만 아니라 경영분석의 범위까지 확대해서 설명할 것이다. 특히 본서는 회계기준에 의해 작성된 재무제표 자료를 재무 이론적 입장에서 해석하고 의미를 찾는 데 중점을 두기로 한다. 이러한 생각은 경영분석이 결코 기계적인 분석이 되어서는 안된다는 데서 비롯된 것이다.

예를 들어 재무비율은 회계자료를 공식에 대입하기만 하면 누구나 손쉽게 측정할 수 있다. 더구나 요즘은 컴퓨터 프로그램을 이용하여 재무비율을 거의 힘들이지 않고 측정할 수 있다. 그러나 경영분석은 재무비율을 기계적으로 측정하는 것만으로 소기의 목적을 달성할 수 없다. 경영분석은 주어진 비율을 재무이론적으로 어떻게 해석할 것인가에 초점이 맞춰져야 소기의 목적을 달성할 수 있다.

## 2. 경영분석의 목적과 분석 대상

경영분석은 의사결정을 보다 효율적이고 합리적으로 내리는 데 필요한 정보를 제공하는 데 목적을 두고 있다. 경영분석은 경영자뿐만 아니라 금융기관, 주주, 신용평가기관, 기업인수합병 관련자, 감사·회계감사인 및 세무당국 등 다양한 주체에 의해 이루어진다. 따라서 경영분석의 목적과

〈표 1-1〉 분석주체별 경영분석의 주요 목적과 분석 대상

| 분석 주체 | 목 적 | 분석 대상 |
|---|---|---|
| ① 경영자 | 경영계획 수립 및 경영 의사결정을 위한 기초자료 획득 | 기업의 약점·강점 분석 |
| ② 금융기관 | 자금차입자의 원리금 지급능력을 판단 | 신용분석(유동성, 안전성) |
| ③ 주주 | 투자정보를 획득하여 투자 여부 판단 | 수익성·위험 분석 |
| ④ 신용평가기관 | 일반 투자자에게 투자정보 제공 | 채권등급 평정 |
| ⑤ 기업인수합병 관련자 | 인수대상기업의 가치평가 정보 획득 | 기업가치 분석 |
| ⑥ 감사·회계감사인 | 주주와 이해관계자에게 재무상태 및 경영성과 공시 | 재무상태 및 경영성과 분석 |
| ⑦ 세무당국 | 과세 적정성과 탈세 여부 판단 | 담세능력 분석, 수익성 분석 |

분석 대상은 분석 주체별로 조금씩 다르다. 분석 주체별 경영분석의 목적과 분석 대상을 구체적으로 살펴보면 <표 1-1>과 같다.[1)]

## [1] 경영자

경영자는 기업의 장 · 단기 경영계획을 수립하고, 내부통제에 필요한 정보와 기타 각종 경영 의사결정에 필요한 자료를 얻기 위한 목적으로 경영분석을 실시한다. 따라서 경영자는 정확하고 효율적인 경영활동을 수행하기 위해서 기업의 과거실적과 현재 상황뿐 아니라 경쟁기업과 대비한 경영상의 강점 · 약점 등을 상세히 분석할 필요가 있다. 일반적으로 경영자는 기업의 여러 재무현황 중 수익성과 안전성에 더 많은 관심을 가지고 있다.

특히 1990년대 후반과 2000년대를 지나면서 과거 외형 위주의 경영정책에 문제가 발생하기 시작하고 수익성 위주의 경영정책이 요구되고 있다. 따라서 최근에 한국기업의 경영자는 기업의 재무상태와 경영성과에 대하여 세밀하게 분석해야 할 필요성을 더욱 절감하고 있다. 경영자는 지금까지는 확보된 수익성을 기초로 매출신장에만 노력하는 것으로 어느 정도 자신의 임무를 완수할 수 있었다. 그러나 수익성이 악화되면서 이런 외형 위주의 경영정책은 기업의 유지 · 발전이라는 목표를 달성하는 데 충분한 정책이 될 수 없게 되었다.

경영자도 이제는 무리한 확장보다는 사업의 수익성을 기초로 퇴출시킬 사업은 과감히 퇴출시키고 발전시켜야 할 사업은 적극적으로 육성하는 구조조정의 노력을 보여야 할 것이다. 이와 같이 경영자가 경영계획을 수립하고 장기적인 기업의 진로를 결정하는 데 경영분석은 유용한 정보를 제공한다.

또한 경영자는 단기적인 경영 의사결정에 필요한 정보도 경영분석을 통해 얻는다. 경영자는 가격정책, 자금조달정책 및 인력수급정책 등을 수

---

1) 물론 경영분석의 전체적인 목적과 분석대상은 분석 주체와 관계없이 대체로 동일하다. 여기서는 단지 분석 주체별로 더 관심있는 목적과 분석대상을 세분해 본 것이다.

립함에 있어 필요한 정보를 경영분석을 통해 얻는다. 따라서 경영자는 경영분석 결과를 전체적인 관점에서 이해할 수 있는 능력을 갖추고 있어야 한다. 경영분석 결과에 대한 경영자의 정확한 판단은 기업의 존립에도 영향을 줄 만큼 매우 중요하다.

## 2 금융기관

은행을 비롯한 금융기관은 여신자(與信者)의 입장에서 차입자의 원금상환과 이자지급 능력을 판단하기 위한 목적으로 경영분석을 실시한다. 따라서 금융기관에서 실시하는 경영분석의 내용은 차입자의 상환능력을 평가하기 위한 신용분석이 중심이 되고 있다. 금융기관의 경영분석은 단기여신의 경우에는 유동성을, 그리고 장기여신의 경우에는 유동성과 수익성을 분석하는 데 초점을 두고 있다.

우리나라의 은행들은 경영분석을 통해 차입자의 신용을 분석하는 것 이외에도 우량업체를 선정하기 위하여 기업체종합평가를 실시하기도 한다. 기업체종합평가에서 우량업체로 선정되는 기업은 상업어음 할인시 일반기업에 비하여 할인한도 및 금리우대 조치를 받기도 한다.

그동안 우리나라 금융기관의 대출은 담보대출이 주를 이루었다. 물론 신용대출도 이루어졌지만, 그 비중은 상대적으로 아주 미약하였다. 외견상 담보대출은 가장 안전한 것으로 보이지만 실제는 그렇지 않다. 담보대출이 안전하다면 우리나라의 금융기관들이 안고 있었던 천문학적 숫자의 부실채권을 어떻게 설명할 수 있을까? 일본도 이 문제로 금융기관이 매우 심각한 곤경에 처했었으며, 우리나라도 수많은 담보채권이 부실화되어 다수의 금융기관이 총체적으로 부실화된 경험을 갖고 있다.

한편, 신용대출은 말하기는 쉽지만 금융기관의 입장에서 선뜻 집행하기 어려운 대출이다. 왜냐하면, 신용대출의 경우 채권이 부실화되었을 때 회수할 수 있는 방법이 상대적으로 적기 때문이다. 담보대출의 경우에는 그래도 담보자산을 매각해서 대출금의 일부라도 회수할 수 있으나, 신용대출의 경우에는 부실채권을 회수할 수 있는 길이 그다지 많지 않다.

신용대출이 부실화되는 것을 방지하기 위해서는 사전에 철저한 신용분석이 이루어져야 한다. 기업의 현재 및 미래의 재무자료들을 분석하여 얻은 결과를 기초로 대출심사가 철저히 이루어질 때, 금융기관의 부실채권 문제가 해결되고 건전한 금융기관 관리가 정착될 것이다.

금융기관은 단기적으로는 차입자의 유동성, 안전성에 중점을 두고 대출 여부를 심사하여야 한다. 그리고 장기적으로는 수익성과 위험에 기초한 전체적인 입장에서의 위험분석이 이루어져야 한다. 경영분석은 이와 같은 분석에 필요한 기초자료를 제공한다. 최근에 우리나라의 금융기관이 신용분석을 중심으로 한 경영분석에 관심을 두기 시작한 것은 참으로 고무적인 일이라 하겠다.

## 3 주주

주주들은 투자의 수익성과 위험에 관심을 갖고 있다. 따라서 주주들은 개별주식의 구입과 처분, 포트폴리오의 구성과 수정 등에 필요한 정보를 얻기 위한 목적으로 경영분석을 실시한다. 즉, 주주들은 대상기업의 예상이익, 배당성향, 매출성장 가능성, 할인율, 위험 등을 판단하기 위하여 경영분석을 실시한다.

일반적으로 주주는 채권자보다 위험을 더 부담한다. 그 이유를 구체적으로 설명하면 다음과 같다. 제공한 자본을 상환받는 데 있어 채권자가 주주보다 우선권을 갖는다. 주주는 자신이 제공한 자본을 기업으로부터 직접 돌려받지 못한다. 기업이 정리될 때에도 채권자가 주주에 앞서 우선적으로 상환받고, 나머지 재산이 있으면 주주가 잔여재산 분배청구권을 행사할 수 있을 뿐이다.

또한 자본제공에 대한 대가(代價)에 있어서도 채권자가 우선적으로 지급받는다. 기업은 영업활동을 통해 벌어들인 현금으로 미리 약정한 이자비용을 지급한다. 이자비용을 지급한 후에도 지급여력이 있으면 기업은 주주에게 배당을 지급한다. 이와 같이 주주는 제공한 자본과 사용대가를 지급받는 데 있어 채권자보다 위험을 더 부담한다.[2)]

이런 이유로 기업의 제반 경영활동, 즉 투자활동과 자본조달활동에 대해 주주가 채권자보다 더욱 민감할 수밖에 없다. 특히 주주는 자신들이 사전에 요구한 수익률을 얻을 수 있는지에 대해 민감하다. 따라서 주주는 자신들의 이익이 충분히 보상되었는지를 알려주는 성과지표에 대해 많은 관심을 갖는다.

경제적 부가가치(economic value added : EVA)는 주주들이 사전에 요구한 수익률을 실제로 얻었는지를 파악하는 데 유용한 성과지표이다. EVA는 회계적 이익으로는 충분히 파악할 수 없는 주주의 보상수준을 알려주는 성과지표로 이용된다. 주주들은 위험과 EVA분석을 중심으로 한 경영분석에 많은 관심을 갖고 있다.[3]

## [4] 신용평가기관

우리나라의 신용평가회사로는 한국신용정보(주), 한국신용평가정보(주), 한국기업평가(주), 서울신용평가정보(주) 등이 있고 미국의 신용평가회사로는 스탠다드 앤드 푸어스사(Standard & Poors : S&P), 무디스사(Moody's), 피치 IBCA 등이 있다. 신용평가기관은 투자자들에게 유용한 투자정보를 제공하기 위한 목적에서 경영분석을 실시한다.

구체적으로 이들은 채권투자자들에게 투자정보를 제공하기 위하여 발행된 채권들을 원리금의 상환가능성 정도에 따라 일정등급으로 평가하는 채권등급평정(bond rating) 업무를 수행하고 있다. 이외에도 이들 기관들은 기업어음평가, 주식가치평가 등의 업무를 수행하고 있다.

신용평가기관의 유가증권 평가결과는 기업 및 투자자에게 지대한 영향을 미친다. 신용평가기관의 평가결과에 의해 유가증권의 신용등급이 결정되고, 이 등급은 유가증권의 가격에 직접적으로 영향을 미친다. 신용등급은 유가증권의 위험을 나타내는 자본시장의 객관적인 지표이다. 투자자는 신용평가기관이 판정한 신용등급에 기초하여 투자활동을 수행한다. 따

---

2) 따라서 자본시장이 효율적인 경우 주주가 채권자보다 자본제공에 대한 대가로 요구하는 수익률, 즉 자본비용(cost of capital)을 더 많이 요구한다.

3) EVA에 대한 자세한 내용은 제11장의 「11.4」를 참조.

라서 신용평가기관은 공정하고 객관화된 신용평가시스템을 운용해야 할 의무를 갖고 있다.

공정한 평가시스템의 운용은 신용평가기관의 생명력이다. 공정한 평가시스템은 정확한 경영분석의 토대 위에서 구축되어야 한다. 따라서 신용평가기관들은 기업의 수익성, 자본구조, 자산구조, 현금흐름, 유동성, 위험에 관한 통합적인 평가시스템이 이루어질 수 있도록 광범위한 경영분석을 수행하고 있다.

### 5 기업인수합병 관련자

기업을 인수합병하는 입장에서 피인수합병기업의 재무상태나 경영성과를 판정하는 일은 매우 중요하다. 경영분석은 피인수합병기업의 가치를 평가하여 인수가액을 결정한다든지, 미래의 성장가능성을 평가하여 시너지(synergy)효과를 가늠하는 데 필수적이다. 또한 기업이 합병되는 입장에서도 경영분석은 합병기업의 가치를 평가하여 주식교환비율을 결정하는 데 필수적이다.

기업인수합병 관련자에게 가장 관심있는 것은 기업가치를 평가하는 일이다. 기업가치를 평가하는 작업은 상당히 복잡한 일이다. 예를 들면 기업가치를 평가하기 위해서는 기업의 미래현금흐름을 추정해야 하고, 기업의 위험을 고려해서 적정할인율을 결정해야 한다.

따라서 기업가치를 정확하게 추정하기 위해서는 기업의 현재 경영상태뿐만 아니라 미래의 경영상태까지도 과학적으로 파악해야 한다. 이에 필요한 각종 자료가 경영분석을 통해 얻어진다.

### 6 감사 · 회계감사인 및 세무당국

감사(監事)와 외부 감사인은 회계처리의 적정성과 계속기업의 가능성을 평가하기 위한 목적으로 경영분석을 실시한다. 이들은 전통적인 비율분석은 물론 필요한 경우 기업부실의 예측모형과 표본감사모형 등 계량적 분석기법을 이용하기도 한다.

이들 감사인들은 기업의 재무상태나 경영성과를 기업의 이해관계자에게 객관적으로 보고해야 할 의무를 가진다. 이런 의무를 충실히 수행하기 위해 감사인들은 공정한 입장에서 기업의 경영상태를 분석해야 한다.

또한, 세무당국은 대상기업의 담세능력평가, 적정과세, 탈세방지 등의 목적으로 경영분석을 실시한다. 특히 세무당국은 대상기업의 계상된 손익금액이 적정한 수준인지를 조사하기 위하여 수익성을 위주로 분석한다. 최근에는 재산상속, 관계회사출자, 위장분산 등과 관련한 탈세를 방지하기 위한 목적으로 경영분석이 이루어지기도 한다.

## 3. 경영분석의 절차

기업을 둘러싼 이해관계자들은 각자의 목적을 이루기 위해 경영분석을 실시한다. 은행은 신용정보를 얻기 위해, 주주는 투자정보를 얻기 위해, 그리고 기업인수자는 인수에 필요한 가치정보를 얻기 위해 경영분석을 실시한다. 그러나 경영분석을 실시하는 목적이 주체별로 차이가 있다 하더라도 경영분석의 절차는 대체로 동일하다. 경영분석의 절차를 간략히 살펴보면 [그림 1-2]와 같다.

[그림 1-2]에서 볼 수 있는 바와 같이, 경영분석의 절차는 재무제표를 비롯한 기업의 자료를 입수하는 데서 출발한다. 기업과 관련된 자료를 가능한 폭넓고 정확하게 수집할수록 경영분석의 결과는 신뢰성을 갖는다. 그러기 위해서는 기업이 적극적으로 공개하는 자료뿐만 아니라 공개에 소극적인 자료까지도 수집해야 한다.

또한 기업이 속한 산업내의 다른 기업들의 자료도 가능한 많이 수집해야 한다. 이밖에도 산업전체동향, 국가경제동향 그리고 세계경제동향에 관한 자료도 수집해야 한다.

**그림 1-2** **경영분석의 절차**

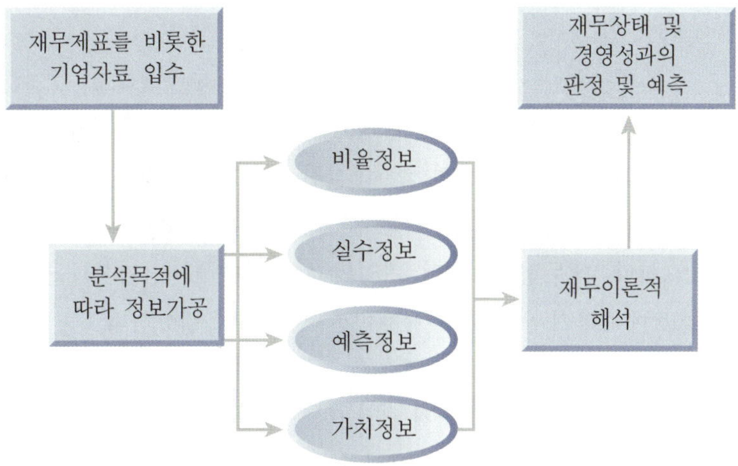


경영분석의 다음 절차는 분석목적에 따라서 필요한 정보를 가공하는 절차이다. 분석정보의 종류로는 비율정보, 실수(實數)정보, 예측정보 그리고 가치정보 등이 있다.

비율정보는 말 그대로 재무제표의 각 항목을 비교하여 측정한 재무비율을 의미한다. 비율정보는 특성에 따라 유동성정보, 레버리지정보, 안정성정보, 수익성정보, 활동성정보, 생산성정보, 성장성정보 그리고 시장가치정보로 세분되기도 한다.

실수정보는 두 개 이상의 회계항목을 비교한 비율정보가 아니라 실제 수치로 나타나는 정보이다. 실수정보에는 여러 가지 정보가 있는데 대표적인 것으로 비용구조정보, 손익분기점정보, 현금흐름정보 등이 있다.

예측정보는 말 그대로 기업의 미래상태를 예측하는 데 직접 이용되는 정보이다. 기업부실 예측정보는 대표적인 예측정보이다. 몇 개의 투입변수를 활용하여 예측모형을 만들고, 이 모형을 이용하여 기업의 미래상태를 예측하는 것이야말로 경영분석이 추구하는 궁극적인 목적을 성취하는 일이다.

가치정보는 기업과 증권의 가치정보이다. 가치정보로는 기업가치정보,

주식가치정보 그리고 채권가치정보 등이 있다. 가치정보는 최근 들어 주주와 채권자 그리고 기업 이해관계자 모두에게 중요한 정보로 더욱 인식되고 있다.

재무자료를 가공하여 필요한 정보를 추출했다고 경영분석이 모두 끝나는 것은 아니다. 오히려 정보를 가공하는 일은 경영분석을 위한 시작일 뿐이다. 정보를 가공한 후에 실질적인 경영분석이 이루어진다. 다시 말해서 가공한 정보가 의미하는 바를 정확히 해석해야 하는 일이 무엇보다 중요하다. 재무정보로부터 기업의 재무상태 및 경영성과를 정확하게 판정하고 예측하기 위해서는 재무이론적 해석이 필요하다.

예를 들어 비율정보와 실수정보로서 총자산영업이익률과 차입금평균이자율을 구했다고 하자. 단순히 두 정보의 높고 낮음으로부터 기계적으로 좋다, 나쁘다라고만 해석하는 것은 기업의 상태를 판정하고 예측하는데 큰 도움을 주지 못한다.

나중에 자세히 설명하겠지만 재무이론적으로 두 비율은 투자수익률과 자본비용의 의미로 대용될 수 있다. 투자수익률이 자본비용보다 클 때 기업가치가 증가한다는 재무이론적 해석은 경영분석의 차원을 한 단계 끌어올릴 수 있는 발판을 마련해 줄 것이다.

## 1.2 발전과정, 유용성 및 한계점

경영분석이 학문적 연구대상이 된 역사는 짧지만, 그 발전속도는 어떤 분야에 못지 않게 빠르다. 경영분석은 전통적인 비율분석에서 시작하여 정교한 예측모형을 이용한 분석에 이르기까지 광범위하게 발전되어 오고 있다. 본절에서는 경영분석의 발전과정과 유용성 및 한계점에 대해서 설명하기로 한다.

## 1. 발전과정과 유용성

현대적 의미의 경영분석은 20세기 초 회계 계정과목이 정립되면서 본격화되기 시작하였다. 경영분석은 은행이 자금을 대출할 때 차입자의 단기지급 능력을 평가하기 위한 신용분석의 수단으로 사용한 데서 비롯되었다.

그러나 오늘날의 경영분석은 기업 내부경영자의 자체기업평가, 투자자의 수익성 및 안전성 예측, 여신자의 신용분석, 신용평가기관의 신용등급 평정, 기업인수합병의 타당성 검토 및 기업부실의 예측 등 다양한 목적을 위한 수단으로 이용되고 있다.

과거의 전통적인 경영분석은 기업의 재무제표만을 대상으로 하여 기업의 과거 및 현재의 현황만을 분석하는 데 그쳤다. 그러나 오늘날의 경영분석은 재무제표를 비롯한 기업의 재무자료와 제반 환경자료 및 기타 질적인 자료까지도 분석하고 기업의 미래상태를 예측하기 위한 정보를 제공하는 데까지 그 범위가 확대되고 있다.

비율분석은 기업의 재무상태와 경영성과를 파악하기 위하여 전통적으로 가장 광범위하게 이용되어 온 경영분석의 주요 수단이다. 비율분석은 재무제표상의 관련된 항목을 비교하여 필요한 재무비율을 산출하고, 이를 이용하여 대상기업 또는 기업간의 유동성, 안정성, 수익성, 활동성, 성장성 그리고 생산성 등을 판단하는 분석이다. 재무제표를 기초로 한 비율분석은 자료의 수집이 용이하다는 장점을 갖는다. 또한 비율분석은 재무비율의 산출이나 해석에 특별한 기법이나 전문적인 지식을 필요로 하지 않기 때문에 손쉽게 이용할 수 있다는 장점을 지니고 있다.

재무비율이 가지고 있는 재무이론적 의미를 정확히 파악할 수만 있다면 비율분석은 손쉬운 분석이면서도 어떤 분석보다 유용한 정보를 제공해 줄 수 있는 분석이다. 흔히 비율분석의 기초자료인 재무제표가 과거기준의 자료이므로 비율분석의 결과가 현실을 파악하고 미래를 예측하는 정보로서 한계를 가지고 있다고 말하는 사람들도 있다. 이 주장에도 나름대로 일리는 있다.

그러나 그런 주장은 비율분석이 가지고 있는 다음과 같은 장점들을 생각할 때 일단은 무시해도 좋을 것이다.

첫째, 재무제표는 제3자가 용이하게 얻을 수 있는 가장 객관적인 자료이다.

둘째, 장부가치 기준의 회계자료를 절대금액으로 분석하지 않고 비율로 전환하여 분석함으로써 장부가치의 한계성은 상대적으로 완화된다.

한편, 비율분석은 분석대상기업의 재무상태나 경영성과를 종합적으로 평가하는 것을 가능하게 한다. 종합적 비율분석 방법으로는 ROI기법, 지수법, 기업체종합평가법 등이 있다.

ROI(return on investment)기법은 재무계획 및 통제의 수단으로 유용하게 쓰이는 비율분석 기법이다. 1930년대 미국 듀퐁(Du Pont)사에 의하여 최초로 개발된 ROI기법 또는 듀퐁시스템(Du Pont system)은 총자본순이익률(ROI)을 결정하는 각종 재무요인을 체계적으로 분석·통제하는 방법이다. 최근에는 ROI에 부채효과까지 가미한 ROE(return on equity)분석이 많이 이용되고 있다.

지수법(index method)은 월(Wall)에 의해 최초로 제시된 종합적 평가방법으로서 가중비율총합법(weighted ratio method)이라고도 한다. 지수법에는 월의 지수법 이외에도 트랜트(J. B. Trant)와 브리체트(F. F. Brichett)의 지수법이 많이 사용되고 있다.

국내 금융기관들도 지수법을 개량한 기업체종합평가제도를 도입하여 기업을 종합적으로 평가하고 있다. 기업체종합평가제도는 금융기관마다 상이한 방법으로 시행되고 있으나, 대체로 재무항목과 비재무항목으로 분류하여 평점을 부여하는 형태로 시행되고 있다.

경영분석에서는 비율분석 이외에도 실수(實數)분석이 이용되고 있다. 비용구조 분석(cost structure analysis)은 대표적인 실수분석이다. 비용구조 분석이란 기업의 비용구조가 어떻게 구성되어 있는지를 규명하는 분석이다. 다시 말해서 비용구조 분석은 기업의 비용을 고정비와 변동비로 구별하고, 이들이 어떻게 구성되어 있는지를 밝히는 분석이다.

비용구조 분석은 기업의 위험을 파악하는 데 유용한 정보를 제공한다. 고정비 비중이 클수록 기업은 위험을 많이 부담한다. 예를 들어 고정비를 많이 지출하는 기업일수록 매출액 변동에 따른 이익 변동폭이 확대된다.

비용구조 분석의 일환으로 손익분기점 분석(Break-Even Point Analysis : BEP분석)이 많이 이용되고 있다. 손익분기점 분석은 오래 전부터 경영분석의 중요한 한 부분으로 자리잡아 오고 있다. BEP분석은 매출액-비용-이익의 변동관계를 유기적으로 파악하는 데 유용한 분석이다. 즉, BEP분석은 충분한 수익성을 얻기 위해 매출해야 할 규모를 알려준다든지, 매출액 변동에 따른 비용변동을 예측하고 이에 따른 이익변동을 미리 예측하는 데 유용하다.

실수분석의 한 수단으로서 자금흐름 분석도 최근에 그 중요성이 더해 가고 있다. 기업에 있어 자금흐름은 인체에 있어 혈액흐름에 비유될 정도로 매우 중요하다. 일시적인 혈액흐름의 장애에도 인간의 존엄한 생명이 위협받듯이, 자금흐름이 일시적이라도 원만치 못하면 아무리 장기적으로 좋은 수익성을 갖는 기업이라도 유지되기 어렵다. 이처럼 자금흐름은 기업의 생명과도 직결되므로 자금흐름 분석은 경영분석의 중요한 한 부분으로 인식되고 있다.

한편, 최근의 경영분석은 기업의 미래 상황을 예측하기 위한 기법을 개발하는 데까지 분석영역이 넓어지고 있다. 특히 기업부실화의 가능성을 사전에 예측하는 기법에 상대적으로 많은 관심이 집중되고 있다. 왜냐하면 기업부실의 예측이 경영자, 채권자 등 기업의 주요 이해관계자들에게 매우 중요하기 때문이다.

알트만(E. I. Altman)은 1968년 다변량 판별분석(multivariate discriminant analysis : MDA)을 이용하여 기업부실을 예측하는 Z-Score모형을 처음으로 개발하였다. Z-Score모형은 몇 개의 재무비율로 추정된 판별함수를 이용하여 건전기업과 부실기업을 판정하는 방법이다. 이후에도 Z′-Score모형, ZETA모형 등이 개발되어 기업부실의 예측모형은 더욱 정교해지고 있다.

마지막으로 기업가치평가와 증권가치평가는 경영분석의 한 분야로서 요즈음 부각되고 있는 분야이다. 특히 기업가치평가는 기업을 둘러싼 이해관계자 모두에게 유용한 정보를 제공한다. 예를 들어, 기업가치평가로부터 주주는 주식의 내재가치에 관한 정보를 얻고 채권자는 원리금 상환에 대한 정보를 얻으며, 기업인수합병 관련자는 기업 매각가치에 관한 정보를 얻을 수 있다.

## 2. 한계점

경영분석은 이미 공시된 재무제표상의 자료뿐만 아니라 기타 재무자료를 사용하여 기업의 재무상태와 경영성과를 분석할 수 있다는 점에서 큰 의의를 갖는다. 또한 경영분석은 분석자료를 수집하는 데에 별다른 노력과 비용이 들지 않고, 전문적 지식이 없어도 기업을 용이하게 분석·평가할 수 있다는 장점을 가지고 있다. 그러나 경영분석은 다음과 같은 한계점도 지니고 있다.

첫째, 기업의 이해관계자들은 기업을 평가할 때 기업의 미래가치에 더 관심을 갖는데, 경영분석의 분석대상은 주로 기업의 과거자료이다. 따라서 기업의 재무상태와 경영성과에 관한 경영분석의 결과는 미래를 예측하기 위한 기초자료가 될 뿐이지 절대적인 평가기준이 될 수는 없다.

둘째, 각 기업마다 회계처리 방법이 다를 수 있기 때문에 경영성과 및 재무상태의 분석결과가 달라질 수 있다. 따라서 단순히 회계처리 결과에 따른 수치만으로는 기업간의 정확한 비교와 우열을 판단하기가 곤란한 경우도 있다.

셋째, 경영분석의 평가기준이 객관적이지 못하다. 예를 들어, 비율분석의 비교기준이 되는 표준비율로 산업평균비율, 해당 기업의 과거평균비율, 일반적 경험비율, 경영정책상의 목표비율 등이 있다. 그런데 이들 중 어느 것을 선택하느냐도 문제이고 선택된 표준비율이 가장 적합한 비교기준이 되느냐도 문제이다.

넷째, 경영분석의 기초자료인 재무제표는 기업가치의 변화를 그때 그때 적절하게 나타내지 못한다. 즉, 재무상태표는 일정시점의 재무상태만을 나타내므로 기업의 계절적 변동을 고려하지 못할 뿐만 아니라 물가변동에 따른 기업가치의 변화도 적절하게 반영하지 못한다.

그러나 이러한 한계점에도 불구하고 경영분석은 매우 유용한 분석으로 확고하게 자리잡아가고 있다. 위에서 열거한 한계점은 엄밀히 말하면 재무자료가 갖고 있는 원초적인 문제점이지 경영분석 자체의 문제점이라고 보기 어렵다. 따라서 그러한 한계점을 극복할 수 있는 방향에서 경영분석이 보다 과학적으로 이루어질 때, 경영분석은 더욱 유용한 분석이 될 것이다.

경영분석의 한계점을 극복하기 위해서는 분석 자체의 과학화도 중요하지만, 경영분석의 결과를 과학적으로 해석할 수 있는 유능한 경영분석가의 배양이 무엇보다도 필요하다. 경영분석의 결과는 과거자료를 기초로 한 결과이다. 그러나 경영분석가는 그 결과를 바탕으로 미래를 예측할 수 있어야 하고, 환경변화가 가져다 줄 충격도 분석할 수 있어야 한다. 그렇게 하기 위해서 경영분석가는 어느 정도의 회계적 · 재무적 그리고 경제적 지식을 습득하고 실무적인 감각을 익혀야 할 것이다.[4)]

## 1.3 본서의 구성과 특징

본서는 경영분석의 기초이론을 알기 쉽게 체계화하고, 이를 실용화하기 위한 목적으로 씌어졌다. 이런 목적을 달성하기 위하여 본서는 [그림 1-3]에서 보듯이 경영분석의 틀을 크게 비율분석, 실수분석, 예측모형분석 그리고 자산가치평가로 분류하고 그 범위 안에서 이론을 통합하려고 시도하였다.

그리고 본서는 이론을 체계적으로 정리하면서 가급적 우리나라의 자료를 예시하려고 노력하였다. 또한 본서는 예제와 사례분석을 통해, 습득

4) 은행에서 경영분석은 여신심사시 주로 이용하고 있다. 여신심사의 과학성에 대한 논의는 본장의 <부록 1A-1>을 참조.

그림 1-3 본서의 구성

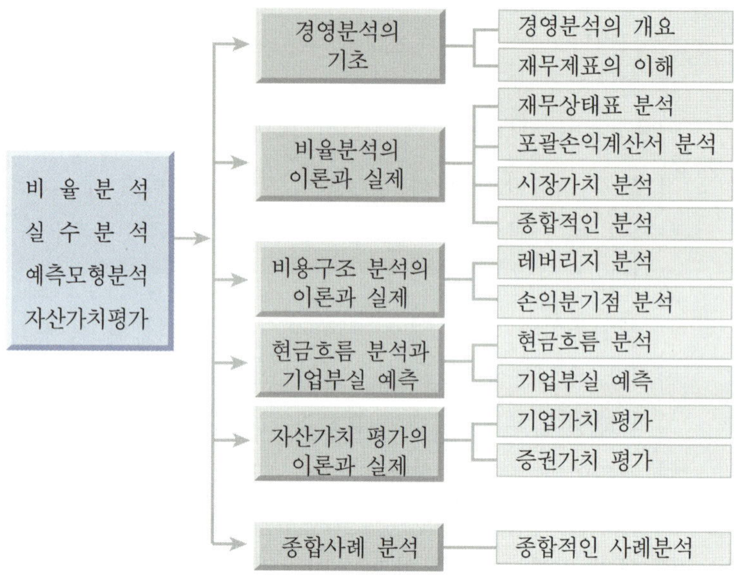


한 지식이 어떻게 실용화될 수 있는지를 보여주는 데에도 역점을 두었다.

## 1. 본서의 구성

본서는 전체적으로 13개의 장으로 구성되어 있다. 먼저 제1장은 경영분석의 전반적인 개요를 설명하였다. 특히 경영분석의 학문적 정의, 분석주체별 목적 그리고 분석대상 등을 중점적으로 설명하였다. 제1장의 구체적 내용으로는 경영분석의 의의, 목적, 발전과정, 유용성 그리고 한계점 등이 포함된다.

제2장은 경영분석의 주요 자료인 재무제표에 대한 이해를 돕기 위해 재무상태표와 포괄손익계산서 및 자본변동표의 구성원리를 살펴보았다.[5] 그리고 정확한 경영분석을 위해서는 무엇보다도 재무제표간의 관련성이

5) 현금흐름표의 구성원리는 제9장을 참조.

충분히 이해되어야 한다는 취지에서 재무상태표와 포괄손익계산서의 상호 관련성을 설명하였다. 이외에도 제2장에서는 비율분석을 위한 기초내용으로서 비율분석의 의의 및 체계와 표준비율 등을 설명하였다.

제3장은 재무상태표 분석에 대해 자세히 설명하였다. 재무상태표는 일정시점에서의 자본조달 내역과 자산구성 내역을 나타내는 보고서이다. 따라서 재무상태표 분석은 기업의 일정시점에서의 재무상태에 대한 분석이다. 제3장의 구체적인 내용에는 유동성 분석, 레버리지 분석, 자본배분의 안정성 분석 및 자산구성 분석 등이 포함된다.

제4장은 포괄손익계산서 분석을 설명하였다. 포괄손익계산서는 일정기간 동안의 수익과 비용을 나타낸 보고서이다. 따라서 포괄손익계산서 분석은 일정기간 동안의 매출수익성에 대한 분석이다. 제4장의 구체적인 내용에는 수익성 분석, 활동성 분석, 생산성 분석 및 성장성 분석 등이 포함된다.

제5장은 주식시장 자료를 이용한 시장가치 분석을 살펴보았다. 주식시장에서 주가로 평가되는 기업가치가 특정 재무변수의 몇 배로 나타나는지를 상대적으로 비교하였다. 제5장의 구체적인 내용에는 주가이익비율(PER) 분석, 주가순자산비율(PBR) 분석, 주가매출액비율(PSR) 분석, 그리고 주가현금흐름비율(PCR) 분석, EV/EBITDA비율 분석 등이 포함된다.

제6장은 종합적인 분석에 대해 설명하였다. 예를 들어, ROI분석, 지수법, 기업체종합평가법 등을 검토하였다. 이외에도 제6장은 비율분석에서 관심의 대상이 되는 주요 이슈들을 다루었다. 예를 들어 수익성과 유동성의 관계, 수익성과 레버리지의 관계 그리고 물가수준변동이 재무비율에 미치는 영향 등을 분석하였다.

제7장은 기업의 비용구조를 분석하였다. 먼저 비용을 고정비와 변동비로 나누고 이들이 기업의 위험과는 어떤 관계를 갖는지를 설명하였다. 특히 영업레버리지와 재무레버리지의 역할에 대해 중점적으로 분석하였다. 제7장의 구체적인 내용에는 레버리지 분석, 레버리지와 위험간의 관계분석 등이 포함된다.

제8장은 비용구조 분석의 연장선상에 있는 손익분기점 분석에 대해 살펴보았다. 특히 매출액-비용-이익간의 관계를 중점적으로 분석하였다.

제8장의 구체적 내용에는 BEP도표 분석, 다품종제품의 BEP분석 그리고 비용분해 분석 등이 포함된다.

제9장은 기업의 자금흐름 분석을 설명하였다. 제9장의 구체적 내용에는 자금의 정의, 소요자금의 예측 그리고 현금예산 등이 포함된다. 이외에도 제9장에서는 기업의 재무제표 중의 하나인 현금흐름표의 작성원리와 분석방법을 설명하였다. 현금흐름표는 기업의 직접적인 자금흐름을 분석하는 데 유용하게 이용되고 있다.42

제10장은 기업부실의 의의와 예측모형을 설명하였다. 특히 기업부실 예측모형을 구축하는 과정을 중점적으로 설명하였다. 제10장의 구체적 내용에는 기업부실의 정의, 단순예측모형, 단일변량기준 예측모형, 다변량기준 예측모형 그리고 실제 예측모형 등이 포함된다.

제11장은 경영분석에서 최근에 가장 관심을 끌고 있는 분야인 기업가치평가를 다루었다. IMF구제금융과 글로벌 금융위기 이후 우리나라의 기업들은 경영의 패러다임(paradigm)을 외형 중심에서 가치 중심으로 바꾸지 않으면 살아 남기 어렵다는 귀중한 체험을 하고 있다. 따라서 경영분석의 내용도 실질적인 기업가치를 평가하는 데 초점이 맞추어지고 있다. 제11장의 구체적인 내용에는 기업의 장부가치와 시장가치의 차이, 기업가치의 평가과정, 기업가치 평가의 사례분석 그리고 기업의 시장가치 평가와 관련된 경제적 부가가치(EVA) 분석 등이 포함된다.

제12장은 기업이 발행한 증권의 가치평가에 대해 설명하였다. 즉, 주식과 채권의 가치평가 과정과 그 의미를 설명하였다. 특히 각 증권의 미래 현금흐름과 적정할인율에 대해 중점적으로 살펴보았다. 제12장의 구체적 내용에는 증권가치 평가의 기본모형, 주식가치 평가모형 그리고 채권가치 평가모형 등이 포함된다.

제13장은 지금까지 공부한 지식을 응용하기 위하여 한 개 기업을 예로 들어 종합적으로 분석해 보았다. 이는 기업의 재무상태 및 경영성과를 종합적으로 정확히 분석함으로써 본서에서 지향하는 학습목적을 달성하는 데 도움을 주기 위함이다. 한 개 기업을 체계적으로 분석하는 것은 기업을 전체적으로 이해하는 데 유익할 것으로 생각된다.

## 2. 본서의 특징

본서는 재무제표를 비롯한 기타 재무자료를 기초로 기업의 재무상태와 경영성과를 파악하고 미래상황을 정확히 예측하는 것을 목적으로 한다. 본서는 이와 같은 목적을 달성하기 위하여 다음에 중점을 두고 집필되었다.

[그림 1-4]에서 보듯이 본서는 한국의 평균적인 제조기업의 재무자료를 기초로 경영분석의 내용을 일관되게 설명하였다. 이는 한국의 평균적인 제조기업을 분석함으로써 독자들이 우리나라 기업들의 평균적인 약점과 강점을 이해하도록 하기 위함이다. 한국의 평균적인 제조기업은 한국은행이 발행한 「기업경영분석」의 제조업(종합)을 기준으로 해서 만든 기업이다.[6]

또한, 본서는 경영분석에 관한 일반적 기법뿐만 아니라 경영분석의 결과를 재무이론적 관점에서 해석하려고 노력하였다. 즉, 본서는 전체적으로

그림 1-4 본서의 특징

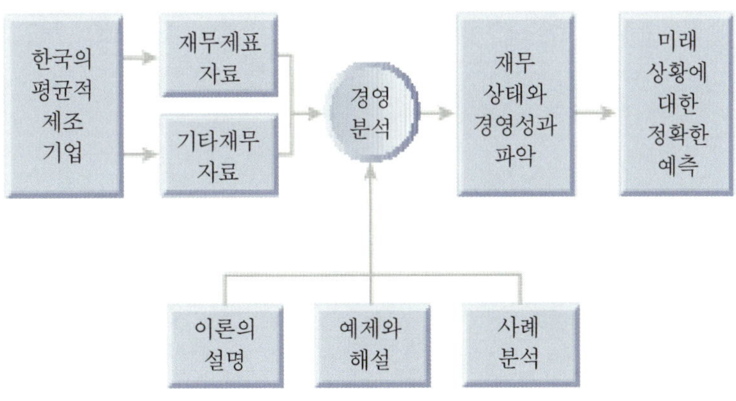


6) 제조업(종합)이란 「기업경영분석」을 위하여 선정된 표본기업들 중 제조업에 속한 모든 중·소기업 및 대기업을 망라한 것이다.

투자수익률과 자본비용, 위험과 수익성의 관점에서 경영분석을 이해하려고 시도하였다.

그리고 본서는 이론적 설명 중간에 예제를 가급적 많이 제시하려고 노력하였다. 즉, 본서는 이론은 이론으로서 끝나지 않아야 한다는 생각에서 많은 지면을 이론의 실무적용에 할애하고 필요한 경우 사례분석의 장(場)을 마련하였다.

한편, 본서는 각장의 말미에 연습문제를 다양하게 제시하고 본서의 말미에 해답을 제시함으로써, 독자가 연마한 실력을 확인해 볼 수 있는 기회를 제공하려고 노력하였다.

이와 더불어 본서는 각장에서 공부한 경영분석 지식을 종합적으로 응용해 볼 수 있도록 제 13 장의 종합 사례분석 편에 사례기업의 자료와 이에 대한 분석을 비교적 상세하게 제시하였다. 이는 독자들이 종합적으로 경영분석을 공부할 수 있도록 하는 의도에서 마련한 것이다.

## 연·습·문·제

1. 다음을 간략히 설명하시오.
   ① 신용분석 ② 채권등급평정
   ③ 비계량적 질적자료 ④ 계량화된 재무자료
   ⑤ 비율정보 ⑥ 실수(實數)정보
   ⑦ 단기채무 지급능력 ⑧ 신용평가기관

2. 금융기관의 입장에서 경영분석의 주요 목적과 분석대상을 설명하시오.

3. 경영자의 입장에서 경영분석의 주요 목적과 분석대상을 설명하시오,

4. 신용평가기관의 입장에서 경영분석의 주요 목적과 분석대상을 설명하시오.

5. 신용분석자의 입장에서 경영분석의 유용성을 설명하시오.

6. 경영분석시 주주의 입장과 채권자의 입장이 어떻게 다른가?

7. 신용분석시 경영분석의 중요성을 설명하시오.

8. 경영분석의 주요 절차를 설명하시오.

## 부록 1A-1

### 여신심사, 과학인가 예술인가?

1990년대 후반부터 현재까지 한국사회는 엄청난 변화를 겪고 있다. 그 중에서도 급변하는 세계경제 환경과 더불어 한국경제의 변화는 실로 상전벽해와 같은 느낌이다. 불과 10여년 전만 해도 한국의 은행들이 이렇듯 큰 변화를 겪게 될 것이라고 예측한 사람은 별로 많지 않았다. 1997년 IMF에 구제금융을 신청한 이후 한보, 기아, 대우, 해태, 동아 등의 재벌기업들 외에도 무수히 많은 기업들이 파산하는 아픔을 감수해야 했다. 현재에도 유동성 부족에 허덕이는 재벌 기업들이 이를 어떻게 극복해야 할지 모두가 염려하는 실정에 있다.

기업 부실은 그대로 금융기관의 부실로 이어지게 마련이다. 우리나라 금융기관의 부실 규모는 보는 시각과 기준에 따라 다르지만, 전문가들은 2000년 9월 기준으로 60조원에 이르고 있다고 보고 있다. 정부도 그동안 두 차례에 걸쳐 100조원 이상의 공적자금을 투자했지만, 그 효과에 대해서는 아직도 미지수인 실정이다. 금융기관의 부실원인은 근본적으로 기업경영의 실패에서 찾을 수 있지만, 금융기관 자체의 대출관행에도 문제가 있음을 지적하지 않을 수 없다.

그동안 금융기관들은 부동산 등을 담보로 잡고 대출해 주는 것을 가장 안전하다고 생각하고, 담보여력의 유무가 곧 대출 여부를 결정하는 기준이 되어 왔다. 경제가 성장하고 팽창하는 시기에는 이런 담보대출이 어찌 보면 가장 안전한 대출방법일 수 있었다. 그러나 경제불황기에는 담보 자체가 부실화되고 가치가 하락함에 따라, 담보대출은 오히려 금융기관의 부실을 가져오는 큰 요인이 될 수 있다. 이런 예는 국내 은행뿐만 아니라,

담보대출이 관행화되어 있는 일본의 은행에서도 쉽게 찾아볼 수 있다.

가장 안전하다고 믿고 있던 담보대출이 이렇듯 부실화되는 가운데, 기업의 미래 수익성과 위험을 감안하여 차입원리금의 상환가능성을 타진해야 한다는 목소리가 그 어느 때보다도 커지고 있다. 기업의 미래 수익성(현금흐름)과 위험을 한 마디로 요약하면, 기업가치가 된다. 다시 말해서 현금흐름을 기준으로 여신을 심사해야 한다는 것은 곧 기업가치를 기준으로 심사해야 한다는 의미이다.

과거의 담보대출심사에 익숙해 있는 은행으로서는 기업의 현금흐름과 위험을 기준으로 한 신용대출심사는 참으로 어렵고 복잡하게 보일 수 있다. 그래서 대출심사자들은 신용분석을 하나의 '예술'이라고까지 생각하고 있다.

우리는 흔히 과학(science)이란 현상적으로 나타나는 결과에 대한 원인을 찾아내는 소위 인과관계(cause-effect relationship)를 규명하는 체제로 정의한다. 예를 들어 사과나무에서 사과가 떨어지는 현상을 보고 이에 대한 원인을 중력(gravity)이라고 규명하는 체제는 일종의 자연과학(natural science)의 영역에 속한다.

그런데 속성상 자연과학에서는 결과에 대해 하나의 원인이 갖는 설명력(explanation power)이 매우 높은데 비해, 사회과학에서는 하나의 원인이 갖는 설명력이 그렇게 높지 않은 것이 현실이다. 왜냐하면 사회과학은 많은 사람들이 모인 인간 사회에서 발생하는 현상에 대한 인과관계(因果關係)를 규명하는 체제이기 때문이다. 한 사람의 행동의 원인도 규명하기 힘든데, 많은 사람들의 집단적인 행동의 원인을 규명하는 일이란 매우 복잡한 일이라는 것은 쉽게 짐작이 간다. 어느 주식 분석가가 주가를 변동시키는 원인을 손으로 꼽아보다가 그 원인이 100여 개 이상인 것을 알고 원인 규명을 포기했다는 일화도 있다.

여신심사는 학문적으로 사회과학의 영역에 속한다. 여신심사는 과학의 영역에 속해 있으므로 상환가능성을 미리 예측하기 위해서는 사전에 과학적인 분석이 요구된다. 사회과학의 특성상 원리금 상환가능성을 판단하기 위해서는 다각적인 측면에서 요인들을 체계적으로 분석해야 한다. 정확한 여신심사를 하기 위해서 개발된 많은 이론적인 기법들이 있다. 이런 기법들을 올바르게 습득하고 활용하기 위해서 여신심사를 과학적으로 접근하는 태도가 무엇보다도 중요하다. 은행의 여신심사가 과학성을 갖기 위해서 필자는 다음과 같은 몇 가지를 제안하고 싶다.

첫째, 여신심사 담당자들의 전문성을 강화해야 한다. 필자는 은행에 계신 분들을 대상으로 여신심사와 관련하여 강의를 할 기회를 가진 적이 있다. 강의를 하면서 이 분들이 전문가가 될 수 있는 소양과 자질을 충분히 갖추고 있다는 사실을 확인할 수 있었다. 구체적으로 심사업무를 뒷받침하는 이론적인 지식들을 조직화하고 상호관련성을 잘 이해하기만 한다면 훌륭한 대출심사자가 될 수 있다고 느낄 수 있었다. 그러기 위해서는 여신심사와 관련된 지식들을 연마하고 그것을 자기의 것으로 소화해서 전문성을 갖추는 일이 무엇보다도 필요하다고 생각된다. 은행의 경영진들도 이 일에 무엇보다도 우선 순위를 두어야 할 것이다.

둘째, 은행의 여신심사와 관련된 데이터 베이스(data base)를 시급히 구축해야 한다. 은행의 여신심사가 보다 더 과학성을 갖추려면, 효율적인 여신심사 시스템이 구축되어야 한다. 그러기 위해서는 관련자료를 데이터 베이스화하는 일이 필수적이다. 이 일은 단기적으로 비용만 들어가고 편익이 없는 것처럼 보일 수 있다. 그러나 정확한 데이터 베이스 없이는 어떤 여신심사 시스템도 구축할 수 없다. 필자는 은행의 여신심사 시스템을 구축하는 일에 관심을 갖고 실제로 참여하면서 데이터 베이스의 중요성을 절실하게 느끼고 있다.

셋째, 우리 실정에 적합한 여신심사 시스템이 마련되어야 한다. 충분한 데이터 베이스를 기반으로 우리나라 실정과 산업 실정에 적합한 여신심사 시스템이 구축되어야 한다. 과학성을 갖춘 이론의 틀 안에서 우리나라 실정과 풍토에 알맞은 시스템을 구축하는 일은 여신심사의 효과성을 높이는데 크게 기여할 것이다. 요즘 은행들이 우리 실정에 적합한 신용등급 시스템을 구축하고 신용한도를 결정하는 시스템을 구축하려고 나름대로 시도하고 있는 것은 이런 의미에서 상당히 가치 있는 일이다.

넷째, 구축된 여신심사 시스템을 지속적으로 보완하고 발전시켜야 한다. 우리는 시스템이란 한번에 정교하게 구축될 수 있는 것으로 착각하기 쉽다. 학문이 발전하고 경제 환경이 변하면서 여신심사 시스템도 꾸준히 보완하고 발전시켜야 한다. 왜냐하면 지속적인 관심과 투자 없이는 훌륭한 시스템이 만들어질 수 없기 때문이다.

지금까지 여신심사의 학문적 속성과 과학으로서의 의미를 살펴보았다. 은행의 여신심사는 당연히 사회과학의 한 영역으로서 자리 매김하고 있어, 과학성이 전제되어야 한다. 정교한 여신심사 시스템을 구축하기 위해서는 먼저 학문적으로 채무불이행(default)의 원인을 규명하고 그들을 조직화하는 과학적인 태도가 매우 중요하다. 그리고 여신심사의 과정과 결과들을 데이터 베이스화하고 우리나라 실정에 적합한 시스템으로 발전시켜 나가기 위해 부단히 피드백(feedback)하는 일이 필요하다. 그런 다음 시스템을 운용하는 여신담당자들이 자신의 과학적인 전문성과 예술적인 경험을 바탕으로 여신을 심사하는 풍토가 마련되어야 할 것이다. 훌륭한 여신심사는 90%의 과학성과 10%의 예술성으로 이루어진다는 얘기도 있다.

<S은행 행보, 김철중>

# 제 2 장 재무제표의 이해

본장에서는 경영분석의 기초자료인 재무제표의 작성원리와 상호관련성을 설명하기로 한다. 재무제표의 구체적 작성방법은 회계학 분야에서 잘 설명되어 있으므로, 여기서는 재무제표의 의미를 총체적으로 이해하기 위해서 큰 틀만 설명하기로 한다.

먼저 재무상태표가 자본조달 측면과 자본운용 측면에서 어떻게 구성되어 있는지를 설명하고, 이들의 구성항목들을 간략히 살펴보기로 한다. 다음으로 포괄손익계산서가 수익 측면과 비용 측면에서 어떻게 구성되어 있는지를 설명하고 이들의 구성항목들을 간략히 살펴보기로 한다. 이들 재무제표 이외에도 자본의 변동을 알려주는 자본변동표와 이익잉여금 처분내역을 보고하는 이익잉여금처분계산서도 설명하기로 한다.

또한 재무상태표와 포괄손익계산서가 영업활동과 재무활동 기준으로 어떻게 상호 관련되어 있는지를 설명하기로 한다. 마지막으로 비율분석의 의의와 체계, 표준비율에 대해서도 설명하기로 한다(현금흐름표는 제9장에서 자세히 설명함).

## 2.1 재무상태표

재무상태표(statement of financial position)란 예전에는 대차대조표(balance sheet : B/S)라고 불리어졌던 보고서로서, 일정시점에서 기업의 재무상태를 나타내는 보고서이다. 재무상태표의 구성항목은 크게 자본의 조달상황을 보여주는 대변항목과 자본의 운용상황을 보여주는 차변항목으로 나눌 수 있다. 본절에서는 이들의 구체적 내용을 설명하기로 한다.

먼저 12월 31일 현재 한국기업(H기업)의 재무상태표를 예시하면 <표 2-1>과 같다. <표 2-1>의 재무상태표는 H기업의 재무상태표이면서 동시에 그 구성률은 우리나라의 평균적인 제조기업(종합)의 평균 구성률을 보여주고 있다(평균 구성률은 한국은행이 발행한 「기업경영분석」을 참조함).

따라서 <표 2-1>의 재무상태표는 우리나라 제조기업들의 평균적인 재무상태표로 볼 수 있다(구성률 기준). 우리나라 제조기업의 평균적인 재무상태표를 사용하는 이유는 앞으로 비율분석을 비롯한 여러 가지 경영분석을 수행하면서 한국적 특성을 파악하는 데 필요한 정보를 얻기 위함이다.

**〈표 2-1〉 한국기업(H기업)의 재무상태표**

재무상태표

한국기업(H기업) (12월 31일) (단위 : 억원, %)

| 자 산 | 금 액 | 부 채·자 본 | 금 액 |
|---|---|---|---|
| Ⅰ. 유동자산 | 42.3 | Ⅰ. 유동부채 | 34.8 |
| (1) 당좌자산 | 31.4 | 매 입 채 무 | 11.1 |
| 현금 및 현금성자산 | 10.0 | 단 기 차 입 금 | 8.9 |
| 단기금융자산 | 1.2 | 기타유동부채 | 14.8 |
| 매출채권 | 15.7 | Ⅱ. 비유동부채 | 15.4 |
| 기타당좌자산 | 4.5 | 회 사 채 | 4.8 |
| (2) 재고자산 | 10.9 | 장 기 차 입 금 | 5.7 |
| Ⅱ. 비유동자산 | 57.7 | 기타비유동부채 | 4.9 |
| (1) 투자자산 | 16.5 | Ⅲ. 자본 | 49.8 |
| (2) 유형자산 | 39.7 | (1) 자 본 금 | 10.7 |
| 토 지 | 10.0 | (2) 자본잉여금 | 14.9 |
| 설비자산 | 21.7 | (3) 자 본 조 정 | −1.0 |
| 건설중인자산 | 3.0 | (4) 기타포괄손익누계액 | 0 |
| 기타유형자산 | 5.0 | (5) 이익잉여금누계액 | 25.2 |
| (3) 무형자산 | 1.5 | | |
| 자 산 총 계 | 100 | 부채와 자본 총계 | 100 |

## 1. 재무상태표의 구성

재무상태표는 일정시점에서의 기업의 재무상태를 명확히 보고하기 위하여 재무상태표 작성일 현재의 모든 자산과 부채 및 자본을 적절히 표시한 재무보고서이다. 재무상태표상의 자산은 유동자산과 비유동자산으로 구분된다.

유동자산(current asset)은 재무상태표 작성일로부터 보통 1년 이내에 현금화될 수 있는 자산을 의미한다. 유동자산은 당좌자산, 재고자산으로 분류되며, 당좌자산은 현금및현금성자산, 단기금융자산, 매출채권, 기타당좌자산(단기대여금, 미수금, 미수수익) 등으로 세분된다.

비유동자산(non-current asset)은 현금화하는 데 1년 이상이 소요되는 자산이다. 비유동자산은 투자부동산, 장기금융자산, 장기대여금과 같은 투자자산과 토지, 설비자산, 건설중인자산, 기타유형자산 등과 같은 유형자산(tangible asset) 그리고 영업권, 산업재산권, 개발비 등과 같은 무형자산(intangible asset)으로 구분된다. 과거에는 비유동자산을 고정자산이라 불렀었다.

한편 재무상태표상의 부채는 유동부채, 비유동부채로 구분된다. 부채도 역시 1년을 기준으로 나뉘어진다. 즉, 상환기간이 1년 이내인 유동부채(current liability)와 1년 이상인 비유동부채(non-current liability)로 나뉘어진다. 유동부채에는 매입채무, 단기차입금 및 기타유동부채 등이 포함되고, 비유동부채에는 회사채, 장기차입금 및 기타비유동부채가 포함된다. 과거에는 비유동부채를 고정부채라고 불렀었다.

자본(equity)은 자기자본이라고 불리기도 하며 자본금, 자본잉여금, 자본조정, 기타포괄손익누계액, 이익잉여금 등으로 구분된다. 자본금에는 보통주 발행액(액면가 기준)이 포함되고, 자본잉여금에는 주식발행초과금과 감자차익 등이 포함된다. 또한 자본조정에는 주식할인발행차금, 자기주식 등이 포함된다. 그리고 기타포괄손익누계액에는 매도가능금융자산 평가손익, 해외사업환산손익, 현금흐름위험회피파생상품 평가손익 및 재평가이익 등이 포함된다. 마지막으로 이익잉여금에는 법정적립금(이익준비금), 임의적립금 및 처분전이익잉여금 등이 포함된다.

## 2. 자본의 조달

기업은 경영활동을 원활히 수행하기 위하여 지속적으로 자금(fund)을 필요로 한다. 필요한 자금(또는 자본)은 남에게 빌려서 조달하기도 하고, 주식을 발행하여 조달하기도 한다. 남에게 빌려서 조달한 자본을 부채(debt) 또는 타인자본이라고 하며, 주식발행으로 조달한 자본을 자본 또는 자기자본이라 부른다.

부채의 종류에는 영업과 관련한 매입채무, 개인으로부터 빌려온 차입금, 은행으로부터 빌려온 차입금 그리고 채권을 발행하여 빌려온 사채 등이 있다. 부채를 상환기간 기준으로 분류하면 유동부채와 비유동부채로 나눌 수 있다. 상환기간이 1년 이내인 것을 유동부채 그리고 1년 이상인 것을 비유동부채라 한다.

유동부채에는 매입채무, 단기차입금 그리고 기타유동부채 등이 포함되고, 비유동부채에는 회사채, 장기차입금 그리고 기타비유동부채가 포함된다. 기업은 부채를 사용하는 대가로 사전에 약속한 이자율에 따른 이자를 의무적으로 지급해야 한다. 또한 기업은 약속한 기일에 부채의 원금을 상환하여야 한다.

자본의 종류에는 주주가 주식을 인수하면서 납입한 금액(자본금과 자본잉여금)과 순수 경영활동의 결과로 축적한 이익잉여금 등이 있다. 기업은 자본을 사용하는 대가로 주주에게 배당 등을 지급한다. 배당의 크기는 사전에 약속되지 않으며 기업의 경영성과에 따라 달라진다. 그리고 기업은 자본에 대한 원금상환의 의무를 지지 않으므로 자본은 영구자본이라고도 불리워진다.

잉여금은 자본잉여금과 이익잉여금으로 나뉘어진다. 자본잉여금은 순수 경영활동 이외의 활동에서 발생한 잉여금으로서 주식발행초과금, 감자차익, 기타자본잉여금 등이 포함된다. 이익잉여금은 순수한 경영활동에서 창출한 이익 중에서 배당하지 않고 특정한 목적을 위해 회사 내부에 남겨 놓은 것으로서 법정적립금(이익준비금), 임의적립금, 처분전이익잉여금 등으로 구별된다. 또한 자본조정에는 주식할인발행차금, 자기주식 등이 포함된다. 마지막으로 기타포괄손익누계액에는 매도가능금융자산 평가손익, 해외사업환산손익, 현금흐름위험회피 파생상품평가손익 및 재평가이익 등이 포함된다.

기업이 일정시점까지 조달한 자본의 구성내용은 재무상태표의 오른편(대변)에 기록된다. <표 2-1>에서 예시한 H기업은 100억원의 총자본을 조달했는데, 이는 부채 50.2억원, 자본 49.8억원으로 구성되어 있다.

좀더 구체적으로 설명하면, 부채 50.2억원에는 상환기일이 1년 이내인 유동부채가 34.8억원이고, 1년 이상인 비유동부채가 15.4억원이다. 그리고 자본 49.8억원은 자본금 10.7억원(액면가액×발행주식수)과 잉여금 40.1억원(자본잉여금 14.9억원, 이익잉여금 25.2억원) 및 자본조정 -1.0억원과 기타포괄손익누계액 0원으로 구성되어 있다. 이상의 내용을 재무상태표 오른편(대변)에 간략히 나타내면 <표 2-2>와 같다.

재무상태표의 왼편(차변)에 기록된 자산에 대해서는 다음의 '자본의 운용'에서 설명하기로 하고, 자본조달 내역을 나타낸 재무상태표의 오른편

**〈표 2-2〉 한국기업의 자본구성 내역**

재무상태표

한국기업(H기업) (12월 31일) (단위 : 억원, %)

| | | | |
|---|---|---|---|
| 자 산(Asset) | 100 | 부 채(Debt) | 50.2 |
| | | 유동부채 | 34.8 |
| | | 비유동부채 | 15.4 |
| | | 자 본(Equity) | 49.8 |
| | | 자 본 금 | 10.7 |
| | | 자본잉여금 | 14.9 |
| | | 자본조정 | -1.0 |
| | | 기타포괄손익누계액 | 0 |
| | | 이익잉여금 | 25.2 |
| 자 산 총 계 | 100 | 부채와 자본 총계 | 100 |

에 대하여 좀더 설명하기로 하자.

먼저 가장 중요한 것은 오른편에 표시된 부채와 자본의 금액은 모두 과거의 조달시점을 기준으로 측정한 값이라는 점이다. 과거기준으로 측정한 값을 장부가치(book value)라고도 한다. 장부가치인 부채 50.2억원과 자본 49.8억원 모두 자본조달이 이루어졌던 과거시점에서의 금액이다. 다시 말해서 재무상태표에 표시된 모든 금액은 재무상태표가 작성된 시점의 값이 아니라 자본이 조달된 과거시점의 값이다.

유동부채는 1년 안에 원금을 상환해야 하는 부채이다. 유동부채의 구성항목을 구체적으로 나열하면 매입채무, 단기차입금, 미지급금 등이다. 그리고 비유동부채는 1년 이후에 원금을 상환해야 하는 부채이다. 비유동부채의 구성항목을 구체적으로 나열하면 회사채, 장기차입금, 기타유동부채 등이다.

자본(자기자본)은 원금상환의 의무를 부담하지 않는 자본이다. 단지 기업이 청산될 때 보유한 자산이 부채총액을 초과하는 경우에 한해서 자본은 잔여재산 분배의 형식으로 주주에게 되돌려진다. 일반적으로 기업의 청산은 과다한 부채사용과 누적결손이 원인이 되므로, 기업 청산시 실질적으로 자기자본소유주(주주)에게 원금이 상환되는 경우는 드물다.

<표 2-2>에서 자본금으로 표시된 금액은 액면가 기준이다. 자본금은 1주당 액면가액인 5,000원(다른 금액도 있음)을 기준으로 계산하도록 되어 있다. <표 2-2>에서 10.7억원의 자본금은 21.4만주×5,000원으로 계산된 금액이다. 증자(增資) 또는 감자(減資)가 없는 한, H기업의 자본금은 주가가 시장에서 얼마로 형성되는가에 관계없이 항상 10.7억원이다.

<표 2-2>에서 잉여금으로 표시된 금액은 경영활동의 결과로 기업 내부에 축적된 금액이다. 잉여금에는 순수한 경영활동의 결과로 축적된 이익잉여금과 기타 경영활동의 결과로 축적된 자본잉여금이 포함된다. 주식시장에서 형성되는 주가는 주식 1주의 시장가치로서 자본금과 잉여금 그리고 자본조정과 기타포괄손익누계액을 합한 자기자본 장부가치의 1주당 시장가치를 의미한다.

자본구성 내역을 크게 유동부채, 비유동부채 및 자본으로 분류해서 이

〈표 2-3〉 자본구성과 위험

재무상태표

| 자 산 | 유 동 부 채 |
|---|---|
| | 비 유 동 부 채 |
| | 자 본 |
| 자산총계 | 부채와 자본총계 |

들의 구성이 기업의 위험에 어떤 영향을 미치는지를 살펴보면 <표 2-3>과 같다.

기업의 입장에서 볼 때, 자본(자기자본)을 사용하는 것이 부채를 사용하는 것보다 위험이 작다. 왜냐하면 부채는 원리금 상환의 의무가 있는 자본조달 수단인데 반하여, 자본은 원금과 과실(果實)에 대하여 확정적인 의무가 없는 자본조달 수단이기 때문이다. 그리고 기업의 입장에서는 유동부채의 위험이 가장 크다. 왜냐하면 유동부채는 이자지급은 물론 1년 안에 원금을 상환해야 하는 부채이기 때문이다. 결국 기업의 입장에서 자본조달 수단을 위험이 큰 것부터 작은 것으로 나열하면 유동부채, 비유동부채 그리고 자본(자기자본)의 순이다.[1]

## 3. 자본의 운용

기업이 조달한 자본은 경영활동을 수행하기 위하여 적절히 투자된다. 조달한 자본은 생산활동을 위하여 시설자산에 투자되기도 하고, 일부는

1) 자본 제공자의 입장에서의 위험은 기업 입장에서의 위험과 정반대이다. 자본 제공자의 입장에서 자본을 위험이 큰 것부터 작은 것으로 나열하면 자본, 비유동부채 그리고 유동부채의 순이다. 따라서 요구수익률도 주주의 요구수익률, 장기채권자의 요구수익률 그리고 단기채권자의 요구수익률의 순으로 점점 작아지게 마련이다.

생산활동 이외에 사용되기 위하여 투자된다. 투자된 자산은 특성에 따라 유동자산과 비유동자산으로 분류된다.

유동자산은 경영활동을 도와주는 역할을 하는 자산으로서, 대체로 1년 안에 유동화될 수 있는 자산이다. 유동자산은 1년 안에 갚아야 하는 유동부채를 변제할 수 있는 힘의 근원일 뿐만 아니라, 경영활동에 있어서 필수적인 운영자금의 역할을 한다.

유동자산을 충분히 보유하는 것은 기업의 지급불능위험(insolvency risk)을 제거하는 데 기여한다. 그러나 과도한 유동자산의 보유는 기업의 유동성(liquidity)을 높여 주어서 지급불능위험을 감소시키는 데는 기여하지만, 기업의 수익성(profitability)을 낮추는 결과를 가져온다.

비유동자산은 주로 생산활동을 수행하기 위하여 필요한 자산으로서 쉽게 유동화되기 어려운 자산이다. 비유동자산은 통상 1년 이상 기업에 잠겨 있는 자산이므로 비유동자산에 투자한 정도를 자본의 고정화 정도라 부르기도 한다.

고정화된 비유동자산이 유동화(또는 현금화)되기 위하여는 생산·판매·회수의 과정을 거쳐야 하므로, 자본의 고정화 정도가 높을수록 기업의 불확실성은 커지게 마련이다. 생산활동을 위하여 투자한 비유동자산은 불확실성의 원천이지만 반면에 수익성의 근원이기도 하다.

일정시점 기준에서 기업의 자산구성 내역은 재무상태표의 왼편(차변)에 기록된다. 예를 들어, 앞에서 설명한 우리나라의 평균적 제조기업인 한국기업(H기업)은 조달한 자본 100억원을 투자자산과 시설자산 등의 비유동자산에 57.7억원, 유동자산에 42.3억원으로 나누어서 투자하고 있다. 이상의 내용을 재무상태표 왼편에 나타내면 <표 2-4>와 같다.

자산구성 내역을 나타내고 있는 재무상태표의 왼편(차변)에 대하여 좀 더 설명하기로 한다. 자본조달 내역을 나타내는 재무상태표의 오른편 금액뿐만 아니라 자산구성 내역을 나타내는 재무상태표의 왼편 금액 역시 과거의 자산구입 시점을 기준으로 측정한 값이다.

H기업은 과거의 자산구입 시점을 기준으로 유동자산에 42.3억원 그리고 비유동자산에 57.7억원을 투자했다. 즉, 총자산 100억원은 12월 31일

〈표 2-4〉 한국기업의 자산구성 내역

재무상태표
(12월 31일)

한국기업(H기업) (단위 : 억원, %)

| | | | |
|---|---|---|---|
| 유 동 자 산 | 42.3 | 부 채 | 50.2 |
| 당좌자산 | 31.4 | | |
| 재고자산 | 10.9 | | |
| 비유동자산 | 57.7 | 자 본 | 49.8 |
| 투자자산 | 16.5 | | |
| 유형자산 | 39.7 | | |
| 무형자산 | 1.5 | | |
| 자 산 총 계 | 100 | 부채와 자본 총계 | 100 |

시점의 자산의 시장가치가 아니라 과거, 즉 자산구입 시점의 가치이다.

유동자산은 1년 안에 현금화시킬 수 있는 자산이다. 유동자산의 구성항목을 구체적으로 나열하면 현금및현금성자산, 매출채권, 재고자산 등이다. 유동자산 중에서 재고자산을 제외한 나머지 자산을 당좌자산이라고 한다. H기업의 유동자산은 당좌자산 31.4억원과 재고자산 10.9억원으로 구성되어있다.

비유동자산은 단기간에 현금화시킬 수 없으며 생산활동에 직접 이용되는 자산이다. 비유동자산은 대체로 생산·판매·회수과정을 거쳐 현금화된다. 비유동자산은 투자자산과 유형자산 및 무형자산으로 대별된다.

H기업의 비유동자산은 투자자산 16.5억원, 유형자산 39.7억원 그리고 무형자산 1.5억원으로 구성되어 있다. 투자자산은 주로 관계회사에 투자한 자산으로서 구체적인 계정과목은 투자부동산, 장기금융자산, 장기대여금 등이다. 그리고 유형자산은 생산을 위해서 투입된 자산으로서 토지, 설비자산, 건설중인자산, 기타유형자산 등이 포함된다. 무형자산은 실제의 형태를 갖지 않는 권리자산 등이 주를 이룬다.

자산을 크게 유동자산과 비유동자산으로 분류하여 이들이 기업의 위험과 수익성에 어떤 영향을 미치는지를 살펴보면 <표 2-5>와 같다.

유동자산의 규모가 클수록 기업은 단기채무에 대한 변제능력(유동성)을 충분히 가지므로 지급불능위험이 낮아진다. 반면에 지나친 유동자산의 보

〈표 2-5〉 자산구성과 위험

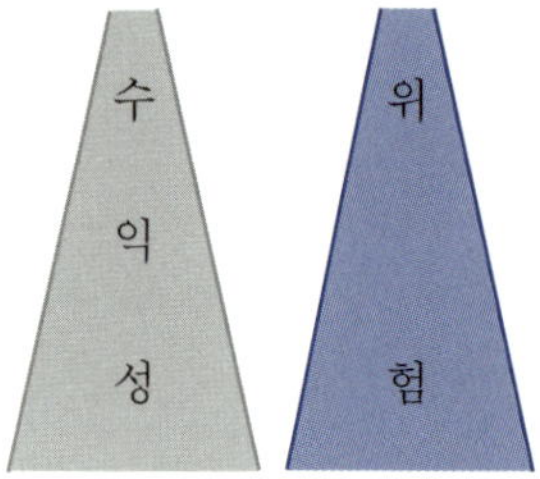


| 재무상태표 | |
|---|---|
| 유동자산 | 부 채 |
| 비유동자산 | 자 본 |
| 자산총계 | 부채와 자본 총계 |

유는 기업의 수익성을 해치는 결과를 가져온다. 한편 비유동자산의 규모가 클수록 유동성이 낮아지고 위험이 커지나, 비유동자산의 규모가 지나치게 적은 기업은 적정한 수익성을 얻는 데 어려움을 겪게 된다.

## 4. 재무상태표상의 위험균형

재무상태표의 차변과 대변의 구성내용을 비교하는 것은 자본조달과 자본운용의 위험이 균형을 이루는지를 파악하는 데 도움을 준다. 지금까지 설명한 재무상태표 차변과 대변 각각의 구성항목이 갖는 위험을 한꺼번에 나타내면 <표 2-6>과 같다.

자산구성에 따른 위험의 경우, 비유동자산의 위험이 유동자산의 위험보다 크기 마련이다. 그리고 자본조달에 따른 위험의 경우 유동부채의 위험이 가장 크고 다음이 비유동부채의 위험이며, 자본의 위험이 가장 작다.

기업이 안정된 경영상태를 유지하기 위해서는 자산구성의 위험이 자본구성의 위험과 균형을 이루어야 한다. 기업의 경영활동이 비정상적인 상태에 있게 되면 위험균형이 깨지게 된다.

예를 들면, 자본조달에서 위험이 가장 큰 유동부채를 자산구성에서 위험이 가장 작은 유동자산으로 커버하지 못한다면 기업은 채무불이행에 이를 수 있다. 즉, 자본구성상의 위험이 가장 큰 유동부채가 자산구성의 위

〈표 2-6〉 자산구성과 자본구성의 위험균형

재무상태표

| 자산 | 부채와 자본 |
|---|---|
| 유동자산 | 유동부채 |
| 비유동자산 | 비유동부채 |
| | 자　본 |
| 자산 총계 | 부채와 자본 총계 |

험이 상대적으로 작은 유동자산으로 충분히 커버될 때 기업의 유동성은 유지된다.

그리고 위험이 큰 비유동자산 투자가 위험이 작은 자본(자기자본)과 비유동부채의 범위내에서 이루어지지 않을 때, 기업의 안정성은 심각하게 위협받게 될 것이다. 다시 말하면 위험이 큰 비유동자산은 위험이 상대적으로 작은 자본과 비유동부채 범위내에서 균형있게 투자될 때, 기업의 안정성은 확보된다.

## 2.2 포괄손익계산서

손익계산서(income statement)는 당기의 통상적인 경영활동에서 발생한 수익과 비용을 차감하여 당기순이익을 보고하는 회계자료이다. 한편 포괄손익계산서(statement of comprehensive income)는 손익계산서에서 구한 당기순이익에다가 기타포괄이익을 추가하여 보고하는 회계자료이다. 즉, 총포괄이익=당기순이익+기타포괄이익이다. 여기서 말하는 기타포괄이익은 대체로 유형자산평가손익과 매도가능금융자산평가손익 등과 같은 보유손익이 주를 이룬다.

먼저 1월 1일부터 12월 31일까지의 한국기업(H기업)의 포괄손익계산서를 예시하면 <표 2-7>과 같다. <표 2-7>의 포괄손익계산서는 한국기업이라는 특정 기업의 포괄손익계산서이면서 동시에 그 구성률은 우리나라의 제조기업(종합)의 구성률을 보여주고 있다(평균 구성률은 한국은행이 발행한 「기업경영분석」을 참조함). 따라서 <표 2-7>의 포괄손익계산서는 우리나라 제조기업의 평균적인 포괄손익계산서로 볼 수 있다(구성률 기준).

## 1. 포괄손익계산서의 구성

포괄손익계산서는 일정기간 동안의 기업의 경영성과를 명확히 보고하기 위하여 회계기간에 속하는 모든 수익과 이에 대응하는 모든 비용을 기재하고 법인세비용 등을 차감하여 당기순이익을 표시하고, 보유손익으로 구성된 기타포괄이익까지 보고하는 회계자료이다.

포괄손익계산서에 있어서 매출총이익(gross profit)은 매출액(sales)에서 매출원가(cost of goods sold)를 차감하여 산출하고, 영업이익(operating profit)은 매출총이익에서 판매비와 관리비(selling and administrative expense)를 차감하여 산출한다.

법인세비용차감전순이익(earnings before tax : EBT)은 세전순이익이라고도 부른다. 법인세비용차감전순이익은 영업이익에 영업외수익(non-operating revenue)을 더하고 영업외비용(non-operating cost)을 차감하여 구한다.

계속사업이익이란 기업의 계속적인 사업활동과 그와 관련된 부수적인 활동에서 발생하는 이익으로서 중단사업이익에 해당되지 않는 모든 이익을 말한다. 그리고 중단사업이익이란 중단사업으로 부터 발생한 영업손익과 영업외손익을 말한다. 계속사업이익은 법인세비용차감전순이익에서 법인세비용을 차감하여 산출한다. 그리고 당기순이익(earnings after tax)은 계속사업이익에 중단사업이익을 가산하여 산출한다.

그리고 총포괄이익은 당기순이익에다가 기타포괄이익을 가산하고 기타포괄이익과 관련된 법인세를 차감하여 산출한다. 기타포괄이익에는 매도가능금융자산 평가손익, 현금흐름위험회피파생상품 평가손익 및 재평가

### 〈표 2-7〉 한국기업(H기업)의 포괄손익계산서

포괄손익계산서
(1월 1일~12월 31일)

한국기업(H기업) (단위: 억원)

| | |
|---|---|
| Ⅰ. 매출액 | 120 (100%) |
| Ⅱ. 매출원가* | 98.2 (81.8%) |
| (1) 재료비 | 69.4 (57.8%) |
| (2) 노무비 | 7.2 (6.0%) |
| (3) 경 비 | 21.6 (18.0%) |
| (감가상각비) | (3.2) (2.7%) |
| Ⅲ. 매출총이익 | 21.8 (18.2%) |
| Ⅳ. 판매비와 관리비 | 14.5 (12.1%) |
| (1) 급여 및 복리후생비 | 3.8 (3.2%) |
| (2) 광고선전비 | 1.0 (0.8%) |
| (3) 운반비 | 1.8 (1.5%) |
| (4) 감가상각비 및 무형자산상각비 | 0.5 (0.4%) |
| (5) 기타비용 | 7.4 (6.2%) |
| Ⅴ. 영업이익 | 7.3 (6.1%) |
| Ⅵ. 영업외수익 | 5.0 (4.2%) |
| (1) 이자수익 | 0.5 (0.4%) |
| (2) 배당금수익 | 0.1 (0.1%) |
| (3) 외환차익 | 0.7 (0.6%) |
| (4) 기타영업외수익 | 3.7 (3.1%) |
| Ⅶ. 영업외비용 | 4.6 (3.8%) |
| (1) 이자비용 | 1.4 (1.2%) |
| (2) 외환차손 | 0.7 (0.6%) |
| (3) 기타영업외비용 | 2.5 (2.0%) |
| Ⅷ. 법인세비용차감전순이익(세전순이익) | 7.7 (6.5%) |
| Ⅸ. 법인세비용 | 1.5 (1.3%) |
| Ⅹ. 계속사업이익 | 6.2 ( 5.2%) |
| Ⅺ. 중단사업이익 | 0.1 ( 0.1%) |
| Ⅻ. 당기순이익 | 6.3 ( 5.3%) |
| XIII. 기타포괄이익 | 0 ( 0%) |
| (1) 매도가능금융자산 평가손익 | −0.1 (−0.1%) |
| (2) 현금흐름위험회피파생상품 평가손익 | 0.1 ( 0.1%) |
| XIV. 기타포괄이익과 관련된 법인세 | 0 ( 0%) |
| XV. 총포괄이익 | 6.3 ( 5.3%) |

* 매출원가의 구성항목은 원래 기초제품재고액, 당기제품제조원가, 기말제품재고액으로 되어 있으나 편의상 이들을 재료비, 노무비, 경비로 전환하여 표시한 것이다.

이익 등이 포함된다.

## 2. 영업활동으로부터의 수익과 비용

기업은 소요자본을 조달하고 조달된 자본을 투자함으로써 자산을 보유한다. 자본조달과 자본운용의 목적은 무엇인가? 당연히 기업 고유의 영업활동을 하기 위해서이다. 기업은 현금을 지급하거나 외상으로 원재료를 구입하고 시설자산을 사용하여 원재료를 가공함으로써 제품을 생산한다. 그리고 기업은 생산된 제품을 시장에 판매하여 현금을 회수하는 과정을 되풀이한다.

이와 같은 영업활동 과정에서 기업은 수익을 실현하고 비용을 지출한다. 매출액은 기업의 고유 영업활동과 관련하여 발생하는 수익이다. 다시 말해서 매출액은 현금으로 매출하든 외상으로 매출하든 관계없이 매출로부터 발생하는 수익이다. 그러므로 영업활동으로부터 얻는 수익, 즉 매출액을 영업수익(operating revenue)이라고도 부른다.

영업수익을 얻는 과정에서 반드시 비용을 지출하기 마련인데, 이를 영업비용(operating cost)이라 한다. 영업활동으로부터 얻는 영업수익과 영업활동에서 지출하는 영업비용을 우선적으로 비교할 필요가 있다. 영업수익에서 영업비용을 차감한 금액을 영업이익이라 부른다. <표 2-8>은 H기업의 1년 동안의 영업수익과 영업비용을 비교한 영업손익계산서이다.

<표 2-8>에서 볼 수 있는 바와 같이, 영업활동으로부터 실현된 영업

〈표 2-8〉 영업손익계산서

영업손익계산서
(1월 1일~12월 31일)

| 한국기업(H기업) | (단위 : 억원) |
|---|---|
| 매출액(영업수익) | 120 (100%) |
| − 영업비용 | 112.7 (93.9%) |
| 영업이익 | 7.3 (6.1%) |

수익이 120억원이고 영업활동에서 지출된 영업비용이 112.7억원이다. 따라서 영업활동에서 얻은 순수한 이익, 즉 영업이익은 7.3억원이다. 여기서 영업(operating)이란 의미는 생산과 판매·관리를 총칭하고 있다.

그러면 생산, 판매·관리과정에서 발생한 비용인 영업비용 112.7억원을 생산비용과 판매관리비용으로 구분할 수는 없을까? 당연히 구분해서 나타낼 수 있다. 영업비용 중에서 생산활동과 관련된 비용을 매출원가라 부르고, 판매·관리활동과 관련된 비용을 판매비와 관리비라 부른다. 영업비용을 매출원가, 판매비와 관리비로 구분하여 <표 2-8>을 재정리하면 <표 2-9>와 같다.

<표 2-9>는 영업활동에서 발생한 영업비용 112.7억원을 생산과 관련하여 발생한 매출원가 98.2억원과 판매·관리와 관련하여 발생한 판매비와 관리비 14.5억원으로 구분하여 표시한 것이다. 영업수익인 매출액에서 생산비용인 매출원가를 차감한 이익을 매출총이익이라고 부른다. 간단히 설명하면 매출총이익은 공장원가만을 차감한 상태에서의 이익을 의미한다.

회계학에서는 당기의 생산과 관련하여 발생하는 비용을 당기제품제조원가라 한다. 당기제품제조원가의 구성요소를 살펴보면 다음과 같다. 제품생산과정은 원재료를 투입하고 이를 가공하는 절차로 구성된다. 원재료 투입에 따른 비용을 재료비라 하고 인적자원을 이용하여 가공하는 데 따른 비용을 노무비라 한다. 그 이외의 제품제조와 관련하여 발생하는 비용을 경비라 한다. 대표적인 경비에는 생산시설에 대한 감가상각비와 공장임대

**〈표 2-9〉 영업활동과 영업손익계산서**

영업손익계산서
(1월 1일~12월 31일)

한국기업(H기업) (단위 : 억원)

| | | | |
|---|---|---|---|
| 영업활동 | (영업수익) | 매출액 | 120 (100%) |
| | (영업비용) | − 매출원가 | 98.2 (81.8%) |
| | | 매출총이익 | 21.8 (18.2%) |
| | | − 판매비와 관리비 | 14.5 (12.1%) |
| | (영업이익) | 영업이익 | 7.3 (6.1%) |

료 등이 있다.

당기제품제조원가는 이외에도 기초재공품재고액(+), 기말재공품재고액(−) 그리고 타계정대체액(−)을 가감하여 계산된다. 여기서는 이들 가감액을 재료비, 노무비, 경비로 환산하였다.

또한 포괄손익계산서상의 매출원가는 당기제품제조원가에 기초제품재고액(+), 기말제품재고액(−)을 가감하여 측정된다. 본서에서는 이들을 모두 감안하여 편의상 재료비, 노무비, 경비로 분류하여 나타내었다.

<표 2-10>에서 생산관련 영업비용인 매출원가 98.2억원은 구성내용별로 재료비 69.4억원, 노무비 7.2억원 및 경비 21.6억원(감가상각비 3.2억원 포함)으로 구분하였다. 그리고 판매·관리 관련 영업비용인 판매비와 관리비 14.5억원은 구성내용별로 급여 및 복리후생비 3.8억원, 광고선전비 1.0억원, 운반비 1.8억원, 감가상각비 및 무형자산상각비 0.5억원 그리고 기타비용 7.4억원으로 구분된다.

매출액에서 생산비용과 판매·관리비용을 차감하면 영업이익은 7.3억

**〈표 2-10〉 세분화된 영업손익계산서**

영업손익계산서
(1월 1일~12월 31일)

한국기업(H기업) (단위 : 억원)

| | | |
|---|---|---|
| (영업수익) | 매출액 | 120 (100%) |
| | − 매출원가 | 98.2 (81.8%) |
| | 재료비 | 69.4 (57.8%) |
| | 노무비 | 7.2 (6.0%) |
| | 경 비 | 21.6 (18.0%) |
| | (감가상각비) | (3.2) (2.7%) |
| (영업비용) | 매출총이익 | 21.8 (18.2%) |
| | − 판매비와 관리비 | 14.5 (12.1%) |
| | 급여 및 복리후생비 | 3.8 (3.2%) |
| | 광고선전비 | 1.0 (0.8%) |
| | 운반비 | 1.8 (1.5%) |
| | 감가상각비 및 무형자산상각비 | 0.5 (0.4%) |
| | 기타비용 | 7.4 (6.2%) |
| (영업이익) | 영업이익 | 7.3 (6.1%) |

원이 된다. 즉, H기업은 순수 영업활동으로부터 7.3억원의 이익을 창출한 셈이 된다. H기업이 7.3억원의 순수 영업이익을 창출할 수 있게 한 힘의 원천은 무엇인가? 말할 것도 없이 그 원천은 영업활동을 위해서 보유하고 있는 자산이다.

앞의 <표 2-1>에서 볼 수 있는 바와 같이 H기업이 보유한 자산가치(물론 시장가치는 아니지만)는 100억원이다. 단순하게 생각해서 H기업은 100억원의 자산투자로부터 1년간 7.3억원의 영업이익을 얻었다. 따라서 H기업의 총자산투자수익률, 즉 총자산영업이익률은 7.3%이다.[2)]

## 3. 영업외활동으로부터의 수익과 비용

기업이 회계이익을 산정하기 위해서는 영업활동 결과로 발생하는 수익과 비용을 대응시키는 것 외에도 영업외적인 활동으로부터 발생하는 수익과 비용을 대응시키는 과정이 필요하다. 영업외적인 활동으로부터 발생하는 수익과 비용을 각각 영업외수익과 영업외비용이라 한다. 영업외수익과 영업외비용은 기업의 정상적인 영업활동외의 활동, 예를 들면 재무활동 등과 관련하여 발생하는 것으로, 유형자산처분손익과 투자자산처분손익, 외환차손익 등이 있다.

일반적으로 기업의 정상적인 영업활동과 영업외활동을 포괄해서 기업의 경상활동이라 부른다. 따라서 기업의 법인세차감전순이익(세전순이익)은 영업수익과 영업비용 그리고 영업외수익과 영업외비용을 모두 감안하여 구한 회계적 이익이다. 법인세차감전순이익(세전순이익)은 영업수익과 영업외수익을 합한 경상수익에서 영업비용과 영업외비용을 합한 경상비용을 차감한 값이다. H기업의 경상활동의 결과를 비교한 손익계산서는 <표 2-11>과 같다.

<표 2-11>은 H기업의 경상활동으로부터 발생하는 경상수익과 경상비용을 대응시켜 작성한 경상손익계산서이다. 법인세차감전순이익(세전순이

2) 이 투자수익률 7.3%가 구체적으로 무엇을 의미하는지는 제6장의 「6.4」를 참조.

〈표 2-11〉 경상손익계산서

경상손익계산서
(1월 1일~12월 31일)

한국기업(H기업) (단위 : 억원)

| | | | 금액 | 비율 |
|---|---|---|---|---|
| 경상활동 | (영업활동) | 영업이익 | 7.3 | (6.1%) |
| | (영업외활동) | + 영업외수익 | 5.0 | (4.2%) |
| | | 이자수익 | 0.5 | (0.4%) |
| | | 배당금수익 | 0.1 | (0.1%) |
| | | 외환차익 | 0.7 | (0.6%) |
| | | 기타영업외수익 | 3.7 | (3.1%) |
| | | − 영업외비용 | 4.6 | (3.8%) |
| | | 이자비용 | 1.4 | (1.2%) |
| | | 외환차손 | 0.7 | (0.6%) |
| | | 기타영업외비용 | 2.5 | (2.0%) |
| | | 법인세비용차감전순이익(세전순이익) | 7.7 | (6.5%) |

익)은 영업수익과 영업비용 이외에 영업외수익과 영업외비용을 포함하여 측정한다. 영업외수익은 재무활동의 결과로 발생하는 수익, 예를 들면 이자수익, 배당금수익, 외환차익 등이 있으며, 이외에도 유형자산처분이익과 투자자산처분이익 등이 있다. 그리고 영업외비용은 재무활동의 결과로 발생하는 비용, 예를 들면 이자비용, 외환차손 등이 있으며, 이외에도 유형자산처분손실과 투자자산처분손실 등이 있다.

현실적으로 아직도 많은 기업에서 영업외적인 활동 중, 가장 관심을 끄는 것은 부채사용으로 인해 발생하는 이자비용이다. 특히 차입금의존도가 높고 이자율이 높은 기업들은 이자지급액이 많기 때문에 이 부분에 대한 세밀한 분석이 요구되고 있다.

<표 2-11>에서는 영업외활동으로부터 실현된 수익으로 이자수익 0.5억원, 배당금수익 0.1억원, 외환차익 0.7억원, 기타영업외수익으로 3.7억원이 계상되었다. 그리고 영업외활동으로부터 발생된 비용으로 이자비용 1.4억원, 외환차손 0.7억원, 기타영업외비용 2.5억원이 계상되었다.

이와 같이 영업활동으로부터 얻은 영업이익 7.3억원에서 영업외수익 5.0억원을 더하고, 영업외비용 4.6억원을 차감한 결과, 법인세비용차감전순

이익(세전순이익)은 7.7억원이 된다. 다시 말해서 세전순이익 7.7억원은 정상적인 영업활동, 즉 생산・판매・관리활동과 관련하여 얻은 영업이익 7.3억원에 영업활동 이외에서 발생한 수익 5.0억원 및 비용 4.6억원을 감안해서 구한 이익이다.

법인세비용차감전순이익(세전순이익)은 기업이 회계기간 동안 경상적인 활동에서 얼마만큼의 이익을 얻고 있는지를 알려주는 유용한 이익지표이다. 즉, 법인세비용차감전순이익(세전순이익)은 실무에서 기업의 현실적인 이익지표로 많이 이용되고 있다.

일정기간 동안에 발생한 이자비용을 동기간에 얻는 영업이익으로 충분히 갚을 수 있는지는 기업의 부실 여부를 판정하는 데 중요한 요소가 된다. 그런데 현실적으로 기업이 이자비용을 갚을 수 있는지는 영업이익 이외에 영업외적으로 발생한 수익과 비용도 중요한 요소가 된다. 따라서 기업의 영업외활동으로부터 발생한 수익과 비용이 총망라된 이자지급전 세전순이익은 기업의 부실 여부를 판정하는 데 중요한 정보를 제공해 줄 수 있다.

## 4. 법인세비용과 중단사업이익 처리 후의 당기순이익

법인세비용차감전순이익(세전순이익) 이후에는 법인세비용이 차감되어 이익이 산출되는데, 이를 계속사업이익이라 부른다. 기업회계기준에서는 이외에도 중단사업에 대한 손익도 감안하여 당기순이익을 포괄손익계산서에 기록하도록 하고 있다.

<표 2-12>는 법인세비용차감전순이익에서 법인세를 차감하고 중단사업이익을 감안하여 당기순이익을 산출하는 과정을 보여주고 있다.

〈표 2-12〉 법인세비용 처리 후의 당기순이익

당기순이익의 산출
(1월 1일~12월 31일)

| 한국기업(H기업) | (단위 : 억원) |
|---|---|
| 법인세비용차감전순이익(세전순이익) | 7.7 (6.5%) |
| − 법인세비용 | 1.5 (1.3%) |
| 계속사업이익 | 6.2 (5.2%) |
| + 중단사업이익 | 0.1 (0.1%) |
| 당기순이익 | 6.3 (5.3%) |

H기업은 정상적인 영업활동과 영업외활동을 통하여 7.7억원의 법인세비용차감전순이익을 얻었고 여기에 법인세비용까지 감안하면 6.2억원의 계속사업이익을 얻었다. H기업은 여기에 중단사업이익 0.1억원을 추가하여 6.3억원의 당기순이익을 얻었다.

## 5. 기타포괄이익 처리 후의 총포괄이익

넓은 의미에서 볼 때 자본을 증가시키거나 감소시키면서 수익 또는 비용의 정의에 부합되지만, 국제회계기준에 의해 당기순손익으로 인식하지 않는 수익과 비용을 기타포괄이익(other comprehensive income)이라 한다. 기타포괄이익에는 매도가능금융자산 평가손익, 해외사업환산손익, 현금흐름위험회피파생상품 평가손익, 재평가이익 등이 포함된다. 기타포괄이익은 관련법인세를 차감한 후 재무상태표의 자본 중 기타포괄손익 누계액에 반영된다.

<표 2-13>은 당기순이익에다가 기타포괄이익을 더해서 총포괄이익을 산출하는 과정을 보여주고 있다.

〈표 2-13〉 기타포괄이익 처리 후의 총포괄이익

총포괄이익의 산출
(1월 1일~12월 31일)

| 한국기업(H기업) | (단위 : 억원) |
|---|---|
| 당기순이익 | 6.3 ( 5.3%) |
| + 기타포괄이익 | 0 ( 0%) |
| 매도가능금융자산 평가손익 | −0.1 (−0.1%) |
| 현금흐름회피파생상품 평가손익 | 0.1 ( 0.1%) |
| − 기타포괄손익과 관련된 법인세 | 0 ( 0%) |
| 총포괄이익 | 6.3 ( 5.3%) |

H기업의 기타포괄이익은 0이다. 따라서 H기업의 총포괄이익은 당기순이익과 동일한 6.3억원이다.

## 2.3 자본변동표

국제회계기준에서는 재무상태표, 포괄손익계산서, 현금흐름표와 더불어 자본변동표를 기본재무제표로 정하고 있다. 자본변동표(statement of changes in equity)는 한 기간동안 자본의 구성항목이 어떻게 변하였는지를 보여주는 재무보고서이다. 즉, 자본변동표는 자본금, 자본잉여금, 이익잉여금, 자본조정 및 기타포괄손익누계액의 변화를 보여주는 재무보고서이다. <표 2-14>는 한국기업(H기업)의 자본변동표이다.

<표 2-14>에서 보듯이 금년도 말 자본금과 자본잉여금은 유상증자를 통해 각각 2억원씩 증가하여 10.7억원과 14.9억원이 되었다. 이익잉여금은 전기오류수정손익 −0.2억원과 당기순이익 6.3억원이 가감되어 25.2억원이 되었다. 그리고 자본조정은 자기주식 취득으로 −0.1억원이 기록되었다.

기타포괄손익누계액은 매도금융자산 평가손익과 현금흐름위험회피파생상품 평가손익이 각각 −0.1억원, 0.1억원으로써 상쇄되어 전년도와 동일한 0원이 되었다.

〈표 2-14〉 한국기업(H기업)의 자본변동표

자본변동표
(1월 1일~12월 31일)

한국기업(H기업) (단위: 억원)

| 구분 | 자본금 | 자본 잉여금 | 이익 잉여금 | 자본 조정 | 기타포괄손익 누계액 | 총계 |
|---|---|---|---|---|---|---|
| 전년도 금액 | 8.7 | 12.9 | 19.1 | 0 | 0 | 40.7 |
| 1. 전기오류수정손익 | | | −0.2 | | | |
| 2. 당기순이익 | | | 6.3 | | | |
| 3. 유상증자 | 2.0 | 2.0 | | | | |
| 4. 자기주식 취득 | | | | −1.0 | | |
| 5. 매도가능금융자산 평가손익 | | | | | −0.1 | |
| 6. 현금흐름위험회피 파생상품 평가손익 | | | | | 0.1 | |
| 금년도 금액 | 10.7 | 14.9 | 25.2 | −1.0 | 0 | 49.8 |

## 2.4 이익잉여금처분계산서

이익잉여금처분계산서(statement of appropriation of retained earnings)는 기업의 이월이익잉여금의 수정사항과 당기이익잉여금의 처분사항을 명확히 보고하기 위하여 이월이익잉여금의 변동사항을 표시한 보고서이다. 다시 말해서 이익잉여금처분계산서는 한 기간 동안의 이익잉여금이 어떻게 변하였는지를 알려주는 보고서이다.[3] <표 2-15>는 한국기업의 1월 1일부터 12월 31일까지의 이익잉여금처분계산서이다.

<표 2-15>에서 볼 수 있듯이, 이익잉여금처분계산서는 이익잉여금 발생항목과 이익잉여금 처분항목으로 구분되어 있다. 이익잉여금 발생항목으로는 처분전이익잉여금과 임의적립금이입액이 있다. 그리고 이익잉여금

3) 과거의 기업회계기준에서는 이익잉여금처분계산서를 기본재무제표 중 하나로 정했었다. 그러나 국제회계기준에서는 이익잉여금처분 내용을 기본채무제표로 정하지 않고, 이를 주석으로 기재할 것을 요구하고 있다.

〈표 2-15〉 한국기업(H기업)의 이익잉여금처분계산서

이익잉여금처분계산서
(1월 1일~12월 31일)

한국기업(H기업) (단위 : %)

| 계 정 과 목 | 구 성 률 | |
|---|---|---|
| Ⅰ. 처분전이익잉여금 | | 95.8 |
| 1. 전기이월이익잉여금 | 45.8 | |
| 2. 당기순이익 | 51.5 | |
| 3. 회계변경의누적효과 | 0 | |
| 4. 지분법적용회사잉여금변동 | 0 | |
| 5. 전기오류수정손익 | (0.2) | |
| 6. 기타처분전이익잉여금 | (1.3) | |
| Ⅱ. 임의적립금이입액 | | 4.2 |
| 합 계 | | 100 |
| Ⅲ. 이익잉여금처분액 | | 40.11 |
| 1. 이익준비금 | 0.99 | |
| 2. 기타법정적립금 | 1.37 | |
| 3. 배당금 | 9.81 | |
| 4. 임의적립금 | 26.96 | |
| 5. 기타이익잉여금처분액 | 0.98 | |
| Ⅳ. 차기이월이익잉여금 | | 59.89 |
| 합 계 | | 100 |

처분항목으로는 이익잉여금처분액과 차기이월이익잉여금이 있다.

처분전이익잉여금은 당기말에 처분할 수 있는 이익잉여금으로서 전기이월이익잉여금에 당기순이익, 회계변경의누적효과, 지분법적용회사잉여금변동, 전기오류수정손익 및 기타처분전이익잉여금 등을 가감하여 계산된다.임의적립금이입액은 처분전이익잉여금만으로는 배당이나 적립이 충분치 않아 당기 이전에 적립했던 임의적립금에서 인출한 금액이다.

이익잉여금처분액은 처분전이익잉여금과 임의적립금이입액 중에서 당기에 처분된 이익잉여금을 말한다. 이익잉여금처분액은 상법에 의한 이익준비금과 기업합리화적립금, 재무구조개선적립금 등의 기타법정적립금, 주총 결의로 확정된 배당금, 정관의 규정에 의한 임의적립금 및 기타이익잉

여금처분액 등으로 구성된다. 그리고 차기이월이익잉여금은 이익잉여금 발생금액에서 이익잉여금처분액을 차감한 금액으로 다음 기로 이월되는 잉여금을 말한다.

한국기업(H기업)의 이익잉여금은 처분전이익잉여금과 임의적립금이입액이 각각 95.8%와 4.2%의 구성률로 발생하였고, 이익잉여금처분액과 차기이월이익잉여금이 각각 40.11%와 59.89%의 구성률로 발생하였다.

## 2.5 재무제표의 상호관련성

기업은 영업활동을 하기 위하여 필요한 자산을 취득한다. 그리고 영업활동이 진행되면서 기업자산의 구성내용은 변한다. 제품을 생산하기 위하여 원재료를 구입하고, 구입한 원재료를 가공하여 제품을 생산하는 과정을 예로 들어보자. 이 예에서 원재료라는 자산이 가공과정에서 재공품으로 변하고 또한 제품으로 변한다. 생산과정에서 비유동자산의 가치도 변한다. 즉, 생산과정에서 비유동자산은 감가상각되어 점차 소멸된다.

생산과정뿐만 아니라 판매과정에서도 기업이 보유한 자산의 내용은 변하기 마련이다. 예를 들어 생산된 제품을 판매하여 현금을 받은 경우, 제품이라는 자산은 소멸되고 대신에 현금이라는 자산이 생성된다.

이와 같이 정상적인 영업활동 과정에서 기업자산의 구성내용은 변한다. 일정시점에서 기업이 보유한 자산은 그 시점까지의 영업활동의 결과이다. 즉, 영업활동이란 자산을 새롭게 변화시키는 활동을 의미하며, 영업활동의 결과로 기업의 자산구조(asset structure)가 결정된다. 따라서 기업의 영업활동으로부터 얻는 현금흐름은 자산을 활용한 결과로 얻은 현금흐름이다.[4]

<표 2-16>에서 볼 수 있는 바와 같이, 기업이 자산을 보유하고 활용하는 주목적은 정상적 영업활동을 통해 현금흐름을 얻기 위함이다. 기업의 영업활동을 통해 얻는 현금흐름은 구체적으로 어떤 정보로부터 파악될

4) 물론 자산 중에는 기업의 영업활동과는 직접 관련이 없는 자산들도 있다. 건설중인 자산, 비업무용자산 등이 그런 대표적인 자산들이다.

〈표 2-16〉 재무상태표와 현금흐름

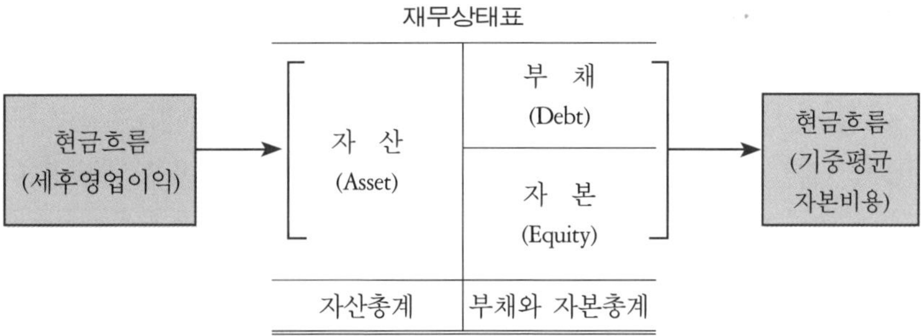


수 있을까? 결론적으로 말해서 영업활동으로부터의 현금흐름 정보는 손익계산서상에서 매출액부터 영업이익까지의 정보로부터 얻을 수 있다.

한편, 기업이 자본을 사용하는 대가로 지급하는 현금흐름, 즉 타인자본비용과 자기자본비용 등으로 구성된 가중평균자본비용은 구체적으로 어떤 정보로부터 파악할 수 있을까? 결론적으로 말해서 자본사용에 따른 현금유출에 대한 정보는 손익계산서상에서 영업이익부터 당기순이익까지의 정보로부터 얻을 수 있다.

다음에는 H기업의 예를 이용하여 재무정보가 상호 어떤 관련성을 갖는지를 살펴보기로 한다. 회계기준에 의해 작성하는 재무제표는 기간손익 측정을 주목적으로 하고 있기 때문에 우리가 설명하려고 하는 내용과 상호 일치하지 않는 측면이 있을 수 있다. 다음의 설명은 재무제표의 상호관련성에 관한 전체적인 시각을 넓히기 위한 개략적인 설명임을 먼저 양해하기 바란다.

<표 2-17>에서 볼 수 있는 바와 같이, 기업의 영업활동은 재무상태표의 자산항목과 밀접한 관련을 맺고 있으며, 그 내용은 손익계산서에서 매출액부터 영업이익까지로 요약된다. 즉, 총자산과 영업이익을 대응시키는 것은 영업활동을 위한 투입량과 영업활동의 결과로 얻은 산출량을 비교하는 것이다. 따라서 재무제표로부터 얻는 총자산영업이익률 정보는 기업의 투자수익률 정보임을 알 수 있다(물론 상황에 따라 일부 조정이 필요함).

재무이론에서는 기업자산의 시장가치(기업가치)를 추정할 때 세후영업이

**〈표 2-17〉 재무제표의 상호관련성**

손익계산서
(1월 1일~12월 31일)

한국기업(H기업) (단위 : 억원)

|  |  |  |
|---|---|---|
| 영업활동 | 매출액 | 120 |
| | − 매출원가 | 98.2 |
| | 매출총이익 | 21.8 |
| | − 판매비와 관리비 | 14.5 |
| 재무활동 등 | 영업이익 | 7.3 |
| | + 영업외수익 | 5.0 |
| | − 영업외비용 | 4.6 |
| | 법인세비용차감전순이익 (세전순이익) | 7.7 |
| | − 법인세비용 등 | 1.4 |
| | 당기순이익 | 6.3 |

재무상태표
(12월 31일)

한국기업(H기업) (단위 : 억원)

| 자산 | 금액 | 부채 및 자본 | 금액 |
|---|---|---|---|
| 유동자산 | 42.3 | 유동부채 | 34.8 |
| | | 비유동부채 | 15.4 |
| 비유동자산 | 57.7 | 자 본 | 49.8 |
| 총 자 산 | 100 | 총 자 본 | 100 |

익을 기준으로 한 현금흐름을 사용한다. 왜냐하면 기업가치는 정상적인 영업활동을 통하여 얻어지는 세후영업이익의 현재가치이기 때문이다. 따라서 재무상태표상의 총자산과 손익계산서상의 영업이익까지는 기업의 영업활동이라는 측면에서 상호 밀접한 관련성을 갖는다.

또한 <표 2-17>에서 볼 수 있는 바와 같이, 기업의 자본조달과 관련된 재무활동 등은 재무상태표상의 부채 및 자본항목과 밀접한 관련을 맺고 있으며, 그 내용은 손익계산서상의 영업이익 이후부터 당기순이익까지로 요약된다. 기업의 재무활동은 영업이익 이후의 항목 중에서 특히 이자비용(영업외비용 중) 그리고 당기순이익과 밀접한 관련을 맺고 있다.

왜냐하면 이자비용은 부채 사용에 따른 자본비용이고, 당기순이익은 자기자본 사용에 따른 자본비용이기 때문이다. 이들 자본비용을 평균한 것이 가중평균자본비용이다. 결국 재무상태표상의 부채·자본과 손익계산서상의 영업이익 이후 당기순이익까지는 기업의 재무활동이라는 측면에서 상호밀접한 관련을 맺고 있다.

이와 같이 재무제표에서 제공되는 정보를 사용하여 기업의 영업 및 재무상태를 파악하려고 할 때, 재무제표 상호간의 관련성을 이해하는 것은 매우 중요하다.

## 2.6 재무비율의 분류와 표준비율

비율분석은 재무제표 자료를 사용한 분석 중에서 전통적으로 가장 많이 이용되고 있는 분석이다. 다음 장에서 비율분석을 구체적으로 공부하기 전에 여기서는 비율분석의 기초개념을 살펴보기로 하자. 먼저 비율분석의 의의와 체계에 대해 설명하고 본서의 비율분석 체계를 설명하기로 한다. 그리고 한국은행의 「기업경영분석」을 중심으로 표준비율을 설명하기로 한다.

### 1. 비율분석의 의의와 체계

먼저 비율분석의 의의와 일반적 체계를 살펴보고, 본서의 비율분석 체계를 설명하면 다음과 같다.

#### 1 비율분석의 의의

비율분석(financial ratio analysis)은 재무제표상의 개별항목간의 비율을 산출하여 기업의 재무상태와 경영성과를 분석하는 것을 의미한다. 비율분석은 미국에서 은행이 자금대출시 자금차입자의 단기채무 지급능력을 판단하기 위한 신용분석(credit analysis)의 수단으로 사용한 데서 비롯되었다. 경영학의 발달과 함께 통계기법과 예측기법이 많이 발전하게 됨에 따라 비율분석의 활용범위도 상당히 확대되고 있다.

비율분석은 전문적인 투자자들의 투자분석 수단뿐만 아니라 경영자의 경영상태 분석수단으로까지 이용되기에 이르렀다. 종전의 비율분석은 주로 과거와 현재의 재무상태에 대한 분석에 중점을 두고 있는 데 반해서, 최근의 비율분석은 미래의 재무상태와 경영성과를 예측하는 분석에 많은 비중을 두고 있다.

재무비율은 특성에 따라 일반적으로 유동성비율, 레버리지비율, 안정성비율, 수익성비율, 활동성비율, 생산성비율, 성장성비율 및 시장가치비율로 분류된다.

유동성비율(liquidity ratio)은 기업의 단기채무 지급능력을 측정하기 위한 비율이며, 레버리지비율(leverage ratio)은 기업이 타인자본에 어느 정도 의존하고 있는지를 측정하기 위한 비율로서 기업의 타인자본의존도 및 손익확대효과의 크기를 나타낸다. 안정성비율(stability ratio)은 자본배분의 안정성과 자산구성의 안정성을 측정하기 위한 비율이다.

수익성비율(profitability ratio)은 일정기간 동안의 영업성과를 나타내는 비율이다. 수익성비율은 매출수익성비율과 자본수익성비율로 분류된다. 매출수익성비율은 기업이 실현한 수익 중에서 이익을 어느 정도 얻고 있는지를 나타내는 비율이다. 그리고 자본수익성비율은 투자한 자본에 대한 이익의 비율, 즉 투자수익률을 나타내는 비율이다. 활동성비율(activity ratio)은 기업이 일정 영업기간 동안 자산을 얼마나 효율적으로 활용하고 있는지를 나타내는 비율이다.

생산성비율(productivity ratio)은 일정기간 동안의 기업활동의 능률 내지 업적을 측정하는 비율이다. 즉, 생산성비율은 산출량(output)이 투입량(input)에 비해 어느 정도인지를 나타내는 비율이다. 성장성비율(growth ratio)은 일정 영업기간 동안 자산, 수익 및 이익이 어느 정도 증가했는지를 측정하는 비율이다. 즉, 성장성비율은 기업의 성장 정도를 파악하는 비율이다. 그리고 시장가치비율(market value ratio)은 기업의 가치가 시장에서 어떻게 평가되는지를 알려주는 비율이다.

## 2 비율분석의 체계

비율분석은 분석의 목적, 자료 또는 주체 등에 따라 여러 가지 유형으로 구분된다. 일반적으로 많이 사용되는 분류방법에 따라 재무비율의 체계를 나누면 다음과 같다.

### ① 재무상태표비율 분석, 손익계산서비율 분석 및 혼합비율 분석

재무상태표비율과 손익계산서비율은 일정시점의 재무자료(재무상태)를 이용하느냐 또는 일정기간 동안의 재무자료(손익계산서)를 이용하느냐에 따라 구분된다. 재무상태표비율 분석(또는 정태비율 분석)은 일정시점의 재무상태를 분석하는 것으로서 재무상태표에 나타난 자료를 대상으로 한 비율분석이다. 예를 들어 재무상태표 항목인 유동자산과 유동부채를 비교하거나 당좌자산과 유동부채를 비교하는 것은 재무상태표비율 분석에 포함된다.

손익계산서비율 분석(또는 동태비율 분석)은 일정기간 동안의 경영성과를 분석하는 것으로 손익계산서에 나타난 자료를 대상으로 한 비율분석이다. 예를 들어 매출액과 순이익을 비교하는 것은 손익계산서비율 분석에 포함된다.

혼합비율 분석(mixed financial ratio analysis)은 재무상태표 항목과 손익계산서 항목을 동시에 비교하는 비율분석이다. 예를 들어 손익계산서 항목인 순이익과 재무상태표 항목인 총자본을 비교하는 것은 혼합비율 분석에 포함된다.

### ② 관계비율 분석과 구성비율 분석

관계비율 분석은 재무제표상의 항목간의 관계를 비율로 나타내어 분석하는 방법으로 항목비율 분석이라고도 한다. 대부분의 재무비율은 관계비율 분석의 체계에 속해 있다.

구성비율 분석은 손익계산서에서 매출액을 100%로 하여 각 항목을 매출액에 대한 백분율로 표시한다든지, 재무상태표에서 총자산을 100%로 하여 각 항목을 총자산에 대한 백분율로 표시하여 분석하는 방법이다. 구성비율 분석은 규모가 다른 기업들을 비교하거나 시계열분석을 할 때 유용한 방법이다.

### ③ 본서의 비율분석 체계

본서는 비율분석을 재무상태표 분석과 포괄손익계산서 분석으로 구별하여 설명하고 추가적으로 시장가치 분석을 살펴보기로 한다. 혼합비율분석에 해당하는 부분은 비율의 세부성격에 맞추어 재무상태표 분석 또는 포괄손익계산서 분석에 포함하여 설명하고 극히 일부는 분석자료의 종류와는 관계없이 비율분석의 세부성격에 따라 분류하여 설명하기로 한다.

〈표 2-18〉 비율분석 체계

| 재무비율분석 | | | |
|---|---|---|---|
| | 재무상태표 분석 | 유동성 분석 | 유동비율, 당좌비율, 현금비율, 순운전자본비율 |
| | | 레버리지 분석 | 부채비율, 자기자본비율, 차입금의존도, 차입금평균이자율**, 이자보상비율*, EBITDA/이자비용비율*, 고정재무비보상비율* |
| | | 안정성 분석 | 비유동비율, 비유동장기적합률 |
| | | 자산구성 분석 | 유동자산구성비율, 유형자산구성비율, 투자자산구성비율 |
| | 포괄 손익계산서 분석 | 수익성 분석 | 매출액총이익률, 매출액영업이익률, 매출액세전순이익률, 매출액순이익률, 총자본영업이익률**, 기업세전순이익률**, 자기자본순이익률**, 총자본순이익률** |
| | | 활동성 분석 | 총자본회전율**, 자기자본회전율**, 비유동자산회전율**, 재고자산회전율**, 매출채권회전율**, 매입채무회전율** |
| | | 생산성 분석 | 부가가치율, 노동생산성, 자본생산성**, 노동소득분배율 |
| | | 성장성 분석 | 매출액증가율, 총자산증가율***, 순이익증가율, 주당이익증가율 |
| | 시장가치 분석 | 시장가치 분석 | 주가이익비율(PER), 주가순자산비율(PBR), 주가매출액비율(PSR), 주가현금흐름비율(PCR), EV/EBITDA비율 |

* 실제는 손익계산서비율이나 성격상 재무상태표비율로 분류함.
** 실제는 혼합비율이나 성격상 손익계산서비율로 분류함.
*** 실제는 재무상태표비율이나 성격상 손익계산서비율로 분류함.

본서에서 설명할 비율분석의 체계는 <표 2-18>과 같다.

<표 2-18>에서 볼 수 있는 바와 같이, 본서에서는 비율분석을 재무상태표 분석, 손익계산서 분석 그리고 시장가치 분석으로 대별하여 설명하 기로 한다. 또한 비율분석을 성격에 따라 유동성 분석, 레버리지 분석, 안정성 분석, 자산구성 분석, 수익성 분석, 활동성 분석, 생산성 분석, 성장성 분석 그리고 시장가치 분석으로 분류하기로 한다.

## 2. 표준비율의 의의와 종류

표준비율은 비율분석의 기준이 되는 재무비율이다. 여기서는 먼저 표준비율의 의의와 종류를 살펴보고, 실무에서 표준비율로 많이 사용되는 한국은행의 「기업경영분석」 자료를 설명하기로 한다.

### 1 표준비율의 의의

표준비율(standard ratio)은 측정된 재무비율의 양호하고 불량함을 판단하는 데 기준이 되는 비율이다. 표준비율로는 일반적으로 산업평균비율이 가장 널리 사용되고 있다. 동일 업종, 동일 규모의 평균 재무비율인 산업평균비율은 한국은행에서 매년 발간하는「기업경영분석」에서 얻을 수 있다.

또한 해당 업체의 과거평균비율과 일반적 경험비율 및 실현가능한 목표비율을 표준비율로 하는 경우도 있다. 일반적 경험비율이란 과거의 경험에 비추어서 일반적으로 양호하다고 인정되는 비율로서, 유동비율 200% 이상, 당좌비율 100% 이상, 비유동장기적합률 100% 이하 등이 그 예이다. 또한 실현가능한 목표비율은 당해 기업이 경영계획에 따라 일정기간 후 달성하려고 하는 경영목표를 설정하고, 이 목표를 달성할 경우 실현되는 비율이다.

## 2 표준비율의 종류

### ① 산업평균비율

산업평균비율(industry average ratio)은 분석대상 기업과 동일한 산업에 속해 있는 기업들의 평균비율이며, 이 비율이 표준비율로 가장 널리 사용되고 있다. 현재 우리나라에서 널리 쓰이고 있는 산업평균비율은 매년 출간되는 한국은행의 「기업경영분석」에 수록되어 있다. 한국은행에서 공표하는 산업평균비율은 산업별, 기업규모별로 분류되어 있다. 산업평균비율은 산업 규모별로 종합적인 재무제표를 작성하여 계산되므로 기업의 규모가 반영된 가중평균 재무비율이다.

### ② 과거평균비율

과거평균비율은 분석대상 기업의 과거 수년간의 재무자료를 사용하여 산출한 평균비율이다. 기업 내부에서는 자신의 과거 실제비율을 평균한 과거평균비율이 기업의 재무상태와 경영성과의 양부를 판단하는 데 중요한 표준이 되기도 한다. 그러나 과거평균비율은 제3자의 입장에서는 널리 이용되지 않는다. 왜냐하면 제3자의 입장에서 재무분석은 산업 전체를 기준으로 기업의 상태를 평가하는 분석이기 때문이다.

### ③ 일반적 경험비율

일반적 경험비율은 과거의 경험에 의하여 일반적으로 인정된 비율을 의미한다. 예를 들어, 미국에서 통용되고 있는 유동비율 200% 이상, 당좌비율 100% 이상은 과거의 경험에 의하여 인정된 표준비율이다. 그러나 일반적 경험비율은 분석자의 주관에 의해 많이 좌우되고 국가 또는 기업마다 차이가 많으므로 객관성이 결여되어 있다는 지적을 받고 있다.

### ④ 실현가능 목표비율

실현가능 목표비율은 당해 기업이 실현가능하다고 인정하는 이상적인 목표비율이다. 기업은 경영계획에 의거해서 달성하려고 하는 목표를 설정하는데, 경영자는 이 목표를 실현시키기 위하여 이상적인 표준비율을 설정할 수 있다.

이상과 같이 표준비율은 경영분석가의 분석목적에 따라 다양하게 이용되고 있으며, 경영분석가는 필요한 경우 한 개 이상의 표준비율을 선정하여 복합적으로 사용하는 경우도 있다. 그러나 일반적으로 가장 많이 사용되는 표준비율은 산업평균비율이다.

## 3 한국은행의 「기업경영분석」

산업평균비율은 한국은행에서 매년 공표하는 「기업경영분석」을 통해 얻을 수 있다. 이 자료는 우리나라 기업들의 산업평균비율을 규모별로 제공한다.

<표 2-19>는 한국은행이 발행한 「기업경영분석」의 일부를 그대로 옮겨다 놓은 것이다. <표 2-19>는 제조업(C) 중에서 화학물 및 화학제품업종(C20)에 속한 비료 및 질소화합물업(C202)의 재무비율 자료이다. 이와 같이 「기업경영분석」은 한국표준산업분류를 참조하여 3단계(대분류,중분류, 소분류)로 나누고 있다.

또한 「기업경영분석」은 산업을 규모별로 세 가지(종합, 대기업, 중소기업)로 나누고 있다. 여기서 종합이란 대기업과 중소기업을 모두 합한 것을 의미한다(대기업과 중소기업은 상시 종업원 300명을 기준으로 분류함). <표 2-17>은 비료 및 질소화합물업에 속한 모든 표본기업(대기업+중소기업)을 종합적으로 망라하여 측정한 재무비율 자료이다.

「기업경영분석」은 재무비율을 성장성에 관한 지표, 손익의 관계비율, 자산・자본의 관계비율, 자산・자본의 회전율, 생산성에 관한 지표, 그리고 부가가치의 구성 등으로 나누어서 공표하고 있다. 이외에도 「기업경영분석」은 산업별 재무상태표, 손익계산서, 제조원가명세서, 현금흐름표 그리고 이익잉여금처분계산서 등을 공표하고 있다. 「기업경영분석」은 연속된 3년간의 재무비율 자료를 합계 공표함으로써 이용자의 비교분석을 돕고 있다.

**〈표 2-19〉 한국은행의 「기업경영분석」 자료 예시(C202. 비료 및 질소화합물종합)**

성장성에 관한 지표 Indicators concerning Growth

단위 : %

| 코드 | 재무비율 | 2년 전 | 1년 전 | 금년도 |
|---|---|---|---|---|
| 501 | 총자산증가율 | 3.88 | −2.73 | 4.02 |
| 502 | 유형자산증가율 | −1.84 | −5.96 | −3.60 |
| 503 | 유동자산증가율 | 10.59 | −0.87 | 11.95 |
| 504 | 재고자산증가율 | 29.98 | −8.65 | −7.76 |
| 505 | 자기자본증가율 | 4.66 | 3.66 | 4.76 |
| 506 | 매출액증가율 | 4.80 | −1.09 | 12.42 |

손익의 관계비율 Relationship Ratios of Income and Expenses

단위 : %

| 코드 | 재무비율 | 2년 전 | 1년 전 | 금년도 |
|---|---|---|---|---|
| 601 | 총자산세전순이익률 | 4.48 | 4.25 | 5.44 |
| 602 | 총자산순이익률 | 3.74 | 3.27 | 4.29 |
| 603 | 기업세전순이익률 | 5.59 | 5.47 | 6.79 |
| 604 | 기업순이익률 | 4.84 | 4.50 | 5.64 |
| 605 | 자기자본세전순이익률 | 7.21 | 6.55 | 8.18 |
| 606 | 자기자본순이익률 | 6.01 | 5.05 | 6.45 |
| 607 | 자본금세전순이익률 | 29.80 | 27.20 | 33.42 |
| 608 | 자본금순이익률 | 24.84 | 20.97 | 26.36 |
| 609 | 매출액세전순이익률 | 4.08 | 3.97 | 4.39 |
| 610 | 매출액순이익률 | 3.41 | 3.06 | 3.47 |
| 611 | 매출액영업이익률 | 3.97 | 2.96 | 4.04 |
| 612 | 매출원가 대 매출액 | 81.80 | 84.28 | 82.77 |
| 613 | 변동비 대 매출액 | 59.40 | 61.40 | 62.80 |
| 614 | 고정비 대 매출액 | 40.00 | 38.14 | 35.52 |
| 615 | 연구개발비 대 매출액 | 0.52 | 0.41 | 0.33 |
| 616 | 인건비 대 매출액 | 8.27 | 8.31 | 7.70 |
| 617 | 인건비 대 영업총비용 | 10.51 | 11.40 | 10.53 |
| 618 | 재료비 대 매출액 | 42.83 | 40.74 | 42.60 |
| 619 | 재료비 대 영업총비용 | 54.44 | 55.89 | 58.19 |
| 620 | 순외환손익 대 매출액 | 0.29 | 0.80 | 0.21 |
| 621 | EBIT 대 매출액 | 5.10 | 5.12 | 5.48 |
| 622 | EBITDA 대 매출액 | 9.77 | 9.74 | 9.57 |

| | | | | |
|---|---|---|---|---|
| 623 | 감가상각률 | 14.97 | 15.20 | 16.68 |
| 624 | 금융비용 대 부채 | 2.93 | 3.47 | 4.03 |
| 625 | 차입금평균이자율 | 5.83 | 6.33 | 7.42 |
| 626 | 금융비용 대 총비용 | 1.02 | 1.15 | 1.11 |
| 627 | 금융비용 대 매출액 | 1.01 | 1.14 | 1.09 |
| 628 | 순금융비용 대 매출액 | 0.75 | 0.82 | 0.68 |
| 629 | 이자보상비율 | 393.25 | 258.32 | 370.52 |
| 630 | 순이자보상비율 | 529.71 | 359.29 | 596.49 |
| 631 | 손익분기점률 | 89.94 | 89.71 | 88.19 |
| 632 | 사내유보율 | 79.31 | 83.50 | 77.46 |
| 633 | 배당률 | 6.95 | 6.93 | 8.73 |
| 634 | 배당성향 | 26.80 | 32.20 | 32.46 |

### 자산·자본의 관계비율 Relationship Ratios of Assets, Liabilities and Stockholders' Equity

단위 : %

| 코드 | 재무비율 | 2년 전 | 1년 전 | 금년도 |
|---|---|---|---|---|
| 701 | 자기자본비율 | 62.37 | 66.88 | 66.76 |
| 702 | 유동비율 | 153.25 | 175.86 | 192.78 |
| 703 | 당좌비율 | 85.13 | 104.42 | 126.45 |
| 704 | 현금비율 | 21.60 | 26.95 | 40.82 |
| 705 | 비유동비율 | 80.65 | 74.33 | 67.32 |
| 706 | 비유동장기적합률 | 74.44 | 69.62 | 62.90 |
| 707 | 부채비율 | 60.34 | 49.52 | 49.80 |
| 708 | 유동부채비율 | 52.00 | 42.75 | 42.79 |
| 709 | 비유동부채비율 | 8.34 | 6.76 | 7.01 |
| 710 | 차입금의존도 | 18.74 | 18.07 | 17.18 |
| 711 | 차입금 대 매출액 | 17.41 | 16.67 | 14.14 |
| 712 | 매출채권 대 매입채무 | 210.17 | 275.16 | 286.18 |
| 713 | 순운전자본 대 총자본 | 17.27 | 21.69 | 26.50 |

자산 · 자본의 회전율 Turnover Ratios of Assets, Liabilities and Stockholders' Equity

단위 : 회전

| 코드 | 재무비율 | 2년 전 | 1년 전 | 금년도 |
|---|---|---|---|---|
| 801 | 총자산회전율 | 1.10 | 1.07 | 1.24 |
| 802 | 자기자본회전율 | 1.77 | 1.65 | 1.86 |
| 803 | 자본금회전율 | 7.29 | 6.85 | 7.61 |
| 804 | 경영자산회전율 | 1.27 | 1.23 | 1.37 |
| 805 | 비유동자산회전율 | 2.12 | 2.13 | 2.64 |
| 806 | 유형자산회전율 | 2.86 | 2.88 | 3.58 |
| 807 | 재고자산회전율 | 5.51 | 5.07 | 6.15 |
| 808 | 상(제)품회전율 | 7.83 | 7.08 | 9.09 |
| 809 | 매출채권회전율 | 6.54 | 6.12 | 6.34 |
| 810 | 매입채무회전율 | 16.31 | 14.88 | 17.41 |

생산성에 관한 지표 Indicators concerning Productivity

단위 : 백만원, %

| 코드 | 재무비율 | 2년 전 | 1년 전 | 금년도 |
|---|---|---|---|---|
| 901 | 총자본투자효율 | 18.85 | 17.56 | 20.49 |
| 902 | 설비투자효율 | 50.72 | 48.76 | 60.90 |
| 903 | 기계투자효율 | 149.00 | 143.03 | 193.11 |
| 904 | 부가가치율 | 21.19 | 21.84 | 21.64 |
| 905 | 노동소득분배율 | 67.12 | 72.87 | 63.42 |

부가가치의 구성 Composition of Gross Value Added

단위 : %

| 코드 | 재무비율 | 2년 전 | 1년 전 | 금년도 |
|---|---|---|---|---|
| 1001 | 영업잉여 | 17.70 | 11.86 | 20.26 |
| 1002 | 인건비 | 48.13 | 50.57 | 46.55 |
| 1003 | 금융비용 | 5.88 | 6.96 | 6.58 |
| 1004 | 조세공과 | 2.03 | 2.75 | 2.11 |
| 1005 | 감가상각비 | 26.26 | 27.85 | 24.49 |

## 연·습·문·제

1. 다음을 간략히 설명하시오.

| | |
|---|---|
| ① 유동자산 | ② 비유동자산 |
| ③ 투자자산 | ④ 무형자산 |
| ⑤ 유동부채 | ⑥ 비유동부채 |
| ⑦ 자 본 금 | ⑧ 잉 여 금 |
| ⑨ 생산활동 | ⑩ 영업활동 |
| ⑪ 재무활동 | ⑫ 경상활동 |
| ⑬ 기업자산의 현금흐름 | ⑭ 자본조달에 따른 현금흐름 |
| ⑮ 표준비율 | ⑯ 재무상태표비율 |
| ⑰ 손익계산서비율 | ⑱ 혼합비율 |

2. 재무상태표에 기록된 가치는 현재시점의 구입가치와 어떻게 다른지 설명하시오.

3. 재무상태표상의 자본구성이 기업의 위험에 미치는 영향을 설명하시오.

4. 재무상태표상의 자산구성이 기업의 위험에 미치는 영향을 설명하시오.

5. 재무상태표상의 자산, 부채 및 자본간에 위험균형을 설명하시오.

6. 손익계산서상에서 생산활동은 어떻게 표시되는지를 설명하시오.

7. 손익계산서상에서 영업활동은 어떻게 표시되는지를 설명하시오.

8. 손익계산서상에서 재무활동은 어떻게 표시되는지를 설명하시오.

9. 재무상태표와 손익계산서의 상호관련성을 설명하시오.

10. 표준비율로 가장 많이 이용되는 산업평균비율을 설명하시오.

# 비율분석의 이론과 실제

제 2 편

재무관리 담당자는 기업의 목표를 달성하기 위하여 투자결정, 자본조달결정 및 배당결정을 비롯한 기업의 제반 재무 의사결정을 최적화할 임무를 지니고 있다. 이러한 임무를 효율적으로 수행하기 위하여 재무관리 담당자는 먼저 비율분석을 통하여 기업의 재무상태와 경영성과를 정확하게 파악하고 평가하여야 한다.

또한 금융기관은 비율분석을 통하여 기업의 신용상태를 파악할 수 있다. 금융기관은 손쉽게 얻을 수 있는 기업의 재무제표를 기초하여 재무비율을 분석하고 그로부터 기업의 신용에 관한 기본 정보를 얻을 수 있다.

본편에서는 기업의 재무상태와 경영성과를 평가하기 위하여 재무제표, 즉 재무상태표와 포괄손익계산서를 비교하는 비율분석의 이론과 사례를 살펴보기로 한다.

또한 본편에서는 시장가치와 관련된 비율분석의 이론과 사례를 살펴보고, 전체적인 입장에서 재무비율을 종합적으로 평가하는 방법에 대해서도 설명하기로 한다.

# 제 3 장 재무상태표 분석

재무상태표는 일정시점에서의 자본조달 내역과 자산구성 내역을 나타낸 보고서이다. 따라서 재무상태표 분석은 기업의 일정시점에서의 재무상태에 관한 분석이다.

본장에서는 제2장에서 예로 들었던 한국기업(H기업)의 재무상태표를 사용하여 설명하기로 한다. 구체적인 내용에는 유동성 분석, 레버리지 분석, 자본배분의 안정성 분석, 자산구성 분석 등이 포함된다.

## 3.1 재무상태표 분석의 개요

<표 3-1>의 재무상태표는 H기업의 재무상태표(단위 : 억원)인 동시에 우리나라의 평균적인 제조기업의 재무상태표 구성상태(단위 : %)를 나타내고 있다. <표 3-1>을 사용하여 재무상태표의 자산과 자본의 종류별로 기업이 부담하는 위험의 크기를 다시 한번 정리하기로 하자.

먼저 자산종류별로 기업이 부담하는 위험의 크기를 살펴보기로 하자. 기업이 부담하는 위험은 유동자산과 비유동자산 중 후자를 많이 보유할수록 커진다. 그 이유는 유동자산은 거의 현금화 단계에 있는 자산이기 때문이다. 유동자산 중에서도 현금은 위험이 전혀 없다.

반면에 비유동자산을 많이 보유할수록 기업이 부담하는 위험의 크기는 커진다. 비유동자산이 현금화되기 위해서는 대체로 생산-판매-회수과

〈표 3-1〉 **한국기업(H기업)의 재무상태표**

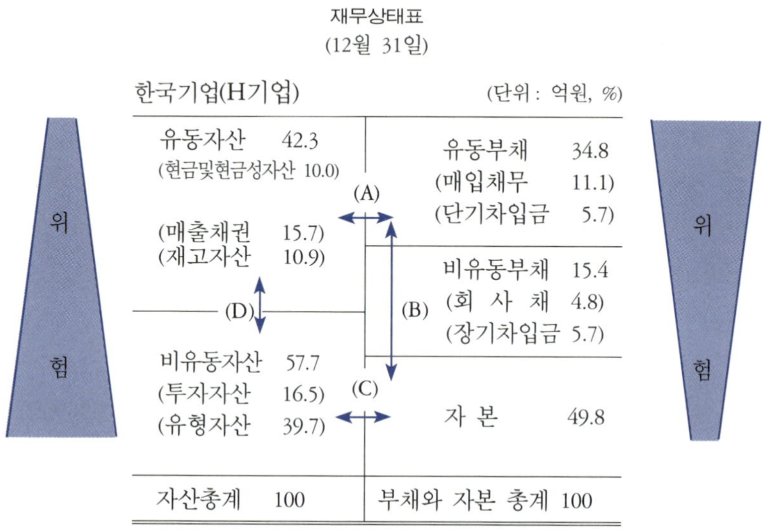


* 구성항목은 대표적인 것만 일부 표시한 것임.

정을 거처야 하므로 비유동자산을 많이 보유할수록 기업의 위험은 커진다. 왜냐하면 기업은 제품을 생산하고 예상한 만큼 매출하며 또한 매출액을 회수하는 데 있어 많은 불확실성을 갖고 있기 때문이다.

자본조달과 위험의 관계를 살펴보면 다음과 같다. 기업이 부담하는 위험은 부채보다는 자본(자기자본)을 많이 사용할수록 작아진다. 왜냐하면 이익이 없으면 자기자본비용은 지급하지 않아도 되고 또한 자기자본은 원금상환없이 영구적으로 사용할 수 있는 자본이기 때문이다.

이와는 반대로 부채를 많이 사용할수록 기업위험은 커지게 된다. 부채를 사용하면 기업은 반드시 고정적인 이자비용을 지급해야 한다. 또한 기업은 부채를 사용하면 반드시 그 원금을 상환해야 한다. 만약 원금상환과 이자지급이 불가능해지면, 기업은 채무불이행으로 인한 파산까지도 감수해야 한다.

부채 중에서도 유동부채가 비유동부채보다 위험이 더 크다. 왜냐하면 부채를 사용하면 이자지급의 의무뿐만 아니라 원금상환의 의무를 부담해야 하는데, 비유동부채는 1년 이후에 원금을 갚아야 하는 부채인데 비해서 유동부채는 1년 안에 원금을 갚아야 하는 부채이기 때문이다.

재무상태표 분석을 통하여 알 수 있는 정보로는 유동성 정보, 레버리지(leverage) 정보, 자본배분의 안정성 정보 및 자산구성 정보가 있다. 유동성 정보는 기업이 단기채무를 얼마나 잘 갚을 수 있는지를 알려주는 정보이다. 레버리지 정보는 자본구조와 관련된 정보이고 자본배분의 안정성 정보는 자본배분이 얼마나 안정되어 있는지를 알려주는 정보이다. 마지막으로 자산구성 정보는 유동자산과 비유동자산의 구성상태에 관한 정보이다. 이들의 의미를 위험의 측면에서 설명하면 다음과 같다.

첫째, 유동성 분석(liquidity analysis)이란 위험이 가장 큰 유동부채를 위험이 가장 작은 유동자산으로 커버할 수 있는지에 대한 분석이다(<표 3-1>의 A부분). 즉, 단기채무를 변제할 만큼 충분한 단기자산을 보유하고 있는지에 대한 분석이다. 유동부채를 변제할 만큼의 충분한 유동자산을 보유하지 못하면, 기업은 지급불능상태(insolvency)에 빠지게 된다.

둘째, 레버리지 분석(leverage analysis)이란 위험이 비교적 큰 부채와 위험이 작은 자본(자기자본)의 구성상태에 대한 분석이다(<표 3-1>의 B부분). 즉, 이는 타인자본 의존도에 대한 분석이다. 부채사용은 호황시에 기업의 이익을 확대시키기도 하지만, 지나친 부채사용은 불황시에 기업을 곤경에 빠뜨릴 수 있다.

셋째, 자본배분의 안정성 분석(stability analysis of capital allocation)이란 위험이 큰 자산인 비유동자산에 대한 투자가 위험이 작은 자본(장기자본) 범위내에서 이루어지고 있는지에 대한 분석이다(<표 3-1>의 C부분). 자본배분의 안정성이 깨지면 기업은 경영상의 어려움을 겪게 된다.

넷째, 자산구성 분석(analysis of asset structure)이란 위험이 큰 비유동자산과 위험이 작은 유동자산의 균형상태에 대한 분석이다(<표 3-1>의 D부분). 즉, 이는 자산이 수익성과 위험의 균형을 유지하면서 구성되어 있는지에 대한 분석이다.

자산구성 상태는 업종별로 차이가 많다. 따라서 자산구성 분석은 특히 산업평균과 비교해서 이루어져야 한다. 자산구성 상태가 산업평균과 비교해서 지나치게 불균형되어 있으면, 이는 기업의 위험과 수익성이 비정상적으로 연계되어 있음을 보여주는 증거이다.

## 3.2 유동성 분석

유동성(liquidity)이란 현금화될 수 있는 성질을 말한다. 따라서 쉽게 현금화시킬 수 있는 자산을 유동성이 높은 자산이라고 부른다. 예를 들어 매출채권, 재고자산 등은 비유동자산에 비해 높은 유동성을 갖고 있다. 기업이 높은 유동성을 유지하고 있다는 것은 1년 내에 만기가 돌아오는 단기채무를 상환할 수 있는 능력을 가지고 있음을 의미한다. 다음은 기업의 유동성을 알려주는 정보들에 대한 설명이다.

### 1. 유동성비율

유동성비율(liquidity ratio)은 기업의 단기채무 지급능력을 측정하기 위한 비율이다. 단기채무 지급능력은 일반적으로 기업이 보유하고 있는 유동자산의 크기에 의하여 좌우된다. 유동성비율은 기업이 단기채무의 위험을 견딜 수 있는 힘을 갖고 있는지를 파악하는 데 이용된다.

유동성비율은 기업에 자금을 대출한 금융기관이나 신용으로 상품을 공급한 상품공급자와 같은 단기신용 제공자들이 많은 관심을 갖는 비율이다. 유동성이란 자산이 단기간내에 확실한 가격으로 현금화될 수 있는 가능성을 의미하며, 일반적으로 그 정도는 유동부채에 대한 유동자산의 규모로 측정된다. 그런데 유동자산의 현금화 가능성은 자산의 형태에 따라 차이가 많으므로 유동성은 유동자산 내의 자산들을 기준으로도 다양하게 측정된다.

## 1 유동비율

유동비율(current ratio)은 유동자산을 유동부채로 나눈 비율로서 단기채무 변제에 충당할 수 있는 유동자산이 얼마나 되는지를 나타내는 비율이다. 유동비율은 은행대출시 채무자의 지급능력을 판단하는 대표적인 지표로 이용되어 왔기 때문에 은행가비율(banker's ratio)이라고도 불리워진다.

<표 3-1>의 자료를 사용하여 H기업의 유동비율을 구해 보기로 하자. H기업의 유동부채와 유동자산을 비교해서 구한 유동비율은 122.6%이다.

$$\begin{aligned} \text{유동비율} &= \frac{\text{유동자산}}{\text{유동부채}} \times 100 \\ &= \frac{42.3\text{억원}}{34.8\text{억원}} \times 100 \\ &= 122.6\% \end{aligned} \tag{3.1}$$

유동자산을 유동부채와 비교하는 이유는 단기채무인 유동부채를 갚을 수 있는 힘의 원천을 유동자산에 두고 있기 때문이다. 유동비율이 100%라는 것은 무엇을 의미하는가? 유동비율이 100% 정도일 때 유동성은 충분히 확보되는가?

결론적으로 말해서 유동비율이 100%일 때 기업의 유동성은 충분하지 못하다. 즉, 기업이 1년 안에 갚아야 할 유동부채만큼 유동자산을 보유하는 것으로는 유동성이 충분히 확보된다고 할 수 없다. 왜냐하면 유동자산 중에는 장부가격이 시장가격보다 높은 자산이 있을 수 있기 때문이다.

예를 들면, 매출채권 중에는 1년 안에 회수되지 않는 부분이 있을 뿐만 아니라 평균적으로 일정비율은 아예 회수불능인 부분도 있기 마련이다. 그리고 재고자산 중에는 시장성을 잃어버린 것도 있다. 특히 과다한 재고자산이 기업의 유동성을 낮추는 일이 흔히 있다. 왜냐하면 매출이 활발하지 않은 경우 기업은 적정재고 이상의 많은 재고자산을 보유하게 되고, 이들 재고자산을 현금화하기 위해서는 낮은 가격으로 제품을 시장에 내놓아야 하기 때문이다.[1)]

---

1) 재고자산 중에서도 원재료(특히 생산이 중지된 원재료)의 유동성이 문제가 많다. 왜냐하

H기업의 예를 통해서 우리나라 제조기업들의 유동비율이 평균적으로 122.6%임을 알았다. <표 3-2>에서 볼 수 있듯이 우리나라 제조기업은 미국, 일본, 독일과 비교해서 평균적으로 유동성이 다소 부족한 상태에 있음을 알 수 있다. 유동성의 부족은 기업을 채무불이행 상태에 이르게 할 수 있어, 충분한 유동성 확보는 우리나라 제조기업들의 당면과제이기도 하다.

**〈표 3-2〉 유동비율의 국제비교**

| 구 분 | 한 국 | 미 국 | 일 본 | 독 일 |
|---|---|---|---|---|
| 유동비율 | 122.6% | 132.0% | 135.1% | 140.2% |

자료 : 『기업경영분석』, 한국은행.

이론적으로는 유동비율이 200% 이상이어야 채권이 안전하게 회수될 수 있다고 보는 경향이 있다. 그 이유는 기업의 파산이나 제품가격의 변동 또는 기업자산의 과대계상에 따른 위험에 대비하여 유동자산의 50% 정도를 평가절하하여 보는 것이 여신자로서는 안전하다고 생각하기 때문이다.

그러나 현실적으로 특정 산업을 제외하고 우리나라 기업들의 경우 유동비율이 130% 정도이면, 유동성이 어느정도 확보되는 것으로 보는 경향이 있다.

## 2 당좌비율

당좌비율(quick ratio)은 유동자산에서 재고자산을 차감한 자산인 당좌자산을 유동부채로 나눈 비율이다. 재고자산은 판매과정을 거쳐야 현금화될 수 있으므로 일반적으로 현금및현금성자산 또는 단기투자자산, 매출채권 등

---

면 완제품은 낮은 가격으로나마 시장에서 판매할 수 있으나, 원재료는 그렇지 못한 경우가 많기 때문이다.

과 같은 당좌자산과 비교해서 유동성이 낮다. 또한 재고자산은 평가방법에 따라 그 가치가 다르게 나타날 수 있어 안정된 유동성을 갖기 어렵다.

따라서 재고자산을 포함한 유동자산으로 기업의 단기채무 지급능력을 측정하는 것보다 현금화가 용이한 당좌자산만으로 단기채무 지급능력을 평가하는 것이 보다 합리적이라고 할 수 있다. 당좌비율은 유동비율보다 기업의 단기채무 지급능력을 보다 직접적으로 평가하기 때문에 산성시험비율(acid test ratio)이라고도 한다.

<표 3-1>의 자료를 사용해서 H기업의 당좌비율을 구해 보자. H기업의 유동부채와 당좌자산(=유동자산−재고자산)을 비교해서 구한 당좌비율은 90.2%이다.

$$
\begin{aligned}
\text{당좌비율} &= \frac{\text{당좌자산}}{\text{유동부채}} \times 100 \qquad (3.2) \\
&= \frac{\text{유동자산} - \text{재고자산}}{\text{유동부채}} \times 100 \\
&= \frac{42.3\text{억원} - 10.9\text{억원}}{34.8\text{억원}} \times 100 \\
&= 90.2\%
\end{aligned}
$$

당좌비율은 유동부채를 커버하기 위하여 기업이 재고자산을 제외한 유동자산을 어느 정도 가지고 있는지를 파악하는 데 유용한 정보이다. 이론적으로는 충분한 유동성을 확보하기 위해서 당좌비율이 100% 정도면 된다는 것이 일반적인 생각이다. 그러나 현실적으로 우리나라에서는 당좌비율이 80% 정도이면, 유동성이 어느 정도 확보되는 것으로 보는 경향이 있다. 또한 일반적으로 우리나라 기업을 대상으로 유동성을 파악할 때 당좌비율이 유동비율보다 더 적합한 경우가 많다.

H기업의 예를 통해서 우리나라 제조기업들의 당좌비율이 평균적으로 90.2%임을 알았다. <표 3-3>으로부터 우리나라 제조 기업들의 평균적인 당좌비율이 선진 외국기업들의 그것과 비교해서 거의 같음을 알 수 있다.

〈표 3-3〉 당좌비율의 국제비교

| 구 분 | 한 국 | 미 국 | 일 본 | 독 일 |
|---|---|---|---|---|
| 당좌비율 | 90.2% | 94.6% | 88.6% | 99.0% |

자료 : 『기업경영분석』, 한국은행.

유동비율과 당좌비율을 측정해 본 결과, 우리나라 제조기업들의 유동비율은 평균적으로 130% 미만이고 당좌비율도 평균적으로 100% 미만인 것으로 나타났다.

우리나라의 제조기업들은 과거 IMF 구제금융 신청 당시(유동비율 92%, 당좌비율 65%)에 비하여 유동성이 많이 개선되었다. 그러나 아직도 경쟁국들에 비해서 유동성을 좀 더 개선할 필요성을 갖고 있다. 상황이 안 좋은 기업일수록 과다한 유동부채의 사용과 과다한 재고자산의 보유 등이 가장 큰 문제점으로 지적되고 있다. 현실적으로 유동부채가 만기 연장(roll over)되지 않을 때 기업들은 유동성 부족으로 말미암아 큰 곤경에 빠질 가능성이 많다.

## 3 현금비율

현금비율(cash ratio)은 현금및현금성자산을 유동부채로 나눈 비율이다. 이 비율은 유동부채를 커버할 수 있는 유동자산의 범위를 현금및현금성자산만으로 한정한 유동성비율이다. 매출채권과 재고자산 등의 유동자산이 현실적으로 현금화되기 어려울 때, 경영분석가는 현금및현금성자산만이 유동성을 갖는 것으로 간주하여 현금비율로 유동성을 측정한다. 현금비율은 유동성비율 중에서 가장 보수적인 비율이다.

<표 3-1>의 자료를 사용하여 H기업의 현금비율을 구해 보기로 하자. H기업의 유동부채와 현금및현금성자산을 비교해서 구한 현금비율은 28.7%이다.

$$\text{현금비율} = \frac{\text{현금및현금성자산}}{\text{유동부채}} \times 100 \qquad (3.3)$$

$$= \frac{\text{10억원}}{\text{34.8억원}} \times 100$$

$$= 28.7\%$$

현금비율에 대해서는 일정한 기준은 없으나, 흔히 20~30% 정도의 현금비율을 유지하는 것이 기업의 유동성을 유지하는 데 필요하다고 보고 있다. 그러나 현금비율을 지나치게 높게 유지하는 것은 기업의 수익성 측면에서 불리할 수 있다. 왜냐하면 현금 보유 자체는 직접적으로 수익 창출에 공헌하지 못하기 때문이다.

## 4 순운전자본비율

순운전자본비율(net working capital to total asset)은 순운전자본(net working capital : NWC)을 총자산(또는 총자본)으로 나눈 비율이다. 순운전자본이란 기업이 일정시점에서 보유하고 있는 유동자산에서 유동부채를 차감한 자본이다. 순운전자본비율은 기업부실 예측모형(bankruptcy forecasting model)의 투입변수로 많이 사용되고 있다. 왜냐하면 순운전자본비율은 +, 0, −의 값 중 하나를 가지므로 모형 투입변수로 보다 적합하기 때문이다.

<표 3-1>의 자료를 사용하여 H기업의 순운전자본비율을 구해 보기로 하자. H기업의 총자산(총자본)과 순운전자본을 비교하여 구한 순운전자본비율은 7.5%이다.

$$\text{순운전자본비율} = \frac{\text{순운전자본}}{\text{총자산}} \times 100 \qquad (3.4)$$

$$= \frac{\text{유동자산} - \text{유동부채}}{\text{총자산}} \times 100$$

$$= \frac{\text{42.3억원} - \text{34.8억원}}{\text{100억원}} \times 100$$

$$= 7.5\%$$

H기업의 순운전자본비율은 7.5%인데, 이는 순운전자본이 양의 값을 가지나 그렇게 충분할 정도로 H기업의 유동성이 양호하지는 않음을 보여준다. 따라서 유동부채를 만기연장하지 못한다면 H기업은 유동성 확보에 어려움을 가질 수도 있다.

## 2. 유동성 사례분석

다음의 두 가지 사례는 유동성을 이해하는 데 많은 도움을 줄 것이다.

### 사례 1

다음은 청기와기업의 현재 재무상태표이다.

재무상태표

청기와기업 (단위 : 백만원)

| | | | |
|---|---|---|---|
| 현 금 | 300 | 매 입 채 무 | 450 |
| 매 출 채 권 | 1,420 | 단기차입금 | 2,680 |
| 재 고 자 산 | 3,000 | 장기차입금 | 2,400 |
| 비유동자산 | 3,600 | 자 본 | 2,790 |
| 자 산 총 계 | 8,320 | 부채와 자본 총계 | 8,320 |

청기와기업의 유동성비율을 계산하고, 이를 산업평균비율과 비교・분석하시오(( ) 안은 산업평균비율임).

① 유동비율(130%) ② 당좌비율(80%)
③ 현금비율(20%) ④ 순운전자본비율(10%)

**해 설**

(1) 청기와기업의 유동성비율을 측정하면 다음과 같다.

① 유동비율 $= \dfrac{\text{유동자산}}{\text{유동부채}} \times 100$

$= \dfrac{4{,}720\text{백만원}}{3{,}130\text{백만원}} \times 100$

$= 151\%$

② 당좌비율 $= \dfrac{\text{당좌자산}}{\text{유동부채}} \times 100$

$= \dfrac{\text{유동자산} - \text{재고자산}}{\text{유동부채}} \times 100$

$= \dfrac{4{,}720\text{백만원} - 3{,}000\text{백만원}}{3{,}130\text{백만원}} \times 100$

$= 55\%$

③ 현금비율 $= \dfrac{\text{현금및현금성자산}}{\text{유동부채}} \times 100$

$= \dfrac{300\text{백만원}}{3{,}130\text{백만원}} \times 100$

$= 9.6\%$

④ 순운전자본비율 $= \dfrac{\text{순운전자본}}{\text{총자산}} \times 100$

$= \dfrac{\text{유동자산} - \text{유동부채}}{\text{총자산}} \times 100$

$= \dfrac{4{,}720\text{백만원} - 3{,}130\text{백만원}}{8{,}320\text{백만원}} \times 100$

$= 19\%$

이상의 유동성비율을 요약하면 다음과 같다.

| 재무비율 | 청기와기업 | 산업평균 | 평가 |
|---|---|---|---|
| 유동비율 | 151% | 130% | 양호 |
| 당좌비율 | 55% | 80% | 불량 |
| 현금비율 | 9.6% | 20% | 불량 |
| 순운전자본비율 | 19% | 10% | 양호 |

(2) 청기와기업의 유동성비율과 산업평균비율을 비교하면 다음과 같다

청기와기업의 유동비율은 산업평균비율에 비해 양호하고, 당좌비율과 현금비율은 산업평균비율에 비해 상당히 낮은 실정이다. 그리고 청기와기업의 순운전자본비율은 산업평균비율에 비해 상당히 높다.

청기와기업은 단기채무를 변제할 수 있을 정도의 유동자산을 보유하고 있으나, 유동자산 중 재고자산이 많아 실제 단기채무 지급능력을 나타내는 당좌비율은 산업평균비율에 비해 매우 낮은 실정이다. 또한 현금보유량도 산업평균에 비해서 상당히 떨어지는 편이다.

따라서 청기와기업은 매출촉진을 통해 재고재산 누적분을 시급히 현금화 함으로써 당좌비율과 현금비율을 높여 지급불능상태에 빠지지 않도록 노력해야 할 것이다. 순운전자본비율은 산업평균보다 높게 나타났는데 이러한 결과 역시 재고자산의 누적에 기인한다.

청기와기업은 표면적으로는 유동성을 확보하고 있는 것으로 보여지지만 실제로는 재고누적으로 인해 유동성이 부족한 상태에 있는 것으로 평가된다. 결국 청기와기업은 실질적인 유동성 확보를 위해 노력해야 할 것이다.

### 사례 2

와우기업의 현재 유동자산은 10억원이고 재고자산은 2억5천만원이다. 그리고 총자산은 30억원이고 현금및현금성자산은 2억원이며 유동부채는 6억원이다. 와우기업의 유동성비율을 계산하고, 다음 각 거래가 발생하였을 경우 유동성의 변화를 측정하시오.

① 1억원짜리 기계를 현금으로 구입한다.
② 1억2천만원의 재고자산을 외상으로 구입한다.
③ 5천만원 매입채무를 현금으로 상환한다.
④ 8천만원의 매출채권을 현금으로 회수한다.
⑤ 은행으로부터 장기차입금 2억원을 차입하여 단기차입금 1억원을 상환하고 나머지는 재고자산을 구입한다.

**해 설**

(1) 와우기업의 유동성비율을 측정하면 다음과 같다.

① 유동비율 $= \frac{10억원}{6억원} \times 100 = 166.7\%$

② 당좌비율 $= \frac{10억원 - 2억5천만원}{6억원} \times 100 = 125\%$

③ 현금비율 $= \frac{2억원}{6억원} \times 100 = 33.3\%$

④ 순운전자본비율 $= \frac{10억원 - 6억원}{30억원} \times 100 = 13.3\%$

(2) 거래후 유동성비율을 측정하면 다음과 같다.

① 현금(당좌자산)이 1억원 감소.

$$유동비율 = \frac{9억원}{6억원} \times 100 = 150\%$$

$$당좌비율 = \frac{6억5천만원}{6억원} \times 100 = 108.3\%$$

$$현금비율 = \frac{1억원}{6억원} \times 100 = 16.7\%$$

$$순운전자본비율 = \frac{9억원 - 6억원}{30억원} \times 100 = 10\%$$

유동비율이 16.7% 포인트 하락하고 당좌비율도 16.7% 포인트 하락한다. 그리고 현금비율은 16.6% 포인트 하락하고 순운전자본비율도 3.3% 포인트 하락한다.

② 재고자산(유동자산)과 매입채무(유동부채)가 각각 1억2천만원 증가.

$$유동비율 = \frac{11억2천만원}{7억2천만원} \times 100 = 155.6\%$$

$$당좌비율 = \frac{7억5천만원}{7억2천만원} \times 100 = 104.2\%$$

$$현금비율 = \frac{2억원}{7억2천만원} \times 100 = 27.8\%$$

$$순운전자본비율 = \frac{11억2천만원 - 7억2천만원}{31억2천만원} \times 100 = 12.8\%$$

유동비율은 11.1% 포인트 하락하고 당좌비율은 20.8% 포인트 하락한다. 그리고 현금비율은 5.5% 포인트 하락하고, 순운전자본비율은 0.5% 포인트 하락한다.

③ 현금(당좌자산)과 매입채무(유동부채)가 각각 5천만원 감소.

$$유동비율 = \frac{9억5천만원}{5억5천만원} \times 100 = 172.7\%$$

$$당좌비율 = \frac{7억원}{5억5천만원} \times 100 = 127.3\%$$

$$현금비율 = \frac{1억5천만원}{5억5천만원} \times 100 = 27.3\%$$

$$순운전자본비율 = \frac{9억5천만원 - 5억5천만원}{29억5천만원} \times 100$$
$$= 13.6\%$$

유동비율은 6% 포인트 상승하고 당좌비율도 2.3% 포인트 상승한다. 그리고 현금비율은 6% 포인트 하락하나 순운전자본비율은 0.3% 포인트 상승한다.

④ 현금(당좌자산)이 8천만원 증가하고 매출채권(당좌자산)이 8천만원 감소.

$$현금비율 = \frac{2억8천만원}{6억원} \times 100 = 46.7\%$$

당좌자산에는 변동이 없으므로 유동비율, 당좌비율 및 순운전자본비율은 변하지 않는다. 다만 현금비율만 13.4% 포인트 상승한다.

⑤ 재고자산(유동자산)이 1억원 증가하고 단기차입금(유동부채)이 1억원 감소하며, 장기차입금(고정부채)이 2억원 증가.

$$유동비율 = \frac{11억원}{5억원} \times 100 = 220\%$$

$$당좌비율 = \frac{7억5천만원}{5억원} \times 100 = 150\%$$

$$현금비율 = \frac{2억원}{5억원} \times 100 = 40\%$$

$$순운전자본비율 = \frac{6억원}{31억원} \times 100 = 19.4\%$$

유동비율은 53.3% 포인트 상승하고 당좌비율도 25% 포인트 상승한다. 그리고 현금비율은 6.7% 포인트 상승하고 순운전자본비율도 6.1% 포인트 상승한다.

## 3.3 레버리지 분석

레버리지(leverage)는 원래 '지렛대 작용'을 의미한다. 비율분석에서 레버리지는 손익확대효과를 가져다 주는 타인자본 의존도를 지칭한다. 본절에서는 레버리지비율의 의미와 측정방법을 설명하기로 한다.

## 1. 레버리지비율

레버리지비율(leverage ratio)은 기업이 어느 정도 타인자본에 의존하고 있는지를 측정하는 비율이며 일명 부채성비율(또는 안전성비율)이라고도 한다.[2] 레버리지비율이 갖는 의미는 다음의 세 가지로 요약될 수 있다.

첫째, 레버리지비율은 기업경영에 따르는 위험을 누가 부담하고 있는지를 나타내 준다. 예를 들면 만약 타인자본이 총자본 중에서 차지하는 비중이 클 경우, 기업의 위험은 주로 채권자들이 부담하게 된다.

둘째, 레버리지비율이 높을수록 기업의 소유주는 적은 자기자본으로 기업을 지배할 수 있는 이점을 갖는다.

셋째, 자본을 운용하여 얻는 수익률이 이자율을 초과하면, 레버리지비율이 높을수록 자기자본수익률이 확대된다. 이와 같은 효과를 손익확대효과(leverage effect)라 한다.

손익확대효과를 좀더 자세히 살펴보면 레버리지란 말이 나오게 된 배경을 쉽게 이해할 수 있다. 예를 들어 한강기업의 재무상태표가 <표 3-4>와 같다고 하자.

〈표 3-4〉 손익확대효과

2) 레버리지의 종류에는 영업레버리지(operating leverage)와 재무레버리지(financial leverage)가 있다. 통상 레버리지란 재무레버리지를 지칭하는 경우가 많다. 영업레버리지에 대해서는 제7장에서 자세히 설명할 것이다.

먼저 한강기업의 영업이익이 ①과 같이 20억원(총자산영업이익률 20%)이고 평균이자율이 10%인 경우를 생각해 보자(법인세 무시). 영업이익으로 얻은 20억원 중에서 5억원은 채권자에게 이자로 지급된다. 법인세를 무시하므로 나머지 15억원은 주주에게 귀속되는 이익이 된다. 다시 말해서 총자산영업이익률(20%)이 평균이자율(10%)보다 클 경우(호황기), 주주에게 귀속되는 자기자본순이익률은 30%(=15/50)로 확대된다.

다음으로 한강기업의 당해 연도 영업이익이 ②와 같이 5억원(총자산영업이익률 5%)이고 평균이자율은 그대로 10%인 경우를 생각해 보자. 영업이익으로 얻은 5억원 중에서 5억원은 채권자에게 지급되고 주주에게 귀속되는 이익은 0이 된다. 다시 말해서 총자산영업이익률(5%)이 평균이자율(10%)보다 작은 경우(불황기), 주주에게 귀속되는 자기자본순이익률은 0%(=0/50)로 급속히 줄어든다.

두 가지 경우에서 볼 수 있는 바와 같이, 총자산영업이익률(투자수익률)의 변화(20~5%)보다 자기자본순이익률의 변화(30~0%)가 더 크다. 이런 효과는 부채를 많이 사용할수록 심해진다. 예를 들어 한강기업의 부채가 80억원, 자기자본이 20억원이라고 하자. 총자산영업이익률이 20%일 때 자기자본순이익률은 60%(=20−8)/20)이고 총자산영업이익률이 5%일 때 자기자본순이익률은 −15%(=(5−8)/20)가 된다. 즉, 부채 규모가 80억원으로 늘어나면 자기자본순이익률의 변화는 60~−15%로 더 확대된다. 마치 부채 규모가 지렛대처럼 작용하여 손익이 확대된다 하여 이와 같은 효과를 재무레버리지효과(financial leverage effect) 또는 손익확대효과라고 한다.

[그림 3-1]은 재무레버리지효과를 지렛대 작용에 비유하여 그린 그림이다. 그림에서 볼 수 있듯이, 부채 규모가 클수록 투자수익률의 변화에 따른 자기자본순이익률의 변화가 더욱 확대된다. 그러나 부채 규모가 지나치게 커지면 지렛대가 부러지는, 다시 말하면 기업이 파산에 이르는 결과를 초래하기도 한다. 지나친 차입경영(借入經營)을 한 기업이 불황기에 쉽게 파산하는 것은 바로 이런 이유 때문이다. 실제로 기업의 레버리지를 분석하는 방법에는 두 가지가 있다.

그림 3-1 재무레버리지효과

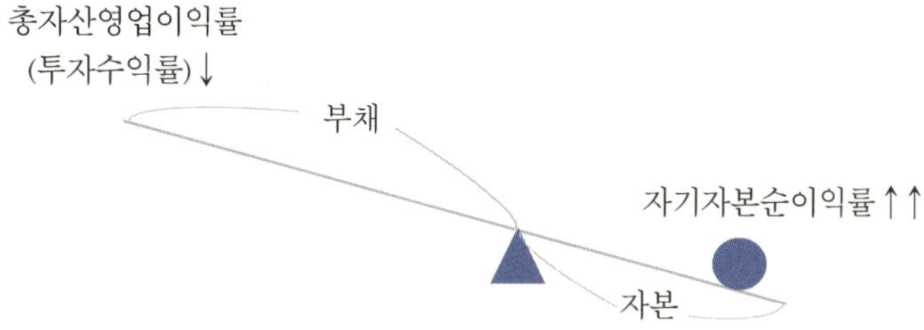


첫째 방법은 재무상태표를 이용하여 자기자본(또는 총자본)과 타인자본의 비율을 산출하는 방법으로서 부채비율과 자기자본비율 등이 여기에 포함된다.

둘째 방법은 포괄손익계산서를 이용하여 영업이익이 타인자본 사용에 따른 이자비용을 어느 정도 충당할 수 있는지를 측정하는 방법으로서 이자보상비율과 고정재무비보상비율 등이 여기에 포함된다. 이 두 가지 방법은 상호보완적이므로 비율분석시 함께 고려하는 것이 바람직하다. 레버리지비율을 구체적으로 살펴보면 다음과 같다.

## 1 부채비율

부채비율(debt ratio)은 타인자본(부채)을 자기자본으로 나눈 비율이며 일반적으로 100% 이하를 표준비율로 보고 있다. 이 기준은 여신자측의 채권회수의 안전성만을 고려한 것이다. 즉, 타인자본이 자기자본을 초과하면 재무위험이 증가하여 기업의 지급능력이 약화되기 쉽고 청산시에 채권자에게 지급해야 할 금액이 커지므로 부채비율이 100% 이하가 되어야 한다는 것이다.

그러나 기업의 소유주는 단기적 채무변제의 압박을 받지 않는 한 높은 부채비율을 선호할 수 있다. 그 이유는 기업의 소유주가 타인자본을 조달·운용해서 얻을 수 있는 수익률이 이자율을 상회하면 타인자본을 사용함으로써 자기자본이익률을 확대시킬 수 있기 때문이다. 또한 신규로 자기자본을 조달하면 기존 주주들이 누려왔던 기업지배권의 일부를 신주주에게 상실할 우려가 있기 때문이다.

부채비율이 너무 높으면 기업소유주의 무책임을 조장할 위험이 있다. 왜냐하면 부채비율이 높아지면 소유주의 출자원금이 상대적으로 적어서 투기적 경영활동이 실패하더라도 소유주들이 부담해야 하는 손실은 적기 때문이다.

<표 3-1>에서 기업의 타인자본 의존도, 즉 레버리지(정확히는 재무레버리지)는 부채와 자기자본의 크기를 비교한 부채비율로 구할 수 있다. <표 3-1>의 자료를 사용하여 H기업의 부채비율을 구해 보자. H기업의 부채와 자기자본을 비교해서 구한 부채비율은 100.8%이다.

$$\begin{aligned} \text{부채비율} &= \frac{\text{부채}}{\text{자기자본}} \times 100 \qquad (3.5) \\ &= \frac{34.8\text{억원} + 15.4\text{억원}}{49.8\text{억원}} \times 100 \\ &= 100.8\% \end{aligned}$$

부채비율이 어느 정도 되어야 적정한지에 대하여 정해진 것은 없다. 그러나 많은 기업들이 목표부채비율을 정해 놓고 그것을 지키려고 노력하고 있다. 우리나라의 평균적인 제조기업인 H기업의 부채비율은 100.8%이다. 즉, H기업은 자기자본 1에 대하여 1 정도의 부채를 사용하고 있다.

IMF 구제금융 신청을 전후하여 우리나라 제조기업들의 평균적인 부채비율은 96년에 316.7%, 97년에 396.3%, 98년에 303%에 이를 정도로 상당히 높았다. 정부는 99년에 들어서서 기업들의 부채비율을 낮추도록 유인하는 강력한 정책을 실시하고 있다. 재벌기업들의 부채비율을 200%로 맞추려는 이 정책에 힘입어, 우리나라 제조기업들의 부채비율이 상당히 줄어들었다. 즉, 2000년대 중반 이후 4년간의 부채비율은 각각 135%, 123%, 104%, 100.8%로 더욱 줄어들었다.

<표 3-5>에서 볼 수 있는 바와 같이, 우리나라의 제조기업들은 미국, 일본의 기업들에 비하여 평균적으로 부채를 더 적게 사용하고 있다. 우리

〈표 3-5〉 부채비율의 국제비교

| 구 분 | 한 국 | 미 국 | 일 본 | 독 일 |
|---|---|---|---|---|
| 부채비율 | 100.8% | 136.5% | 144.0% | 241.0% |

자료 : 『기업경영분석』, 한국은행.

나라 기업들의 평균 부채비율은 100.8%는 외관상 상당히 낮은 수치이나, 기업들 간의 양극화 현상이 상당히 심한 실정에 있다. 예를 들어 소수 최우량 거대기업들이 부채비율은 50%를 밑돌고 있을 정도로 매우 낮다. 그러나 상당수의 기업들의 부채비율은 현실적으로 비교적 높은 실정에 있다. 거대기업들의 규모효과로 인하여 평균 부채비율이 낮은 것으로 나타나고 있다.

<표 3-5>에서 알 수 있는 또 하나의 특색은 독일기업들이 부채를 상당히 많이 쓰고 있다는 것이다.

## 2 자기자본비율

자기자본비율(net worth to total asset)은 총자본 중에서 자기자본이 차지하고 있는 비중을 나타내는 비율로서 부채비율과 함께 기업의 안전성을 측정하는 비율로 이용된다. 특히 우리나라 은행에서는 일정수준의 자기자본비율을 자기자본 지도비율로 정하고 주거래은행 대상기업에 대한 대출심사시 이를 중요한 기준으로 삼고 있다.

<표 3-1>의 자료를 사용하여 H기업의 자기자본비율을 구해 보기로 하자. H기업의 자기자본과 총자본을 비교해서 구한 자기자본비율은 49.8%이다.

〈표 3-6〉 자기자본비율의 국제비교

| 구 분 | 한 국 | 미 국 | 일 본 | 독 일 |
|---|---|---|---|---|
| 자기자본비율 | 49.8% | 42.3% | 41.0% | 29.3% |

자료 : 『기업경영분석』, 한국은행.

$$\text{자기자본비율} = \frac{\text{자기자본}}{\text{총자본}} \times 100 \qquad (3.6)$$
$$= \frac{49.8\text{억원}}{100\text{억원}} \times 100$$
$$= 49.8\%$$

우리나라의 평균적인 제조기업인 H기업의 자기자본비율은 <표 3-6>에서 보듯이 미국, 일본, 독일의 기업들에 비해 상대적으로 높은 편이다.

## 3 차입금의존도

차입금의존도는 총자본 중에서 차입금이 차지하는 비중을 나타내는 지표로서, 부채비율 및 자기자본비율과 더불어 기업의 안전성을 측정하는 비율로 이용되고 있다. 차입금의존도가 높은 기업일수록 금융비용 부담이 가중되고 기업의 전체적인 수익성이 낮아지게 되어 안전성이 떨어지게 된다.

<표 2-1>의 자료(제2장 「2.1」)를 사용하여 H기업의 차입금의존도를 구해 보기로 하자.

$$\text{차입금의존도} = \frac{\text{장·단기 차입금} + \text{회사채}}{\text{총자본}} \times 100 \qquad (3.7)$$
$$= \frac{14.6\text{억원} + 4.8\text{억원}}{100\text{억원}} \times 100$$
$$= 19.4\%$$

H기업의 총차입금(장·단기차입금+회사채)을 총자본으로 나누어서 구한 차입금의존도는 19.4%이다. H기업의 총부채는 50.2억원이고, 이 중 차

입금이 19.4억원이다. 우리나라 제조기업들의 96년, 97년, 98년의 차입금의존도는 각각 48%, 54%, 51%이었다. 부채 감소정책에 따라 2000년대 중반 이후 4년간의 차입금의존도는 각각 32%, 28%, 24%, 19.4%로 현저히 감소하고 있다.

이밖에도 차입금 대 매출액 비율(H기업: 19.4/120=16.2%)이 있는데, 이는 차입금이 매출액에 비해 얼마인가를 나타내는 지표이다. IMF 구제금융 신청 당시 차입금 대 매출액 비율이 1을 초과하는 기업들이 다수 있었다. 이 비율이 1을 넘는다는 것은 기업의 신용상태가 극히 불량함을 보여주는 대표적인 신호로 간주된다.

## 4 차입금평균이자율

차입금평균이자율은 장 · 단기차입금과 회사채 등과 같은 이자발생부채에 대한 이자비용의 비율이다. 식 (3.8)에서 분모는 기초와 기말 금액의 평균치를 사용한다. 실무에서 포괄손익계산서 항목과 재무상태표 항목이 비교될 때, 재무상태표 항목은 기초금액과 기말금액의 평균잔액 즉, 평잔을 사용한다. 그렇게 하는 이유는 포괄손익계산서 항목이 연간 발생된 금액인데 비해서 재무상태표항목은 일정시점의 금액이기 때문이다.

편의상 당해 연도 자료만 이용하여 구한 H기업의 차입금평균이자율은 다음과 같다.

$$\text{차입금평균이자율} = \frac{\text{이자비용}}{\text{(장 · 단기차입금+회사채)의 평잔}} \times 100 \tag{3.8}$$

$$= \frac{\text{1.4억원}}{\text{14.6억원+4.8억원}} \times 100$$

$$= 7.2\%$$

H기업의 차입금평균이자율은 7.2%이다. 우리나라 제조기업들의 96년, 97년, 98년의 차입금평균이자율은 각각 11.22%, 10.59%, 13.51%이었다. 저금리정책과 시장이자율 하락에 따라 2000년대 중반 이후 4년간의 차입금평균이자율은 각각 7.6%, 6.8%, 5.8%, 7.2%로 현저히 줄어들고 있다. 최근

에는 4~5% 수준을 유지하고 있다.

## 5 이자보상비율

레버리지란 일반적으로 부채의존도를 말한다. 기업의 레버리지는 재무상태표 분석에서 부채비율과 자기자본비율로 측정할 수 있음은 이미 설명한 바 있다. 그런데 재무상태표상의 부채비율은 일정시점에서의 부채의존도만을 알려주는 정보일 뿐, 일정 기간에서의 부채사용의 적정성 여부를 알려주지 못하는 단점을 갖고 있다.

다시 말해서 부채비율은 부채와 자기자본간의 구성이 균형을 이루는지를 말할 뿐, 부채사용에 따라 발생하는 이자비용을 정상적인 영업활동으로부터 얻는 영업이익으로 충분히 커버하고 있는지는 설명하지 못하고 있다. 부채를 많이 사용하더라도 영업이익이 이자비용을 충분히 보상해 주기만 한다면, 기업의 부채사용은 단기적으로는 문제가 되지 않는다.

포괄손익계산서상의 레버리지를 측정하는 대표적인 재무정보로는 이자보상비율, EBITDA/이자비용비율 및 고정재무비보상비율이 있다. 이들 비율은 포괄손익계산서상의 자료를 기초로 한 비율이나 레버리지를 분석하는 데 매우 중요한 비율이므로 여기서 설명하기로 한다.

이자보상비율(times interest earned)은 영업이익이 타인자본을 사용하여 발생하는 이자비용의 몇 배에 해당하는지를 나타내는 비율이다. 이 비율은 기업이 부채사용에 따른 이자비용을 지급할 능력을 갖고 있는지를 파악하는 데 이용된다. 즉, 이자보상비율은 기업의 부채수용능력을 보여주는 대표적인 비율이다.

일반적으로 이자보상비율이 적어도 3배 정도가 되어야 이자비용을 정상적으로 지급하고 주주에게도 보상할 수 있으며, 원금의 일부를 원활히 상환할 수 있다. 우리나라의 평균적인 제조기업인 H기업의 손익계산서(포괄손익계산서)(제4장의 <표 4-1>)로부터 이자보상비율을 구하면 다음과 같다.

$$\text{이자보상비율} = \frac{\text{영업이익}}{\text{이자비용}} \tag{3.9}$$

$$= \frac{\text{7.3억원}}{\text{1.4억원}}$$

$$= \text{5.2배}$$

H기업의 이자보상비율은 5.2배이다. 이로부터 H기업의 경우 정상적인 영업활동으로 얻는 이익으로 부채사용에 따라 발생한 이자비용을 충분히 커버하고 있음을 알 수 있다. 산업화 이후 우리나라의 제조기업들은 일반적으로 부채를 많이 사용하여 왔다. 그러나 우리나라 기업들은 그동안에 평균적으로 이자비용을 보상하고 원금을 상환할 수 있을 정도의 영업이익을 창출함으로써 기업성장을 도모해 왔다.

1990년대에 들어서면서 인건비를 비롯한 영업비용의 상승은 영업이익을 급격히 저하시키고 있다. 더구나 부채사용액이 줄지 않는다든지, 이자율이 지속적으로 높게 유지되는 현상은 이자보상비율을 낮추는 요인이 되었었다. IMF 구제금융 신청 당시에는 제조업 평균 이자보상비율이 1배도 안되는 최악의 상태에 있었다.

2000년대 중반 이후 우리나라의 기업들은 영업수익성이 차츰 개선되고 부채 의존도가 낮아짐에 따라 이자보상비율이 눈에 띄게 향상되고 있다. 제조기업 평균 이자보상비율이 5.2배라는 것은 이런 현상을 잘 보여주고 있다. 우리나라 기업들의 이자보상비율이 지난 몇년간 현저히 좋아졌지만, 우량기업과 그렇지 못한 기업간의 양극화 현상이 점차 커지고 있고 산업전반에 걸쳐 영업이익이 급감하고 있음은 우려할 만한 사실이다.

부채비율이 높다는 것은 기업의 재무구조가 건전하지 못함을 보여주는 정보이다. 건전치 못한 재무구조는 기업의 안전성에 나쁜 영향을 미치게 된다. 그런데 재무구조 분석에 있어서 반드시 추가로 분석해야 할 재무정보가 이자보상비율이다. 왜냐하면 이자보상비율이 부채비율보다 기업의 채무불이행과 더 직접적인 관련을 맺고 있기 때문이다.

이자보상비율이 중요한 이유는 이 비율이 투자수익률과 자본비용의 관계를 이해하는 데 기초가 되기 때문이다. 즉, 이자보상비율은 기업의 투자수익률과 자본비용의 관계가 함축되어 있는 비율이다.

$$\text{이자보상비율} = \frac{\text{영업이익}}{\text{이자비용}} \tag{3.10}$$
$$> \frac{\text{영업이익 / 총자본}}{\text{이자비용 / 차입금}}$$
$$= \frac{\text{총자본영업이익률}}{\text{차입금평균이자율}}$$

식 (3.10)은 투자수익률과 자본비용의 관계가 이자보상비율에 어떻게 함축되어 있는지를 보여주고 있다. 이자보상비율을 구하는 공식의 분자인 영업이익은 채권자와 주주가 제공한 총자본으로부터 얻은 투자이익이다. 그리고 분모인 이자비용은 채권자가 자본을 제공하고 받아가는 자본비용이다.

영업이익을 총자본으로 나눈 총자본영업이익률은 투하자본에 대한 투자수익률이고, 이자비용을 차입금으로 나눈 차입금평균이자율은 채권자가 요구하는 자본비용이 된다. 자기자본이 0인 경우는 거의 없으므로 대부분 이자보상비율은 기업의 투자수익률을 채권자의 자본비용으로 나눈 값보다 크다. 즉, 영업이익을 차입금보다 큰 금액인 총자본으로 나누어서 투자수익률이 구해지기 때문이다. 따라서 이자보상비율이 1배 정도의 수준이라는 것은 투자수익률이 자본비용에 미치지 못하고 있다는 것을 의미한다. 이런 경우 기업가치는 감소하게 된다.

## 6 순이자보상비율

순이자보상비율(net interest coverage ratio)은 이자지급에 필요한 수익창출 능력이 있는지를 측정하기 위한 지표이다. 순이자보상비율은 이자보상비율의 보조지표로서 기업의 실질적인 이자지급능력을 가늠하는데 사용된다. 즉, 순이자보상비율은 이자수익까지도 감안하여 이자지급능력을 판단하므로 영업활동뿐만 아니라 영업외활동 까지도 포괄하는 지표이다.

H기업의 순이자보상비율을 구하면 다음과 같다.

$$\text{순이자보상비율} = \frac{\text{영업이익}}{\text{이자비용} - \text{이자수익}} = \frac{7.3\text{억원}}{1.4\text{억원} - 0.5\text{억원}} = 8.1\text{배} \tag{3.11}$$

H기업의 순이자보상비율은 8.1배이다. H기업은 이자비용의 $\frac{1}{3}$ 정도를 이자수익으로 커버할 수 있어서, 이자지급능력을 비교적 충분히 갖춘 것으로 판단된다. 그러나 최근에는 영업이익이 급감하고 있어 이에 대한 체계적인 대책이 요구되고 있다.

## 7 EBITDA / 이자비용비율

이자보상비율과 함께 재무분석가들이 즐겨 사용하는 재무정보로 EBITDA / 이자비용비율과 고정재무비보상비율이 있다. EBITDA는 이자 및 법인세 차감 전 순이익(earnings before interest & tax : EBIT)에 감가상각비 및 무형자산상각비(depreciation & amortization : DA)를 합한 것이다.

EBIT은 자산을 운영해서 벌어들인 현금흐름인데, EBIT을 측정할 때 감각상각비와 무형자산상각비는 차감된다. 현금흐름 기준에서 볼 때 감가상각비와 무형자산상각비는 현금이 외부로 유출된 비용이 아니다. 따라서 자산을 운영해서 얻는 현금흐름은 EBIT에 감가상각비와 무형자산상각비를 가산한 EBITDA이어야 한다. 한국은행에서는 EBIT을 세전순이익+이자

$$\begin{aligned} &\text{EBITDA / 이자비용비율} \\ &= \frac{\text{EBITDA}}{\text{이자비용}} \\ &= \frac{\text{세전순이익} + \text{이자비용} + \text{감가상각비 및 무형자산상각비}}{\text{이자비용}} \\ &= \frac{7.7\text{억원} + 1.4\text{억원} + 3.7\text{억원}}{1.4\text{억원}} \\ &= 9.1\text{배} \end{aligned} \tag{3.12}$$

(감가상각비 및 무형자산상각비 = 3.2억원 + 0.5억원 = 3.7억원)

비용으로 측정한다. H기업의 EBITDA/이자비용비율을 구하면 위와 같다.

H기업의 EBITDA/이자비용비율은 9.1배로서 이자보상비율보다 당연히 높다. EBITDA/이자비용비율은 기업의 단기간의 이자지급 능력을 측정하는 데 많이 사용된다. 그러나 기업이 유지·발전하기 위해서는 감가상각비는 지속적으로 비유동자산에 투자되어야 한다는 점을 감안하면 이자보상비율을 함께 사용해야 한다.

### 8 고정재무비보상비율

고정재무비보상비율(fixed charges coverage)은 이자보상비율을 확대시킨 비율로서, 영업이익을 이자비용 및 고정재무비의 합으로 나눈 비율이다.

최근에 기업은 컴퓨터, 사무용기계 등을 직접 구입해서 사용하지 않고 임차나 리스를 통하여 사용하는 경우가 많다. 따라서 고정재무비보상비율은 임차나 리스를 많이 이용하는 기업의 이자비용 및 고정재무비 지급능력을 측정하는 데 유용한 비율이다. 고정재무비보상비율은 다음과 같다.

$$\text{고정재무비보상비율} = \frac{\text{영업이익}}{\text{이자비용} + \text{고정재무비}} \tag{3.13}$$

고정재무비보상비율은 이자보상비율을 확대시킨 비율이다. 즉, 고정재무비보상비율은 영업활동으로부터 얻은 이익이 이자비용뿐만 아니라 임차료, 리스료 등의 고정재무비까지도 커버할 수 있는지를 측정하는 비율이다.

## 2. 레버리지 사례분석

다음의 사례분석은 기업의 레버리지를 이해하는 데 많은 도움을 줄 것이다.

### 사례 3

상수기업의 재무상태표와 손익계산서는 다음과 같다(단위 : 백만원).

재무상태표

| | | | |
|---|---|---|---|
| 현 금 | 520 | 매 입 채 무 | 480 |
| 매 출 채 권 | 1,420 | 단기차입금 | 2,480 |
| 재 고 자 산 | 3,000 | 장기차입금 | 2,880 |
| 비유동자산 | 3,400 | 자 본 | 2,500 |
| 자 산 총 계 | 8,340 | 부채와 자본총계 | 8,340 |

손익계산서

| | |
|---|---|
| 매 출 액 | 15,320 |
| −매 출 원 가 | 10,180 |
| 매출총이익 | 5,140 |
| −판매비와관리비 | 3,260 |
| 영 업 이 익 | 1,880 |
| +이 자 수 익 | 51 |
| −이 자 비 용 | 375 |
| 세전순이익 | 1,556 |
| −법 인 세 | 451 |
| 당기순이익 | 1,105 |

위의 재무상태표와 손익계산서를 사용하여 다음 비율을 중심으로 상수기업의 레버리지를 분석하시오(( ) 안은 산업평균비율이고 감가상각비는 400 백만원임).

① 부채비율(100%)
② 자기자본비율(50%)
③ 차입금의존도(40%)
④ 차입금평균이자율(6%)
⑤ 이자보상비율(3배)
⑥ 순이자보상비율(4배)
⑦ EBITDA / 이자비용비율(5배)

**해 설**

(1) 레버리지비율을 측정하면 다음과 같다.

① 부채비율 $= \frac{\text{부채}}{\text{자기자본}} \times 100 = \frac{5{,}840\text{백만원}}{2{,}500\text{백만원}} \times 100$
$= 234\%$

② 자기자본비율 $= \frac{\text{자기자본}}{\text{총자본}} \times 100 = \frac{2{,}500\text{백만원}}{8{,}340\text{백만원}} \times 100$
$= 30\%$

③ 차입금의존도 $= \frac{\text{장·단기차입금+사채}}{\text{총자본}} \times 100$
$= \frac{5{,}360\text{백만원}}{8{,}340\text{백만원}} \times 100$
$= 64\%$

④ 차입금평균이자율 $= \dfrac{\text{이자비용}}{\text{(장 · 단기차입금+사채) 평잔}} \times 100$

$= \dfrac{\text{375백만원}}{\text{5,360백만원}} \times 100$

$= 7\%$

⑤ 이자보상비율 $= \dfrac{\text{영업이익}}{\text{이자비용}} = \dfrac{\text{1,880백만원}}{\text{375백만원}}$

$= 5$배

⑥ 순이자보상비율 $= \dfrac{\text{영업이익}}{\text{이자비용}-\text{이자수익}} = \dfrac{\text{1,880백만원}}{\text{375백만원}-\text{51백만원}}$

$= 5.8$배

⑦ EBITDA / 이자비용비율

$= \dfrac{\text{세전순이익+이자비용+감가상각비 및 무형자산상각비}}{\text{이자비용}}$

$= \dfrac{1,505+375+400}{375}$

$= 6$배

이상의 레버리지비율을 요약하면 다음과 같다.

| 재무비율 | 상수기업 | 산업평균 | 평 가 |
|---|---|---|---|
| 부 채 비 율 | 234% | 100% | 불 량 |
| 자기자본비율 | 30% | 50% | 불 량 |
| 차입금의존도 | 64% | 40% | 불 량 |
| 차입금평균이자율 | 7% | 6% | 불 량 |
| 이자보상비율 | 5배 | 3배 | 양 호 |
| 순이자보상비율 | 5.8배 | 4배 | 양 호 |
| EBITDA / 이자비용비율 | 6배 | 5배 | 양 호 |

(2) 레버리지비율을 비교하면 다음과 같다.

상수기업은 산업평균과 비교해서 부채의존도와 차입금의존도가 상당히 높고 차입금평균이자율도 높다. 그러나 부채사용에 따른 이자비용을 지급할 수 있는 능력인 이자보상비율, 순이자보상비율 및 EBITDA / 이자비용비율이 산업평균과 비교해서 양호한 실정이다.

상수기업은 현재 상황이 유지되는 한 이자비용을 지급하고 원금의 일부를 상환하는 데 어려움이 없다. 즉, 현재 상황에서는 부채 수용능력이 어느 정도 있고, 부채를 효율적으로 사용하는 것으로 판단할 수 있다. 그러나 현재의 부채사용 수준이 높기 때문에, 불경기에는 이자비용을 지급하는 데 어려움이 발생할 수 있다. 따라서 상수기업은 불경기를 대비하여 부채와 차입금을 점진적으로 감소시켜야 할 것이다.

## 3.4 자본배분의 안정성 분석

경영분석가들은 기업의 자본과 자산이 위험기준으로 얼마나 균형을 이루는지에 대해서 많은 관심을 가지고 있다. 예를 들어 비유동자산의 규모가 장기자본(=자기자본+비유동부채)의 규모보다 큰 것은, 기업의 안정성이 심각하게 훼손되어 있음을 말해준다.

이는 상대적으로 위험이 큰 비유동자산을 상대적으로 위험이 작은 장기자본으로 충당하지 못한다면, 기업이 불안정하게 된다는 생각이다. 자본배분의 안정성 분석은 이와 같이 자본이 얼마나 안정되게 자산에 배분되어 있는지에 대한 분석이다.

### 1. 자본배분의 안정성비율

일반적으로 기업의 자본구성 상태는 타인자본과 자기자본의 구성비율을 이용하여 분석한다. 이외에도 조달된 자본이 자산에 어떻게 배분되고 있는지를 분석하는 것은 안정성을 파악하는 데 매우 유용하다.

자본배분의 안정성비율(stability ratio of capital allocation)은 조달된 자본이 기업의 자산에 얼마나 적절히 배분되고 있는지를 측정하는 비율이다. 즉, 자본배분의 안정성비율은 기업이 장기적으로 경기변동, 시장여건 변화 등 경제변화에 잘 적응할 수 있는지를 검토하기 위한 비율이다. 자본배분의 안정성비율에는 비유동비율(고정비율)과 비유동장기적합률(고정장기적합률) 등이 대표적이다.

위험이 비교적 큰 비유동자산은 어느 원천의 자본범위내에서 투자되어야 할까? 모든 비유동자산은 당연히 위험이 가장 작은 자본원천인 자기자본 범위내에서 투자되어야 할 것이다. 이와 같은 논리를 기초로 측정하는 재무정보를 비유동비율(고정비율)이라 한다.

그리고 비유동자산에 투자하는 자본의 범위를 자기자본 이외에도 비유동부채까지 확대하여 측정하는 재무정보를 비유동장기적합률(고정장기적합률)이라 한다. 이들 자본배분의 안정성비율을 구체적으로 설명하면 다음과 같다.

## 1 비유동비율(고정비율)

조달된 자본을 유동자산과 비유동자산에 합리적으로 배분한다는 것은 자본의 효율적 이용이라는 관점에서 뿐만 아니라 기업의 안정성을 유지한다는 측면에서도 중요하다. 비유동비율(non-current ratio)은 비유동자산을 자기자본으로 나눈 비율이다. 이는 자기자본이 비유동자산에 투입되어 있는 정도, 즉 자본의 고정화 정도를 측정하는 비율이다.

비유동비율의 일반적인 기준은 100% 이하이나, 비유동비율은 산업간에 큰 차이를 나타내고 있다. 예를 들어 중화학공업에서는 비유동자산이 차지하는 비중이 크나 서비스업에서는 작기 때문에, 비유동비율은 대체로 중화학공업에서는 높으며 서비스업에서는 낮다. 또한 제조업 중에서도 노동집약적 산업에서는 비유동비율이 낮으며, 자본집약적 산업에서는 비유동비율이 높다.

비유동비율은 비유동자산과 같이 장기적으로 고정화되어 있는 자산이 자본(자기자본) 범위내에서 안정적으로 구성되어 있는지를 알려주는 재무정보이다. 이 비율이 100%를 넘어선다는 것은 장기자산에 투입된 자본이 부채에서 일부 조달되고 있음을 의미한다. 물론 부채를 조달하여 장기자산에 투자하는 경우도 있고, 실제로는 그렇지 않아도 사후적으로 장기자

〈표 3-7〉 비유동비율의 국제비교

| 구 분 | 한 국 | 미 국 | 일 본 | 독 일 |
|---|---|---|---|---|
| 비유동비율 | 115.9% | 159.5% | 129.0% | 165.0% |

자료 : 『기업경영분석』, 한국은행.

산에 투자한 자본이 부채에서 조달된 것으로 보이는 경우도 있다

<표 3-1>의 자료를 사용해서 H기업의 비유동비율을 구해 보자. H기업의 비유동자산과 자본(자기자본)을 비교해서 구한 비유동비율은 115.9%이다.

$$\text{비유동비율} = \frac{\text{비유동자산}}{\text{자기자본}} \times 100 = \frac{57.7\text{억원}}{49.8\text{억원}} \times 100 = 115.9\% \tag{3.14}$$

이로부터 우리나라의 많은 제조기업들이 자기자본 규모 이상으로 자본을 고정화시키고 있음을 알 수 있다. 산업화의 연륜이 짧은 우리나라 기업들은 자기자본의 형성 규모가 미약하므로 장기자산 투자에 소요되는 자본을 부채에 많이 의존하고 있다. <표 3-7>에서 볼 수 있듯이, 최근에는 한국기업들이 다른 국가의 기업들과 비교해서 비유동비율이 상대적으로 낮은 것으로 나타났다.

일반적으로 고정화된 자산은 위험도 큰 동시에 미래 수익성도 높으므로, 성장을 추구하는 단계에서는 부채를 조달하여 시설자산에 투자하는 적극적인 투자전략이 필요하다. 장기자산을 자기자본 범위내에서 투자한다는 것은 안정성을 확보하는 데에는 도움이 되나 성장에 필요한 수익성을 얻지 못하는 원인이 되기도 한다. 따라서 비유동비율은 우리나라 기업들의 자본배분의 안정성을 평가하는 데에 크게 유용하다고 볼 수는 없는 비율이다.

## 2 비유동장기적합률(고정장기적합률)

비유동장기적합률(non-current asset to stockholder's equity and non-current liability)은 비유동비율을 좀더 확대한 비율이다. 즉, 비유동장기적합률은 자기자본 외에 비유동부채까지 확대하여 자본배분의 안정성을 측정하는 비율이다.

기업의 입장에서는 자기자본이 가장 위험이 작은 자본이다. 성장을 추구하는 기업은 시설자산 투자에 소요되는 자본을 부채에 의존하기도 한다. 즉, 안정성을 유지하면서 어느 정도의 수익성을 추구하려는 기업은 부채를 사용해서 장기자산에 투자하려고 할 것이다.

장기자산 투자에 소요되는 자본을 부채로 조달할 때 어떤 종류의 원천이 더 적절할 것인가? 당연히 비유동부채이다. 비유동장기적합률은 장기자산에 투자한 자본의 범위를 자기자본과 비유동부채를 포함한 장기자본까지 확장해서 자본배분의 안정성을 평가하는 비율이다.

일반적으로 비유동자산 투자는 자기자본의 범위내에서 이루어지는 것이 바람직하다고 하겠으나, 거액의 설비투자를 필요로 하는 중화학공업 및 기간산업 등에 있어서는 설비투자에 소요되는 모든 자본을 자기자본만으로 조달한다는 것은 사실상 어렵다. 이 원칙을 지나치게 고수하면 기업의 설립 자체가 불가능할 경우도 있다.

기업은 설비투자에 소요되는 자본 중 부족한 부분을 타인자본으로 충당한다. 이때 단기부채보다는 장기부채에 의존하는 것이 기업의 안정성을 도모하는 데 유리할 것이다. 왜냐하면 설비투자로부터 기대되는 수익은 비교적 장기에 걸쳐 발생하므로 설비투자에 소요되는 타인자본도 장기적으로 이용할 수 있는 비유동부채이어야 하기 때문이다. 이와 같이 비유동자산 투자는 장기자본(=자기자본+비유동부채) 범위내에서 이루어져야 한다는 뜻에서 비유동장기적합률은 100% 이하이어야 한다.

한국기업의 자본배분의 안정성을 평가하는 데 있어 비유동장기적합률이 유용하다. 고정화된 자본의 범위를 가장 안정성이 있는 자기자본으로 한정하는 비유동비율과는 달리, 비유동장기적합률은 비유동자산에 투하된 자본을 자기자본과 비유동부채를 합한 장기자본으로 한정하는 재무정보이므로 한국기업들의 특성을 보다 잘 반영할 수 있는 비율이다.

<표 3-1>의 자료를 사용하여 H기업의 비유동장기적합률을 구해 보자. 자기자본+비유동부채와 비유동자산을 비교하여 구한 H기업의 비유동장기적합률은 88.5%이다.

$$비유동장기적합률 = \frac{비유동자산}{자기자본 + 비유동부채} \times 100 \quad (3.15)$$

$$= \frac{57.7억원}{49.8억원 + 15.4억원} \times 100$$

$$= 88.5\%$$

H기업의 비유동장기적합률은 88.5%이다. 우리나라 제조기업들의 평균 비유동비율이 100%를 초과하고 있는데 비하여 비유동장기적합률이 평균적으로 100% 이내를 유지한다는 것은 무슨 의미인가? 이는 우리나라 제조기업들이 평균적으로 장기자산에 투자한 자본의 일부를 비유동부채로 조달하고 있음을 보여주는 결과이다.

비유동장기적합률이 100%를 초과하면 이는 자본배분의 안정성에 문제가 있음을 보여주는 것이다. 어떤 기업의 비유동장기적합률이 150%라고 할 때, 이것이 의미하는 바는 무엇인가? 외견상으로 이 기업의 비유동자산에 투하된 자본 중 1/3은 유동부채로 조달된 것으로 보인다. 즉, 장기적으로 잠겨 있는 자산에 투자된 자본 중 1/3이 1년 안에 원금을 갚아야 하는 부채로 조달된 셈이다. 과연 기업들이 실제로 유동부채를 조달하여 시설자산과 같은 장기자산에 투자했을까?

비유동장기적합률이 150%라는 것은 외견상 유동부채로 조달한 일부 자본이 고정화되어 있는 것으로 보인다. 그러나 실제로 유동부채와 같은 단기자본을 조달하여 비유동자산에 투자하는 경우란 많지 않다.[3)]

그렇다면 비유동장기적합률이 100%를 초과하는 현상은 실제로 왜 생길까? 대부분의 경우 이는 부진한 영업활동의 결과로 생긴다. 다시 말해서 누적적인 결손은 자기자본의 규모를 급격히 감소시키고 그 결과 비유동장기적합률이 큰 폭으로 증가하게 된다.

3) 기업의 재무관리 담당자들은 일반적으로 비유동자산에 투자하는 재원은 장기자본으로 충당한다는 것을 철칙으로 생각하고 있다.

## 2. 자본배분의 안정성 사례분석

다음의 사례분석은 자본배분의 안정성을 이해하는 데 많은 도움을 줄 것이다.

### 사례 4

영광기업의 재무상태표는 다음과 같다(단위 : 백만원).

재무상태표

| | | | |
|---|---|---|---|
| 현 금 | 520 | 매 입 채 무 | 480 |
| 매 출 채 권 | 1,420 | 단기차입금 | 2,680 |
| 재 고 자 산 | 3,000 | 장기차입금 | 3,400 |
| 비유동자산 | 3,400 | 자 본 | 1,780 |
| 자 산 총 계 | 8,340 | 부채와 자본총계 | 8,340 |

영광기업의 자본배분의 안정성을 다음의 비율을 중심으로 분석하시오(( ) 안은 산업평균비율임).

① 비유동비율(150%) ② 비유동장기적합률(90%)

**해 설**

(1) 자본배분의 안정성비율을 측정하면 다음과 같다.

$$① \text{ 비유동비율} = \frac{\text{비유동자산}}{\text{자기자본}} \times 100 = \frac{3{,}400\text{백만원}}{1{,}780\text{백만원}} \times 100 = 191\%$$

$$② \text{ 비유동장기적합률} = \frac{\text{비유동자산}}{\text{자기자본} + \text{비유동부채}} \times 100 = \frac{3{,}400\text{백만원}}{1{,}780\text{백만원} + 3{,}400\text{백만원}} \times 100 = 66\%$$

이상의 안정성비율을 요약하면 다음과 같다.

| 재 무 비 율 | 영광기업 | 산업평균 | 평 가 |
|---|---|---|---|
| 비 유 동 비 율 | 191% | 150% | 불 량 |
| 비유동장기적합률 | 66% | 90% | 양 호 |

(2) 자본배분의 안정성비율을 비교하면 다음과 같다.

영광기업의 비유동비율은 산업평균에 비해 상당히 높고, 비유동장기적합률은 산업평균에 비해 상당히 낮은 실정에 있다. 즉, 영광기업의 비유동자산은 자기자본 범위 이상으로 투자되어 있으나, 장기자본보다는 적게 투자되어 있다. 기업의 실질적인 자본배분의 안정성을 나타내는 비유동장기적합률을 기준으로 할 때, 영광기업의 안정성은 동일 산업내에서 비교적 높은 것으로 평가된다.

## 3.5 자산구성 분석

재무상태표를 분석해서 알 수 있는 또 다른 재무정보에는 자산구성에 관한 정보가 있다. 이는 기업자산이 종류별로 어떻게 구성되어 있는지를 파악하기 위한 재무정보로서 유동자산구성비율, 유형자산구성비율 및 투자자산구성비율 등이 있다.

### 1. 유동자산 및 유형자산 구성비율

유동자산구성비율은 말 그대로 유동자산이 총자산 중에서 차지하는 비율이다. 이 비율은 유동성이 높은 자산을 얼마나 보유하고 있는지를 알려주는 비율이다. 유동자산구성비율이 높을수록 기업의 단기채무 변제능력은 높아진다.

유동자산구성비율이 높아지는 것이 무조건 양호한 변화인 것만은 아니다. 즉, 유동자산구성비율이 높아지면 유동성은 좋아지지만 수익성을 해칠 염려가 있다. 왜냐하면 유동자산을 상대적으로 많이 보유한다는 것은 수익성의 원천인 비유동자산을 적게 보유하는 것을 의미할 수 있기 때문이다.

<표 3-1>의 자료를 사용하여 H기업의 유동자산구성비율을 구해보자.

$$유동자산구성비율 = \frac{유동자산}{총자산} \times 100 \tag{3.16}$$
$$= \frac{42.3억원}{100억원} \times 100$$
$$= 42.3\%$$

H기업의 유동자산구성비율은 42.3%이다. 유동자산구성비율은 산업의 종류에 따라 다양한 적정수준이 존재한다. 일반적으로 경공업, 유통업에 속한 기업들의 유동자산구성비율은 중화학공업, 제조업 등의 그것보다 높다.

한편 유형자산구성비율은 유형자산이 총자산 중에서 얼마나 차지하는지를 나타내는 비율이다. 이 비율은 고정화된 자산을 얼마나 보유하고 있는지를 알려주는 비율이다. 유형자산구성비율이 높을수록 기업의 위험은 커지고 유동성은 떨어지는 경향이 있다. 왜냐하면 유형자산을 많이 부담하면 기업은 유연성을 잃게 되기 때문이다.

유형자산구성비율이 높다는 것은 장기간 잠겨 있는 자산의 비중이 높다는 것을 의미한다. 이런 기업은 비용구조 측면에서도 고정비(예를 들면 감가상각비 등)를 많이 부담하므로, 경기변동에 심한 영향을 받는다. 제7장의 「비용구조 분석」에서 자세히 설명하겠지만, 이런 효과를 영업고정비 부담에 따른 레버리지효과, 즉 영업레버리지효과(operating leverage effect)라 부른다.

<표 3-1>의 자료를 사용하여 H기업의 유형자산구성비율을 구해보자.

$$유형자산구성비율 = \frac{유형자산}{총자산} \times 100 \tag{3.17}$$
$$= \frac{39.7억원}{100억원} \times 100$$
$$= 39.7\%$$

H기업의 유형자산구성비율은 39.7%이다. 유동자산구성비율과 마찬가지로 유형자산구성비율도 적정수준을 유지하는 것이 기업의 수익성과 위험 측면에서 매우 중요하다. 이 비율 역시 산업종류에 따라 적정수준이 다르다.

## 2. 투자자산구성비율

기업들의 계열화가 진행되면서 투자자산구성비율이 많은 사람들의 관심의 대상이 되고 있다. 투자자산이란 단기간의 수익을 목적으로 보유하는 단기투자자산과는 달리 대부분이 장기적으로 기업지배를 목적으로 보유하고 있는 유가증권이다.

최근 들어 대기업의 관계회사출자, 즉 상호지분이 세인의 관심이 되고 있는데 바로 이것이 재무상태표에 투자자산으로 나타난다. 여기서는 투자자산을 많이 보유하는 것이 국가경제에 어떤 영향을 줄 것인가 하는 거시적인 논의는 제외하고, 투자자산의 보유가 자본제공자(특히 채권자와 소액주주)에게 주는 영향만을 살펴보겠다.

자본제공자는 기업의 정상적인 영업활동을 기대하면서 자본을 제공한다. 그런데 투자자산이란 대부분이 기업이 정상적인 영업활동 이외의 활동, 즉 기업지배를 목적으로 관계회사의 주식에 투자한 자산이다. 특히 대주주의 입장에서 투자자산은 다른 기업을 지배하기 위한 목적으로 보유하는 자산이다. 그렇다면 원활한 원리금 회수를 기대하는 채권자와 단기간에 높은 수익성을 기대하는 소액주주의 입장에서 투자자산의 보유는 어떤 의미를 가질까?

결론부터 말하면 투자자산을 보유해서 얻는 수익성이 정상적인 영업활동을 통해 얻는 수익성보다 많다면 소액주주는 물론 채권자도 유리할 것이다. 그러나 일반적으로 투자자산 보유로 얻는 수익성은 정상적인 영업활동을 통해 얻는 수익성보다 적다. 특히 우리나라에서는 대주주에게 지급되는 배당률이 소액주주에게 지급되는 배당률보다 낮은 것이 일반적이다.

만일 투자자산을 보유해서 얻는 수익성이 정상적인 영업활동을 통해서 얻는 수익성보다 낮다면, 자본제공자는 기업이 투자자산을 보유하는 것에 대해 불만을 가질 것이다. 왜냐하면 기업이 다른 기업을 지배하려는 목적으로 투자하는 대신에 정상적인 영업활동을 목적으로 투자하는 것이 자본제공자에게는 유리하기 때문이다.

<표 3-1>의 자료를 사용하여 H기업의 투자자산구성비율을 구해 보기로 하자.

$$\begin{aligned} \text{투자자산구성비율} &= \frac{\text{투자자산}}{\text{총자산}} \times 100 \qquad (3.18) \\ &= \frac{16.5\text{억원}}{100\text{억원}} \times 100 \\ &= 16.5\% \end{aligned}$$

H기업의 투자자산구성비율은 16.5%이다. 투자자산구성비율의 적정비율은 있을 수 없다. 다만 투자자산 보유로부터 얻는 수익성을 정상적인 영업활동을 통해 얻는 수익성과 비교해서 투자자산의 과다 여부를 판단할 수는 있다.

그렇다면 정상적인 영업활동으로부터 얻는 수익성과 투자자산 보유로부터 얻는 수익성은 어떻게 측정될 수 있을까? 먼저 정상적인 영업활동으로부터 얻는 수익성은 투하된 총자산에 대한 영업이익의 비율인 총자산영업이익률(안정적인 성장률을 기대할 수 있다면 이를 가산함)로 측정할 수 있다.

그리고 투자자산 보유로부터 얻는 수익성은 투자자산을 보유해서 얻는 수익, 예를 들면 배당금수익, 이자수익 등을 투자자산으로 나누어서 구할 수 있다. 이들을 비교해 보면 투자자산 보유가 자본제공자, 특히 소액주주의 수익성에 어떤 영향을 미치는지를 파악할 수 있다.

한국기업(H기업)의 배당금수익(0.1억원)과 이자수익(0.5억원)을 합한 금액은 0.6억원이다. 따라서 투자자산으로부터 얻는 수익률은 3.6% (=0.6/16.5)로서 총자산영업이익률 7.3%에 훨씬 미치지 못하고 있음은 시사하는 바가 크다(제2장의 <표 2-1>과 <표 2-7> 참조).

## 연·습·문·제

1. 다음을 간략히 설명하시오.

| | |
|---|---|
| ① 유동성분석 | ② 레버리지분석 |
| ③ 안정성분석 | ④ 유동비율 |
| ⑤ 당좌비율 | ⑥ 순운전자본비율 |
| ⑦ 부채비율 | ⑧ 자기자본비율 |
| ⑨ 차입금의존도 | ⑩ 차입금평균이자율 |
| ⑪ 이자보상비율 | ⑫ 순이자보상비율 |
| ⑬ EBITDA/이자비용비율 | ⑭ 비유동비율(고정비율) |
| ⑯ 유형자산구성비율 | ⑮ 비유동장기적합률(고정장기적합률) |

2. 단기자본과 단기자산간의 위험균형을 파악하기 위한 재무비율을 설명하시오.

3. 장기자본과 장기자산간의 위험균형을 파악하기 위한 재무비율을 설명하시오.

4. 우리나라 기업을 대상으로 한 유동성분석에서 일반적으로 당좌비율을 많이 사용하는 이유는?

5. 우리나라 기업의 평균적인 유동성을 외국기업의 그것과 비교하여 설명하시오.

6. 우리나라 기업의 평균적인 타인자본 의존도를 외국기업의 그것과 비교하여 설명하시오.

7. 이자보상비율이 1이라는 것을 투자수익률과 자본비용의 관점에서 설명하시오.

8. 우리나라 기업을 대상으로 한 자본배분의 안정성 분석에서 일반적으로 비유동장기적합률을 많이 사용하는 이유는?

9. 다음은 한일기업의 재무상태표이다.

재무상태표

한일기업 (단위 : 백만원)

| | | | |
|---|---|---|---|
| 현 금 | 500 | 매 입 채 무 | 600 |
| 매 출 채 권 | 1,900 | 단기차입금 | 2,700 |
| 재 고 자 산 | 2,300 | 장기차입금 | 2,500 |
| 비유동자산 | 3,900 | 자 본 | 2,800 |
| 자 산 총 계 | 8,600 | 부채와 자본 총계 | 8,600 |

(1) 아래의 비율을 기준으로 한일기업의 유동성비율을 측정하시오.

(2) (1)의 결과를 산업평균비율과 비교하시오(( ) 안은 산업평균비율임).

① 유동비율(130%) ② 당좌비율(92%)

③ 현금비율(20%) ④ 순운전자본비율(10%)

10. 일산기업의 현재 유동자산은 9억원이고 재고자산은 3억원이다. 그리고 총자산은 30억원이고 현금및현금성자산은 2억원이며 유동부채는 5억원이다.

(1) 일산기업의 유동성비율을 측정하시오.

(2) 다음 각 거래가 발생하였을 경우 유동성의 변화를 측정하시오.

① 1억 5천만원짜리 기계를 현금으로 구입한다.

② 1억원의 재고자산을 외상으로 구입한다.

③ 4천만원의 매입채무를 현금으로 상환한다.

④ 5천만원의 매출채권을 현금으로 회수한다.

⑤ 은행으로부터 장기차입금 3억원을 차입하여 단기차입금 1억원을 상환하고 나머지는 각각 1억원씩의 재고자산과 시설자산을 구입한다.

11. 서일기업의 재무상태표와 손익계산서는 다음과 같다.

재무상태표

서일기업 (단위 : 백만원)

| | | | |
|---|---|---|---|
| 현 금 | 330 | 매 입 채 무 | 520 |
| 매 출 채 권 | 1,520 | 단기차입금 | 860 |
| 재 고 자 산 | 2,150 | 장기차입금 | 3,510 |
| 비유동자산 | 3,990 | 자 본 | 3,100 |
| 자 산 총 계 | 7,990 | 부채와 자본총계 | 7,990 |

손익계산서

| 서일기업 | (단위 : 백만원) |
|---|---|
| 매 출 액 | 16,220 |
| −매 출 원 가 | 13,390 |
| 매출총이익 | 2,830 |
| −판매비와 관리비 | 2,388 |
| 영 업 이 익 | 442 |
| +이 자 수 익 | 55 |
| −이 자 비 용 | 340 |
| 세전순이익 | 157 |
| −법인세비용 | 35 |
| 당기순이익 | 122 |

(1) 아래의 비율을 기준으로 서일기업의 레버리지비율을 측정하시오.

(2) (1)의 결과를 산업평균비율과 비교하시오(( ) 안은 산업평균비율이고 감가상각비는 300백만원임).

① 부채비율(200%)
② 자기자본비율(33.3%)
③ 차입금의존도(40%)
④ 차입금평균이자율(7.5%)
⑤ 이자보상비율(3배)
⑥ 순이자보상비율(4배)
⑦ EBITDA/이자비용비율(5배)

12. 다음은 한성기업의 재무상태표이다.

재무상태표

| 한성기업 | | | (단위 : 백만원) |
|---|---|---|---|
| 현 금 | 830 | 매 입 채 무 | 2,010 |
| 매 출 채 권 | 1,300 | 단기차입금 | 3,300 |
| 재 고 자 산 | 2,200 | 장기차입금 | 3,800 |
| 비유동자산 | 7,900 | 자 본 | 3,120 |
| 자 산 총 계 | 12,230 | 부채와 자본 총계 | 12,230 |

(1) 아래의 비율을 기준으로 한성기업의 자본배분의 안정성비율을 구하시오.

(2) (1)의 결과를 산업평균비율과 비교하시오(( ) 안은 산업평균비율임).

① 비유동비율(150%)
② 비유동장기적합률(90%)

# 제 4 장 포괄손익계산서 분석

포괄손익계산서는 일정기간 동안의 수익과 비용을 나타낸 보고서이다. 따라서 포괄손익계산서 분석은 일정기간 동안의 매출수익성에 대한 분석이다.

본장에서는 제2장에서 예로 들었던 한국기업(H기업)의 포괄손익계산서를 사용하여 포괄손익계산서를 분석하기로 한다. 구체적인 내용에는 수익성 분석, 활동성 분석, 생산성 분석 및 성장성 분석 등이 포함된다.

## 4.1 포괄손익계산서 분석의 개요

<표 4-1>의 포괄손익계산서는 H기업의 포괄손익계산서(단위 : 억원)인 동시에 우리나라의 평균적인 제조기업의 포괄손익계산서(단위 : %)이다. 포괄손익계산서를 분석하기 전에 먼저 포괄손익계산서가 어떻게 구성되어 있는지를 알아 둘 필요가 있다.

<표 4-1>에서 볼 수 있듯이, 기업의 경영활동은 크게 영업활동과 재무활동으로 나누어 볼 수 있다. 영업활동은 포괄손익계산서상의 매출액부터 영업이익까지의 항목으로 기록된다. 영업활동은 다시 매출액부터 매출총이익까지의 항목으로 기록되는 생산활동과 매출총이익부터 영업이익까지의 항목으로 기록되는 판매관리활동으로 분류할 수 있다.

### 〈표 4-1〉 한국기업(H기업)의 포괄손익계산서

포괄손익계산서
(1월 1일~12월 31일)

한국기업(H기업) (단위 : 억원)

| 기업활동 | | 항목 | 금액 | 비율 |
|---|---|---|---|---|
| 영업활동 | 생산활동 | 매 출 액 | 120 | (100%) |
| | | −매출원가* | 98.2 | (81.8%) |
| | | 재료비 | 69.4 | (57.8%) |
| | | 노무비** | 7.2 | (6.0%) |
| | | 경 비 | 21.6 | (18.0%) |
| | | (감가상각비 3.2) | | (2.7%) |
| | 판매활동 | 매출총이익 | 21.8 | (18.2%) |
| | | −판매비와 관리비 | 14.5 | (12.1%) |
| | | (급여 및 복리후생비 3.8)** | | (3.2%) |
| | | (감가상각비 및 무형자산상각비 0.5) | | (0.4%) |
| 재무활동 등 | 영업외활동 | 영 업 이 익 | 7.3 | (6.1%) |
| | | +영업외수익 | 5.0 | (4.2%) |
| | | (배당금수익 0.1) | | (0.1%) |
| | | (이자수익 0.5) | | (0.4%) |
| | | (외환차익 0.7) | | (0.6%) |
| | | −영업외비용 | 4.6 | (3.8%) |
| | | (이자비용 1.4) | | (1.2%) |
| | | (외환차손 0.7) | | (0.6%) |
| | | 법인세비용차감전순이익 (세전순이익) | 7.7 | (6.5%) |
| | | −법인세비용 | 1.5 | (1.3%) |
| | | 계속사업이익 | 6.2 | (5.2%) |
| | | +중단사업이익 | 0.1 | (0.1%) |
| | 기타 및 보유활동 | 당기순이익 | 6.3 | (5.3%) |
| | | +기타포괄이익 | 0 | ( 0%) |
| | | (매도가능금융자산 평가손익 −0.1) | | |
| | | (현금흐름위험회피파생상품 평가손익 0.1) | | |
| | | −기타포괄이익과 관련된 법인세 | 0 | ( 0%) |
| | | 총포괄이익 | 6.3 | (5.3%) |

* 매출원가의 구성항목은 원래 기초제품재고액, 당기제품제조원가, 기말제품재고액으로 구성되나, 여기서는 설명의 편의를 위해 재료비, 노무비, 경비로 표시함.

** 평균 종업원수는 27명임.

*** 영업비용 중에서 대손상각비는 0.6억원이고 조세공과는 0.3억원임.

한편, 기업의 재무활동은 개략적으로 포괄손익계산서상의 영업이익부터 당기순이익까지의 항목으로 기록된다. 또한 기업의 영업활동과 영업외활동을 합해서 경상활동으로 부르기도 한다. 이는 포괄손익계산서상의 매출액에서부터 세전순이익까지의 항목으로 기록된다.

포괄손익계산서의 구성항목들을 정확히 이해하는 것은 포괄손익계산서를 정확히 분석하는 데 큰 도움을 준다. 예를 들어 영업활동상의 수익성은 영업이익을 기준으로 측정해야 하고, 경상활동상의 수익성은 세전순이익을 기준으로 측정해야 한다. 그리고 기업경영의 최종성과는 당기순이익을 기준으로 측정해야 한다. 이외에도 포괄손익계산서에는 보유손익으로 인한 기타포괄이익이 포함된다. 즉, 포괄손익계산서에는 당기순이익에 기타포괄이익을 가산하고 기타포괄이익과 관련된 법인세를 차감하여 총포괄이익을 표시한다.

포괄손익계산서로부터 기업의 수익성, 활동성, 생산성 및 성장성 정보 등을 얻을 수 있다. 수익성 정보는 기업의 경영성과를 알려주는 정보이고, 활동성 정보는 수익성과 밀접한 관련을 맺고 있는 정보로서 기업의 매출 회전속도를 알려주는 정보이다. 생산성 정보는 기업이 경영활동을 통해 새로운 가치를 얼마나 창출했는지를 알려주는 정보이다. 그리고 성장성 정보는 기업이 규모 또는 수익성에 있어서 얼마나 성장했는지를 알려주는 정보이다.

## 4.2 수익성 분석

수익성(profitability)이란 기업활동의 결과로 나타난 일정기간 동안의 경영성과를 의미한다. 따라서 수익성 비율(profitability ratio)은 일정기간 동안 경영활동의 성과를 종합적으로 측정하는 비율이다. 수익성 비율에는 매출수익성 비율과 자본수익성 비율이 있다. 자본수익성 비율은 포괄손익계산서 항목 이외에도 재무상태표 항목도 함께 이용하여 구하지만 수익성이라는 큰 범주에 포함시켜 포괄손익계산서 분석에서 다루기로 한다.

## 1. 매출수익성 비율

매출수익성이란 매출에 대한 마진(margin)을 의미한다. 매출수익성 비율에는 매출액총이익률, 매출액영업이익률, 매출액세전순이익률 그리고 매출액순이익률 등이 포함된다.

### 1 매출액총이익률

매출액총이익률(gross profit to sales ratio)은 매출총이익을 매출액으로 나눈 비율로서 기업의 생산마진(production margin)을 측정하는 비율이다.

<표 4-1>의 자료를 사용하여 우리나라의 평균적인 제조기업인 H기업의 매출액총이익률을 구해 보기로 하자.

$$
\begin{aligned}
\text{매출액총이익률} &= \frac{\text{매출총이익}}{\text{매출액}} \times 100 \qquad (4.1)\\
&= \frac{21.8\text{억원}}{120\text{억원}} \times 100\\
&= 18.2\%
\end{aligned}
$$

H기업의 매출액총이익률은 18.2%이다. H기업은 매출액 120억원 중에서 생산관련 비용으로 98.2억원을 지출하고 21.8억원의 매출총이익을 얻었다. 매출총이익 21.8억원은 제품을 판매하고 기업을 관리하며 이자 등을 지급하는 데 사용될 것이다.

매출액 120억원 중에서 생산관련 비용 98.2억원이 차지하는 비율을 매출원가율이라 하며, 이는 1에서 매출액총이익률을 차감해서도 구할 수 있다.

$$
\begin{aligned}
\text{매출원가율} &= 1 - \text{매출액총이익률} \qquad (4.2)\\
&= 1 - 18.2\%\\
&= 81.8\%
\end{aligned}
$$

## 2 매출액영업이익률

매출액영업이익률(operating profit to sales ratio)은 영업이익을 매출액으로 나눈 비율이다. 이 비율은 기업고유의 영업마진(operating margin)을 측정하는 비율이다.

<표 4-1>의 자료를 사용하여 H기업의 생산 및 판매관리활동의 효율성(영업활동의 효율성)을 전체적으로 평가해 보기로 하자. H기업의 매출액영업이익률을 구하면 다음과 같다.

$$\begin{aligned}\text{매출액영업이익률} &= \frac{\text{영업이익}}{\text{매출액}} \times 100 \qquad (4.3)\\ &= \frac{7.3\text{억원}}{120\text{억원}} \times 100\\ &= 6.1\%\end{aligned}$$

H기업의 매출액영업이익률은 6.1%이다. <표 4-2>에서 볼 수 있는 바와 같이 우리나라 제조기업들의 매출액영업이익률 6.1%는 경쟁국 또는 선진국 기업들의 영업수익성과 비교할 때 비슷하거나 오히려 높은 수치이다. 그러나 최근에는 4%대 이하로 급속도로 낮아지고 있어 우려스러운 실정에 있다.

〈표 4-2〉 매출액영업이익률의 국제비교

| 구 분 | 한 국 | 미 국 | 일 본 |
|---|---|---|---|
| 매출액영업이익률 | 6.1% | 6.5% | 3.0% |

자료 : 『기업경영분석』, 한국은행.

지금까지 H기업의 예를 통해 우리나라의 평균적인 제조기업의 영업활동상의 수익성비율을 살펴보았는데, 이를 좀더 구체적으로 설명하기로 하자. 우리나라 제조기업들의 일반적인 영업활동상의 특색을 살펴보면 생산활동에서 상대적으로 재료비 비중이 높아지고 노무비 비중이 낮아졌다.

재료비 비중이 상대적으로 높다는 것은 기업의 부가가치(value added :

VA)가 낮다는 것을 의미한다. 이로부터 기술개발을 통해 부가가치를 높이는 것(재료비 비중의 감소)이 시급함을 알 수 있다. 그리고 노무비 비중은 80년대 후반에 적극적인 노조활동을 통하여 이전과 비교할 때 상당히 높아졌었다. 그러나 인건비 비중은 IMF 구제금융 신청 이후 인력감축에 따라 상당히 감소하였다.

매출원가상의 노무비(6.0%)와 판매비와 관리비상의 급여 및 복리후생비(3.2%)까지 합할 때 우리나라의 제조기업들에 있어서 인건비가 매출액에서 차지하는 평균적인 비중은 9.2%이다. 매출액에서 인건비가 차지하는 비중의 이상적인 수치는 존재하지 않는다. 그리고 인건비에 대해서 기업의 입장과 근로자의 입장이 상반되고 있다.

일반적으로 노사간의 분쟁에서 발생하는 기업측의 주장과 근로자측의 주장은 다음과 같이 요약할 수 있다. 기업의 주장은 생산성 향상(즉, 부가가치의 상승)보다는 인건비의 상승이 더 높았다는 것이다. 그러나 근로자의 주장은 그간의 생산성 향상(부가가치의 상승)에 비하면 인건비의 상승이 제대로 이루어지지 않았다는 것이다. 어느 주장이 옳은 것인가?

이에 대한 대답은 생산성에 대한 정확한 분석이 이루어져야만 가능하다. 단지 여기서 말할 수 있는 것은 생산성 향상과 인건비 상승이 균형을 이룰 때 경제정의가 실현된다는 것이다.

생산성(부가가치) 향상이 없는 가운데 이루어지는 인건비 상승은 인플레이션을 유발할 것이며, 생산성 향상보다 적은 인건비 상승은 분배의 정의를 손상시킬 수 있다. 생산성에 대하여는 본장의 「4.4」에서 자세히 설명하기로 하자.

### 3 매출액세전순이익률

매출액세전순이익률(earnings before tax to sales ratio)은 세전순이익을 매출액으로 나눈 비율이다. 이 비율은 경상마진(ordinary margin)을 나타내며, 기업의 주된 영업활동뿐만 아니라 재무활동에서 발생한 경영성과를 동시에 포착할 수 있다. 따라서 매출액세전순이익률이 매출액영업이익률과 괴리가 크게 나는 경우, 영업외수익이나 영업외비용을 세심하게 분석하여야 한다. 특히 차입금이나 외화자산·부채 등의 변화를 동시에 살펴야 한다.

<표 4-1>의 자료를 사용하여 H기업의 매출액세전순이익률을 구하면 다음과 같다.

$$\text{매출액세전순이익률} = \frac{\text{세전순이익}}{\text{매출액}} \times 100 \qquad (4.4)$$

$$= \frac{7.7\text{억원}}{120\text{억원}} \times 100$$

$$= 6.5\%$$

H기업의 매출액세전순이익률은 6.5%로서 매출액영업이익률과 거의 동일하다. 영업외적인 수익성을 분석하는데 있어서 특히 유의할 점은 영업외비용에 포함되는 이자비용의 크기이다. IMF 구제금융 신청을 전후해서 한국기업들의 부채의존도는 상당히 높았다. 그 당시에는 이자율도 상대적으로 높아 이자비용이 매출액에서 차지하는 비중이 5~7%에 이르렀다. 그 결과 IMF 구제금융 신청 전후의 한국기업들의 특색은 매출액세전순이익률이 급격히 줄어든다는 것이었다. 최근들어 이런 문제는 많이 해소되고 있으나, 기업에 따라서는 이자비용의 구성비중이 아직도 높은 경우도 많이 있다.

## 4 매출액순이익률

매출액순이익률(earnings after tax to sales ratio)은 당기순이익을 매출액으로 나눈 비율이다. 이 비율은 기업의 최종마진을 판단하는 데 이용되는 비율이다. 다시 말해서 매출액순이익률은 영업활동과 재무활동 및 기타활동을 총망라한 경영활동의 성과를 최종적으로 평가하는 비율이다.

<표 4-1>의 자료를 사용하여 H기업의 매출액순이익률을 구하면 다음과 같다.

〈표 4-3〉 매출액순이익률의 국제비교

| 구 분 | 한 국 | 미 국 | 독 일 |
|---|---|---|---|
| 매출액순이익률 | 5.3% | 7.4% | 3.0% |

자료 : 『기업경영분석』, 한국은행.

$$\begin{aligned} \text{매출액순이익률} &= \frac{\text{당기순이익}}{\text{매출액}} \times 100 \\ &= \frac{\text{6.3억원}}{\text{120억원}} \times 100 \\ &= 5.3\% \end{aligned} \tag{4.5}$$

H기업의 매출액순이익률은 5.3%이다. <표 4-3>에서 볼 수 있는 바와 같이, 우리나라 제조기업들의 평균적인 매출액순이익률은 경쟁국 또는 선진국 기업들의 그것과 비교해도 낮은 수치가 아니다. 그러나 최근에는 3%대 이하로 급속도로 낮아지고 있어 우려스러운 실정에 있다.

IMF 구제금융 신청을 전후해서 우리나라 기업들의 매출액순이익률은 0.5%에서 음의 값을 가질 정도로 떨어졌었다. 이는 한국 제조기업들의 높은 금융비용부담률 때문이었다. 1999년만 하더라도 한국 제조기업들의 금융비용구성률은 매출액 대비 평균 6.9%에 이르고 있었다. 당시에 기업이 경영활동을 통하여 얻는 최종적인 매출액순이익률이 평균 0.01% 수준에 그치고 있음과 비교하면, 금융비용구성률 6.9%는 엄청난 수치임을 쉽게 알 수 있다.

기업이 금융비용을 줄일 수 있는 가장 효과적인 방법은 무엇보다도 부채의존도를 줄이는 것이다. 이는 기업의 의지와 자본시장 환경과 밀접한 관련을 맺고 있다. 자기자본을 조달할 수 있는 주식시장의 활성화는 기업의 자본구조를 건전하게 하는 데 필수요건이라 할 수 있다. 주식시장을 육성하는 것은 궁극적으로 고금리구조를 해결하는 데에도 도움이 될 것이다.

## 2. 자본수익성 비율

자본수익성이란 투하한 자본에 대한 수익률을 의미한다. 자본수익성 비율에는 총자본영업이익률, 기업세전순이익률, 자기자본순이익률 그리고 총자본순이익률 등이 포함된다. 자본수익성 비율을 구할 때, 실무에서는 분모에 해당하는 재무상태표 항목을 기초와 기말의 평균치를 사용한다. 왜냐하면 분자의 포괄손익계산서 항목은 한 기간에 발생한 금액이고 분모의 재무상태표 항목은 일정 시점의 금액이기 때문이다. 여기서는 편의상 당해 연도 재무상태표 금액을 사용하여 비율을 산출하기로 한다.

### 1 총자본영업이익률

총자본영업이익률(operating profit to total capital)은 총자산영업이익률이라고도 하며, 기업이 투자한 총자본(또는 총자산)에 대한 영업활동으로부터 얻는 이익의 비율이다. 총자본은 채권자 및 주주가 제공한 자본이다. 따라서 이들이 공동으로 얻는 이익인 영업이익을 채권자와 주주가 공동으로 투자한 총자본과 비교하는 것은 논리적이다.

총자본영업이익률은 투자수익률, 즉 사후적인 내부수익률(internal rate of return : IRR)로 볼 수 있다.[1] 총자본영업이익률이 자본에 대해 지급해야 할 자본비용(cost of capital)을 초과하느냐 아니면 그렇지 않느냐 하는 것은 기업의 부(富)가 창출되느냐를 결정짓는 기준이 된다.

재무이론에 따르면 내부수익률이 자본비용을 초과할 때 기업의 부는 증가(NPV > 0)한다. 즉, 사후적으로 총자본영업이익률이 자본비용을 초과하면 NPV > 0이 되는데, 이는 기업의 부가 증가함을 의미한다. 이와 같이 총자본영업이익률은 기업의 투자수익성 및 NPV(net present value)를 추정하는 데 이용될 수 있는 중요한 재무정보이다.[2]

1) 이에 대한 자세한 내용은 제6장의 「6.4」를 참조.
2) 물론 NPV는 시장가치 기준의 개념이다. 그러나 시장가치를 정확하게 측정하기 어려운 경우 장부가치 기준의 NPV 개념도 활용될 수 있다.

식(4.6)에서 분모는 기초와 기말 금액의 평균치를 사용한다. 실무에서 포괄손익계산서 항목과 재무상태표 항목이 비교될 때, 재무상태표 항목은 기초금액과 기말금액의 평균잔액 즉, 평잔을 사용한다. 그렇게 하는 이유는 포괄손익계산서 항목이 연간 발생된 금액인데 비해서 재무상태표 항목은 일정시점의 금액이기 때문이다.

우리나라의 평균적인 제조기업인 H기업의 총자본영업이익률을 편의상 당해 연도 자료인 제3장의 <표 3-1>과 본장의 <표 4-1>을 사용해서 구해 보자.

**〈표 4-4〉 총자본영업이익률의 국제비교**

| 구 분 | 한 국 | 미 국 | 일 본 |
|---|---|---|---|
| 총자본영업이익률 | 7.3% | 6.2% | 4.0% |

자료 : 『기업경영분석』, 한국은행.

$$\text{총자본영업이익률} = \frac{\text{영업이익}}{\text{총자본(평잔)}} \times 100 \qquad (4.6)$$

$$= \frac{7.3\text{억원}}{100\text{억원}} \times 100$$

$$= 7.3\%$$

H기업의 총자본영업이익률은 7.3%이다. <표 4-4>에서 보듯이 한국기업들의 총자본영업이익률은 미국과 일본기업들보다 높다.

투자수익률인 총자본영업이익률 7.3%는 한국기업들의 차입금평균이자율 7.2%와 거의 동일하다. 이는 기업들이 차입금을 효율적으로 사용하기가 다시 어려워지고 있음을 보여준다. IMF 구제금융 신청을 전후해서 한국기업들의 평균적인 총자본영업이익률이 5%대 수준이고 차입금평균이자율은 12%대 수준이었다. 최근에는 총자본영업이익률이 4%대로 급속도로 낮아지고 있어 우려스러운 실정에 있다.

## [2] 기업세전순이익률

한국은행에서는 총자산영업이익률을 실무적으로 조정한 다음과 같은 기업세전순이익률을 사용한다.

$$\text{기업세전순이익률} = \frac{\text{세전순이익} + \text{이자비용}}{\text{총자본(평잔)}} \times 100 \tag{4.7}$$

$$= \frac{7.7\text{억원} + 1.4\text{억원}}{100\text{억원}} \times 100$$

$$= 9.1\%$$

기업세전순이익률을 구하는 식에서 세전순이익+이자비용은 영업외수익과 영업외비용(이자비용 제외)이 동일하면 영업이익이 된다. 그러나 이들이 차이나면 그만큼 차이가 난다. 즉, 기업세전순이익률 개념은 총자본 또는 총자산 중에는 영업외적인 자산이 존재한다는 현실을 감안한 개념이다. 실무에서는 기업세전순이익률과 차입금평균이자율을 비교하기도 한다. 이에 대해서는 제6장의 「6.4」 기업건전성 판단 부분을 참조하기 바란다.

## [3] 자기자본순이익률

자기자본순이익률(return on equity : ROE)은 순이익을 자기자본으로 나눈 비율로서 주주가 기업에 투자한 자본에 대해 벌어들이는 수익성을 측정하는 비율이다. 즉, ROE는 주주가 제공한 자기자본에 대해서 벌어들이는 수익성을 사후적으로 측정한 비율이다. ROE는 주주의 투자수익률을 나타내기도 하고, 기업의 입장에서는 사후적인 자기자본비용의 대용치이기도 하다.[3]

자기자본영업이익률이란 비율도 기업의 수익성을 측정하는 데 쓰일 수 있지만, 분모는 주주가 제공한 자본이고 분자는 주주와 채권자에게 귀속되는 영업이익이므로 자기자본영업이익률은 투하자본과 수익성이 적절하게 대응된 비율이라고 할 수 없다.

3) ROE에 대해서는 제6장의 「6.1」을 참조.

〈표 4-5〉 자기자본순이익률의 국제비교

| 구 분 | 한 국 | 미 국 | 독 일 |
|---|---|---|---|
| 자기자본순이익률 | 12.7% | 15.2% | 14.0% |

자료 : 『기업경영분석』, 한국은행.

H기업의 자기자본순이익률을 편의상 당해 연도의 자료인 <표 3-1>과 <표 4-1>를 이용해서 구해 보기로 하자.

$$\text{자기자본순이익률} = \frac{\text{순이익}}{\text{자기자본(평잔)}} \times 100 \qquad (4.8)$$

$$= \frac{6.3\text{억원}}{49.8\text{억원}} \times 100$$

$$= 12.7\%$$

H기업의 자기자본순이익률은 12.7%이다. 이는 주주가 제공한 자본에 대해서 12.7%의 수익률을 얻고 있음을 의미한다. 자기자본순이익률을 주주가 사전에 요구한 수익률인 자기자본비용과 비교하면 기업가치 증가 여부를 판단할 수 있다. 즉, 자기자본순이익률이 자기자본비용보다 크면 기업가치(또는 주주가치)가 증가하고, 그렇지 못하면 기업가치가 감소한다.

<표 4-5>에서 볼 수 있듯이, 한국기업들의 자기자본순이익률은 미국이나 독일과 거의 대등한 수준을 유지하고 있다. 이는 과거 5~6년 전과 비교할 때 주주 투자수익률이 많이 향상되었음을 보여주는 결과이다.

## 4 총자본순이익률

총자본순이익률(return on investment : ROI)은 총자산이익률이라고도 부르며 순이익을 총자본(또는 총자산)으로 나눈 비율이다. ROI는 기업에 투자된 총자본이 최종적으로 얼마나 많은 이익을 창출하는지를 측정하는 비율이다. 즉, ROI는 기업의 종합적인 경영상태를 요약해서 나타내는 비율이다.

ROI의 분모는 주주와 채권자가 제공한 금액이고 분자는 주주에게 귀속되는 이익이므로 ROI는 분모와 분자가 잘 대응되는 비율이 아니다. 그러나 ROI는 기업의 B/S와 I/S를 집약한 성과지표로서 종합적인 재무비율로 폭넓게 이용되고 있다.

H기업의 ROI를 편의상 당해 연도 자료인 <표 3-1>과 <표 4-1>을 이용해서 구하면 6.3%이다.

$$\begin{aligned} \text{총자본순이익률} &= \frac{\text{순이익}}{\text{총자본(평잔)}} \times 100 \\ &= \frac{6.3\text{억원}}{100\text{억원}} \times 100 \\ &= 6.3\% \end{aligned} \tag{4.9}$$

ROI는 다시 매출액순이익률과 총자본회전율로 나누어서 분석할 수 있다.

$$\begin{aligned} ROI &= \frac{\text{순이익}}{\text{매출액}} \times \frac{\text{매출액}}{\text{총자본}} \\ &= \frac{6.3\text{억원}}{120\text{억원}} \times \frac{120\text{억원}}{100\text{억원}} \\ &= 5.3\% \times 1.2\text{회전} \\ &= 6.3\% \end{aligned} \tag{4.10}$$

H기업의 총자본순이익률 6.3%는 매출액순이익률 5.3%와 총자본회전율 1.2회전이 결합된 값이다. <표 4-6>에서 볼 수 있는 바와 같이, 한국기업들의 총자본순이익률은 미국이나 독일 기업들에 비해 약간 낮거나 높다.

ROI는 매출수익성과 총자본회전속도가 결합된 비율이므로, 손익계산서와 재무상태표를 집약한 비율로 볼 수 있다. 따라서 ROI는 기업의 전체적인 재무통제 시스템(financial control system)의 기준지표로 이용되고 있다.

**〈표 4-6〉 총자본순이익률의 국제비교**

| 구 분 | 한 국 | 미 국 | 독 일 |
|---|---|---|---|
| 총자본순이익률 | 6.3% | 7.2% | 4.0% |

자료 : 『기업경영분석』, 한국은행.

1930년대에 듀퐁(Du Pont)사는 ROI를 이용한 재무통제 시스템을 구축한 바 있다. 이 시스템은 오늘날에도 듀퐁시스템 또는 ROI기법(ROI technique)으로 불리고 있으며, 지금까지도 많은 기업들에 의해 재무통제 수단으로 널리 이용되고 있다.[4)]

## 3. 수익성 사례분석

다음의 사례분석은 수익성비율을 이해하는 데 도움을 줄 것이다.

### 사례 1

태종기업의 금년 이익률은 예년에 비해 매우 낮았다. 태종기업의 금년도 재무상태표와 손익계산서는 다음과 같다. 이를 기초로 물음에 답하시오.

(1) 다음의 주요 비율을 산출하고, 이를 산업평균비율과 대비하시오.
(2) 태종기업의 이익률이 낮은 원인을 규명하시오.

재무상태표

태종기업 (단위: 억원)

| 자산 | 금액 | 부채 및 자본 | 금액 |
|---|---|---|---|
| 현금 | 320 | 매입채무 | 1,100 |
| 단기투자자산 | 100 | 단기차입금 | 140 |
| 매출채권 | 440 | 장기차입금 | 160 |
| 재고자산 | 1,040 | 자본금 | 760 |
| 유형자산 | 980 | 잉여금 | 840 |
| 무형자산 | 120 | | |
| 자산총계 | 3,000 | 부채와 자본 총계 | 3,000 |

4) ROI기법과 ROE기법에 대해서는 제6장의 「6.1」에서 좀더 자세히 설명하기로 하자.

손익계산서

태종기업 (단위 : 억원)

|  |  |
|---|---|
| 매 출 액 | 5,300 |
| −매출원가 | 4,400 |
| 매출총이익 | 900 |
| −판매비와 관리비 | 570 |
| 영업이익 | 330 |
| + 영업외수익 | 85 |
| −영업외비용(이자비용15) | 100 |
| 세전순이익 | 315 |
| −법인세(20%) | 63 |
| 당기순이익 | 187 |

산업평균비율

| | |
|---|---|
| 매출액총이익률 | 14% |
| 매출액영업이익률 | 6.5% |
| 매출액순이익률 | 3.2% |
| 총자산영업이익률 | 13% |
| 총자본순이익률 | 8% |
| 자깇본순이익률 | 15.2% |
| 유동비율 | 130% |
| 당좌비율 | 85% |
| 부채비율 | 90% |
| 이자보상비율 | 6배 |
| 총자산회전율 | 2.5회전 |

해 설

(1) 먼저 태종기업의 주요 재무비율을 측정하여 산업평균과 비교하면 다음과 같다.

| 재 무 비 율 | 태종기업 | 산업평균 | 평 가 |
|---|---|---|---|
| 매출액총이익률 | 17% $\left(\frac{9,00}{5,300}\right)$ | 14% | 양 호 |
| 매출액영업이익률 | 6.2% $\left(\frac{300}{5,300}\right)$ | 6.5% | 보 통 |
| 매출액순이익률 | 3.5% $\left(\frac{187}{5,300}\right)$ | 3.2% | 보 통 |
| 총자산영업이익률 | 11% $\left(\frac{330}{3,000}\right)$ | 13% | 불 량 |
| 총자본순이익률 | 6.3% $\left(\frac{187}{3,000}\right)$ | 8% | 불 량 |
| 자기자본순이익률 | 11.7% $\left(\frac{187}{1,600}\right)$ | 15.2% | 불 량 |
| 유동비율 | 153% $\left(\frac{1,900}{2,400}\right)$ | 130% | 양 호 |
| 당좌비율 | 69% $\left(\frac{860}{1,240}\right)$ | 85% | 불 량 |
| 부채비율 | 88% $\left(\frac{1,400}{1,600}\right)$ | 90% | 보 통 |

| | | | |
|---|---|---|---|
| 이자보상비율 | 22배 $\left(\frac{330}{15}\right)$ | 6배 | 양 호 |
| 총자산회전율 | 1.8회전 $\left(\frac{5,300}{3,000}\right)$ | 2.5회전 | 불 량 |

(2) 태종기업의 이익률이 낮은 이유를 유추하면 다음과 같다.

(1)의 결과를 기초로 태종기업의 수익성을 살펴보면 매출수익성은 산업평균과 큰 차이가 없으나 자본수익성은 산업평균보다 대체로 낮다.
좀 더 구체적으로 보면 매출액총이익률은 17%로 산업평균에 비해 높으나 매출액영업이익률과 매출액순이익률은 각각 6.2%, 3.5%로서 산업평균과 비슷한 수준으로 낮은 실정이다. 생산마진은 비교적 양호하나 영업마진이 보통인 것으로 볼 때 태종기업의 판매・관리활동에 문제가 있는 것으로 보인다. 이런 결과로 최종마진도 산업평균과 비슷한 수준으로 낮아지고 있다.
또한 태종기업은 총자본순이익률(ROI)이 낮은데, 이는 마진보다 회전속도에 문제가 있는 것으로 보인다. 다시 말해서 총자본순이익률 6.3%는 매출액순이익률 3.5%와 총자산회전율 1.8회전이 결합(3.5%×1.8회전=6.3%)되어 나타났다. 이는 산업평균 8%(3.2%×2.5회전=8%)에 비해 불량한데, 회전속도가 많이 떨어진 것에 기인한다. 태종기업은 매출 증진과 자산 규모의 효율적 관리를 위해 더욱 노력해야 할 것으로 판단된다.
태종기업의 투자수익성을 나타내는 총자산영업이익률(ROA) 11%는 산업평균 13%보다 낮은 실정에 있다. 그러나 태종기업의 차입금평균이자율이 5%(이자비용/장・단기차입금=15/300) 정도에 이르고 있어 이 기업은 아직까지는 차입금을 잘 활용하고 있음을 알 수 있다. 그 결과 태종기업의 자기자본순이익률(ROE)이 산업평균보다 낮으나, 총자산영업이익률보다는 약간 높게 나타나고 있다.
한편, 태종기업의 유동비율이 153%로서 비교적 높은 것을 볼 때 유동자산보유액이 적정수준 이상인 것으로 판단된다. 그러나 당좌비율이 69%로 낮은 것으로 보아서 태종기업은 매출부진으로 재고자산을 과다하게 보유하고 있는 것으로 판단된다. 재고자산이 쌓이는 원인이 무엇인지 그리고 향후 재고자산의 유동화가 잘 이루어질는지 등을 꼼꼼히 검토해야 할 것이다. 태종기업의 부채비율은 88%이고 이자보상비율이 22배로서 비교적 양호한 재무건전성과 상당한 부채수용능력을 갖고 있는 것으로 판단된다.

## 4.3 활동성 분석

보유한 자원을 효율적으로 활용할수록 기업의 수익성은 증가하기 마련이다. 기업이 자원을 얼마나 효율적으로 활용하는지는 활동성비율로 측정할 수 있다. 본절에서는 활동성비율을 살펴보고 1회전 운전자본 개념을 소개하기로 한다.

### 1. 활동성비율

활동성비율(activity ratio)은 기업이 보유하고 있는 자원(자산, 자본 등)을 얼마나 효율적으로 활용하고 있는지를 나타내는 비율로서 매출액을 자원액으로 나눈 회전율로 측정된다. 활동성비율에는 총자산회전율, 자기자본회전율, 비유동자산(고정자산)회전율 및 재고자산회전율, 매출채권회전율, 매입채무회전율 등이 포함된다.

활동성 비율을 구할 때, 실무에서는 분모에 해당하는 재무상태표 항목을 기초와 기말의 평균치(평잔)를 사용한다. 왜냐하면 분자의 포괄손익계산서 항목은 한 기간에 발생한 금액이고 분모의 재무상태표 항목은 일정 시점의 금액이기 때문이다. 여기서는 편의상 당해 연도 재무상태표 금액을 사용하여 비율을 산출하기로 한다.

#### 1 총자산회전율

총자산회전율(total assets turnover)은 총자본회전율이라고도 하며, 매출액을 총자산으로 나눈 비율이다. 이 비율은 총자산이 1년 동안 몇 번 회전했는지를 나타내는 비율로서 기업이 투자한 총자산의 활용도를 총괄적으로 나타내는 지표이다.

식(4.6)에서 분모는 기초와 기말 금액의 평균치를 사용한다. 실무에서 포괄손익계산서 항목과 재무상태표 항목이 비교될 때, 재무상태표 항목은 기초금액과 기말금액의 평균잔액 즉, 평잔을 사용한다. 그렇게 하는 이유는 포괄손익계산서 항목이 연간 발생된 금액인데 비해서 재무상태표 항목은 일정시점의 금액이기 때문이다.

H기업의 총자산회전율을 편의상 당해 연도 자료인 <표 3-1>과 <표 4-1>을 사용해서 구해 보기로 하자.

$$\begin{aligned} \text{총자산회전율} &= \frac{\text{매출액}}{\text{총자산(평잔)}} \\ &= \frac{120\text{억원}}{100\text{억원}} \\ &= 1.2\text{회전} \end{aligned} \tag{4.11}$$

H기업의 총자산회전율은 1.2회전이다. 총자산회전율이 1.2회전이란 의미는 이 기업이 1년 동안 실현한 매출액이 보유하고 있는 총자산의 1.2배라는 것이다. 다시 말해서 이는 기업이 보유한 총자산 규모 이상을 1년 동안 매출액으로 실현했음을 의미한다. 총자산회전율이 1.2회전이므로 총자산회전기간(total assets collection period)은 0.83년이다. 즉, H기업은 총자산 규모만큼을 매출액으로 실현하는 데 0.83년을 소요한다.

H기업의 총자산회전기간을 구하면 0.83년 또는 303일이다.

$$\begin{aligned} \text{총자산회전기간} &= \frac{1}{\text{총자산회전율}} \\ &= \frac{1}{1.2}\text{년} \\ &= 0.83\text{년(또는 303일)} \end{aligned} \tag{4.12}$$

〈표 4-7〉 총자산회전율의 국제비교

| 구 분 | 한 국 | 미 국 | 일 본 | 독 일 |
|---|---|---|---|---|
| 총자산회전율 | 1.2회전 | 0.96회전 | 1.0회전 | 1.5회전 |

＊ 자료 : 『기업경영분석』, 한국은행.

<표 4-7>에서 볼 수 있듯이 한국기업들의 평균적인 총자산회전율은 1.2회전으로서 미국, 일본 기업들의 총자산회전율보다 높은 수준이다.

## 2 자기자본회전율

자기자본회전율(equity turnover)은 매출액을 자기자본으로 나눈 비율이다. 이 비율은 자기자본이 1년 동안 몇 번 회전했는지를 나타내는 비율로서 주주가 투자한 자본의 활용도를 나타내는 비율이다.

H기업의 자기자본회전율을 편의상 당해 연도 자료인 <표 3-1>과 <표 4-1>을 사용해서 구해 보기로 하자.

$$\text{자기자본회전율} = \frac{\text{매출액}}{\text{자기자본(평잔)}} = \frac{120\text{억원}}{49.8\text{억원}} = 2.4\text{회전} \tag{4.13}$$

H기업의 자기자본회전율은 2.4회전이다. 이는 H기업이 보유한 자기자본의 2.4배만큼을 1년 동안 매출액으로 실현하고 있음을 의미한다. 그렇다면 자기자본 규모만큼의 매출액이 실현되는 데 얼마의 기간이 필요할까? 앞에서 설명한 바와 같이 이에 대한 대답은 회전기간 개념을 이해하면 쉽게 나온다. 매출액이 1년 동안 균등하게 실현된다면 자기자본 규모만큼의 매출액이 실현되는 데 1/2.4년(=0.42년)이 걸린다. 이 기간을 자기자본회전기간(equity collection period)이라고 한다.

H기업의 자기자본회전기간을 구하면 다음과 같다.

$$\text{자기자본회전기간} = \frac{1}{\text{자기자본회전율}} \tag{4.14}$$

$$= \frac{1}{2.4}\text{년}$$

$$= 0.42\text{년}(153\text{일})$$

H기업의 자기자본회전기간은 0.42년 또는 153일이다.

## 3 비유동자산(고정자산)회전율

비유동자산회전율(non-current asset turnover) 또는 고정자산회전율은 매출액을 비유동자산으로 나눈 비율이다. 이 비율은 비유동자산이 1년 동안 몇 번 회전했는지를 나타내는 비율로서 기업이 보유하고 있는 비유동자산의 활용도를 나타내는 비율이다.

H기업의 비유동자산회전율을 편의상 당해 연도 자료인 <표 3-1>과 <표 4-1>을 사용해서 구해 보기로 하자.

$$\text{비유동자산회전율} = \frac{\text{매출액}}{\text{비유동자산(평잔)}} \tag{4.15}$$

$$= \frac{120\text{억원}}{57.7\text{억원}}$$

$$= 2.1\text{회전}$$

H기업의 비유동자산회전율은 2.1회전이다. 이는 H기업이 보유한 비유동자산의 2.1배만큼을 1년 동안 매출액으로 실현하고 있음을 의미한다.

비유동자산회전율의 보조비율로 비유동자산회전기간(non-current asset collection period) 또는 고정자산회전기간이 있다. 비유동자산회전기간이란 비유동자산 규모만큼이 매출액으로 실현되는 데 걸리는 기간을 말한다.

H기업의 비유동자산회전기간은 다음과 같다.

$$\text{비유동자산회전기간} = \frac{1}{\text{비유동자산회전율}} \tag{4.16}$$

$$= \frac{1}{2.1}\text{년}$$

$$=0.48\text{년}(175\text{일})$$

H기업의 비유동자산회전기간은 0.48년 또는 175일이다.

## 4 재고자산회전율

재고자산회전율(inventory turnover)은 연간 매출액을 재고자산으로 나눈 비율로서 재고자산의 회전속도를 의미한다. 즉, 재고재산회전율은 재고자산이 일정기간 동안 당좌자산으로 몇 번이나 전환되었는지를 나타낸다. 재고자산회전율이 높다는 것은 적은 재고자산으로 판매활동을 효율적으로 수행했음을 나타낸다.

H기업의 재고자산회전율을 편의상 당해 연도 자료인 <표 3-1>과 <표 4-1>을 이용해서 구해 보기로 하자.

$$\text{재고자산회전율} = \frac{\text{매출액}}{\text{재고자산(평잔)}} \tag{4.17}$$

$$= \frac{120\text{억원}}{10.9\text{억원}}$$

$$= 11\text{회전}$$

H기업의 재고자산회전율은 11회전이다. 즉, H기업의 경우 1년 동안 재고자산의 11배 만큼이 매출액으로 실현되었다.

재고자산회전율을 평가할 때 유의할 점은 크게 두 가지가 있다.

첫째, 재고자산은 재무상태표상의 기초금액과 기말금액의 평균잔액(평잔)을 사용하는데 기업의 특성이나 매출액의 계절적 변동에 따라서 재고자산의 잔액이 달라질 수 있다. 따라서 필요하면 재고자산회전율을 계산할 때 재무상태표상의 재고자산액을 사용하는 것보다는 연평균재고자산[=(기초재고액+매월말 재고액)/ 13]을 이용하는 것이 합리적일 수 있다.

둘째, 매출액은 시가로 표시되고 재고자산은 원가로 표시되기 때문에 재고자산회전율 산식의 분모와 분자가 서로 다른 기준에 의하여 평가되는 문제점이 있다. 이는 특히 인플레이션이 심할 경우에 더욱 문제가 된다. 이와 같은 문제는 매출액을 매출원가로 환산하여 재고자산회전율을 계산하면 해결할 수 있다. 그러나 한국은행에서는 재고자산과 매출액을 그대로 사용하여 측정하므로 본서에서도 이에 따르기로 한다.

재고자산회전율의 보조비율로 재고자산회전기간(inventory collection period)이 사용된다. 재고자산회전기간이란 보유 재고자산만큼이 매출액으로 실현되는 데 걸리는 기간을 의미한다. H기업의 예에서, 연간 재고자산의 11배가 매출액으로 실현되고 있으므로 재고자산 규모만큼이 매출액으로 실현되는 데 평균적으로 1/11년(=0.091년)이 소요된다.

H기업의 재고자산회전기간을 구하면 다음과 같다.

$$
\begin{aligned}
\text{재고자산회전기간} &= \frac{1}{\text{재고자산회전율}} \qquad (4.18)\\
&= \frac{1}{11}(\text{년})\\
&= 0.091\text{년}(33\text{일})
\end{aligned}
$$

H기업의 재고자산회전기간은 0.091년 또는 33일이다. 재고자산회전기간이 길어질수록 기업은 자금압박을 많이 받게 된다.

## 5 매출채권회전율

매출채권회전율(receivables turnover)은 매출액을 매출채권으로 나눈 비율로서 매출채권의 현금화 속도를 측정하는 비율이다. 이 비율이 높다는 것은 매출채권이 잘 관리되고 매출채권의 현금화 속도가 빠르다는 것을 의미한다.

H기업의 매출채권회전율을 편의상 당해 연도 자료인 <표 3-1>과 <표 4-1>의 자료를 이용하여 구해 보기로 하자.

$$\text{매출채권회전율} = \frac{\text{매출액}}{\text{매출채권(평잔)}} = \frac{120\text{억원}}{15.7\text{억원}} = 7.6\text{회전} \tag{4.19}$$

H기업의 매출채권회전율은 7.6회전이다. 즉, H기업의 경우 1년 동안 매출채권의 7.6배만큼이 매출액으로 실현되고 있다. 다시 말하면 이는 매출채권 규모만큼 매출액으로 실현되는 데 1/7.6년(=0.132년)이 소요된다는 의미이다. 이 0.132년을 매출채권평균회수기간(receivables collection period)이라고 한다. 즉, 매출채권평균회수기간(매출채권회수기간)은 매출채권회전율의 역수로 구한다. 매출채권회전율의 역수를 구할 때 기간단위는 연(年)이므로, 여기에 365일을 곱해야 기간단위가 일(日)이 된다.

H기업의 매출채권평균회수기간을 구하면 다음과 같다.

$$\text{매출채권평균회수기간} = \frac{1}{\text{매출채권회전율}} = \frac{1}{7.6}\text{년} = 0.132\text{년(48일)} \tag{4.20}$$

또는,

$$\text{매출채권평균회수기간} = \frac{\text{매출채권(평잔)}}{\text{매출액}} \times 365\text{일} = \frac{\text{매출채권(평잔)}}{\frac{\text{매출액}}{365\text{일}}} = \frac{\text{매출채권(평잔)}}{\text{1일 평균매출액}} = \frac{15.7\text{억원}}{0.329\text{억원}} = 48\text{일}$$

$$\left(\text{1일 평균매출액} = \frac{120\text{억원}}{365\text{일}} = 0.329\text{억원}\right)$$

H기업의 매출채권평균회수기간은 0.132년 또는 48일이다. 매출채권평균회수기간이 길어질수록 기업은 자금압박을 많이 받게 된다.

## 6 매입채무회전율

매입채무회전율(payables turnover)은 매출액을 매입채무로 나눈 비율로서 매입채무의 지급속도를 측정하는 비율이다. 이 비율은 매입채무가 원활히 결제되고 있는지를 나타내는 지표이다.

H기업의 매입채무회전율을 편의상 당해 연도 자료인 <표 3-1>과 <표 4-1>을 이용해 구해 보기로 하자.[5]

$$\begin{aligned} \text{매입채무회전율} &= \frac{\text{매출액}}{\text{매입채무(평잔)}} \\ &= \frac{120\text{억원}}{11.1\text{억원}} \\ &= 10.8\text{회전} \end{aligned} \tag{4.21}$$

H기업의 매입채무회전율은 10.8회전이다. 즉, H기업의 경우 1년 동안 매입채무의 10.8배만큼이 매출액으로 실현되고 있다. 다시 말하면 이는 매입채무 규모만큼이 매출액으로 실현되는 데 1/10.8년(=0.093년)이 소요된다는 의미이다. 이 0.093년을 매입채무회전기간(payables payment period)이라 부른다. 매입채무회전기간은 매입채무회전율의 역수로 구한다. 매입채무회전율의 역수로 구할 때 기간단위는 연(年)이므로, 여기에 365일을 곱해야 기간단위가 일(日)이 된다.

H기업의 매입채무회전기간을 구하면 다음과 같다.

$$\begin{aligned} \text{매입채무회전기간} &= \frac{1}{\text{매입채무회전율}} \\ &= \frac{1}{10.8}\text{년} \\ &= 0.093\text{년(34일)} \end{aligned} \tag{4.22}$$

또는,

5) 본서에서는 한국은행 방식에 따라 매입채무와 매출액을 그대로 비교해서 측정하기로 한다.

$$\text{매입채무회전기간} = \frac{\text{매입채무(평잔)}}{\text{매출액}} \times 365\text{일}$$

$$= \frac{\text{매입채무(평잔)}}{\frac{\text{매출액}}{365\text{일}}} = \frac{\text{매입채무(평잔)}}{\text{1일 평균매출액}}$$

$$= \frac{11.1\text{억원}}{0.329\text{억원}} = 34\text{일}$$

H기업의 매입채무회전기간은 0.093년 또는 34일이다. 매입채무회전기간이 길어질수록 기업은 자금압박을 덜 받게 된다.

## 2. 1회전 운전기간과 1회전 운전자본

기업은 영업활동을 하기 전에 먼저 생산시설을 갖춰야 한다. 시설자산 구축에 소요되는 자본을 통상 시설자본이라 한다. 기업은 시설을 갖춘 후에도 정상적인 영업활동을 하기 위하여 운영자금을 필요로 하는데 이를 운전자본(working capital)이라 한다. 운전자본과 관련해서 많이 사용되는 개념으로 1회전 운전기간과 1회전 운전자본이 있다. 1회전 운전기간과 운전자본은 현금전환사이클(cash conversion cycle) 개념에서 나온 것으로, 각각 기업의 1회 영업활동에 소요되는 기간과 운영자금을 의미한다. 이를 구체적으로 설명하면 [그림 4-1]과 같다.

[그림 4-1]에서 볼 수 있듯이, 1회전 운전기간은 시설을 최초로 가동한 후 제품을 생산·판매하여 현금으로 회수할 때까지의 기간이며, 1회전 운전자본은 1회전 운전기간 동안에 필요한 운영자금을 말한다.

### 1 1회전 운전기간

1회전 운전기간이란 구체적으로 무엇을 의미하는가? 기업은 시설을 갖춘 후 생산·판매활동을 거쳐 현금을 회수한다. 현금이 회수되기까지 기업은 생산·판매와 관련하여 자금이 소요된다. 즉, 원재료를 구입하고 이

그림 4-1 **현금전환사이클**(cash conversion cycle)

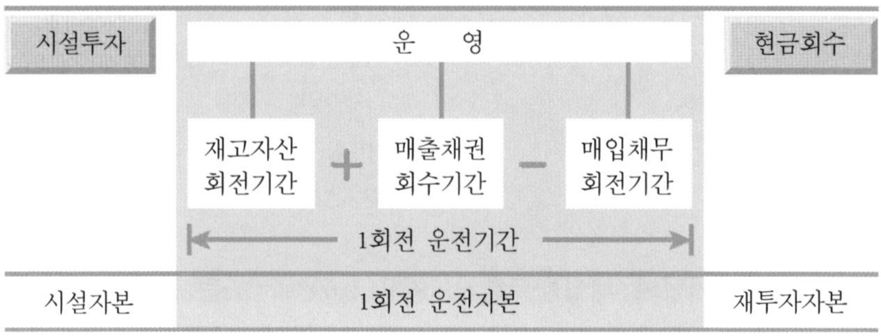


를 가공한 후 판매해서 현금으로 회수할 때까지 자금이 계속 투입되는데, 현금 회수시까지의 기간을 1회전 운전기간(또는 현금순환주기)이라 한다. 결국 1회전 운전기간은 최초 운영자금을 투하하여 현금을 회수하는 데까지 걸리는 평균기간으로 정의된다.

좀더 구체적으로 설명하면 기업내에 자금이 묶이는 자금구속에는 원재료 구입으로 인한 자금구속, 재공품 상태로 보유함으로 인한 자금구속, 제품상태로 보유함으로 인한 자금구속 등이 있다. 이와 같이 재고자산을 보유함으로써 발생하는 자금구속기간을 재고자산회전기간이라 한다. 이외에도 외상매출 후 현금 회수시까지 걸리는 매출채권회수기간 동안에도 자금은 묶여 있게 된다.

재고자산회전기간과 매출채권회수기간이 자금이 묶여 있는 기간(이들의 합을 영업순환주기라고도 함)이라 한다면 매입채무회전기간은 신용을 제공받는 자금사용기간이라 할 수 있다. 1회전 운전기간이란 자금구속기간과 자금사용기간을 함께 고려한 기간이다. 기업의 1회전 운전기간은 다음과 같이 구할 수 있다.

$$\begin{aligned}&\text{1회전 운전기간(년)}\\&= \text{재고자산회전기간} + \text{매출채권회수기간} - \text{매입채무회전기간}\\&= \frac{1}{\text{재고자산회전율}} + \frac{1}{\text{매출채권회전율}} - \frac{1}{\text{매입채무회전율}} \qquad (4.23)\end{aligned}$$

식 (4.23)에서 볼 수 있듯이, 1회전 운전기간은 재고자산회전기간에 매출채권회수기간을 더하고 매입채무회전기간을 차감하여 구한다. 1회전 운전기간이 길다는 것은 영업활동을 수행한 후 현금이 회수될 때까지의 기간이 오래 걸린다는 것을 의미한다. 중화학업종일수록, 신용판매비중이 높은 기업일수록 1회전 운전기간은 길어지는 경향이 있다.

## 2 1회전 운전자본

기업의 1회전 운전자본은 어떻게 측정할 수 있는가? 1회전 운전자본은 1회전 운전기간 동안에 기업이 필요로 하는 운영자금의 규모를 말한다. 1회전 운전자본은 기업의 연간 매출액과 1회전 운전기간을 감안하여 다음과 같이 측정한다.

$$\begin{aligned} &\text{1회전 운전자본} \\ &\quad = (\text{매출액} - \text{영업이익} - \text{감가상각비}) \times \text{1회전 운전기간(년)} \end{aligned} \qquad (4.24)$$

식 (4.24)에서 볼 수 있는 바와 같이, 1회전 운전자본은 매출액에서 영업이익과 감가상각비를 차감한 값에 1회전 운전기간을 곱해서 구한다.[6] 매출액에서 영업이익과 감가상각비를 차감하는 이유는 다음과 같다.

먼저 영업이익을 차감하는 이유는 기업의 영업비용을 기준으로 운전자본을 산출하기 위해서이다. 기업이 필요로 하는 운전자본은 기업의 영업활동에 소요되는 자본을 의미하므로, 1회전 운전자본은 영업비용을 기준으로 측정한다.

그리고 감가상각비를 차감하는 이유는 영업비용 중 감가상각비는 이미 시설자본 투자시 지출된 비용이기 때문이다. 즉, 1회전 운전자본을 구할 때 감가상각비를 제외시키지 않으면 1회전 운전자본에 시설자본이 이중으로 감안되기 때문이다.

---

6) 은행실무에서는 1회전 운전자본을 구할 때 영업이익과 감가상각비를 고려하지 않는 경우도 있다.

### 3 H기업의 1회전 운전자본

다음에는 재고자산회전율이 11회전, 매출채권회전율이 7.6회전, 매입채무회전율이 10.8회전인 H기업의 1회전 운전기간과 1회전 운전자본을 산출해 보기로 하자.

$$
\begin{aligned}
\text{1회전 운전기간} &= \frac{1}{\text{재고자산회전율}} + \frac{1}{\text{매출채권회전율}} \\
&\quad - \frac{1}{\text{매입채무회전율}} \\
&= \frac{1}{11} + \frac{1}{7.6} - \frac{1}{10.8} \\
&= 0.13\text{년(또는 47일)} \\
\text{1회전 운전자본} &= (\text{매출액} - \text{영업이익} - \text{감가상각비}) \times \text{1회전 운전기간} \\
&= (120 - 7.3 - 3.7) \times 0.13 \\
&= 14.17\text{억원}
\end{aligned}
$$

H기업의 1회전 운전기간은 0.13년(또는 47일)이며, 1회전 운전자본은 14.17억원이다. 즉, H기업이 제품을 생산·판매하여 현금을 회수하는 데까지 약 47일이 걸리며, 이 기간동안 소요되는 운영자금이 14.17억원이다.

한편, 기업이 최초로 설립될 경우 1회전 운전자본은 어떻게 측정하는가? 기업이 신규 설립되는 경우, 1회전 운전자본을 측정하는 데 필요한 재무정보를 직접 얻을 수 없다. 이때에는 일반적으로 동일 산업의 평균적인 재무정보를 이용해서 1회전 운전자본을 구하는 방법이 대용될 수 있다.

1회전 운전자본은 은행이 기업의 운영자금 한도액을 설정하는 데 기준이 된다. 일반적으로 은행이 기업에 대출해 줄 때, 대출자금은 시설자금과 운영자금으로 크게 분류된다. 시설자금대출은 시설자산 규모를 기준으로 이루어지며, 운영자금대출은 1회전 운전자본을 기준으로 이루어진다.

## 3. 활동성 사례분석

다음의 사례분석은 활동성비율을 이해하는 데 도움을 줄 것이다.

### 사례 2

다음은 인천기업의 재무제표이다. 주요 활동성비율을 산출하여 산업평균비율과 비교하고, 1회전 운전기간 및 1회전 운전자본을 측정하시오.

재무상태표

인천기업 (단위 : 백만원)

| | | | |
|---|---|---|---|
| 현 금 | 200 | 매 입 채 무 | 400 |
| 단기금융자산 | 320 | 단기차입금 | 500 |
| 매 출 채 권 | 700 | 비유동부채 | 760 |
| 재 고 자 산 | 1,120 | 자 본 금 | 400 |
| 비 유 동 자 산 | 1,660 | 자본잉여금 | 860 |
| | | 잉 여 금 | 1,080 |
| 자 산 총 계 | 4,000 | 부채와 자본 총계 | 4,000 |

손익계산서

인천기업 (단위 : 백만원)

|  |  |
|---|---|
| 매 출 액 | 6,800 |
| −매 출 원 가 | 5,576 |
| 매출총이익 | 1,224 |
| −판매비와 관리비 | 644 |
| 영 업 이 익 | 580 |
| −이 자 비 용 | 124 |
| 세전순이익 | 456 |
| −법인세비용(30%) | 137 |
| 당기순이익 | 319 |

* 총감가상각비는 256백만원임.

산업표준비율

| | |
|---|---|
| 총 자 산 회 전 율 | 1.8회전 |
| 자 기 자 본 회 전 율 | 3.0회전 |
| 비유동자산회전율 | 6.0회전 |
| 재 고 자 산 회 전 율 | 8.0회전 |
| 매 출 채 권 회 전 율 | 11.0회전 |
| 매 입 채 무 회 전 율 | 10.8회전 |

**해 설**

(1) 활동성비율을 측정하고 이를 평가하면 다음과 같다.

$$총자산회전율 = \frac{6,800백만원}{4,000백만원} = 1.7회전$$

$$자기자본회전율 = \frac{6,800백만원}{2,340백만원} = 2.9회전$$

$$비유동자산회전율 = \frac{6{,}800백만원}{1{,}660백만원} = 4.1회전$$

$$재고자산회전율 = \frac{6{,}800백만원}{1{,}120백만원} = 6.1회전$$

$$매출채권회전율 = \frac{6{,}800백만원}{700백만원} = 9.7회전$$

$$매입채무회전율 = \frac{6{,}800백만원}{400백만원} = 17.0회전$$

| 재무비율 | 인천기업 | 산업평균 | 평　　가 |
|---|---|---|---|
| 총 자 산 회 전 율 | 1.7회전 | 1.8회전 | 보통 |
| 자 기 자 본 회 전 율 | 2.9회전 | 3.0회전 | 보통 |
| 비유동자산회전율 | 4.1회전 | 6.0회전 | 불량 |
| 재 고 자 산 회 전 율 | 6.1회전 | 8.0회전 | 불량 |
| 매 출 채 권 회 전 율 | 9.7회전 | 11.0회전 | 불량 |
| 매 입 채 무 회 전 율 | 17.0회전 | 10.8회전 | 양호 |

인천기업은 총자산회전율과 자기자본회전율이 산업평균과 비슷한 수준을 유지하고 있으며, 비유동자산회전율이 산업평균보다 불량한 것으로 나타났다. 따라서 인천기업은 자원을 어느 정도 효율적으로 이용하고 있으며, 다만 비유동자산의 축소문제를 검토할 필요가 있는 것으로 판단된다.

한편, 인천기업의 매출채권과 매입채무의 규모가 균형을 이루지 못하는 문제가 현저히 나타났다. 산업평균에서는 매출채권회전율과 매입채무회전율이 비슷하게 유지되고 있어 신용매출과 신용매입이 균형을 유지하고 있다. 그러나 인천기업의 경우 매출채권 규모가 매입채무 규모에 비해 훨씬 많음으로써 균형을 잃고 있다. 즉, 인천기업은 신용을 공여하는 수준이 신용을 받는 수준보다 많아 단기운영자금의 압박을 받고 있는 것으로 판단된다.

(2) 1회전 운전자본을 측정하고 이를 분석하면 다음과 같다.

① 1회전 운전기간 측정

| 인천기업 |
|---|

$$1회전\ 운전기간 = \frac{1}{6.1} + \frac{1}{9.7} - \frac{1}{17.0}$$

$$= 0.208년(또는\ 76일)$$

산업평균

$$1회전\ 운전기간 = \frac{1}{8.0} + \frac{1}{11.0} - \frac{1}{10.8}$$
$$= 0.123년(또는\ 45일)$$

인천기업의 1회전 운전기간은 76일로서 동일업종 산업평균인 45일보다 길다. 즉, 인천기업은 산업평균과 비교해서 운영자금의 압박을 많이 받고 있음을 유추할 수 있다.

② 1회전 운전자본 측정

인천기업

1회전 운전자본 = (매출액 − 영업이익 − 감가상각비) × 1회전 운전기간
= (6,800 − 580 − 256) × 0.208
= 1,240.5백만원

③ 종합분석

인천기업의 1회전 운전기간은 산업평균에 비해 0.085년(31일)이나 길다. 이는 재고자산, 매출채권이 상대적으로 많고 매입채무가 상대적으로 적은 데 기인한다. 그리고 인천기업의 1회전 운전자본, 즉 구입 - 생산 - 판매 - 회수에 소요되는 1회전 운영자금은 1,240.5백만원에 이르고 있다.

## 4.4 생산성 분석

기업은 노동과 자본을 투입하여 새로운 가치를 창출한다. 기업이 자원을 투자하여 얼마나 많은 가치를 창출하는지는 생산성 분석을 통하여 알 수 있다. 본절에서는 기업이 창출한 가치를 어떻게 측정하며, 생산성은 구체적으로 어떻게 분석하는지를 살펴보기로 하자.

## 1. 생산성의 의의

생산성(productivity)이란 용어는 조직의 효율성을 측정하기 위하여 광범위하게 사용되고 있다. 일반적으로 생산성은 일정량의 인적·물적 자원을 투입하였을 때 그 결과로 얼마만큼의 산출이 이루어졌느냐 하는 '산출량/투입량'의 상대비율로 측정된다. 즉, 생산성이란 투입량과 산출량을 비교하여 다음과 같이 측정한다.

$$생산성 = \frac{산출량}{투입량} \tag{4.25}$$

기업경영에 있어서 생산성은 기업활동의 능률 내지 성과를 측정·평가하고 그 발생원인과 성과배분의 합리성 등을 분석하는 데 기준이 된다. 그러므로 생산성에 관한 지표는 곧 경영합리화의 척도라고 할 수 있다.

먼저 투입량에 대해 생각해 보기로 하자. 기업이 경영활동을 위하여 투입하는 자원은 여러 측면에서 생각해 볼 수 있으나, 가장 대표적인 것이 노동과 자본이다. 이들 투입량은 곧 노동량과 자본액을 의미한다. 노동량이란 기업활동에 투입된 노동의 규모를 의미하며, 일반적으로 평균종업원수를 지칭한다. 자본액이란 기업활동에 투입된 자본의 크기를 말하며, 일반적으로 총자본을 지칭한다.

다음에 산출량에 대해 생각해 보기로 하자. 쉽게 생각하면 생산성을 평가하기 위하여 사용할 산출량은 매출액이 적당할 것으로 보인다. 그러나 생산성을 평가하는 데 매출액은 산출량으로서 적당하지 않다. 왜냐하면 고가제품을 매출하는 기업과 대규모 기업의 매출액은 생산성과 관계없이 커지기 때문이다. 매출액이 많다고 기업의 생산성이 높은 것은 결코 아니다.

결론적으로 말해서 기업의 생산성을 평가하는 데 사용하는 산출량은 부가가치(value added : VA)이다. 그 이유는 부가가치에 대한 정의를 살펴보면 저절로 알게 될 것이다. 수익성 분석에서 잠깐 언급한 바 있는 부가가치는 생산성 분석에 있어서 가장 핵심적인 개념이다.

과거에는 기업경영의 성과를 매출액으로 측정하는 경우가 많았으나, 최근에는 기업경영의 성과를 부가가치 생산성이라는 개념으로 측정하는 것이 일반화되어 있다. 기업이 근로자에게는 높은 임금을 주고 주주에게는 높은 이익을 제공하며, 생산설비도 최대한 효율적으로 이용하기 위해서는 부가가치를 극대화시켜야 한다.

부가가치는 흔히 사용되는 개념이면서도 실제로 그것이 무엇을 의미하는지에 대해서는 명확하지 않은 것이 보통이다. 직관적으로 말해서 부가가치는 기업이 창출한 가치라고 할 수 있으며, 구체적으로는 기업의 생산액에서 외부투입액을 차감하여 구한다.

## 2. 부가가치의 측정

기업의 부가가치란 경영활동 결과 새로이 창출한 가치를 의미한다. 일반적으로 기업은 외부에서 자원을 조달하고 이를 제품으로 가공한 후 판매하는 과정을 되풀이한다. 이런 과정을 통해서 얻게 되는 신규 창출가치를 부가가치라 한다. 다음에는 부가가치의 측정절차를 구체적으로 설명하기로 하자.

그림 4-2 부가가치의 의미

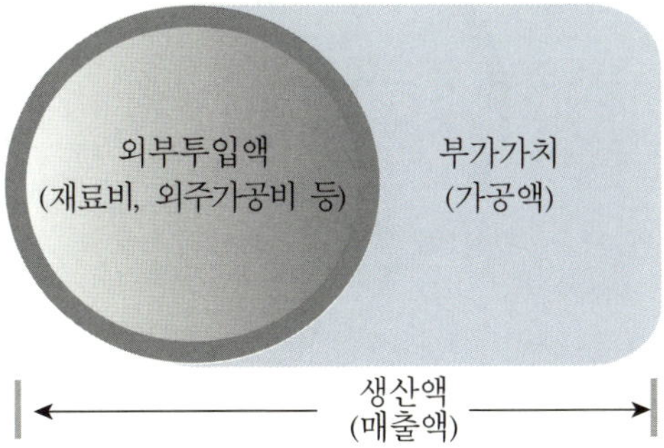

## 1 부가가치의 의의

[그림 4-2]에서 볼 수 있듯이, 기업은 외부에서 자원을 구입하고 구입한 자원(재료 등)을 가공하여 최종생산물을 만들어 낸다. 그리고 기업은 최종생산물을 시장에 판매하여 수익을 실현한다. 간단히 말해서 부가가치는 1년 동안의 생산액에서 재료비, 외주가공비 등의 외부투입액을 차감하여 구하는데, 이런 방법을 차감법이라 한다.

그러나 실제로 부가가치를 이와 같이 측정하는 데에는 많은 어려움이 뒤따른다. 왜냐하면 공표된 기업의 재무제표를 사용하여 1년 동안의 생산액과 외부투입액을 정확히 측정하기가 어렵기 때문이다. 즉, 공표된 기업의 재무제표는 기간손익을 측정하는 데 초점을 맞추고 있으므로, 이를 이용해서 정확한 부가가치를 산출하기가 어렵기 때문이다.

이런 어려움으로 인하여 한국은행을 비롯한 대부분의 재무정보 제공자들은 차감법 대신에 다음과 같은 가산법을 이용하여 부가가치를 구하고 있다. 가산법이란 말 그대로 부가가치의 구성요소들을 모두 합하여 부가가치를 계산하는 방법이다.

다음에는 가산법을 사용해서 부가가치를 구하는 절차를 알아보기로 하자. 먼저 부가가치를 구성하는 항목들을 살펴보면 [그림 4-3]과 같다.

**그림 4-3 부가가치의 구성요소**

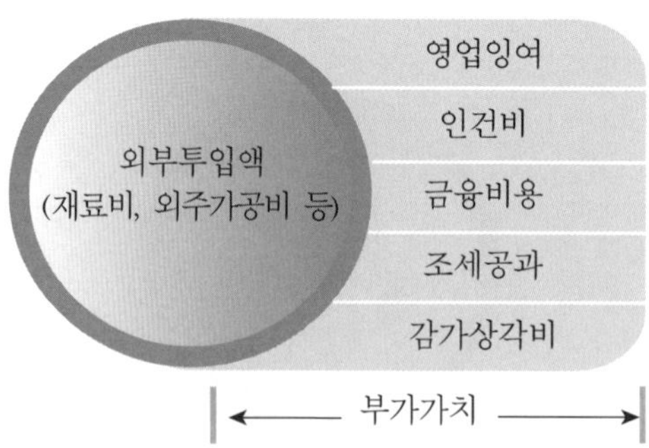

[그림 4-3]에서 볼 수 있는 바와 같이, 부가가치를 구성하는 항목은 크게 다섯 가지로 나누어 볼 수 있다.

$$\text{부가가치} = \text{영업잉여} + \text{인건비} + \text{금융비용} + \text{조세공과} + \text{감가상각비} \tag{4.26}$$

식 (4.26)은 가산법에 의한 부가가치 측정공식이다. 감가상각비를 포함하여 구한 부가가치를 총부가가치(gross value added)라 하고, 감가상가비를 제외하여 구한 부가가치를 순부가가치(net value added)라고 한다. 일반적으로 기업의 부가가치를 구할 때에는 총부가가치를 기준으로 하고, 산업 또는 국가 전체의 부가가치를 구할 때에는 순부가가치를 기준으로 한다. 왜냐하면 산업 또는 국가의 부가가치를 구할 때 개별기업의 총부가가치를 기준으로 합산하면 감가상각비 부분이 중복 계산되기 때문이다.

예를 들어 B기업이 A기업으로부터 기계를 구입하여 생산활동을 하였다고 하자. 이때 기계생산과 관련하여 이미 A기업의 부가가치가 발생되었다. 그런데 B기업의 부가가치를 구할 때 기계와 관련된 감가상각비를 포함시키게 되면 A, B기업 전체의 부가가치는 감가상각비만큼 중복 계산된다.

총부가가치 기준으로 측정하는 개별기업 부가가치의 구성항목을 구체적으로 설명하면 다음과 같다.

첫째, 영업잉여는 영업이익에 대손상각비를 가산하고 금융비용을 차감한 잔액을 말한다. 영업잉여에는 법인세, 배당 그리고 유보액이 포함된다. 즉, 영업잉여는 주주와 정부에 분배되는 몫을 의미한다.

둘째, 인건비는 제조원가명세서의 노무비, 복리후생비 항목과 손익계산서(포괄손익계산서)의 판매비와 관리비 중 급료·임금·상여금·제수당, 퇴직급여충당부채전입액, 복리후생비 항목의 합계액을 말한다. 즉, 인건비는 노동자에게 직·간접적으로 분배되는 몫이다.

셋째, 금융비용은 차입금이나 사채에 대한 대가로 지급되는 이자비용과 사채상각비 등의 합계액이다. 즉, 금융비용은 채권자에게 분배되는 몫을 의미한다.

넷째, 조세공과는 법인세를 제외한 모든 세금(재산세 등)과 공과금을 말한다. 즉, 조세공과는 정부 및 지방자치 단체에 분배되는 몫이다.

다섯째, 감가상각비는 비유동자산에 대한 감가상각비 및 무형자산상각비를 의미한다. 감가상각비는 제조부문과 판매관리부문에서 발생된 감가상각비를 말한다. 즉, 감가상각비는 궁극적으로 기업에 재분배되는 몫이다.

이와 같이 부가가치는 기업이 창출한 가치로서 기업활동에 도움을 준 이해관계자, 즉 정부, 주주, 노동자, 채권자, 지방자치단체 등에게 분배된다. 다시 말해서 부가가치는 기업 이해관계자가 나누어 갖는 빵의 크기를 말한다. 기업 이해관계자가 나누어 갖는 빵의 크기를 될 수 있으면 크게 하는 것은 매우 중요한 일이다.

그러나 그에 못지 않게 창출한 빵을 이해관계자의 기여도에 따라 정확하게 분배하는 일도 중요하다. 왜냐하면 분배의 정의가 실현될 때, 이해관계자들의 부가가치 창출의욕이 지속될 수 있기 때문이다.

## 2 H기업의 부가가치

다음은 부가가치를 실제로 어떻게 측정하며, 창출된 부가가치가 어떻게 분배되는지를 살펴보기로 하자. <표 4-2>에서 보듯이 H기업의 평균 종업원이 27명이다. H기업의 영업이익이 7.3억원, 대손상각비가 0.6억원, 인건비가 11억원(=7.2+3.8), 금융비용이 1.4억원, 조세공과가 0.3억원, 감가상각비가 3.7억원(=3.2+0.5)이다.

이상의 자료를 사용하여 먼저 H기업의 부가가치를 계산하면 22.9억원이다.

H기업 부가가치
= 6.5억원(영업잉여) + 11억원(인건비) + 1.4억원(금융비용)
+ 0.3억원(조세공과) + 3.7억원(감가상각비)
= 22.9억원

(영업잉여=영업이익 + 대손상각비 − 금융비용
=7.3억원 + 0.6억원−1.4억원
=6.5억원)

여기서 영업잉여는 주주와 정부에 귀속되는 몫이다. 영업잉여를 구할 때, 대손상각비를 더한다. 그 이유는 대손상각비는 현금유출이 없는 비용이기 때문이다. 물론 감가상각비도 현금유출이 없는 비용이다. 그러나 감가상각비는 재투자를 위해 축적한 것으로서, 부가가치의 별도 항목으로 구별하여 표시하므로 영업잉여에는 포함시키지 않는다.

그리고 영업잉여를 구할 때 영업이익에서 금융비용을 차감한다. 그 이유는 영업이익은 결국 채권자와 주주 그리고 정부에게 분배되는데, 이 중에서 채권자에게 지급되는 금융비용을 차감해야 주주와 정부에게 귀속되는 것을 구할 수 있기 때문이다.

우리나라 제조기업의 평균적인 특색을 가진 H기업의 부가가치가 어떻게 구성되었는지를 살펴봄으로써, 한국 제조기업의 부가가치 구성률을 분석해 보기로 하자.

**〈표 4-8〉 부가가치 구성률**

| 부가가치 | 영업잉여 | 인건비 | 금융비용 | 조세공과 | 감가상각비 |
|---|---|---|---|---|---|
| 100% | 28.4% | 48% | 6.1% | 1.3% | 16.2% |

자료 : 『기업경영분석』, 한국은행.

<표 4-8>에서 볼 수 있듯이, 부가가치 중에서 가장 높은 비중을 차지하는 것은 인건비(48%)이다. 그 다음은 영업잉여, 감가상각비, 금융비용으로 각각 28.4%, 16.2%, 6.1%를 차지하고 있다. 여기서 특이한 점은 우리나라 기업들의 금융비용이 부가가치 중에서 차지하는 비중이 과거에는 20%를 초과하였는데 최근 이 비중이 급격히 하락하고(6%대) 있다. 그리고 영업잉여가 차지하는 비중이 최근에 많이 늘고 있다는 점도 특이한 점이다.

## 3. 생산성비율

부가가치를 사용하여 H기업의 생산성을 평가해 보기로 하자. 기업의 생산성을 평가하는 주요 재무정보로는 노동생산성, 자본생산성, 부가가치율, 노동소득분배율 정보 등이 있다. 이들을 차례로 설명하면 다음과 같다.

### 1 **노동생산성**(종업원 1인당 부가가치)

노동생산성(productivity of labor)이란 노동력 단위당 생산성을 나타내는 지표로 보통 종업원 1인당 부가가치(gross value added per capita)라고 불리워진다.[7] 노동생산성이 높다는 것은 기업이 보유노동력을 효율적으로 이용하여 보다 많은 부가가치를 창출했다는 것을 의미한다. 따라서 이 지표는 동일산업내에서 개별기업의 경쟁력 측정은 물론 전체 국민경제적인 입장에서도 대외경쟁력을 비교할 수 있는 지표이다.

H기업의 노동생산성, 즉 종업원 1인당 부가가치를 구해 보기로 하자. H기업의 평균 종업원수는 27명이고 부가가치는 22.9억원이므로 H기업의 노동생산성, 즉 종업원 1인당 부가가치는 8,481만원이 된다(한국은행이 발행한 「기업경영분석」에 따르면 종업원 1인당 부가가치는 약 8,513만원임).

$$
\begin{aligned}
\text{노동생산성} &= \frac{\text{부가가치}}{\text{평균종업원수}} \qquad (4.27)\\
&= \frac{22.9\text{억원}}{27\text{명}}\\
&= 8{,}481\text{만원}
\end{aligned}
$$

7) 종업원 1인당 부가가치 대신 종업원 1인당 매출액으로 노동생산성을 측정하는 경우도 있다. 그러나 종업원 1인당 매출액은 종업원 1인당 외형을 의미할 뿐이지 정확한 생산성의 척도는 아니다.

노동생산성은 노동투입량을 기준으로 생산성을 평가하는 비율로서, 종업원 1인당 부가가치를 의미한다. 즉, 노동생산성은 종업원 1인이 1년 동안 창출한 가치를 의미하며 임금결정의 주요 기준이 되기도 한다. 노동집약적인 기업일수록 노동생산성이 낮아지는 경향이 있다.

그러나 노동생산성만을 기준으로 생산성을 평가할 수는 없다. 예를 들면, 생산공정을 자동화시킨 기업은 노동투입량이 줄어들어 노동생산성은 높으나 자본생산성은 하락할 수 있다. 따라서 노동생산성은 자본생산성과 더불어 평가되어야 한다.

## 2 자본생산성

자본생산성(productivity of capital)은 기업에 투하된 총자본이 1년 동안 부가가치를 얼마나 창출하였는지를 나타내는 비율이다. 이 비율은 일명 총자본투자효율(ratio of gross value added to total capitals)이라고도 불리워진다.

자본생산성이 높다는 것은 총자본이 효율적으로 운영되었음을 의미한다. 이 비율은 노동생산성과 함께 기업의 생산성을 측정하는 데 가장 기본적인 지표로 이용되고 있다. 앞에서도 언급했듯이 이 비율은 노동생산성과 함께 평가되어야 한다.

H기업의 총자본은 100억원이고 부가가치가 22.9억원이므로 H기업의 자본생산성 즉, 총자본투자효율은 22.9%이다.

$$\begin{aligned}\text{자본생산성} &= \frac{\text{부가가치}}{\text{총자본(평잔)}} \times 100 \\ &= \frac{22.9\text{억원}}{100\text{억원}} \times 100 \\ &= 22.9\%\end{aligned} \tag{4.28}$$

자본생산성은 자본투자액 1원이 1년 동안 창출한 가치를 의미한다. 자본집약적인 기업일수록 자본생산성이 낮아지는 경향이 있다.

## 3 부가가치율

부가가치율(ratio of gross value added to sales)은 일정기간 동안 창출된 부가가치를 같은 기간 중의 매출액으로 나눈 비율이다. 부가가치율은 원래 기업의 생산액 중에서 부가가치가 차지하는 비중을 의미하나, 추정이 복잡한 생산액 대신에 매출액을 사용하여 구한 비율이다.

부가가치는 이미 설명한 바와 같이 매출액에서 다른 기업이 생산한 외부투입액인 재료비, 외주가공비 등을 차감한 것이다. 따라서 기업의 생산활동이 효율적으로 이루어지면 부가가치율도 높아지게 된다.

H기업의 부가가치율을 위의 자료와 <표 4-1>을 사용해서 구해 보기로 하자. H기업의 매출액은 120억원이고 부가가치는 22.9억원이므로 부가가치율은 19.1%가 된다.

$$\begin{aligned} \text{부가가치율} &= \frac{\text{부가가치}}{\text{매출액}} \times 100 \qquad (4.29) \\ &= \frac{22.9\text{억원}}{120\text{억원}} \times 100 \\ &= 19.1\% \end{aligned}$$

H기업의 경우 매출액의 19.1%가 기업이 창출한 가치이고 나머지 80.9%는 외부투입액(외부에서 구입해온 재화나 용역)이다. 부가가치율은 기업이 1년 동안 생산판매한 총금액 중에서 기업이 순수하게 창출한 가치의 비율이므로, 1에서 부가가치율을 뺀 값은 매출액 중에서 재료비 등의 외부투입액이 차지하는 비율을 의미한다.

부가가치율은 고부가가치의 제품을 생산할수록 높아진다. 즉, 부가가치율이 높다는 것은 기업이 창출한 가치의 비중이 높다는 것으로, 이해관계자들에게 분배되는 몫이 많다는 것을 의미한다. 일반적으로 사양기업일수록 부가가치율이 낮고 성장기업일수록 부가가치율이 높다.

## 4 노동소득분배율

부가가치란 기업활동과 여러 가지 측면에서 이해관계를 맺고 있는 이해관계자에게 분배되는 빵의 크기를 말한다. 부가가치의 향상이란 이들 이해관계자 모두에게 중요한 이슈이다. 일반적으로 빵의 크기가 커지면 관계자에게 분배되는 몫도 커질 것으로 기대된다. 그러나 빵의 크기가 커진다고 이해관계자 각자에게 귀속되는 몫이 항상 커지는 것은 아니다. 따라서 각 이해관계자에게 직접적인 관심의 대상은 부가가치와 더불어 자신에게 귀속되는 몫의 크기이다.

부가가치의 분배와 관련하여 특히 관심의 대상이 되는 비율로는 노동소득분배율이 있다. 노동소득분배율(distribution ratio of labor income to value added)은 기업이 창출한 요소비용 부가가치에 대한 노동자에게 지급된 인건비의 비율이다. 즉, 이 비율은 요소비용 부가가치를 생산하는 데 공헌한 노동자에게 지급한 대가를 상대적으로 나타내는 비율이다. 요소비용 부가가치는 영업잉여 + 인건비 + 금융비용으로 측정된다.[8)]

노동소득분배율은 성과배분의 합리성을 측정하기 위한 척도로서 이용된다. 일반적으로 기술혁신 등을 통하여 노동생산성이 급격히 상승하거나 또는 물가가 급격히 상승한 경우, 인건비 상승이 노동생산성이나 물가의 상승에 미치지 못하기 때문에 노동소득분배율은 하락하는 경향이 있다.

H기업의 노동소득분배율을 구하면 다음과 같다.

$$\text{노동소득분배율} = \frac{\text{인건비}}{\text{요소비용 부가가치}} \times 100 \tag{4.30}$$

$$= \frac{11\text{억원}}{18.9\text{억원}} \times 100$$

$$= 58.2\%$$

8) 요소비용 부가가치란 생산의 주된 당사자인 주주, 정부, 노동자 및 채권자가 창출한 부가가치를 의미한다.

여기서,

요소비용 부가가치=영업잉여 + 인건비 + 금융비용
=6.5억원 + 11억원 + 1.4억원
=18.9억원

H기업의 노동소득분배율은 58.2%이다. 노동소득분배율은 근로자에게 지급되는 인건비가 기업의 생산성과 균형을 이루는지를 평가하는 데 이용된다. 기업이 노동소득분배율을 일정하게 유지하는 선에서 인건비를 지급한다면 인건비와 생산성은 균형을 이루게 된다. 즉, H기업의 경우, 노동소득분배율이 58.2%가 유지되도록 인건비를 지급한다면 노동자들은 그들이 창출한 생산성과에 따라 임금을 받는 셈이 된다.

예를 들어, H기업의 요소비용 부가가치가 20% 증가한 22.68억원이 되었을 때 H기업이 노동소득분배율을 58.2%로 계속 유지한다면 H기업의 인건비도 20% 증가한 13.2억원이 될 것이다. 노동소득분배율은 실제로 성과배분식 임금결정의 기준으로 이용되고 있다.

그러나 이와 같은 방법은 생산성이 상승했을 때는 별 문제가 없으나 생산성이 하락했을 때 문제가 발생할 수 있다. 즉, 생산성 하락시 하락분만큼 임금을 삭감하여야 하는 문제가 발생할 수 있다. 현실적으로 임금은 하방경직성을 갖기 때문에 실제로는 생산성 상승시 증가된 것만큼 모두 인건비로 지급하지 않고, 일부를 적립하였다가 생산성 하락시에 그 적립분을 배분하는 방법을 이용하기도 한다.

## 5 기타 생산성비율

생산성비율에는 지금까지 설명한 것 이외에도 노동장비율, 기계장비율, 자본집약도, 설비투자효율 그리고 기계투자효율 등이 포함된다. 이들의 의미는 다음과 같다.

### ① 노동장비율

노동장비율은 생산과정에서 종업원 1인이 어느 정도의 노동장비를 이

용하고 있는지를 나타내는 지표이다

$$노동장비율 = \frac{유형자산 - 건설중인\ 자산}{종업원수} \times 100 \tag{4.31}$$

### ② 기계장비율

기계장비율은 종업원 1인당 기계장치의 보유수준을 나타내는 지표로서 노동장비율의 보조지표로 이용된다.

$$기계장비율 = \frac{기계장치}{종업원수} \times 100 \tag{4.32}$$

### ③ 자본집약도

자본집약도는 종업원 1인이 어느 정도의 자본액을 보유하고 있는지를 나타내는 지표로서 노동장비율의 보조지표로 이용된다.

$$자본집약도 = \frac{총자본}{종업원수} \times 100 \tag{4.33}$$

### ④ 설비투자효율

설비투자효율은 기업에서 실제로 사용되고 있는 설비자산(= 유형자산 −건설중인 자산)이 어느 정도의 부가가치를 생산하였는지를 나타내는 지표로서 총자본투자효율의 보조지표로 이용된다.

$$설비투자효율 = \frac{부가가치}{유형자산 - 건설중인\ 자산} \times 100 \tag{4.34}$$

### ⑤ 기계투자효율

기계투자효율은 기업이 보유하고 있는 기계장치가 부가가치의 생산에 어느 정도 기여하였는지를 나타내는 지표로서 설비투자효율의 보조지표로 이용된다.

$$기계투자효율 = \frac{부가가치}{기계장치} \times 100 \tag{4.35}$$

## 6 생산성비율의 상호관계

노동생산성, 자본생산성, 자본집약도, 노동장비율, 설비투자효율, 기계장비율, 기계투자효율 등의 생산성비율은 상호 밀접한 관계를 가지고 있다. 노동생산성을 다음과 같이 분해함으로써 생산성비율간의 상호관계를 이해할 수 있다.

$$\underset{(\text{노동생산성})}{\frac{\text{부가가치}}{\text{종업원수}}} = \underset{(\text{자본집약도})}{\frac{\text{총자본}}{\text{종업원수}}} \times \underset{(\text{자본생산성})}{\frac{\text{부가가치}}{\text{총자본}}}$$

$$= \underset{(\text{노동장비율})}{\frac{\text{유형자산}-\text{건설중인 자산}}{\text{종업원수}}} \times \underset{(\text{설비투자효율})}{\frac{\text{부가가치}}{\text{유형자산}-\text{건설중인 자산}}}$$

$$= \underset{(\text{기계장비율})}{\frac{\text{기계장치}}{\text{종업원수}}} \times \underset{(\text{기계투자효율})}{\frac{\text{부가가치}}{\text{기계장치}}} \tag{4.36}$$

식 (4.36)의 설비투자효율, 기계장비율 및 기계투자효율은 모두 자본생산성의 측정지표이다. 노동생산성은 종업원 한 사람이 어느 정도의 자본액을 보유하고 있는지를 나타내는 자본집약도와 자본생산성의 결합에 의하여 결정된다. 따라서 자본생산성이 향상되면 자본집약도에 변화가 없는 한 노동생산성도 향상된다.

## 4. 생산성 사례분석

다음의 사례분석은 생산성을 이해하는 데 많은 도움을 줄 것이다.

### 사례 3

다음은 수원기업의 손익계산서를 비롯한 주요 자료이다.

손익계산서

수원기업 (단위 : 백만원)

|  |  |
|---|---|
| 매 출 액 | 6,800 |
| －매 출 원 가 | 5,576 |
| 매출총이익 | 1,224 |
| －판매비와 관리비<br>(대손상각비 50, 조세공과 66) | 644 |
| 영 업 이 익 | 580 |
| －이 자 비 용 | 124 |
| 세전순이익 | 456 |
| －법인세비용 | 137 |
| 당기순이익 | 319 |

[주요 자료]

① 연평균 종업원수 : 30명 ② 감가상각비 : 522백만원

③ 인건비 : 884백만원 ④ 총자본 : 4,000백만원

⑤ 산업평균비율

노동생산성 : 80백만원, 부가가치율 : 31.5%

자본생산성 : 56%, 노동소득분배율 : 49%

이상의 자료를 사용하여 수원기업의 생산성비율을 산출하고, 산업평균비율과 비교하시오.

**해 설**

(1) 부가가치를 측정하면 다음과 같다.

부가가치

= 영업잉여 + 인건비 + 금융비용 + 조세공과 + 감가상각비

= 506 + 884 + 124 + 66 + 522

= 2,102백만원

(영업잉여 = 영업이익 + 대손상각비 − 금융비용

= 580 + 50 − 124 = 506백만원)

(2) 주요 생산성비율을 측정하면 다음과 같다.

$$\text{노동생산성} = \frac{\text{부가가치}}{\text{평균 종업원수}} = \frac{2{,}102\text{백만원}}{30\text{명}} = 70.1\text{백만원}$$

$$\text{자본생산성} = \frac{\text{부가가치}}{\text{총자본(평잔)}} \times 100 = \frac{2{,}102\text{백만원}}{4{,}000\text{백만원}} \times 100 = 52.6\%$$

$$\text{부가가치율} = \frac{\text{부가가치}}{\text{매출액}} \times 100 = \frac{2{,}102\text{백만원}}{6{,}800\text{백만원}} \times 100 = 30.9\%$$

$$\text{노동소득분배율} = \frac{\text{인건비}}{\text{요소비용 부가가치}} \times 100 = \frac{884\text{백만원}}{1{,}514\text{백만원}} \times 100 = 58.4\%$$

여기서

요소비용 부가가치 = 영업잉여 + 인건비 + 금융비용

= 506 + 884 + 124

= 1,514백만원

(3) 비교분석

다음의 표에서 보듯이 수원기업의 자본생산성과 부가가치율은 산업평균 수준과 거의 동일한 수준에 있다. 그러나 노동생산성은 산업평균(80백만원)에 비해 떨어지는 70.1백만원 수준에 머무르고 있다.

| 재 무 비 율 | 수 원 기 업 | 산 업 평 균 | 평 가 |
|---|---|---|---|
| 노 동 생 산 성 | 70.1백만원 | 80백만원 | 불 량 |
| 자 본 생 산 성 | 52.6% | 56% | 보 통 |
| 부 가 가 치 율 | 30.9% | 31.5% | 보 통 |
| 노동소득분배율 | 58.4% | 49% | 불 량<br>(기업 입장) |

자본생산성과 부가가치율은 산업평균 수준과 거의 동일하나 노동생산성이 산업평균 수준에 비해 많이 떨어지는 것으로 볼 때, 이 기업은 종업원수가 상대적으로 많은 것으로 판단된다. 수원기업의 노동소득분배율이 산업평균에 비해 높은 것도 종업원수의 과다에서 온 문제로 판단된다.
따라서 수원기업은 효율적인 인사관리를 통해 적정수준의 종업원수를 유지하는 전략과 종업원의 생산성을 향상시키기 위한 교육훈련을 강화하는 전략을 함께 수립해야 할 것으로 판단된다.

## 4.5 성장성 분석

성장성비율(growth ratio)은 기업의 당해 연도 경영 규모 및 성과가 전년도에 비하여 얼마나 증가하였는지를 나타내는 지표이다. 성장성비율은 기업의 경쟁력이나 미래 수익창출능력을 간접적으로 나타내는 지표이다.

H기업의 성장성비율을 측정하기 위해 H기업의 전년도와 금년도의 주요 회계자료를 정리하면 <표 4-9>와 같다.

〈표 4-9〉 주요 회계자료

(단위 : 억원)

| 연도 | 매출액 | 순이익 | 총자산 | 자기자본 | 주당이익 |
|---|---|---|---|---|---|
| 전년도 | 113.3 | 5.9 | 91.4 | 44.3 | 29,500원 |
| 금년도 | 120 | 6.3 | 100 | 49.8 | 31,500원 |

자료 : 『기업경영분석』, 한국은행(상대적으로 유추한 것임).
* 발행주식수 = 200만주

## 1 매출액증가율

매출액증가율(sales growth rate)은 매출액이 전년도에 비해 당해 연도에 얼마나 증가하였는지를 나타내는 비율이다. 매출액은 정상적인 영업활동에서 발생하는 영업수익이므로 매출액증가율은 기업의 외형적 신장세를 판단하는 대표적인 비율이다. 경쟁기업보다 빠른 매출액증가율은 결국 시장점유율이 증가하였음을 의미한다. 따라서 매출액증가율은 경쟁력 변화를 나타내는 척도 중에 하나이다.

<표 4-9>의 자료를 사용하여 H기업의 매출액증가율을 측정하면 다음과 같다.

$$\begin{aligned} \text{매출액증가율} &= \frac{\text{당기 매출액} - \text{전기 매출액}}{\text{전기 매출액}} \times 100 \qquad (4.37) \\ &= \frac{120\text{억원} - 113.3\text{억원}}{113.3\text{억원}} \times 100 \\ &= 5.9\% \end{aligned}$$

H기업의 매출액증가율은 5.9%이다. 매출액에 대한 최종마진이 확보되는 경우 매출액의 증가는 수익성의 향상으로 연결된다. 고도성장기에는 매출액증가율이 기업성장을 판단하는 대표적인 비율로 인식되었다.

## 2 총자산증가율

총자산증가율(total assets growth rate)은 기업에 투하되어 운영된 총자산이 전년도에 비하여 당해 연도에 얼마나 증가하였는지를 나타내는 비율로서, 기업의 전체적인 외형적 성장 규모를 측정하는 지표이다.

<표 4-9>의 자료를 사용하여 H기업의 총자산증가율을 측정하면 다음과 같다.

$$\text{총자산증가율} = \frac{\text{당기말 총자산} - \text{전기말 총자산}}{\text{전기말 총자산}} \times 100 \tag{4.38}$$

$$= \frac{100\text{억원} - 91.4\text{억원}}{91.4\text{억원}} \times 100$$

$$= 9.4\%$$

H기업의 총자산증가율은 9.4%이다. 한국의 제조기업들은 금년도 1년 동안 외형적인 총자산 규모가 늘어났음을 알 수 있다. 일반적으로 기업의 실질적 성장은 다음에서 설명하는 순이익증가율이나 주당이익증가율로 파악되는 것이 보통이다.

## 3 자기자본증가율

자기자본증가율(net worth growth rate)은 자기자본이 전 연도에 비해 당해 연도에 얼마나 증가하였는지를 나타내는 지표이다. 자기자본증가율은 장부가치 기준으로 주주의 부(富)가 얼마나 늘었는지를 파악하는 성장지표이다. 따라서 자기자본증가율은 주주에게 특히 관심의 대상이 된다.

<표 4-9>의 자료를 사용하여 H기업의 자기자본증가율을 구하면 다음과 같다.

$$\text{자기자본증가율} = \frac{\text{당기말 자기자본} - \text{전기말 자기자본}}{\text{전기말 자기자본}} \times 100 \tag{4.39}$$

$$= \frac{49.8\text{억원} - 44.3\text{억원}}{44.3\text{억원}} \times 100$$

$$= 12.4\%$$

H기업의 자기자본증가율은 12.4%이다. 이는 장부가치 기준으로 H기업의 주주의 부(富)가 금년도에 12.4% 증가했음을 보여주는 결과이다.

## 4 순이익증가율

순이익증가율(net profit growth rate)은 기업활동의 최종성과인 순이익이 전년도에 비해 당해 연도에 얼마나 증가하였는지를 나타내는 비율이다. 매출액증가율이 외형적 성장세를 보여준다면 순이익증가율은 실질적 성장세를 보여주는 지표라 할 수 있다.[9]

$$
\begin{aligned}
\text{순이익증가율} &= \frac{\text{당기 순이익} - \text{전기 순이익}}{\text{전기 순이익}} \times 100 \\
&= \frac{6.3\text{억원} - 5.9\text{억원}}{5.9\text{억원}} \times 100 \qquad (4.40) \\
&= 6.8\%
\end{aligned}
$$

H기업의 순이익증가율은 6.8%이다. 한국 제조기업들의 당기순이익은 금년도에 지난해에 비하여 다소 증가하였다.

## 5 주당순이익증가율

주당순이익증가율(earnings per share growth rate)은 주당순이익(EPS)이 전년도에 비해 금년도에 얼마나 증가하였는지를 나타내는 지표이다. 주당순이익증가율은 순이익증가율의 보조지표로 이용되며, 주주에게 귀속되는 직접적인 주당순이익의 증가세를 보여주는 지표이다. 순이익증가율과 발행주식수 증가율이 같으면 주당순이익증가율은 0%이다.

따라서 주당순이익증가율은 주주가 투자한 자본에 대한 순이익의 증가세를 반영해 주는 실질적인 성장률 지표이며, 주주의 부(富)의 투자단위당 성장세를 파악하는 데 유용한 지표이다. 즉, 주당순이익증가율은 증자규모를 반영한 순이익의 실질적 증가세를 보여주는 성장률 지표이다.

9) 순이익성장률의 결정요인은 본장의 <부록 4A-1>을 참조.

$$
\begin{aligned}
\text{주당순이익증가율} &= \frac{\text{당기 주당순이익} - \text{전기 주당순이익}}{\text{전기 주당순이익}} \times 100 \\
&= \frac{31{,}500\text{원} - 29{,}500\text{원}}{29{,}500\text{원}} \times 100 \\
&= 6.8\%
\end{aligned} \tag{4.41}
$$

H기업의 주당순이익증가율은 6.8%이다. 이와 같이 발행주식수는 일정한데 순이익만 증가하면, 주당순이익증가율은 순이익증가율과 동일하다.

## 6 지속가능성장률

최근에는 기업의 지속가능성장률(sustainable growth rate)에 대한 관심이 많다. 지속가능성장률은 기업이 보유한 잠재성장률을 의미한다. 일정한 가정하에서 지속가능성장률 $g$는 다음과 같다.

$$
\begin{aligned}
\text{지속가능성장률}(g) &= \frac{\text{자기자본증가분}}{\text{자기자본}} \\
&= \frac{\text{유보이익}}{\text{자기자본}} \\
&= \frac{\text{순이익} \times \text{유보비율}}{\text{자기자본}} \\
&= \text{유보비율} \times \text{자기자본순이익률} \\
&= b \times ROE \\
&= 0.8 \times 12.7\% \\
&= 10.16\% \\
&\quad (\text{배당성향 } 80\%,\ \text{유보비율 } 20\% \text{ 가정})
\end{aligned} \tag{4.42}
$$

즉, 지속가능성장률은 기업의 유보비율(retention ratio) $b$에 자기자본순이익률 ROE를 곱해서 계산된다. H기업의 지속가능성장률은 10.16%이다. 기업의 유보비율이 높을수록, 그리고 ROE가 높을수록 지속가능성장률은 커진다. 지속가능성장률에 대한 자세한 내용은 본장 말미의 <부록 4A-1>에 설명되어 있다.

## 연·습·문·제

1. 다음을 간략히 설명하시오.

| | |
|---|---|
| ① 매출원가율 | ② 매출액영업이익률 |
| ③ 매출액순이익률 | ④ 총자본영업이익률 |
| ⑤ 총자본순이익률 | ⑥ 자기자본순이익률 |
| ⑦ 총자산회전율 | ⑧ 1회전 운전기간 |
| ⑨ 1회전 운전자본 | ⑩ 재고자산회전율 |
| ⑪ 매출채권회전율 | ⑫ 매입채무회전율 |
| ⑬ 부가가치 | ⑭ 부가가치율 |
| ⑮ 노동생산성 | ⑯ 자본생산성 |
| ⑰ 요소비용 부가가치 | ⑱ 노동소득분배율 |

2. 매출수익성과 자본수익성을 각각 설명하고 이들을 비교하시오.

3. 매출액영업이익률을 기준으로 우리나라 기업의 영업활동상의 마진(margin)을 외국 기업들과 비교하시오.

4. 매출액순이익률을 기준으로 우리나라 기업의 경영활동상의 최종마진을 외국 기업들과 비교하시오.

5. 총자본영업이익률과 차입금평균이자율을 비교하는 의미를 설명하시오.

6. 부가가치성장률과 인건비상승률의 관계를 '분배의 정의(正義)' 입장에서 설명하시오.

7. 순이익성장률과 주당순이익성장률을 비교하여 설명하시오.

8. 지속가능성장률 = 유보율×ROE 임을 증명하시오(본장의 부록 참조).

9. ROE와 레버리지의 관계를 설명하시오(본장의 부록 참조).

10. 상종기업은 금년에 전년보다 매우 낮은 이익률을 나타내었다. 상종기업의 금년도 재무상태표와 손익계산서는 다음과 같다. 이를 기초로 다음 물음에 답하시오.
    (1) 아래의 주요 비율을 산출하고 이를 산업평균비율과 비교하시오.
    (2) 상종기업의 총자산순이익률이 낮은 원인을 규명하시오.

재무상태표

상종기업 (단위 : 백만원)

| | | | |
|---|---|---|---|
| 현 금 | 160 | 매입채무 | 840 |
| 단기금융자산 | 295 | 단기차입금 | 300 |
| 매출채권 | 430 | 비유동부채 | 320 |
| 재고자산 | 1,210 | 자본금 | 810 |
| 비유동자산 | 1,605 | 잉여금 | 1,430 |
| 자산총계 | 3,700 | 부채와 자본 총계 | 3,700 |

손익계산서

상종기업 (단위 : 백만원)

|  |  |
|---|---|
| 매출액 | 4,500 |
| －매출원가 | 3,500 |
| 매출총이익 | 1,000 |
| －판매비와 관리비 | 800 |
| 영업이익 | 200 |
| －이자비용 | 80 |
| 세전순이익 | 120 |
| －법인세비용 | 60 |
| 당기순이익 | 60 |

산업평균비율

| | |
|---|---|
| 유동비율 | 170% |
| 당좌비율 | 90% |
| 재고자산회전율 | 10회전 |
| 총자산회전율 | 3회전 |
| 매출액순이익률 | 3.0% |
| 총자산순이익률 | 9.0% |
| 자기자본순이익률 | 12.8% |
| 매출액영업이익률 | 6.5% |
| 총자산영업이익률 | 13% |

11. 다음은 인성기업의 재무제표이다.

(1) 주요 활동성비율을 산출하고 이를 산업평균비율과 비교하시오.

(2) 인성기업의 1회전 운전기간 및 1회전 운전자본을 측정하고 분석하시오.

재무상태표

인성기업 (단위 : 백만원)

| 자산 | 금액 | 부채 및 자본 | 금액 |
|---|---|---|---|
| 현 금 | 300 | 매 입 채 무 | 610 |
| 단기금융자산 | 620 | 단기차입금 | 750 |
| 매 출 채 권 | 800 | 비유동부채 | 1,000 |
| 재 고 자 산 | 800 | 자 본 금 | 1,960 |
| 비 유 동 자 산 | 3,000 | 잉 여 금 | 1,200 |
| 자 산 총 계 | 5,520 | 부채와 자본 총계 | 5,520 |

손익계산서

인성기업 (단위 : 백만원)

|  |  |
|---|---|
| 매 출 액 | 6,000 |
| −매 출 원 가 | 5,100 |
| 매출총이익 | 900 |
| −판매비와 관리비 | 600 |
| 영업이익 | 300 |
| −이자비용 | 160 |
| 세전순이익 | 140 |
| −법인세비용(50%) | 70 |
| 당기순이익 | 70 |

* 총감가상각비는 500백만원임.

산업평균비율

| | |
|---|---|
| 총 자 산 회 전 율 | 1.8회전 |
| 자 기 자 본 회 전 율 | 3.0회전 |
| 비유동자산회전율 | 3.0회전 |
| 재 고 자 산 회 전 율 | 10.0회전 |
| 매 출 채 권 회 전 율 | 12.0회전 |
| 매 입 채 무 회 전 율 | 9.0회전 |

12. 다음은 삼산기업의 손익계산서를 비롯한 주요 자료이다.

손익계산서

| 삼산기업 | (단위 : 백만원) |
|---|---|
| 매 출 액 | 5,000 |
| -매 출 원 가 | 4,200 |
| 매출총이익 | 800 |
| -판매비와 관리비 | 320 |
| (대손상각비 52) | |
| (조 세 공 과 18) | |
| 영 업 이 익 | 480 |
| -이 자 비 용 | 180 |
| 세전순이익 | 300 |
| -법인세비용(50%) | 150 |
| 당기순이익 | 150 |

[주요 자료]

① 연평균 종업원수 : 50명　　② 감가상각비 : 1,200백만원

③ 인건비 : 600백만원　　④ 총자본 : 3,000백만원

⑤ 산업평균비율

부가가치율 : 31.5%, 노동생산성 : 60백만원

자본생산성 : 56%, 노동소득분배율 : 64%

이상의 자료를 사용하여,

(1) 부기가치와 요소비용 부가가치를 측정하시오.

(2) 생산성비율을 측정하시오.

(3) (1), (2)의 결과를 산업평균비율과 비교하시오.

## 부록 4A-1
### 순이익성장률의 결정요인(지속가능성 성장률)

기업의 성장은 제품라인, 매출액영업이익률, 레버리지 그리고 배당정책 등에 관한 기초적 의사결정에 의해 영향을 받는다. 여기서는 기업의 순이익성장률을 결정하는 이들 요인에 대해서 설명하기로 한다.*

#### 유보비율과 자기자본순이익률

성장률을 결정하는 가장 단순한 관계는 유보비율(기업이 순이익 중에서 유보하는 비율)과 자기자본순이익률(ROE = 순이익/자기자본 장부가치)에 기초해서 형성된다. 이를 좀더 구체적으로 설명해 보기로 하자.

$$g_t = \frac{NI_t - NI_{t-1}}{NI_{t-1}} \tag{4A.1}$$

$g_t$ : 순이익의 성장률
$NI_t$ : $t$년도의 순이익

자기자본순이익률의 정의에 따라 $t-1$년도의 순이익($NI_{t-1}$)을 다음과 같이 나타낼 수 있다.

$$NI_{t-1} = BV_{t-1} \times ROE_{t-1} \tag{4A.2}$$

$BV_{t-1}$ : $t-1$년도의 자기자본 장부가치(유보 전)
$ROE_{t-1}$ : $t-1$년도의 자기자본순이익률

또한 $t$년도의 순이익($NI_t$)은 다음과 같다.

$$NI_t = (BV_{t-1} + RE_{t-1}) \times ROE_t \tag{4A.3}$$

$RE_{t-1}$ : $t-1$년도의 유보이익

자기자본순이익률이 변하지 않는다고 가정하면 $ROE_t = ROE_{t-1} = ROE$

* 『가치평가론』, 정한규 · 김철중 · 윤평식 공역, 경문사, 2003, pp. 186~190.

이다. 따라서 식 (4A.3)에서 식 (4A.2)를 차감한 후 이를 $NI_{t-1}$로 나누면 다음식이 성립한다.

$$g_t = \frac{RE_{t-1}}{NI_{t-1}} \times ROE = b \times ROE \tag{4A.4}$$

$b$ : 유보비율

$RE_{t-1}$ : $t-1$년도의 유보이익

이상으로부터 순이익성장률(지속가능성장률)이 유보비율과 자기자본순이익률의 증가함수임을 알 수 있다. 이와 같은 순이익성장률 계산은 자기자본순이익률이 시간에 따라 변하지 않는다고 가정하고 한 것이다. 만일 시간에 따라 자기자본순이익률이 변한다면 $t$년도의 성장률은 다음과 같이 정리할 수 있다.

$$g_t = \frac{BV_{t-1}(ROE_t - ROE_{t-1})}{NI_{t-1}} + b \times ROE_t \tag{4A.5}$$

식 (4A.5)의 우변의 첫번째 항은 기존의 자기자본을 기준으로 자기자본순이익률의 변화효과를 나타낸 것이다. ROE의 증가(감소)는 수익성을 증가(감소)시켜 높은(낮은) 순이익성장률로 연결된다.

다음의 예제는 ROE와 순이익률성장률의 관계를 이해하는 데 도움을 줄 것이다.

### 예제 1

다음 표는 금년도와 내년도(추정)의 양정기업의 유보비율과 자기자본순이익률 정보를 나타낸 것이다.

| 구 분 | 금년도 | 내년도 |
|---|---|---|
| 자기자본의 장부가치 | 12,000만원 | |
| 순 이 익 | 2,760만원 | |
| 유 보 비 율 | 60% | 60% |
| 자기자본순이익률($ROE$) | 23% | 22.5% |

이상의 자료를 사용하여 금년도와 내년도 각각의 순이익성장률을 비교하시오. 그리고 $ROE$가 2% 포인트 하락한다고 할 때(즉, $ROE = 21\%$일 때) 내년도의 순

이익성장률을 추정하시오.

---

**해 설**

(1) 순이익성장률을 비교하면 다음과 같다.

금년도의 순이익성장률 : $0.6 \times 0.23 = 13.8\%$

내년도의 순이익성장률 :

$$\frac{12{,}000 \times (0.225-0.23)}{2{,}760} + 0.6 \times 0.225 = 11.3\%$$

자기자본순이익률이 23%에서 22.5%로 0.5% 포인트 하락함으로써 순이익성장률은 2.5%(=13.8%−11.3%) 포인트 하락할 것으로 예상된다.

(2) *ROE*가 2% 포인트 하락시(즉, *ROE*=21.0%시) 순이익성장률을 측정하면 다음과 같다.

순이익성장률 :

$$\frac{12{,}000 \times (0.21-0.23)}{2{,}760} + 0.6 \times 0.21 = 3.9\%$$

---

## 자기자본순이익률과 레버리지

자기자본순이익률과 순이익성장률은 기업의 레버리지 정책에 의해 영향을 받는다. 장기적으로 이자지급전의 세후투자수익률(세후총자산영업이익률)이 세후타인자본비용을 초과하는 한, 레버리지가 증가할수록 자기자본순이익률은 높아질 것이다. 이것은 자기자본순이익률이 결정되는 다음 공식을 보면 알 수 있다.**

---

** $ROA + \frac{D}{E}(ROA - i[1-t])$

$$= \frac{NI + Int[1-t]}{D+E} + \frac{D}{E} \times \left[ \frac{NI + Int[1-t]}{D+E} - \frac{Int[1-t]}{D} \right]$$

$$= \frac{NI + Int[1-t]}{D+E}\left(1 + \frac{D}{E}\right) - \frac{Int[1-t]}{E}$$

$$= \frac{NI}{E} + \frac{Int[1-t]}{E} - \frac{Int[1-t]}{E}$$

$$= \frac{NI}{E} = ROE$$

(*NI* : 순이익, *Int* : 이자비용, *E* : 자기자본)

$$ROE = ROA + \frac{D}{E}(ROA - i[1-t]) \tag{4A.6}$$

$$ROA = \frac{\text{순이익} + \text{이자}\,[1-t]}{\text{총자산의 장부가치}}$$

$$= \frac{EBIT\,[1-t]}{\text{총자산의 장부가치}}$$

$$\because\ (EBIT - \text{이자})\,[1-t] = \text{순이익}$$

$$EBIT\,[1-t] = \text{순이익} + \text{이자}\,[1-t]$$

$D/E$ : 부채의 장부가치/자기자본의 장부가치(=부채비율)
$i$ : 이자비용/부채의 장부가치(=이자율)
$t$ : 법인세율

자산의 장부가치는 부채의 장부가치와 자기자본의 장부가치의 합이다. *ROE*에 관한 식 (4A.6)을 식 (4A.4)에 대입하면 순이익성장률은 다음과 같이 정리할 수 있다.

$$g_t = b\left\{ROA + \frac{D}{E}(ROA - i\,[1-t])\right\} \tag{4A.7}$$

식 (4A.7)은 레버리지와 성장률간의 관계를 명확하게 설명한다. 이는 구조조정이 기업의 성장과 가치에 미치는 효과를 이해하는 데 유용하다.

## 기업 구조조정

기업의 구조조정은 일반적으로 다음과 같은 세 가지 형태로 분류될 수 있다.

### ■ 자산 구조조정

자산 구조조정(asset restructuring)은 일반적으로 순이익이 없는 투자나 사업부를 정리하거나 새로운 자산을 추가적으로 구입하는 형태를 취한다. 자산 구조조정의 목적은 자산수익률을 높여서 기업성장을 도모하는 데 있다. 기업자산의 구성이 변하면 기업위험 역시 변하게 된다. 그리고 기업위험 변화는 할인율의 변화를 야기한다. 성장과 위험의 변화는 기업가치를 변화시킨다. ROA가 성장률에 미치는 효과는 식 (4A.7)을 미분해 보면 쉽게 알 수 있다.

$$\frac{\partial g_t}{\partial ROA} = b\left(1+\frac{D}{E}\right) \qquad (4A.8)$$

즉, ROA의 변화가 성장률에 미치는 효과는 유보비율($b$)과 부채비율($D/E$)에 의해 결정된다.

## ■ 자본 구조조정

자본 구조조정(capital restructuring)은 레버리지, 즉 부채의존도를 증가 또는 감소시키는 것이다. 레버리지 변화가 미래성장에 미치는 효과는 식 (4A.7)의 성장률 공식에서 부채비율과 이자율을 변화시켜 성장률을 다시 계산해 보면 알 수 있다.

$$\frac{\partial g_t}{\partial \frac{D}{E}} = ROA - i[1-t]\,\frac{\partial i}{\partial \frac{D}{E}} \times \left(\text{새로운 } \frac{D}{E}\right)[1-t] \qquad (4A.9)$$

$\dfrac{\partial i}{\partial \frac{D}{E}}$ : 부채비율의 변화에 따른 이자율의 변화

새로운 D/E : 레버리지 변화 후의 부채비율

레버리지가 변하면 위험과 할인율도 변하게 된다. 다시 말해서 레버리지정책의 성장률에 대한 효과는 양(+)의 효과일 수도 있고 음(−)의 효과일 수도 있다.

## ■ 배당정책의 변화

구조조정의 마지막 형태로는 배당정책의 변화를 들 수 있다. 배당의 감소(증가)는 유보비율의 증가(감소)를 가져오고 기대성장률을 증가(감소)시킨다. 그러나 유보비율의 변화는 미래 기대배당성향을 변화시키기 때문에 배당효과는 상쇄되기 마련이다. 더 높은 성장을 위해서는 더 낮은 배당을 감수해야 할 것이다.

$$\frac{\partial g_t}{\partial \text{배당성향}} = -1\times\left\{ROA + \frac{D}{E}\,(ROA - i\,[1-t])\right\} \qquad (4A.10)$$

결국 기업가치에 대한 배당정책의 효과는 양(+)의 효과일 수도 있고 음(−)의 효과일 수도 있다.***

*** 식 (4A.10)에서 우변에 −1을 곱한 것은 식 (4A.7)에서 유보율 $b$는 '1−배당성향'이기 때문이다.

# 제 5 장 시장가치 분석

기업의 시장가치란 증권시장에서 주식가격으로 평가된다. 주가는 기업의 기대이익, 위험, 자산가치, 성장가능성 등을 모두 고려하여 종합적으로 평가된 실질적인 기업가치를 반영하고 있다. 시장가치비율(market value ratio)로는 주가수익비율(price earnings ratio : PER)과 주가순자산비율(price book value ratio : PBR) 및 주가매출액비율(price sales ratio : PSR) 및 주가현금흐름비율(price cash flows ratio : PCR), EV/EBITDA비율 등이 대표적이다.

본장에서는 기업의 시장가치와 관련된 이들 비율들을 어떻게 측정하고, 그 의미가 무엇인지를 자세히 설명하기로 한다. 또한 부록에서는 자본자산가격결정모형(CAPM)을 알기 쉽게 설명하기로 한다.

## 5.1 주가수익비율

주가수익비율(PER) 또는 주가이익비율(price earnings ratio)은 대표적인 시장가치비율이다. 주가수익비율은 기업의 가치를 결정하는 승수로 이용되기도 하고 주가의 적정성 여부를 판단하는 기준으로도 이용된다. 또한 주가수익비율은 위험, 성장성, 배당정책 등에 의해 결정된다. 본절에서는 이들의 내용을 구체적으로 설명하기로 한다.

## 1. 주가수익비율의 의의

주가수익비율(PER)이란 주가이익비율이라고도 하며 실제주가를 주당순이익으로 나눈 것이다. PER이 높은 경우는 ① 주당순이익은 평균수준이지만 주가가 높은 경우와 ② 주가는 평균수준이지만 주당순이익이 낮은 경우로 나누어 볼 수 있다. 전자는 장래성이 좋으며 성장하는 기업의 경우이고 후자는 단지 주당순이익이 낮아서 PER이 높아진 경우이다.

반면에 PER이 낮은 경우 역시 ① 주가가 낮은 경우와 ② 주당순이익이 높은 경우로 나누어 볼 수 있다. 이와 같이 PER이 높거나 낮은 이유는 여러 가지이므로 PER을 이용하여 기업가치를 분석할 때는 주당순이익과 주가를 함께 비교하여야 한다.

실제주가를 기초로 한 PER을 실제PER이라 한다. 예를 들어 주가가 8,000원이고 당기의 주당순이익($E_0$)이 1,000원인 K기업의 실제PER을 구해보기로 하자.

$$\begin{aligned} PER &= \frac{\text{실제주가}}{\text{주당순이익}} \left( = \frac{\text{시가총액}}{\text{순이익}} \right) \\ &= \frac{8{,}000\text{원}}{1{,}000\text{원}} \\ &= 8 \end{aligned} \tag{5.1}$$

K기업의 실제PER은 8이다. PER이 8이라는 것은 시장에서 K기업의 주당순이익이 8배의 주가로 평가되고 있음을 의미한다. PER의 값이 크다는 것은 기업의 미래 성장가능성이 높게 평가되고 있다는 것이다. 참고로 2016년 10월 말 현재 한국기업들의 평균PER은 12.6으로서 주요 선진국들의 평균 PER 21.3 보다 낮을 뿐만 아니라 신흥국보다도 낮은 수준이다.

## 2. 주가수익비율의 결정요인

다음에는 PER을 결정하는 요인에 대해 설명해 보기로 하자. 먼저 주식가치(이론주가)를 추정하는 데 많이 이용되는 골든(M. J. Gordon)의 배당평가모형을 기초로 주가를 평가해 보기로 하자. 골든의 배당평가모형에 따르면 이론주가 $P_0^*$는 미래에 기대되는 주당배당금($D_t$)을 주주의 요구수익률($r_E$: 자기자본비용)로 할인한 현재가치이다.

**그림 5-1** 이론주가의 평가

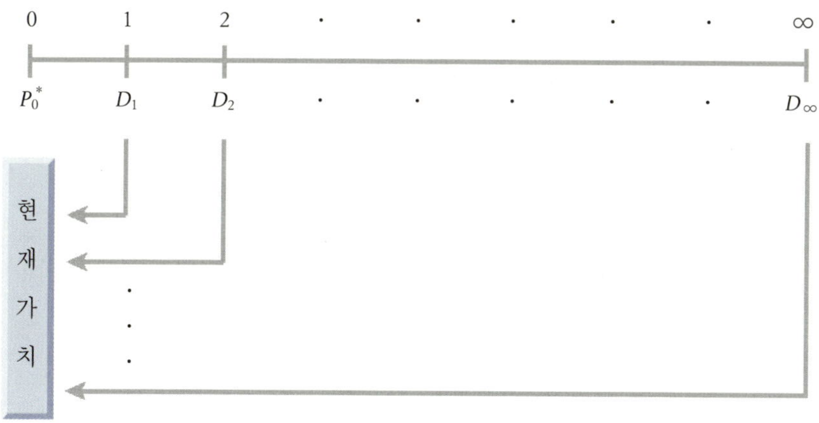


[그림 5-1]에서 볼 수 있는 바와 같이, 이론주가는 미래 기대되는 매년의 주당배당금을 할인한 현재가치로서 다음과 같이 나타낼 수 있다.

$$P_0^* = \frac{D_1}{(1+r_E)^1} + \frac{D_2}{(1+r_E)^2} + \cdots + \frac{D_\infty}{(1+r_E)^\infty} \tag{5.2}$$

$P_0^*$: 이론주가
$D_t$: $t$년도 주당배당금
$r_E$: 주주의 요구수익률(자기자본비용)

골든의 배당평가모형에서는 기업의 이익성장률(또는 배당성장률)이 매년 $g$%로 일정하다고 가정하고 있다.

$$D_2 = D_1(1+g)^1,\ D_3 = D_1(1+g)^2, \cdots,\ D_\infty = D_1(1+g)^{\infty-1} \tag{5.3}$$

식 (5.3)을 식 (5.2)에 대입하면 다음 식이 성립하는데 이를 골든의 항상성장 배당평가모형이라 한다(등비가 1보다 작은 무한등비수열의 합은 다음과 같이 일정한 값에 수렴함).

$$\begin{aligned} P_0^* &= \frac{D_1}{(1+r_E)^1} + \frac{D_1(1+g)^1}{(1+r_E)^2} + \cdots + \frac{D_1(1+g)^{\infty-1}}{(1+r_E)^\infty} \\ &= \frac{D_1}{r_E - g} \end{aligned} \tag{5.4}$$

(단, 등비인 $(1+g)/(1+r_E)$가 1보다 작다)

골든의 모형을 조금 변형하면 주가수익비율을 결정하는 요인을 알 수 있다.

$$P_0^* = \frac{D_1}{r_E - g} = \frac{D_0(1+g)^1}{r_E - g} = \frac{E_0(1-b)(1+g)^1}{r_E - g} \tag{5.5}$$

식 (5.5)에서 $E_0$는 금기의 주당순이익(EPS)을, $b$는 유보비율을, 그리고 $(1-b)$는 배당성향을 의미한다. 식 (5.5)의 좌우변을 $E_0$로 나누어 주면 다음 식이 성립한다.

$$\frac{P_0^*}{E_0} = \frac{(1-b)(1+g)}{r_E - g} = PER^* \tag{5.6}$$

식 (5.6)에서 $P_0^*/E_0$는 주가수익비율을 의미하는데, 이를 앞에서 구한 실제PER과 구별하여 정상PER(normal PER)이라 부른다. 실제PER은 실제주가를 기초로 구한 주가수익비율인데 반해서 정상PER(PER*)은 이론주가를 기초로 한 주가수익비율이다. 식 (5.6)에서 알 수 있듯이 $PER^*$는 다음과 같이 배당성향$(1-b)$, 성장률$(g)$의 증가함수이고 위험$(r_E)$의 감소함수이다.

$$\begin{aligned} PER^* = f(&\text{배당성향, 성장률, 위험}) \\ &\ \ (+)\qquad\ (+)\quad\ (-) \end{aligned} \tag{5.7}$$

예를 들어 K기업의 금기 주당순이익이 1,000원이고 배당성향이 60%(유보비율 40%임), 자기자본비용이 18% 그리고 배당성장률이 3%로 일정하다면, K기업의 정상PER(PER*)은 4.12가 될 것이다.

$$PER^{*} = \frac{(1-0.4)(1+0.03)}{0.18-0.03} = 4.12$$

## 3. 실제PER과 정상PER의 관계

실제PER과 정상PER의 관계를 살펴보기로 하자. 실제PER과 정상PER은 현실적으로 일치하는 경우가 거의 드물다. 이들의 차이는 무엇을 의미하는가?

예를 들어 K기업의 예에서와 같이 실제PER이 정상PER보다 높다는 것은 어떤 의미를 갖는가? K기업의 예에서 실제PER이 8인데 정상PER이 4.12라는 것은 실제주가가 과대평가되어 있음을 의미한다. 과대평가된 주식의 가격은 앞으로 하락할 것으로 예상된다. K기업의 정상PER은 4.12이므로 이론주가는 4,120원($PER^{*} \times E_0 = 4.12 \times 1{,}000$원)이다. K기업의 실제주가 8,000원은 이론주가 4,120원보다 3,880원만큼 과대평가되어 있다.

우리는 흔히 주식시장에서 저PER주(low PER)라는 얘기를 듣는다. 즉, 저PER주에 투자자가 관심을 갖는다든지 또는 저PER주의 주가가 향후 상승할 것으로 예상된다느니 하는 얘기들이 있다.

여기서 말하는 저PER주란 정상PER과 비교해서 실제PER이 낮은 주식을 의미한다. 다른 주식과 비교해서 PER이 상대적으로 낮은 주식은 무조건 저PER주라 생각하는 경우도 있는데 이는 잘못된 것이다. 왜냐하면 성장기회가 적고 위험이 높은 주식의 PER은 당연히 낮아지기 때문이다.

다음에는 P, Q주식을 예로 들어 저PER주의 의미를 구체적으로 설명하기로 한다. <표 5-1>에서 볼 수 있는 바와 같이, P주식의 실제PER은 Q주식의 그것보다 낮다. 그렇다고 P주식을 저PER주라고 부르지는 않는다. 실제PER이 정상PRE($PER^{*}$)보다 낮은 주식을 저PER주라 하므로 오히려 Q주식이 저PER주이다. 왜냐하면 Q주식의 실제PER은 높지만 그것이 자신의 $PER^{*}$보다 낮기 때문이다.

〈표 5-1〉 실제PER과 정상PER의 비교

| 주 식 | PER | PER* |
|---|---|---|
| P | 5 | 3 |
| Q | 8 | 11 |

이와 같은 저PER주 현상은 왜 발생할까? 여러 가지 가능한 경우가 있을 수 있지만, 대체로 기업가치가 주식가격에 충분히 반영되어 있지 않기 때문에 발생한다. 즉, 저PER주는 실제주가가 기업가치에 비해서 낮게 형성되어 있기 때문에 발생한다. 따라서 저PER주의 주가는 앞으로 상승할 가능성이 있다.

## 4. 정상PER의 추정

PER과 관련하여 마지막으로 언급해야 할 부분은 정상PER, 즉 PER*를 어떻게 추정할 것인가이다. PER을 기업가치평가에 이용하기 위해서는 정확한 PER*를 추정하는 것이 필수적이다. PER*를 추정하는 방법 중 실무에서 가장 널리 이용되는 것은 업종, 규모, 시장점유율 등에서 유사한 비교기업들의 PER을 평균하는 것이다.

이는 동질적 PER을 찾는 방법인데, 업종·규모·시장점유율 등에서 동질성을 갖는 기업들은 미래 성장가능성과 위험이 동질적이라고 보는 방법이다. 유사기업 또는 동업종 기업들의 평균PER을 이용하여 기업의 가치를 평가하는 방법을 구체적으로 설명하면 다음과 같다. 예를 들어 상수전자의 실제PER은 10이고, 동업종 기업들의 평균PER이 다음과 같이 15라고 하자.

〈표 5-2〉 실제PER의 비교

| 구 분 | 상수전자 | 동업종 |
|---|---|---|
| PER | 10 | 15 |

<표 5-2>에 대한 해석은 다음과 같이 두 가지로 할 수 있다.

첫째, 상수전자의 기업가치가 시장에서 저평가되어 있다. 즉, 상수전자의 주식은 저PER주이고, 이 주식에 투자하면 향후 시세차익을 얻을 수 있다. 그런데 이런 해석이 가능하려면 상수전자가 동업종 기업들과 평균적으로 동질적인 미래 성장가능성과 위험을 갖고 있다는 전제가 필요하다. 실무에서 특정 기업의 PER이 동업종 기업들의 평균적인 PER보다 낮으면, 그 기업의 주식을 저PER주라고 하는데, 이는 위와 같은 전제를 기초로 하고 있다. 현실적으로 실제PER이 낮은 주식들로 구성된 포트폴리오의 수익률이 실제PER이 높은 주식들로 구성된 포트폴리오의 수익률보다 약간 높게 나타나고 있는 증거들이 있다.

둘째, 상수전자의 기업가치가 시장에서 적정하게 평가되어 있다. 즉, 상수전자의 PER이 낮은 것은 저평가의 문제가 아니라, 상수전자의 성장가능성과 위험이 동업종 기업들의 평균적인 것보다 열등하기 때문이다. 이는 주식시장이 효율적이라면 어떤 기업도 시장에서 적정하게 평가될 것이라는 전제를 기초로 하고 있다.

그러나 이와 같이 비교기업들의 PER을 이용하여 기업의 가치를 평가하는 방법에는 다음과 같은 몇 가지의 문제점을 갖고 있다.[1)]

첫째, 비교기업의 정의가 본질적으로 주관적이라는 것이다. 동일산업에 속해 있더라도 기업간에는 사업구성(business mix), 위험, 성장 측면에서 차이가 있기 때문에 표본선정에 편의(bias)가 존재할 가능성이 있다.

둘째, 비교기업이 합리적으로 선정되었더라도 평가하는 기업과 비교기업간에는 여전히 차이가 존재한다. 이러한 차이를 주관적으로 조정하더라도 문제는 남게 된다.

정상PER을 추정하는 다른 방법에는 PER의 구성요소를 개별적으로 투입하여 추정하는 방법이 있다. 이 방법은 PER을 구성하는 요소인 자기자본비용($r_E$), 성장률($g$) 및 배당성향($d$) 등을 독립변수로 하여 PER$^*$를 추정하는 방법이다. 예를 들어 다음과 같은 회귀분석을 통하여 PER$^*$를 추정할 수 있다.

---

1) 『가치평가론』, 정한규 · 김철중 · 윤평식 공역, 경문사, 2003, pp. 411~412.

$$PER^* = a + b_1 \cdot (\text{위험}) + b_2 \cdot (\text{성장률}) + b_3 \cdot (\text{배당성향}) \tag{5.8}$$

식 (5.8)은 PER$^*$를 예측하는 데 이용될 수 있는 회귀방정식이다. 회귀방정식을 구축하기 위해서는 독립변수와 종속변수에 대한 과거자료가 필요하다.

<표 5-3>은 동일업종에 속하는 $n$개 기업의 위험, 성장률 및 배당성향에 관한 자료이다. 이를 사용해서 PER$^*$를 예측하는 회귀방정식을 구축해 보기로 하자. 위험을 보통주베타($\beta$)로, 성장률을 EPS성장률($g$)로 대용하고 배당성향($d$)을 사용하여 구한 회귀방정식이 다음과 같다고 하자.

$$PER^* = 5.5 - 3\beta + 12g + 8d$$

$n$번째 기업의 현재 실제PER은 10.9이다. 보통주베타, 성장률 및 배당성향 자료를 사용하여 $n$번째 기업의 PER$^*$를 추정하고, $n$번째 기업의 주식의 과대·과소평가 여부를 판정해 보기로 하자. 앞의 회귀식에 해당 변수값을 대입하여 $n$번째 기업의 $PER_n^*$를 다음과 같이 추정할 수 있다.

$$PER_n^* = 5.5 - 3(0.2) + 12(0.09) + 8(0.8) = 12.38$$

즉, $n$번째 기업의 정상PER은 12.38이다. $n$번째 기업의 실제PER이 10.9이므로 $n$번째 기업의 주식은 저PER주로 분류된다.

**〈표 5-3〉 PER$^*$ 추정을 위한 회귀분석 자료**

| 동종기업 | PER | 위험($\beta$) | 성장률($g$) | 배당성향($d$) |
|---|---|---|---|---|
| 1 | 3.5 | 0.3 | 0.02 | 0.2 |
| 2 | 2.8 | 1.7 | 0.03 | 0.5 |
| 3 | 4.7 | 0.5 | 0.02 | 0.7 |
| 4 | 2.5 | 1.9 | 0.04 | 0.3 |
| · | · | · | · | · |
| · | · | · | · | · |
| · | · | · | · | · |
| $n$ | 10.9 | 0.2 | 0.09 | 0.8 |

PER*를 추정하는 다른 방법에는 PER의 구성요소를 개별적으로 투입하여 추정하는 방법이 있다. 이 방법은 PER을 구성하는 요소인 자기자본비용($r_E$), 성장률($g$), 배당성향($d$)을 개별적으로 추정하여 PER*를 추정하는 방법이다. 이 방법에서 $r_E$는 증권시장선(security market line : SML)을 이용하여 추정하고, $g$는 EPS의 평균성장률을 사용하거나 또는 자기자본순이익률의 평균성장률을 사용하여 추정하기도 한다.

증권시장선을 이용해서 자기자본비용($r_E$)을 구하는 공식은 다음과 같다.[2)]

$$r_E = \text{무위험자산수익률} + \text{시장위험프리미엄} \times \beta_i$$

$\beta_i$ : 보통주베타(주식베타)
시장위험프리미엄 = 주식시장 평균수익률 − 무위험자산수익률

이와 같은 개별 추정방법을 예를 들어 설명하면 다음과 같다.

### 예제 1

A은행의 이번 기의 주당순이익은 3,500원이고 A은행은 이 중에서 1,750원을 배당금으로 지급했다. 장기적으로 주당순이익과 배당금은 연 5%씩 성장할 것으로 예측된다. A은행의 보통주베타는 1.425이고 장기국채수익률은 연 5%이며, 시장위험프리미엄(market risk premium)은 연 8%이다.
그리고 분석시점에서 A은행의 실제PER은 9이다. 이 은행의 PER*를 추정하고 주식이 과대 또는 과소평가되었는지를 판단하시오. 단, 자기자본비용은 증권시장선을 사용하여 추정한다.

**해 설**

(1) 먼저 배당성향과 자기자본비용을 측정하면 다음과 같다.

$$\text{배당성향} = \frac{1{,}750\text{원}}{3{,}500\text{원}} = 50\%$$

2) 증권시장선과 자본자산가격결정모형에 대한 자세한 설명은 본장의 <부록 5A-1>을 참조.

$$\text{자기자본비용} = \text{무위험자산수익률} + \text{시장위험프리미엄} \times \beta_i$$
$$= 5\% + 8\% \times 1.425$$
$$= 16.4\%$$

(2) 식 (5.6)을 이용하여 PER*를 추정하면 다음과 같다.

$$PER^* = \frac{(1-b)(1+g)}{r_E - g}$$
$$= \frac{(1-0.5)(1+0.05)}{0.164-0.05}$$
$$= 4.61$$

분석시점에서 A은행의 실제PER이 9이므로 이 은행의 주가는 현재 과대평가된 것으로 판단된다.

## 5. PER추정 사례분석

다음의 두 가지 사례분석은 PER을 이해하는 데 많은 도움을 줄 것이다.

**사례 1**

양정건설의 이번 기의 주당순이익은 1,350원이고 배당성향은 80%이다. 양정건설의 장기성장률은 유보비율×자기자본의 재투자수익률로 측정하기로 한다. 이 기업의 재투자수익률은 자기자본비용 수준이 될 것으로 예상한다. 양정건설의 자기자본비용은 증권시장선으로 추정한다. 양정건설의 보통주 베타는 2.125이고 무위험자산수익률은 5%이며 시장위험프리미엄은 8%이다. 그리고 양정건설의 이번 기말 현재 주가는 8,100원이다. 양정건설의 정상PER을 추정하고 이 주식의 과대·과소평가 여부를 판단하시오.

**해 설**

(1) 먼저 양정건설의 실제PER을 측정하면 다음과 같다.

$$\text{실제PER} = \frac{\text{실제주가}}{\text{주당순이익}} = \frac{8{,}100\text{원}}{1{,}350\text{원}} = 6$$

(2) 양정건설의 자기자본비용을 증권시장선으로 추정하면 다음과 같다.

$$\begin{aligned} r_E &= \text{무위험자산수익률} + \text{시장위험프리미엄} \times \beta_i \\ &= 5\% + 8\% \times 2.125 \\ &= 22\% \end{aligned}$$

(3) 양정건설의 장기성장률($g$)을 추정하면 다음과 같다.

$$\begin{aligned} g &= b \cdot r \\ &= 0.2 \times 22\% \\ &= 4.4\% \end{aligned}$$

$b$ : 유보비율(=1－배당성향)
$r$ : 자기자본의 재투자수익률($r_E$)

(4) 양정건설의 정상PER(PER*)을 추정하면 다음과 같다.

$$\begin{aligned} PER^* &= \frac{(1-b)(1+g)}{r_E - g} \\ &= \frac{(1-0.2)(1+0.044)}{0.22-0.044} \\ &= 4.75 \end{aligned}$$

양정건설의 실제PER(6)은 정상PER(4.75)보다 높은 수준이므로 양정건설의 주식은 과대평가되었음을 알 수 있다.

### 사례 2

송도기업의 현 회계년도의 순이익은 20억원이고 향후 5년 동안 매년 5%씩 성장할 것으로 기대된다. 송도기업이 속한 화학산업의 평균자료와 송도기업의 자료는 다음과 같다.

| 구 분 | 보통주베타 | 부채비율 | 실제PER | 배당성향 | 기대성장률 |
|---|---|---|---|---|---|
| 평 균 | 1.5 | 80% | 18 | 15% | 20% |
| 송도기업 | 1.3 | 60% | ? | 0% | 5% |

또한 화학산업에 속해 있는 기업들을 대상으로 회귀분석한 결과는 다음과

같다.

$$PER^{*} = 40.745 + 15.2(\text{배당성향}) + 85.5(\text{기대성장률}) - 25.4(\text{보통주베타})$$

(1) 평균PER을 기준으로 송도기업의 자기자본가치를 추정하시오.
(2) 회귀식을 이용해서 송도기업의 정상PER과 자기자본가치를 추정하시오.
(3) (1), (2)를 비교하시오.

**해 설**

(1) 먼저 평균 PER을 기준으로 자기자본가치를 추정해 보기로 하자. 화학산업에 속해 있는 기업의 평균PER은 18이다. 평균PER을 이용하여 송도기업의 자기자본가치를 평가하면 다음과 같다.

자기자본의 가치 = 순이익×평균PER
= 20억원×18
= 360억원

(2) 송도기업의 정상PER은 다음과 같이 추정할 수 있다.

$$PER^{*} = 40.745 + 15.2\times(0) + 85.5\times(0.05) - 25.4\times(1.3) = 12$$

PER*를 이용하여 구한 자기자본의 가치는 다음과 같다.

자기자본의 가치 = 순이익×$PER^{*}$
= 20억원×12
= 240억원

(3) (1), (2)의 결과를 비교하면 다음과 같다.

비교기업의 평균PER을 이용했을 때 훨씬 큰 수치가 나온 이유는 화학산업의 공개기업들이 과대평가되었기 때문일 수도 있고 또는 비교기업에 포함된 공개기업들의 기대성장률이 송도기업의 기대성장률보다 훨씬 크기 때문일 수도 있다.

## 5.2 주가순자산비율

주가순자산비율(price book value ratio)은 기업가치를 평가하는 승수로 이용되기도 하고, 주가의 적정성 여부를 판단하는 기준으로도 이용된다. 또한 주가순자산비율은 자기자본순이익률, 배당성향, 성장률 그리고 위험 등에 의해 결정된다. 본절에서는 주가순자산비율에 관한 내용들을 구체적으로 살펴보기로 한다.

### 1. 주가순자산비율의 의의

주가순자산비율(PBR)은 주가와 주당장부가치(주당 자기자본장부가치)를 비교하는 비율로서, 증권시장에서 평가된 주가와 주당장부가치를 비교하는 비율이다. 다음의 자료를 사용하여 K기업의 주가순자산비율(실제PBR)을 구해 보기로 하자.

현재 K기업의 자기자본가치는 24억원이다. 그리고 K기업의 현재 주가는 8,000원이고 발행주식수는 50만주이다. K기업의 PBR은 다음과 같다.

$$PBR = \frac{\text{실제주가}}{\text{주당장부가치}} \left( = \frac{\text{시가총액}}{\text{자기자본}} \right) \tag{5.9}$$

$$= \frac{8{,}000\text{원}}{4{,}800\text{원}}$$

$$= 1.7$$

$$\text{주당장부가치} = \frac{\text{자기자본 장부가치}}{\text{발행주식수}} = \frac{24\text{억원}}{500{,}000\text{주}} = 4{,}800\text{원}$$

K기업의 PBR은 1.7이다. PBR이란 장부가치 기준의 1주당 가치가 시장에서 몇 배의 가치로 평가되는지를 나타내는 지표이다. PBR이 1.7이란 것은 시장가치 기준 1주당가치가 장부가치 기준 1주당 가치의 1.7배임을 의미한다. PBR이 낮다는 것은 일반적으로 기업이 보유하는 잉여금이 주가에

충분히 반영되어 있지 않음을 의미한다. PBR이 낮은 주식을 투자대상으로 하는 투자전략은 바로 주가 미반영부분을 의식한 투자전략이다.

투자자들은 장부가치와 시장가치와의 관계에 대해서 관심이 많다. 주식의 장부가치보다 훨씬 낮게 거래되는 주식들은 일반적으로 과소평가되었을 가능성이 높고, 반대로 장부가치보다 훨씬 높게 거래되는 주식들은 과대평가되었을 가능성이 높다.

자기자본의 장부가치는 자산의 장부가치에서 부채의 장부가치를 차감한 값이다. 자산의 장부가치는 원래의 매입가격에서 허용된 감가상각비를 차감하고 남은 금액이다. 결과적으로 사용년수가 늘어남에 따라 자산의 장부가치는 감소한다. 마찬가지로 부채의 장부가치는 부채발행시의 가치(at- issue value)를 반영한다.

자산의 시장가치는 이익획득력(earning power)과 기대현금흐름을 반영한다. 장부가치는 원래의 매입가격을 반영하기 때문에, 자산의 이익획득력이 취득 후에 크게 증가하거나 감소하면 장부가치는 시장가치와 많은 차이를 보이게 된다.

투자분석에 있어 PBR을 사용하는 것이 유용한 데는 다음과 같은 여러 가지 이유가 있다.

첫째, 장부가치는 상대적으로 안정된 객관적인 수치로서 시장가치와 비교될 수 있다. 현금흐름할인법에 의해 계산된 가치를 본능적으로 불신하는 투자자들에게 이 비율은 간단히 사용할 수 있는 기준이 된다.

둘째, 기업간에 비교적 일관성 있는 회계원칙이 적용된다면, PBR은 과소 또는 과대평가된 주식을 찾는 데 이용될 수 있다.

셋째, 순이익이 0보다 작아 주가이익비율이 이용될 수 없더라도 PBR은 이용될 수 있다.

한편 PBR을 측정하고 이용하는 데 있어 다음과 같은 문제점이 발생할 수도 있다.

첫째, 순이익처럼 장부가치도 회계처리 방법에 의해 영향을 받는다. 만일 기업간에 적용되는 회계원칙이 상이한 경우 PBR을 기업간에 일률적으로 비교하기는 곤란하다. 같은 논리로 회계원칙이 다른 국가간의 비교에도 PBR을 적용하기 어렵다.

둘째, 비유동자산을 많이 소유하지 않는 서비스기업의 경우 장부가치는 별 의미가 없다.

셋째, 만일 기업이 장기간에 걸쳐 손해를 보면 자기자본의 장부가치는 0보다 작아지고 PBR도 음수가 되어 의미가 없다.

PBR*을 추정하는 방법 중 실무에서 가장 널리 이용되는 것은 업종, 규모, 시장점유율 등에서 유사한 기업들의 PBR을 평균하는 것이다. 이는 동질적 PBR을 찾는 방법인데, 업종, 규모, 시장점유율 등에서 동질성을 갖는 기업들은 미래 성장가능성과 위험이 동질적이라고 보는 방법이다.

유사기업 또는 동업종 기업들의 평균PBR을 이용하여 기업가치를 평가하는 방법을 구체적으로 설명하면 다음과 같다. 예를 들어 상수전자의 실제 PBR이 0.5이고, 동업종 기업들의 평균PBR이 다음과 같이 1.2라고 하자.

〈표 5-4〉 실제PBR의 비교

| 구 분 | 상수전자 | 동업종 |
|---|---|---|
| PBR | 0.5 | 1.2 |

<표 5-4>에 대한 해석은 다음과 같이 두 가지로 할 수 있다.

첫째, 상수전자의 기업가치가 시장에서 저평가되어 있다. 즉, 상수전자의 주식은 저PBR주이고 이 주식에 투자하면 향후 시세차익을 얻을 수 있다. 그런데 이런 해석이 가능하려면 상수전자가 동업종 기업들과 평균적으로 동질적인 미래 성장가능성과 위험을 갖고 있다는 전제가 필요하다.

실무에서 특정 기업의 PBR이 동업종 기업들의 평균적인 PBR보다 낮으면, 그 기업의 주식을 저PBR주라고 하는데, 이는 위와 같은 전제를 기초로 하고 있다. 현실적으로 실제PBR이 낮은 주식들로 구성된 포트폴리오의 수익률이 실제 PBR이 높은 주식들로 구성된 포트폴리오의 수익률보다 약간 높게 나타나고 있는 증거들이 있다.

둘째, 상수전자의 기업가치가 시장에서 적정하고 평가되어 있다. 즉, 상수전자의 PBR이 낮은 것은 저평가의 문제가 아니라, 상수전자의 미래

성장가능성과 위험이 동업종 기업들의 평균적인 것보다 열등하기 때문이다. 이는 주식시장이 효율적이라면 어떤 기업도 시장에서 적정하게 평가될 것이라는 전제를 기초로 하고 있다.

그러나 이와 같이 비교기업들의 PBR을 이용하여 기업의 가치를 평가하는 방법에는 앞에서도 설명했듯이 다음과 같은 몇 가지의 문제점을 갖고 있다.

첫째, 비교기업의 정의가 본질적으로 주관적이라는 것이다. 동일산업에 속해 있더라도 기업간에는 사업구성(business mix), 위험, 성장 측면에서 차이가 있기 때문에 표본선정에 편의(bias)가 존재할 가능성이 있다.

둘째, 비교기업이 합리적으로 선정되었더라도 평가하는 기업과 비교기업간에는 여전히 차이가 존재한다. 이러한 차이를 주관적으로 조정하더라도 문제는 남게 된다.

## 2. 주가순자산비율의 결정요인

안정적으로 성장하는 기업을 예로 들어 PBR의 결정요인을 설명해 보기로 하자.[3] 안정성장기업(stable firm)은 경제 전체의 명목성장률과 거의 같은 속도로 성장하는 기업이다. 골든의 모형을 이용하여 안정성장기업의 주식가치를 구하면 다음과 같다.

$$P_0^* = \frac{D_1}{r_E - g} \tag{5.10}$$

$P_0^*$ : 주식가치(내재가치)
$D_1$ : 1기 후의 기대 주당배당금
$r_E$ : 자기자본비용
$g$ : 기대성장률(영구적)

$D_1$을 $E_0 \times (1-b) \times (1+g)$로 대체하면(식 (5.5) 참조), 주식가치는 다음과 같이 구할 수 있다($E_0$는 주당순이익, $1-b$는 배당성향, 그리고 $b$는 유보비율임).

3) 전게서, 정한규 · 김철중 · 윤평식 공역, pp. 430~432.

$$P_0^* = \frac{E_0 \times (1-b) \times (1+g)}{r_E - g} \tag{5.11}$$

여기서 자기자본순이익률(ROE)을 $E_0/BV_0$로 정의하면($BV_0$는 주당장부가치임),

$$P_0^* = \frac{BV_0 \times ROE \times (1-b) \times (1+g)}{r_E - g} \tag{5.12}$$

식 (5.12)에서 양변을 $BV_0$으로 나누면 정상PBR(PBR*)을 구할 수 있다.

$$\frac{P_0^*}{BV_0} = \frac{ROE \times (1-b) \times (1+g)}{r_E - g} = PBR^* = ROE \times PER^* \tag{5.13}$$

식 (5.13)에서 알 수 있듯이 PBR*는 다음과 같이 자기자본순이익률, 배당성향, 성장률의 증가함수이고 위험($r_E$)의 감소함수이다.

$$PBR^* = f(\underset{(+)}{\text{자기자본순이익률}},\ \underset{(+)}{\text{배당성향}},\ \underset{(+)}{\text{성장률}},\ \underset{(-)}{\text{위험}}) \tag{5.14}$$

그런데 성장률과 자기자본순이익률간에는 다음의 관계가 성립한다.

$$g = b \times ROE \rightarrow g - b \times ROE = 0 \tag{5.15}$$

식 (5.15)의 양변에 ROE를 더하면 다음 식이 된다.

$$\begin{aligned} &ROE + g - b \times ROE = ROE \\ \therefore\ &ROE(1-b) = ROE - g \end{aligned} \tag{5.16}$$

따라서 식 (5.16)을 식 (5.13)에 대입하면 PBR*는 다음과 같이 정리할 수 있다(맨오른쪽은 1+g가 거의 1에 가깝다고 가정한 것임).

$$\frac{P_0^*}{BV_0} = PBR^* = \frac{(ROE-g) \times (1+g)}{r_E - g} \approx \frac{ROE - g}{r_E - g} \tag{5.17}$$

식 (5.17)에서 볼 수 있듯이, 안정기업의 PBR*는 대체로 자기자본순이익률 ROE와 자기자본비용 $r_E$간의 차이에 의하여 결정된다. 만일 ROE가 $r_E$

를 초과하면 시장가치는 장부가치보다 크게 되고, 반대로 ROE가 $r_E$보다 낮으면 시장가치는 장부가치보다 작게 된다.

## 3. 주가순자산비율의 사례분석

다음 두 가지의 사례분석은 PBR을 이해하는 데 많은 도움을 줄 것이다.

### 사례 3

홍익사의 지난 해 주당순이익은 3,200원이었고 순이익의 40%가 배당으로 지급되었다. 장기적으로 주당순이익과 배당금은 연간 3%씩 성장할 것으로 예상된다. 홍익사의 보통주베타는 1.525이고 장기국채수익률은 5%이며 시장위험프리미엄은 8%이다. 홍익사의 지난 해 자기자본순이익률은 5%이고, 실제PBR은 올해 3월 말 현재 0.3이었다. 홍익사의 정상PBR을 추정하고 이 주식의 과대·과소 평가 여부를 판정하시오(자기자본비용은 증권시장선을 이용해서 측정할 것).

**해 설**

(1) 정상PBR을 추정하는 데 필요한 재무자료를 정리하면 다음과 같다.

배당성향 = 40%(유보비율=60%)
순이익과 배당금의 기대성장률 = 3%
자기자본순이익률(ROE) = 5%
자기자본비용 = 5% + 8%×1.525 = 17.2%

(2) 이들 자료를 사용하여 정상PBR을 구하면 다음과 같다.

$$PBR^* = \frac{ROE \times (1-b) \times (1+g)}{r_E - g}$$
$$= \frac{0.05 \times (1-0.6) \times (1+0.03)}{0.172-0.03}$$
$$= 0.145$$

올해 3월 말 현재의 홍익사의 실제PBR은 0.3이므로 이 기업의 주식은 과대평가된 것으로 판단된다.

### 사례 4

중앙기업의 올해 매출액은 200억원이고 영업이익(EBIT)은 20억원으로 예상된다. 또한 올해 자산의 장부가치는 100억원이며 자기자본의 장부가치는 80억원이고 이자비용은 2억원에 이를 것으로 예상된다.
이 기업은 매년 5%씩 성장할 것으로 예상된다. 동일산업의 평균 보통주베타는 1.1이나, 중앙기업은 높은 레버리지와 위험을 고려하여 1.925의 보통주베타를 갖는 것으로 예상된다. 10년 만기 국채수익률은 5%이고 시장위험프리미엄은 8%이다. 정상PBR을 기준으로 이 기업의 자기자본의 시장가치를 추정하시오. 단, 중앙기업의 법인세율은 40%이다.

**해 설**

(1) 먼저 정상PBR을 추정하는 데 필요한 재무자료를 정리하면 다음과 같다.

$$\text{기대순이익} = (EBIT - \text{이자비용})(1 - \text{법인세율})$$
$$= (20-2)(1-0.4) = 10.8\text{억원}$$

$$\text{기대}ROE = \frac{\text{기대순이익}}{\text{자기자본 장부가치}}$$
$$= \frac{10.8\text{억원}}{80\text{억원}} = 13.5\%$$

$$\text{자기자본비용} = 5\% + 8\% \times 1.925 = 20.4\%$$

(2) 중앙기업의 정상PBR과 자기자본의 시장가치를 추정하면 다음과 같다.

$$PBR^* = \frac{(ROE - g) \times (1+g)}{r_E - g}$$
$$= \frac{(0.135-0.05)\times(1+0.05)}{0.204-0.05} = 0.58$$

$$\text{자기자본의 시장가치} = \text{자기자본의 장부가치} \times PBR^*$$
$$= 80\text{억원} \times 0.58$$
$$= 46.4\text{억원}$$

## 5.3 주가매출액비율

주가매출액비율(price sales ratio)은 기업가치를 평가하는 승수로 이용되거나 주가의 적정성 여부를 판단하는 기준으로 이용된다. 그리고 PSR은 매출액순이익률, 성장률, 배당성향 그리고 위험 등에 의해 결정된다. 본절에서는 PSR과 관련된 이들 내용을 구체적으로 살펴보기로 한다.

### 1. 주가매출액비율의 의의

주가매출액비율(PSR)은 주가와 주당매출액을 비교하는 비율이다. 다음의 자료를 사용하여 K기업의 PSR(실제PSR)을 구해 보기로 하자. K기업의 현재 주가는 8,000원이고 발행주식수는 50만주이다. 그리고 K기업의 금년도 매출액은 100억원이다.

$$PSR = \frac{\text{실제주가}}{\text{주당매출액}} \left( = \frac{\text{시가총액}}{\text{매출액}} \right) \tag{5.18}$$

$$= \frac{8{,}000\text{원}}{20{,}000\text{원}} = 0.4$$

$$\text{주당매출액} = \frac{\text{매출액}}{\text{발행주식수}}$$

$$= \frac{100\text{억원}}{50\text{만주}} = 20{,}000\text{원}$$

K기업의 PSR은 0.4이다. PSR이란 1주당 매출액의 몇 배가 주가로 평가되는지를 나타내는 비율이다. PSR이 0.4라는 것은 1주당 매출액의 0.4배가 주가로 평가되고 있음을 의미한다.

PER과 PBR은 기업가치를 평가하는 비율로서 가장 보편적으로 사용되는 비율이다. 그러나 최근 들어 벤처기업의 가치평가에서 PSR에 대한 관심이 증가하고 있다. PSR이 많은 관심의 대상이 되는 것은 다음과 같은 여러 가지 이유에서이다.

첫째, PER 또는 PBR이 때로는 음수가 되어 의미가 없는데 반해, PSR은 곤경에 처한 기업에서도 구할 수 있다.

둘째, 순이익과 장부가치가 감가상각비, 재고자산에 대한 회계처리 방법에 의하여 크게 영향을 받는 데 반해 매출액은 임의로 조정(manipulate)하기가 어렵다.

셋째, PSR은 PER만큼 변동성이 심하지 않아 가치평가에 이용하는 데 신뢰성이 높다. 예를 들어 경기순환기업의 PER은 PSR보다 변동성이 심하다. 왜냐하면 매출액보다 순이익이 경기변화에 보다 민감하기 때문이다.

넷째, PSR을 이용하면 가격정책의 변화와 기타 기업전략이 미치는 영향을 쉽게 분석할 수 있다.

PSR은 순이익과 장부가치 대신에 매출액을 이용하므로 안정적이다. 그러나 기업이 비용을 통제할 수 없는 경우에는 이 안정성이 오히려 단점이 될 수도 있다. 이 경우에는 순이익과 가치가 급감함에도 불구하고 매출액은 감소하지 않을 수 있다. 따라서 순이익과 장부가치가 음수인 곤경기업(troubled firm)의 가치를 평가하는 데 PSR을 이용할 수 있으나, 기업간의 매출액순이익률(return on sales : ROS)의 차이를 조정하지 않으면 가치평가에 있어 심각한 오류를 범할 수 있다.

정상PSR($PSR^*$)을 추정하는 방법 중 실무에서 가장 널리 이용되는 것은 업종, 규모, 시장점유율 등에서 유사한 기업들의 PSR을 평균하는 것이다. 이는 동질적인 PSR을 찾는 방법인데, 업종, 규모, 시장점유율 등에서 동질성을 갖는 기업들은 미래 성장가능성과 위험이 동질적이라고 보는 방법이다.

유사기업 또는 동업종 기업들의 평균PSR을 이용하여 기업가치를 평가하는 방법을 구체적으로 설명하면 다음과 같다. 예를 들어 상수전자의 실제PSR이 0.6이고, 동업종 기업들의 평균PSR이 다음과 같이 0.8이라고 하자.

<표 5-5>에 대한 해석은 다음과 같이 두 가지로 할 수 있다.

**〈표 5-5〉 실제PSR의 비교**

| 구 분 | 상수전자 | 동업종 |
|---|---|---|
| PSR | 0.6 | 0.8 |

첫째, 상수전자의 기업가치가 시장에서 저평가되어 있다. 즉, 상수전자의 주식은 저PSR주이고 이 주식에 투자하면 향후 시세차익을 얻을 수 있다. 그런데 이런 해석이 가능하려면 상수전자가 동업종 기업들과 평균적으로 동질적인 미래 성장가능성과 위험을 갖고 있다는 전제가 필요하다.

실무에서 특정 기업의 PSR이 동업종 기업들의 평균적인 PSR보다 낮으면, 그 기업의 주식을 저 PSR주라고 하는데, 이는 위와 같은 전제를 기초로 하고 있다. 현실적으로 실제 PSR이 낮은 주식들로 구성된 포트폴리오의 수익률이 실제 PSR이 높은 주식들로 구성된 포트폴리오의 수익률보다 약간 높게 나타나고 있는 증거들도 있다.

둘째, 상수전자의 기업가치가 시장에서 적정하게 평가되어 있다. 즉, 상수전자의 PSR이 낮은 것은 저평가의 문제가 아니라, 상수전자의 미래 성장가능성과 위험이 동업종 기업들의 평균적인 것보다 열등하기 때문이다. 이는 주식시장이 효율적이라면 어떤 기업도 시장에서 적정하게 평가될 것이라는 전제를 기초로 하고 있다.

그러나 이와 같이 비교기업들의 PSR을 이용하여 기업의 가치를 평가하는 방법에는 앞에서도 설명했듯이 다음과 같은 몇 가지의 문제점을 갖고 있다.

첫째, 비교기업의 정의가 본질적으로 주관적이라는 것이다. 동일산업에 속해 있더라도 기업간에는 사업구성(business mix), 위험, 성장 측면에서 차이가 있기 때문에 표본선정에 편의(bias)가 존재할 가능성이 있다.

둘째, 비교기업이 합리적으로 선정되었더라도 평가하는 기업과 비교기업간에는 여전히 차이가 난다. 이러한 차이를 주관적으로 조정하더라도 문제는 남게 된다.

## 2. 주가매출액비율의 결정요인

PSR은 PER을 결정하는 변수, 즉 배당성향, 성장률, 위험 등과 연관되어 있다.[4] 이를 설명하기 위해 먼저 골든의 배당평가모형을 살펴보기로 하자.

---

4) 전게서, 정한규 · 김철중 · 윤평식 공역, pp. 456~457.

$$P_0^* = \frac{D_1}{r_E - g} \tag{5.19}$$

$P_0^*$ : 주식가치(내재가치)
$D_1$ : 1기 후의 기대 주당배당금
$r_E$ : 자기자본비용
$g$ : 기대성장률(영구적)

식 (5.19)에서 $D_1$을 $E_0\times(1-b)\times(1+g)$로 대체하면(식 (5.5) 참조) 주식가치는 다음과 같이 구할 수 있다($E_0$는 주당순이익, $1-b$는 배당성향, 그리고 $b$는 유보비율임).

$$P_0^* = \frac{E_0\times(1-b)\times(1+g)}{r_E - g} \tag{5.20}$$

매출액순이익률($ROS$)은 $E_0/Sales_0$이므로($E_0$는 주당순이익이고, $Sales_0$는 주당매출액임),

$$P_0^* = \frac{Sales_0 \times ROS \times (1-b)\times(1+g)}{r_E - g} \tag{5.21}$$

식 (5.21)의 양변을 $Sales_0$으로 나누면 다음과 같이 $PSR^*$를 구할 수 있다.

$$\frac{P_0^*}{Sales_0} = \frac{ROS\times(1-b)\times(1+g)}{r_E - g} = PSR^* = ROS \times PER^* \tag{5.22}$$

식 (5.22)로부터 다음의 관계를 알 수 있다.

$$PSR^* = f(\underset{(+)}{ROS}, \underset{(+)}{\text{배당성향}}, \underset{(+)}{\text{성장률}}, \underset{(-)}{\text{위험}}) \tag{5.23}$$

식 (5.23)에서 볼 수 있는 바와 같이, 정상PSR($PSR^*$)은 매출액순이익률($ROS$), 배당성향, 성장률과 증가함수 관계에 있고 위험과는 감소함수 관계에 있다.

## 3. 주가매출액비율의 사례분석

다음의 사례분석은 PSR을 이해하는 데 많은 도움을 줄 것이다.

### 사례 5

동교기업의 지난 해 매출액순이익률(ROS)은 8%이고, 배당성향은 20%이다. 그리고 ROE는 12%이고, 자기자본비용도 12%이다. 발생주식수는 100만주이고 매출액은 300억원이며, 주가는 현재 27,000원이다. 장기성장률은 유보비율×ROE로 측정한다. 동교기업의 주가는 정상PSR*를 기준으로 적정 평가되었는가?

**해 설**

(1) 먼저 동교기업의 실제PSR을 계산하면 다음과 같다.

$$\text{실제}PSR = \frac{\text{실제주가}}{\text{주당매출액}} = \frac{27{,}000\text{원}}{30{,}000\text{원}} = 0.9$$

$$\left(\text{주당매출액} = \frac{\text{매출액}}{\text{발행주식수}} = \frac{300\text{억원}}{100\text{만주}} = 30{,}000\text{원}\right)$$

(2) 정상PSR*는 다음과 같이 추정된다.

$$\begin{aligned}\text{정상PSR}^{*} &= \frac{ROS\times(1-b)\times(1+g)}{r_E-g} \\ &= \frac{0.08(1-0.8)(1+0.096)}{0.12-0.096} \\ &= 0.73\end{aligned}$$

$$(g = b\times ROE = 0.8\times 0.12 = 0.096)$$

실제PSR = 0.9이고 정상PSR* = 0.73이므로 이 기업의 주식은 과대평가된 것으로 판단된다.

## 5.4 시장가치 관련 기타비율

시장가치와 관련된 기타비율로 증권시장에서 많이 사용하는 것으로는 주가현금흐름(price cash flows ratio : PCR)과 EV/EBITDA비율(enterprise value/EBITDA ratio)이 있다. 본절에서는 이들에 대해 설명해 보기로 한다.

### 1 주가현금흐름비율

주가현금흐름비율(PCR)은 주가와 주당현금흐름을 비교하는 비율로서, 증권시장에서 평가된 주가를 주당현금흐름으로 나눈 비율이다. 여기서 현금흐름은 주주현금흐름으로서 당기순이익에 현금유출이 없는 비용(감가상각비, 무형자산상각비 등)을 가산하고 현금유입이 없는 수익(유가증권평가이익 등)을 차감해서 구한다. 다음의 자료를 사용하여 K기업의 주가현금흐름비율을 구해 보기로 하자.

현재 K기업의 당기순이익이 10억원이고 감가상각비가 2억원이다. 그리고 K기업의 현재 주가는 8,000원이고 발행주식수는 50만주이다. K기업의 PCR은 다음과 같다.

$$PCR = \frac{\text{실제주가}}{\text{주당현금흐름}} \tag{5.24}$$

$$= \frac{8{,}000\text{원}}{2{,}400\text{원}} = 3.3$$

$$\text{주당현금흐름} = \frac{\text{주주현금흐름}}{\text{발행주식수}} = \frac{\text{당기순이익+감가상각비와 무형자산상각비}}{\text{발행주식수}}$$

$$= \frac{10\text{억원}+2\text{억원}}{50\text{만주}} = 2{,}400\text{원}$$

K기업의 PCR은 3.3이다. PCR이란 주당현금흐름이 주식시장에서 몇 배의 주가로 평가되는지를 나타낸다. PCR이 3.3이라는 것은 시장가치 기준 1주당 가치가 주당현금흐름의 3.3배임을 의미한다. PCR이 낮다는 것은 일

반적으로 기업이 창출하는 현금흐름이 주가에 충분히 반영되어 있지 않음을 의미한다. PCR이 낮은 주식을 투자대상으로 하는 전략은 바로 주가 미반영 부분을 의식한 투자전략이다.

투자자들은 기업이 창출하는 현금흐름이 주가에 얼마나 반영하는가에 대해 관심이 많다. 기업의 현금흐름에 비해서 낮은 가격으로 거래되는 주식들은 일반적으로 과소평가되었을 가능성이 많고, 반대로 기업의 현금흐름에 비해서 높은 가격으로 거래되는 주식들은 일반적으로 과대평가되었을 가능성이 많다.

## 2 EV/EBITDA비율

EV/EBITDA비율(enterprise value/EVITDA ratio)은 기업가치(EV)와 EBITDA를 비교하는 비율로서, 기업가치를 EBITDA로 나누어서 구한다. 여기서 EV(enterprise value)는 자기자본의 시가총액에 순차입금을 더한 것이다. 순차입금은 총차입금－현금예금이다. EBITDA(earnings before interest, tax, depreciation and amortization)는 기업이 영업활동을 통해 벌어들인 현금창출능력을 나타내는 수익성 지표로서, 이자비용, 법인세, 감가상각비를 차감하기 이전의 이익이다. 실무적으로 EBITDA는 세전이익+이자비용+감가상각비와 무형자산상각비로 구한다. 즉, EBITDA는 이자비용과 감가상각비를 포함한 현금흐름을 의미한다.

$$
\begin{aligned}
EV &= \text{기업가치} = \text{시가총액} + \text{순차입금} \\
&= (\text{주가} \times \text{발행주식 수}) + (\text{총차입금} - \text{현금예금})
\end{aligned} \qquad (5.25)
$$

$$
\begin{aligned}
EBITDA &= EBIT + \text{감가상각비와 무형자산상각비} \\
&= (\text{세전순이익} + \text{이자비용}) \\
&\quad + (\text{감가상각비} + \text{무형자산상각비})
\end{aligned}
$$

다음의 자료를 사용하여 K기업의 EV/EBITDA비율을 구해 보기로 하자.

K기업의 현재 주가는 8,000원이고 발행주식수는 50만주이다. 그리고 K기업의 세전순이익은 5억원이고 이자비용은 3억원이며, 감가상각비와 무

형자산상각비는 2억원이다. 한편 K기업의 총차입금은 5억원이고 현금예금은 1억원이다. K기업의 EV/EBITDA비율은 다음과 같다.

$$EV/EBITDA\text{비율} = \frac{EV}{EBITDA} \tag{5.26}$$

$$= \frac{44\text{억원}}{10\text{억원}} = 4.4$$

$$\text{시가총액} = 50\text{만주} \times 8{,}000\text{원} = 40\text{억원},$$

$$\text{순차입금} = 5\text{억원} - 1\text{억원} = 4\text{억원}$$

$$EV = 40\text{억원} + 4\text{억원} = 44\text{억원}$$

$$EBITDA = 5\text{억원} + 3\text{억원} + 2\text{억원} = 10\text{억원}$$

K기업의 EV/EBITDA비율은 4.4이다. K기업을 현재 주가로 매입하면 향후 그 기업의 4.4년간 현금흐름으로 매수원금이 회수된다고 해석할 수 있다. 다시 말해서 EV/EBITDA비율은 기업 매수원금을 회수하는데 걸리는 기간을 나타낸다. 이 비율이 낮다는 것은 영업현금흐름에 비해 기업이 저평가되어 있음을 의미한다. EV/EBITDA비율이 낮은 주식을 투자대상으로 하는 전략은 바로 주가 미반영 부분을 의식한 전략이다.

투자자들은 기업이 창출하는 현금흐름이 주가에 얼마나 반영하는가에 대해 관심이 많다. 기업의 영업현금흐름에 비해서 낮은 가격으로 거래되는 주식들은 일반적으로 과소평가되었을 가능성이 많고, 반대로 기업의 영업현금흐름에 비해서 높은 가격으로 거래되는 주식들은 일반적으로 과대평가되었을 가능성이 많다.

EV/EBITDA비율은 앞에서 설명한 PCR과 유사한 재무정보이다. 그러나 구체적인 의미는 상이하다. 즉, PCR이 주주 현금흐름을 기준으로 주가 평가 정도를 파악하는 재무정보인데 반해서, EV/EBITDA비율은 기업의 영업현금흐름 기준으로 주가평가 정도를 파악하는 재무정보이다. PCR은 기업의 재무레버리지 효과가 반영된 당기순이익을 기준으로 하는 시장가치 비율이다. 그러나 EV/EBITDA비율은 기업 고유의 영업활동의 결과인 영업이익, 즉 EBIT을 기준으로 한 시장가치비율이다. 따라서 일반적으로 PCR은 재무레버리지 효과로 인하여 EV/EBITDA비율보다 변동성이 크다.

## 연·습·문·제

1. 다음을 간략히 설명하시오.
   ① PER ② 정상PER
   ③ 저PER주 ④ PBR
   ⑤ 정상PBR ⑥ PSR
   ⑦ 정상PSR ⑧ PCR
   ⑨ EV/EBITDA비율

2. 비교기업을 기준으로 한 정상PER 추정방법을 설명하고 그것의 한계점을 논하시오.

3. PER의 결정요인을 설명하고 이들이 PER에 미치는 영향을 논하시오.

4. 회귀분석법에 의한 정상PER 추정방법을 설명하시오.

5. PBR을 이용한 주식평가모형의 유용성을 설명하시오.

6. PBR의 결정요인을 설명하고 이들이 PBR에 미치는 영향을 설명하시오.

7. PSR을 이용한 주식평가모형의 유용성을 설명하시오.

8. PSR의 결정요인을 설명하고 이들이 PSR에 미치는 영향을 설명하시오.

9. K은행의 주당순이익은 750원이고 K은행은 이 중에서 300원을 배당으로 지급했다. 장기적으로 주당순이익과 배당금은 연 5%씩 성장할 것으로 예측된다. K은행의 보통주베타는 1.2이고 장기국채수익률은 연 6.5%이며, 시장위험프리미엄은 연 5.5%이다. 그리고 분석시점에서 K은행의 실제PER은 6.5이다.

   (1) 이 은행의 $PER^*$를 추정하시오.
   (2) 이 주식이 과대 또는 과소평가 되었는지를 판단하시오.
   단, 자기자본비용은 증권시장선(SML)을 이용하여 추정한다.

10. 우송산업의 주당순이익은 1,050원이고 배당성향은 60%이다. 우송산업의 성장률은 '유보비율×자기자본의 재투자수익률'로 측정하기로 한다. 이

기업의 재투자수익률은 자기자본비용 수준이 될 것으로 예상한다. 우송산업의 자기자본비용은 증권시장선으로 추정한다. 우송산업의 보통주베타는 0.8이며 무위험자산수익률은 5%이며 시장위험프리미엄은 6%이다. 그리고 우송산업의 현재 주가는 6,500원이다.

(1) 우송산업의 정상PER을 추정하시오.
(2) 이 주식의 과대 또는 과소평가 여부를 판단하시오.

11. K화학의 현 회계연도의 순이익은 5억원이고 향후 5년 동안 매년 10%로 성장할 것으로 기대된다. K화학의 재무자료는 다음과 같다.

| 구 분 | 주식베타 | 부채비율 | 실제PER | 배당성향 | 기대성장률 |
|---|---|---|---|---|---|
| 평 균 | 1.15 | 80.25% | 15.3 | 20% | 20% |
| K화학 | 1.19 | 80.00% | ? | 10% | 10% |

또한 화학산업에 속해 있는 기업들을 대상으로 회귀분석한 결과는 다음과 같다.

$PER^{*} = 37.144 + 14.51 \times$(배당성향)$+ 85.73 \times$(기대성장률)$- 23.25 \times$(보통주베타)
단, 모든 변량은 소수로 투입한다.

(1) 평균PER을 기준으로 K화학의 자기자본가치를 추정하시오.
(2) 회귀식을 이용해서 K화학의 정상PER과 자기자본가치를 추정하시오.
(3) (1), (2)를 비교하시오.

12. A사의 주당순이익은 2,920원이었고, A사는 순이익의 60%를 배당으로 지급했다. A사는 지속적으로 연 4%씩 성장할 것으로 예상된다. A사의 보통주베타는 0.8이고 장기국채수익률은 5%이며, 시장위험프리미엄은 6%이다. A사의 자기자본순이익률은 10%이고 실제PBR은 1.5이었다.
(1) A사의 정상PBR을 추정하시오.
(2) 이 주식의 과대 또는 과소 평가 여부를 판정하시오.
단, 자기자본비용은 증권시장선을 이용해서 측정할 것.

13. B사의 매출액은 530억원이고 영업이익은 80억원이다. 또한 자산의 장부가치는 300억원이며 자기자본의 장부가치는 150억원이고 이자비용은 50억원이다. 이 기업은 장기적으로 매년 5.6%씩 성장할 것으로 예상된다. B

사의 보통주베타는 1.08이고 배당성향은 60%이다. 장기국채수익률은 5%이고 시장위험프리미엄은 6%이다. 정상PBR을 기준으로 자기자본의 시장가치(이론)를 추정하시오. 단, B사의 법인세율은 30%이며 이자비용 이외의 영업외비용이 없고 영업외수익도 없다.

# 부록 5A-1
## 자본자산가격결정모형

자본자산가격결정모형(Capital Asset Pricing Model : CAPM)의 최종모형은 증권시장선(security market line : SML)으로 나타난다. 즉, $\beta$위험과 기대수익률간의 균형관계는 증권시장선을 통해 알 수 있다. SML은 $\beta$위험이 커질수록 기대수익률(요구수익률)이 어떻게 증가하는지를 구체적으로 보여주는 모형으로서 자산가치를 평가하는 데 매우 유용하다. 여기에서는 증권시장선의 본질과 자산가격결정모형으로서의 유용성을 설명하기로 한다.

### 증권시장선의 본질

위험과 적정할인율(요구수익률)의 관계를 정립하기 위해서 먼저 해야 할 일은 위험측정의 기준과 위험단위당 보상수익률을 결정하는 일이다. 즉, 위험의 측정과 위험단위당 보상수익률의 결정은 CAPM의 핵심을 이루는 내용이다.

자산의 위험이 클수록 투자자들이 그 자산에 대해 요구하는 수익률이 커지는 것은 자본시장의 기본원리이다. 이런 배경하에서 위험을 $\beta$계수로 나타내어 위험과 기대수익률(요구수익률 또는 적정할인율)간의 관계를 설명한 모형이 SML이다.

SML의 기본골격은 복잡한 수리적 연산과정을 통해 유도되므로 이를 이해하기는 쉽지 않다. 따라서 SML의 유도과정을 이해하기 보다는 SML의 기본논리를 전체적인 관점에서 직관적으로 이해하는 것이 독자들에게 도움을 줄 것이다.

[그림 5A-1]은 SML을 직관적으로 쉽게 설명하기 위해서 그린 그림이다. [그림 5A-1]은 투자할 수 있는 기회를 크게 무위험자산(risk free asset)과

**그림 5-1** $\beta$위험과 시장위험프리미엄

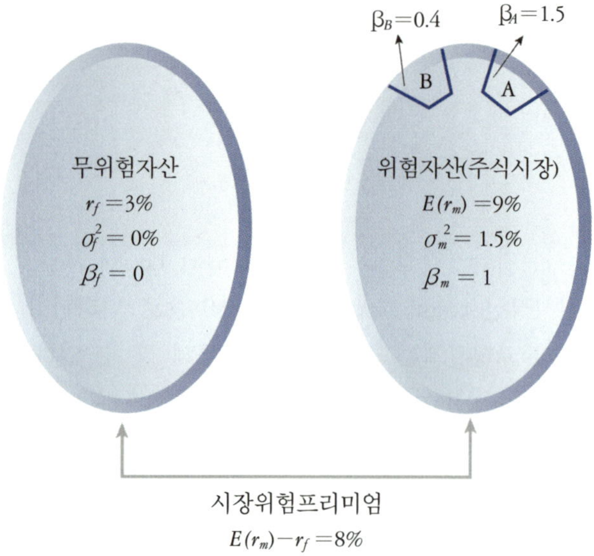


위험자산(risky asset)으로 구별하고 이들 자산의 요구수익률과 $\beta$위험을 정리한 그림이다.

먼저 무위험자산이란 무엇인가? 무위험자산이란 말 그대로 미래에 일정한 투자수익률을 제공하는 자산을 의미한다. 정기예금, 국공채 등의 투자자산이 이에 해당한다. 은행에 정기예금을 하면 항상 일정한 이자율을 얻을 수 있으므로 정기예금은 일종의 무위험자산이 된다. 예를 들어 은행 이자율 12%는 시장여건이 변하더라도 당분간 일정하므로 무위험자산수익률($r_f$)이 된다. 정기예금처럼 위험이 없는 자산의 $\sigma_f^2$(수익률의 분산)과 $\beta_f$는 0이 된다.

한편, 위험자산이란 무엇인가? 위험자산이란 미래 투자수익률이 얼마일지 확실하지 않은 자산을 의미한다. 주식, 회사채, 부동산 등의 투자자산이 위험자산의 예이다. 주식에 투자해서 1년 후에 얻을 수익률은 현재로서는 정확히 예측할 수 없다. 주식은 위험자산을 대표하는 자산으로 볼 수 있으므로 위험자산에 대해 요구하는 수익률은 주식시장에 대해 평균적

으로 요구하는 수익률 $E(r_m)$이 된다. $E(r_m)$을 주식시장의 평균수익률(기대수익률)이라 부르기도 한다.

$E(r_m)$이 연 9%라는 것은 주식시장의 움직임을 나타내는 종합주가지수의 평균적인 기대수익률이 연 9%라는 것을 말한다. 주식시장은 위험시장이므로 미래 시장수익률이 얼마일지를 단정적으로 예측할 수는 없다. 다만 미래 상황을 확률분포로 예측해서 $E(r_m)$을 구하면 연 9%가 된다는 것이다. <표 5A-1>은 $E(r_m)$을 9%로 추정한 기본자료이다.

**〈표 5A-1〉 시장수익률의 분포**

| 미래상황 | 확 률 | 종합주가지수 | 시장수익률($r_m$) |
|---|---|---|---|
| 불 황 | 0.3 | 1,800 | −10% |
| 보 통 | 0.4 | 2,200 | 10% |
| 호 황 | 0.3 | 2,413 | 20.7% |

* 현재 종합주가지수 = 2,000

시장수익률은 종합주가지수 수익률로 측정될 수 있다. <표 5A-1>의 자료를 사용하여 시장의 기대수익률 $E(r_m)$을 구하면 다음과 같다.

$$E(r_m) = 0.3 \times (-10)\% + 0.4 \times 10\% + 0.3 \times 20.7\%$$
$$= 9\%$$

한편, 주식시장의 위험 $\beta_m$이 1이라는 것은 무엇을 의미하는가? 이를 설명하기 전에 먼저 위험자산 전체의 위험(즉, 주식시장 전체의 위험)을 설명하기로 하자. 위험시장 전체의 위험을 알려면 위험자산을 대표하는 시장수익률의 분산을 측정해야 한다.

<표 5A-1>의 자료를 사용하여 시장수익률의 분산을 측정하면 다음과 같다.

$$\mathrm{Var}(r_m) = \sigma_m^2 = \sum [r_m - E(r_m)]^2 \times \text{확률} \tag{5A.1}$$
$$= (-0.1-0.09)^2 \times 0.3 + (0.1-0.09)^2 \times 0.4$$
$$+ (0.207-0.09)^2 \times 0.3$$
$$= 1.5\%$$

전체 위험자산 수익률의 분산($Var(r_m) = \sigma_m^2$)은 1.5%이다. 증권시장선에서는 분산기준으로 1.5%의 위험을 $\beta = 1$로 나타낸다. 따라서 위험자산 전체의 위험, 즉 주식시장의 베타($\beta_m$)는 항상 1이 되기 마련이다. 증권시장선에서는 전체 위험자산의 수익률의 분산 1.5%를 위험의 기준으로 삼고, 이것과 비교해서 다른 자산의 위험을 상대적으로 측정한다.

즉, A주식의 수익률이 시장수익률 변동에 대해 체계적으로 1.5배씩 변동하여 형성된다면 A주식의 $\beta_A$는 1.5가 된다. [그림 5A-1]에서 B주식의 $\beta_B$가 0.4라는 것은 B주식수익률이 시장수익률 변동에 대해 체계적으로 0.4배씩 반응하고 있음을 의미한다.

[그림 5A-1]로 다시 돌아가서 위험과 기대수익률간의 관계를 살펴보기로 하자. 투자자가 정기예금에 투자할 것인가 아니면 주식시장에 투자할 것인가를 $\beta$위험과 기대수익률로 설명하면 다음과 같다.

주식시장에 투자하면 $\beta$기준으로 위험 1을 부담하고 9%의 수익률을 기대하게 되고, 정기예금에 투자하면 $\beta$기준으로 위험 0을 부담하고 3%의 수익률을 기대하게 된다. 주식시장 전체에 투자하면 $\beta$위험을 1만큼 부담하는 대가로 무위험자산수익률 3%에 추가해서 6%(=9%−3%)만큼의 수익률을 더 기대할 수 있다. 이 6%를 시장위험프리미엄(market risk premium)이라고 부른다. 시장의 기대수익률 9%는 구성요소별로 다음과 같이 분해될 수 있다.

$$
\begin{aligned}
E(r_m) &= 9\% \\
&= \underset{(\text{무위험자산수익률})}{3\%} + \underset{(\text{시장위험프리미엄})}{6\%} \qquad (5A.2)
\end{aligned}
$$

식 (5A.2)는 시장의 기대수익률 9%가 무위험자산수익률 3%와 시장위험프리미엄 6%로 분해됨을 보여준다. 무위험자산수익률은 위험을 전혀 부담하지 않아도 얻을 수 있는 수익률로서 시간적으로 기다리는 것(waiting)에 대한 대가이다. 시장위험프리미엄 6%는 $\beta$위험을 1만큼 부담하면서, 즉 시장만큼의 위험을 부담하면서 평균적으로 더 요구하는 수익률이다.

$\beta$위험이 0에서 1로 증가할 때 위험프리미엄이 0%에서 6%로 증가함은

지금까지의 설명으로 잘 이해하였으리라 믿는다. 그러나 문제는 위험프리미엄이 $\beta$위험의 선형적 증가함수냐 아니면 비선형적 증가함수냐에 있다.

결론적으로 말하면 CAPM에서는 위험프리미엄이 $\beta$위험의 선형적 증가함수이다(증명 생략). 증권시장선은 $\beta$위험과 기대수익률간의 관계를 선형적으로 설명하는 CAPM의 구체적 모형이다. 증권시장선은 다음의 등식으로 표현된다.

$$\boxed{\text{SML}} \quad E(r_i) = r_f + [E(r_m) - r_f] \times \beta_i \qquad (5A.3)$$

$E(r_i)$ : 주식의 요구수익률
$r_f$ : 무위험자산수익률
$E(r_m)$ : 주식시장의 평균수익률
$\beta_i$ : 보통주베타

식 (5A.3)의 SML을 그림으로 나타내면 [그림 5A-2]와 같다.

[그림 5A-2]에서 $X$축은 주식의 $\beta$계수이고 $Y$축은 주식의 요구수익률(또는 기대수익률)을 나타낸다. 그리고 $r_f$는 무위험자산수익률이고 M은 시장전체, 즉 주식시장을 의미한다. [그림 5A-2]에서 $r_f$와 M을 잇는 직선을 증권시장선이라 한다.

**그림 5A-2** **SML의 도시**

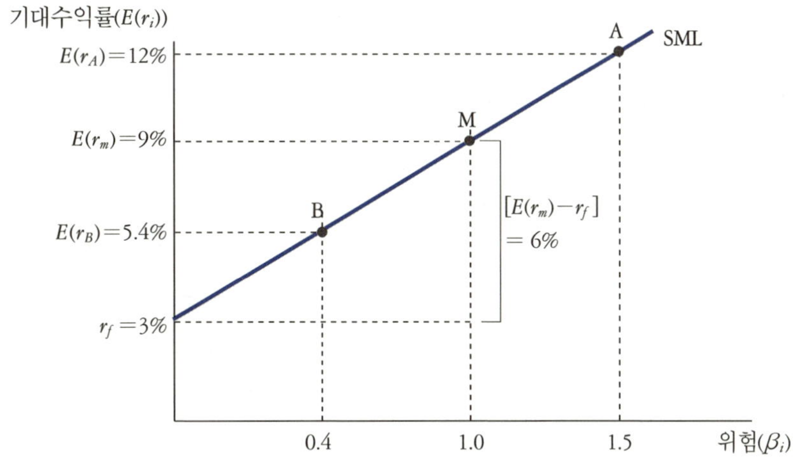

위험을 부담하면서 A주식에 투자한 주주는 위험이 없는 자산, 예를 들면 정기예금, 국공채 등에 투자해서 얻는 수익률보다 더 많은 수익률을 요구한다. A주식 투자자는 무위험자산에 투자할 때보다 얼마나 더 요구할까? SML은 이에 대한 해답을 제공한다. A주식의 $\beta_A$는 1.5이므로 SML에 따르면 A주식에 대해서는 시장위험프리미엄인 6%(= $E(r_m) - r_f$)의 1.5배인 9%를 위험프리미엄으로 요구하게 된다. 따라서 A주식의 기대수익률 $E(r_A)$는 다음과 같이 12%가 된다.

$$E(r_A) = 3\% + [9\% - 3\%] \times 1.5$$
$$= 12\%$$

A주식의 기대수익률 12%는 기다리는 것에 대한 대가 3%와 위험에 대한 프리미엄 9%로 분해된다. 마찬가지로 [그림 5A-2]에서 B주식의 요구수익률 $E(r_B)$는 5.4%(=3%+[9%−3%]×0.4)가 되며, 이는 기다리는 것에 대한 대가 3%와 위험에 대한 프리미엄 3.2%로 분해된다.

주식시장 전체의 $\beta_m$은 1이므로 주식시장을 구성하는 개별주식들의 $\beta$는 1보다 작을 수도 있고 1보다 클 수도 있다. 흔히 $\beta_i > 1$인 주식을 공격적 주식, $\beta_i < 1$인 주식을 방어적 주식이라고 부른다. 공격적 주식의 수익률은 시장수익률 변화보다 체계적으로 더 많이 변화하고, 방어적 주식의 수익률은 시장수익률 변화보다 체계적으로 적게 변화한다.

## 자본자산의 가격결정 과정

SML을 자본자산가격결정모형이라 부르는 이유는 SML에 의해 자산의 기대수익률(또는 적정할인율)이 정해지기 때문이다. 자산의 미래현금흐름을 예측할 수 있다면, 적정할인율을 안다는 것은 바로 그 자산의 시장가치를 평가할 수 있다는 것을 의미한다. 앞에서 예로 들었던 A주식과 B주식으로부터 각각 연간 980원, 360원씩 현금흐름이 영구히 기대되고, 시장에서의 A주식의 가격은 7,000원이며 B주식의 가격은 10,000원이라 하자. 먼저 현재가격으로 투자할 경우 얻을 수 있는 예상수익률은 다음과 같다.

A주식 :

$$7{,}000\text{원} = \frac{980\text{원}}{(1+r_A)^1} + \frac{980\text{원}}{(1+r_A)^2} + \cdots\cdots + \frac{980\text{원}}{(1+r_A)^\infty}$$

$$= \frac{980\text{원}}{r_A}$$

$\therefore\ r_A = 14\%$
($r_A$ : A주식의 예상수익률)

B주식 :

$$10{,}000\text{원} = \frac{360\text{원}}{(1+r_B)^1} + \frac{360\text{원}}{(1+r_B)^2} + \cdots\cdots + \frac{360\text{원}}{(1+r_B)^\infty}$$

$$= \frac{360\text{원}}{r_B}$$

$\therefore\ r_B = 3.6\%$
($r_B$ : B주식의 예상수익률)

A주식과 B주식의 예상수익률을 $\beta$와 기대수익률의 평면 좌표 속에 나타내면 [그림 5A-3]과 같다.

SML을 사용해서 구한 A주식의 기대수익률(또는 요구수익률)은 12%이다. 그런데 현재가격으로 A주식에 투자하면 A주식의 예상수익률은 14%가

**그림 5A-3 균형가격의 결정**

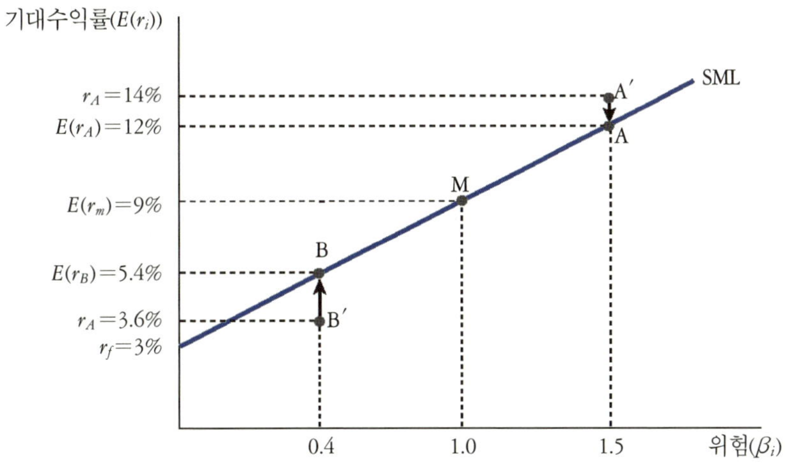

된다. 즉, 현재의 가격이 균형가격에 비해 낮기 때문에 예상수익률이 기대수익률보다 높은 것이다. [그림 5A-3]에서 볼 수 있는 바와 같이 저평가된 A주식(A′점)에 대해서는 시장수요가 증가할 것이고 따라서 A주식의 가격이 상승할 것이다(A주식의 미래수익률은 하락함). 궁극적으로 A주식은 SML상의 A점에서 균형을 찾게 될 것이다. A주식이 A점에서 균형될 때의 가격은 8,167원이 된다.

$$\text{A주식의 균형가격} = \frac{980\text{원}}{E(r_A)} = \frac{980\text{원}}{0.12}$$
$$= 8{,}167\text{원}$$

SML을 사용해서 구한 B주식의 기대수익률이 5.4%이다. 현재가격으로 B주식에 투자하면 B주식의 예상수익률은 3.6%가 된다. 즉, 현재의 가격이 균형가격에 비해 높기 때문에 예상수익률이 기대수익률보다 낮은 것이다. [그림 5A-3]에서 볼 수 있는 바와 같이 고평가된 B주식(B′점)에 대해서는 시장공급이 증가할 것이고 따라서 B주식의 가격이 하락할 것이다(B주식의 미래수익률은 상승함). B주식은 궁극적으로 SML상의 B점에서 균형을 찾게 될 것이다. B주식이 B점에서 균형될 때의 가격은 6,667원이 된다.

$$\text{B주식의 균형가격} = \frac{360\text{원}}{E(r_B)} = \frac{360\text{원}}{0.054}$$
$$= 6{,}667\text{원}$$

이상과 같이 SML은 자산의 적정할인율을 결정하고 나아가서는 자산의 균형가격을 결정하는 모형으로 이용될 수 있다.

# 제 6 장 종합적인 분석

특정 재무비율을 분석하여 얻은 정보를 가지고 기업을 전체적으로 평가하는 데에는 한계가 있다. 예를 들어 유동성비율을 분석하여 양호한 결과를 얻었다고 하자. 그러나 과다한 유동성 확보는 저조한 수익성을 의미할 수 있으므로, 수익성에 대한 분석이 추가로 이루어져야 기업을 종합적으로 평가할 수 있다.

본장에서는 먼저 재무비율을 종합적으로 분석함으로써 기업을 전체적인 입장에서 평가할 수 있는 방법을 살펴보기로 한다. 종합적인 분석에는 ROI분석, ROE분석, 지수법 그리고 기업체종합평가표 분석 등이 포함된다. 다음으로 재무비율들의 상호관련성을 설명함으로써 종합적인 비율분석의 기초를 마련하기로 한다. 마지막으로 물가수준변동이 재무비율에 어떤 영향을 미치는지를 설명하기로 한다.

## 6.1 ROI분석

ROI(return on investment)분석은 기업을 종합적으로 평가할 수 있는 방법으로 가장 많이 이용되고 있는 분석이다. ROI는 기업의 손익계산서와 재무상태표를 하나로 집약한 재무비율이다. 따라서 ROI는 기업을 전체적인 입장에서 계획하고 통제하는 데 기준이 될 수 있다. 최근에는 ROI를 좀더 발전시켜서 ROE를 기준으로 한 재무통제 시스템을 사용하는 기업이 늘고 있는 추세이다.

## 1. ROI분석의 의의

ROI분석은 기업의 재무 및 경영성과를 일목요연하게 파악할 수 있는 대표적인 분석이다. ROI란 총자본순이익률을 의미하는 것으로, 투하한 총자본(또는 총자산)에 대한 순이익의 비율이다.

1930년대 미국 듀퐁(Du Pont)사에 의하여 개발된 듀퐁시스템(Du Pont System) 또는 ROI기법은 총자본순이익률을 결정하는 각종 재무요인을 체계적으로 분석하여 기업의 재무계획 수립 및 통제에 활용하는 기법이다. 기업은 ROI를 이용하여 목표로 설정한 총자본순이익률을 달성하기 위한 세부적인 관리수준을 정한다.

또한 기업은 사후적으로 실제수익률이 목표수익률에 미치지 못하면 ROI분석을 실시하여 미달원인을 규명하고, 이들 요인을 중점적으로 통제한다. ROI는 다음에서 볼 수 있는 바와 같이, 매출마진과 총자산회전속도에 의해 결정되므로 비율분석에서 기준비율로 이용되고 있다.

$$
\begin{aligned}
ROI &= \frac{\text{순이익}}{\text{매출액}} \times \frac{\text{매출액}}{\text{총자산}} \\
&= \text{매출액순이익률} \times \text{총자산회전율} \\
&= \text{매출마진} \times \text{총자산회전속도} \qquad (6.1)
\end{aligned}
$$

식 (6.1)에서 볼 수 있듯이, ROI를 향상시키기 위해서는 매출액순이익률 또는 총자산회전율을 높여야 한다. 그러나 이들 양자를 동시에 높이는 것은 현실적으로 어렵다. 왜냐하면 일반적으로 매출마진이 높아지면 매출액이 줄어들고, 매출액을 늘리기 위해서는 매출마진을 낮추어야 하기 때문이다.

옛날 개성상인들의 판매전략으로 박리다매(薄利多賣)전략이 있는데, 이는 현대적 의미로 해석하면 ROI를 높이기 위하여 매출마진은 적게 그리고 회전속도는 빠르게 하는 것을 의미한다. ROI를 증가시키기 위하여 저마진 고회전전략을 세울 것인가, 아니면 고마진 저회전전략을 세울 것인가는 기업마다 자사의 특성에 따라 결정할 일이다.

ROI분석은 ROI도표를 그려 이용하면 더욱 효과적이다. [그림 6-1]에서 볼 수 있는 바와 같이, ROI도표는 기업의 재무상태표와 손익계산서가 총망라되어 작성된다. 제4장에서 예로 든 우리나라의 평균적인 제조기업인 H기업의 재무상태표와 손익계산서의 금액을 사용하여 ROI도표를 작성하여 보기로 하자. H기업의 매출액순이익률과 총자산회전율을 비교하면 [그림 6-1]과 같다.

[그림 6-1]에서 볼 수 있는 바와 같이, H기업의 ROI인 6.3%는 매출액순이익률 5.3%와 총자산회전율 1.2회전으로부터 얻어진다. 그림에서 보듯이 ROI는 손익계산서의 수익, 비용항목과 재무상태표의 자산, 부채, 자본항목이 총망라된 종합적인 비율이다. 따라서 ROI는 기업의 경영상태를 전체적인 입장에서 조망해 보고 향후 기업목표를 수립하는 데 기준이 된다.

**그림 6-1 ROI 도표**

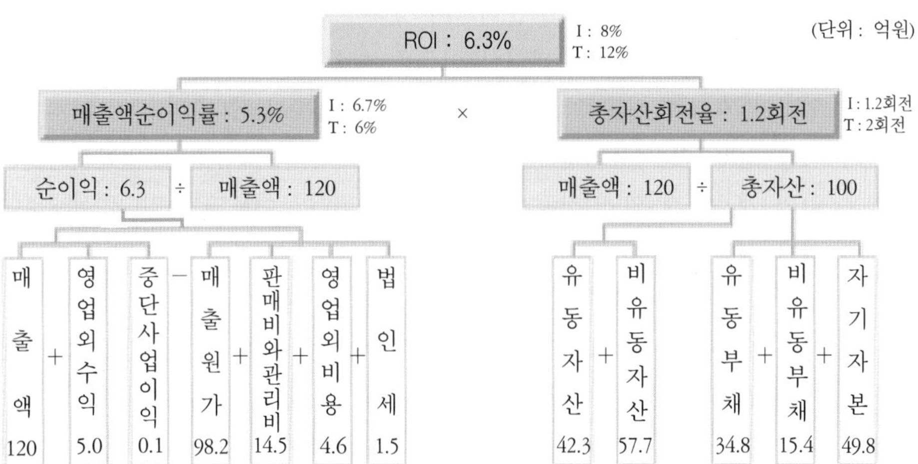

## 2. ROI분석의 활용

ROI분석은 대체로 두 가지 방향에서 이용되고 있다. 하나는 기업ROI를 산업ROI(I)와 비교하여 기업의 강·약점을 파악함으로써 경영전략에 이용하는 것이다. 다른 하나는 기업ROI와 목표ROI(T)를 비교하여 목표달성 여부를 판단하는 데 이용하는 것이다.

먼저 기업ROI와 산업ROI(I)를 비교하는 방법을 설명해 보기로 하자. H기업의 ROI인 6.3%는 산업ROI인 8%와 비교하여 낮다. 그 원인은 낮은 매출마진에 있음을 쉽게 알 수 있다. H기업의 총자산회전율은 산업평균 총자산회전율과 동일한데 비하여, H기업의 매출액순이익률 5.3%는 산업평균 매출액순이익률 6.7%에 비하여 낮다. 그 결과 H기업의 전체적인 ROI는 산업ROI에 미치지 못하고 있다.

매출마진이 산업평균보다 낮은 이유는 ROI도표를 이용하여 추적할 수 있다. 예를 들어 H기업의 순이익이 상대적으로 낮은 이유를 총비용의 과다에서 찾고, 총비용이 과다한 이유를 매출원가의 과다에서 찾으며, 매출원가가 과다한 이유를 노무비의 과다에서 찾는 식이다.

기업ROI와 목표ROI(T)를 비교하는 것도 매우 유용하다. 일반적으로 기업의 재무통제 및 업적평가에 이 방법이 많이 이용되고 있다. 실제로 기업의 실적평가시 목표ROI와 기업ROI를 비교하는 사례가 많이 있다. H기업의 목표ROI는 12%인데 실제로는 6.3%밖에 달성하지 못했다.

H기업이 목표ROI를 달성하지 못한 이유는 매출마진과 총자산회전속도의 부진에서 찾을 수 있다. 그 이유는 ROI도표를 이용하여 추적할 수 있다. 예를 들어 H기업의 매출마진과 총자산회전속도의 부진이유를 총비용의 과다와 매출액의 과소에서 찾는 식이다. 이와 같이 ROI도표는 기업경영의 강·약점을 체계적으로 규명하는 데 큰 도움을 준다.

## 3. ROI분석의 유용성

ROI분석은 총자본순이익률을 결정하는 각종 재무요인을 기업 전체적인 관점에서 통제하는 데 유용한 분석으로서 오늘날 많은 기업에서 활용되고 있다. 이 방법의 유용성을 보다 자세히 설명하면 다음과 같다.

첫째, ROI분석은 매출수익성과 활동성에 대한 동시적인 분석이다.

둘째, ROI는 경영자나 종업원의 업적평가 및 통제에 있어서 다른 의미로 정의된 수익률보다 효과적이다.

셋째, ROI는 관리자나 종업원들에게 해당 부서의 업무와 기업목표간의 관계를 인식시키고 구체적인 관리목표를 제시함으로써 각 부문의 활동을 기업목표와 직결되도록 하는 데 기준이 될 수 있다.

넷째, ROI도표는 총자산순이익률과 모든 재무요인간의 상호관계를 그림으로 나타내 준다. 따라서 재무제표에 대한 전문적인 지식이 없는 사람들도 ROI도표를 이용하여 기업경영 상태를 쉽게 이해할 수 있다.

ROI분석은 기업의 단기 경영목표를 총자산순이익률의 극대화로 보고 이 목표를 달성하기 위한 계획을 수립하고 사후적으로 통제하기 위한 분석이다. 따라서 ROI분석시 총자산순이익률이 과연 기업의 경영목표로서 타당성이 있느냐 하는 문제가 제기될 수 있다. 그러나 기업의 수익성은 기업가치와 직결되어야 하고 투자된 자본 규모에 따라 상대적으로 측정되어야 한다는 점을 고려한다면 총자산순이익률이 여타의 수익률보다는 기업의 경영목표로서 보다 적절하다고 할 수 있다.

그러나 ROI기법은 총자산순이익률의 증대만을 목표로 하기 때문에 총자산영업이익률이 이자율을 초과하는 경우에 이익확대효과(레버리지효과)를 누리기 위하여 타인자본을 과도하게 조달하도록 유인할 수 있다. 이런 정책은 불황기에 기업의 존립까지도 위태롭게 할 수 있다.

## 4. ROE분석으로의 확장

ROI기법은 미국의 듀퐁사가 개발한 이후 기업의 재무통제 및 종합적 재무분석에 널리 활용되고 있다. 또한 ROI기법(또는 Du Pont시스템)은 주주에게 귀속되는 자기자본순이익률(return on equity : ROE)을 기준으로 한 평가에까지 연장되어 활용될 수 있다. ROE와 ROI의 관계를 설명하면 다음과 같다(숫자는 H기업의 사례에서 가져옴).

$$
\begin{aligned}
ROE &= \frac{\text{순이익}}{\text{자기자본}} = \frac{\text{순이익}}{\text{매출액}} \times \frac{\text{매출액}}{\text{총자본}} \times \frac{\text{총자본}}{\text{자기자본}} \\
&= \text{매출액순이익률} \times \text{총자본(산)회전율} \times (1 + \text{부채비율}) \\
&= \text{Profit Margin} \times \text{Asset Turnover} \times \text{Financial Leverage Times} \qquad (6.2) \\
&= 5.3\% \times 1.2\text{회전} \times (1 + 1.008) = 12.7\%
\end{aligned}
$$

식 (6.2)에서 매출액순이익률 × 총자산회전율 = ROI이므로

$$ROE = ROI \times (1 + \text{부채비율}) \qquad (6.3)$$

식 (6.3)은 무엇을 의미하는 것일까? 식 자체로 해석하면 기업의 부채비율이 클수록 ROE는 ROI보다 더욱 커진다는 것을 알 수 있다. 다시 말해서 기업이 부채를 사용하는 한 ROI가 양(+)의 값을 가질 때 ROE는 더 큰 양(+)의 값을 가지며, ROI가 음(−)의 값을 가질 때에 ROE는 더 큰 음(−)의 값을 갖게 된다.

[그림 6-1]의 H기업의 ROI도표를 확장하여 ROE도표를 그려보면 [그림 6-2]와 같다. [그림 6-2]에서 볼 수 있듯이, H기업의 ROI 6.3%와 부채비율

그림 6-2 ROE 도표

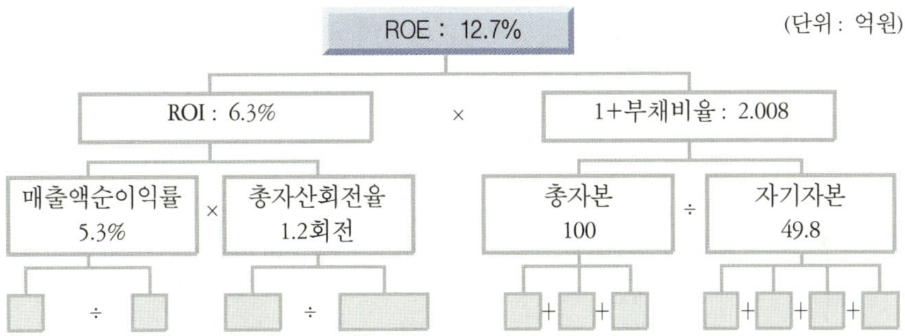


100.8%를 적용해 보면 H기업의 ROE는 12.7%로 확대됨을 알 수 있다. ROE도표를 활용하는 방법은 앞에서 설명한 ROI도표의 활용방법과 동일하다. 즉, ROI도표를 활용할 때처럼 기업ROE를 산업ROE 또는 목표ROE와 비교하는 방법이 널리 이용되고 있다.

## 5. ROI와 ROE기법의 사례분석

ROI와 ROE기법을 이용하여 기업의 경영성과 및 재무상태를 파악하는 사례를 분석해 보기로 하자.

## 사례 1

다음은 용산기업의 재무상태표와 손익계산서이다. 물음에 답하시오.

재무상태표

용산기업 (단위 : 천원)

| | | | |
|---|---|---|---|
| Ⅰ. 유동자산 | 177,500 | Ⅰ. 유동부채 | 175,000 |
| 현금·예금 | 3,500 | 매입채무 | 13,000 |
| 단기투자자산 | 3,000 | 미지급금 | 4,000 |
| 매출채권 | 123,000 | 단기차입금 | 158,000 |
| 재고자산 | 48,000 | | |
| Ⅱ. 비유동자산 | 337,000 | Ⅱ. 비유동부채 | 224,500 |
| 토지·건물 | 62,000 | 장기차입금 | 115,000 |
| 기계·설비 | 275,000 | 회 사 채 | 109,500 |
| | | Ⅲ. 자 본 | 115,000 |
| | | 자 본 금 | 85,000 |
| | | 잉 여 금 | 30,000 |
| 자 산 총 계 | 514,500 | 부채와 자본 총계 | 514,500 |

손익계산서

용산기업 (단위 : 천원)

| | | |
|---|---|---|
| 매 출 액 | | 1,050,000 |
| −매 출 원 가 | | 755,000 |
| 매출총이익 | | 295,000 |
| −판매비와 관리비 | | 189,000 |
| 판 매 비 | 74,000 | |
| 관 리 비 | 75,000 | |
| 감가상각비 | 40,000 | |
| 영 업 이 익 | | 106,000 |
| −영업외비용 | | 76,000 |
| 단기차입금이자 | 38,000 | |
| 장기차입금이자 | 18,000 | |
| 사채이자 | 20,000 | |
| 세전순이익 | | 30,000 |
| −법인세비용 | | 15,000 |
| 당기순이익 | | 15,000 |

(1) 다음의 비율들을 계산하시오.

| | | | |
|---|---|---|---|
| 유 동 비 율 | [ ⓐ ] (145%) | 당 좌 비 율 | [ ⓑ ] (95%) |
| 부 채 비 율 | [ ⓒ ] (202%) | 이자보상비율 | [ ⓓ ] (2.1배) |
| 재고자산회전율 | [ ⓔ ] (10.1회전) | 매출채권회전율 | [ ⓕ ] (5.2회전) |
| 비유동자산회전율 | [ ⓖ ] (2.9회전) | 총자산회전율 | [ ⓗ ] (1.6회전) |
| 총자본순이익률 | [ ⓘ ] (4.0%) | 매출액순이익률 | [ ⓙ ] (2.5%) |
| 자기자본순이익률 | [ ⓚ ] (12.1%) | | |

(단, ( ) 안은 산업평균비율이다.)

(2) 경영자의 입장과 채권자의 입장에서 각각 용산기업을 평가하시오.

(3) 용산기업의 재무자료에 의거하여 ROI도표(ROE도표 포함)를 작성하고 평가하시오.

해 설

(1) 재무비율을 측정하면 다음과 같다.

ⓐ 177,500 ÷ 175,000 = 101.4%
ⓑ 129,500 ÷ 175,000 = 74.0%
ⓒ 399,500 ÷ 115,000 = 347.4%
ⓓ 106,000 ÷ 76,000 = 1.4배
ⓔ 1,050,000 ÷ 48,000 = 21.9회전
ⓕ 1,050,000 ÷ 123,000 = 8.5회전
ⓖ 1,050,000 ÷ 337,000 = 3.1회전
ⓗ 1,050,000 ÷ 514,500 = 2.1회전
ⓘ 15,000 ÷ 514,500 = 2.9%
ⓙ 15,000 ÷ 1,050,000 = 1.4%
ⓚ 15,000 ÷ 115,000 = 13.0%

(2) 경영자와 채권자의 입장에서 평가하면 다음과 같다.

① 경영자의 입장에서 평가
용산기업의 재무비율을 산업평균과 비교해 볼 때 활동성과 생산성은 비교적 양호하나 수익성은 대체로 불량하다. 이러한 현상은 아마도 타인자본을 많이 조달하여 이자비용이 과다 지출되었기 때문이라고 해석

할 수 있다. 특히, 타인자본 중에서도 단기차입금을 과다하게 사용하고 있고, 이에 따라 단기차입금이자가 과다하다. 따라서 용산기업은 조속한 시일내에 단기차입금를 상환하여 부채구조를 개선하고 금융비용의 부담을 경감시켜야 할 것이다.

② 채권자의 입장에서 평가
용산기업에 대한 신규여신은 억제해야 할 뿐만 아니라 기존 대출금도 조속히 회수하기 위한 방안이 강구되어야 한다. 왜냐하면 용산기업의 타인자본의존도가 너무 과다하고 유동성이 불량하며 더구나 장기상환능력을 좌우하는 수익성도 불량하기 때문이다.

(3) ROI(ROE)도표를 분석하면 다음과 같다.

(단위 : 백만원)

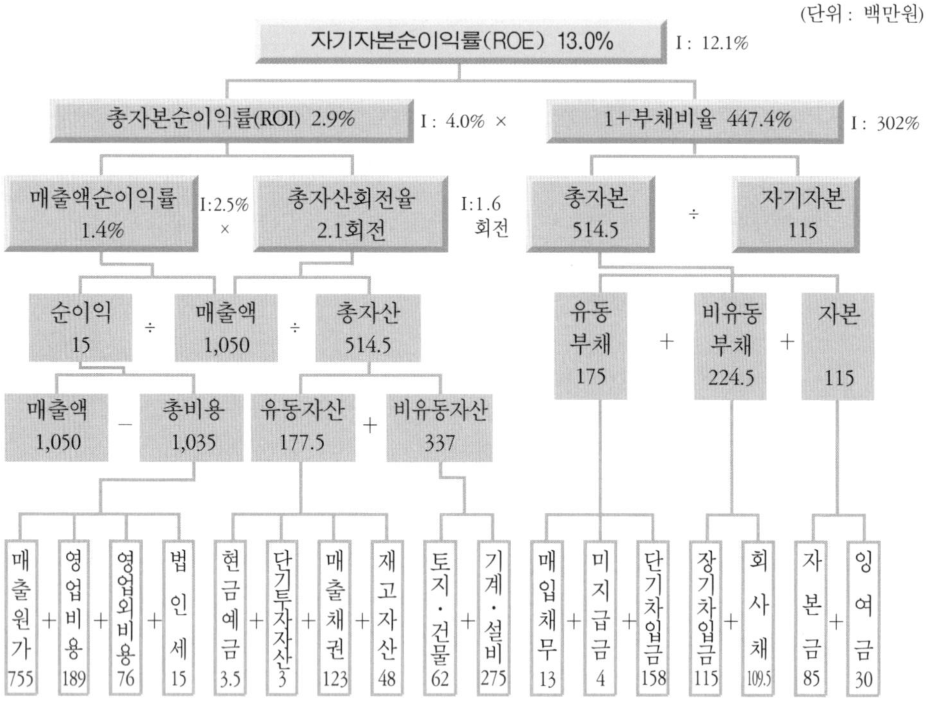


용산기업의 ROI는 2.9%로서 산업평균 4.0%에 비해 낮은 수준이다. 그 이유는 낮은 매출액순이익률에 있다. 용산기업의 총자산회전율이 산업평균보다 오히려 높은 것을 감안할 때 용산기업은 매출액순이익률을 상승시킬 여지를 갖고 있다.

한편 용산기업의 ROE는 13.0%로서 산업평균 12.1%에 비해 오히려 다소 높은 수준에 있다. 용산기업의 ROI가 산업평균에 비해 낮음에도 불구하고 용산기업의 ROE가 산업평균보다 다소 높아진 것은 용산기업의 낮은 자기자본비율, 즉 높은 부채비율 때문이다. 다시 말해서 용산기업의 높은 부채비율이 ROE를 높이는 데 기여한 것이다.

## 6.2 지수법 분석

지수법(index method)은 비율을 종합적으로 사용하여 기업을 분석하는 기법 중의 하나이며 재무분석에서 전통적으로 널리 이용되어 온 기법이다. 본절에서는 지수법의 의의와 실제 방법들을 소개하기로 한다.

### 1. 지수법의 의의

지수법은 가중비율총합법(weighted ratio method)이라고도 하며 월(A. Wall)에 의하여 최초로 제시된 종합적인 비율분석 방법이다. 각종 재무비율을 계산하여 이를 표준비율과 비교하는 개별적인 비율분석은 분석대상 기업의 재무상태나 경영성과를 단편적으로 평가하는 데는 이용될 수 있으나 종합적으로 평가하는 데에는 많은 제약을 갖는다.

예를 들어, 개별비율을 표준비율과 비교할 때 유동성비율은 양호하나 수익성비율이 불량하다든가 또는 활동성비율은 양호하나 안정성비율이 불량하다든가 하면 해당 기업의 전반적인 재무상태와 경영성과가 양호한지 또는 불량한지를 판단하기 어렵다. 또한 각 비율들이 표준비율보다 양호 또는 불량하다 하더라도 정도의 차이가 있을 수 있으며 그 중요도에서도 차이가 있을 수 있다.

이와 같은 개별 비율분석의 한계점을 극복하기 위하여 지수법이 이용된다. 지수법은 분석하려고 하는 몇몇 주요 비율을 선정하고, 선정된 비율들의 중요도를 가중치로 해서 구한 종합평점으로 기업의 재무상태와 경영성과를 종합적으로 평가하는 방법이다.

지수법에 의한 비율분석의 종합적 평가절차는 다음과 같다.

첫째, 분석목적에 따라 몇 개의 주요 비율을 선정한다.

둘째, 선택된 주요 비율의 중요도에 따라서 가중치를 부여한다. 이때 가중치의 합계는 100점이 되도록 한다.

셋째, 선택된 주요 비율의 실제비율과 이에 대응하는 표준비율을 비교하여 관계비율을 산출한다.

넷째, 산출된 관계비율에 비율별 가중치를 곱하여 평점을 계산하고 각 비율별 평점을 합하여 지수를 구한다.

다섯째, 지수가 100점 이상이면 양호한 것으로 판단하고 100점 이하이면 불량한 것으로 판단한다.

일반적으로 많이 사용되고 있는 지수법에는 월(A. Wall)의 지수법과 트랜트(J. B. Trant)의 및 브리체트(F. F. Brichett)의 지수법이 있다. 이들이 선정한 주요 비율과 가중치는 <표 6-1>과 같다.

<표 6-1>에서 살펴볼 수 있는 바와 같이, 월과 트랜트 및 브리체트가 선정한 주요 비율은 서로 유사하나 그들이 부여한 가중치는 크게 다르다. 월은 유동성(유동비율)과 안전성(부채비율)에 가장 큰 가중치를 부여하고 있는데 비해, 트랜트는 활동성(재고자산회전율과 비유동자산회전율)에 가장 큰 가중치를 부여하고 있다.

월의 지수법은 재무유동성을 비롯한 재무안정성을 중시하고 있어 여신자 입장에서의 분석이라 할 수 있다. 트랜트의 지수법은 기업자산의 활용 정도, 즉 활동성을 중시하고 있어 경영자 입장에서의 분석이라 할 수 있다.

브리체트는 기업의 지급능력 분석시 분석 주체에 따라 관심영역이 조금씩 차이가 난다는 생각에서 주요 비율의 선정과 가중치 부여를 분석 주체에 따라 다르게 하였다. 브리체트는 월과 트랜트와는 달리 수익성비율도 주요 비율로 선정하였다.

〈표 6-1〉 월과 트랜트 및 브리체트 지수법의 주요 비율과 가중치

| 주요 비율 | 월 | 트랜트 | 브리체트 | | |
|---|---|---|---|---|---|
| | | | 주요 비율 | 금융기관 | 사채권자 |
| 유동비율 | 25 | 15 | 유동비율 | 20 | 3 |
| 부채비율 | 25 | 10 | 당좌자산/유동자산 | 20 | 3 |
| 비유동비율 | 15 | 10 | 매출채권/재고자산 | 5 | 3 |
| 매출채권회전율 | 10 | 10 | 부채비율 | 5 | 20 |
| 재고자산회전율 | 10 | 20 | 재고자산회전율 | 10 | 4 |
| 비유동자산회전율 | 10 | 20 | 매출채권회전율 | 25 | 4 |
| 자기자본회전율 | 5 | - | 총자산회전율 | 5 | 20 |
| 매입채무회전율 | - | 15 | 이자보상비율 | 2 | 30 |
| | | | 매출액순이익률 | 5 | 8 |
| | | | 총자산순이익률 | 3 | 5 |
| 합계 | 100점 | 100점 | 합계 | 100점 | 100점 |

브리체트는 금융기관의 입장에서는 유동비율, 당좌자산구성비율, 재고자산회전율 그리고 매출채권회전율 등의 단기지급능력비율과 활동성비율에 큰 가중치(75%)를 두었다. 그리고 브리체트는 사채권자의 입장에서는 부채비율, 총자산회전율 및 이자보상비율에 큰 가중치(70%)를 두었다.

지금까지 설명한 바와 같이 월과 트랜트 및 브리체트의 지수법에서 주요 비율과 비율별 가중치는 그들이 보는 주관적 판단에 의해 결정된 것이며 어떤 객관적 기준이나 이론적 설득력을 갖고 있는 것은 아니다. 따라서 분석자는 각자의 분석목적에 따라 주요 비율과 가중치를 적절히 선정·부여함으로써 분석목적에 보다 적합하도록 수정하여 지수법을 이용할 수 있다.

이와 같이 지수법은 주요 비율의 선정과 가중치의 부여에 있어서 분석자의 주관적인 판단이 개입되어 있어, 종합적인 평가결과의 객관성을 보장받기 어렵다는 한계점을 지니고 있다.

현재 시중은행에서 실시하고 있는 우량업체 선정을 위한 기업체종합평가표는 지수법의 변형이라 할 수 있다. 기업체종합평가표는 기업의 재무비율을 비롯한 양적 자료뿐만 아니라 환경대응력, 경영일반 등 각종 질

적 자료까지도 평가 항목에 포함하고 있다.

다음에는 경기기업의 재무자료를 사용하여 월의 지수법을 설명해 보기로 하자.

### 예제 1

경기기업의 주요 비율과 그것의 산업평균(( ) 안에 표시)은 다음과 같다. 월의 지수법으로 평가하시오.

[재무자료]
유동비율 120%(98%), 부채비율 350%(300%), 비유동비율 180%(230%), 매출채권회전율 4회전(5회전), 재고자산회전율 8.5회전(7.1회전), 비유동자산회전율 2.3회전(2.4회전), 자기자본회전율 5.3회전(4.2회전)

### 해설

월의 지수법으로 경기기업의 평점을 구하고 그 의미를 평가해 보기로 하자.

| 구 분 | 가중치 (a) | 경기기업 (b) | 산업평균 (c) | 관계비율 (d)=(b/c)×100 | 평점 (e)=(a)×(d) |
|---|---|---|---|---|---|
| 유동비율 | 25 | 120% | 98% | 122% | 30.5 |
| 부채비율 | 25 | 350% | 300% | 86%* | 21.5 |
| 비유동비율 | 15 | 180% | 230% | 128%* | 19.2 |
| 매출채권회전율 | 10 | 4회전 | 5회전 | 80% | 8.0 |
| 재고자산회전율 | 10 | 8.5회전 | 7.1회전 | 120% | 12.0 |
| 비유동자산회전율 | 10 | 2.3회전 | 2.4회전 | 96% | 9.6 |
| 자기자본회전율 | 5 | 5.3회전 | 4.2회전 | 126% | 6.3 |
| 합 계 | 100 | - | - | - | 107.1 |

* 부채비율과 비유동비율은 낮을수록 좋으므로 이들 비율의 관계비율은 역수(c/b)로 계산한다.

월의 지수법으로 평가한 결과, 경기기업은 산업평균에 비해 전체적으로 약간 양호한 것으로 나타났다.

## 2. 지수법의 사례분석

트랜트의 지수법을 구체적으로 이해하기 위해 다음과 같은 사례를 들어보기로 하자.

### 사례 2

서울기업을 트랜트지수법으로 평가하시오.

서울기업의 주요 비율과 산업평균

| 구 분 | 유동비율 | 부채비율 | 비유동비율 | 매출채권 회전율 | 재고자산 회전율 | 비유동자산 회전율 | 매입채무 회전율 |
|---|---|---|---|---|---|---|---|
| 서울기업 | 101.4% | 347.4% | 293.0% | 8.5회전 | 21.9회전 | 3.1회전 | 9.6회전 |
| 산업평균 | 145.0% | 152.4% | 198.0% | 5.2회전 | 10.1회전 | 2.9회전 | 12.0회전 |

해 설

서울기업의 자료를 사용하여 트랜트의 지수를 구하면 다음과 같다.

| 구 분 | 가중치 (a) | 서울기업 (b) | 산업평균 (c) | 관계비율 (d)=(b/c)×100 | 평점 (e)=(a)×(d) |
|---|---|---|---|---|---|
| 유동비율 | 15 | 101.4% | 145.0% | 70% | 10.5 |
| 부채비율 | 10 | 347.4% | 152.4% | 44%* | 4.4 |
| 비유동비율 | 10 | 293.0% | 198.0% | 68%* | 6.8 |
| 매출채권회전율 | 10 | 8.5회전 | 5.2회전 | 163% | 16.3 |
| 재고자산회전율 | 20 | 21.9회전 | 10.1회전 | 217% | 43.4 |
| 비유동자산회전율 | 20 | 3.1회전 | 2.9회전 | 107% | 21.4 |
| 매입채무회전율 | 15 | 9.6회전 | 12.0회전 | 80% | 12.0 |
| 합 계 | 100 | - | - | - | 114.8 |

* 관계비율 = (c/b)×100

트랜트의 지수법으로 평가한 결과, 서울기업은 산업평균에 비해 전체적으로 양호한 것으로 나타났다.

## 6.3 기업체종합평가표 분석법

기업체종합평가표 분석법은 우리나라의 은행에서 가장 널리 이용되고 있는 종합적 평가방법이다. 예전에는 각 은행이 한국은행이 제정한 기업체종합평가표에 기초하여 거래기업의 신용도를 평가하였다. 그러나 금융자율화조치 이후에 은행들은 스스로 제정한 기업체종합평가표를 이용하여 거래기업의 신용상태를 종합적으로 평가하고 있다.

<표 6-2>는 H은행에서 사용하고 있는 기업체종합평가표이다.[1] 이를 이용하여 기업체종합평가표의 구성내용 및 판정기준을 살펴보기로 한다. 기업체종합평가표는 산업별로 구성항목과 배점이 조금씩 다르다. <표 6-2>는 중공업1군에 속한 기업에 대해 적용하는 기업체종합평가표이다.

<표 6-2>에서 볼 수 있듯이, 기업체종합평가표는 100점 만점으로 구성되어 있다. 이는 재무상태(60점), 경영일반(10점), 산업요인(6점), 운영효율성(7점), 환경대응력(11점), 은행거래상황(6점)으로 대별된다. 재무상태는 주요 비율을 기초로 평가되고 있다. 즉, 안정성, 수익성, 성장성, 활동성, 생산성, 현금흐름 등의 재무비율이 기업의 재무상태를 평가하는 데 이용되고 있다.

경영일반은 기업형태(상장 여부), 기업 규모, 업력, 경영관리력 및 경영안정성을 기초로 평가되고 있다. 산업요인은 산업평가, 유망성, 경쟁현황을 기초로 평가되고 있다. 운영효율성은 설비효율성(설비노후도), 생산효율성 및 거래안정성을 기초로 평가되고 있다.

환경대응력은 경영전략 수립 여부, 성장 및 수익전망 그리고 재무적 융통성을 기초로 평가되고 있다. 마지막으로 은행거래상황은 당좌부도 여부, 교환결제성적 그리고 연체대금지급상태 등의 거래신뢰도를 기초로 평가되고 있다.

일반적으로 은행들은 종합점수가 높은 우량기업에게는 차등우대금리

1) 「기업체종합평가표 작성요령」, H은행, 여신기획부.

## 〈표 6-2〉 평가항목 판정기준

(중공업 1군)

| 구 분 | | 평가항목(배점) | A(5/5) | B(4/5) | C(3/5) | D(2/5) | E(1/5) |
|---|---|---|---|---|---|---|---|
| 재무상태 (60점) | 안 정 성 | 당좌비율 (4) | 112.14이상 | 78.38~112.13 | 48.78~78.37 | 29.14~48.77 | 29.13이하 |
| | | 자기자본비율 (10) | 42.87이상 | 27.68~42.86 | 15.80~27.67 | 9.18~15.79 | 0~9.17(0미만) |
| | | 차입금의존도 (6) | 21.13이하 | 21.14~36.58 | 36.59~53.84 | 53.85~68.34 | 68.35이상 |
| | 수 익 성 | 기업세전순이익률 (6) | 8.17이상 | 4.41~8.16 | 1.82~4.40 | 0.68~1.81 | 0~0.67(0미만) |
| | | 금융비용부담률 (9) | 2.11이하 | 2.12~3.70 | 3.71~6.61 | 6.62~10.28 | 10.29이상 |
| | 성 장 성 | 자기자본증가율 (3) | 68.80이상 | 25.04~68.79 | 8.86~25.03 | 3.18~8.85 | 0~3.17(0미만) |
| | | 매출액증가율 (3) | 44.10이상 | 21.05~44.09 | 8.78~21.04 | 3.48~8.77 | 0~3.47(0미만) |
| | 활 동 성 | 재고자산회전율 (3) | 28.77이상 | 13.78~28.76 | 6.69~13.77 | 3.90~6.68 | 3.89이하 |
| | 생 산 성 | 총자본투자효율 (3) | 43.04이상 | 33.19~43.03 | 23.93~33.18 | 16.29~23.92 | 0~16.28(0미만) |
| | 현금흐름 | CF/총부채 (4) | 20.97이상 | 10.74~20.96 | 1.21~10.73 | −8.11~1.20 | −8.12이하 |
| | | CF합산/매출액합산 (9) | 0.14이상 | 0.08~0.13 | 0.03~0.07 | −0.04~0.02 | −0.05이하 |
| 경영일반 (10점) | 기업형태 | 상장여부 (2) | 상장법인 | 등록법인 | 외감법인 | 일반기업 | 개인(기타) |
| | 기업규모 | 총자산(억원) (1) | 500초과 | 200~500 | 100~200 | 50~100 | 50이하 |
| | | 매출액(억원) (1) | 500초과 | 200~500 | 100~200 | 50~100 | 50이하 |
| | | 자기자본(억원) (1) | 100초과 | 50~100 | 10~50 | 5~10 | 0~5(0미만) |
| | 업 력 | 경과년수(년) (1) | 12이상 | 9~12 | 6~9 | 3~6 | 3미만 |
| | 경영관리력 (2) | | 매우양호 | 양호 | 보통 | 미흡 | 그외 |
| | 경영안정성 (2) | | 매우양호 | 양호 | 보통 | 미흡 | 그외 |
| 산업요인 (6점) | 산업평가 | IR등급 (2) | IR1 | IR2 | IR3 | IR4 | IR5 |
| | 유 망 성 | 제품수명주기 (2) | 성장기 | 성숙기 | 도입기 | 정체기 | 사양기 |
| | 경쟁현황 | 경쟁유형 및 강도 (2) | 매우양호 | 양호 | 보통 | 미흡 | 그외 |
| 운영효율성 (7점) | 설비효율성 | 설비노후도 (1) | 0.25이하 | 0.25~0.4 | 0.4~0.6 | 0.6~0.75 | 0.75초과 |
| | 생산효율성 (3) | | 매우양호 | 양호 | 보통 | 미흡 | 그외 |
| | 거래안정성 (3) | | 매우양호 | 양호 | 보통 | 미흡 | 그외 |
| 환경대응력 (11점) | 경영전략 수립 여부 (2) | | 매우양호 | 양호 | 보통 | 미흡 | 그외 |
| | 성장전망 | 추정매출액증가율 (3) | 30이상 | 20~30 | 10~20 | 5~10 | 0~5(0미만) |
| | 수익전망 | 추정매출액세전순이익률 (3) | 7이상 | 4~7 | 2~4 | 1~2 | 0~1(0미만) |
| | 재무적 융통성 (3) | | 매우양호 | 양호 | 보통 | 미흡 | 그외 |
| 은행거래상황 (6점) | 거래신뢰도 | 당좌부도 여부 (1) | 최근 3년이내 부도사실없음 | 최근 2년이내 부도사실없음 | 최근 1년이내 부도사실없음 | 최근 6개월 부도사실없음 | 그외 |
| | | 교환결제성적 (2) | 매우양호 | 양호 | 보통 | 미흡 | 그외 |
| | | 연체대금지급상태 (3) | 최근 3년이내 없음 | 최근 2년이내 없음 | 최근 1년이내 없음 | 최근 6개월 이내 없음 | 그외 |

① 총점은 100점 만점임.
② ( ) 안의 구간은 해당 항목의 평점을 0점으로 함. 예를 들어 (0미만)의 구간에서 평점은 0점임.
③ A, B, C, D, E의 평점은 해당 항목 배점에 각각 5/5, 4/5, 3/5, 2/5, 1/5을 곱해서 구함.
④ 산업요인 중 산업평가의 IR등급(Industrial Rating)은 한국표준산업분류상의 중분류를 기준으로 한국신용정보(주)에서 매년 실시하는 산업평가등급임. 산업등급은 IR1~IR5의 5등급으로 나누어짐.
⑤ 운영효율성 중 설비노후도는 (주력설비 도입 이후 경과년수/법정내용년수)임.

를 적용하고, 종합점수가 40점 이하로 낮은 기업에 대해서는 신규여신을 하지 않는다. 은행들마다 기업체종합평가표의 구체적 구성내용은 차이가 있으나 각종 재무자료 및 비재무자료를 혼합하여 기업의 신용도를 종합적으로 평가한다는 점에서 공통적이다.

## 6.4 재무비율의 상호관련성

재무비율들은 상호관련성을 갖고 있다. 예를 들면 수익성과 유동성, 수익성과 레버리지 등은 상호 밀접한 관련성을 갖고 있다. 본절에서는 이와 같은 재무비율들의 상호관련성을 살펴봄으로써, 재무비율을 이용한 종합적 분석의 기초를 마련하려고 한다.

### 1. 수익성과 유동성

기업의 수익성과 유동성은 비율분석의 핵심을 이루는 분석대상이며, 이들은 상호 밀접한 관련을 맺고 있다. 수익성을 확보하기 위해서는 어느 정도 유동성을 포기해야 하고, 유동성을 확보하기 위해서는 수익성을 어느 정도 포기해야 한다. 이들을 균형되게 유지하려는 노력이야말로 기업의 유지·발전이라는 목표를 달성하기 위한 필수적인 조건이다.

#### 1 양자의 중요성

수익성과 유동성은 기업이 영업활동을 수행하는 데 어느 것도 소홀히 할 수 없는 중요한 요소이다. 수익성은 기업을 유지·존속시키고 더 나아가 기업을 성장시키기 위한 필수적인 요소이다. 수익성이 중요시되는 이유는 기업이 계속적으로 이익을 실현시킬 수 있을 때에만 영업활동을 계속할 수 있으며 건전한 재무구조의 유지 및 확대재생산을 할 수 있기 때문이다.

기업의 수익성은 실현된 이익과 그 이익을 실현시키기 위하여 투입된 자본량을 대비하여 상대적으로 측정되어야 한다. 따라서 수익성의 여러 측정지표 중에서도 자본수익성이 보다 의미있는 지표가 된다고 할 수 있다. 자본수익성을 제고시키기 위해서는 매출수익성과 자본회전율을 제고시켜야 하며, 이들 요인을 구체적으로 관리하기 위한 기법으로는 ROI분석 등이 있다.

유동성은 기업이 보유하고 있는 각종 자산을 적정한 가격으로 신속히 현금화할 수 있는 능력을 의미한다. 유동성이 중요시되는 이유는 기업이 항상 적절한 유동성을 확보하고 있어야만 통상적인 영업활동을 원활히 수행할 수 있기 때문이다. 또한 유동성이 필요한 이유는 대외지급불능으로 인한 도산을 미연에 방지할 수 있으며, 예측하지 못했던 불의의 사태가 발생한다 하더라도 무리없이 대처할 수 있기 때문이다.

수익성이 충분히 있다 하더라도 유동성을 확보하지 못한 기업은 도산에 이를 수 있다. 일정수준의 유동성을 유지하는 것이야말로 기업의 존속을 위해서도 반드시 필요하다. IMF구제금융을 신청하면서 우리는 충분한 유동성을 확보하지 못한 기업 또는 국가가 얼마나 위태로울 수 있는지를 뼈저리게 경험한 바 있다.

## 2 상호관련성

수익성과 유동성은 앞에서 설명한 바와 같이 모두 중요하다. 그러나 기업경영에서 수익성과 유동성 모두를 동시에 극대화시킨다는 것은 매우 어렵다. 기업이 수익성을 극대화시키기 위하여는 가능한 한 많은 자금을 높은 수익성이 예상되는 사업에 투입하여야 하며, 이때 대부분의 자금은 설비투자로 고정화된다. 또한 수익성 극대화를 위해서는 투자수익률이 차입이자율 이상일 때에는 가능한 한 많은 자금을 차입하여 투자액을 늘려야 한다.

그러나 이와 같이 수익성을 극대화시키기 위하여 설비투자를 증가시키고 차입을 늘리게 되면, 기업의 유동성은 악화되고 영업위험(operating risk)과 재무위험(financial risk)이 증가하게 된다. 다시 말하면, 기업이 가능한 많은 자금을 비유동자산 쪽에 투자하게 되면 유동자산의 보유수준이 상대적으로 줄어들게 된다. 그뿐만 아니라 설비자산을 유지 · 관리하기 위한 영업고정비의 지출도 늘어나게 된다. 또한 타인자본 조달 규모가 커지면 이자비용 등과 같은 재무고정비의 부담이 커지게 된다.

기업의 영업활동이 활발할 때에는 기업은 영업고정비와 재무고정비를 부담하면서도 어느 정도의 유동성을 무리없이 유지할 수 있다. 그러나 기업의 영업활동은 언제든지 예기치 않게 나빠질 수 있다. 이렇게 될 경우 고정비의 부담은 기업에 큰 짐이 되며 자칫 잘못하면 기업은 지급불능사태 또는 파산사태에 빠질 수도 있다.

결국 기업의 수익성과 유동성은 양자 모두 기업이 영업활동을 수행하는 데 매우 중요하게 고려하여야 할 요소들이면서, 이들을 동시에 극대화한다는 것은 불가능하다. 즉, 양자는 상충관계(trade-off relationship)에 있다고 할 수 있다.

따라서 경영자는 기업의 미래 자금수급 관계를 면밀하게 분석하여 지급불능사태에 이르지 않도록 적정수준의 유동성을 유지해야 한다. 또한 적정수준의 유동성을 초과하는 자금은 수익성을 극대화하는 방향으로 운용하여야 한다. 이와 같이 기업은 자금부족으로 인한 기회비용과 자금운용으로 인한 한계수익률간의 관계를 분석하여 자금을 배분하여야 한다.

## 2. 수익성과 레버리지

"부채를 적절하게 잘 활용하면 유리하다"라는 말이 있다. 이 말은 뒤집어서 말하면 "부채를 적절하게 활용하지 못하면 불리하다"라는 의미도 된다. 이와 같이 부채는 양면적인 레버리지효과(leverage effect)를 갖는 자본조달수단이다. 본절에서는 수익성과 레버리지의 관계를 이해하기 위해 레버리지효과, 투자수익률과 이자율의 관계 등을 살펴보기로 한다.

## 1 레버리지효과

레버리지(leverage)란 원래 지렛대 작용을 의미한다. 비율분석을 공부할 때 타인자본 의존도를 레버리지라 부른 이유를 영업이익과 관련하여 좀더 구체적으로 설명해 보면 [그림 6-3]과 같다(세금효과 무시).

그림 6-3 영업이익과 이자비용

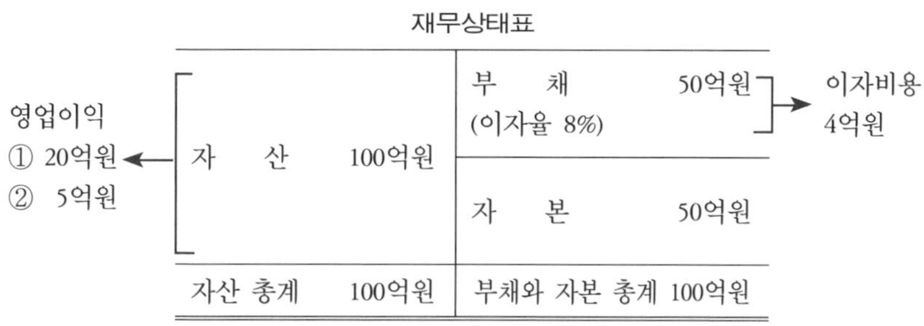


부채사용에 따른 레버리지효과를 설명하기 위하여, 자산은 모두 영업활동을 위하여 소유하고 있는 것으로 가정하고 법인세는 일단 무시하기로 하자. 먼저 [그림 6-3]에서 ①과 같이 연간 영업이익이 20억원일 때, 총자산영업이익률은 20%가 된다. 창출된 영업이익 중에서 이자비용 4억원을 지출한 후 나머지 이익은 주주의 몫이 된다.

영업이익이 얼마이건간에 정액의 이자비용이 고정적으로 지출되므로 주주에게 돌아가는 몫은 16억원이 된다. 따라서 주주에게 귀속되는 이익률, 다시 말해서 자기자본순이익률은 32%(=16/50)이다. 즉, 자기자본소유주에게 귀속되는 이익률 32%는 총자산영업이익률 20%를 12%만큼 초과한다.

다음으로 [그림 6-3]에서 ②와 같이 연간 영업이익이 5억원일 때, 총자산영업이익률은 5%가 된다. 이때에도 이자비용은 변함없이 4억원이므로 주주에게 돌아가는 몫은 1억원이 된다. 따라서 주주에게 귀속되는 이익률, 즉 자기자본순이익률은 2%(=1/50)이다. 즉, 자기자본순이익률 2%는 총자산영업이익률 5%보다 3%만큼 적다.

지금까지 살펴본 바와 같이, 총자산영업이익률이 평균이자율보다 높으면 주주에게 귀속되는 이익률이 총자산영업이익률보다 커지게 된다. 반면에 총자산영업이익률이 평균이자율보다 낮으면 주주에게 귀속되는 이익률이 총자산영업이익률보다 작아지게 된다.

이와 같은 현상을 지렛대작용에 비유하여 레버리지효과(정확히 말하면 재무레버리지효과)라 한다. 레버리지효과는 타인자본 의존도가 클수록 커지게 되므로 재무이론에서는 레버리지를 통상 타인자본 의존도로 지칭하고 있다.

## 2 투자수익률의 측정

재무이론에서는 수익성을 나타내는 개념으로 투자수익률을 사용하고 있다. 비율분석에서는 투자수익률을 총자산영업이익률로 대용하고 있다. 또한 투자수익률은 현실적으로는 기업세전순이익률(이자지급전 총자본세전순이익률)로 대용되기도 한다. 여기서는 사후적으로 기업이 획득한 투자수익률이 어떻게 측정되는지를 살펴보기로 한다.

먼저 투자수익률의 본질을 설명하고, 총자산영업이익률이 기업의 사후적인 투자수익률이 되는 이유를 자세히 설명하기로 한다. 재무제표 자료를 이용하여 투자수익률과 평균이자율을 비교하는 것은 재무이론을 응용하는 차원에서 매우 유용하다.

예를 들어 높이뛰기 신기록을 세운 K씨에게 상금을 주기로 결정했다고 하자. K씨는 다음 두 종류의 상금지급 대안 중에 하나를 선택하기로 되어 있다.

| | |
|---|---|
| 1안 | 1,000만원을 현재 일시에 지급함. |
| 2안 | 매월 말에 10만원씩 영구히 지급함. |

K씨가 어떤 상을 받을 것인가는 각 대안에 대한 K씨의 만족도(효용)에 따라 결정된다. K씨의 만족도 또는 효용은 각 대안의 현재가치에 비례

그림 6-4 현금흐름의 현재가치

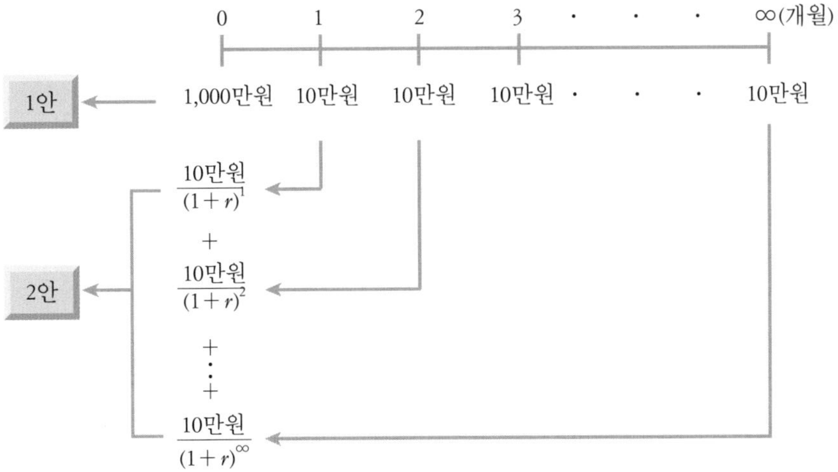


한다. 따라서 K씨의 선택은 [그림 6-4]에서 구한 1안과 2안의 현금흐름의 현재가치의 크기에 따라 결정된다.

만약 K씨가 두 가지 안에 대하여 동일한 효용을 느낀다면 다음 식이 성립할 것이다.

$$1{,}000\text{만원} = \frac{10\text{만원}}{(1+r)^1} + \frac{10\text{만원}}{(1+r)^2} + \cdots + \frac{10\text{만원}}{(1+r)^\infty} \tag{6.4}$$

식 (6.4)는 1,000만원을 현재 투자하고 매월 말에 10만원씩의 현금흐름을 영구히 받는 투자안의 수익률을 구하는 식과 동일하다. 여기에서 $r$은 투자안의 내부수익률(internal rate of return : IRR), 즉 투자수익률이다. 식 (6.4)를 좀더 간단히 정리하면 다음과 같다.

$$1{,}000\text{만원} = \frac{10\text{만원}}{r} \tag{6.5}$$

식 (6.5)에서 $r$은 1%임을 쉽게 알 수 있다. $r$에 대하여 좀더 자세히 설명해 보기로 하자. $r$이 1%라는 것은 K씨 자신이 1,000만원의 상금을 활용할 경우 최대로 월 1%의 수익률을 얻을 수 있음을 의미한다.

만약 K씨가 월 1.2%의 수익률을 얻을 수 있는 기회를 가지고 있다면, K씨는 현재의 1,000만원을 지급하는 1안을 선호할 것이다. 왜냐하면 월 1.2%로 할인할 경우 매월 말 10만원씩 영구히 발생하는 현금흐름의 현재가치는 1,000만원보다 작아지기 때문이다. 같은 논리로 만약 K씨가 월 0.8%의 수익률을 얻을 수 있는 기회만 가지고 있다면, K씨는 당연히 매월 말 10만원씩 유입되는 2안을 선호할 것이다.

여기서 또 다른 예를 들어보기로 하자. 마라톤 우승자 M씨에게 다음과 같은 상금 중 하나를 선택하도록 한다고 하자.

| | |
|---|---|
| A안 | 2,000만원을 현재 일시에 지급함. |
| B안 | 1개월 후에 10만원을 지급하고 그후 매월 말에 $g$%씩 증가된 금액을 영구히 지급함. |

만약 M씨가 두 가지 안에 대하여 동일한 효용을 느낀다면 다음 식이 성립할 것이다.

$$2{,}000\text{만원} = \frac{10\text{만원}}{(1+r)^1} + \frac{10\text{만원}(1+g)^1}{(1+r)^2} + \frac{10\text{만원}(1+g)^2}{(1+r)^3} + \cdots + \frac{10\text{만원}(1+g)^{\infty-1}}{(1+r)^{\infty}} \tag{6.6}$$

식 (6.6)은 좀더 간단히 정리하면 식 (6.7)과 같이 된다.

$$2{,}000\text{만원} = \frac{10\text{만원}}{r-g} \tag{6.7}$$

식 (6.7)에서 $r$이 투자수익률을 의미한다는 것은 이미 설명한 바와 같다. 식 (6.7)을 다시 정리하면 투자수익률 $r$은 다음과 같이 된다.

$$r = \frac{10\text{만원}}{2{,}000\text{만원}} + g \tag{6.8}$$

식 (6.8)을 이용해서 투자수익률 $r$을 구해 보기로 하자. 매월 말 현금유입이 계속해서 0.3%씩 증가한다면(즉, $g = 0.3\%$라면) $r$은 0.8%가 된다. 즉, M씨가 A, B안에 대하여 동일한 효용을 느낀다는 것은 M씨는 투자기회에 대하여 월 0.8%의 투자수익률을 기대하고 있음을 의미한다.

## 3 총자산영업이익률과 투자수익률

지금까지의 긴 설명은 왜 했을까? 그것은 장부가치를 기준으로 했을 때 사후적 투자수익률 개념을 파악하고, 이를 자본비용 개념인 평균이자율과 비교하기 위해서이다.

다시 앞의 [그림 6-3]으로 돌아가기로 하자. 그 예에서 영업이익이 매년 말 20억원씩 영구히 지속될 것으로 가정하고 자산의 가치가 100억원이라고 하자. 그렇다면 향후 영구히 발생될 20억원씩의 현금유입의 현재가치는 자산가치 100억원과 동일하므로 다음 식이 성립한다.

$$100\text{억원} = \frac{20\text{억원}}{(1+r)^1} + \frac{20\text{억원}}{(1+r)^2} + \cdots + \frac{20\text{억원}}{(1+r)^\infty} \tag{6.9}$$

$$\text{즉, } 100\text{억원} = \frac{20\text{억원}}{r}$$

$$\therefore\ r = \frac{20\text{억원}}{100\text{억원}} = 20\% \quad \rightarrow \text{총자산영업이익률} \tag{6.10}$$

이 예에서 기업의 사후적인 투자수익률은 20%가 된다. 이 20%는 기업의 사후적인 투자수익률이며 바로 기업의 총자산영업이익률이 된다. 결국 일정한 가정(영업이익이 매년 동일하다는 가정)하에 총자산영업이익률은 기업의 사후적인 투자수익률로 간주될 수 있다.

그러나 매년 영업이익이 동일하게 유지된다는 가정은 너무 엄격한 가정이다. 이 가정을 조금 완화하여 처음 1년 동안 영업이익이 20억원이고 그 이후 영업이익이 매년 1%씩 증가한다고 하자. 이때에는 다음 식이 성립한다.

$$100억원 = \frac{20억원}{(1+r)^1} + \frac{20억원(1+0.01)^1}{(1+r)^2} + \frac{20억원(1+0.01)^2}{(1+r)^3} + \cdots + \frac{20억원(1+0.01)^{\infty-1}}{(1+r)^{\infty}} \quad (6.11)$$

$$즉,\ 100억원 = \frac{20억원}{r-0.01}$$

$$\therefore\ r = \frac{20억원}{100억원} + 0.01 = 21\% \quad (6.12)$$

($r$ = 총자산영업이익률 + 영업이익성장률)

식 (6.12)에서 볼 수 있는 바와 같이, 향후 예상되는 영업이익이 20억원에서 출발해서 매년 1%씩 증가한다면, 기업의 사후적인 투자수익률은 총자산영업이익률(20%)에 영업이익성장률(1%)을 더한 21%가 된다. 결국 총자산영업이익률은 기업의 사후적인 투자수익률을 측정하는 데 기준이 될 수 있음을 알 수 있다.

여기서 재무이론의 근본이 되는 투자수익률과 자본비용을 생각해 보기로 하자. 자본비용이란 간단히 설명하면 '자본조달에 따른 반대급부로 지출하는 비용'을 말한다.

재무이론에 따르면 '투자수익률(내부수익률) > 자본비용'이면 기업의 부(富)가 증가한다. 기업의 부(富)가 증가한다는 것은 순현재가치(net present value : NPV)가 0보다 크다는 것을 의미한다. 엄격한 가정하에서 투자수익률이 총자산영업이익률로 대용될 수 있음은 위의 예에서 살펴보았다.

그렇다면 자본비용은 무엇으로 대용할 수 있을까? 현실적으로 자본비용은 평균이자율(차입금평균이자율)로 대용할 수 있다. 물론 자본비용은 타인자본비용과 자기자본비용을 총괄하는 개념이므로 이들을 포함하여 측정하여야 한다. 그러나 자기자본비용은 사전적으로 확정되지 않으므로 기업 자본비용의 대표치는 타인자본비용인 평균이자율(세금 고려시에는 세후평균이자율)로 간주할 수 있다.

총자산영업이익률과 평균이자율을 비교하는 것은 기업 부(富)의 변화를 이해하는 데 도움이 될 수 있다. [그림 6-3]의 ①에서 총자산영업이익률 20%는 평균이자율 8%(법인세 무시)보다 크므로, 이 기업의 NPV는 0보다 크고 기업가치는 증가함을 알 수 있다. 이와 같이 장부가치를 기준으로 재무정보를 분석함에 있어서도 재무이론을 적절히 응용하는 것은 기업의 영업 및 재무상태를 본질적으로 파악하는 데 큰 도움이 된다.

## 4 기업건전성 판단

기업의 건전성을 판단하는 데 자본이익률과 자본비용의 비교는 매우 유용한 정보를 제공한다. 은행실무에서는 부실기업 여부를 판단하는데 기업세전순이익률과 차입금평균이자율을 비교하는 방법도 이용되고 있다. 이 방법은 자본이익률과 자본비용, 즉 투자수익률과 자본비용의 관계를 실무에 적용한 좋은 예이다. 다음 식 (6.13)은 은행들이 실무에서 손쉽게 이용하는 부실기업 판별방법이다.

$$\text{기업세전순이익률} > \text{차입금평균이자율} \tag{6.13}$$

식 (6.13)에서 기업세전순이익률은 총자본에 대한 이자지급전 세전순이익의 비율을 의미한다. 이자지급전 세전순이익이란 무엇을 의미하는가? 이자지급전 세전순이익은 세전순이익+이자비용을 말한다.

우리가 이미 알고 있듯이 세전순이익은 영업이익에 영업외수익과 영업외비용을 가감하여 산출된다. 그런데 일반적으로 영업외비용의 많은 부분이 이자비용으로 구성되어 있고, 이자비용 이외의 영업외비용이 영업외수익과 거의 동일한 수준에 있다면 이자지급전 세전순이익이란 개략적으로 영업이익을 의미하고, 기업세전순이익률은 총자본영업이익률의 대용치가 된다.

즉, 기업세전순이익률은 기업의 사후적 투자수익률로 사용할 수 있다. 기업세전순이익률은 영업활동 이외에서 발생하는 수익과 비용을 감안한 투자수익률 개념이므로, 총자본영업이익률보다 현실적인 개념이라 할 수 있다.

이자지급전 세전순이익은 기업이 영업활동과 영업외활동에서 얻는 세전순이익에 이자비용을 더한 것이다. 따라서 이자지급전 세전순이익은 이자비용을 지급하는 현실적인 원천이 된다. 기업의 건전성은 실질적으로 이자비용을 지급할 수 있는 능력에 의존하므로, 이자지급전 세전순이익과 이자비용을 비교하는 것은 기업이 조달한 부채를 어느 정도 감내할 수 있는지를 파악하는 데 유용한 재무정보이다.

식 (6.13)에서 기업세전순이익률이 차입금평균이자율보다 크면 기업의 건전성은 최소한 유지되는 것으로 판단한다. 그러나 기업세전순이익률이 차입금평균이자율보다 작으면 기업의 부실화는 이미 시작된 것으로 판단할 수 있다.

우리나라는 1997년 12월 IMF에 구제금융을 신청한 이후 많은 경제적 어려움에 봉착해 왔다. 우리는 이 사건이 단지 그 시점에서 외환보유고가 부족해서 발생한 것처럼 생각하기 쉽다. 그러나 우리가 겪었던 경제적 어려움은 이미 1990년대 이후 지속되어온 기업부실화 또는 경제부실화가 그 원인인 것이다.

1990년대 중반에 이미 이런 부실화의 징후는 뚜렷하게 나타났다. 1996년도의 한국 제조기업들의 평균적인 기업세전순이익률은 6%대로 큰 폭으로 떨어졌고 차입금평균이자율은 10%대를 넘고 있었다. 그 이전의 상황과 비교할 때 이것은 기업의 부실화 현상을 확연하게 보여 주는 정보였던 것이다.

한편, 2000년 중반 이후에 이르러 한국 제조기업들의 기업세전순이익률은 9.1%이고 차입금평균이자율은 7.2%이다. 이는 IMF 구제금융 이후 한국 제조기업들이 평균적으로 건전성을 어느 정도 회복하고 있음을 보여주는 중요한 지표이다. 물론 이 수치에는 거대 우량기업에 의한 희석효과도 많이 반영되어 있는 것도 사실이다. 또한 2000년대 후반에 벌어지고 있는 글로벌 금융위기는 IMF 구제금융 시 겪었던 기업부실화 현상을 재연시키는 원인이 되고 있다.

## 6.5 물가수준변동과 비율분석

재무분석의 주된 분석자료는 기업의 재무제표이다. 재무제표는 화폐가치가 안정되어 있을 때에는 기업의 재산상태와 영업성과를 비교적 정확하게 나타낸다. 그러나 물가변동이 급속도로 진행될 때에는 명목적인 회계수치가 실질적인 기업가치와 상당한 차이를 보이게 되어 재무제표는 기업의 재무상태와 영업성과를 왜곡시킬 수 있다.

본절에서는 물가수준변동이 재무비율에 미치는 영향과 이에 따른 재무분석의 수정에 대해 설명하기로 한다.

## 1 물가수준변동이 재무비율에 미치는 영향

기업의 회계처리상 자산은 대부분 취득원가로 처리되고 있는 것에 비해, 영업활동에 따른 현금유출입은 시가로 처리된다. 따라서 물가상승 시기에는 장부상의 인플레이션 이익이 증가하게 되므로 명목적인 회계자료에 의한 재무분석은 당연히 왜곡된 결과를 보일 것이다.

특히 인플레이션은 경영 의사결정과 관련없이 실물자산을 보유함으로써 얻는 보유기간 이익(holding period gain)을 발생시킨다. 보유기간 이익은 인플레이션 수준에 따라서 변하고 전체적인 경영성과에 영향을 미친다. 그러므로 인플레이션이 있을 경우 재무분석가는 회계자료로부터 보유기간 이익을 제거하고 순수한 경영 의사결정에 따른 이익을 산출하기 위하여 회계수치를 조정하여야 한다.

물가변동은 재무제표상의 제반 회계수치와 현실적 가치간에 괴리를 발생시키기 때문에 비율분석의 결과도 왜곡시킨다. 특히 재무비율의 종류에 따라 물가변동이 미치는 영향이 각각 달리 나타날 수 있다. 재무비율 종류별로 물가변동의 영향을 어떻게 받는지를 검토하면 다음과 같다.

### ① 유동비율

물가상승이 심하면 유동비율은 실제보다 낮게 나타날 가능성이 있다. 그 이유는 물가변동으로 인하여 재고자산의 가치가 변하기 때문이다. 즉, 장부상 재고자산의 가치는 대체로 구입가격으로 기재되기 때문에 물가상승률이 높을수록 상대적으로 재고자산의 장부가치가 시장가치보다 낮아지게 된다.

### ② 부채비율

부채비율은 물가상승시 기업의 실제 타인자본 의존도보다 과장되게 나타날 수 있다. 왜냐하면 부채비율의 분모인 자기자본의 회계상 수치는 단기적으로 일정한 반면, 분자인 차입금 규모는 물가상승에 따라 커지기 때문이다.

### ③ 수익성비율

물가변동이 가장 민감하게 영향을 미치는 재무비율은 바로 수익성비율이다. 특히 각종 자본수익성비율은 물가상승시에 인플레이션 소득으로 인하여 크게 확대되어 나타난다. 왜냐하면 자본수익성비율의 분모인 각종 자산액은 취득원가로 회계처리되어 물가상승시 상대적으로 낮아지는 반면, 분자인 각종 이익은 인플레이션을 반영하여 높아지기 때문이다. 또한 취득원가로 회계처리된 비유동자산(고정자산)의 장부가액은 물가상승시 상대적으로 낮아지며, 이를 기초로 한 감가상각액도 작아지므로 이익이 과대 계상된다.

### ④ 활동성비율

활동성비율의 분자는 매출액, 분모는 각종 자산액으로 계산된다. 분자인 매출액은 시가로 표시되고 분모인 각종 자산액은 역사적 원가로 표시되기 때문에 물가상승시에 활동성비율은 실제회전율보다 확대되어 나타난다.

### ⑤ 성장성비율

성장성비율은 해당 과목의 당기 증가액을 전기말 잔액으로 나눈 증가율이므로 물가상승시에는 이 비율이 실제비율보다 확대된다. 성장성비율 중 각종 자산증가율은 자산액이 취득가격으로 표시되기 때문에 물가상승시 확대되는 정도가 심하지 않으나, 매출액증가율은 매출액이 물가상승의 영향을 그대로 반영하기 때문에 확대되는 정도가 크다.

물가변동이 비율분석 결과를 왜곡시키는 현상은 동일 기업내에서 뿐 아니라 기업간의 비교에서도 나타난다. 즉, 동일 업종, 동일 규모의 기업이라 하더라도 취득한 지 오래된 비유동자산을 소유하고 있는 기업의 경우 물가상승시 매기 감가상각비가 적게 계상됨으로써 장부상 이익이 확대되는 경향이 있다.

반면에, 비유동자산을 최근에 구입한 기업의 경우 물가상승시 감가상각비가 많이 계상되어 장부상 이익이 줄어드는 경향이 있다. 따라서 이들 기업의 각종 수익률 지표는 실질적 경영성과에 관계없이 서로 다르게 될 가능성이 있다.

## 2 물가수준변동에 따른 재무분석의 수정

이상에서 설명한 바와 같이 물가변동이 재무분석의 결과를 왜곡시킬 수 있기 때문에, 재무분석가는 물가변동이 미치는 영향을 감안하여 보다 정확한 재무분석이 이루어지도록 하여야 할 것이다. 이를 위하여는 다음의 방법들을 고려할 수 있다.

첫째, 후입선출법(last in first out method : LIFO)으로 재고자산을 평가함으로써 가능한 한 제품의 원가를 시가에 접근시킨다.

둘째, 비유동자산은 수시로 재평가하여 가능한 한 장부가액과 시가를 일치시킨다. 또한 가속상각방법으로 감가상각함으로써 가공이익이 계상되는 것을 방지한다.

셋째, 비용을 시장에서 현재 구입가능한 대체원가로 계상한다. 예를 들면 매출원가는 [기초제품재고액＋당기제품제조원가－기말제품재고액]으로 측정된다. 이 중에서 기말제품재고액은 금기의 물가상승분을 반영하고 있으나 기초제품재고액은 금기의 물가상승분을 반영하고 있지 않다. 따라서 기초제품재고액을 물가상승분이 반영된 금액으로 대체함으로써 매출원가를 현실화시킬 수 있고 매출총이익에 포함되어 있는 보유기간 이익(물가상승으로 인한 가공이익)도 제거시킬 수 있다.

위의 방법 이외에도 결산시 물가지수를 고려하여 수정재무제표를 작성함으로써 물가변동의 영향을 제거할 수도 있다. 이상 열거한 방법 중 기업의 특성에 맞는 적절한 방법을 선택하여 회계자료를 수정한 후 재무분석을 실시함으로써 기업의 재무상태나 경영성과를 보다 정확하게 판단해야 할 것이다.

## 6.6 주요 재무정보의 요약

제3장, 4장, 5장, 6장에 걸쳐 설명한 주요 재무정보의 측정공식을 종합적으로 정리하면 <표 6-3>과 같다.

〈표 6-3〉 주요 재무정보의 요약

| 구분 | 유형별 | 정보 | 공식 | 정보 | 공식 |
|---|---|---|---|---|---|
| 재무상태표 분석 | 유동성 분석 | 유동비율 | $\frac{\text{유동자산}}{\text{유동부채}}\times100$ | 당좌비율 | $\frac{\text{유동자산}-\text{재고자산}}{\text{유동부채}}\times100$ |
| | | 현금비율 | $\frac{\text{현금및현금성자산}}{\text{유동부채}}\times100$ | 순운전자본비율 | $\frac{\text{유동자산}-\text{유동부채}}{\text{총자산}}\times100$ |
| | 레버리지 분석 | 부채비율 | $\frac{\text{부채}}{\text{자기자본}}\times100$ | 자기자본비율 | $\frac{\text{자기자본}}{\text{총자본}}\times100$ |
| | | 차입금의존도 | $\frac{\text{장·단기차입금}+\text{사채}}{\text{총자본}}\times100$ | *차입금평균이자율 | $\frac{\text{이자비용}}{\text{장·단기차입금}+\text{사채}}\times100$ |
| | | 이자보상비율 | $\frac{\text{영업이익}}{\text{이자비용}}$ | 고정재무비보상비율 | $\frac{\text{영업이익}}{\text{이자비용}+\text{고정재무비}}$ |
| | | 순이자보상비율 | $\frac{\text{영업이익}}{\text{이자비용}-\text{이자수익}}$ | | |
| | | EBITDA/이자비용비율 | $\frac{\text{세전순이익}+\text{이자비용}+\text{감가상각비와 무형자산상각비}}{\text{이자비용}}$ | | |
| | 자본배분의 안정성분석 | 비유동비율 | $\frac{\text{비유동자산}}{\text{자기자본}}\times100$ | 비유동장기적합률 | $\frac{\text{비유동자산}}{\text{자기자본}+\text{비유동부채}}\times100$ |
| | 자산구성 분석 | 유동자산구성비율 | $\frac{\text{유동자산}}{\text{총자산}}\times100$ | 유형자산구성비율 | $\frac{\text{유형자산}}{\text{총자산}}\times100$ |
| | | 투자자산구성비율 | $\frac{\text{투자자산}}{\text{총자산}}\times100$ | – | – |
| | 수익성 분석 | 매출액총이익률 | $\frac{\text{매출총이익}}{\text{매출액}}\times100$ | 매출액영업이익률 | $\frac{\text{영업이익}}{\text{매출액}}\times100$ |
| | | 매출액세전순이익률 | $\frac{\text{세전순이익}}{\text{매출액}}\times100$ | 매출액순이익률 | $\frac{\text{순이익}}{\text{매출액}}\times100$ |
| | | *총자본영업이익률 | $\frac{\text{영업이익}}{\text{총자본}}\times100$ | *기업세전순이익률 | $\frac{\text{세전순이익}+\text{이자비용}}{\text{총자본}}\times100$ |

〈표 6-3〉 주요 재무정보의 요약 (계속)

| 구분 | 유형별 | 정보 | 공식 | 정보 | 공식 |
|---|---|---|---|---|---|
| 포괄손익계산서 분석 | 수익성 분석 | *자기자본 순이익률 | $\frac{\text{순이익}}{\text{자기자본}}\times 100$ | *총자본 순이익률 | $\frac{\text{순이익}}{\text{총자본}}\times 100$ |
| | 활동성 분석 | *총자산 회전율 | $\frac{\text{매출액}}{\text{총자산}}$ | *자기자본 회전율 | $\frac{\text{매출액}}{\text{자기자본}}$ |
| | | *비유동자산 회전율 | $\frac{\text{매출액}}{\text{비유동자산}}$ | *재고자산 회전율 | $\frac{\text{매출액}}{\text{재고자산}}$ |
| | | *매출채권 회전율 | $\frac{\text{매출액}}{\text{매출채권}}$ | *매입채무 회전율 | $\frac{\text{매출액}}{\text{매입채무}}$ |
| | 생산성 분석 | 부가가치율 | $\frac{\text{부가가치}}{\text{매출액}}\times 100$ | 노동생산성 | $\frac{\text{부가가치}}{\text{평균 종업원수}}$ |
| | | *자본생산성 | $\frac{\text{부가가치}}{\text{총자본}}\times 100$ | 노동소득 분배율 | $\frac{\text{인건비}}{\text{요소비용 부가가치}}\times 100$ |
| | 성장성 분석 | 매출액 증가율 | $\frac{\text{당기매출액}-\text{전기매출액}}{\text{전기매출액}}\times 100$ | 총자산 증가율 | $\frac{\text{당기말총자산}-\text{전기말총자산}}{\text{전기말 총자산}}\times 100$ |
| | | 자기자본 증가율 | $\frac{\text{당기말자기자본}-\text{전기말자기자본}}{\text{전기말자기자본}}\times 100$ | 순이익 증가율 | $\frac{\text{당기순이익}-\text{전기순이익}}{\text{전기순이익}}\times 100$ |
| | | 주당순이익 증가율 | $\frac{\text{당기 EPS}-\text{전기 EPS}}{\text{전기 EPS}}\times 100$ | 지속가능 성장률 | 유보비율×ROE |
| 시장가치 분석 | 시장 가치 분석 | PER | $\frac{\text{실제주가}}{\text{주당이익}}=\frac{\text{시가총액}}{\text{순이익}}$ | PER* | $\frac{(1-b)(1+g)}{(r_E-g)}$ ($b$=유보율) |
| | | PBR | $\frac{\text{실제주가}}{\text{주당장부가치}}=\frac{\text{시가총액}}{\text{자기자본}}$ | PBR* | $\frac{ROE(1-b)(1+g)}{(r_E-g)}$ ($g$=성장률) |
| | | PSR | $\frac{\text{실제주가}}{\text{주당매출액}}=\frac{\text{시가총액}}{\text{매출액}}$ | | |
| | | PSR* | $\frac{ROS(1-b)(1+g)}{(r_E-g)}$ (ROS=매출액순이익률, $r_E$=자기자본비용) | | |
| | | PCR | $\frac{\text{실제주가}}{\text{주당현금흐름}}$ (현금흐름=당기순이익+감가상각비) | | |
| | | EV/EBITDA 비율 | $\frac{\text{시가총액}}{\text{EBITDA}}$ EV=(주가×발행주식수)+(총차입금−현금예금) (EBITDA=EBIT+감가상각비와 무형자산상각비), (EBIT=세전순이익+이자비용) | | |
| 종합적인 | 종합 분석 | ROI | 총자본순이익률=매출액순이익률×총자본회전율 | | |
| | | ROE | 자기자본순이익률=매출액순이익률×총자본(산)회전율×(1+부채비율) =Profit Margin×Asset Turnover×Financial Leverage Times | | |

* 표시한 재무비율의 분모는 기초금액과 기말금액의 평균잔액(평잔)을 사용함.

## 연·습·문·제

1. 다음을 간략히 설명하시오.
   ① ROI분석 ② ROE분석
   ③ 듀퐁시스템 ④ 월의 지수법
   ⑤ 트랜트의 지수법 ⑥ 기업체종합평가표

2. ROI기법을 이용한 재무통제 시스템(financial control system)의 본질과 유용성을 설명하시오.

3. ROE기법을 이용한 재무통제 시스템의 본질을 설명하고 ROI기법과의 차이를 논하시오.

4. 지수법(index method)의 본질을 설명하고 월의 지수법과 트랜트의 지수법 및 브리체트의 지수법을 비교하시오.

5. 기업체종합평가표의 세부적인 평가항목에 대해 설명하시오.

6. 기업의 수익성과 유동성의 상호관련성을 설명하시오.

7. 기업의 수익성과 레버리지의 상호관련성을 설명하시오.

8. 기업의 사후적인 투자수익률로서 총자산영업이익률과 기업세전순이익률의 의미를 재무이론적으로 설명하시오.

9. '기업세전순이익률>차입금평균이자율'의 의미를 순현재가치(NPV)개념과 연계하여 논하시오.

10. 물가수준변동이 유동비율, 부채비율, 수익성비율, 활동성비율 및 성장성비율에 미치는 영향을 논하시오.

11. 물가수준변동이 심하면 재무분석의 결과가 왜곡되기 쉽다. 이를 대비하는 방법에 대해 논하시오.

12. 다음 자료를 이용하여 경복기업의 재무상태표를 완성하시오.

당좌비율 = 70%, 총자산회전율 = 2회전
매출채권평균회수기간 = 36일(1년을 360일로 계산)
매출액총이익률 = 20%, 재고자산회전율 = 5회전, 비유동자산회전율 = 8회전

재무상태표

경복기업 (단위 : 천원)

| | | | |
|---|---|---|---|
| 현 금 | ( ① ) | 매입채무 | ( ⑤ ) |
| 매출채권 | ( ② ) | 자 본 금 | ( ⑥ ) |
| 재고자산 | ( ③ ) | 잉 여 금 | ( 200,000 ) |
| 비유동자산 | ( ④ ) | | |
| 자산총계 | (1,000,000) | 부채와 자본 총계 | (1,000,000) |

* 매출액( ⑦ ), 매출원가( ⑧ )

13. 경남기업의 작년도 매출액은 2,000백만원이었고 매출채권평균회수기간은 60일이었다. 그리고 경남기업의 금년도 매출액은 작년도에 비하여 10% 증가할 것으로 예측하고 있다.

(1) 경남기업의 작년도 매출채권 잔액을 계산하시오.
(2) 금년도 매출채권회수기간을 40일로 줄이기 위해서는 금년도의 매출채권잔액을 작년도보다 얼마나 줄여야 하는가?
단, 1년은 365일로 계산한다.

14. 다음은 광주기업의 지난 3년간의 재무비율 중 일부이다.

| 재 무 비 율 | 2년전 | 1년전 | 금년 | 산업평균(금년) |
|---|---|---|---|---|
| 유동비율 | 380% | 220% | 160% | 190% |
| 당좌비율 | 200% | 90% | 50% | 95% |
| 부채대총자본비율 | 43% | 52% | 65% | 52% |
| 비유동장기적합률 | 92% | 93% | 97% | 92% |
| 재고자산회전율 | 8.3회전 | 5.2회전 | 3.2회전 | 3.1회전 |
| 매출채권평균회수기간 | 30일 | 34일 | 46일 | 47일 |
| 비유동자산회전율 | 10.5회전 | 9.6회전 | 11.8회전 | 13회전 |
| 총자본회전율 | 3.1회전 | 2.5회전 | 1.8회전 | 2.2회전 |
| 매출액순이익률 | 3.8% | 2.4% | 1.3% | 1.4% |
| 총자본순이익률 | 11.8% | 6.0% | 2.3% | 3.1% |
| 자기자본순이익률 | 14.7% | 9.6% | 5.3% | 4.9% |

(1) 총자본순이익률이 떨어진 이유를 매출액순이익률과 총자본회전율을

기준으로 설명하고, 이들 요인의 상호작용을 평가하시오.

(2) 부채사용이 늘어났는데, 유동부채와 비유동부채 중 어느 부채가 늘어났는가?

(3) 올해의 자료를 사용하여 광주기업을 지수법으로 분석하시오. 단, 지수법의 주요 비율과 가중치는 다음과 같다.

| 주요 비율 | 가중치 | 주요 비율 | 가중치 |
|---|---|---|---|
| 유동비율 | 25 | 재고자산회전율 | 10 |
| 부채대총자본비율 | 20 | 비유동자산회전율 | 10 |
| 비유동장기적합률 | 20 | 총자본순이익률 | 15 |

15. 다음은 대전기업의 재무상태표와 손익계산서이다.

재무상태표

대전기업 (단위 : 천원)

| 자산 | 금액 | 부채와 자본 | 금액 |
|---|---|---|---|
| Ⅰ. 유동자산 | 355,000 | Ⅰ. 유동부채 | 350,000 |
| 현금및현금성자산 | 2,000 | 매입채무 | 186,000 |
| 유가증권 | 3,000 | 미지급금 | 109,200 |
| 매출채권 | 180,000 | 단기차입금 | 54,800 |
| 재고자산 | 170,000 | | |
| | | Ⅱ. 비유동부채 | 449,000 |
| Ⅱ. 비유동자산 | 674,000 | 장기차입금 | 230,000 |
| 토지 및 건물 | 124,000 | 회 사 채 | 219,000 |
| 기 계 | 490,000 | | |
| 설 비 | 50,000 | Ⅲ. 자 본 | 230,000 |
| 기타비유동자산 | 10,000 | 자 본 금 | 170,000 |
| | | 잉 여 금 | 60,000 |
| 자 산 총 계 | 1,029,000 | 부채와 자본 총계 | 1,029,000 |

손익계산서

대전기업 (단위 : 천원)

|  | |  |
|---|---|---|
| 매출액 | | 1,605,000 |
| −매출원가 | | 1,370,000 |
| 매출총이익 | | 235,000 |
| −판매비와 관리비 | | 165,000 |
| 판매비 | 71,000 | |
| 관리비 | 73,000 | |
| 감가상각비 | 21,000 | |

| | | |
|---|---|---|
| 영업이익 | | 70,000 |
| −영업외비용 | | 34,000 |
| 단기차입금이자 | 6,000 | |
| 사채이자 | 28,000 | |
| 세전순이익 | | 36,000 |
| −법인세비용(50%) | | 18,000 |
| 당기순이익 | | 18,000 |

(1) 다음의 비율들을 측정하시오(단, ( ) 안은 산업평균비율이다.)

| | | | | | |
|---|---|---|---|---|---|
| 유동비율 | [ⓐ] | (145.0%) | 당좌비율 | [ⓑ] | (95.0%) |
| 부채비율 | [ⓒ] | (202%) | 이자보상비율 | [ⓓ] | (2.1배) |
| 재고자산회전율 | [ⓔ] | (10.1회전) | 매출채권회전율 | [ⓕ] | (5.2회전) |
| 비유동자산회전율 | [ⓖ] | (2.9회전) | 총자산회전율 | [ⓗ] | (1.6회전) |
| 총자본순이익률 | [ⓘ] | (4.0%) | 매출액순이익률 | [ⓙ] | (2.5%) |
| 자기자본순이익률 | [ⓚ] | (12.1%) | | | |

(2) 경영자의 입장과 채권자의 입장에서 각각 대전기업을 평가하시오.

(3) 대전기업의 재무자료에 의거 ROI도표(ROE도표 포함)를 작성하고 평가하시오.

16. 서울기업의 주요 재무비율과 그것의 산업평균(( ) 안에 표시)을 정리하면 다음과 같다.

[주요 재무자료]
유동비율 220%(200%), 부채비율 160%(150%), 비유동비율 220%(250%),
매출채권회전율 5회전(6회전), 재고자산회전율 6회전(8회전),
비유동자산회전율 4회전(4회전), 자기자본회전율 2.4회전(3회전),
매입채무회전율 8회전(5회전)

이상의 자료를 사용하여, (1) 월의 지수법과, (2) 트랜트의 지수법에 의한 서울기업의 평점을 구하고 각각 그 의미를 평가하시오.

# 비용구조 분석의 이론과 실제

제 3 편

비용구조(cost structure)란 비용이 고정비와 변동비로 어떻게 구성되어 있는지를 의미한다. 비용구조는 기업이 환경변화에 어떻게 반응하는지를 이해하는 데 유용한 정보를 제공한다. 즉, 비용구조는 매출액의 변화에 따른 이익의 변화를 예측하는 데 필요한 정보를 제공한다.

최근에 기업위험에 대한 관심이 커지고 있는데, 비용구조는 기업위험을 알려주는 지표로서 이용될 수 있다. 일반적으로 고정비의 비중이 클수록 손익의 변동폭은 확대되므로 기업의 위험은 증가한다. 본편에서는 비용구조 분석의 중심이 되는 레버리지 분석과 손익분기점 분석에 대해 설명하기로 한다.

# 제 7 장 레버리지 분석

레버리지(leverage)란 원래 '지렛대 작용'이라는 의미를 갖고 있다. 레버리지는 재무이론에서 특별한 의미로 인식되고 있다. 비율분석을 공부할 때 레버리지를 타인자본 의존도로 정의한 바 있다. 그러나 재무이론에서 레버리지는 타인자본 의존도 뿐만 아니라, 고정적인 비용을 부담함으로써 손익이 확대되는 현상 모두를 의미하고 있다.

본장에서는 레버리지의 의미를 설명하고, 레버리지를 영업레버리지와 재무레버리지 그리고 양자를 결합한 결합레버리지로 구분하여 설명하기로 한다.

## 7.1 레버리지와 레버리지 분석

레버리지는 기업의 이익변화를 분석하는 데 매우 중요한 역할을 한다. 즉, 레버리지는 환경변화에 따라 기업의 이익이 어떻게 변할 것인지를 예측하는 데 중요한 정보를 제공해 준다. 본절에서는 먼저 레버리지를 정의한 후 레버리지효과가 어떻게 발생하는지를 설명하기로 한다.

### 1. 레버리지의 의의

재무분석가는 환경변화가 기업의 경영성과에 어떤 영향을 미치는지에 대해 많은 관심을 갖고 있다. 비용구조(cost structure)는 매출액 변화가 기업의 이익에 어떤 영향을 줄 것인지를 이해하는 데 큰 도움을 준다. 비용을 고정비(fixed cost)와 변동비(variable cost)로 분류하는 것은 기업의 비용구조를 이해하는 데 매우 유용하다.

고정비란 말 그대로 매출액의 크기가 변하더라도 변하지 않고 일정하게 발생하는 비용이다. 고정비의 성격을 갖는 비용으로는 감가상각비, 이자비용 등이 대표적이다. 물론 고정비는 일정 조업도하에서만 의미를 갖는다. 왜냐하면 기업이 생산 및 매출 규모를 늘리기 위해 시설을 확대하면 감가상각비, 이자비용 등은 증가하기 마련이다. 따라서 비용구조 분석은 생산시설 규모가 일정하다는 가정하에서만 가능한 것이다.

한편, 변동비란 매출액이 변할 때 매출액 크기와 일정비율을 유지하면서 같이 변하는 비용이다. 물론 매출액 크기와 항상 정확하게 비례하면서 발생하는 비용은 거의 드물지만, 비례성이 어느 정도 인정되면 이는 변동비로 분류된다. 변동비로 분류될 수 있는 비용항목으로는 재료비, 노무비 등을 들 수 있다.

비용구조 분석에 있어 관심의 초점은 고정비 부담이 이익의 변동폭을 얼마만큼 확대시키는지에 모아지고 있다. 재무이론에서는 고정비 부담 정도를 레버리지(leverage)라고 부른다. 레버리지는 원래 지렛대 작용 또는 확대 작용을 의미한다. 기업이 고정비를 부담할수록 이익의 변화율이 매출액의 변화율보다 크게 확대되는 현상이 마치 지렛대 작용처럼 보인다 하여 이를 레버리지라 부르는 것이다.

영업활동상에서 발생하는 레버리지를 영업레버리지(operating leverage)라 하고, 재무활동에서 발생하는 레버리지를 재무레버리지(financial leverage)라 한다. 그리고 이들 레버리지를 합한 것을 결합레버리지(combined leverage)라 한다.

재무이론에서는 레버리지를 고정적인 비용을 부담함으로써 손익이 확대되는 현상으로 인식하고 있다. 재무상태표를 사용하여 레버리지를 정적(靜的)인 개념으로 정의하면, 영업레버리지는 기업의 유형자산(tangible asset) 의존도를 의미하며, 재무레버리지는 타인자본 의존도를 의미한다. 또한 손익계산서를 사용하여 레버리지를 동적(動的)인 개념으로 정의하면, 영업레버리지는 영업고정비(예: 감가상각비)를 부담하는 정도를 의미하며, 재무레버리지는 재무고정비(예: 이자비용)를 부담하는 정도를 의미한다.

## 2. 레버리지의 종류

<표 7-1>은 간략화된 손익계산서(I/S)상에서 기업의 비용구조를 분해한 것이다. 영업활동의 일환으로 발생하는 영업비용, 즉 매출원가, 판매비와 관리비는 각각 고정비와 변동비로 구분할 수 있다. 그리고 고정비는 고정비대로 그리고 변동비는 변동비대로 합하여 구별하면 영업비용을 고정비(FC)와 변동비(VC)로 대별할 수 있다.

영업비용 중에서 고정비 부분을 영업레버리지라 한다. 그리고 재무활동에서 발생하는 고정비(주로 이자비용) 부분을 재무레버리지라 하고 영업레버리지와 재무레버리지를 합한 전체적인 레버리지를 결합레버리지라 한다.

비율분석에서는 레버리지를 일단 타인자본 의존도 또는 이자비용 부담 정도로 이해한 바 있다. 여기서는 레버리지를 고정비 부담 정도로 확

〈표 7-1〉 레버리지의 종류

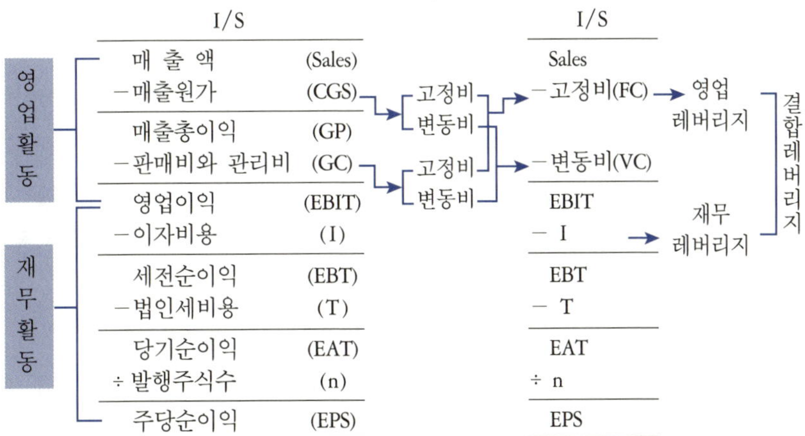

대 정의하고 이를 영업레버리지와 재무레버리지로 세분하기로 한다. 비율분석에서 타인자본 의존도 또는 이자비용 부담 정도로 소개한 레버리지는 바로 재무레버리지를 의미한다(재무이론에서는 재무레버리지를 통상 레버리지란 말로 표현하기도 한다).

기업이 영업레버리지든 재무레버리지든 고정비를 많이 부담하면 이익의 변동폭이 확대된다. 즉, 고정비 부담이 많을수록 매출액 변동보다 이익의 변동이 더욱 확대되어 나타나기 마련이다. 이를 레버리지효과(leverage effect)라 한다. 레버리지효과는 다음의 제2절에서 좀더 구체적으로 알아보기로 하자.

## 3. 영업레버리지 분석

영업레버리지란 기업이 영업비용 중에서 고정비를 부담하는 정도를 의미한다. 따라서 생산·판매에 소요되는 비용 중 고정비 비중이 클수록 기업은 높은 영업레버리지를 갖게 된다.

영업레버리지가 높은 경우 매출액이 변할 때 영업이익은 매출액이 변하는 비율보다 더 큰 비율로 변하게 되는데, 이를 영업레버리지효과(operating leverage effect)라고 한다. 다시 말해서 영업레버리지효과는 매출액의 변화가 영업이익의 변화에 미치는 확대효과를 말한다. 이런 확대효과는 영업고정비의 규모가 클수록 커진다. 영업레버리지 분석을 좀더 자세히 설명하면 <표 7-2>와 같다.

<표 7-2>는 기업이 영업활동과 관련하여 부담하는 영업비용(=매출원가+판매비와 관리비)을 고정비와 변동비로 구분하여 표시한 것이다. 경기변동시(매출액 변동시) 영업변동비는 매출액 변화율과 동일한 비율로 변화하나, 영업고정비는 성격상 일정 조업도내에서는 매출액 변동과 관계없이 일정수준을 유지한다.

따라서 영업비용의 변화율은 매출액 변화율보다 축소되어 나타나고 영업이익의 변화율은 매출액 변화율보다 확대되어 나타나게 된다. 이러한 효과를 영업레버리지효과라 하는데, 이는 영업고정비의 존재로부터 발생

〈표 7-2〉 영업레버리지 분석

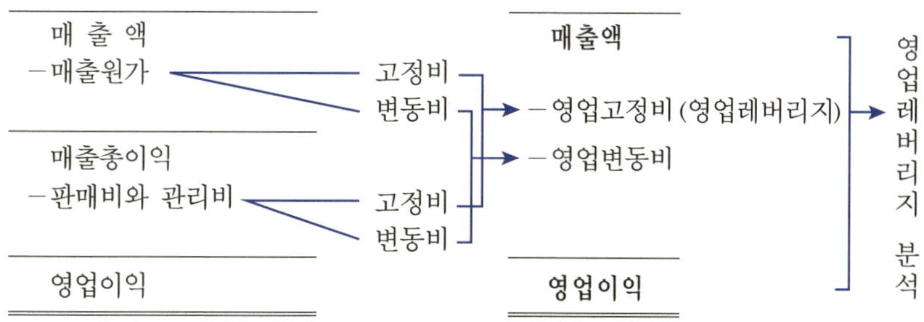


하는 효과이다. 이와 같이 매출액 변화와 영업이익 변화간의 관계에 대한 분석을 영업레버리지 분석이라 한다.

## 4. 재무레버리지 분석

재무레버리지란 기업이 자본조달의 결과로 재무고정비(이자비용)를 부담하는 정도를 의미한다. 주주들에게 귀속되는 순이익은 타인자본 사용에 따른 이자부담으로 말미암아 영업이익의 변화율과 동일한 비율로 변하지 않고 확대되어 변한다. 이를 재무레버리지효과(financial leverage effect)라고 한다.

다시 말해서 재무레버리지효과는 영업이익의 변화율보다 주주에게 귀속되는 순이익의 변화율이 확대되는 효과를 말하며, 이런 확대효과는 재무고정비의 규모가 클수록 커진다. 재무레버리지 분석을 좀더 자세히 설명하면 <표 7-3>과 같다.

<표 7-3>에서 볼 수 있는 바와 같이 이자비용(재무고정비)은 영업이익의 변화와 관계없이 일정하므로, 주당순이익의 변화율은 영업이익의 변화율보다 커지게 된다. 다시 말해서 영업이익이 증가해도 이자비용은 증가하지 않고 영업이익이 감소해도 이자비용은 감소하지 않으므로, 주당순이익의 변화율은 영업이익의 변화율보다 확대된다.

이러한 효과를 재무레버리지효과라 하는데, 이는 재무고정비의 존재

〈표 7-3〉 재무레버리지 분석

| | |
|---|---|
| **영업이익**<br>−이자비용(재무고정비 또는 재무레버리지) | 재무레버리지 분석 |
| 세전순이익<br>−법인세비용 | |
| 당기순이익<br>÷발행주식수 | |
| **주당순이익** | |

로 인하여 발생하는 효과이다. 이와 같이 영업이익 변화와 주주에게 귀속되는 주당순이익의 변화간의 관계를 분석하는 것을 재무레버리지 분석이라 한다.

## 5. 결합레버리지 분석

매출액의 변화가 주당순이익에 어떤 영향을 미칠지는 영업레버리지와 재무레버리지의 크기에 의해 결정된다. 영업레버리지와 재무레버리지를 결합한 레버리지를 결합레버리지라고 한다. 그리고 결합레버리지효과(combined leverage effect)는 결합레버리지가 지렛대가 되어 매출액의 변화율보다 주당순이익의 변화율이 더욱 확대되는 효과를 말한다.

다시 말해서 결합레버리지효과는 매출액의 변화가 주주에게 귀속되는 주당순이익에 미치는 확대효과를 의미한다. 이런 확대효과는 영업고정비와 재무고정비를 합한 총고정비의 규모가 클수록 커진다. 결합레버리지 분석을 좀더 자세히 설명하면 <표 7-4>와 같다.

<표 7-4>에서 볼 수 있는 바와 같이, 영업고정비와 재무고정비를 합한 총고정비(결합레버리지)는 매출액 변화와 관계없이 일정하므로 주당순이익의 변화율은 매출액의 변화율보다 커지게 된다. 이런 결합레버리지 효과는 영업고정비와 재무고정비를 합한 총고정비의 존재로부터 발생한다. 이와 같이 매출액 변화와 주주에게 귀속되는 주당순이익 변화간의 관

〈표 7-4〉 결합레버리지 분석

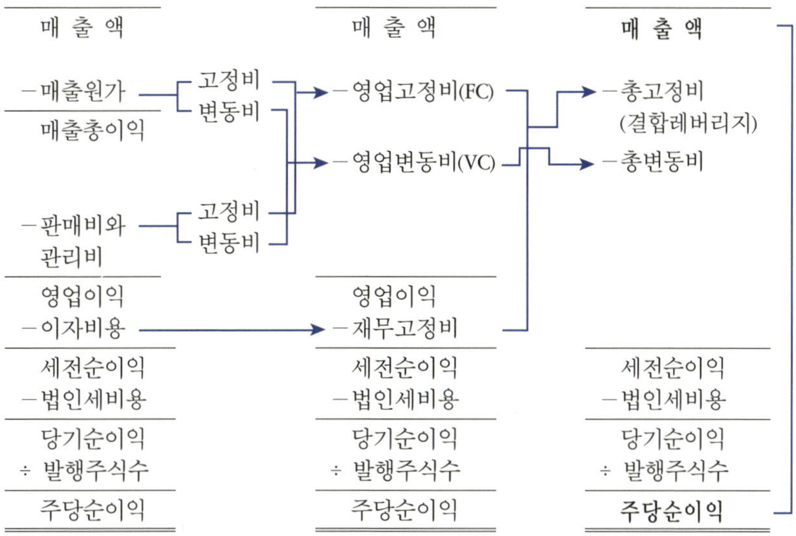


계에 대한 분석을 결합레버리지 분석이라 한다.

## 7.2 레버리지효과

레버리지효과는 고정비가 지렛대가 되어 주주에게 귀속되는 손익을 확대시키는 효과를 의미한다. 레버리지효과를 확실히 이해하는 것은 재무분석가가 분석대상 기업의 수익성과 위험을 파악하는 데 매우 귀중한 정보를 제공해 준다.

본절에서는 영업레버리지효과와 재무레버리지효과 및 결합레버리지효과를 구체적인 수치를 사용하여 자세히 설명하기로 한다.

### 1. 영업레버리지효과

<표 7-5>는 전주기업의 매출액이 현재 100억원에서 미래에 90억원

### 〈표 7-5〉 이익변동성의 확대

전주기업

| 구 분 | 미 래① | | 현 재 | | 미 래② |
|---|---|---|---|---|---|
| Sales (매출액) | 90억원 | ← 10% 감소 | 100억원 | 10% 증가 → | 110억원 |
| −FC (고정비) | 40 | | 40 | | 40 |
| −VC(변동비) | 45 | | 50 | | 55 |
| EBIT (영업이익) | 5 | ← 50% 감소 | 10 | 50% 증가 → | 15 |
| −I (이자비용) | 5 | | 5 | | 5 |
| EBT (세전순이익) | 0 | | 5 | | 10 |
| −T (법인세비용, 40%) | 0 | | 2 | | 4 |
| EAT (당기순이익) | 0억원 | | 3억원 | | 6억원 |
| ÷n (발행주식수) | 100만주 | | 100만주 | | 100만주 |
| EPS (주당순이익) | 0원 | ← 100% 감소 | 300원 | 100% 증가 → | 600원 |

또는 110억원으로 변하는 경우 주당순이익(EPS)이 어떻게 변하는지를 보여주는 표이다.

미래 매출액이 현재보다 10% 감소한 90억원(<표 7-5>에서 ①)으로 변할 경우, 영업이익(EBIT)은 50% 감소한 5억원으로 예상된다. 매출액이 10% 감소하는 데 비해 EBIT는 그것의 5배에 해당하는 50%나 감소하는 원인은 무엇일까?

결론적으로 말해서 그 원인은 영업비용 중에 영업고정비(FC: 영업레버리지)가 존재하기 때문이다. 영업비용이 모두 변동비라면 영업이익의 변화율이 확대되지 않는다. 예를 들어, 전주기업이 영업고정비는 없고 영업변동비 90억원만을 지출하고 있다고 하자. 미래 매출액이 현재보다 10% 감소하여 90억원이 된다면, 영업비용은 81억원(=90억원×(90/100))이 되므로 EBIT 역시 10% 감소한 9억원이 될 것이다. 여기서 영업비용은 모두 변동비이므로 매출액과 일정비율(90%=90/100)을 유지하는 것으로 가정한 것이다.

한편 미래 매출액이 현재보다 10% 증가한 110억원(<표 7-5>에서 ②)으로 변할 경우, 영업이익은 현재보다 50% 증가한 15억원으로 예상될 것이다. EBIT증가율이 매출액증가액율보다 5배만큼 커지는 이유 역시 영업레버리지가 존재하기 때문이다. 영업레버리지의 규모가 클수록 확대배수는 더 커지게 마련이다. 이런 확대효과를 영업레버리지효과라 한다.

재무이론에서는 5배와 같은 확대배수를 영업레버리지도(degree of operating leverage: DOL)라 한다. 영업레버리지도가 5라는 것은 매출액이 1% 변화(증가 또는 감소)할 때 EBIT가 5%만큼 변화함을 의미한다. 다시 말해서, 영업레버리지도는 매출액의 변화율(또는 매출량의 변화율)[1]에 대한 영업이익의 변화율의 비율을 말하며 식 (7.1)과 같이 정의된다.

$$DOL = \frac{\text{영업이익의 변화율}}{\text{매출액의 변화율}} = \frac{\frac{\Delta EBIT}{EBIT}}{\frac{\Delta Q}{Q}} \tag{7.1}$$

$EBIT$: 영업이익
$\Delta EBIT$: 영업이익 증가분
$Q$: 매출량(또는 매출액)
$\Delta Q$: 매출량(또는 매출액) 증가분

그런데 $EBIT$와 $\Delta EBIT$는 다음과 같이 나타낼 수 있다.

$$\begin{aligned} EBIT &= TR - VC - FC \\ &= P \cdot Q - V \cdot Q - FC \\ &= Q(P-V) - FC \end{aligned} \tag{7.2}$$

$$\Delta EBIT = \Delta Q(P-V) \tag{7.3}$$

$TR$: 매출액, $VC$: 영업변동비
$FC$: 영업고정비, $P$: 판매단가
$Q$: 매출량, $V$: 단위당 변동비($VC/Q$)

식 (7.2)에서 $P$, $V$, $FC$가 일정하므로, $EBIT$에 영향을 주는 것은 $Q$의 변동뿐이다. 따라서 식 (7.3)이 성립한다. 식 (7.2), (7.3)을 식 (7.1)에 대입하면 다음의 식 (7.4)가 성립한다.

$$DOL = \frac{\frac{\Delta Q(P-V)}{Q(P-V)-FC}}{\frac{\Delta Q}{Q}}$$

1) 판매단가($P$)가 일정하다면 매출량의 변화율은 매출액의 변화율이 된다.

$$= \frac{Q \cdot \Delta Q(P-V)}{\Delta Q[Q(P-V)-FC]}$$

$$= \frac{Q(P-V)}{Q(P-V)-FC}$$

$$= \frac{P \cdot Q - V \cdot Q}{P \cdot Q - V \cdot Q - FC}$$

$$= \frac{TR-VC}{TR-VC-FC} > 1 \tag{7.4}$$

식 (7.4)에서 영업고정비가 존재하는 한 DOL은 항상 1보다 크다는 것을 알 수 있다. 식 (7.4)에서 매출액에서 영업변동비를 차감한 것($TR-VC$)을 공헌이익(contribution margin)이라 한다. 공헌이익은 매출량($Q$)에 단위당 공헌이익($M=P-V$)을 곱해서 구할 수도 있다. 그리고 매출액에서 영업변동비와 영업고정비를 차감한 것($TR-VC-FC$)은 영업이익이 된다. 따라서 식 (7.5)가 성립한다.

$$DOL = \frac{TR-VC}{TR-VC-FC}$$

$$= \frac{Q \cdot M}{EBIT} \tag{7.5}$$

$M$: 단위당 공헌이익
$Q \cdot M$: 공헌이익

앞의 <표 7-5>의 예에서, 현재 매출액 수준(100억원)에서의 전주기업의 DOL을 구해 보면 다음과 같다.

$$DOL = \frac{TR-VC}{TR-VC-FC}$$

$$= \frac{100억원-50억원}{100억원-50억원-40억원}$$

$$= 5$$

전주기업의 DOL은 5이다. 5는 앞의 <표 7-5>의 예에서 실제 수치변화로부터 얻은 확대배수와 일치한다. DOL은 기업이 영업고정비를 많이 부담할수록 커진다. 식 (7.4)에서 볼 수 있는 바와 같이, 기업이 조금이라도 영업고정비를 부담하는 한 DOL은 1보다 커지게 된다. 다시 말해서, 기업의 영업이익 변화율은 매출액 변화율보다 항상 확대되어 나타난다.

통상 영업고정비의 대부분은 감가상각비가 차지한다. 따라서 감가상각비 비중이 높은 중화학산업 또는 장치산업에 속하는 기업들은 대체로 큰 DOL을 갖는 경향이 있다.

## 2. 재무레버리지효과

레버리지효과는 재무활동과 관련해서도 발생한다. 영업이익의 변화율은 이자비용과 같은 재무레버리지에 의하여 다시 한번 확대되는데 이를 재무레버리지효과(financial leverage effect)라고 한다. <표 7-5>에서 볼 수 있듯이, 현재 10억원의 영업이익이 미래에 5억원으로 50% 감소하는 경우(①의 경우), 주당순이익은 현재 300원에서 미래에 0원으로 100% 감소한다. 또한 현재 10억원의 영업이익이 미래에 15억원으로 50% 증가하는 경우( ②의 경우), 주당순이익은 현재 300원에서 미래에 600원으로 100% 증가한다.

영업이익의 변화율보다 주당순이익의 변화율이 이처럼 2배만큼 확대되는 이유는 재무활동에 의해 발생하는 이자비용, 즉 재무레버리지가 존재하기 때문이다. 재무레버리지가 클수록 확대배수는 커지게 마련이다.

재무이론에서는 2배와 같은 확대배수를 재무레버리지도(degree of financial leverage : DFL)라 한다. 재무레버리지도가 2라는 것은 영업이익이 1% 증가(또는 감소)할 때, 주당순이익이 2% 증가(또는 감소)함을 의미한다. 다시 말해서 DFL은 영업이익의 변화율에 대한 주당순이익의 변화율의 비율로서 다음과 같이 정의된다.

$$DFL = \frac{\text{주당순이익의 변화율}}{\text{영업이익의 변화율}} = \frac{\frac{\Delta EPS}{EPS}}{\frac{\Delta EBIT}{EBIT}} \tag{7.6}$$

$\Delta EPS$ : $EPS$의 증가분, $\Delta EBIT$ : $EBIT$의 증가분

그런데, $EPS$와 $\Delta EPS$는 다음과 같이 나타낼 수 있다.

$$EPS = \frac{(EBIT - I)(1-t)}{n} \tag{7.7}$$

$$\Delta EPS = \frac{\Delta EBIT\,(1-t)}{n} \tag{7.8}$$

$I$ : 이자비용
$n$ : 발행주식수
$t$ : 법인세율

식 (7.7)에서 $I$, $t$, $n$이 일정하므로, $EPS$에 영향을 주는 것은 $EBIT$의 변동뿐이다. 따라서 식 (7.8)이 성립한다. 식 (7.7)과 (7.8)로부터 다음의 식을 유도할 수 있다.

$$\frac{\Delta EPS}{EPS} = \frac{\dfrac{\Delta EBIT\,(1-t)}{n}}{\dfrac{(EBIT - I)\,(1-t)}{n}} = \frac{\Delta EBIT}{EBIT - I} \tag{7.9}$$

식 (7.9)를 식 (7.6)에 대입하면 DFL은 다음과 같이 정의할 수 있다.

$$\begin{aligned} DFL &= \frac{\dfrac{\Delta EBIT}{EBIT - I}}{\dfrac{\Delta EBIT}{EBIT}} \\ &= \frac{EBIT}{EBIT - I} \end{aligned} \tag{7.10}$$

앞에서 이미 설명한 바와 같이, $EBIT = Q(P-V) - FC = TR - VC - FC$이므로 DFL은 식 (7.11)과 같이 정리할 수 있다.

$$\begin{aligned} DFL &= \frac{Q(P-V) - FC}{Q(P-V) - FC - I} \\ &= \frac{TR - VC - FC}{TR - VC - FC - I} > 1 \end{aligned} \tag{7.11}$$

$Q$ : 매출량, $P$ : 판매단가, $V$ : 단위당 변동비
$FC$ : 영업고정비, $I$ : 이자비용(재무고정비)
$TR$ : 매출액, $VC$ : 영업변동비

식 (7.11)에서 이자비용이 존재하는 한 DFL은 항상 1보다 크다는 것을

알 수 있다. 앞의 <표 7-5>의 예에서, 현재 매출액 수준(100억원)에서의 전주기업의 DFL을 구해 보면 다음과 같다.

$$
\begin{aligned}
DFL &= \frac{TR-VC-FC}{TR-VC-FC-I} \\
&= \frac{100\text{억원}-50\text{억원}-40\text{억원}}{100\text{억원}-50\text{억원}-40\text{억원}-5\text{억원}} \\
&= 2.0
\end{aligned}
$$

전주기업의 DFL은 2.0이다. 2.0은 앞의 <표 7-5>의 예에서 실제 수치 변화로부터 얻은 확대배수와 일치한다. DFL은 기업이 이자비용을 많이 지급할수록 커진다. 즉, 타인자본 의존도가 높은 기업들은 높은 DFL을 갖는다. 식 (7.11)에서 볼 수 있는 바와 같이 기업의 주당순이익의 변화율은 영업이익의 변화율보다 항상 확대되어 나타난다.

## 3. 결합레버리지효과

<표 7-5>에서 볼 수 있듯이, 전주기업의 매출액이 현재 100억원 수준에서 미래에 10% 변할 때 영업레버리지에 의해 영업이익은 50% 변하고, 영업이익이 50% 변할 때 재무레버리지에 의해 주당순이익은 100% 변한다. 결국 전주기업은 매출액이 10% 변하면 주당순이익이 100% 변하는, 즉 10배로 확대되는 비용구조를 갖는다.

이처럼 주당순이익이 10배로 확대되는 이유는 영업레버리지와 재무레버리지가 존재하기 때문이다. 재무이론에서는 10배와 같은 확대배수를 결합레버리지도(degree of combined leverage : DCL)라 한다. 결합레버리지도가 10이라는 것은 매출액이 1% 증가(또는 감소)할 때, EPS가 10% 증가(또는 감소)함을 의미한다.

다시 말해서 결합레버리지도는 매출액(또는 매출량)의 변화율에 대한 주당순이익의 변화율의 비율을 말하며 식 (7.12)와 같이 정의된다.

$$DCL = \frac{\text{주당순이익의 변화율}}{\text{매출액의 변화율}} = \frac{\frac{\Delta EPS}{EPS}}{\frac{\Delta Q}{Q}} \tag{7.12}$$

$EPS$ : 주당순이익, $\Delta EPS$ : 주당순이익 증가분
$Q$ : 매출량, $\Delta Q$ : 매출량 증가분

그런데 식 (7.12)를 분해해서 표현하면 다음과 같이 나타낼 수 있다.

$$DCL = \frac{\frac{\Delta EPS}{EPS}}{\frac{\Delta Q}{Q}} = \frac{\frac{\Delta EBIT}{EBIT}}{\frac{\Delta Q}{Q}} \times \frac{\frac{\Delta EPS}{EPS}}{\frac{\Delta EBIT}{EBIT}}$$

$$= DOL \times DFL \tag{7.13}$$

$EBT$ : 영업이익
$\Delta EBIT$ : 영업이익 증가분
$DOL$ : 영업레버리지도
$DFL$ : 재무레버리지도

식 (7.13)에서 볼 수 있듯이, DCL은 DOL과 DFL을 곱한 값이다. DOL과 DFL을 정의한 앞의 식 (7.4)와 (7.11)을 다시 정리하면 다음과 같다.

$$DOL = \frac{Q(P-V)}{Q(P-V)-FC} = \frac{TR-VC}{TR-VC-FC} \tag{7.4}$$

$$DFL = \frac{Q(P-V)-FC}{Q(P-V)-FC-I} = \frac{TR-VC-FC}{TR-VC-FC-I} \tag{7.11}$$

식 (7.4)와 식 (7.11)을 식 (7.13)에 대입하여 DCL을 정의하면 다음의 식 (7.14)를 얻을 수 있다.

$$\begin{aligned} DCL &= DOL \times DFL \\ &= \frac{Q(P-V)}{Q(P-V)-FC} \times \frac{Q(P-V)-FC}{Q(P-V)-FC-I} \\ &= \frac{Q(P-V)}{Q(P-V)-FC-I} \\ &= \frac{TR-VC}{TR-VC-FC-I} > 1 \end{aligned} \tag{7.14}$$

식 (7.14)에서 영업고정비와 이자비용이 존재하는 한 DCL은 항상 1보다 크다는 것을 알 수 있다. 앞의 <표 7-5>의 예에서, 현재 매출액 수준(100억원)에서의 전주기업의 DCL을 구해 보기로 하자.

$$\begin{aligned} DCL &= DOL \times DFL \\ &= 5 \times 2 \\ &= 10 \end{aligned}$$

또는

$$\begin{aligned} DCL &= \frac{TR-VC}{TR-VC-FC-I} \\ &= \frac{100\text{억원}-50\text{억원}}{100\text{억원}-50\text{억원}-40\text{억원}-5\text{억원}} \\ &= 10 \end{aligned}$$

전주기업의 DCL은 10이다. 10은 앞의 <표 7-5>의 예에서 실제 수치 변화로부터 얻은 확대배수와 일치한다. DCL은 기업이 영업고정비와 이자비용을 많이 지급할수록 커진다. 식 (7.14)에서 볼 수 있듯이, 기업의 주당순이익 변화율은 매출액 변화율보다 항상 확대되어 나타난다. 특히, 영업고정비를 많이 지출하는 중화학산업 또는 장치산업에 속하는 기업일수록 그리고 타인자본 의존도가 높은 기업일수록 높은 DCL을 갖는다.

## 4. 한국기업의 레버리지효과

우리나라 제조기업들의 평균적인 비용구조와 레버리지효과는 어떠할까? 지금까지 사용해온 우리나라의 평균적인 제조기업인 H기업의 자료를 기준으로 한국기업들의 비용구조와 레버리지효과를 살펴보기로 하자. 먼저 H기업의 요약 손익계산서를 정리해 보면 다음과 같다.

<표 7-6>의 왼쪽 부분은 H기업의 세전순이익까지의 요약 손익계산서이고, 오른쪽 부분은 영업이익까지의 비용을 고정비와 변동비로 구분하여 작성한 요약 손익계산서이다. 영업비용(=매출원가+판매비와 관리비)을

〈표 7-6〉 H기업의 요약 손익계산서

손익계산서
(1월 1일~12월 31일)

H기업 (단위 : 억원)

| | | | | |
|---|---|---|---|---|
| 매 출 액 | | 120 | TR | 120 |
| −매출원가 | | 98.2 | | |
| 재료비 | 69.4 | | −FC | 39.7 |
| 노무비 | 7.2 | | | |
| 경 비 | 21.6 | | | |
| 매출총이익 | | 21.8 | −VC | 73.0 |
| −판매비와 관리비 | | 14.5 | | |
| 영업이익 | | 7.3 | EBIT | 7.3 |
| +영업외수익 | | 5.0 | +영업외수익 | 5.0 |
| −이자비용 | | 1.4 | −이자비용 | 1.4 |
| −기타영업외비용 | | 3.2 | −기타영업외비용 | 3.2 |
| 세전순이익 | | 7.7 | 세전순이익 | 7.7 |

고정비와 변동비로 구분하는 것은 손익계산서 비용항목만 가지고는 쉽지 않다. 여기서는 한국은행이 「기업경영분석」을 작성할 때 사용하는 방법을 이용하여 구분하였다(재료비는 모두, 노무비는 50%만 변동비로 하고, 나머지 영업비용은 모두 고정비로 함).[2)]

<표 7-6>의 고정비, 변동비 자료를 기초로 H기업의 영업레버리지도, 재무레버리지도 및 결합레버리지도를 측정해 보면 다음과 같다.

$$DOL_H = \frac{TR-VC}{TR-VC-FC}$$

$$= \frac{120\text{억원}-73\text{억원}}{120\text{억원}-73\text{억원}-39.7\text{억원}}$$

$$= 6.4$$

2) 자세한 내용은 제8장의 「8.5」를 참조.
3) $I$는 이자비용을 의미하나 실무에서는 영업외비용−영업외수익으로 사용한다. 본 예에서는 실무에서처럼 I=4.6억원−5.0억원=−0.4억원으로 계산한 것이다.

$$DFL_H = \frac{TR - VC - FC}{TR - VC - FC - I^{3)}}$$

$$= \frac{120\text{억원} - 73\text{억원} - 39.7\text{억원}}{120\text{억원} - 73\text{억원} - 39.7\text{억원} - (-0.4\text{억원})}$$

$$= 0.95$$

$$DCL_H = DOL_H \times DFL_H = 6.4 \times 0.95 = 6.1$$

H기업의 DOL은 6.4이고 DFL은 0.95이며, 이들을 결합한 DCL은 6.1이다. 이로부터 한국 제조기업들이 과거에 비해서 평균적으로 레버리지 효과를 그렇게 많이 갖지 않음을 알 수 있다. 다시 말해서 매출액이 1% 변할 때, 영업고정비 부담으로 인해 영업이익은 6.3%로 확대되어 변한다. 그리고 영업외적인 고정비부담으로 인해 영업이익이 1% 변할 때 주당순이익은 0.95%로 거의 동일한 수준으로 변한다. 이들 두 효과를 결합하면, H기업은 매출액이 1% 변할 때 주당순이익이 6.1%로 확대되어 변한다.

〈표 7-7〉 한국기업들의 레버리지 변화

| 구 분 | DOL | DFL | DCL |
|---|---|---|---|
| 1996년 | 6.4 | 6.5 | 41.6 |
| 1999년 | 6.4 | 3.9 | 25 |
| 최근년도 | 6.4 | 0.95 | 6.1 |

<표 7-7>에서 보듯이 1999년에 한국 제조기업들의 평균적인 DOL=6.4, DFL=3.9, DCL=25였다. 한국 제조기업들은 실로 엄청난 손익확대 효과를 갖는 비용구조를 가지고 있었다. 이와 같이 큰 손익확대 효과는 호황기에는 기업에게 매우 유리하게 작용한다. 예를 들어 매출액이 1% 상승하면 주당순이익은 25% 상승한다. 그러나 문제는 불황기이다. 예를 들어 매출액이 1% 하락하면 주당순이익은 25% 하락한다.

그래도 1999년도의 레버리지 효과는 1996년에 비하여 많이 줄어들었던 것이다. 1996년도의 DCL은 41.6(DOL= 6.4, DFL= 6.5)으로서, 1999년도의 DCL보다 훨씬 높았다. 2000년 중반 이후 4년간 한국 제조기업들의 평균적

인 DOL=6.4, DFL=0.95, DCL=6.1이다. 이는 많은 기업들이 재무구조에 대한 지속적인 개선 노력을 실시한 결과이다. 즉, 한국기업들이 재무고정비를 낮추어서 불황을 유연하게 극복하려는 노력을 지속적으로 경주한 결과이다. 그러나 자산구조에 대한 개선노력은 아직도 충분한 효과를 얻지 못하고 있음을 알 수 있다.

## 5. 자본조달분기점 분석

자본조달분기점 분석(financial break-even point analysis : FBEP분석)이란 재무레버리지효과를 응용한 분석으로서, 자본조달방법이 주당순이익에 미치는 영향을 이해하는 데 유용한 분석이다. 자본조달분기점을 설명하기 위해 다음과 같은 예를 들어보기로 하자.

와우기업은 1,000백만원의 자본을 조달하는 방법으로 두 가지 안을 고려하고 있다. 제1안은 소요자본 전액을 주식 발행으로 조달하는 것이고, 제2안은 소요자본의 절반은 주식발행으로 조달하고 나머지 절반은 회사채 발행(액면가 발행)으로 조달하는 것이다. 주식 발행가격은 1주당 5,000원이고 회사채의 액면이자율은 연 10%이다.

이 자본을 투자해서 불황일 때, 500백만원의 매출액이 실현되고, 보통일 때 1,000백만원의 매출액이 실현되며, 호황일 때, 1,500백만원의 매출액이 실현될 것으로 예상된다. 와우기업에 적용되는 법인세율은 50%이고 변동비는 매출액의 60%를 유지하며 고정비는 150백만원이다.

<표 7-8>은 와우기업의 자본조달 방안과 매출액 변화에 따른 영업이익의 변화를 정리한 것이다. 서로 다른 매출액에서 제1안과 제2안의 주당순이익률(=EPS/주식발행가격)이 어떻게 변하는지를 살펴보기로 하자.

<표 7-9>에서 볼 수 있듯이, 부채를 사용하는 제2안의 주당순이익(또는 주당순이익률)이 부채를 사용하지 않는 제1안의 주당순이익(또는 주당순이익률)보다 영업이익 변화에 따라 더 큰 폭으로 변화함을 알 수 있다. 즉, 제1안의 주당순이익이 125원, 625원, 1,125원으로 변할 때, 제2안의 주당순이익은 0원, 1,000원, 2,000원으로 변한다. 이상의 내용을 그

**〈표 7-8〉 자본조달분기점 분석을 위한 기초자료**

(a) 자본조달 방안 (단위 : 백만원)

| 구 분 | 제 1 안 | 제 2 안 |
|---|---|---|
| 총 자 본 | 1,000 | 1,000 |
| 부 채 | 0 | 500 |
| 자 기 자 본 | 1,000 | 500 |
| 주식발행가격 | 5,000원 | 5,000원 |
| 주 식 수 | 20만주 | 10만주 |

(b) 매출액 변화와 영업이익 변화 (단위 : 백만원)

| 경기상황 | 불황 | 보통 | 호황 |
|---|---|---|---|
| 매 출 액 | 500 | 1,000 | 1,500 |
| −고 정 비 | 150 | 150 | 150 |
| −변 동 비 | 300 | 600 | 900 |
| 영업이익 | 50 | 250 | 450 |

**〈표 7-9〉 자본조달 방법별 주당이익**

(단위 : 백만원)

| 구 분 | 제 1 안(자기자본만 사용) | | | 제 2 안(부채도 사용) | | |
|---|---|---|---|---|---|---|
| 경기상황 | 불황 | 보통 | 호황 | 불황 | 보통 | 호황 |
| 영업이익 | 50 | 250 | 450 | 50 | 250 | 450 |
| −이자비용 | 0 | 0 | 0 | 50 | 50 | 50 |
| 세전순이익 | 50 | 250 | 450 | 0 | 200 | 400 |
| −법인세비용(50%) | 25 | 125 | 225 | 0 | 100 | 200 |
| 당기순이익 | 25 | 125 | 225 | 0 | 100 | 200 |
| ÷ 발행주식수 | 20만주 | 20만주 | 20만주 | 10만주 | 10만주 | 10만주 |
| 주당순이익 | 125원 | 625원 | 1,125원 | 0원 | 1,000원 | 2,000원 |
| ÷ 주식발행가격 | 5,000원 | 5,000원 | 5,000원 | 5,000원 | 5,000원 | 5,000원 |
| 주당순이익률 | 2.5% | 12.5% | 22.5% | 0% | 20% | 40% |

림으로 그리면 [그림 7-1]과 같다.

[그림 7-1]에서 볼 수 있는 바와 같이, 부채를 전혀 사용하지 않는 제1

**그림 7-1** **자본조달 방법별 주당순이익**

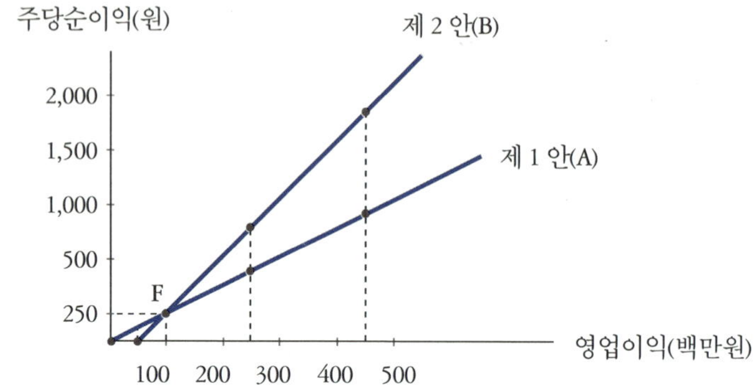


안의 경우 영업이익이 발생하지 않을 때에는 주당순이익은 0이므로 영업이익의 변화에 따른 주당순이익의 변화는 원점에서 시작하는 A선으로 표시된다. 또한 부채를 사용하는 제2안의 경우 영업이익의 변화에 따른 주당순이익의 변화는 B선으로 표시된다. 여기서 B선의 기울기가 A선의 기울기보다 큰 것은 제2안의 재무레버리지효과가 제1안의 재무레버리효과보다 크기 때문이다.

[그림 7-1]에서 A선과 B선이 교차하는 F점에서는 자기자본과 부채의 구성비가 어떠하든지간에 주당순이익이 동일하기 때문에 이 점을 자본조달분기점(FBEP)이라고 한다. 다시 말해서 자본조달분기점이란 자본구성비와 관계없이 주당순이익을 동일하게 하는 영업이익 수준을 의미한다. 자본조달분기점에서는 각 자본조달안의 EPS가 같으므로 자본조달분기점은 다음과 같이 산출할 수 있다.

$$\frac{(FBEP - I_1)(1-t)}{N_1} = \frac{(FBEP - I_2)(1-t)}{N_2} \tag{7.15}$$

$$\therefore\ FBEP = \frac{N_1 \cdot I_2 - N_2 \cdot I_1}{N_1 - N_2} \tag{7.16}$$

$FBEP$: 자본조달분기점
$N_1$, $N_2$: 제1안, 제2안 각각의 발행주식수
$I_1$, $I_2$: 제1안, 제2안 각각의 이자비용
$t$: 법인세율

예로 든 와우기업의 자본조달분기점을 구해 보면 다음과 같다.

$$\frac{(FBEP-0\text{원})(1-0.5)}{20\text{만주}}=\frac{(FBEP-50\text{백만원})(1-0.5)}{10\text{만주}}$$

$$\therefore\ FBEP=100\text{백만원}$$

또는

$$FBEP=\frac{N_1\cdot I_2-N_2\cdot I_1}{N_1-N_2}=\frac{20\text{만주}\times 50\text{백만원}-10\text{만주}\times 0\text{원}}{20\text{만주}-10\text{만주}}=100\text{백만원}$$

즉, 자본조달분기점은 100백만원이며, 이때 주당순이익은 250원이 된다.

자본조달분기점에서는 총자본영업이익률 $\left(=\frac{EBIT}{TA}\right)$이 이자율과 같다. 와우기업의 예에서 자본조달분기점은 영업이익 100백만원에서 형성된다. 투자한 총자본이 1,000백만원이므로, 자본조달분기점에서의 총자본영업이익률은 10%이고 이는 이자율과 동일하다.

영업이익이 자본조달분기점(100백만원) 미만일 경우에는 총자본영업이익률(투자수익률)이 이자율보다 낮기 때문에 부채를 전혀 사용하지 않는 제1안이 유리하다. 그러나 영업이익이 자본조달분기점(100백만원)을 초과할 경우에는 총자본영업이익률이 이자율보다 높기 때문에 부채를 사용하는 제2안이 유리하다.

## 7.3 레버리지와 위험

위험이란 미래 이익의 변동가능성을 의미한다. 레버리지효과는 매출액 변화에 따른 손익의 확대효과를 의미하므로 레버리지는 기업의 위험과 밀접한 관계를 갖는다. 즉, 레버리지가 클수록 기업은 큰 위험을 부담한다.

본절에서는 먼저 레버리지가 위험에 미치는 영향을 살펴보고, 다음으로 레버리지와 기업위험간의 관계를 설명하기로 한다.

## 1. 레버리지가 위험에 미치는 영향

레버리지 분석은 고정영업비와 이자비용의 부담이 영업이익이나 주당이익에 미치는 영향에 대한 분석이다. 레버리지도가 높을수록 매출액이 증가할 때에는 기업의 EBIT나 EPS가 급격히 증가하고, 매출액이 감소할 때에는 EBIT나 EPS가 급격히 줄어든다. 따라서 레버리지도는 기업이익의 불확실성 또는 위험도(degree of risk)를 의미한다. 영업레버리지도, 재무레버리지도 그리고 결합레버리지도와 위험간의 관계를 살펴보면 다음과 같다.

### 1 영업레버리지도와 영업위험

영업레버리지도와 위험간의 관련성을 살펴보기로 하자. 영업레버리지도(DOL)는 정의에 의해 다음과 같이 측정한다.

$$DOL = \frac{\frac{\Delta EBIT}{EBIT}}{\frac{\Delta Q}{Q}} \tag{7.17}$$

식 (7.17)에서 영업이익의 변화율 $\Delta EBIT/EBIT$는 식 (7.18)과 같이 정리할 수 있다.

$$\frac{\Delta EBIT}{EBIT} = DOL \times \frac{\Delta Q}{Q} \tag{7.18}$$

영업위험이란 매출액 변화에 따른 영업이익 변화율의 분산을 의미한다. 식 (7.18)의 양변에 분산(Variance : Var)을 취하면 영업위험을 측정할 수 있다.

$$Var\left(\frac{\Delta EBIT}{EBIT}\right) = Var\left(DOL \times \frac{\Delta Q}{Q}\right) \tag{7.19}$$

$DOL$은 상수이므로 식 (7.19)는 다음과 같이 정리된다.

$$Var\left(\frac{\Delta EBIT}{EBIT}\right) = DOL^2 \times Var\left(\frac{\Delta Q}{Q}\right) \tag{7.20}$$

식 (7.20)에서 $Var\left(\frac{\Delta EBIT}{EBIT}\right) = \sigma^2(O)$, $Var\left(\frac{\Delta Q}{Q}\right) = \sigma^2(S)$라 정의하면 다음 식이 성립한다.

$$\sigma^2(O) = DOL^2 \times \sigma^2(S) \tag{7.21}$$

$\sigma^2(O)$ : 영업이익 변화율의 분산(영업위험)
$\sigma^2(S)$ : 매출액(량) 변화율의 분산

식 (7.21)에서 볼 수 있듯이 영업위험, 즉 영업이익 변화율의 분산은 매출액 변화율의 분산 $\sigma^2(S)$에 영업레버리지도의 제곱($DOL^2$)을 곱하여 산출한다. 이로부터 $DOL$이 커질수록 기업의 영업위험이 커짐을 알 수 있다.

## 2 재무레버리지도와 재무위험

재무레버리지도와 위험간의 관련성을 살펴보기로 하자. 재무레버리지도는 정의에 의해 다음과 같이 측정한다.

$$DFL = \frac{\frac{\Delta EPS}{EPS}}{\frac{\Delta EBIT}{EBIT}} \tag{7.22}$$

식 (7.22)로부터 주당순이익의 변화율 $\Delta EPS/EPS$는 식 (7.23)과 같이 정리할 수 있다.

$$\frac{\Delta EPS}{EPS} = DFL \times \frac{\Delta EBIT}{EBIT} \tag{7.23}$$

재무위험이란 영업이익 변화에 따른 주당순이익 변화율의 분산을 의

미한다. 식 (7.23)의 양변에 분산(Var)을 취하면 재무위험을 측정할 수 있다.

$$Var\left(\frac{\Delta EPS}{EPS}\right) = Var\left(DFL \times \frac{\Delta EBIT}{EBIT}\right) \tag{7.24}$$

*DFL*은 상수이므로 식 (7.24)는 다음과 같이 정리된다.

$$Var\left(\frac{\Delta EPS}{EPS}\right) = DFL^2 \times Var\left(\frac{\Delta EBIT}{EBIT}\right) \tag{7.25}$$

식 (7.25)에서 $Var\left(\frac{\Delta EPS}{EPS}\right) = \sigma^2(E)$, $Var\left(\frac{\Delta EBIT}{EBIT}\right) = \sigma^2(O)$라 정의하면 다음 식이 성립한다.

$$\sigma^2(E) = DFL^2 \times \sigma^2(O) \tag{7.26}$$

$\sigma^2(E)$ : 주당순이익 변화율의 분산(재무위험)
$\sigma^2(O)$ : 영업이익 변화율의 분산

식 (7.26)에서 볼 수 있듯이 재무위험, 즉 영업이익 변화에 따른 주당순이익 변화율의 분산은 영업이익 변화율의 분산 $\sigma^2(O)$에 재무레버지리도의 제곱($DFL^2$)을 곱하여 산출한다. 이로부터 DFL이 커질수록 기업의 재무위험이 커짐을 알 수 있다.

## 3 결합레버리지도와 기업위험

결합레버리지도와 위험간의 관련성을 살펴보기로 하자. 결합레버리지도는 정의에 의해 다음과 같이 측정한다.

$$DCL = DOL \times DFL = \frac{\frac{\Delta EBIT}{EBIT}}{\frac{\Delta Q}{Q}} \times \frac{\frac{\Delta EPS}{EPS}}{\frac{\Delta EBIT}{EBIT}} = \frac{\frac{\Delta EPS}{EPS}}{\frac{\Delta Q}{Q}} \tag{7.27}$$

식 (7.27)로부터 주당순이익의 변화율 $\Delta EPS/EPS$는 식 (7.28)과 같이 정리할 수 있다.

$$\frac{\Delta EPS}{EPS} = DCL \times \frac{\Delta Q}{Q} \tag{7.28}$$

기업위험이란 매출액 변화에 따른 주당순이익 변화율의 분산을 의미한다. 식 (7.28)의 양변에 분산(Var)을 취하면 기업위험을 측정할 수 있다.

$$Var\left(\frac{\Delta EPS}{EPS}\right) = Var\left(DCL \times \frac{\Delta Q}{Q}\right) \tag{7.29}$$

$DCL$은 상수이므로 식 (7.29)는 다음과 같이 정리된다.

$$Var\left(\frac{\Delta EPS}{EPS}\right) = DCL^2 \times Var\left(\frac{\Delta Q}{Q}\right) \tag{7.30}$$

식 (7.30)에서의 $Var\left(\frac{\Delta EPS}{EPS}\right)$와 식 (7.25)에서의 $Var\left(\frac{\Delta EPS}{EPS}\right)$는 동일하게 보이지만 실은 그렇지 않다. 식 (7.25)에서의 $Var\left(\frac{\Delta EPS}{EPS}\right)$는 영업이익 변화에 따른 주당순이익 변화율의 분산으로서 재무위험을 의미한다. 그러나 식 (7.30)의 $Var\left(\frac{\Delta EPS}{EPS}\right)$는 매출액 변화에 따른 주당순이익 변화율의 분산으로서 기업위험을 의미한다.

식 (7.30)에서 $Var\left(\frac{\Delta EPS}{EPS}\right) = \sigma^2(E)$, $Var\left(\frac{\Delta Q}{Q}\right) = \sigma^2(S)$라 정의하면 다음 식이 성립한다.

$$\sigma^2(E) = DCL^2 \times \sigma^2(S) \tag{7.31}$$

$\sigma^2(E)$ : 주당이익 변화율의 분산(기업위험)
$\sigma^2(S)$ : 매출액(량) 변화율의 분산

그런데 $DCL = DOL \times DFL$이므로 다음 식이 성립한다.

$$\sigma^2(E) = DOL^2 \times DFL^2 \times \sigma^2(S) \tag{7.32}$$

식 (7.32)에서 볼 수 있듯이 기업위험, 즉 매출액 변화에 따른 주당순이익 변화율의 분산은 매출액 변화율의 분산 $\sigma^2(S)$에 영업레버리지도의 제곱($DOL^2$)과 재무레버리지도의 제곱($DFL^2$)을 곱하여 산출한다. 이로부터 DOL과 DFL이 커질수록 기업위험이 커짐을 알 수 있다.

## 2. 기업위험

지금까지는 영업고정비와 재무고정비가 기업의 이익을 어떻게 확대시키는지를 레버리지효과로 설명하였다. 전통적 재무이론에서는 매출액 변동가능성과 이익 변동가능성에 기초하여 기업의 위험을 다음과 같이 설명하고 있다.

〈표 7-10〉 기업위험의 원천

| 구 분 | 불확실성 | 위험의 종류 | | |
|---|---|---|---|---|
| Sales (매출액) | ? | | 영업위험 | 기업위험 (결합위험) |
| −FC (고정비) | 일정 | 확대 | | |
| −VC (변동비) | ? | | | |
| EBIT(영업이익) | ?? | | | |
| − I (이자비용) | 일정 | 확대 | 재무위험 | |
| EBT (세전순이익) | ??? | | | |
| − T (법인세비용) | ??? | | | |
| EAT (당기순이익) | ??? | | | |
| ÷ n (발행주식수) | | | | |
| EPS (주당순이익) | ??? | | | |

* ?이 하나에서 둘 또는 셋으로 증가한다는 것은 불확실성이 증가함을 의미한다.

<표 7-10>은 기업위험을 원천별로 세분한 것이다. 기업 불확실성의 근본원천은 매출액의 불확실성에 있다. 예를 들어, 우리는 흔히 식품업에 투자하는 것이 석유탐사업에 투자하는 것보다 위험이 작다고 얘기한다. 이는 식품업의 미래 매출액의 변동가능성이 석유탐사업의 그것과 비교하여 상대적으로 작음을 의미한다. 동일 업종에 속하는 기업들의 매출액 변동가능성은 상대적으로 유사하다고 할 수 있다.

영업이익의 불확실성은 영업레버리지의 존재로 인해 매출액의 불확실성보다 더욱 확대된다. 즉, 영업이익의 불확실성은 근본적으로 매출액의 불확실성으로부터 비롯되며, 그 크기는 영업레버리지에 의해 확대된다.

이상의 내용을 <표 7-10>으로 설명해 보기로 하자. 근원적으로 매출액의 불확실성(?)이 영업이익의 불확실성에 영향을 준다. 그리고 영업이익의 불확실성은 영업레버리지에 의해 확대(??)된다(?표시는 불확실성을 의미하며, 그 수가 증가할수록 불확실성이 증가함을 의미한다).

영업이익의 불확실성을 흔히 영업위험(operating risk) 또는 경영위험(business risk)이라 부른다. 영업위험의 원천은 매출액의 불확실성에 있으며 영업위험의 크기는 영업고정비에 의해 확대된다. 우리가 흔히 동일 업종에 속하는 기업의 위험이 유사하다고 할 때, 그 위험은 영업위험을 지칭하는 것이다. 재무이론에서 말하는 동질적 위험집단(homogeneous risk class)이란 영업위험이 동질적인 기업집단을 의미한다.

한편, 영업위험 이외에 주주에게 귀속되는 당기순이익(EAT) 또는 주당순이익(EPS)의 불확실성은 부채사용에 따른 재무레버리지에 의해서도 발생한다. 영업이익 이후 발생하는 EAT 또는 EPS의 불확실성을 재무위험(financial risk)이라 하는데, 이를 <표 7-10>을 이용해 좀더 자세히 알아보기로 하자.

<표 7-10>에서 EPS의 불확실성의 크기를 3개의 '?'로 나타내었는데, 그 중에 2개의 '?'는 영업위험에 기인한 것이고 나머지 1개만이 재무레버리지에 기인한 것이다. 이처럼 재무레버리지에 기인하여 발생하는 EPS의 불확실성을 재무위험이라 한다. 즉, 규모 및 제품의 질 등이 동질적인 기업들도 부채의존도에 따라 상이한 위험을 갖게 되는데, 이는 재무위험이 다르기 때문이다.

기업위험(firm's risk)이란 영업활동에서 발생하는 영업위험과 재무활동에서 발생하는 재무위험을 모두 합한 위험을 의미한다. 다시 말해서 기업위험은 매출액의 불확실성에서 비롯되고 영업레버리지와 재무레버리지에 의해 확대된다.[4)]

4) 기업위험과 $\beta$위험과의 관련성은 본장 <부록 7A-1>을 참조.

## 7.4 레버리지 사례분석

본절에서는 지금까지 공부한 레버리지 분석을 사례를 들어 설명하기로 한다. 먼저 영업레버리지 분석, 재무레버리지 분석 그리고 결합레버리지 분석의 사례를 설명한 후 자본조달분기점 분석의 사례를 종합적으로 설명하기로 한다.

### 사례 1

다음 자료를 이용하여 영업레버리지도, 재무레버리지도 및 결합레버리지도를 구하고 그 의미를 설명하시오.

손익계산서

용산기업 (단위 : 천원)

|  |  |
|---|---|
| 매 출 액 | 800,000 |
| −변 동 비 | 600,000 |
| −고 정 비 | 100,000 |
| 영 업 이 익 | 100,000 |
| −이 자 비 용 | 75,000 |
| 세전순이익 | 25,000 |

**해 설**

(1) DOL, DFL 및 DCL을 측정하면 다음과 같다.

① 영업레버리지도 측정

$$DOL = \frac{Q(P-V)}{Q(P-V)-FC}$$

$$= \frac{TR-VC}{TR-VC-FC}$$

$$= \frac{800{,}000-600{,}000}{800{,}000-600{,}000-100{,}000}$$

$$= 2$$

② 재무레버리지도 측정

$$DFL = \frac{Q(P-V)-FC}{Q(P-V)-FC-I}$$
$$= \frac{TR-VC-FC}{TR-VC-FC-I}$$
$$= \frac{800{,}000-600{,}000-100{,}000}{800{,}000-600{,}000-100{,}000-75{,}000}$$
$$= 4$$

③ 결합레버리지도 측정

$$DCL = \frac{Q(P-V)}{Q(P-V)-FC-I}$$
$$= \frac{TR-VC}{TR-VC-FC-I}$$
$$= \frac{800{,}000-600{,}000}{800{,}000-600{,}000-100{,}000-75{,}000}$$
$$= 8$$

또는

$$DCL = DOL \times DFL = 2 \times 4 = 8$$

(2) DOL, DFL 및 DCL의 의미를 해설하면 다음과 같다.

이 기업의 DOL은 2이다. 즉, 매출액이 1% 변하면, 영업이익은 2% 변한다. 그리고 이 기업의 DFL은 4이다. 즉, 영업이익이 1% 변하면 주당이익은 4% 변한다. 결과적으로 이 기업은 매출액이 1% 변하면 주당이익이 8% (8배 확대) 변하는 비용구조를 가지고 있다.

## 사례 2

춘천기업의 손익계산서는 다음과 같다.

손익계산서

춘천기업 (단위 : 백만원)

|  |  |
|---|---|
| 매 출 액(1,000,000개×2만원) | 20,000 |
| −변 동 비(1,000,000개×1.2만원) | 12,000 |
| −고 정 비 | 6,000 |
| 영 업 이 익 | 2,000 |
| −이 자 비 용 | 800 |
| 세전순이익 | 1,200 |
| −법인세비용($t=0.4$) | 480 |
| 당기순이익 | 720 |
| ÷ 발행주식수 | 100만주 |
| 주당순이익 | 720원 |

(1) 춘천기업의 영업레버리지도, 재무레버리지도 및 결합레버리지도를 구하시오.

(2) 춘천기업은 지금 새로운 시설을 도입하려고 한다. 새로운 시설을 사용하여 생산하면 영업고정비는 현재보다 1.5배 증가하지만 단위당 변동비는 현재 12,000원에서 8,000원으로 감소한다. 새로운 시설을 도입하기 위하여,

① 회사채를 발행하면 이자비용은 500백만원이 증가하고,
② 보통주를 발행하면 발행주식이 100,000주 증가한다.

매출액이 현재와 동일한 상태에서(판매단가와 매출량이 모두 현재와 같음) 새로운 시설을 가동할 경우 각 자본조달 방법에서의 EPS와 결합레버리지도를 계산하고, 이를 (1)과 비교해서 설명하시오.

### 해 설

(1) 춘천기업의 DOL, DFL 그리고 DCL을 측정하면 다음과 같다.

① 영업레버리지도 측정

$$DOL = \frac{Q(P-V)}{Q(P-V)-FC}$$
$$= \frac{TR-VC}{TR-VC-FC}$$
$$= \frac{20,000-12,000}{20,000-12,000-6,000} = 4$$

② 재무레버리지도 측정

$$DFL = \frac{Q(P-V)-FC}{Q(P-V)-FC-I}$$
$$= \frac{TR-VC-FC}{TR-VC-FC-I}$$
$$= \frac{20,000-12,000-6,000}{20,000-12,000-6,000-800} = 1.67$$

③ 결합레버리지도 측정

$$DCL = \frac{Q(P-V)}{Q(P-V)-FC-I}$$
$$= \frac{TR-VC}{TR-VC-FC-I}$$
$$= \frac{20,000-12,000}{20,000-12,000-6,000-800} = 6.68$$

또는

$$DCL = DOL \times DFL = 4 \times 1.67 = 6.68$$

(2) 각 자본조달 방법에서의 EPS와 결합레버리지도를 구하면 다음과 같다.

① 회사채 발행으로 자본을 조달할 경우

손익계산서

춘천기업 (단위 : 백만원)

| | | |
|---|---|---|
| 매 출 액 | 20,000 | (1,000,000개 × 2만원) |
| −변 동 비 | 8,000 | (1,000,000개 × 0.8만원) |
| −고 정 비 | 9,000 | (6,000×1.5) |
| 영업이익 | 3,000 | |
| −이자비용 | 1,300 | (800+500) |
| 세전순이익 | 1,700 | |
| −법인세비용($t=0.4$) | 680 | |
| 당기순이익 | 1,020 | |
| ÷발행주식수 | 100만주 | |
| 주당순이익 | 1,020원 | |

$$\text{결합레버리지도} = \frac{Q(P-V)}{Q(P-V)-FC-I} = \frac{TR-VC}{TR-VC-FC-I} = \frac{20{,}000-8{,}000}{20{,}000-8{,}000-9{,}000-1{,}300} = 7.06$$

② 보통주 발행으로 자본을 조달할 경우

손익계산서

춘천기업 (단위 : 백만원)

| | |
|---|---|
| 매 출 액 | 20,000 (1,000,000개 × 2만원) |
| −변 동 비 | 8,000 (1,000,000개 × 0.8만원) |
| −고 정 비 | 9,000 (6,000×1.5) |
| 영업이익 | 3,000 |
| −이자비용 | 800 |
| 세전순이익 | 2,200 |
| −법인세비용($t=0.4$) | 880 |
| 당기순이익 | 1,320 |
| ÷발행주식수 | 110만주 (100만주+10만주) |
| 주당순이익 | 1,200원 |

$$\text{결합레버리지도} = \frac{Q(P-V)}{Q(P-V)-FC-I} = \frac{TR-VC}{TR-VC-FC-I} = \frac{20{,}000-8{,}000}{20{,}000-8{,}000-9{,}000-800} = 5.45$$

③ 비교설명

소요자본을 회사채 발행으로 충당하는 경우의 EPS는 1,020원이고, 보통주 발행으로 충당하는 경우의 EPS는 1,200원이다. 따라서 보통주 발행으로 충당하는 것이 EPS를 극대화시키는 데 유리하다.

또한 회사채 발행으로 충당할 때 결합레버리지도는 7.06이고, 보통주 발행으로 충당할 때 결합레버리지도는 5.45이다. 따라서 회사채 발행시의 결합레버리지가 더 높다. 이는 회사채 발행시 재무레버리지가 커지는데 기인한 것이다. 결국 미래 영업이익이 상당히 늘어나지 않는 한 회사채 발행보다는 보통주 발행이 더 유리할 것이다.

### 사례 3

부산기업의 총자본은 현재 15억원이다. 이 중 자본금이 10억원(발행주식수 20만주)이고 타인자본이 5억원이다. 타인자본에 대한 평균이자율은 연 6%이다. 부산기업은 추가투자를 계획하고 있는데 여기에 소요되는 자본은 5억원이다. 추가 투자가 이루어지면 부산기업의 연간 영업이익은 총 4억원이 될 것으로 예상된다. 만일 보통주를 발행하여 자본을 조달한다면 주당 10,000원씩 발행이 가능하며, 타인자본으로 조달한다면 연 6%의 이자율로 조달할 수 있다(법인세율이 30%임).

(1) 보통주 발행과 타인자본 조달 중 EPS를 크게 하는 자본조달 방법은 어느 것인가?
(2) 자본조달분기점을 계산하고 예상되는 영업이익이 자본조달분기점을 초과할 때와 미만일 때, 각각 어느 자본조달 방법이 EPS를 크게 하는지를 판단하시오.

**해 설**

(1) 보통주 발행시와 타인자본 조달시 EPS를 구하면 다음과 같다.

① 보통주 발행시 EPS 측정

보통주 신규발행수는 5억원÷10,000원 = 50,000주이므로 총발행주식수는 200,000주 + 50,000주 = 250,000주이다. 따라서 보통주 발행시 예상되는 EPS는 다음과 같이 1,036원이 된다.

$$EPS = \frac{(EBIT - I)(1-t)}{n}$$

$$= \frac{[4억원 - (5억원 \times 0.06)](1-0.3)}{250{,}000주} = 1{,}036원$$

② 타인자본 조달시 EPS 측정

타인자본 조달로 발생하는 총이자비용은 10억원 × 0.06 = 0.6억원이다. 따라서 타인자본 조달시 예상되는 EPS는 다음과 같이 1,190원이 된다.

$$EPS = \frac{(EBIT - I)(1-t)}{n}$$

$$= \frac{(4억원 - 0.6억원)(1-0.3)}{200{,}000주} = 1{,}190원$$

결국 타인자본으로 조달할 때 EPS가 더 커짐을 알 수 있다.

(2) 자본조달분기점을 측정하고 최적 자본조달 방안을 결정해 보기로 하자

① 자본조달분기점 측정

$N_1 = 250{,}000$주, $N_2 = 200{,}000$주, $I_1 = 0.3$억원, $I_2 = 0.6$억원이므로 FBEP는 다음과 같이 1.8억원이 된다.

$$FBEP = \frac{N_1 \cdot I_2 - N_2 \cdot I_1}{N_1 - N_2}$$

$$= \frac{250{,}000 \times 0.6\text{억원} - 200{,}000 \times 0.3\text{억원}}{250{,}000 - 200{,}000}$$

$$= 1.8\text{억원}$$

② 최적 자본조달 방안 결정

미래에 예상되는 영업이익이 FBEP수준인 1.8억원을 초과하면 재무레버리지효과를 극대화하기 위해 적극적으로 타인자본을 사용하는 것이 유리하다. 그러나 미래에 예상되는 영업이익이 FBEP수준인 1.8억원에 미달하면 보통주를 발행하는 것이 유리하다.

## 연·습·문·제

1. 다음을 간략히 설명하시오.

① 레버리지 ② 고정비
③ 변동비 ④ 영업레버리지
⑤ 재무레버리지 ⑥ 결합레버리지
⑦ DOL ⑧ DFL
⑨ DCL ⑩ 자본조달분기점
⑪ 영업위험 ⑫ 재무위험
⑬ 기업위험

2. 영업레버리지도가 이자보상비율에 미치는 영향을 논하시오.

3. 영업레버리지도와 재무레버리지도가 결합레버리지도에 미치는 영향을 논하시오.

4. 우리나라 제조기업들의 평균적인 레버리지효과를 설명하시오.

5. 레버리지가 기업위험에 미치는 영향을 설명하고 레버리지와 β(주식베타) 간의 관련성을 논하시오(부록 참조).

6. 청주기업의 총자본은 현재 200억원이다. 이 중 자본금이 80억원(발행주식수 160만주)이고 타인자본이 20억원이며 평균이자율은 연 10%이다. 청주기업은 신규투자를 계획하고 있는데, 여기에 소요되는 자본금은 50억원으로서 이 투자가 이루어지면 연간 영업이익은 총 50억원이 될 것으로 예상된다. 만일 보통주를 발행하여 자본을 조달한다면 주당 10,000원씩 발행이 가능하며, 타인자본으로 조달한다면 연 10%의 이자율로 조달할 수 있다(법인세율은 40%임).

(1) 보통주 발행과 타인자본 조달 중 EPS를 크게 하는 자본조달 방법은 어느 것인가?

(2) 자본조달분기점을 측정하고, 예상되는 영업이익이 자본조달분기점을 초과할 때와 미만일 때, 각각 어느 자본조달 방법이 EPS를 크게 하는지를 판단하시오.

7. 전년도와 금년도의 DOL, DFL 및 DCL을 구하고 그것이 의미하는 바를 비교하시오.

손익계산서

진주기업 (단위 : 백만원)

| 구 분 | 전년도 | 금년도 |
|---|---|---|
| 매 출 액 | 100,000 | 100,000 |
| −변 동 비 | 50,000 | 40,000 |
| −고 정 비 | 20,000 | 30,000 |
| 영업이익 | 30,000 | 30,000 |
| −이자비용 | 10,000 | 10,000 |
| 세전순이익 | 20,000 | 20,000 |
| −법인세비용 | 10,000 | 10,000 |
| 당기순이익 | 10,000 | 10,000 |
| 주당순이익(500만주) | 2,000원 | 2,000원 |

8. 다음 자료를 이용하여 영업레버리지도, 재무레버리지도 및 결합레버리지도를 구하고 그 의미를 설명하시오.

손익계산서

대구기업 (단위 : 백만원)

|  |  |
|---|---|
| 매 출 액 | 1,000 |
| −변 동 비 | 600 |
| −고 정 비 | 300 |
| 영업이익 | 100 |
| −이자비용 | 60 |
| 세전순이익 | 40 |

9. 경북기업의 손익계산서(포괄손익계산서)는 다음과 같다.

손익계산서

| 경북기업 | (단위 : 천원) |
|---|---|
| 매 출 액(1,000개×30천원) | 30,000 |
| −변 동 비(1,000개×15천원) | 15,000 |
| −고 정 비 | 7,000 |
| 영업이익 | 8,000 |
| −이자비용 | 900 |
| 세전순이익 | 7,100 |
| −법인세비용($t = 0.4$) | 2,840 |
| 당기순이익 | 4,260 |
| ÷ 발행주식수 | 40천주 |
| 주당순이익 | 106.5원 |

자동화 시설을 증설하면 고정비가 현재보다 2배로 되며 변동비는 5,000천원 줄어든다. 자동화 시설에 소요되는 자본을 회사채로 조달한다면 이자비용은 2배가 되며, 보통주 발행으로 조달한다면 주식수는 현재보다 15천주 증가한다. 매출액이 일정하다고 가정할 때 각 조달방법에서의,

(1) EPS를 구하시오.

(2) 결합레버리지도를 구하고 이를 자동화 시설 도입 전과 비교하여 설명하시오.

# 부록 7A-1

## 기업위험과 β위험

전통적으로 기업위험은 주당순이익(EPS)의 불확실성으로 정의되고 있다. 자본시장이론을 접해 본 독자들은 β위험(자세한 내용은 제5장 부록 참조)과 기업위험간의 관계를 궁금해 할 것이다. 여기서는 기업위험과 β위험간의 의미를 좀더 구체적으로 설명하기로 한다.

[그림 7A-1]은 본장의 <표 7-10>을 확장한 것이다. 매출액의 불확실성이 영업레버리지와 재무레버리지에 의해 확대되어 EPS의 불확실성, 즉 기업위험으로 나타난다. 그런데 제5장에서 공부했듯이 $EPS \times PER^* = P_0^*$가 되고, 현실주가 $P_0$는 이론주가 $P_0^*$를 반영하여 형성된다. 주가의 변동은 주

그림 7A-1 기업위험과 β위험의 관련성

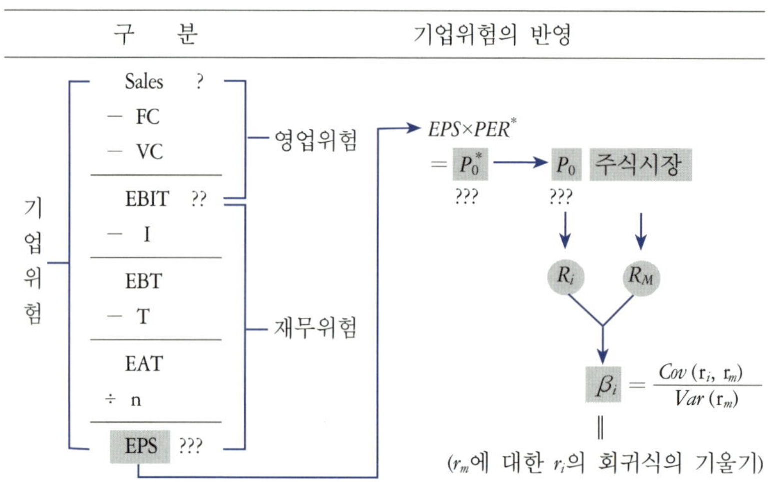

식수익률 $R_i$의 변동으로 나타나는데, 이를 주식시장 전체의 수익률 $R_m$에 대한 민감도(회귀식의 기울기)로 표현한 것이 $\beta_i$이다.

결국 $\beta_i$는 매출액의 불확실성, 영업레버리지도 및 재무레버리지도에 의해 영향을 받아 결정되며, 기업위험을 알려주는 자본시장 지표로 이용될 수 있다. EPS의 불확실성을 측정하기 위해서는 수십년간의 기업자료가 있어야 하는 것과 비교할 때, 주식시장에서 형성되는 주가 변동으로부터 측정하는 $\beta_i$는 자료의 제약을 비교적 받지 않는다는 장점을 갖고 있다.

그런데 여기서 주의해야 할 점은 $\beta_i$를 기업위험의 척도로 이용할 수 있기 위해서는 주식시장이 효율적이어야 한다는 것이다. 왜냐하면 주식시장이 효율적이지 않으면 주가가 기업의 수익성에 관계없이 움직일 수 있는 가능성이 높기 때문이다.

매출액의 불확실성(이는 사업의 유형에 따라 다름), 영업레버리지도 및 재무레버리지도가 주식베타에 미치는 영향을 정리하면 다음과 같다.

① 매출액의 불확실성 : 주식베타는 시장지수와 관련해서 측정하므로 시장변동에 민감하게 반응하는 사업일수록 그 사업의 주식베타는 커지기 마련이다. 예를 들어, 다른 여건이 일정하다면 경기순환적인 기업의 주식베타는 그렇지 않은 기업의 주식베타보다 크다.

② 영업레버리지도 : 이미 설명한 바와 같이 영업레버리지가 클수록 영업비용 중에서 고정비가 차지하는 비율이 높다. 영업레버리지가 큰 기업은 작은 기업에 비해서 영업이익의 변동성이 크다. 다른 여건이 동일하다면 영업레버리지가 큰 기업의 주식베타는 크다.

③ 재무레버리지도 : 다른 여건이 동일하다면 재무레버리지도가 커질수록 주식베타가 커지게 마련이다. 재무레버리지효과를 설명할 때 보았듯이, 이자비용이 많을수록 순이익의 변동성이 커진다. 다시 말해서 재무레버리지도가 커질수록 경기변동에 따라 손익이 더욱 확대된다.

# 제 8 장 손익분기점 분석

경영자들은 얼마를 팔면 지출한 비용을 모두 회수하고 이익을 낼 수 있을 것인가에 많은 관심을 갖고 있다. 이익을 내기 시작하는 매출수준이 바로 손익분기점(break-even point : BEP)이다. 다시 말해서 손익분기점은 수익과 비용이 일치하는 매출수준을 말한다.

본장에서는 먼저 손익분기점의 이론적인 의미를 소개하고 손익분기점을 이용한 재무계획 수립을 비롯해 다품종제품의 손익분기점과 비용분해 방법에 대해서도 설명하기로 한다. 마지막으로 한국은행의 「기업경영분석」에서는 손익분기점을 어떻게 측정하는지를 설명하기로 한다.

## 8.1 손익분기점 분석의 기초개념

손익분기점 분석(BEP분석)은 재무분석에서 전통적으로 많이 사용되는 분석이다. 그만큼 손익분기점 분석은 기업의 경영활동을 분석하는 데 유용한 분석이다. 그러나 일반적으로 많이 알려져 있는 것에 비해 손익분기점 분석은 사용하는 데 많은 오류가 있기도 한 분석이다. 본절에서는 손익분기점 분석의 이론적 의미를 정확히 파악하기로 한다.

## 1. BEP의 의의

손익분기점은 매출액과 비용이 일치하여 이익(또는 손실)이 발생하지 않는 매출수준(또는 조업도)이다. 매출액이 손익분기점을 초과할 경우에는 이익이 발생하고 손익분기점에 미달한 경우에는 손실이 발생한다. 손익분기점 분석은 매출액과 비용 및 이익간의 관계에 대한 분석이므로 비용-매출액-이익 분석(cost-volume-profit analysis : CVP분석)이라고도 한다.

손익분기점 분석은 비용을 변동비와 고정비로 구분할 수 있다는 것을 기본전제로 하고 있다. 즉, 비용은 매출액이 증가함에 따라 동일한 비율로 증가하는 변동비와 매출액 증가와 관계없이 일정한 고정비(일정 조업도 범위내에서)로 분류된다. 기업이 실현한 매출액에서 그 매출을 실현하는 데 소요된 변동비를 차감한 금액을 공헌이익(contribution margin)이라 하는데, 이 공헌이익으로 고정비를 모두 충당할 때의 매출수준이 BEP이다.

기업은 흔히 어느 정도의 매출(수익)을 실현해야 비용을 모두 회수하고 이익을 얻을 수 있을 것인가에 대하여 궁금해 하고 있다. 다시 말하면 매출액이 얼마일 때 비로소 이익이 발생할 것인지는 기업의 주된 관심사이다. 이익이 0인 매출수준을 우리는 손익분기점이라 부른다. 그렇다면 손익분기점이란 어떤 이익이 0이 되는 매출수준을 의미하는 것일까? 매출총이익, 영업이익, 세전순이익 그리고 당기순이익 중 어떤 이익일까?

결론적으로 말해서 손익분기점이란 영업이익이 0이 되는 매출수준을 의미한다. 매출액 변동이란 영업활동으로부터 얻은 수익의 변동이므로 비용변동도 영업활동에서 발생하는 비용, 즉 영업비용의 변동이어야 한다. 따라서 손익분기점 분석은 영업수익 변동, 영업비용 변동 그리고 영업이익 변동간의 관계에 대한 분석이다.

실무에서는 손익분기점 분석을 매출액과 세전순이익간의 관계에 대한 분석으로 이해하기도 한다. 그러나 이론적으로 BEP분석의 정확한 대상은 매출액-영업비용-영업이익간의 관계이다. 실무에서 현실적인 필요에 의해서 행해지는 BEP분석은 다음에 따로 자세히 설명하기로 하고,[1] 여기서는 이론적인 BEP분석을 먼저 설명해 보기로 한다.

## 2. 영업레버리지 분석으로서의 BEP분석

손익분기점 분석의 대상이 매출액(영업수익), 영업비용 그리고 영업이익간의 관계이므로, BEP분석은 넓은 의미에서 영업레버리지 분석(operating leverage analysis)에 속한다. 앞에서 공부한 영업레버리지 분석이 영업고정비를 지렛대로 한 영업이익의 확대현상에 대한 분석이라면, BEP분석은 비용의 고정성과 변동성에 초점을 맞춘 수익–비용–이익간의 관계에 대한 분석이다.

손익분기점 분석은 기업의 재무계획(financial plan)을 수립하는 데 뿐만 아니라 비용의 구조적 특성을 이해하는 데에도 폭넓게 이용되고 있다. 손익분기점을 분석하는 원리와 방법은 단순하지만, 그것이 의미하는 바를 정확히 이해하지 못하면 손익분기점 분석은 오용될 수 있는 소지를 많이 갖고 있다.

제 7 장의 레버리지 분석에서 비용을 분해한 것과 동일한 방법으로 한국기업(H기업)의 영업비용을 고정비와 변동비로 구분하여 손익계산서(포괄손익계산서)를 작성하면 <표 8-1>과 같다.

<표 8-1>에서 볼 수 있듯이, 손익분기점 분석은 매출액(volume), 영업비용(cost) 그리고 영업이익(profit)간의 관계에 대한 분석이므로 C-V-P분석이라고 한다. 매출액이 변하면 변동비는 매출액과 비례하여(매출액과 일정한 비율을 유지하면서) 변하지만, 고정비는 매출액이 변하더라도 일정 조업도내에서는 변하지 않는다. 만약에 모든 영업비용이 변동비라면, BEP는 존재하지 않으므로 BEP분석은 의미가 없게 된다.

우리나라의 평균적 제조기업인 한국기업(H기업)의 손익계산서(포괄손익계산서)를 사용하여 매출액 변화와 영업이익 변화 그리고 BEP의 의미를 살펴보기로 하자.

---

1) 이에 대해서는 본절의 5.「한국은행의 기업경영분석 기준 BEP」에서 자세히 설명할 것이다.

### 〈표 8-1〉 고정비와 변동비

손익계산서

한국기업(H기업) (1월 1일~12월 31일) (단위 : 억원)

| 항목 | 금액 | 분류 | 구분 | 금액 | | |
|---|---|---|---|---|---|---|
| 매출액 | 120 | → | Sales | 120 | Volume | 영업레버리지 분석 |
| −매출원가 | 98.2* | FC : 25.2 / VC : 73 | FC | 39.7 | Cost | |
| 매출총이익 | 21.8 | | VC | 73 | | |
| −판매비와 관리비 | 14.5 | FC : 14.5 / VC : 0 | | | | |
| 영업이익 | 7.3 | | EBIT | 7.3 | Profit | |

* 고정비와 변동비의 분류는 한국은행의 「기업경영분석」의 방법을 사용함.

<표 8-2>는 H기업의 매출액이 20% 상승 또는 하락할 때 영업이익이 어떻게 변하는지를 보여주고 있다. 현재 H기업은 120억원의 매출액을 실현하고 있으며, 변동비는 매출액의 60.8%인 73억원이다. 이 60.8%를 변동비율(=변동비/매출액)이라 하며, 변동비율은 변하지 않는다고 본다. 변동비율이 일정하게 유지되면, 변동비는 매출액이 변할 때 매출액과 비례하여 변한다.

<표 8-2>에서는 매출액이 120억원에서 96억원 또는 144억원으로 변할 때 영업이익은 각각 −2.1억원 또는 16.7억원으로 변한다. BEP는 영업이익이 0이 되는 매출수준이므로, H기업의 BEP는 96억원과 120억원 사이

### 〈표 8-2〉 매출액, 비용 그리고 이익의 변화

한국기업(H기업) (단위 : 억원)

| 항 목 | 매출액 20% 감소 | 현 재 | 매출액 20% 증가 |
|---|---|---|---|
| 매 출 액 | 96 | 120 | 144 |
| −고 정 비 | 39.7 | 39.7 | 39.7 |
| −변 동 비 | 58.4 | 73 | 87.6* |
| 영업이익 | −2.1 | 7.3 | 16.7 |

* 현재의 변동비율(=변동비/매출액) 60.8%가 계속 유지된다고 가정함.

(96억원에 보다 가깝게)의 매출수준에서 결정됨을 알 수 있다.

앞에서도 언급했지만 모든 비용이 변동비라면 BEP는 존재하지 않는다. 예를 들어 현재 H기업의 매출액이 120억원이며 고정비는 없고 변동비가 112.7억원이라면(변동비율이 93.9%임), 매출액이 96억원으로 감소하더라도 영업이익은 5.856억원(=96억원 × (1−93.9%))이 된다. 즉, 매출액이 얼마로 줄든지간에 영업이익은 항상 매출액의 일정비율(6.1%)을 유지한다. 따라서 모든 비용이 변동비인 경우 BEP는 존재하지 않는다.

## 3. BEP 측정공식

BEP를 측정하는 논리와 공식을 설명해 보기로 하자.

### 1 BEP수준

손익분기점이란 영업이익이 0이 되는 매출수준이므로, BEP에서는 다음과 같이 영업수익(total revenue : TR)과 영업비용(total cost : TC)이 동일하게 된다.[2)]

**BEP 수준**

$$\underset{(TR)}{\text{영업수익}} = \underset{(TC)}{\text{영업비용}} \tag{8.1}$$

또한 영업수익, 즉 매출액은 판매단가에 매출량을 곱한 값이고 영업비용은 고정비에 변동비를 더한 값이므로 다음 식이 성립한다.

$$TR = P \times Q \tag{8.2}$$

$$TC = FC + VC \tag{8.3}$$

$TR$ : 영업수익(매출액)　　$P$ : 판매단가
$Q$ : 매출량　　$TC$ : 영업비용
$FC$ : 고정비　　$VC$ : 변동비

2) 관습적으로 영업수익과 영업비용을 TR, TC라고 쓰고 있음.

그런데 변동비, 즉 영업변동비($VC$)는 매출액이 증가할 때 선형으로 비례하여 증가하는 비용이므로 다음과 같이 나타낼 수 있다.

$$VC = V \times Q \tag{8.4}$$

$V$: 단위당 변동비

식 (8.4)에서 $V$를 단위당 변동비라 부르는데, 이는 제품 1단위 생산(판매)하는 데 추가로 소요되는 비용이다. 경제학적인 용어로는 단위당 변동비를 한계비용(marginal cost : MC)이라 부르고 판매단가를 한계수익(marginal revenue : MR)이라 부르기도 한다.

## 2 BEP매출량

식 (8.2), (8.3), (8.4)를 식 (8.1)에 대입하여 BEP매출량($Q^*$)을 구하면 다음과 같다.

**BEP매출량**

$$TR = TC$$

$$P \times Q^* = FC + VC$$

$$= FC + V \times Q^*$$

$$Q^*(P - V) = FC$$

$$\therefore\ Q^* = \frac{FC}{P - V} \tag{8.5}$$

$Q^*$ : BEP매출량

예를 들어, 단가($P$)가 10,000원이고 단위당 변동비($V$)가 6,000원이며 고정비($FC$)가 1,000,000원인 경우, 식 (8.5)를 사용하여 $Q^*$를 구하면 다음과 같다.

$$\therefore\ Q^* = \frac{1{,}000{,}000\text{원}}{10{,}000\text{원} - 6{,}000\text{원}}$$

$$= 250\text{개}$$

즉, 250개를 매출하면 수익은 2,500,000원(=10,000원×250개)이 되고 비용도 2,500,000원(=1,000,000원+6,000원×250개)이 되어 이익(영업이익)은 0이 된다. 물론 250개를 초과하여 매출하면 이익이 발생하고 그 미만으로 매출하면 손실이 발생한다.

예를 들어 300개를 매출하면 수익은 3,000,000원(=10,000원×300개)이 되고 비용은 2,800,000원(=1,000,000원+6,000원×300개)이 되어 200,000원의 이익이 발생한다. 200개를 매출하면 수익은 2,000,000원이 되고 비용은 2,200,000원이 되어 200,000원의 손실이 발생한다.

이상의 예를 다시 한번 사용하여 BEP 개념을 설명해 보자. 만약에 1개를 팔면 어떻게 될까? 그때의 수익은 10,000원이고 변동비는 6,000원이므로 그 차이인 4,000원(=$P-V$)은 고정비를 보상하는 데 사용할 수 있다. 오직 1개만 판다면 고정비 1,000,000원 중에서 4,000원만 보상되므로 996,000원이 손실로 남게 된다.

그러면 몇 개를 팔아야 고정비용 1,000,000원을 모두 보상할 수 있을까? 1개를 팔 때마다 10,000원의 수익에서 6,000원의 변동비를 차감하고 4,000원이 남는다. 따라서 고정비 1,000,000원을 모두 보상하기 위해서는 250개(=1,000,000÷4,000)를 팔아야 한다. 만약에 매출량이 250개를 초과하면 이익(영업이익)이 발생한다. 바로 이 250개가 BEP매출량이다.

단가에서 단위당 변동비를 차감한 4,000원(=$P-V$)을 단위당 공헌이익(contribution margin per unit)이라 부른다. 1개를 팔면 10,000원의 수익을 얻으며, 직접 추가되는 변동비 6,000원을 차감하고도 4,000원이 남는다. 이 금액은 우선적으로 고정비를 보상하는 데 공헌하고 그 다음에는 이익을 창출하는 데 공헌하므로 이런 명칭이 붙은 것이다.

## 3 BEP매출액

앞의 예에서 250개를 팔아야 BEP에 도달한다는 것은 결국 2,500,000원(=10,000원×250개)의 매출액이 실현되어야 BEP에 도달함을 의미한다. 그러므로 BEP매출액($TR^*$)은 BEP매출량 $Q^*$에 단가를 곱해서 다음과 같이 구할 수 있다.

**BEP매출액**

$$P \times Q^{*} = P \times \frac{FC}{P-V} \tag{8.6}$$

$$\therefore\ TR^{*} = \frac{FC}{1-\frac{V}{P}} \tag{8.7}$$

$TR^{*}$ : BEP매출액 $(= P \times Q^{*})$

앞의 예에서 BEP매출액 $TR^{*}$는 다음과 같이 측정된다.

$$\therefore\ TR^{*} = \frac{1{,}000{,}000\text{원}}{1-\frac{6{,}000\text{원}}{10{,}000\text{원}}} = 2{,}500{,}000\text{원}$$

즉, 매출액이 2,500,000원일 때 비용 역시 2,500,000원[$=1{,}000{,}000+(6{,}000/10{,}000)\times 2{,}500{,}000$]이 되어 이익이 0이 된다. 여기서 $V/P$를 변동비율이라 부르고 $1-V/P$를 공헌이익률이라 부른다. 변동비율 $V/P$는 $VC/TR$(=변동비/매출액)로도 나타낼 수 있으므로 BEP매출액은 다음과 같이 표시할 수 있다.

$$\therefore\ TR^{*} = \frac{FC}{1-\frac{V}{P}} = \frac{FC}{1-\frac{V \times Q}{P \times Q}} = \frac{FC}{1-\frac{VC}{TR}} \tag{8.8}$$

($VC = V \times Q$이고, $TR = P \times Q$임)

식 (8.8)을 사용하여 우리나라의 평균적 제조기업인 H기업의 BEP를 구해 보기로 하자. H기업의 $FC$=39.7억원, $VC$=73억원, $TR$=120억원이므로 (제7장의 <표 7-6> 참조) BEP매출액 $TR^{*}$는 다음과 같이 측정된다.

$$TR^* = \frac{FC}{1-\frac{VC}{TR}} = \frac{39.7억원}{1-\frac{73억원}{120억원}} = 101.28억원$$

H기업의 BEP는 101.28억원이다. H기업의 매출액이 120억원이므로 H기업은 현재 손익분기점을 초과하는 매출액을 실현하여 양(+)의 영업이익을 얻고 있다.

## 4. 손익분기점률과 목표이익

BEP분석과 관련해서 많이 사용되는 재무비율로는 손익분기점률이 있다. 이는 다음과 같이 측정한다.

$$손익분기점률 = \frac{BEP매출액}{실현한\ 매출액} \times 100 \tag{8.9}$$

식 (8.9)를 사용하여 H기업의 손익분기점률을 구하면 다음과 같다.

$$\begin{aligned} H기업의\ 손익분기점률 &= \frac{101.28억원}{120억원} \times 100 \\ &= 84.4\% \end{aligned}$$

일정한 목표이익(target profit : TP)을 얻기 위한 BEP매출량 또는 BEP매출액은 어떻게 구할까? 예를 들어 $P$=10,000원, $V$=6,000원, $FC$=1,000,000원이고 목표이익이 400,000원인 경우에는 목표이익을 달성하기 위해서 기업은 250개를 초과해서 매출해야 할 것이다. 즉, 250개를 매출해서 얻는 수익은 변동비와 고정비 모두를 보상하는 데 사용되므로 목표이익을 얻기 위해서는 250개보다 많이 매출해야 한다.

250개에 추가해서 1개를 더 매출할 때마다 10,000원의 수익과 6,000원의 변동비가 발생한다. 고정비가 이미 모두 보상되었으므로 추가매출로 얻는 단위당 공헌이익 4,000원(=10,000−6,000)은 목표이익을 달성하는 데 사용된다.

400,000원의 목표이익을 얻기 위해서는 100개(=400,000/4,000)의 추가매출이 필요하다. 즉, 목표이익을 얻기 위해서는 총 350개(=250+100)를 매출해야 한다. 목표이익을 얻기 위한 BEP 매출수준은 고정비 이외에도 목표이익을 추가해서 커버하는 매출수준이므로 BEP공식의 분자에 목표이익을 더해서 구할 수 있다.

$$Q^*_{TP} = \frac{FC+TP}{P-V} \tag{8.10}$$

$$TR^*_{TP} = \frac{FC+TP}{1-\frac{V}{P}} = \frac{FC+TP}{1-\frac{VC}{TR}} \tag{8.11}$$

$Q^*_{TP}$ : 목표이익을 얻기 위한 BEP매출량, $FC$ : 고정비
$TR^*_{TP}$ : 목표이익을 얻기 위한 BEP매출액
$TP$ : 목표이익, $TR$ : 매출액, $VC$ : 변동비

앞의 자료를 식 (8.10)과 (8.11)에 대입해서 목표이익을 얻기 위한 BEP 매출수준을 구하면 다음과 같다.

$$Q^*_{TP} = \frac{1,000,000\text{원} + 400,000\text{원}}{10,000\text{원} - 6,000\text{원}} = 350\text{개}$$

$$TR^*_{TP} = \frac{1,000,000\text{원} + 400,000\text{원}}{1-\frac{6,000\text{원}}{10,000\text{원}}} = 3,500,000\text{원}$$

예제를 통해 BEP를 좀더 공부해 보기로 하자.

### 예제 1

다음은 강릉기업의 재무자료이다.

[재무자료]

| | |
|---|---|
| 고정비 | 10,000만원 |
| 단위당 변동비 | 3,000원 |
| 100%조업시의 생산능력 | 60,000개 |
| 판매단가 | 5,000원 |

이상의 자료를 사용하여,

(1) 손익분기점을 구하시오.

(2) 2,000만원의 영업이익을 얻기 위한 최소한의 매출액을 구하시오.

(3) 70% 조업시 영업이익을 구하시오.

---

**해 설**

(1) BEP를 측정하면 다음과 같다.

$$Q^* = \frac{FC}{P-V} = \frac{10{,}000\text{만원}}{5{,}000\text{원}-3{,}000\text{원}} = 50{,}000\text{개}$$

또는,

$$TR^* = \frac{FC}{1-\dfrac{V}{P}} = \frac{10{,}000\text{만원}}{1-\dfrac{3{,}000\text{원}}{5{,}000\text{원}}} = 25{,}000\text{만원}$$

(2) 목표영업이익이 2,000만원일 때의 BEP매출액($TR^*_{TP}$)을 측정하면 다음과 같다.

$$TR^*_{TP} = \frac{FC+TP}{1-\dfrac{V}{P}} = \frac{10{,}000\text{만원}+2{,}000\text{만원}}{1-\dfrac{3{,}000\text{원}}{5{,}000\text{원}}} = 30{,}000\text{만원}$$

(3) 70% 조업시 영업이익(π)을 측정하면 다음과 같다.

$$\begin{aligned}\pi &= \text{매출액} - \text{변동비} - \text{고정비}\\ &= \text{공헌이익} - \text{고정비}\end{aligned}$$

$= Q(P-V)-FC$

$=$ 60,000개×70%×(5,000원－3,000원)－10,000만원

$=$ －1,600만원

## 5. 한국은행의 「기업경영분석」 기준 BEP

한국기업(H기업)을 대상으로 한 BEP분석을 생각해 보기로 하자. 앞에서 언급한 바와 같이 BEP분석은 영업이익이 0이 되는 매출액 수준을 기준으로 기업의 매출액, 영업비용, 영업이익간의 상호연관성을 알아보는 분석이다.

그런데 부채를 아직도 상대적으로 많이 사용하는 기업들이 적지 않은 한국의 실정에서 영업이익이 0이 되는 매출수준이 갖는 정보가치는 생각보다는 크지 않을 것이다. 왜냐하면 이자비용이 많이 존재하는 상황에서 영업이익이 0이 되는 매출액 수준이란 세전순손실이 발생하는 매출수준일 수 있기 때문이다.

따라서 현실적으로 한국에서는 BEP매출액을 산정할 때 이자비용을 고정비에 포함시키는 것이 보다 적절할 것이다. 이 방식은 이론적으로는 다소 모순성을 갖고 있지만 금융비용의 비중이 높은 경우, 실무에서는 의미를 갖는다.

한국은행이 발행하는 「기업경영분석」에서는 앞에서 설명한 고정비(영업고정비)에 영업외비용(이자비용 포함)을 더하고 영업외수익은 차감하여 BEP를 구한다. 다시 말해서 「기업경영분석」에서의 BEP는 세전순이익이 0이 되는 매출수준이다.

세전순이익 기준의 BEP매출액($TR^*_K$)을 구하는 방법은 다음과 같다.

$$TR^*_K = \frac{FC+NOC-NOR}{1-\dfrac{VC}{TR}} \tag{8.12}$$

$TR^*_K$: 세전순이익 기준의 BEP매출액

$FC$ : 고정비(=영업고정비)
$NOC$ : 영업외비용
$NOR$ : 영업외수익
$VC$ : 변동비(=영업변동비)
$TR$ : 매출액

식 (8.12)의 BEP 측정공식이 일반적인 BEP 측정공식과 다른 점은 분자에 영업고정비 이외에 영업외비용을 추가하고 영업외수익은 차감하고 있다는 점이다.「기업경영분석」에 공표된 손익분기점률(=BEP매출액/실현한 매출액)은 $TR^*_K$기준으로 산출된 것이다.

앞의 H기업의 자료(제7장의 <표 7-6>)로부터 $FC = 39.7$억원, $NOC = 4.6$, $NOR = 5$억원, $TR = 120$억원, $VC = 73$억원을 식 (8.12)에 대입하여 H기업의 BEP와 손익분기점률을 구하면 다음과 같다.

$$TR^*_K = \frac{39.7\text{억원} + 4.6\text{억원} - 5\text{억원}}{1 - \dfrac{73\text{억원}}{120\text{억원}}} = 100.26\text{억원}$$

$$\text{손익분기점률} = \frac{100.26\text{억원}}{120\text{억원}} \times 100 = 83.6\%$$

H기업의 세전순이익 기준 BEP는 100.26억원이고 손익분기점률은 83.6%이다. 이는 영업이익 기준의 BEP 101.28억원(손익분기점률 84.4%)보다 오히려 줄어든 수치이다. 그러나 아직도 많은 기업들이 부채를 많이 사용하고 있고 이자비용도 적지 않기 때문에 실무에서는 세전순이익 기준의 손익분기점률을 많이 사용하고 있다.

## 8.2 BEP도표와 MS비율

손익분기점은 공식을 이용하여 분석되기도 하지만 그림으로도 분석된다. 그림에 의한 손익분기점 분석은 BEP도표를 통해서 이루어진다. BEP도표는 BEP분석을 본질적으로 이해하는 데 많은 도움을 준다. 본절에서는 BEP도표를 작성해 보고 MS비율에 대해서도 살펴보기로 한다.

## 1. BEP도표

손익분기점 도표(BEP도표)는 손익분기점을 측정하고 이해하는 수단으로 널리 이용된다. 도표에 의한 BEP 산출방법을 설명하면 [그림 8-1], [그림 8-2]와 같다. [그림 8-1]은 매출량을 기준으로 BEP($Q^*$)가 결정되는 과정을 그린 것이고, [그림 8-2]는 매출액을 기준으로 BEP($TR^*$)가 결정되는 과정을 그린 것이다.

[그림 8-1]에서 변동비($VC$)를 나타내는 직선의 기울기는 단위당 변동비($V$)이다. 영업비용($TC$)을 나타내는 직선의 절편은 고정비($FC$)이고 기울기는 단위당 변동비($V$)이다. 그리고 매출액($TR$)을 나타내는 직선의 기울기는 판매단가($P$)이다. 매출량을 기준으로 한 BEP는 $TR=TC$인 $Q^*$에서 결정된다.

[그림 8-2]에서 변동비를 나타내는 직선의 기울기는 변동비율$\left(\frac{V}{P}\right)$이다. 영업비용을 나타내는 직선의 절편은 고정비이고 기울기는 변동비율이다. 그리고 매출액을 나타내는 직선의 기울기는 1(45°선)이다. 매출액을 기준으로 한 BEP는 $TR=TC$인 $TR^*$에서 결정된다.

**그림 8-1 BEP매출량 도표**

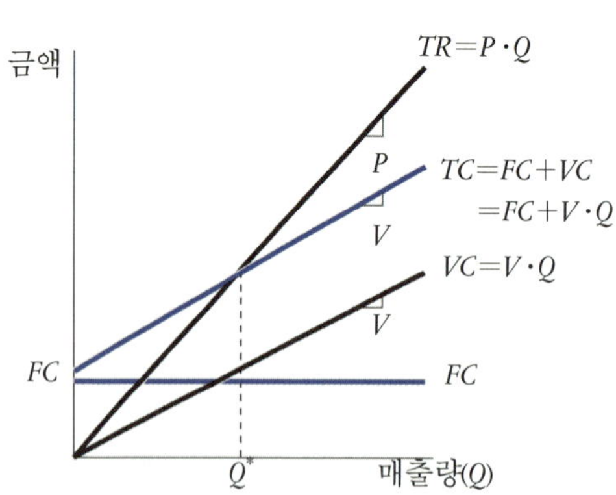


**그림 8-2 BEP매출액 도표**

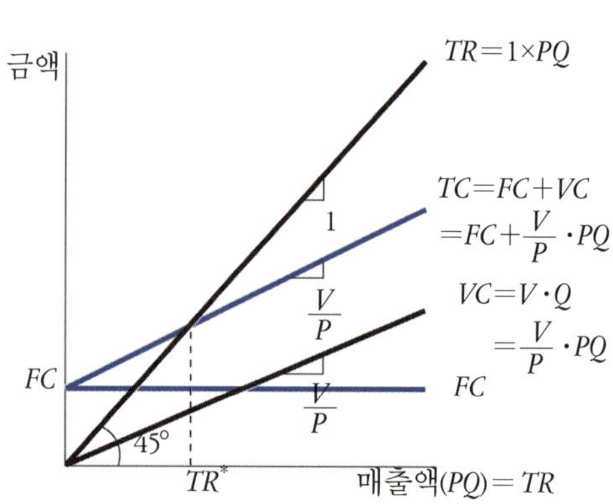

## 2. MS비율

MS비율(margin of safety : 안전율)은 BEP분석에서 자주 사용되는 비율이다. 이 비율은 실현한 매출액이 BEP매출액을 얼마나 초과하는지를 나타내는 지표이다. 따라서 MS비율이 높을수록 기업의 안전성이 높아진다. MS비율을 BEP도표를 이용하여 설명하면 다음과 같다.

그림 8-3 MS비율의 의미

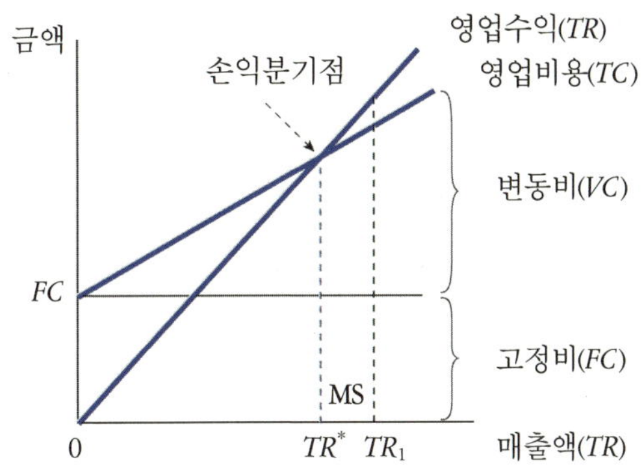


[그림 8-3]에서 $TR^*$는 BEP매출액, $TR_1$은 실현한 매출액을 나타낸다. MS비율은 실현한 매출액이 BEP매출액을 초과하는 정도를 비율로 나타낸 것으로 다음과 같이 측정한다.

$$\text{MS비율} = \frac{\text{실현한 매출액} - \text{BEP매출액}}{\text{실현한 매출액}} \times 100$$

$$= \frac{TR_1 - TR^*}{TR_1} \times 100 \tag{8.13}$$

그런데 앞에서 손익분기점률이 BEP매출액을 실현한 매출액으로 나눈 비율이라고 공부한 바 있다. 그러므로 손익분기점률과 MS비율은 다음과 같은 관계를 갖는다.

$$\text{MS비율} = \left(1 - \frac{\text{BEP매출액}}{\text{실현한 매출액}}\right) \times 100$$
$$= 1 - \text{손익분기점률}(\%) \tag{8.14}$$

앞의 H기업의 예에서 실현한 매출액이 120억원이고 BEP매출액(영업이익 기준)이 101.28억원이었다. 따라서 H기업의 손익분기점률은 84.4%이고 MS비율은 15.6%이다. 다음에는 예제를 통해 BEP도표와 MS비율을 좀더 이해하도록 하자.

### 예제 2

목포기업이 올해 1년간 1개당 20,000원의 가격으로 500,000개의 제품을 매출하여 100억원의 매출을 실현했다. 목포기업의 변동비는 54억원이고 고정비는 39억원이다.

(1) BEP매출량($Q^*$)을 구하시오.
(2) BEP매출액($TR^*$)을 구하시오.
(3) BEP도표를 그리고 설명하시오.
(4) MS비율을 구하고 설명하시오.

**해 설**

(1) BEP매출량을 구하면 다음과 같다.

$$\text{BEP매출량}(Q^*) = \frac{39\text{억원}}{20{,}000\text{원} - 10{,}800\text{원}} = 42.4\text{만개}$$
$$\left(\text{단위당 변동비 : } 10{,}800\text{원} = 20{,}000\text{원} \times \frac{54\text{억원}}{100\text{억원}}\right)$$

(2) BEP매출액을 구하면 다음과 같다.

$$\text{BEP매출액}(TR^*) = \frac{39\text{억원}}{1 - \dfrac{54\text{억원}}{100\text{억원}}} = 84.8\text{억원}$$

(3) BEP도표를 그리고 이를 설명하면 다음과 같다.

[그림 a]

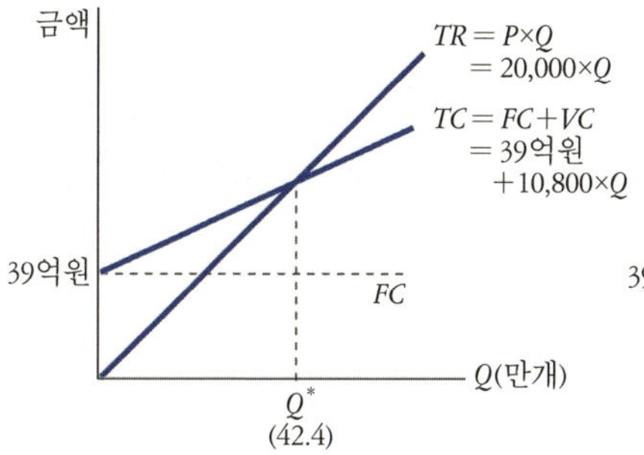


[그림 b]

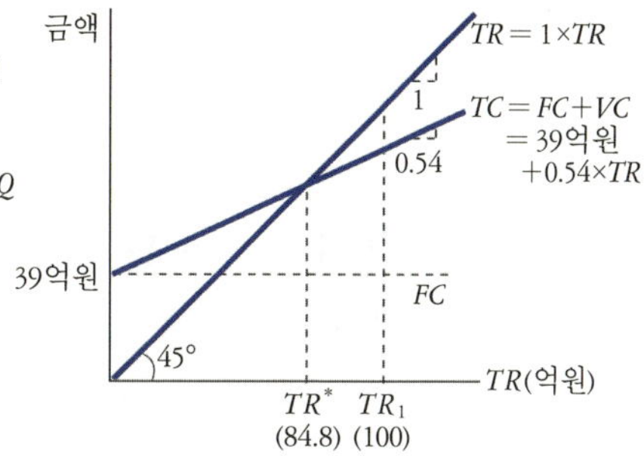


목포기업의 BEP매출량은 42.4만개이고 BEP매출액은 84.8억원이다. 목포기업의 올해 매출액은 100억원이므로 목포기업은 올해 BEP수준을 넘어서서 매출액을 실현했음을 쉽게 알 수 있다. 목포기업의 BEP수준을 그림으로 나타내면 [그림 a], [그림 b]와 같다.

[그림 b]에서 영업비용선의 기울기는 0.54(변동비율)이며 영업수익선(매출액선)의 기울기는 1이 된다. 제품이 생산되기 위해서는 변동비율<1이 되어야 한다. 변동비율>1이면 제품을 생산하더라도 변동비도 회수할 수 없으므로 생산이 중단된다. 그러므로 변동비율이 1을 초과하면 생산을 중지하는 것이 기업에게 유리하다.

(4) MS비율을 측정하고 이를 설명하면 다음과 같다.

목포기업이 실현한 매출액($TR_1$) 100억원은 BEP매출액 84.8억원을 15.2억원 초과하고 있다. 기업이 실현한 매출액이 BEP매출액을 초과하는 정도는 안전율(MS비율)로 나타낼 수 있다. 목포기업의 MS비율을 구하면 다음과 같다.

$$\begin{aligned} \text{MS비율} &= \frac{\text{실현한 매출액} - \text{BEP매출액}}{\text{실현한 매출액}} \times 100 \\ &= \frac{100\text{억원} - 84.8\text{억원}}{100\text{억원}} \times 100 \\ &= 15.2\% \end{aligned}$$

목포기업의 안전율은 15.2%이다. 안전율(MS비율)이 0보다 크다는 것은 실현한 매출액이 BEP매출액을 초과하고 있음을 의미한다.

## 8.3 다품종제품의 BEP분석

지금까지는 기업이 단일제품을 생산한다는 가정하에 제품 단위당 가격, 단위당 변동비 및 공헌이익률을 기초로 기업의 BEP수준을 추정하였다. 그러나 거의 모든 기업은 여러 종류의 제품을 동시에 생산·판매한다.

따라서 단일제품을 생산하는 기업의 BEP측정방법을 그대로 적용하여 다품종제품을 생산하는 기업의 전체BEP를 구할 수는 없다. 본절에서는 다품종제품을 생산하는 기업의 전체BEP를 측정하는 방법에 대해 설명하기로 한다.

### 1. 다품종제품의 BEP 측정절차

다품종제품을 생산하는 기업의 전체BEP를 측정하는 절차는 다음과 같다.

첫째, 각 제품별로 공헌이익률을 계산한다.

$$\text{제품별 공헌이익률}(MR_i) = 1 - \frac{V}{P} \tag{8.15}$$

둘째, 각 제품의 공헌이익률을 제품별 매출구성비율로 가중평균한 가중평균공헌이익률을 계산한다.[3]

$$\text{가중평균공헌이익률} = \sum_{i=1}^{n} MR_i \times S_i \tag{8.16}$$

$MR_i$ : 제품별 공헌이익률($i = 1, 2, \cdots, n$)
$S_i$ : 제품별 매출구성비율

셋째, 고정비를 가중평균공헌이익률로 나누어서 기업의 전체BEP 매출액($TR^*_F$)을 구한다.

---

3) 가중평균공헌이익률 = 1 − 가중평균변동비율.

$$TR^*_F = \frac{\text{고정비}}{\text{가중평균공헌이익률}} = \frac{\text{고정비}}{1-\text{가중평균변동비율}} \quad (8.17)$$

$TR^*_F$ : 기업의 전체BEP 매출액

넷째, 기업의 전체BEP에 제품별 매출구성비율을 곱하여 개별제품의 BEP($TR^*_i$)를 구한다.

$$TR^*_i = \text{기업의 전체BEP} \times S_i \quad (8.18)$$

$TR^*_i$ : 제품별 BEP매출액
$S_i$ : 제품별 매출구성비율

## 2. 기업의 전체BEP 측정

다음은 간단한 예를 통하여 여러 제품을 생산·판매하는 기업의 전체 BEP를 측정해 보기로 한다. 예를 들어 마포기업은 가, 나, 다의 3종류 제품을 생산하고 있으며 각 제품의 판매단가($P$), 단위당 변동비($V$) 그리고 기업의 전체고정비($FC$)가 다음과 같다고 하자.

<표 8-3>의 자료를 사용하여 마포기업의 전체BEP 및 제품별 BEP를 측정해 보기로 하자. 먼저 기업의 전체BEP 매출액($TR^*_F$)을 구해 보기로 하자. 기업의 전체BEP 매출액을 구하기 위해서는 기업의 전체고정비와 공헌이익률(또는 변동비율)을 구하여야 한다. 문제는 공헌이익률이 종합적으로 되어 있지 않고 제품별로 되어 있다는 점이다. 먼저 제품별 공헌이익률을 사용하여 기업의 전체 가중평균공헌이익률을 구해 보자.

**〈표 8-3〉 다품종제품의 재무자료**

| 제 품 | 판매단가($P$) | 단위당 변동비($V$) | 매출구성비율($S_i$) |
|---|---|---|---|
| 가 | 15,000원 | 9,000원 | 20% |
| 나 | 10,000원 | 7,500원 | 20% |
| 다 | 20,000원 | 14,000원 | 60% |

* 전체고정비 15억원

〈표 8-4〉 가중평균공헌이익률의 측정

| 제품 | 제품별 변동비율 $\left(\frac{V}{P}\right)$ | (a) 제품별 공헌이익률 $\left(1-\frac{V}{P}\right)$ | (b) 매출구성비율 | (a)×(b) |
|---|---|---|---|---|
| 가 | 9,000/15,000 = 60% | 40% | 20% | 8% |
| 나 | 7,500/10,000 = 75% | 25% | 20% | 5% |
| 다 | 14,000/20,000 = 70% | 30% | 60% | 18% |
| | | 가중평균공헌이익률 | | 31% |

일반적으로 기업의 전체 가중평균공헌이익률을 구할 때 가중치로는 제품별 매출구성비율이 이용된다. 마포기업의 예에서 제품별 변동비율, 제품별 공헌이익률 및 가중평균공헌이익률을 구하면 <표 8-4>와 같다.

<표 8-4>에서 볼 수 있는 바와 같이, 마포기업의 가중평균공헌이익률은 31%이다(즉, 가중평균변동비율은 69%임). 따라서 마포기업의 전체BEP 매출액($TR^*_F$)은 다음과 같다.

$$\begin{aligned} TR^*_F &= \frac{\text{고정비}}{1-\text{가중평균변동비율}} \\ &= \frac{\text{고정비}}{\text{가중평균공헌이익률}} \\ &= \frac{15\text{억원}}{0.31} \\ &= 48.4\text{억원} \end{aligned}$$

또한 기업의 전체BEP를 기준으로 매출구성비율에 따른 제품별 BEP를 구하면 다음과 같다.

가 제품의 BEP매출액 = 48.4억원×20% = 9.68억원
나 제품의 BEP매출액 = 48.4억원×20% = 9.68억원
다 제품의 BEP매출액 = 48.4억원×60% = 29.04억원

## 8.4 비선형 손익분기점과 현금분기점

판매단가와 단위당 변동비가 매출수준에 따라 변한다고 가정하는 비선형 BEP분석은 이론적으로는 정확한 분석이다. 그러나 비선형 BEP분석은 현실적으로 측정상의 어려움으로 인해 실무에서는 많이 사용하지 않는 분석이다. 그러나 비선형 BEP분석을 이해하는 것은 선형 BEP분석을 이해하는 데 많은 도움을 주므로 여기서 간략히 소개하기로 한다.

또한 현금지출을 수반하는 비용을 모두 회수하기 위해서는 얼마의 매출이 필요한지를 알려주는 현금분기점 분석은 일반적으로 손익분기점 분석을 보완하는 분석으로 이용되고 있다. 본절에서는 비선형 손익분기점과 현금분기점을 구체적으로 설명해 보기로 한다.

### 1. 비선형 손익분기점

지금까지 공부한 BEP분석은 매출액이 변하더라도 판매단가와 단위당 변동비가 일정하다고 하는 이른바 선형성(linearity)을 가정한 분석이다. 그러나 경제논리에 따르면 매출액 규모가 증가하면 판매단가(한계수익)와 단위당 변동비(한계비용)가 변화한다. 이런 비선형성(non-linearity)을 가정한 BEP분석을 비선형 손익분기점 분석(non-linear BEP analysis)이라 한다.

일반적으로 제품의 판매가격은 매출량이 많아질수록 하락하며, 단위당 변동비는 생산량이 늘어날수록 처음에는 감소하다가 생산량이 일정수준을 넘어서서 증가할 경우에는 다시 상승한다. 이와 같이 판매단가, 단위당 변동비가 매출량(또는 생산량)이 변함에 따라 변할 때 비용, 수익 및 판매량 간의 관계는 다음과 같이 비선형(곡선)으로 나타난다.

[그림 8-4]에서 볼 수 있는 바와 같이, 비선형 손익분기점은 영업비용과 영업수익이 만나는 A와 B에서 결정된다. 매출량이 A이하일 때에는 영

그림 8-4 비선형 손익분기점

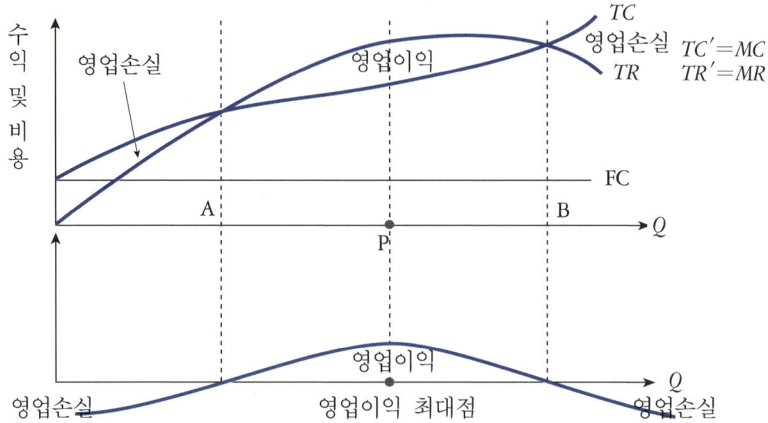


업손실이 발생하고 A와 B 사이일 때에는 영업이익이 발생한다. 그리고 매출량이 B 이상일 경우에는 다시 영업손실이 발생한다. 영업이익을 최대로 하기 위해서는 영업수익과 영업비용의 차이가 가장 크게 되는 P점에서 조업을 하여야 한다. P점에서 영업비용곡선($TC$)의 기울기와 영업수익곡선($TR$)의 기울기가 같아지며($MR = MC$) 영업이익이 최대가 된다.

## 2. 현금분기점

현금분기점(cash break-even point : CBEP)은 현금지출액을 모두 회수할 수 있는 최소한의 매출수준을 의미한다. 현금분기점 분석은 고정비 가운데 현금으로 지출되지 않는 감가상각비만큼은 공헌이익으로 회수하지 않아도 현금기준으로 적자가 없다는 데 이론적 근거를 두고 있다. 따라서 현금분기점 매출량($Q_C^*$)과 현금분기점 매출액($TR_C^*$)은 다음과 같이 계산된다.

$$Q_C^* = \frac{FC - Dep}{P - V} \tag{8.19}$$

$$TR_C^* = \frac{FC - Dep}{1 - \frac{V}{P}} = \frac{FC - Dep}{1 - \frac{VC}{TR}} \tag{8.20}$$

$FC$: 고정비, $P$: 판매단가, $V$: 단위당 변동비
$Dep$: 감가상각비, $VC$: 변동비, $TR$: 매출액

한편 $Q_C^*$를 그림으로 나타내면 다음과 같다.

그림 8-5 현금분기점 매출량

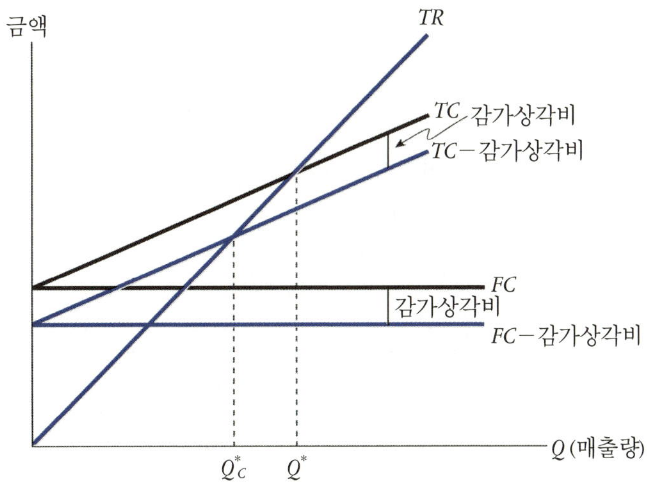


$Q_C^*$: 현금분기점 매출량
$Q^*$: BEP 매출량

다음 예제를 통해 BEP와 CBEP의 차이점을 좀더 명확히 이해하기로 하자.

### 예제 3

다음은 한강기업의 회계자료이다.

| | |
|---|---|
| 매 출 액 | 40억원 |
| 고 정 비 | 16억원(감가상각비 2.4억원 포함) |
| 변 동 비 | 20억원 |
| 영업이익 | 4억원 |

(1) BEP매출액을 구하시오.
(2) CBEP매출액을 구하시오.
(3) BEP매출액과 CBEP매출액의 차이는 무엇을 의미하는가?

**해 설**

(1) 손익분기점(BEP)을 측정하면 다음과 같다.

$$TR^* = \frac{FC}{1-\frac{V}{P}} = \frac{FC}{1-\frac{VC}{TR}} = \frac{16억원}{1-\frac{20억원}{40억원}} = 32억원$$

(2) 현금분기점(CBEP)을 측정하면 다음과 같다.

$$TR_C^* = \frac{FC-Dep}{1-\frac{VC}{TR}} = \frac{16억원-2.4억원}{1-\frac{20억원}{40억원}} = 27.2억원$$

(3) (1), (2)로부터 BEP매출액과 CBEP매출액의 차이는 4억 8천만원임을 알 수 있다. 이는 현금지출을 수반하는 영업비용만을 보상하는 데 필요한 매출액이 회계적 영업비용을 보상하는 데 필요한 매출액보다 4억 8천만원만큼 적음을 의미한다.

## 8.5 비용분해

모든 비용이 고정비와 변동비로 명백하게 분해될 수 있는가? 손익계산서(포괄손익계산서)의 비용 항목 중에는 명백히 고정비 또는 변동비로 구별될 수 있는 것이 있는가 하면 그렇지 못한 것도 있다. 예를 들면 직접재료비, 직접노무비 등은 그 성격상 명백히 변동비로 분류될 수 있으나 판매수수료, 잡손실 등은 고정비적 성격과 변동비적 성격이 혼합되어 있어 이를 고정비와 변동비로 명백하게 분류하기 어렵다. 이들 혼합비용을 어떻게 고정비와 변동비로 분류할 수 있을까?

개별적으로 비용을 고정비와 변동비로 명백히 분류할 수 없을 때, 총비용을 일률적으로 고정비와 변동비로 분류하는 방법으로 비례율법과 회귀분석법이 있다. 본절에서는 이들 두 가지 방법을 간략히 설명하기로 한다. 그리고 본절에서는 실무에서 많이 사용되고 있는 한국은행의 「기업경영분석」에서의 비용분해법도 아울러 설명하기로 한다.

### 1. 비례율법

비례율법은 연속된 2개 연도의 매출액과 영업비용을 비교하여 비용을 고정비와 변동비로 구분하는 방법이다. 물론 2개 연도간에는 생산시설의 큰 변화가 없어야 한다. 다시 말해서 생산시설 신규투자가 감가상각비 발생액 정도로만 이루어져서 생산시설의 변동이 거의 없을 때에만 비례율법은 의미를 갖는다. 비례율법을 <표 8-5>의 자료를 사용하여 설명하기로 하자.

<표 8-5>에서 2개 연도간에 매출액이 20억원 증가할 때 비용은 10억원 늘어났다. 증가된 비용은 변동비의 증가를 의미하므로 변동비율은 50%(=10/20)로 추정된다. 변동비율이 일정하다면 전년도의 변동비는 40억원

〈표 8-5〉 매출액과 영업비용

(단위 : 억원)

| 구 분 | 전년도 | 금년도 | 증가분 |
|---|---|---|---|
| 매 출 액(*TR*) | 80 | 100 | 20 |
| 영업비용(*TC*) | 60 | 70 | 10 |

(=80×50%)이고 고정비는 20억원이 된다. 또한 금년도의 영업비용 70억원은 고정비 20억원과 변동비 50억원(=100×50%)으로 구성되어 있음을 알 수 있다. 이를 표로 나타내면 <표 8-6>과 같다.

〈표 8-6〉 고정비와 변동비

(단위 : 억원)

| 구 분 | 전년도 | 금년도 |
|---|---|---|
| 영업비용(*TC*) | 60 | 70 |
| 고 정 비(*FC*) | 20 | 20 |
| 변 동 비(*VC*) | 40 | 50 |

비례율법은 간단해서 실무에서 쉽게 사용할 수 있는 장점을 갖고 있다. 그러나 이 방법은 분석기간 동안에 생산시설의 큰 변화가 없어야 한다는 가정이 지켜져야 사용될 수 있다. 비례율법을 이용한 비용분해의 다른 예를 들어 보기로 하자.

**예제 4**

제물포기업의 전년도와 금년도의 매출액과 비용(영업비용)이 다음과 같다. 비례율법으로 비용을 고정비와 변동비로 분해하시오.

(단위 : 억원)

| 구 분 | 전년도 | 금년도 | 증가분 |
|---|---|---|---|
| 매 출 액(*TR*) | 750 | 800 | 50 |
| 영업비용(*TC*) | 600 | 620 | 20 |

해 설

먼저 매출액과 비용의 증가분을 비교하여 변동비율을 산출해 보자.

$$변동비율 = \frac{영업비용\ 증가분}{매출액\ 증가분} = \frac{20억원}{50억원} \times 100 = 40\%$$

변동비율이 40%로 일정하게 유지된다고 가정하고 변동비(=변동비율×*TR*)와 고정비(=*TC*−*VC*)를 구하면 다음과 같다.

$$\begin{aligned} 전년도\ 변동비(VC) &= 변동비율 \times TR \\ &= 40\% \times 750억원 = 300억원 \\ 전년도\ 고정비(FC) &= TC - VC \\ &= 600억원 - 300억원 = 300억원 \\ 금년도\ 변동비(VC) &= 변동비율 \times TR \\ &= 40\% \times 800억원 = 320억원 \\ 금년도\ 고정비(FC) &= TC - VC \\ &= 620억원 - 320억원 = 300억원 \end{aligned}$$

## 2. 회귀분석법

회귀분석법이란 몇 년 동안의 매출액(*TR*)과 영업비용(*TC*)을 회귀분석하여 비용을 고정비와 변동비로 구분하는 방법이다. 회귀분석법을 이용하여 비용을 분해하는 방법을 수원기업의 예를 가지고 설명하기로 하자. 수원기업의 연도별 매출액과 영업비용의 자료는 <표 8-7>과 같다.

<표 8-7>의 자료를 매출액과 영업비용의 평면 좌표상에 도시하면 [그림 8-6]과 같다. [그림 8-6]은 <표 8-7>을 기초로 영업비용을 매출액에 대해 회귀분석한 것이다. 지난 20년간 매출액과 영업비용간의 관계를 기초로 구한 회귀식이 다음과 같다고 하자.

$$\begin{aligned} TC &= FC + VC \\ &= FC + 변동비율 \times TR \\ &= 15 + 0.6 \times TR \end{aligned} \tag{8.21}$$

〈표 8-7〉 연도별 매출액($TR$)과 영업비용($TC$)

(단위: 억원)

| 연 도 | $TR$ | $TC$ | 연 도 | $TR$ | $TC$ |
|---|---|---|---|---|---|
| 1 | 20 | 15 | 11 | 83 | 58 |
| 2 | 32 | 20 | 12 | 80 | 55 |
| 3 | 35 | 25 | 13 | 95 | 62 |
| 4 | 29 | 18 | 14 | 97 | 65 |
| 5 | 42 | 30 | 15 | 105 | 72 |
| 6 | 55 | 38 | 16 | 110 | 79 |
| 7 | 61 | 40 | 17 | 120 | 84 |
| 8 | 68 | 46 | 18 | 123 | 87 |
| 9 | 70 | 49 | 19 | 128 | 90 |
| 10 | 75 | 51 | 20 | 130 | 92 |

**그림 8-6** 매출액($TR$)과 영업비용($TC$)의 분포

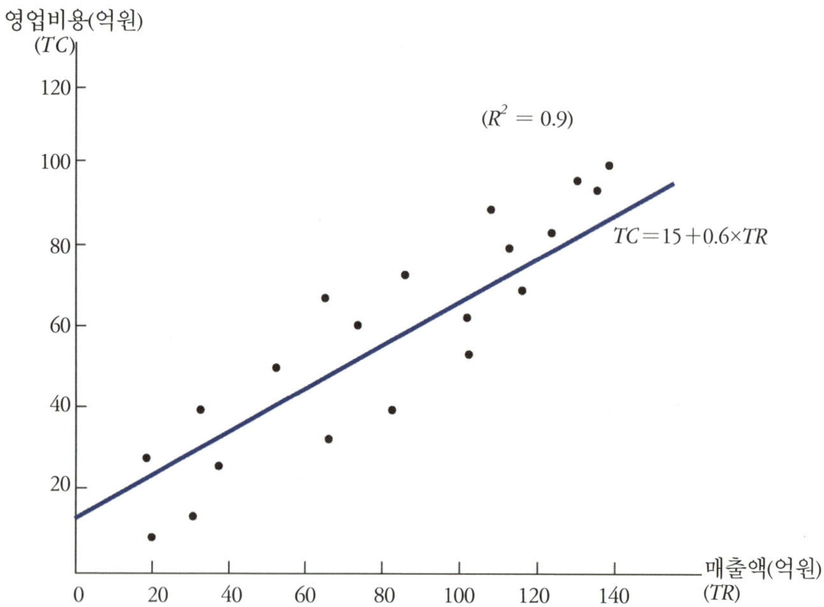


식 (8.21)에서 회귀식의 기울기 0.6은 변동비율을 의미한다. 21번째 연도의 매출액과 영업비용이 각각 140억원, 99억원이라면 변동비는 84억원

(=0.6×140)으로, 그리고 고정비는 15억원(=99−84)으로 추정된다. 현실적으로는 한 기업의 수십년간 시계열 자료(예를 들면 한 기업의 지난 50년간 자료)를 이용하기보다는 동일 업종에 속한 기업들의 횡단면 자료(예를 들면 동일 업종에 속한 50개 기업의 금년도 자료)를 이용하는 것이 더 일반적이다. 다음은 회귀분석법을 이용한 비용분해에 관한 예제이다.

**예제 5**

대구기업의 과거 30년간의 매출액($TR$)과 영업비용($TC$)을 회귀분석하여 다음의 회귀식을 얻었다.

$$TC = 140\text{억원} + 0.65 \times TR$$
$$(R^2 = 0.85)$$

(1) 내년도의 매출액이 700억원으로 예상될 때 영업비용을 추정하시오.
(2) 내년도의 추정영업비용을 고정비와 변동비로 분해하시오.

**해설**

(1) 회귀식을 이용하여 내년도의 영업비용을 추정하면 595억원이 된다.

$$TC = 140\text{억원} + 0.65 \times 700\text{억원}$$
$$= 595\text{억원}$$

(2) 회귀식으로부터 얻은 변동비율(회귀식의 기울기)을 이용하여 내년도의 추정영업비용을 분해해 보면 다음과 같다.

$$TC = 595\text{억원} \begin{cases} VC = \text{변동비율} \times TR = 0.65 \times 700\text{억원} = 455\text{억원} \\ FC = TC - VC = 595\text{억원} - 455\text{억원} = 140\text{억원} \end{cases}$$

## 3. 한국은행 방식

한국은행이 「기업경영분석」을 작성할 때 사용하는 비용분해법은 경상비용 기준의 비용분해법이다. 이미 설명한 바와 같이, 우리나라의 기업들은 영업비용 이외에도 금융비용의 부담이 상대적으로 높은 기업들도 많이 있다. 따라서 많은 경우 영업비용과 영업외비용을 고려한 경상비용이 실질적 비용으로서 의미를 갖는다. 이런 점을 반영하여 한국은행은 세전순이익 기준의 손익분기점을 측정하며, 비용도 경상비용을 고정비와 변동비로 분해하고 있다.

한국은행은 경상비용인 총비용을 총고정비와 변동비로 다음과 같이 나누고 있다.

$$\text{총고정비}(TFC) = \text{영업고정비} + \text{영업외비용} \tag{8.22}$$

$$\text{변동비}(VC) = \text{영업변동비} \tag{8.23}$$

$$\begin{aligned}\text{영업고정비} = {} & \text{노무비} \times \frac{1}{2} + \text{제조경비} + \text{판매비와 관리비} \\ & - \text{외주가공비} + \text{재고조정 중의 고정비}^{*}\end{aligned} \tag{8.24}$$

* 재고조정 중의 고정비

$$= (\text{매출원가} - \text{당기총제조비용}) \times \frac{\left(\text{노무비} \times \frac{1}{2} + \text{제조경비} - \text{외주가공비}\right)}{\text{당기총제조비용}}$$

이상에서 볼 수 있듯이, 한국은행에서는 비용을 경상비용 기준으로 총고정비와 변동비로 구분한다. 총고정비는 식 (8.22)와 같이 영업고정비와 영업외비용을 더한 비용이다. 영업고정비는 식 (8.24)와 같이 노무비의 절반과 제조경비 전액 그리고 판매비와 관리비 전액을 합하고 외주가공비를 차감한 후 재고조정 중의 고정비를 합한 비용이다.[4)]

한국은행에서 사용하는 비용분해법은 영업비용 기준이 아니라 경상비용 기준의 비용분해법이다. 우리가 흔히 교과서에서 보는 손익분기점 분석은 영업활동상의 수익-비용-이익간의 관계에 대한 분석이다. 그러나 한국은행의 손익분기점 분석은 영업활동 이외에 영업외적 활동(특히 재무활동)까지 포괄하는 경상활동상의 수익-비용-이익간의 관계에 대한 분석이다. 한국은행의 방식은 금융비용이 상대적으로 높은 우리나라 기업들의 특성을 반영하는 방식으로 볼 수 있다.

4) 재고조정 중의 고정비란 기초제품재고액에서 기말제품재고액을 차감한 재고조정액 중에 포함되어 있는 고정비를 의미한다.

## 8.6 BEP분석의 한계점

손익분기점 분석은 매출액, 비용 및 이익간의 관계를 분석하는 데 유용할 뿐만 아니라 경영관리의 여러 분야에 매우 다양하게 이용된다. 그러나 손익분기점 분석은 다음과 같은 한계점을 가지고 있다.

첫째, 비용분해가 쉽지 않다. 고정비 중에는 변동비적인 성격을 지닌 비용이 있으며 변동비 중에서도 고정비적인 성격을 지닌 비용이 있기 마련이다. 따라서 실제로 모든 비용을 고정비와 변동비로 엄격히 구분하기가 어렵다.

둘째, 시간이 경과함에 따라 판매가격이나 생산원가 등이 달라진다. 따라서, 판매가격, 단위당 변동비 등이 항상 일정하다고 가정한 손익분기점 분석(선형 BEP분석)은 장기적인 경영계획 수립에는 적합하지 않다. 일반적으로 제품의 판매가격은 매출량이 늘어날수록 떨어지며 단위당 변동비는 생산량이 증가할수록 처음에는 줄어들다가 일정 범위를 지나서는 늘어나게 된다. 이런 경우에는 수익, 비용 및 이익간의 관계가 비선형으로 나타난다.

셋째, 제품의 종류가 많으면 자료의 정확성이 떨어진다. 손익분기점 분석은 기업이 한 제품을 생산할 때에는 비교적 정확한 분석수단이 될 수 있다. 그러나 기업이 여러 가지 제품을 생산·판매할 경우에는 제품별 비용자료를 정확히 산출하기 어렵고 공동으로 발생하는 비용을 각 제품에 배분하기가 쉽지 않다. 또한 이익률이 높은 제품과 낮은 제품을 묶어서 분석함으로써 제품별 수익성을 정확히 파악할 수 없다. 따라서 손익분기점 분석은 여러 가지 제품을 생산·판매하는 경우에는 특별한 주의를 요하는 분석이다.

그러나 이러한 한계점에도 불구하고 손익분기점 분석은 기업의 비용구조와 수익-비용-이익간의 관계를 파악하는 데 매우 유용한 분석이다. 앞에서 나열한 한계점은 BEP분석이 유용하지 않다는 것을 보여주는 것이라기 보다는 BEP분석시 참고해야 할 유의점이라 할 수 있다. 이런 유의점들을 잘 감안하면, BEP분석은 경영분석가에게 기업에 관한 매우 유용한 정보들을 제공해 줄 수 있다.

## 8.7 BEP 사례분석

지금까지 공부한 BEP분석에 대한 지식을 활용하여 사례를 분석해 보기로 하자.

### 사례 1

진해기업은 A, B, C 제품을 생산·판매하고 있다. 각 제품의 판매단가($P$), 단위당 변동비($V$), 각 제품의 매출액이 총매출액에서 차지하는 비율(매출구성비율)은 다음과 같다. 이 기업의 고정비는 연간 204억원(감가상각비 100억원 포함)이다.

| 제 품 | $P$ | $V$ | 매출구성비율 |
|---|---|---|---|
| A | 2,000원 | 1,600원 | 20% |
| B | 3,000원 | 2,100원 | 30% |
| C | 4,000원 | 3,000원 | 50% |

현재의 제품구성이 변하지 않는다는 가정하에서,

(1) 손익분기점을 구하시오.

(2) 현금분기점을 구하시오.

(3) 25.5억원의 영업이익을 얻기 위한 최소한의 매출액을 구하시오.

(4) 매출액이 1,000억원일 때 진해기업의 영업레버리지도(DOL)를 구하시오.

(5) 현재 진해기업의 매출액은 1,000억원이다. C제품을 $P$가 3,500원, $V$가 2,450원인 새로운 D제품으로 대체할 경우 총매출액은 5% 증가하고 고정비는 20% 증가할 것이 예상된다. 그리고 제품 A, B, D의 매출액이 총매출액에서 차지하는 구성비율은 각각 30%, 40%, 30%가 되리라 기대된다. 진해기업은 C제품을 D제품으로 대체하는 것이 유리한가?

**해 설**

(1) 다품종제품을 생산하는 기업의 전체BEP($TR_F^*$)를 측정하면 다음과 같다.

$$TR_F^* = \frac{FC}{\text{가중평균공헌이익률}}$$

$$\text{가중평균공헌이익률} = \sum_{i=1}^{n} MR_i \times S_i$$

$MR_i$ : 제품별 공헌이익률
$S_i$ : 제품별 매출구성비율
$n$ : 제품의 종류수

| 제 품 | (a) 공헌이익률 | (b) 매출구성비율 | (a)×(b) |
|---|---|---|---|
| A | $1-\frac{1,600\text{원}}{2,000\text{원}}=20\%$ | 20% | 4% |
| B | $1-\frac{2,100\text{원}}{3,000\text{원}}=30\%$ | 30% | 9% |
| C | $1-\frac{3,000\text{원}}{4,000\text{원}}=25\%$ | 50% | 12.5% |
| | | 가중평균공헌이익률 | 25.5% |

$$\therefore\ TR_F^* = \frac{204\text{억원}}{0.255} = 800\text{억원}$$

(2) 현금분기점($TR_C^*$)을 측정하면 다음과 같다.

$$TR_C^* = \frac{\text{고정비}-\text{감가상각비}}{\text{가중평균공헌이익률}} = \frac{204\text{억원}-100\text{억원}}{0.255} = 407.8\text{억원}$$

(3) 목표 영업이익이 25.5억원일 때 BEP($TR_{TP}^*$)를 측정하면 다음과 같다.

$$TR_{TP}^* = \frac{\text{고정비}+\text{목표이익}}{\text{가중평균공헌이익률}} = \frac{204\text{억원}+25.5\text{억원}}{0.255} = 900\text{억원}$$

(4) 매출액이 1,000억원일 때 영업레버리지도(DOL)를 측정하면 다음과 같다.

$$DOL = \frac{Q(P-V)}{Q(P-V)-FC}$$
$$= \frac{TR-VC}{TR-VC-FC}$$
$$= \frac{\text{공헌이익}}{\text{공헌이익}-\text{고정비}}$$
$$= \frac{1{,}000\text{억원}\times 25.5\%}{1{,}000\text{억원}\times 25.5\% - 204\text{억원}}$$
$$= 5$$

(5) 제품대체 여부 결정

① 현재의 제품구성이 변하지 않을 경우의 영업이익($\pi_1$) 측정

$\pi_1$ = 매출액 − 변동비 − 고정비
= 공헌이익 − 고정비
= 1,000억원×25.5% − 204억원
= 51억원

② 현재의 제품구성을 변경하는 경우의 영업이익($\pi_2$) 측정

| 제 품 | (a) 공헌이익률 | (b) 매출구성비율 | (a)×(b) |
|---|---|---|---|
| A | $1-\frac{1{,}600\text{원}}{2{,}000\text{원}}=20\%$ | 30% | 6% |
| B | $1-\frac{2{,}100\text{원}}{3{,}000\text{원}}=30\%$ | 40% | 12% |
| C | $1-\frac{2{,}450\text{원}}{3{,}500\text{원}}=30\%$ | 30% | 9% |
| | | 가중평균공헌이익률 | 27% |

총매출액 = 1,000억원 × (1+0.05) = 1,050억원
고정비 = 204억원 × (1+0.2)=244.8억원
$\pi_2$ = 매출액 − 변동비 − 고정비
= 공헌이익 − 고정비
= 1,050억원 × 27% − 244.8억원
= 38.7억원

①, ②의 결과를 비교하면, 제품구성을 현재대로 유지하는 것이 더 유리함을 알 수 있다.

### 사례 2

여수호텔은 600개의 객실을 구비하고 영업하고 있는데, 200개의 C급 객실 각각의 1일 요금은 30,000원이고, 300개의 B급 객실 각각의 1일 요금은 50,000원이며, 나머지 100개의 A급 객실 각각의 1일 요금은 70,000원이다. C급 객실의 객실당 1일 변동비는 9,000원이고, B급 객실은 12,000원, A급 객실은 14,000원이다. 과거의 경험으로 볼 때 1일 숙박손님의 1/3은 C급 객실을 원하고 1/2은 B급 객실을 원하며 1/6은 A급 객실을 찾을 것으로 예상된다. 여수호텔의 연간 고정비는 30억원이다(단, 연간 360일 조업을 가정).

(1) 손익분기점에서의 조업도를 구하시오.
(2) 90% 조업도를 유지할 경우의 영업이익을 구하시오.
(3) 연간 10억원의 영업이익을 얻기 위한 최소한의 조업도를 구하시오.
(4) 매출액 5,342.4백만원에서의 DOL을 구하시오.

### 해 설

(1) BEP조업도($TR^*_{\%}$)를 측정하면 다음과 같다.

객실종류별 객실수와 판매단가($P$), 단위당 변동비($V$)를 정리하면 다음과 같다.

| 객실 종류 | 객실수 | 판매단가($P$) | 단위당 변동비($V$) |
|---|---|---|---|
| C급 | 200개 | 30,000원 | 9,000원 |
| B급 | 300개 | 50,000원 | 12,000원 |
| A급 | 100개 | 70,000원 | 14,000원 |
| 합 계 | 600개 | − | − |

① 100% 조업시의 1일 공헌이익 측정

객실종류별 1일 공헌이익 $= (P - V) \times$ 객실수

∴ C급 : (30,000원 − 9,000원)×200 = 4,200,000원
B급 : (50,000원 − 12,000원)×300 = 11,400,000원
A급 : (70,000원 − 14,000원)×100 = 5,600,000원

100% 조업시 1일 공헌이익 = 21,200,000원

② 100% 조업시 BEP영업일수 측정

$$Q^* = \frac{\text{고정비}}{\text{100\% 조업시 1일 공헌이익}}$$
$$= \frac{3{,}000{,}000{,}000\text{원}}{21{,}200{,}000\text{원}}$$
$$= 141.5\text{일}$$

$Q^*$ : 매출량(여기서는 매일 100% 조업한다고 가정할 때 BEP달성을 위해 영업해야 할 일수임)

매일 100% 조업을 가정할 때 1년 중 141.5일을 영업해야 BEP가 달성된다. 따라서 BEP조업도($TR^*_{\%}$)는 다음과 같다.

$$TR^*_{\%} = \frac{\text{BEP영업일수}}{\text{100\% 조업시 영업일수}} \times 100$$
$$= \frac{141.5\text{일}}{360\text{일}} \times 100$$
$$= 39.3\%$$

여수호텔은 39.3%의 조업도에서 BEP가 달성된다.

(2) 90% 조업을 유지할 경우의 영업이익(π)을 측정하면 다음과 같다.

$$\pi = (\text{매출액} - \text{변동비}) \times 90\% - \text{고정비}$$
$$= \text{90\% 조업시 공헌이익} - \text{고정비}$$
$$= [(21{,}200{,}000\text{원} \times 360) \times 90\%] - 3{,}000{,}000{,}000\text{원}$$
$$= 3{,}868{,}800{,}000\text{원}$$

(3) 연간 10억원의 영업이익을 얻기 위한 최소한의 조업도($Q^*_{TP}$, $TR^*_{TP\%}$)를 측정하면 다음과 같다.

$$Q^*_{TP} = \frac{\text{고정비} + \text{목표이익}}{\text{100\% 조업시 1일 공헌이익}}$$
$$= \frac{3{,}000{,}000{,}000\text{원} + 1{,}000{,}000{,}000\text{원}}{21{,}200{,}000\text{원}}$$
$$= 188.7\text{일}$$

또는,

$$TR^*_{TP\%} = \frac{\text{BEP영업일수}}{\text{100\% 조업시 영업일수}} \times 100$$
$$= \frac{188.7\text{일}}{360\text{일}} \times 100$$
$$= 52.4\%$$

(4) 매출액 5,342.4백만원에서의 영업레버리지도(DOL)를 측정하면 다음과 같다.

① 100% 조업시 1일 매출액

C급 : 30,000원×200개 = 6,000,000원
B급 : 50,000원×300개 =15,000,000원
A급 : 70,000원×100개 = 7,000,000원
100% 조업시 1일 매출액 = 28,000,000원

그리고 100% 조업시 1일 공헌이익이 21,200,000원이므로 공헌이익률은 75.7%이다.

$$\text{공헌이익률} = \frac{\text{100\% 조업시 1일 공헌이익}}{\text{100\% 조업시 1일 매출액}} = \frac{21{,}200{,}000\text{원}}{28{,}000{,}000\text{원}} = 75.7\%$$

② DOL측정

$$DOL = \frac{Q(P-V)}{Q(P-V)-FC} = \frac{TR-VC}{TR-VC-FC} = \frac{\text{공헌이익}}{\text{공헌이익}-\text{고정비}}$$
$$= \frac{5{,}342{,}400{,}000\text{원} \times 75.7\%}{5{,}342{,}400{,}000\text{원} \times 75.7\% - 3{,}000{,}000{,}000\text{원}} = \frac{4{,}044{,}196{,}800\text{원}}{1{,}044{,}196{,}800\text{원}} = 3.87$$

### 사례 3

충주기업의 매출액과 영업비용에 관한 자료를 사용하여 금년도의 BEP매출액, 손익분기점률, MS비율을 구하시오(단, 비용분해는 비례율법을 이용할 것).

| 구 분 | 전년도 | 금년도 | 증가분 |
|---|---|---|---|
| 매 출 액 | 1,300억원 | 1,500억원 | 200억원 |
| 영업비용 | 1,100억원 | 1,220억원 | 120억원 |

**해 설**

(1) 충주기업의 변동비율을 구하면 다음과 같다.

$$\text{변동비율} = \frac{\text{영업비용 증가분}}{\text{매출액 증가분}} \times 100$$
$$= \frac{120\text{억원}}{200\text{억원}} \times 100 = 60\%$$

(2) 금년도의 영업비용을 고정비와 변동비로 분해하면 다음과 같다.

$$\text{변동비} = \text{변동비율} \times \text{매출액}$$
$$= 60\% \times 1{,}500\text{억원} = 900\text{억원}$$

$$\therefore \ \text{고정비} = \text{영업비용} - \text{변동비}$$
$$= 1{,}220\text{억원} - 900\text{억원} = 320\text{억원}$$

(3) 금년도 BEP매출액($TR^*$)을 구하면 다음과 같다.

$$TR^* = \frac{FC}{1 - \frac{VC}{TR}} = \frac{320\text{억원}}{1 - \frac{900\text{억원}}{1{,}500\text{억원}}} = 800\text{억원}$$

(4) 손익분기점률과 MS비율을 구하면 다음과 같다.

$$\text{손익분기점률} = \frac{\text{BEP매출액}}{\text{실현한 매출액}}$$
$$= \frac{800\text{억원}}{1{,}500\text{억원}} \times 100$$
$$= 53.3\%$$

$$\text{MS비율} = 1 - \text{손익분기점률} = 1 - 53.3\% = 46.7\%$$

### 사례 4

다음은 상수기업과 하수기업의 비용구조와 관련된 자료이다.

(단위 : 억원)

| 구 분 | 상수기업 | 하수기업 |
|---|---|---|
| 매 출 액 | 1,000 | 1,000 |
| −고 정 비 | 200 | 400 |
| −변 동 비 | 600 | 400 |
| 영 업 이 익 | 200 | 200 |
| +영업외수익 | 50 | 50 |
| −영업외비용 | 150 | 125 |
| 세전순이익 | 100 | 125 |

(1) 두 기업의 DOL, DFL, DCL을 구하고 비용구조의 특성을 설명하시오.

(2) 두 기업의 BEP도표, BEP, 손익분기점률, MS비율을 구하고 상호 비교하시오.

(3) 세전순이익을 기준으로 상수기업의 BEP를 구하고(한국은행식), 이를 영업이익 기준의 BEP와 비교하시오.

**해 설**

(1) 상수기업과 하수기업의 DOL, DFL, DCL을 측정하고 이를 설명하면 다음과 같다.

| 구 분 | 상수기업 | 하수기업 |
|---|---|---|
| DOL | $\frac{1,000-600}{1,000-600-200}=2$ | $\frac{1,000-400}{1,000-400-400}=3$ |
| DFL | $\frac{1,000-600-200}{1,000-600-200-100}=2$ | $\frac{1,000-400-400}{1,000-400-400-75}=1.6$ |
| DCL | $2\times2=4$ | $3\times1.6=4.8$ |

하수기업은 상수기업에 비해 높은 DOL을 갖고 있다. 즉, 하수기업의 경우 매출액 변화시 영업이익의 변화가 3배로 확대되는데 비해 상수기업의 경우는 2배로 확대된다.

그러나 상수기업은 하수기업에 비해 높은 DFL을 갖고 있다. 즉, 상수기업의 경우 영업이익 변화시 주당순이익의 변화가 2배로 확대되는데 비해 하수기업의 경우는 1.6배로 확대된다.
전체적으로 하수기업의 DCL이 상수기업의 DCL보다 크다. 즉, 상수기업의 경우 매출액 변화시 주당순이익의 변화가 4배로 확대되는데 비해 하수기업의 경우는 4.8배로 확대된다.

(2) BEP도표, BEP, 손익분기점률 및 MS비율을 측정하고 이를 비교하면 다음과 같다.

① BEP도표 작성

상수기업의 영업비용선($TC_{상}$)은 기울기가 $0.6\left(=\frac{600}{1,000}\right)$이고 절편(고정비)이 200억원이다. 하수기업의 영업비용선은($TC_{하}$)은 기울기가 $0.4\left(=\frac{400}{1,000}\right)$이고 절편(고정비)이 400억원이다.

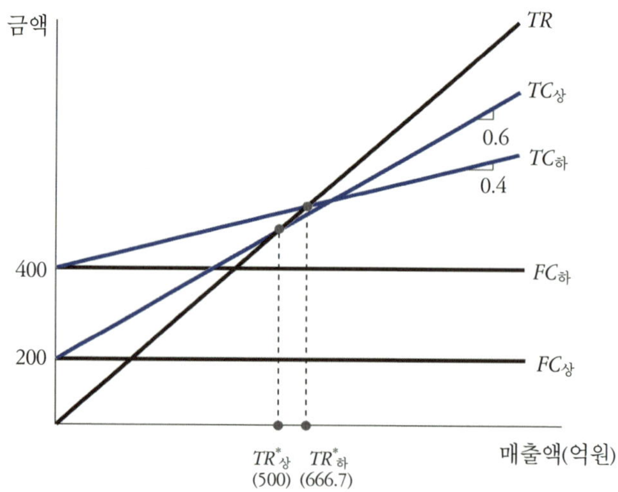


② BEP매출액 측정

$$TR^*_{상} = \frac{200억원}{1-\frac{600억원}{1,000억원}} = 500억원$$

$$TR^*_{하} = \frac{400억원}{1-\frac{400억원}{1,000억원}} = 666.7억원$$

③ 손익분기점률과 MS비율 측정

**상수** 손익분기점률 $= \frac{500억원}{1,000억원} \times 100 = 50\%$

MS비율 $= 1 -$ 손익분기점률 $= 1 - 50\% = 50\%$

**하수** 손익분기점률 $= \frac{666.7억원}{1,000억원} \times 100 = 66.7\%$

MS비율 $= 1 - 66.7\% = 33.3\%$

(3) 상수기업의 세전순이익 기준 BEP매출액을 측정하면 다음과 같다.

$$TR^{*}_{K} = \frac{FC + NOC - NOR}{1 - \frac{VC}{TR}}$$

$$= \frac{200억원 + 150억원 - 50억원}{1 - \frac{600억원}{1,000억원}}$$

$$= 750억원$$

$FC$ : 고정비
$NOC$ : 영업외비용
$NOR$ : 영업외수익
$VC$ : 변동비
$TR$ : 매출액

상수기업의 세전순이익 기준의 BEP매출액은 750억원이다. 이는 영업이익 기준의 BEP매출액(500억원)에 비해서 250억원 증가한 금액이다.

## 8.8 주요 재무정보의 요약

제7장과 8장에 걸쳐 설명한 주요 재무정보의 추정공식을 종합적으로 정리하면 <표 8-8>과 같다.

〈표 8-8〉 주요 재무정보의 요약

| 구분 | 정보 | 공식 |
| --- | --- | --- |
| 레버리지분석 | DOL<br>(영업레버리지도) | $\frac{TR-VC}{TR-VC-FC}$ ($TR$ : 매출액, $VC$ : 변동비, $FC$ : 고정비) |
| | DFL<br>(재무레버리지도) | $\frac{TR-VC-FC}{TR-VC-FC-I}$ ($I$ : 이자비용, 또는 영업외비용 - 영업외수익) |
| | DCL<br>(결합레버리지도) | $\frac{TR-VC}{TR-VC-FC-I}$ |
| | FBEP<br>(자본조달분기점) | $\frac{(FBEP-I_1)(1-t)}{N_1}=\frac{(FBEP-I_2)(1-t)}{N_2}$<br>($I_1$ : 1안 이자비용, $I_2$ : 2안 이자비용,<br>$t$ : 법인세율 $N_1$ : 1안 발행주식수, $N_2$ : 2안 발행주식수) |
| 손익분기점분석 | $Q^*$<br>(BEP 매출량) | $\frac{FC}{P-V}$ ($FC$ : 고정비, $P$ : 판매단가, $V$ : 단위당 변동비) |
| | $TR^*$<br>(BEP 매출액) | $\frac{FC}{1-\frac{V}{P}}=\frac{FC}{1-\frac{VC}{TR}}$ ($VC$ : 변동비, $TR$ : 매출액) |
| | 손익분기점률 | $\frac{\text{BEP매출액}}{\text{실현한 매출액}}\times 100$ |
| | $Q_{TP}^*$<br>(목표이익 BEP매출량) | $\frac{FC+TP}{P-V}$ ($TP$ : 목표이익) |
| | $TR_{TP}^*$<br>(목표이익 BEP매출액) | $\frac{FC+TP}{1-\frac{V}{P}}=\frac{FC+TP}{1-\frac{VC}{TR}}$ |
| | $TR_K^*$<br>(세전순이익 기준 BEP) | $\frac{FC+NOC-NOR}{1-\frac{VC}{TR}}$ ($NOC$ : 영업외비용, $NOR$ : 영업외수익) |
| | MS비율<br>(안전율) | 1 - 손익분기점률<br>$=100\%-\frac{\text{BEP매출액}}{\text{실현한 매출액}}(\%)$ |
| | $TR_F^*$<br>(기업 전체 BEP) | $\frac{\text{고정비}}{1-\text{가중평균변동비율}}=\frac{\text{고정비}}{\text{가중평균공헌이익률}}$ |
| | $TR_i^*$<br>(제품별 BEP매출액) | $TR_F^*\times S_i$ ($S_i$ : 개별제품 매출구성비율) |
| | $Q_c^*$<br>(현금분기점 매출량) | $\frac{FC-Dep}{P-V}$ ($Dep$ : 감가상각비) |
| | $TR_c^*$<br>(현금분기점 매출액) | $\frac{FC-Dep}{1-\frac{V}{P}}=\frac{FC-Dep}{1-\frac{VC}{TR}}$ |
| | 회귀분석법에<br>의한 비용분해 | $TC=a+b\times TR$ ($TC$ : 영업비용, $b$ : 변동비율) |

## 연·습·문·제

1. 다음을 간략히 설명하시오.

| | |
|---|---|
| ① BEP | ② CVP분석 |
| ③ 공헌이익 | ④ 단위당 변동비 |
| ⑤ 단위당 공헌이익 | ⑥ 변동비율 |
| ⑦ 손익분기점률 | ⑧ MS비율 |
| ⑨ 가중평균공헌이익률 | ⑩ CBEP |
| ⑪ 비례율법에 의한 비용분해 | ⑫ 회귀분석법에 의한 비용분해 |
| ⑬ 한국은행 방식에 의한 비용분해 | |

2. BEP분석이 원칙적으로 영업레버리지(operating leverage) 분석의 한 부분임을 설명하시오.

3. 고정비가 존재하지 않을 때 BEP가 존재하는지를 논하시오.

4. BEP매출량($Q^*$)과 BEP매출액($TR^*$)을 구하는 공식을 유도하시오.

5. 세전순이익 기준의 한국은행식 BEP산정 방법을 설명하시오.

6. BEP분석시의 단가($P$), 단위당 변동비($V$)는 경제학적으로는 어떤 의미를 갖는가? 또한 일반적인 BEP분석시 이들에 대한 기본가정은 경제학적으로 타당한가?

7. BEP분석의 유용성과 한계점을 논하시오.

8. 다음은 제주기업의 재무자료이다.

[재무자료]

| | |
|---|---|
| 고정비 | 6,000만원 |
| 단위당 변동비 | 2,500원 |
| 100% 조업시의 생산능력 | 15,000개 |
| 판매단가 | 4,000원 |

이상의 자료를 사용하여,

(1) 손익분기점을 구하시오.

(2) 1,500만원의 영업이익을 얻기 위한 최소한의 매출액을 구하시오.
(3) 60% 생산조업시의 영업이익(π)을 구하시오.

9. 중동기업이 올해 1년간 개당 80,000원의 가격으로 100,000개의 제품을 매출하여 80억원의 매출액을 실현했다. 중동기업의 변동비는 48억원이고 고정비는 20억원이다.

(1) BEP매출량($Q^*$)을 구하시오.
(2) BEP매출액($TR^*$)을 구하시오.
(3) BEP도표를 그리고 설명하시오.
(4) MS비율을 구하고 설명하시오.

10. 다음은 동성기업의 회계자료이다.

| | |
|---|---|
| 매 출 액 | 280억원 |
| 고 정 비 | 80억원(감가상각비 20억원 포함) |
| 변 동 비 | 140억원 |
| 영업이익 | 60억원 |

(1) BEP매출액을 구하시오.
(2) CBEP매출액을 구하시오.
(3) BEP매출액과 CBEP매출액의 차이는 무엇을 의미하는가?

11. 삼청기업과 종로기업의 매출액과 영업비용은 다음과 같다. 이 두기업의 (1) BEP매출량, (2) BEP매출액, (3) BEP도표, (4) MS비율을 구하고 이들 자료를 기초로 두기업을 비교하시오.

| 구 분 | 삼청기업 | 종로기업 |
|---|---|---|
| 매 출 액 | 200억원 | 200억원 |
| (제품단가) | (10,000원) | (10,000원) |
| (매출수량) | (2백만개) | (2백만개) |
| 영업비용 | 170억원 | 170억원 |
| (고 정 비) | (70억원) | (20억원) |
| (변 동 비) | (100억원) | (150억원) |
| 영업이익 | 30억원 | 30억원 |

12. 화성기업은 가, 나, 다 제품을 생산·판매하고 있는데, 각 제품의 판매단가($P$), 단위당 변동비($V$), 각 제품의 매출액이 총매출액에서 차지하는 비율(매출구성비율)은 다음과 같다. 이 기업의 고정비는 연간 10,000만원(감가상각비 4,000만원 포함)이다.

| 제 품 | $P$ | $V$ | 매출구성비율 |
|---|---|---|---|
| 가 | 12,000원 | 8,400원 | 40% |
| 나 | 15,000원 | 9,000원 | 40% |
| 다 | 20,000원 | 17,000원 | 20% |

현재의 제품구성이 변하지 않는다는 가정하에서,

(1) 손익분기점을 구하시오.
(2) 현금분기점을 구하시오.
(3) 1,000만원의 영업이익을 얻기 위한 최소한의 매출액을 구하시오.
(4) 매출액이 40,000만원일 때 화성기업의 영업레버리지도(DOL)를 구하시오.
(5) 현재 화성기업의 매출액은 40,000만원이다. 나제품을 $P$가 10,000원, $V$가 8,000원인 새로운 라제품으로 대체할 경우 총매출액은 40% 증가하고 고정비는 5% 증가할 것으로 예상된다. 그리고 제품 가, 다, 라의 매출액이 총매출액에서 차지하는 구성비율은 각각 40%, 20%, 40%가 되리라 기대된다. 화성기업은 나제품을 라제품으로 대체하는 것이 유리한가?

13. 상하이호텔은 1,000개의 객실을 구비하고 영업하고 있는데, 500개의 S룸 각각의 1일 요금은 50,000원이고, 300개의 D룸 각각의 1일 요금은 80,000원이며, 나머지 200개의 T룸 각각의 1일 요금은 100,000원이다. S룸의 객실당 변동비는 10,000원이고, D룸은 15,000원, T룸은 18,000원이다. 과거의 경험으로 보아서 1일 숙박손님의 50%는 S룸을 원하고, 30%는 D룸을 원하며, 20%는 T룸을 찾을 것으로 예상된다. 상하이호텔의 연간 고정비는 50억원이다(단, 연간 360일 조업을 가정).

(1) 손익분기점의 조업도를 구하시오.
(2) 80% 조업도를 유지할 경우의 영업이익을 구하시오.
(3) 연간 25억원의 영업이익을 얻기 위한 최소한의 조업도를 구하시오.
(4) 300억원의 매출액에서 DOL을 구하시오.

14. 하수기업의 매출액과 영업비용에 관한 자료를 사용하여 금년도의 (1) BEP매출액, (2) 손익분기점률, (3) MS비율을 구하시오.
(단, 비용분해는 비례율법을 이용할 것)

| 구 분 | 전년도 | 금년도 | 증가분 |
|---|---|---|---|
| 매 출 액 | 2,500억원 | 3,000억원 | 500억원 |
| 영업비용 | 2,000억원 | 2,350억원 | 350억원 |

15. 용산기업은 과거 30년간의 매출액($TR$)과 영업비용($TC$)을 회귀분석하여 다음의 회귀식을 얻었다.

$$TC = 250\text{억원} + 0.5 \times TR$$
$$(R^2 = 0.81)$$

(1) 금년도의 매출액이 1,500억원으로 예상될 때 영업비용을 추정하시오.
(2) 금년도의 추정영업비용을 고정비와 변동비로 분해하시오.

16. 다음은 금수기업과 강산기업의 비용구조와 관련된 자료이다.

(단위 : 억원)

| 구 분 | 금 수 기 업 | 강 산 기 업 |
|---|---|---|
| 매 출 액 | 500 | 500 |
| −고 정 비 | 200 | 300 |
| −변 동 비 | 200 | 100 |
| 영 업 이 익 | 100 | 100 |
| +영업외수익 | 30 | 30 |
| −영업외비용 | 60 | 50 |
| 세전순이익 | 70 | 80 |

(1) 두 기업의 DOL, DFL, DCL을 구하고 비용구조의 특성을 설명하시오.
(2) 두 기업의 BEP도표, BEP, 손익분기점률 및 MS비율을 구하고 상호 비교하시오.
(3) 세전순이익을 기준으로 금수기업의 BEP를 구하고(한국은행식), 이를 영업이익 기준의 BEP와 비교하시오.

# 제 4 편

# 현금흐름 분석과 기업부실 예측

기업에게 있어서 현금은 인간에게 있어서 혈액과 같은 존재이다. 혈액이 부족하거나 일시적으로 공급이 안되면 인간의 생명이 위태로운 것같이, 현금이 부족하거나 일시적으로 공급이 안되면 기업은 채무불이행 또는 더 나아가서 도산에 이르게 된다. 한편, 주주는 물론 채권자, 종업원 등 기업의 이해관계자 모두에게 있어서 기업의 유지 · 발전은 가장 중요한 목표이다. 왜냐하면 기업이 부실화되면 이해관계자들은 막대한 경제적 손실을 입을 수밖에 없기 때문이다.

본편에서는 먼저 기업의 자금흐름에 대해서 살펴 보고 현금흐름의 원천과 운용을 나타낸 현금흐름표의 작성원리와 그 내용을 분석해 보기로 한다. 그리고 기업이 부실화되는 과정과 기업부실 예측모형의 구축절차 및 활용에 대해서 설명하기로 한다. 기업부실 예측모형은 단일변량뿐만 아니라 다변량기준의 모형까지 확장하여 쉽게 설명하기로 한다.

# 제 9 장 현금흐름 분석

현금흐름표(statement of cash flow)는 일정기간 동안에 현금이 어떻게 조달되고 사용되었는지를 나타내는 것으로서 기업의 자금흐름을 분석하는데 기초가 되는 보고서이다. 최근 들어 현금흐름표의 중요성은 어느 때보다도 강조되고 있다.

본장에서는 먼저 자금흐름을 정의하고 소요자금 예측에 대해 설명하기로 한다. 그리고 현금흐름표의 작성원리를 설명한 후, 작성된 현금흐름표를 분석하는 방법을 살펴보기로 한다.

## 9.1 자금의 의의와 자금흐름의 예측

자금(fund)이란 말은 가장 흔하게 사용되는 재무용어 중의 하나이다. 또한 경영자나 채권자 모두 기업의 자금흐름에 대해서 많은 관심을 갖고 있다. 본절에서는 먼저 자금의 의의와 자금흐름에 대해 살펴보기로 한다. 다음으로 미래 소요자금의 예측방법으로 매출액백분율법과 회귀분석법을 설명하기로 한다.

## 1. 자금의 의의

자금은 사용목적에 따라 그 의미가 달라진다. 자금은 좁은 의미로는 현금 및 예금, 당좌자산 또는 유동자산에서 유동부채를 차감한 순운전자본(net working capital : NWC)을 나타내기도 하고, 넓은 의미로는 유동자산의 합계인 총운전자본(gross working capital : GWC)을 나타내기도 한다.

<표 9-1>에서 볼 수 있는 바와 같이 자금이 지칭하는 의미는 실로 다양하다. 현금 및 예금은 자금의 가장 직접적인 형태이다. 현금 및 예금은 원재료 구입대금을 지급한다든지 또는 인건비를 지급한다든지 하는 기업의 경영활동에 직접적으로 투입될 수 있는 자금의 형태이다.

당좌자산은 1년 안에 현금화될 수 있는 자산 중에서 재고자산을 제외한 자산이다. 재고자산을 제외하는 이유는 재고자산이 유동자산 중에서 비교적 현금화의 속도가 느리거나 현금화되는 데 문제가 있을 가능성이 많기 때문이다.

이외에도 좁은 의미의 자금으로 이용되는 개념으로 순운전자본이 있다. 순운전자본은 1년 안에 현금화될 수 있는 유동자산에서 1년 안에 갚아야 하는 유동부채를 차감한 금액이다. 즉, 순운전자본은 단기채무를 모두 변제하고도 남는 금액으로서 기업이 자유롭게 운영자금으로 쓸 수 있는 자본이다. 이 밖에도 드물긴 하지만 유동자산 총액을 의미하는 총운전자본이 넓은 의미의 자금으로 사용되기도 한다.

〈표 9-1〉 자금의 의의

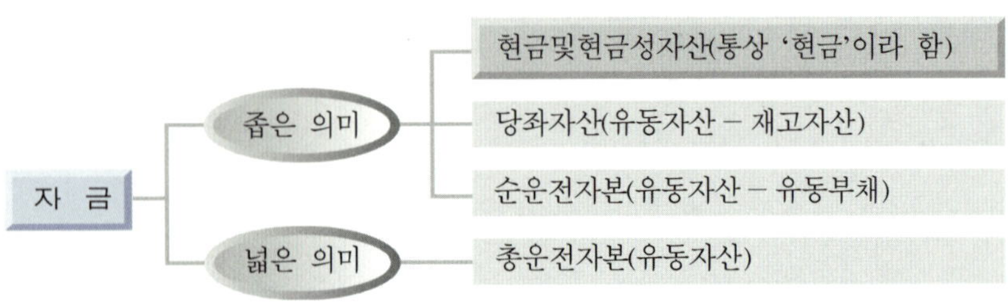

최근에 들어서 자금의 의미는 가장 직접적인 형태인 현금및현금성자산으로 대부분 사용되고 있다. 왜냐하면 기업 재무관리에 있어서 현금및현금성자산의 중요성이 더욱 커지고 있기 때문이다. 따라서 본장에서도 자금을 현금및현금성자산(간단히 '현금')으로 정의하여 사용하기로 한다.

## 2. 자금의 흐름

기업의 자금흐름을 그림으로 나타내면 [그림 9-1]과 같다. 이 그림에서 사각형은 자산, 부채, 자본 등의 재무상태표 항목을 나타내고, 원형은 기업활동을 표시한다. [그림 9-1]은 기업의 모든 자금흐름을 나타내지는 못하고 있으나 주요 자금의 흐름은 전반적으로 나타내고 있다.

[그림 9-1]에서 살펴볼 수 있는 바와 같이 현금계정은 현금과 관련된 경영활동이 있을 때마다 변동한다. 즉, 매출채권의 회수, 은행으로부터의 차입 등은 현금을 증가시키고 이자, 임금, 세금 등의 지급은 현금을 감소시킨다. 그리고 현금의 유입과 유출에는 시간적 차이(time lag)가 발생한다.

예를 들어 기업이 비유동자산, 원재료, 노동 등의 생산요소를 구입하면 현금유출이 발생한다. 이러한 현금유출은 판매를 통해 현금이 유입되기 전에 일어나므로 현금유출과 현금유입 사이에는 시차가 발생하며, 이는 자금소요의 원인이 된다.

일반적으로 빨리 성장하는 기업이나, 손실이 발생하는 기업 또는 과다한 시설투자를 한 기업 등에서는 현금이 부족하게 된다. 따라서 경영분석가나 현금관리자는 경영활동에서 발생하는 소요자금을 정확히 예측하여 현금부족 사태가 발생하지 않도록 사전에 대비하여야 한다.

또한 경영자는 매출액 변동에 따른 소요자금을 정확히 예측해야 함은 물론이고 소요자금의 용도에 따라 자금조달 방법을 달리하여야 한다. 즉, 비유동자산에 소요될 자금은 비유동부채나 자기자본으로, 유동자산에 소요될 자금은 유동부채로 조달함으로써 자금조달과 운용의 시간적 균형을

**그림 9-1** 기업의 자금흐름도

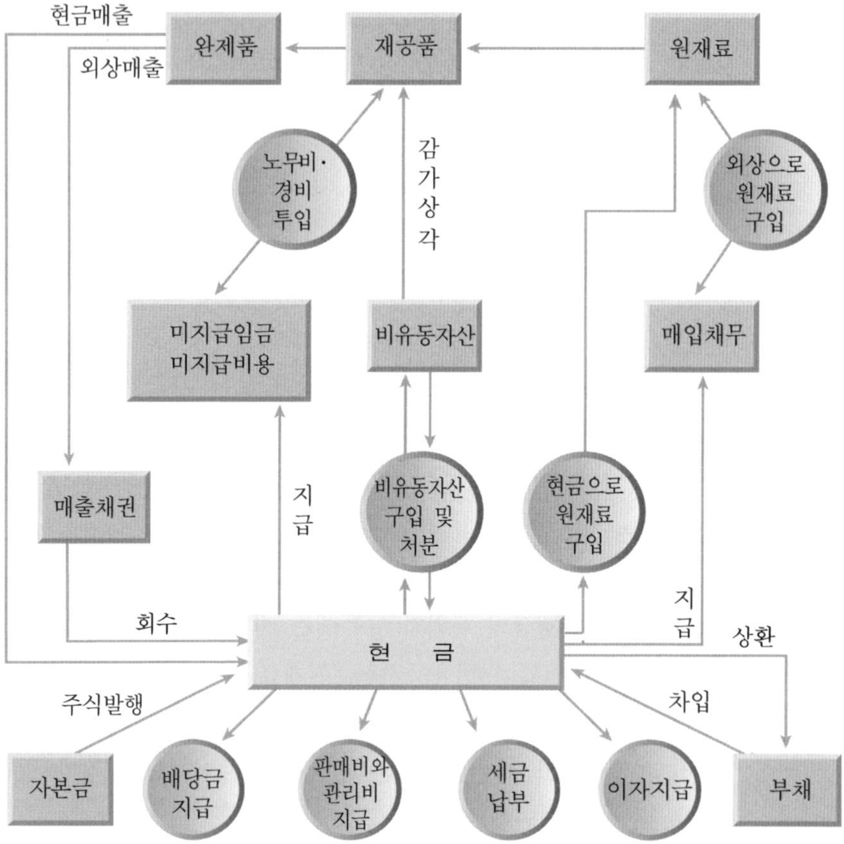


맞추어야 한다.[1)]

시간이 경과함에 따라 매출액이 증가하는 경우, 매출액 증가에 따른 자산의 변화를 그림으로 나타내면 [그림 9-2]와 같다. 이 그림에서 볼 수 있는 바와 같이, 매출액이 늘어남에 따라 일정한 비율로 증가하는 비유동자산과 영구적 유동자산은 장기자본으로 투자하여야 한다. 그리고 매출액이 늘어남에 따라 불규칙적으로 증가하는 변동적 유동자산은 단기자본으로

---

1) 예를 들어 비유동자산에 투입되는 자금을 1년 안에 갚아야 하는 유동부채로 조달하는 경우, 기업은 심한 자금압박을 받게 된다. [그림 9-1]과 [그림 9-2]는 『재무관리원론』(정한규 저, 경문사, 1998, pp. 524~525)을 참조함.

그림 9-2 매출액의 증가에 따른 자산의 변화

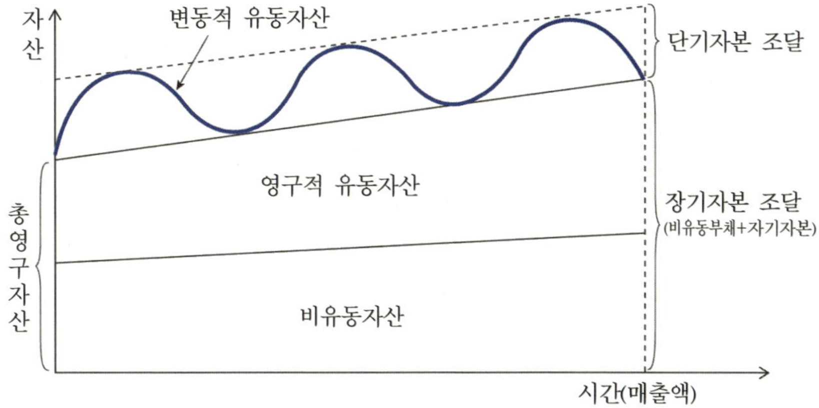


투자하여야 한다.

이와 같이 매출액이 증가함에 따라 자산의 규모가 늘어나게 되고, 필요한 자산을 보유하기 위해서는 자금이 조달되어야 한다. 기업이 미래에 조달해야 할 자금을 소요자금이라 한다. 소요자금을 정확히 추정하는 일은 기업 재무담당자에게나 경영분석가에게 중요한 업무 중의 하나이다.

## 9.2 소요자금의 예측

본절에서는 소요자금을 예측하는 방법으로 널리 이용되고 있는 매출액백분율법(percent of sales method)과 회귀분석법(regression method)을 자세히 설명하기로 한다. 그리고 단기간의 현금흐름을 예측하는 데 이용되는 현금예산은 별도로 「9.3」에서 자세히 설명하기로 한다.

## 1. 매출액백분율법

매출액백분율법은 재무상태표의 항목을 매출액에 대한 백분율로 표시하고, 매출액의 변화에 따른 각 항목의 변화를 추정하여 기업의 소요자금을 예측하는 방법이다. 이 방법은 매출액이 이미 예측되어 있고 재무상태표 항목이 매출액과 일정한 관계를 가지고 변한다고 가정한다.

먼저 매출액이 변함에 따라 재무상태표 항목이 어떻게 변하는지를 살펴보면 다음과 같다.

첫째, 자산항목 가운데서 현금, 매출채권, 재고자산은 매출액과 비례하여 증가한다. 비유동자산은 매출액의 변동에 직접 비례하여 변하지는 않고, 매출액이 증가하면 불규칙하게 증가하는 추세를 갖는다. 일반적으로 일정 조업도를 넘어서는 매출액 증가에 대해서만 비유동자산도 비례하여 증가하는 것으로 본다.

둘째, 부채항목 가운데서 미지급금과 매입채무는 매출액과 비례하여 증가한다. 그러나 단기차입금, 장기차입금, 회사채 및 자본금은 매출액 변동과 직접적인 관계가 없는 항목들이다.[2)]

매출액백분율법에 의한 기업의 외부조달자금액(external funds needed : EFN)을 구하는 공식은 다음과 같다.

$$
\begin{aligned}
&\text{외부자금조달액}(EFN)\\
&= \text{자산의 증가분} - \text{부채의 증가분} - \text{유보이익의 증가분}\\
&= \frac{A}{TR_1}(\Delta TR) - \frac{D}{TR_1}(\Delta TR) - m \cdot TR_2 \cdot (1-d) \qquad (9.1)
\end{aligned}
$$

$TR_1$ : 매출액
$\Delta TR$ : 매출액 증가분
$TR_2$ : 예상매출액
$A$ : 매출액 변동에 따라 변하는 자산
$D$ : 매출액 변동에 따라 변하는 부채
$m$ : 매출액순이익률
$d$ : 배당성향

2) 단기차입금, 장기차입금, 사채 및 자본금은 기업의 자본조달 정책에 따라 결정된다.

매출액백분율법으로 소요자금을 예측하는 예를 들어 보면 다음과 같다.

### 예제 1

잠실기업의 금년도 매출액은 10,000만원이며 내년도 예상매출액은 15,000만원이다. 그리고 금년도 중의 잠실기업의 조업도는 100%이며 매출액순이익률은 5%인데, 이 이익률은 내년도에도 동일하게 유지될 것으로 예측된다. 또한 잠실기업의 금년도 배당성향은 60%이며 이 배당성향 역시 내년도에도 동일하게 유지될 것으로 예측된다. 잠실기업은 외부자금조달액(EFN) 중 50%는 보통주 발행(전액 자본금으로 처리)으로 충당하고, 30%는 사채 발행으로 충당하며 나머지 20%는 단기차입금으로 충당하려고 한다. 금년도 말 현재의 잠실기업의 대차대조표(재무상태표)는 다음과 같다. 매출액백분율법을 사용하여 다음 물음에 답하시오.

(1) 잠실기업의 내년도 중의 외부자금조달액(EFN)을 구하시오.
(2) 잠실기업의 내년도 말 현재 추정재무상태표를 구하시오.

재무상태표
(금년도 말)

잠실기업 (단위 : 만원)

| 자산 | 금액 | 부채 및 자본 | 금액 |
|---|---|---|---|
| 현금 | 4,000 | 매입채무 | 4,000 |
| 매출채권 | 5,000 | 미지급금 | 3,000 |
| 재고자산 | 3,500 | 단기차입금 | 2,500 |
| 기계설비 | 4,000 | 사채 | 1,500 |
| | | 자본금 | 4,000 |
| | | 잉여금 | 1,500 |
| 자산총계 | 16,500 | 부채와 자본 총계 | 16,500 |

**해 설**

(1) 내년도의 *EFN*을 추정하면 다음과 같다.

= 자산의 증가분 − 부채의 증가분 − 유보이익의 증가분

$$= \frac{A}{TR_1}(\Delta TR) - \frac{D}{TR_1}(\Delta TR) - m \cdot TR_2 \cdot (1-d)$$

$$= \frac{16,500}{10,000} \times (15,000-10,000) - \frac{7,000}{10,000} \times (15,000-10,000)$$
$$-0.05 \times 15,000 \times (1-0.6)$$
$$= 8,250 - 3,500 - 300$$
$$= 4,450\text{만원}$$

(2) 내년도 말 현재 추정재무상태표는 다음과 같다.

추정재무상태표
(내년도 말)

잠실기업 (단위 : 만원)

| | | | |
|---|---|---|---|
| ① 현 금 | 6,000 | ⑤ 매입채무 | 6,000 |
| ② 매출채권 | 7,500 | ⑥ 미지급금 | 4,500 |
| ③ 재고자산 | 5,250 | ⑦ 단기차입금 | 3,390 |
| ④ 기계설비 | 6,000 | ⑧ 사 채 | 2,835 |
| | | ⑨ 자 본 금 | 6,225 |
| | | ⑩ 잉 여 금 | 1,800 |
| 자산총계 | 24,750 | 부채와 자본 총계 | 24,750 |

① 현금 $= \frac{4,000}{10,000} \times 15,000 = 6,000$만원

② 매출채권 $= \frac{5,000}{10,000} \times 15,000 = 7,500$만원

③ 재고자산 $= \frac{3,500}{10,000} \times 15,000 = 5,250$만원

④ 기계설비 $= \frac{4,000}{10,000} \times 15,000 = 6,000$만원

(금년도에는 매출액 10,000만원에서 100% 조업도가 달성되므로 기계설비에 대한 투자도 매출액 증가에 따라 비례하여 증가한다고 가정함)

⑤ 매입채무 $= \frac{4,000}{10,000} \times 15,000 = 6,000$만원

⑥ 미지급금 $= \frac{3,000}{10,000} \times 15,000 = 4,500$만원

⑦ 단기차입금 = 금년도 말 잔액 + $EFN \times 20\%$
= $2,500 + 4,450 \times 20\%$
= 3,390만원

⑧ 사채 = 금년도 말 잔액 + $EFN \times 30\%$
= $1,500 + 4,450 \times 30\%$
= 2,835만원

⑨ 자본금 $=$ 금년도 말 잔액 $+ EFN \times 50\%$
$= 4{,}000 + 4{,}450 \times 50\%$
$= 6{,}225$만원
⑩ 잉여금 $=$ 금년도 말 잔액 $+$ 내년도 배당후 순이익
$= 1{,}500 + 0.05 \times 15{,}000 \times (1 - 0.6)$
$= 1{,}800$만원

## 2. 회귀분석법

회귀분석법에 의한 소요자금의 예측방법은 매출액과 소요자금간의 상관관계를 검토하여 소요자금을 예측하는 방법이다. 다시 말해서 이 방법은 과거의 매출액 변화와 소요자금 변화간의 상관관계로부터 미래의 매출액 변화에 따른 소요자금을 예측하는 방법이다.

구체적으로 설명하면 이는 과거의 자료에서 매출액을 독립변수($X$)로 하고 소요자금을 종속변수($Y$)로 하여 $X$, $Y$간의 예측회귀함수를 구하고, 예측회귀함수를 근거로 미래 매출액 변화에 따른 소요자금을 산출하는 방법이다.

### 예제 2

영산포기업의 지난 24년간의 매출액과 소요자금이 다음의 표와 같고 내년도의 매출액이 95억원으로 예상된다고 하자. 아래의 자료를 사용하여 영산포기업의 소요자금을 회귀분석법으로 예측하시오.

(단위 : 억원)

| 연 도 | 매출액($X$) | 소요자금($Y$) | $X^2$ | $X \cdot Y$ |
|---|---|---|---|---|
| 1 | 12 | 5 | 144 | 60 |
| 2 | 15 | 8 | 225 | 120 |
| 3 | 16 | 9 | 256 | 144 |
| 4 | 19 | 12 | 361 | 228 |
| 5 | 25 | 14 | 625 | 350 |
| · | · | · | · | · |
| · | · | · | · | · |
| · | · | · | · | · |
| 22 | 75 | 30 | 5,625 | 2,250 |
| 23 | 81 | 33 | 6,561 | 2,673 |
| 24 | 88 | 38 | 7,744 | 3,344 |
| 합 계 | 560 | 286 | 44,800 | 21,600 |

**해 설**

매출액과 소요자금간의 관계는 선형이라는 가정하에서 예측회귀함수 $Y=a+bX$를 설정하여 $a$, $b$를 구하면 다음과 같다.

$$b = \frac{\sum X \cdot \sum Y - n\sum X \cdot Y}{(\sum X)^2 - n\sum X^2}$$

$$= \frac{560 \times 286 - 24 \times 21,600}{(560)^2 - 24 \times 44,800} = 0.47$$

$$a = \overline{Y} - b \cdot \overline{X} = \frac{286}{24} - 0.47 \times \frac{560}{24} = 0.95$$

$$\therefore\ Y = 0.95 + 0.47X \quad \text{(단위 : 억원)}$$

만약에 내년도의 매출액($X$)이 95억원으로 예측된다면 내년도의 소요자금($Y$)은 45.6억원으로 추정된다.

$$Y = 0.95 + 0.47X$$
$$= 0.95 + 0.47 \times 95$$
$$= 45.6\text{억원}$$

지금까지 설명한 방법에서는 매출액만이 소요자금에 영향을 미친다고 보고 단순회귀분석(simple regression)을 이용하여 소요자금을 예측하였다.

그러나 현실적으로는 매출액만이 소요자금에 영향을 주는 것이 아니며 매출액 이외에도 다른 요소들이 소요자금과 관련되어 있다.

따라서 좀더 정확히 하려면 소요자금에 영향을 미치는 여러 요소들과 소요자금간의 관계를 다중회귀분석(multiple regression)으로 도출하여 소요자금을 예측하여야 할 것이다. 매출액백분율법이 단기적 소요자금 예측에 적합한 방법이라면 회귀분석은 장기적 소요자금 예측에 적합한 방법이라 할 수 있다.

## 9.3 현금예산

기업의 현금흐름을 예측하는 현금예산(cash budgeting)은 재무계획의 중요한 요소이다. 따라서 모든 기업은 현금의 유입과 유출을 미리 계획하고 통제하여야 한다. 그렇지 못하면 투자자본에 대한 수익이 줄거나 극단적인 경우에는 도산을 면하지 못하게 될 것이다. 따라서 효율적인 영업활동을 수행하자면 경영자들은 현금예산을 통하여 기업활동을 수행하는 데 현금이 언제·얼마나 필요할 것인지를 미리 파악하여야 한다.

만약 현금부족이 예상되면 경영자들은 단기부채 또는 장기자본의 조달계획을 마련해야 하며, 현금의 잉여가 기대되면 잉여현금의 투자기간과

**〈표 9-2〉 현금유출 및 현금유입 항목**

| 현금유출 항목 | 현금유입 항목 |
|---|---|
| 노무비 및 임금<br>재료비<br>판매비와 관리비<br>매입채무의 지급<br>부채의 상환<br>자본금의 감소<br>이자 및 배당의 지급<br>비유동자산의 구입<br>세금 등 | 현금매출<br>매출채권의 회수<br>이자수익 및 배당금<br>부채의 증가<br>자본금의 증가<br>자산의 매각 등 |

투자대상에 관한 계획을 수립해야 한다. 현금예산은 일정기간에 있어서 현금유입(cash inflow)과 현금유출(cash outflow)을 구체적인 항목별로 나타낸 것인데, 이는 1년, 6개월, 3개월 또는 다른 단기간에 걸쳐 작성된다.

일반적으로 현금흐름이 불규칙할 경우에는 짧은 기간을 단위로 하여 현금예산을 수립하고 현금흐름이 안정된 경우에는 보다 기간을 길게 하여 현금예산을 편성할 수 있다. 현금의 주요 유출항목과 유입항목을 살펴보면 앞의 <표 9-2>와 같다.[3)]

현금예산표를 작성하는 방법을 예를 들어 설명하면 다음과 같다.

### 예제 3

이산포기업은 다가오는 3/4분기(7~9월)의 현금예산을 수립하려고 한다. 6월 30일 현재의 재무상태표는 다음과 같다.

재무상태표
(6월30일)

이산포기업 (단위 : 만원)

| | | | |
|---|---|---|---|
| 현 금 | 1,500 | 미지급임금 | 1,000 |
| 매출채권 | 700 | 매입채무 | 2,000 |
| 재고자산 | 3,500 | 사 채 | 1,500 |
| 기계설비 | 2,300 | 자 본 금 | 1,200 |
| (감가상각충당금) | (500) | 잉 여 금 | 1,800 |
| 자산총계 | 7,500 | 부채와 자본 총계 | 7,500 |

월별 매출액 및 임금지급액은 다음과 같이 추정되었다.

(단위 : 만원)

| 월 별 | 매출액 | 임금지급액 |
|---|---|---|
| 7월 | 4,000 | 400 |
| 8월 | 5,000 | 500 |
| 9월 | 7,000 | 600 |
| 10월 | 8,000 | |

월별 판매비와 관리비(감가상각비 제외)는 매월 매출액의 10%가 되리라고 예

3) 『재무관리원론』(정한규 저, 경문사, p. 573)을 참조.

상되며 감가상각비는 매월 비유동자산의 2%이다. 그리고 이산포기업의 현금예산 편성에 필요한 자료는 다음과 같다.

① 매출액의 60%는 현금매출이고 40%는 외상매출인데, 외상매출액은 다음달에 전액 회수된다.
② 매출액총이익률(=1－매출원가율)은 50%이다.
③ 재고자산은 구입시 전액 현금으로 지급하고, 안전재고는 1,500만원을 항상 유지한다. 그리고 이산포기업은 다음달 예상매출액의 50%에 해당하는 재고자산을 매월 구입한다.
④ 최소현금보유액(minimum cash balance)은 1,200만원이다.
⑤ 미지급임금, 매입채무, 사채 및 자본금에는 아무런 변동이 없다.
⑥ 세금은 12월 이후에 납부하므로 현금예산 편성에서는 고려하지 않는다.
⑦ 사채와 신규차입금에 대한 이자는 고려하지 않는다.

이산포기업의 7, 8, 9월에 걸친 현금예산과 7월 1일부터 9월 30일 사이의 추정손익계산서(포괄손익계산서) 및 9월 30일 현재 추정대차대조표(추정재무상태표)를 작성하시오.

---

**해 설**

(1) 현금예산표(7～9월)를 작성하면 다음과 같다.

현금예산표
(7～9월)

이산포기업 (단위 : 만원)

| 구 분 | 7월 | 8월 | 9월 |
|---|---|---|---|
| 매 출 액 | 4,000 | 5,000 | 7,000 |
| <현금유입> | | | |
| 현 금 매 출 | 2,400[1)] | 3,000 | 4,200 |
| 매출채권회수 | | 1,600[1)] | 2,000[1)] |
| 계 | 2,400 | 4,600 | 6,200 |
| <현금유출> | | | |
| 재 고 자 산 | 2,500[2)] | 3,500[2)] | 4,000[2)] |
| 임 금 | 400 | 500 | 600 |
| 판매비와 관리비 | 400[3)] | 500[3)] | 700[3)] |
| 계 | 3,300 | 4,500 | 5,300 |
| 월중현금흐름 | (900)[4)] | 100[4)] | 900[4)] |
| 누적현금흐름 | (900)[5)] | (800)[5)] | 100[5)] |
| 누 적 차 입 액 | 600[6)] | 500[6)] | － |

*( ) 안은 －를 의미함.

1) 당월 매출액의 60%가 현금매출이고 나머지 40%는 외상매출인데 외상매출 전액은 다음 달에 회수됨.

   2,400 = 4,000×60%

   1,600 = 4,000×40%

   2,000 = 5,000×40%

2) 재고자산은 다음 달 예상 매출액의 50%를 현금으로 구입함.

   2,500 = 5,000×50%

   3,500 = 7,000×50%

   4,000 = 8,000×50%

3) 당월의 판매비와 관리비는 당월 매출액의 10%임.

   400 = 4,000×10%

   500 = 5,000×10%

   700 = 7,000×10%

4) 월중현금흐름 = 당월 현금유입 − 당월 현금유출

   (900) = 2,400 − 3,300

   100 = 4,600 − 4,500

   900 = 6,200 − 5,300

5) 누적현금흐름은 7～9월 사이에 누적된 현금흐름임.

   (900) = 7월중 현금흐름

   (800) = 7월중 현금흐름 + 8월중 현금흐름 = (900) + 100

   100 = 7월중 현금흐름 + 8월중 현금흐름 + 9월중 현금흐름
   = (900) + 100 + 900

6) 누적차입액은 7～9월 사이에 월초 현금잔액, 월중 현금흐름 및 최소현금보유액을 감안하여 차입한 금액의 누적액임.

   600 = 최소현금보유액 − (7월초 현금잔액 + 7월중 현금흐름)
   = 1,200 − (1,500 + (−900))

   500 = 최소현금보유액 − (8월초 현금잔액 + 8월중 현금흐름)
   + 7월 누적차입액
   = 1,200 − (1,200 + 100) + 600

(2) 추정손익계산서를 작성하면 다음과 같다.

추정손익계산서
(7월 1일~9월 30일)

이산포기업 (단위 : 만원)

| | | | |
|---|---|---|---|
| 매 출 원 가 | 8,000[2)] | 매 출 액 | 16,000[1)] |
| 임 금 | 1,500[3)] | | |
| 판매비와 관리비 | 1,600[4)] | | |
| 감 가 상 각 비 | 138[5)] | | |
| 세 전 순 이 익 | 4,762 | | |
| 합 계 | 16,000 | 합 계 | 16,000 |

1) 매출액은 7～9월간의 매출총액임.
16,000 = 4,000 + 5,000 + 7,000

2) 매출액총이익률이 50%이므로 매출원가율은 50%임.
8,000 = 16,000 × 50%

3) 임금은 7～9월간의 지급총액임.
1,500 = 400 + 500 + 600

4) 판매비와 관리비는 매출액의 10%임.
1,600 = 16,000 × 10%

5) 감가상각비는 매월 비유동자산의 2%임.
138 = 2,300 × 2% × 3개월

(3) 추정재무상태표(9월 30일 현재)를 작성하면 다음과 같다.

추정재무상태표
(9월 30일)

이산포기업 (단위 : 만원)

| | | | |
|---|---|---|---|
| 현 금 | 1,600[1)] | 미지급임금 | 1,000 |
| 매 출 채 권 | 3,500[2)] | 매 입 채 무 | 2,000 |
| 재 고 자 산 | 5,500[3)] | 회 사 채 | 1,500 |
| 기 계 설 비 | 2,300 | 자 본 금 | 1,200 |
| (감가상각충당금) | (638)[4)] | 잉 여 금 | 1,800 |
| | | 세전순이익 | 4,762 |
| 자 산 총 계 | 12,262 | 부채와 자본 총계 | 12,262 |

1) 현금잔액은 7월초 현금잔액과 3개월간 누적현금흐름을 합한 금액임.
1,600 = 1,500 + 100

2) 매출채권 잔액은 7월초 매출채권 잔액과 9월중 매출채권을 합한 금액임.
3,500 = 700 + 7,000 × 40%

3) 재고자산 잔액은 안전재고액과 10월 매출을 대비하여 9월에 구입할 재고자산의 합계임.
5,500 = 1,500 + 8,000 × 50%

4) 감가상각충당금 잔액은 7월초 감가상각충당금 잔액과 3개월간의 감가상각비를 합한 것임.
638 = 500 + 138

## 9.4 현금흐름표의 의의와 작성원리

현금흐름표는 기업의 과거 자금흐름을 한 눈에 파악할 수 있는 보고서이다. 현금흐름표를 올바로 분석하기 위해서는 현금흐름표의 진정한 의미를 이해하고, 그 작성원리를 충분히 파악하는 것이 필요하다. 본절에서는 현금흐름표의 의의와 작성원리를 설명하기로 한다.

### 1. 현금흐름표의 의의

현금흐름표는 기업회계기준상 반드시 공표해야 하는 필수 재무제표 중의 하나로, 일정 영업기간 동안의 현금유입과 유출의 내용을 표시함으로써 현금의 변동사항을 나타내는 보고서이다. 현금흐름표에서의 현금은 통화 및 타인발행수표 등의 통화대용증권과 당좌예금, 보통예금, 정기예금, 정기적금 중 만기가 1년 이내에 도래하는 예금이 포함된다.

재무상태표는 일정시점에서 기업의 자본 조달과 운용 상태를 나타내며, 포괄손익계산서는 일정기간 동안 기업의 수익과 비용을 대응시켜 최종 경영성과인 당기순이익이 어떻게 발생했는지를 나타낸다. 또한 이익잉여금처분계산서는 이익잉여금의 증가·감소 및 이의 처분이 어떻게 이루어졌는지를 나타낸다.

그러나 재무상태표와 포괄손익계산서는 한정된 범위에서 기업의 재무 활동에 관한 정보를 제공할 뿐, 어느 것도 기업의 재무상태의 변동내역을 포괄적으로 나타내지는 못한다. 현금흐름표는 이러한 한계점을 보완하기 위하여 재무상태의 변동내역을 보다 포괄적으로 설명하는 기업의 기본 재무제표 중의 하나이다.

<표 9-3>은 재무제표 중에서 현금흐름표가 차지하는 위치를 보여준다. <표 9-3>에서 보듯이, 현금흐름표는 포괄손익계산서에서 측정되는 당기순이익(이는 이익잉여금과 배당금으로 처분됨)과 기말과 기초재무상태표상의 자산증가분, 부채증가분 그리고 자본증가분(이익잉여금 증가분 제외)을 현금과 관련시켜 그 내역을 작성한 보고서이다. 현금흐름표는 다음과 같은 기능을 가지고 있다.

첫째, 기업의 경영정책을 분석하고 이러한 정책이 기업의 유동성에 어떤 영향을 미치고 있는지를 나타낸다.

둘째, 기업의 재무적 탄력성을 평가하는 데 유용한 정보를 제공하고 영업의 성공 여부를 평가하는 데 기준이 된다.

셋째, 기업의 이익이나 손실이 기업의 운용자금에 미치는 영향을 나타내 준다.

**〈표 9-3〉 현금흐름표의 위치**

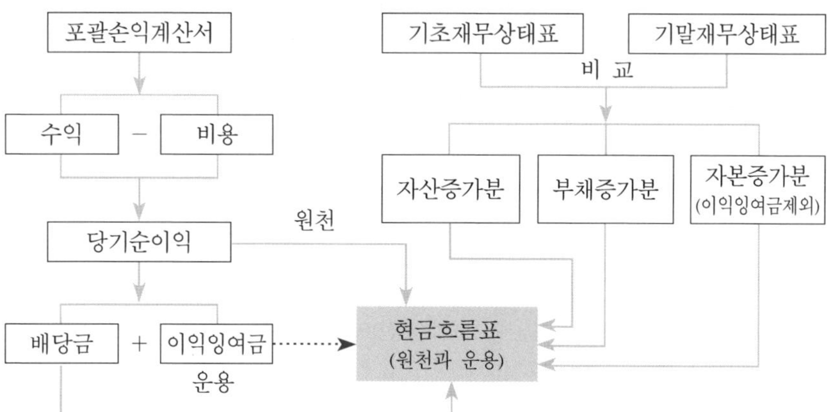

넷째, 기업이 영업자금을 조달할 능력이나 단기부채의 지급능력을 보유하고 있는지를 평가하는 데 유용하다.

다섯째, 기업의 과거 자금조달 정책을 평가하고 미래의 자금조달 정책의 방향을 설정하는 데 기준을 제공한다.

현금흐름표를 작성하는 목적은 기업의 정상적 영업과 성장에 필요한 자금이 원활히 공급되고 순환되는지를 파악하고 기업이 영업으로부터 어느 정도의 현금창출 능력을 갖고 있는지를 평가하는 데 있다. 또한 경영진은 현금흐름표를 분석함으로써 기업의 현금유입 및 유출상황을 파악하여 합리적인 투자결정과 자금조달결정에 필요한 재무정보를 얻을 수 있다. 그리고 외부의 정보이용자는 현금흐름표를 분석함으로써 당해 기업의 배당능력, 차입금의 적기상환능력, 신규사업 추진을 위한 자금조달 능력 등을 평가하는 데 유용한 정보를 획득할 수 있다.

## 2. 현금흐름표의 작성원리

앞의 <표 9-3>에서 볼 수 있듯이, 특정기간 동안의 당기순이익은 포괄손익계산서에서 측정된다. 넓은 의미에서 볼 때 손익계산서상의 당기순이익은 기업의 경영활동으로부터 실현되는 수익과 비용이 상계된 후의 순현금유입액을 의미한다. 전기(기초)이익잉여금과 당기순이익을 합한 금액은 각종 준비금, 적립금 그리고 배당금 등으로 처분된다. 이들의 관계는 다음과 같다.

$$
\begin{aligned}
&\text{기초이익잉여금} + \text{당기순이익(배당전)} \\
&\quad = \text{기말이익잉여금(배당전)} \\
&\quad = \text{각종준비금} + \text{적립금} + \text{배당금} \qquad (9.2)
\end{aligned}
$$

식 (9.2)를 당기순이익(배당전)에 관해 정리하면 식 (9.3)이 성립한다.

$$\begin{aligned}&\text{당기순이익(배당전)}\\&\quad= \text{기말이익잉여금(배당전)} - \text{기초이익잉여금}\\&\quad= \text{기말이익잉여금(배당후)} - \text{기초이익잉여금} + \text{배당금}\\&\quad= \Delta\text{이익잉여금} + \text{배당금}\end{aligned} \tag{9.3}$$

식 (9.3)에서 배당금을 좌변으로 옮기면 식 (9.4)가 성립한다.

$$\text{당기순이익(배당전)} - \text{배당금} = \Delta\text{이익잉여금} \tag{9.4}$$

식 (9.4)에 따르면 이익잉여금의 증가분은 영업활동으로 인한 현금흐름의 원천인 당기순이익(배당전)과 재무활동으로 인한 현금흐름의 운용인 배당금에 의해 결정된다. 즉, 이익잉여금의 증가분은 현금흐름표에서 원천항목에 당기순이익(배당전)으로, 그리고 운용항목에 배당금으로 분류해서 처리함으로써 반영된다(<표 9-3>에서 점선).[4)]

1기간 동안의 현금흐름은 영업활동으로 인한 현금흐름 이외에도 자산(현금 제외), 부채 그리고 자본(이익잉여금 제외)상의 변동으로도 발생한다. 예를 들면 자산의 증가, 부채의 감소 그리고 자본의 감소 등은 현금유출을 수반하는 변동이고 자산의 감소, 부채의 증가 그리고 자본의 증가 등은 현금유입을 수반하는 변동이다. 자산, 부채 및 자본의 변동으로 인한 현금흐름을 파악해 보기로 하자. 먼저 재무상태표 등식을 나타내면 식 (9.5)와 같다.

$$\text{자산}(A) = \text{부채}(D) + \text{자본}(E) \tag{9.5}$$

식 (9.5)에서 자산을 유동자산과 비유동자산으로 분류하고 부채를 유동부채와 비유동부채로 분류해 보기로 하자. 그리고 자본을 자본금, 자본잉여금 그리고 이익잉여금으로 분류해 보기로 하자. 이를 식으로 나타내면 식 (9.6)과 같다.

4) 당기순이익에서 배당금을 차감하면 자동적으로 이익잉여금의 증가분이 된다.

$$\begin{aligned} &\text{유동자산}(CA) + \text{비유동자산}(NCA) \\ &\quad = \text{유동부채}(CL) + \text{비유동부채}(NCL) \\ &\qquad + \text{자본금}(C) + \text{자본잉여금}(CS) + \text{이익잉여금}(PS) \end{aligned} \tag{9.6}$$

식 (9.6)을 좀더 세분하면 식 (9.7)과 같다.

$$\begin{aligned} &\text{현금}(CASH) + \text{기타유동자산}(OCA) + \text{비유동자산}((NCA)) \\ &\quad = \text{단기차입금}(SB) + \text{기타유동부채}(OCL) + \text{비유동부채}(NCL) \\ &\qquad + \text{자본금}(C) + \text{자본잉여금}(CS) + \text{이익잉여금}(PS) \end{aligned} \tag{9.7}$$

식 (9.7)은 재무상태표 등식을 세분하여 정리한 것이다. 식 (9.7)을 1기간 동안의 증분($\Delta$)의 개념으로 바꾸면 다음과 같이 정리할 수 있다.

$$\begin{aligned} &\Delta CASH + \Delta OCA + \Delta NCA \\ &\quad = \Delta SB + \Delta OCL + \Delta NCL + \Delta C + \Delta CS + \Delta PS \end{aligned} \tag{9.8}$$

현금흐름표는 현금(CASH)의 변동을 가져오는 원인(원천과 운용)을 규명하는 보고서이다. 따라서 식 (9.8)을 $\Delta CASH$에 대하여 정리하면 현금흐름표의 작성원리를 이해하는 데 도움을 주는 관계식을 다음과 같이 도출할 수 있다.

$$\begin{aligned} &\Delta CASH \\ &\quad = \Delta PS + \Delta OCL - \Delta OCA - \Delta NCA + \Delta SB + \Delta NCL + \Delta C + \Delta CS \end{aligned} \tag{9.9}$$

그런데 앞의 식 (9.4)에서 보았듯이 $\Delta PS$, 즉 이익잉여금의 증가분은 앞에서 영업활동으로 인한 현금흐름인 당기순이익과 재무활동으로 인한 현금흐름인 배당금으로 나타난다. 다시 말해서 $\Delta PS$는 현금흐름표에서 당기순이익과 배당금으로 따로 반영된다.

영업활동으로 인한 기타유동부채의 증가분($\Delta OCL$)과 기타유동자산의 증가분($\Delta OCA$)은 현금증가분($\Delta CASH$)과 각각 비례, 반비례 관계에 있다. 또한 투자활동과 관련된 비유동자산증가분($\Delta NCA$)은 현금과 반비례 관계에 있다.

단기차입금증가분($\Delta SB$), 비유동부채증가분($\Delta$NCL), 자본금증가분($\Delta C$) 그리고 자본잉여금증가분($\Delta CS$) 등의 재무활동으로 인한 증가분은 현금증가분($\Delta$CASH)과 비례관계에 있다.

**〈표 9-4〉 재무상태표의 주요 항목**

재무상태표

| | |
|---|---|
| CASH (현금)<br>OCA (기타유동자산) | SB (단기차입금)<br>OCL (기타유동부채) |
| | NCL (비유동부채) |
| NCA (비유동자산) | C (자본금)<br>CS (자본잉여금)<br>PS (이익잉여금) |
| 자 산 총 계 | 부채와 자본 총계 |

한편, 이미 설명한 바와 같이 현금흐름표는 재무상태표상의 모든 항목(현금 제외)의 변동을 현금의 변동과 관련시켜서 1기간 동안의 현금의 변동을 추적한 보고서이다. 단순화된 재무상태표를 이용해서 이상의 내용을 좀더 설명해 보기로 하자.

<표 9-4>의 재무상태표에서, 차변의 현금증가분($\Delta CASH$)은 단기차입금증가분($\Delta SB$), 기타유동부채증가분($\Delta OCL$), 비유동부채증가분($\Delta NCL$), 자본금증가분($\Delta C$), 자본잉여금증가분($\Delta CS$) 그리고 이익잉여금증가분($\Delta PS$)과 비례관계에 있다. 이는 자산의 증가(감소)가 부채 및 자본의 증가(감소)를 가져온다는 재무상태표 작성원리로부터 쉽게 이해될 수 있다.

또한 현금증가분($\Delta CASH$)은 기타유동자산증가분($\Delta OCA$)과 비유동자산증가분($\Delta NCA$)과 반비례 관계에 있다. 이것도 자산의 증가(감소)가 다른 자산의 감소(증가)를 가져온다는 재무상태표 작성원리로부터 쉽게 이해될 수 있다. 결국 현금흐름표 작성원리는 재무상태표 작성원리로부터 도출된 것임을 알 수 있다.

현금흐름표에서는 재무상태표상의 항목변화를 영업활동으로 인한 현금흐름, 투자활동으로 인한 현금흐름, 재무활동으로 인한 현금흐름으로 분류하고 있다. 이를 정리하면 <표 9-5>와 같다.

〈표 9-5〉 현금흐름의 분류

| 혼합현금흐름 | 영업활동으로 인한 현금흐름 | 투자활동으로 인한 현금흐름 | 재무활동으로 인한 현금흐름 |
|---|---|---|---|
| | (−)기타유동자산증가분 ($\Delta OCA$)** <br> (+)기타유동부채증가분 ($\Delta OCL$) | (−)기타유동자산증가분 ($\Delta OCA$)** <br> (−)비유동자산증가분 ($\Delta NCA$) | (+)단기차입금증가분 ($\Delta SB$) <br> (+)비유동부채증가분 ($\Delta NCL$) <br> (+)자본금증가분($\Delta C$) <br> (+)자본잉여금증가분 ($\Delta CS$) |
| 이익잉여금증가분 ($\Delta PS$)* | (+)당기순이익 | | (−)배당금 |

( ) 안의 부호는 현금에 미치는 효과를 나타낸 것임.

* 이익잉여금증가분은 영업활동으로 인한 현금흐름과 재무활동으로 인한 현금흐름으로 분해함.

** $\Delta OCA$는 그 성격에 따라 영업활동으로 인한 현금흐름과 투자활동으로 인한 현금흐름으로 나뉘어진다. 예를 들어 매출채권증가분은 영업활동으로 인한 현금흐름이고 대여금증가분은 투자활동으로 인한 현금흐름이다(자세한 내용은 본장의 <표 9-6>을 참조할 것).

<표 9-5>는 재무상태표상의 항목변화를 특성별로 분류하고 각각이 현금흐름에 미치는 영향을 살펴본 것이다. 혼합현금흐름인 이익잉여금의 증가분도 결국은 영업활동으로 인한 현금흐름과 재무활동으로 인한 현금흐름으로 분류된다. 따라서 모든 재무상태표상의 항목변화는 세 가지 현금흐름으로 파악할 수 있다. 또한 각 항목의 증가분과 현금흐름과의 관련성은 식 (9.8)에서 살펴본 바와 일치한다.

지금까지는 모든 재무상태표 항목의 변화가 현금과 직접적으로 관련을 맺고 변화한다고 가정하였다. 그러나 현실적으로 재무상태표 항목의 변동 중에는 현금과 직접적으로 관련을 맺지 않는 변화도 많이 있다. 예를 들어, 건물을 취득하면서 그 대가를 주식을 발행하여 지급한 경우에는 현금이 변동하지 않는다. 이런 경우는 현금흐름표에 주석사항으로 기입하도록 되어 있다.

## 9.5 현금흐름의 원천과 운용

지금까지는 재무상태표의 항목변화를 기준으로 현금흐름표 작성원리를 설명하였다. 본절에서는 현금흐름의 원천과 운용이 구체적으로 어떻게 인식되는지를 살펴보기로 한다. 그리고 직접법과 간접법에 의한 현금흐름의 분류에 대해서도 설명하기로 한다.

### 1. 현금흐름의 분류

현금흐름표에서는 현금의 원천과 운용을 영업활동, 투자활동 그리고 재무활동으로 구분하여 표시한다. 이를 요약하면 <표 9-6>과 같다.

<표 9-6>은 현금흐름의 원천과 운용을 크게 세 가지로 나누어서 분류한 것이다. 영업활동이라 함은 기업의 고유활동인 구매-생산-판매-회수와 관련된 활동을 의미한다. 그리고 투자활동이라 함은 현금의 대여·회수, 유가증권 및 비유동자산을 취득하고 처분하는 활동을 의미한다. 마지막으로 재무활동이라 함은 기업이 필요로 하는 자본을 조달하고 차입자금을 상환하거나 배당금을 지급하는 활동을 의미한다.

<표 9-6>에서 볼 수 있듯이 영업활동으로 인한 현금흐름의 원천, 즉 '영업활동으로 인한 현금의 유입'에는 제품판매에 따른 현금유입액(매출채권 회수 포함), 이자수익과 배당금수익, 기타 투자활동과 재무활동에 속하지 아니하는 거래에서 발생된 현금유입액이 포함된다.

그리고 영업활동으로 인한 현금흐름의 운용, 즉 '영업활동으로 인한 현금유출'에는 원재료, 상품 등의 구입에 따른 현금유출액(매입채무의 결제 포함), 기타 상품과 용역의 공급자와 종업원에 대한 현금지출액 그리고 법인세지급액(비유동자산 처분에 의한 특별부가세 제외), 지급이자, 기타 투자활동과 재무활동에 속하지 아니하는 거래에서 발생된 현금유출액 등이 포

〈표 9-6〉 현금흐름표상 현금의 원천과 운용

| 구 분 | 내 용 | 원 천 | 운 용 |
|---|---|---|---|
| 영업활동 | · 제품의 생산활동<br>· 상품 및 용역의 구매와 판매활동 | · 제품판매에 따른 현금유입액(매출채권의 회수 포함)<br>· 이자수익과 배당금수익<br>· 기타 투자활동과 재무활동에 속하지 아니하는 거래에서 발생된 현금유입액 | · 원재료, 상품 등의 구입에 따른 현금유출액(매입채무의 결제 포함)<br>· 기타 상품과 용역의 공급자와 종업원에 대한 현금지출액<br>· 법인세지급액, 지급이자, 기타 투자활동과 재무활동에 속하지 아니하는 거래에서 발생하는 현금유출액 |
| 투자활동 | · 현금의 대여와 회수활동<br>· 유가증권 및 비유동자산의 취득과 처분활동 | · 대여금 회수, 유가증권 처분 및 비유동자산 처분에 따른 현금유입액 | · 현금의 대여, 유가증권 및 비유동자산의 취득에 따른 현금유출액 |
| 재무활동 | · 현금의 차입 및 상환, 신주발행, 배당금 지급 등과 같이 부채 및 자본계정에 영향을 미치는 활동 | · 당좌차월액 및 장단기 차입액<br>· 어음, 사채 및 주식 발행액 | · 배당금 지급, 유상감자, 자기주식 취득, 차입금 상환, 자산취득 및 부채상환에 따른 현금유출액 |

함된다.

이러한 영업활동으로 인한 현금흐름은 직접법 또는 간접법으로 표시할 수 있다. 직접법이라 함은 현금을 수반하여 발생한 수익 또는 비용항목을 총액으로 표시하되 현금유입액은 원천별로, 현금유출액은 용도별로 분류하여 표시하는 방법을 말한다. 이 경우 현금흐름을 수반하여 발생하는 수익·비용 항목을 원천별로 구분하여 직접 계산하는 방법이 많이 이용된다.

간접법이라 함은 당기순이익(순손실)에 현금유출이 없는 비용을 가산하고 현금유입이 없는 수익을 차감한 후 영업활동으로 인한 자산·부채의 변동를 감안하여 영업활동으로 인한 현금흐름을 산출하는 방법이다.

직접법으로 작성하든 아니면 간접법으로 작성하든 영업활동으로 인한 현금흐름의 최종 결과는 동일하다. 그리고 직접법과 간접법 모두에서 투자활동과 재무활동으로 인한 현금흐름의 표시방법은 동일하다.

## 2. 영업활동으로 인한 현금흐름

영업활동으로 인한 현금흐름을 직접법으로 파악하는 원리를 살펴보면 <표 9-7>과 같다. <표 9-7>에서 볼 수 있듯이, 직접법으로 구한 영업활동으로 인한 현금흐름은 ① − ② + ③ − ④ − ⑤로 구할 수 있다. 그리고 ① − ② + ③ − ④ − ⑤는 *A*(=매출액−매출원가+영업외수익−판매비와 관리비−영업외비용−법인세)와 *B*(=−매출채권증가분−재고자산증가분+매입채무증가분)로 나누어 볼 수 있다. *A*는 영업활동으로 인해 발생하는 수익과 비용에 따른 현금의 유입과 유출을 의미하고, *B*는 영업활동으로 인한 자산・부채의 변동에 따른 현금의 유입과 유출을 의미한다.

여기서 *A*를 좀더 분석해 보기로 하자. *A*를 구성하는 항목은 현금유입

〈표 9-7〉 직접법에 의한 영업활동으로 인한 현금흐름

| 영업활동으로 인한 현금흐름(직접법) | |
|---|---|
| ① 매출 등 수익활동으로 부터의 유입액 | = 매출액 − 매출채권증가분 |
| ② 매입 등 수익활동에 따른 유출액 | = 매출원가 + 재고자산증가분 − 매입채무증가분 |
| ③ 기타 수입액 | = 영업외수익 |
| ④ 기타 지급액 | = 판매비와 관리비 + 영업외비용 |
| ⑤ 법인세 지급액 | = 법인세 |
| ① − ② + ③ − ④ − ⑤ | = (매출액 − 매출원가 + 영업외수익 − 판매비와 관리비 − 영업외비용 − 법인세)<br>+(−매출채권증가분 − 재고자산증가분+매입채무증가분)<br>= (A)+(B) |

* 수익과 비용 중에는 현금유입이 없는 수익과 현금유출이 없는 비용이 제외됨.

〈표 9-8〉 영업활동현금흐름과 관련이 없는 수익 · 비용 등 항목의 예

| 현금유입이 없는 수익(*C*) | 현금유출이 없는 비용(*D*) |
|---|---|
| · 단기투자자산평가이익<br>· 외화환산이익<br>· 대손충당금환입액<br>· 통화선도평가이익<br>· 재고자산평가이익<br>· 지분법적용이익<br>· 단기투자자산처분이익<br>· 투자자산처분이익<br>· 유형자산처분이익 등 | · 단기투자자산평가손실<br>· 외화환산손실<br>· 감가상각비, 무형자산상각비<br>· 통화선도평가손실<br>· 재고자산평가손실<br>· 지분법적용손실<br>· 대손상각비<br>· 단기투자자산처분손실<br>· 투자자산처분손실<br>· 유형자산처분손실 등 |

과 현금유출을 발생시키는 수익과 비용이다. *A*에는 현금유입이 없는 수익과 현금유출이 없는 비용은 포함되어 있지 않다. 수익과 비용 중에는 현금흐름과 관련 없는 수익과 비용이 있다. 즉, 현금유입이 없는 수익과 현금유출이 없는 비용이 있다. 현금유입이 없는 수익과 현금유출이 없는 비용들을 열거하면 <표 9-8>과 같다.

<표 9-8>에서 볼 수 있듯이, 포괄손익계산서상에서는 수익으로 처리하나 현금유입이 없는 항목(*C*)으로는 단기투자자산평가이익, 외화환산이익, 대손충당금환입액, 통화선도평가이익, 재고자산평가이익, 지분법적용이익, 단기투자자산처분이익, 투자자산처분이익, 그리고 유형자산처분이익 등이 있다. 그리고 포괄손익계산서상에서는 비용으로 처리하나 현금유출이 없는 비용(*D*)으로는 단기투자자산평가손실, 외화환산손실, 감가상각비, 무형자산상각비, 통화선도평가손실, 재고자산평가손실, 지분법적용손실, 대손상각비, 단기투자자산처분손실, 투자자산처분손실, 그리고 유형자산처분손실 등이 있다. 외화환산손익 중에서 현금 및 현금성자산에 포함되는 외화자산으로부터 발생한 외화환산손익은 현금유출입이 있는 손익이므로 당기순이익에 가감하지 않는다.

결국 앞의 <표 9-7>에서 A를 구성하는 요소들에 현금유입이 없는 수익(*C*)을 더하고 현금유출이 없는 비용(*D*)을 차감하면 당기순이익이 된다.[5)]

5) 여기서 말하는 당기순이익은 배당전의 당기순이익이다.

$$당기순이익 = A + C - D \tag{9.10}$$

다음에는 직접법에 의한 영업활동으로 인한 현금흐름인 $A+B$를 구하기 위해 식 (9.10)의 양변에 $B$를 더하고 이를 $A+B$에 대해 풀어보기로 하자.

$$당기순이익 + B = A + C - D + B$$

**〈표 9-9〉 간접법에 의한 영업활동으로 인한 현금흐름**

| 영업활동으로 인한 현금흐름(간접법) |
|---|
| · 당기순이익<br>· 현금유입이 없는 수익 등($C$)<br>· 현금유출이 없는 비용 등($D$)<br>· 영업활동으로 인한 자산·부채의 변동($B$) |
| 당기순이익$-C+D+B$ |

$$\therefore \underbrace{\boxed{A+B}}_{(직접법)} = \underbrace{\boxed{당기순이익 - C + D + B}}_{(간접법)} \tag{9.11}$$

식 (9.11)의 우변은 간접법으로 표시한 영업활동으로 인한 현금흐름을 의미한다. 이를 좀더 자세히 설명하면 <표 9-9>와 같다.

<표 9-9>에서 볼 수 있듯이, 간접법에 의한 영업활동으로 인한 현금흐름은 당기순이익에서 현금유입이 없는 수익($C$)을 차감하고 현금유출이 없는 비용($D$)을 가산한 후, 영업활동으로 인한 자산·부채의 변동($B$)을 더해서 구해진다. 영업활동으로 인한 자산·부채의 변동($B$)은 직접법에서와 동일하게 다음과 같이 구해진다.

영업활동으로 인한 자산·부채의 변동[6)]

$= -\Delta OCA + \Delta OCL$

$= -$ (매출채권증가분 + 재고자산증가분) + 매입채무증가분

6) $\Delta OCA$에는 매출채권증가분 이외에도 선급비용증가분, 선급금증가분, 미수수익증가분 등이 있고, $\Delta OCL$에는 매입채무증가분 이외에도 선수수익증가분, 선수금증가분, 미지급비용증가분 등이 있다.

현실적으로 많은 기업들은 간접법으로 영업활동으로 인한 현금흐름을 측정하고 있다.

## 3. 투자활동 및 재무활동으로 인한 현금흐름

현금흐름표에는 영업활동으로 인한 현금흐름 이외에도 투자활동 및 재무활동으로 인한 현금흐름이 보고된다. 먼저 투자활동으로 인한 현금흐름을 설명하고, 다음에는 재무활동으로 인한 현금흐름을 설명하기로 한다.

<표 9-6>에서 볼 수 있듯이, 투자활동이라 함은 현금의 대여와 회수활동, 유가증권 및 비유동자산의 취득과 처분활동 등을 말한다. 다시 말해서 투자활동이란, 식 (9.9)의 $\Delta OCA$(기타유동자산 증가분)에 속하는 것 중에서 유가증권 변동 및 대여금 변동을 가져오는 활동[7]과 $\Delta NCA$(비유동자산 증가분)를 발생시키는 활동을 의미한다.

투자활동으로 인한 현금흐름의 원천, 즉 '투자활동으로 인한 현금의 유입'에는 대여금의 회수, 유가증권의 처분, 비유동자산의 처분에 따른 현금유입액이 포함된다. 그리고 투자활동으로 인한 현금흐름의 운용, 즉 '투자활동으로 인한 현금의 유출'에는 현금의 대여, 유가증권 및 비유동자산의 취득에 따른 현금유출액이 포함된다.

한편, 재무활동이라 함은 현금의 차입 및 상환, 신주 발행이나 배당금의 지급 등과 같이 부채 및 자본계정에 영향을 미치는 활동을 말한다. 다시 말해서 재무활동은 식 (9.9)의 $\Delta SB$(단기차입금증가분), $\Delta NCL$(비유동부채증가분), $\Delta C$(자본금증가분), $\Delta CS$(자본잉여금증가분) 및 $\Delta PS$(배당금지급액)을 발생시키는 활동을 의미한다.

재무활동으로 인한 현금흐름의 원천, 즉 '재무활동으로 인한 현금의 유입'에는 당좌차월액, 장단기차입액, 어음·사채 및 주식발행액 등이 포함된다. 그리고 재무활동으로 인한 현금흐름의 운용, 즉 '재무활동으로 인한 현금의 유출'에는 차입금의 상환, 유상감자, 자기주식의 취득, 배당금

---

7) 예를 들어 단기대여금, 단기투자자산의 증감은 $\Delta OCA$이지만 투자활동으로 인한 현금흐름에 속한다.

의 지급 등에 따른 현금유출액이 포함된다.

지금까지는 일반기업회계기준에 따라 기업활동을 분류하였다. 2011년부터 상장기업들은 모두 K-IFRS에 따라 현금흐름표를 작성하여야 한다. 일반기업회계 기준과 K-IFRS상의 기업활동 분류는 거의 동일하나 몇 가지 점에서 차이가 있다.[8)]

## 9.6 현금흐름표의 작성

지금까지는 재무제표의 한 형태인 현금흐름표의 기본적인 작성원리를 공부하였다. 본절에서는 이상의 지식을 바탕으로 현금흐름표의 작성방법을 예를 들어 설명하기로 한다. 현금흐름표는 다음과 같은 절차를 거쳐 작성된다.

**〈표 9-10〉 자유기업의 비교재무상태표**

재무상태표

자유기업 (단위 : 백만원)

| 계정과목 | 전년도 말 | 금년도 말 | 증 가 | 감 소 |
|---|---|---|---|---|
| 현 금 | 7,000 | 4,000 | | 3,000 |
| 매 출 채 권 | 4,000 | 5,000 | 1,000 | |
| 단기대여금 | 1,000 | 700 | | 300 |
| 재 고 자 산 | 5,000 | 4,000 | | 1,000 |
| 투 자 자 산 | 5,000 | 2,300 | | 2,700 |
| 건물 · 기계 | 16,000 | 29,000 | 13,000 | |
| (감가상각충당금) | (4,000) | (7,000) | (3,000) | |
| 자 산 총 계 | 34,000 | 38,000 | | |
| 매 입 채 무 | 7,000 | 5,000 | | 2,000 |
| 단기차입금 | 2,000 | 3,000 | 1,000 | |
| 장기차입금 | 3,000 | 3,000 | 0 | |
| 자 본 금 | 4,000 | 5,000 | 1,000 | |
| 자본잉여금 | 11,000 | 13,000 | 2,000 | |
| 이익잉여금 | 7,000 | 9,000 | 2,000 | |
| 부채와 자본 총계 | 34,000 | 38,000 | | |

* 감가상각비 3,000백만원은 매출원가에서 2,500백만원, 판매비와 관리비에서 500백만원 발생함.

8) 일반기업회계기준과 K-IFRS상의 기업활동 분류 차이

| 회계기준 | 이자비용 | 이자수익 | 배당금수익 | 배당금 지급 | 단기증권 매매 |
|---|---|---|---|---|---|
| 일반기업회계기준 | 영업활동 | 영업활동 | 영업활동 | 재무활동 | 투자활동 |
| K-IFRS | 영업활동 또는 재무활동 | 영업활동 또는 투자활동 | 영업활동 또는 투자활동 | 영업활동 또는 영업활동 | 영업활동 |

〈표 9-11〉 자유기업의 손익계산서

손익계산서

자유기업 (금년도 중) (단위 : 백만원)

| 계 정 과 목 | 금 액 |
|---|---|
| 매 출 액 | 50,000 |
| -매 출 원 가 | 39,000 |
| 매 출 총 이 익 | 11,000 |
| -판매비와 관리비 | 6,000 |
| 영 업 이 익 | 5,000 |
| +영 업 외 수 익 | 4,000 |
| -영 업 외 비 용 | 4,000 |
| (이 자 비 용) | (700) |
| 법인세비용차감전순이익 | 5,000 |
| -법 인 세 비 용 | 2,000 |
| 당 기 순 이 익 | 3,000 |

* 배당금은 1,000백만원임. ** 발행주식수는 100만주임.
*** 주가는 18,900원임.
**** 영업외비용 중에는 투자자산처분손실 500백만원이 포함됨.

첫째, 재무상태표, 포괄손익계산서 및 이익잉여금처분계산서상의 계정을 영업활동, 투자활동 및 재무활동으로 구분한다.

둘째, 2개 연도의 재무상태표를 비교하여 각 활동별로 현금유입과 현금유출을 분류하고 그 증감액을 산출한다.

셋째, 포괄손익계산서와 이익잉여금처분계산서에서 각 활동별로 현금유입과 현금유출을 분류하여 그 금액을 산출한다.

넷째, 각 활동별로 현금유입과 현금유출 항목을 나열하고 현금흐름표를 작성한다.

<표 9-10>은 자유기업의 전년도 말과 금년도 말의 재무상태표이고 <표 9-11>은 자유기업의 금년도 중의 손익계산서이다. 이 기업의 현금흐름표를 직접법과 간접법에 의하여 작성해 보기로 하자.

## 1. 직접법에 의한 현금흐름표

다음의 <표 9-12>는 자유기업의 비교재무상태표와 손익계산서를 사

**〈표 9-12〉 자유기업의 현금흐름표(직접법)**

현금흐름표

자유기업 (금년도 중) (단위 : 백만원)

| 구 분 | 금 액 | |
|---|---|---|
| Ⅰ. 영업활동으로 인한 현금흐름 | | +4,500 |
| 1. 매출 등 수익활동으로부터의 유입액 | +49,000 | |
| 2. 매입 등 수익활동에 따른 유출액 | −37,500 | |
| 3. 기타 수입액 | +4,000 | |
| 4. 기타 지급액 | − 9,000 | |
| 5. 법인세지급액 | − 2,000 | |
| Ⅱ. 투자활동으로 인한 현금흐름 | | −10,500 |
| 1. 투자활동으로 인한 현금유입액 | | |
| 가. 단기대여금 감소 | +300 | |
| 나. 투자자산 감소 | +2,200 | |
| 2. 투자활동으로 인한 현금유출액 | | |
| 가. 건물 · 기계 증가 | −13,000 | |
| Ⅲ. 재무활동으로 인한 현금흐름 | | +3,000 |
| 1. 재무활동으로 인한 현금유입액 | | |
| 가. 단기차입금 증가 | +1,000 | |
| 나. 장기차입금 증가 | +0 | |
| 다. 자본금 증가 | +1,000 | |
| 라. 자본잉여금 증가 | +2,000 | |
| 2. 재무활동으로 인한 현금유출액 | | |
| 가. 배당금지급 | −1,000 | |
| Ⅳ. 현금의 증가(순현금흐름) | | −3,000 |
| Ⅴ. 기초의 현금 | | 7,000 |
| Ⅵ. 기말의 현금 | | 4,000 |

주: 작성근거

Ⅰ-1) 매출액−매출채권증가분 = 50,000−1,000 = 49,000

Ⅰ-2) 매출원가−감가상각비+재고자산증가분−매입채무증가분 = 39,000−2,500+(−1,000)−(−2,000) = 37,500

Ⅰ-3) 영업외수익= 4,000

Ⅰ-4) 판매비와 관리비−감가상각비+영업외비용−투자자산처분손실 = 6,000−500+4,000−500=9,000

Ⅱ-1) 나. 투자자산 감소 = 2,700−투자자산처분손실 = 2,700−500 = 2,200

용하여 현금흐름표를 직접법으로 작성한 것이다. <표 9-12>에서 보듯이, 매입 등 수익활동에 따른 유출액에서 감가상각비를 제외시키고, 기타 지급액에서 감가상각비와 투자자산처분손실을 제외시켰다. 그 이유는 감가상각비와 투자자산처분손실이 당기순이익을 산출할 때에는 비용으로 계상되지만 실제로는 현금지출을 수반하지 않기 때문이다.

자유기업은 건물·기계 등에 13,000백만원의 시설투자를 하였는데 이에 소요되는 현금을 영업활동으로 4,500백만원, 단기대여금 회수와 투자자산 처분을 통한 투자활동에서 2,500백만원, 단기차입금 조달 및 유상증자 등을 통한 재무활동에서 3,000백만원 등, 총 10,000백만원을 조달하여 충당한 것으로 나타났다. 그리고 부족자금인 3,000백만원은 기보유 현금으로 충당한 것으로 파악된다.

## 2. 간접법에 의한 현금흐름표

다음의 <표 9-13>은 자유기업의 비교재무상태표와 손익계산서를 사용하여 현금흐름표를 간접법으로 작성한 것이다. 간접법에 의한 현금흐름표가 앞에서 설명한 직접법에 의한 현금흐름표와 차이가 나는 것은 영업활동으로 인한 현금흐름을 상계시켜 간략히 표시한 점이다.

간접법에서는 수익과 비용을 상계한 당기순이익(3,000백만원)에 현금유출이 없는 비용(3,500백만원)을 가산하고 현금유입이 없는 수익(0원)을 차감한 후, 영업활동으로 인한 자산·부채의 변동(−2,000백만원)을 감안하여 영업활동으로 인한 현금흐름을 구한다. 따라서 직접법에 의할 때와 간접법에 의할 때 영업활동으로 인한 현금흐름은 결국 같게 된다. 간접법에서의 영업활동으로 인한 현금흐름 이외의 항목인 Ⅱ와 Ⅲ은 직접법의 항목과 동일하다.

이상에서 직접법과 간접법에 의한 현금흐름표를 작성해 보았다. 실제로 기업의 현금흐름표를 작성하는 데에는 이보다 훨씬 복잡한 항목들을 고려해야 한다. 항목들이 복잡하더라도 현금흐름표를 작성하는 논리는 지금까지 설명한 것과 동일하다.

### 〈표 9-13〉 자유기업의 현금흐름표(간접법)

현금흐름표

자유기업 (금년도 중) (단위 : 백만원)

| 구 분 | 금 액 | |
|---|---|---|
| Ⅰ. 영업활동으로 인한 현금흐름 | | +4,500 |
| 1. 당기순이익* | +3,000 | |
| 2. 현금의 유출이 없는 비용 | +3,500 | |
| 3. 현금의 유입이 없는 수익 | −0 | |
| 4. 영업활동으로 인한 자산·부채의 변동 | | |
| 가. 매출채권 증가 | −1,000 | |
| 나. 재고자산 감소 | +1,000 | |
| 다. 매입채무 감소 | −2,000 | |
| Ⅱ. 투자활동으로 인한 현금흐름 | | −10,500 |
| 1. 투자활동으로 인한 현금유입액 | | |
| 가. 단기대여금 감소 | +300 | |
| 나. 투자자산 감소 | +2,200 | |
| 2. 투자활동으로 인한 현금유출액 | | |
| 가. 건물·기계 증가 | −13,000 | |
| Ⅲ. 재무활동으로 인한 현금흐름 | | +3,000 |
| 1. 재무활동으로 인한 현금유입액 | | |
| 가. 단기차입금 증가 | +1,000 | |
| 나. 장기차입금 증가 | +0 | |
| 다. 자본금 증가 | +1,000 | |
| 라. 자본잉여금 증가 | +2,000 | |
| 2. 재무활동으로 인한 현금유출액 | | |
| 가. 배당금 지급 | −1,000 | |
| Ⅳ. 현금의 증가(순현금흐름) | | −3,000 |
| Ⅴ. 기초의 현금 | | 7,000 |
| Ⅵ. 기말의 현금 | | 4,000 |

주 : 작성근거

Ⅰ-1) 손익계산서(포괄손익계산서)상 당기순이익 = 3,000

Ⅰ-2) 3,500 = 감가상각비 + 투자자산처분손실 = 3,000+500

감가상각비 = 7,000−4,000 = 3,000

투자자산처분손실 = 500

* K-IFRS에서는 당기순이익에 대한 조정으로 +이자비용−이자수익+법인세비용을 하여 영업활동에서 창출한 현금흐름으로 하고, 이들을 별도로 다른 활동에서 −이자비용+이자수익−법인세비용으로 처리하기도 한다.

다만 현실적으로 현금흐름에 영향을 주지 않는 거래에 의한 재무상태표 항목의 변동도 많이 있다. 토지를 매입하고 그 대금으로 회사채를 발행한다든지, 아니면 장기부채가 상환기일이 임박하게 되어 단기부채로 전환된다든지 하는 거래가 대표적인 예이다. 이러한 활동을 비현금활동이라 하는데, 앞에서도 이미 언급한 바와 같이 이들은 현금흐름표의 주석에 표기하도록 되어 있다.

비현금거래의 대표적인 사례는 다음과 같다.

① 토지매입 대금으로 회사채 발행
② 장기부채의 단기부채 전환
③ 설비자산을 현물출자 받음
④ 토지, 설비자산 등을 후불조건으로 매입 또는 매도
⑤ 무상증자 또는 무상감자로 인한 자본변화
⑥ 전환사채의 주식 전환
⑦ 건설중인자산의 완공으로 인한 유형자산 대채

본절에서는 기업의 현금흐름을 분석하는 데 필요한 재무정보를 제공해 주는 현금흐름표에 대하여 살펴보았다. 그런데 현금흐름표는 과거의 재무자료를 이용하여 작성되었기 때문에 기업의 미래 현금흐름 분석에는 적합하지 못할 것이다. 따라서 미래 현금흐름을 분석하기 위해서는 기업의 미래 추정재무제표를 작성하고 이를 근거로 현금흐름표를 작성해야 할 것이다.

## 9.7 현금흐름표를 이용한 재무분석

현금흐름표는 기업 유동성의 움직임을 파악하는 데 가장 직접적이고 정확한 정보를 제공한다. 특히 최근에는 기업의 부실 및 도산과 관련하여 현금흐름표 분석의 중요성이 강조되고 있다. 본절에서는 현금흐름표 분석과 현금흐름과 관련된 재무정보를 설명하기로 한다.

## 1. 현금흐름표 분석

앞의 절에서 작성한 자유기업의 금년도 1년 동안의 현금흐름표(직접법)를 이용하여 현금흐름을 분석해 보기로 한다. <표 9-14>는 자유기업의 현금흐름표를 분석한 표이다.

<표 9-14>에서 볼 수 있듯이, 자유기업의 총현금유입액 59,500백만원 중에서 89%가 영업활동으로 인한 유입액이고 4%는 투자활동으로 인한 유입액이다. 그리고 나머지 7%는 재무활동으로 인한 현금흐름이다. 즉, 총현금유입액의 거의 대부분이 영업활동에서 비롯되었으며 다음으로 단기차입과 유상증자에 의한 재무활동으로부터 창출되었고 일부는 단기대여금 회수와 투자자산 매각에 의한 투자활동을 통해서 유입되었음을 알 수 있다.

그리고 자유기업의 총현금유출액 62,500백만원 중에서 77%가 영업활동에서 지출된 유출액이고, 다음으로 21%는 투자활동에서 지출된 유출액이다. 나머지 2%만이 배당금 지급에서 비롯된 것이다. 즉, 총현금유출액의 거의 대부분이 영업활동에서 발생했으며 다음으로 건물·기계를 취득하는데 지출되었고 일부는 배당금 지급으로 유출되었음을 알 수 있다.

또한 자유기업의 금년도 현금유출액은 62,500백만원이고 현금유입액은 59,500백만원으로서, 전체적으로 1년 동안에 현금이 3,000백만원 감소되었다. 이를 활동별로 나누어 보면 다음과 같다. 영업활동과 재무활동에서는 7,500백만원(=4,500+3,000)의 현금유입이 있었으나 투자활동에서는 10,500백만원의 현금유출이 발생하여 결국 현금이 3,000백만원 감소하였다.

〈표 9-14〉 현금흐름표(직접법) 분석

현금흐름표

자유기업 (금년도 중) (단위: 백만원)

| 구 분 | 현금유입 | | 현금유출 | | 순현금흐름 |
|---|---|---|---|---|---|
| | 금액 | % | 금액 | % | |
| Ⅰ. 영업활동으로 인한 현금흐름 | | | | | |
| 1. 매출등 수익활동으로부터의 유입액 | 49,000 | 82 | | | |
| 2. 매입등 수익활동에 따른 유출액 | | | 37,500 | 60 | |
| 3. 기타 수입액 | 4,000 | 7 | | | |
| 4. 기타 지급액 | | | 9,000 | 14 | |
| 5. 법인세지급액 | | | 2,000 | 3 | |
| 영업활동으로 인한 현금흐름 | 53,000 | 89 | 48,500 | 77 | +4,500 |
| Ⅱ. 투자활동으로 인한 현금흐름 | | | | | |
| 1. 투자활동으로 인한 현금유입액 | | | | | |
| 가. 단기대여금 감소 | 300 | | | | |
| 나. 투자자산 감소 | 2,200 | 3 | | | |
| 2. 투자활동으로 인한 현금유출액 | | | 13,000 | 21 | |
| 가. 건물·기계 증가 | | | | | |
| 투자활동으로 인한 현금흐름 | 2,500 | 4 | 13,000 | 21 | −10,500 |
| Ⅲ. 재무활동으로 인한 현금흐름 | | | | | |
| 1. 재무활동으로 인한 현금유입액 | | | | | |
| 가. 단기차입금 증가 | 1,000 | 2 | | | |
| 나. 장기차입금 증가 | 0 | 0 | | | |
| 다. 자본금 증가 | 1,000 | 2 | | | |
| 라. 자본잉여금 증가 | 2.000 | 3 | | | |
| 2. 재무활동으로 인한 현금유출액 | | | | | |
| 가. 배당금 지급 | | | 1,000 | 2 | |
| 재무활동으로 인한 현금흐름 | 4,000 | 7 | 1,000 | 2 | +3,000 |
| Ⅳ. 현금유입 | 59,500 | 100 | | | |
| Ⅴ. 현금유출 | | | 62,500 | 100 | |
| Ⅵ. 현금의 증가(순현금흐름) | | | | | −3,000 |

## 2. 현금흐름과 관련된 재무정보 분석

현금흐름표에서 얻은 정보로부터 몇 가지 유용한 재무정보를 산출할 수 있다. 영업활동으로 인한 현금흐름은 당기순이익을 기준으로 한 현금흐름이므로, 보통주 주주에게 귀속되는 현금흐름으로 많이 이용된다(증권실무에서는 영업활동으로 인한 현금흐름을 단순히 당기순이익+감가상각비로 대용하기도 한다).

현금흐름과 관련된 재무정보에는 주당현금흐름, 주가현금흐름비율(*PCR*), 배당지급능력배수 등이 대표적이다. 또한 기업의 상환능력을 판단하는 데에도 현금흐름비율이 이용되고 있다. 상환능력을 파악하는 데 이용되는 현금흐름비율에는 영업활동현금흐름 대 차입금, 영업활동현금흐름 대 총부채, 현금흐름보상비율 그리고 현금흐름이자보상비율 등이 대표적이다.

## 1 현금흐름과 주가비율

주식가치평가와 관련된 재무비율을 소개하면 다음과 같다.

### ① 주당현금흐름

주당현금흐름이란 1주당 귀속되는 현금흐름을 의미한다. 현금흐름에 대한 정의는 사용목적에 따라 다르다. 현금흐름은 당기순이익에 현금의 유출이 없는 비용(감가상각비, 무형자산상각비 등)을 가산하고 현금의 유입이 없는 수익(유가증권평가이익 등)을 차감하는 것으로 정의된다. 실무적으로 통상 주주현금흐름은 당기순이익+감가상각비와 무형자산삼각비로 계산하므로 본서에서도 편의상 그렇게 정의한다. 주주현금흐름은 주주에게 귀속되는 현금흐름을 기준으로 정의한 것으로 주가현금흐름비율(PCR)을 구할 때 많이 사용된다. 주당현금흐름이 많을수록 주주의 가치가 커진다. 주당현금흐름을 구하는 식과 자유기업의 주당현금흐름은 다음과 같다(자유기업의 발행주식수는 100만주임).

$$\text{주당현금흐름} = \frac{\text{주주현금흐름}}{\text{발행주식수} } \tag{9.12}$$

$$= \frac{6{,}000\text{백만원}}{100\text{만주}} = 6{,}000\text{원}$$

$$\begin{aligned}\text{주주현금흐름} &= \text{당기순이익} + \text{감가상각비와 무형자산상각비}\\ &= 3{,}000\text{백만원}+3{,}000\text{백만원} = 6{,}000\text{백만원}\end{aligned}$$

자유기업의 당기순이익이 3,000백만원, 감가상각비와 무형자산강각비가 3,000백만원이고 발행주식수가 100만주(<표 9-11> 참조)이므로 주당현금흐름은 6,000원이 된다.

### ② 주가현금흐름비율

주가현금흐름비율(price cash flow ratio : PCR)은 주가가 1주당 현금흐름의 몇 배로 형성되는지를 측정하는 상대적 가치비율이다. 이 비율이 상대적으로 낮다는 것은 주식가치가 저평가되었음을 의미하며 상대적으로 높다는 것은 주식가치가 고평가되었음을 의미한다. 주가현금흐름비율을 구하는 식과 자유기업의 주가현금흐름비율은 다음과 같다(자유기업의 주가는 18,900원임).

$$\begin{aligned}PCR &= \frac{\text{주가}}{\text{주당현금흐름}} \qquad (9.13)\\ &= \frac{18{,}900\text{원}}{6{,}000\text{원}}\\ &= 3.2\text{배}\end{aligned}$$

자유기업의 금년도 주당현금흐름은 6,000원이고 주가가 18,900원(<표 9-11> 참조)이므로, 주가현금흐름비율은 3.2배가 된다. 주가현금흐름비율이 3.2배라는 것은 주가가 주당현금흐름의 3.2배로 평가되고 있음을 의미한다.

### ③ 배당지급능력배수

배당지급능력배수란 배당금의 몇 배만큼을 영업활동으로 인한 현금흐름으로 확보하고 있는지를 측정하는 비율이다. 다시 말해서 배당지급능력배수란 1년 동안 창출한 영업활동으로 인한 현금흐름이 배당으로 지급한 금액의 몇 배인가를 측정하는 비율이다. 여기서 주의할 점은 PCR에서와 달리 현금흐름을 영업활동으로 인한 현금흐름을 사용한다는 점이다. 이와 같이 PCR 이외의 현금흐름비율을 측정할 때에는 영업활동으로 인한 현금흐름을 사용한다. 배당지급능력배수가 높다는 것은 배당지급능력이 충분히 있음을 보여준다. 배당지급능력배수를 구하는 식과 자유기업의 배당지급능력배수는 다음과 같다.

$$\text{배당지급능력배수} = \frac{\text{영업활동으로 인한 현금흐름}}{\text{배당금}} \tag{9.14}$$

$$= \frac{4{,}500\text{백만원}}{1{,}000\text{백만원}}$$

$$= 4.5\text{배}$$

자유기업의 금년도 영업활동으로 인한 현금흐름이 4,500백만원이고 금년도의 배당금지급이 1,000백만원이므로, 배당지급능력배수는 4.5배가 된다. 배당지급능력배수가 4.5배라는 것은 영업활동으로 인한 현금흐름이 배당금지급액의 4.5배만큼 실현되었음을 의미한다.

## 2 현금흐름과 상환능력비율

다음에는 기업의 상환능력을 측정하는 데 사용되는 현금흐름을 이용한 재무비율을 설명하기로 한다.

### ① 영업활동현금흐름 대 차입금

영업활동현금흐름 대 차입금은 영업활동으로 인한 현금흐름을 상환해야 하는 차입금과 비교하는 비율이다. 영업활동현금흐름 대 차입금이 높을수록 기업의 상환능력이 크므로, 이 비율을 상환능력비율이라고도 한다. 영업활동현금흐름 대 차입금을 구하는 식과 자유기업의 영업활동현금흐름 대 차입금은 다음과 같다.

$$영업활동현금흐름\ 대\ 차입금 = \frac{영업활동으로\ 인한\ 현금흐름}{차입금(평잔)} \times 100 \quad (9.15)$$

$$= \frac{4{,}500백만원}{5{,}500백만원} \times 100$$

$$= 82\%$$

자유기업의 영업활동으로 인한 현금흐름은 4,500백만원이고 차입금(평잔)은 5,500백만원이므로 영업활동현금흐름 대 차입금은 82%가 된다. 이는 자유기업이 1년 동안의 영업활동으로 인한 현금흐름으로 차입금의 82%를 상환할 수 있을 정도의 상환능력을 갖고 있음을 보여주는 지표이다. 즉, 자유기업의 현금흐름 크기로 미루어 볼 때, 차입금 수용능력이 상당히 있음을 알 수 있다.

**② 영업활동현금흐름 대 총부채**

영업활동현금흐름 대 총부채는 영업활동으로 인한 현금흐름을 총부채와 비교하는 비율이다. 영업활동현금흐름 대 총부채가 높다는 것은 기업이 장·단기적으로 갚아야 하는 총부채를 영업활동으로 얻는 현금흐름으로 충분히 갚을 수 있음을 의미한다. 따라서 이 비율을 장기상환능력비율이라고도 한다. 영업활동현금흐름 대 총부채를 구하는 식과 자유기업의 영업활동현금흐름 대 총부채는 다음과 같다.

$$영업활동현금흐름\ 대\ 총부채 = \frac{영업활동으로\ 인한\ 현금흐름}{총부채(평잔)} \times 100 \quad (9.16)$$

$$= \frac{4{,}500백만원}{11{,}500백만원} \times 100$$

$$= 39\%$$

자유기업의 금년도 영업활동으로 인한 현금흐름이 4,500백만원이고 총부채(평잔)는 11,500백만원이므로 영업활동현금흐름 대 총부채는 39%이다.

**③ 현금흐름보상비율**

현금흐름보상비율은 기업의 단기지급능력을 평가하기 위해 사용하는 비율이다. 현금흐름보상비율은 단기차입금과 이자비용을 충당할 수 있는 현금흐름이 있는지를 평가하는 비율이다. 현금흐름보상비율을 구하는 식과 자유기업의 현금흐름보상비율은 다음과 같다.

$$\text{현금흐름보상비율} = \frac{\text{영업활동으로 인한 현금흐름} + \text{이자비용}^{9)}}{\text{단기차입금(평잔)} + \text{이자비용}} \times 100 \tag{9.17}$$

$$= \frac{4{,}500\text{백만원} + 700\text{백만원}}{2{,}500\text{백만원} + 700\text{백만원}} \times 100$$

$$= 163\%$$

### ④ 현금흐름이자보상비율

현금흐름이자보상비율은 영업활동으로 인한 현금흐름(이자비용 지급전)이 기업의 이자비용을 충분히 보상하는지를 판단하는 데 이용되는 비율이다. 현금흐름이자보상비율이 높다는 것은 기업이 영업활동을 통해 벌어들이는 현금흐름이 차입금을 사용함으로써 부담하는 이자비용을 충분히 커버할 수 있음을 의미한다. 이 비율은 기업의 실질적인 차입금 수용능력을 판단하는 데 이용된다. 한국은행에서 발표하는 현금흐름이자보상비율을 구하는 식과 자유기업의 현금흐름이자보상비율은 다음과 같다.

$$\text{현금흐름이자보상비율} = \frac{\text{영업활동으로 인한 현금흐름} + \text{이자비용}^{9)}}{\text{이자비용}} \times 100 \tag{9.18}$$

$$= \frac{4{,}500\text{백만원} + 700\text{백만원}}{700\text{백만원}} \times 100$$

$$= 743\%$$

자유기업의 금년도 영업활동으로 인한 현금흐름이 4,500백만원이고, 이자비용이 700백만원이므로 현금흐름이자보상비율은 743%이다. 이는 자유기업이 이자비용을 커버하기에 충분한 현금흐름을 창출하고 있음을 보여주는 결과이다. 즉, 자유기업의 현금흐름 크기로 미루어 볼 때, 자유기업은 충분한 차입금 수용능력을 갖고 있음을 알 수 있다.

---

9) 한국은행에서 사용하는 현금흐름보상비율과 현금흐름이자보상비율은 이자비용 지급전 영업활동으로 인한 현금흐름을 기준으로 산출한다. 그런데 현금흐름표상의 영업활동으로 인한 현금흐름은 이자비용 지급후의 금액이다. 따라서 현금흐름보상비율과 현금흐름이자보상비율의 분자는 영업활동으로 인한 현금흐름에 이자비용을 더한 값이다.

## 3 투자활동의 안정성 평가 비율

다음에는 기업의 투자활동의 안정성을 평가하는 데 사용되는 재무비율을 설명하기로 한다.

### ① 투자안정성비율

설비자산 등의 유형자산에 투자한 자금이 영업활동으로 인한 현금흐름으로 충당될 수 있는지를 평가하는 비율로 투자안정성비율이 있다. 투자안정성비율이 100% 미만인 경우, 이는 영업활동으로 인한 현금흐름으로 유형자산투자에 필요한 자금을 모두 충당치 못했다는 것을 보여준다. 따라서 투자안정성비율이 100% 미만이라는 것은 유동성 부족 위험이 있다는 신호로 받아들일 수 있다. 투자안정성비율을 구하는 식과 자유기업의 그것은 다음과 같다.

$$\text{투자안정성비율} = \frac{\text{영업활동으로 인한 현금흐름}}{\text{유형자산 투자순지출}} \times 100 \qquad (9.19)$$

$$= \frac{4{,}500\text{백만원}}{13{,}000\text{백만원}} \times 100$$

$$= 35\%$$

자유기업의 금년도 영업활동으로 인한 현금흐름이 4,500백만원이고, 유형자산 투자순지출이 13,000백만원이므로 투자안정성비율은 35%이다. 이는 자유기업이 유형자산에 충당하는 데 소요되는 자금을 영업활동으로 인한 현금흐름 이외에도 재무활동으로 인한 현금흐름과 기초현금을 사용했음을 보여준다. 투자안정성비율이 100%에 훨씬 미치지 못하고 있어 유동성 부족 문제가 발생할 수 있다. 따라서 자유기업은 유형자산투자의 과다 여부를 미래 수익성과 함께 검토해야 할 것이다.

### ② 영업활동현금흐름 대 투자활동현금지출

설비자산 등의 유형자산뿐만 아니라 무형자산과 투자자산의 증감에 따른 투자활동현금흐름이 영업활동현금흐름을 초과하는지를 나타내는 비율로 영업활동현금흐름 대 투자활동현금지출이 있다. 이 비율이 100% 미만인 경우, 이는 영업활동으로 인한 현금흐름으로 투자활동에 필요한 자금을 모두 충당치 못했다는 것을 보여 준다. 영업활동현금흐름 대 투자활동현금지출을 구하는 식과 자유기업의 이 비율은 다음과 같다.

$$\text{영업활동현금흐름 대 투자활동현금지출} = \frac{\text{영업활동현금흐름}}{\text{투자활동현금지출}} \times 100 \quad (9.20)$$

$$= \frac{4{,}500\text{백만원}}{10{,}500\text{백만원}} \times 100$$

$$= 43\%$$

자유기업의 금년도 영업활동으로 인한 현금흐름은 4,500백만원이고, 투자활동현금지출은 10,500백만원이므로 영업활동현금흐름 대 투자활동현금지출은 43%이다. 이는 자유기업이 투자활동현금지출에 소요되는 자금을 영업활동으로 인한 현금흐름으로 충당치 못했음을 보여 준다. 투자안정성비율에서도 보았듯이 투자활동의 상당한 현금유출로 인하여 유동성 부족 문제가 발생할 수 있다. 따라서 자유기업은 투자활동에 대한 지출이 미래 수익성과 유동성에 미칠 영향을 세밀히 검토해야 할 것이다.

## 3. 경쟁기업과의 비교

<표 9-15>는 자유기업의 현금흐름과 관련된 재무자료를 자유기업과 경쟁관계에 있는 경쟁기업의 그것과 비교한 것이다. 자유기업의 주당현금흐름(보통주 1주당 영업활동으로 인한 현금흐름)은 6,000원으로서 경쟁기업의 3,050원에 비해거의 2배에 이르고 있어, 자유기업의 영업활동상 현금창출능력이 상당히 양호함을 알 수 있다.

그럼에도 불구하고 자유기업의 주가현금흐름비율, 즉 PCR은 3.2배에 머물고 있어 경쟁기업의 5.4배에 훨씬 미치지 못하고 있다. 이는 자유기업의 주가가 저평가되었을 가능성을 시사하는 것으로 볼 수 있다. 또한 자유기업의 배당지급능력배수는 4.5배에 이르고 있어 경쟁기업의 2배보다

〈표 9-15〉 자유기업과 경쟁기업의 재무자료

| 구 분 | 자유기업 | 경쟁기업 |
|---|---|---|
| ① 주당현금흐름 | 6,000원 | 3,050원 |
| ② 주가현금흐름비율(PCR) | 3.2배 | 5.4배 |
| ③ 배당지급능력배수 | 4.5배 | 2배 |
| ④ 영업활동현금흐름 대 차입금 | 82% | 64% |
| ⑤ 영업활동현금흐름 대 총부채 | 39% | 22% |
| ⑥ 현금흐름보상비율 | 163% | 142% |
| ⑦ 현금흐름이자보상비율 | 743% | 482% |
| ⑧ 투자안정성비율 | 35% | 62% |
| ⑨ 영업활동현금흐름 대 투자활동현금지출 | 43% | 81% |

훨씬 높은 수준을 유지하고 있다. 이는 자유기업이 충분한 지급여력을 갖고 있음에도 불구하고 배당을 적게 지급하고 있음을 보여주는 결과이다.

기업의 상환능력을 보여주는 영업활동현금흐름 대 차입금과 영업활동현금흐름 대 총부채에 있어서, 자유기업은 경쟁기업에 비해 높은 수준을 유지하고 있다. 이는 자유기업이 차입금과 총부채를 상환할 수 있는 능력을 갖추고 있음을 보여주는 지표이다. 더 나아가서 이는 자유기업이 아직도 추가부채 수용능력을 갖고 있음을 보여주는 결과이기도 하다. 이러한 사실은 현금흐름보상비율과 현금흐름이자보상비율을 보면 더욱 명확해진다. 즉, 자유기업은 영업활동으로 인한 현금흐름으로 단기차입금 및 이자비용을 충분히 보상하고 있다.

다만 투자안정성비율과 영업활동현금흐름 대 투자활동현금지출이 모두 100%에 훨씬 미치지 못하고 있다. 이는 자유기업의 투자안정성이 대체로 떨어지고 있음을 보여 주는 결과이다. 따라서 자유기업은 투자활동에 대한 지출이 미래 수익성과 유동성에 미칠 영향을 검토해야 할 것이다.

종합적으로 볼 때, 자유기업은 주당현금흐름을 많이 창출하고 비교적 충분한 차입금 상환능력을 갖고 있음에도 불구하고 시장에서 저평가되어 있는 것으로 판단된다. 그리고 투자안정성에 대한 추가 검토도 필요할 것으로 판단된다.

# 9.8 한국기업의 현금흐름표 분석

## 1. 한국기업(H기업)의 현금흐름표

<표 9-16>은 한국기업(H기업)의 현금흐름표이다. <표 9-16>은 2016년 발행된 한국은행의 「기업경영분석」의 제조업 자료에서 기초의 현금을 1,000으로 표준화시킨 자료이다.

〈표 9-16〉 한국기업(H기업)의 현금흐름표

한국기업 (금년도 중)

| 내 역 | 금년도 |
|---|---|
| Ⅰ. 영업활동으로 인한 현금흐름(1+2−3+4) | 2,166 |
| 1. 당기순이익(순손실) | 932 |
| 2. 현금의 유출이 없는 비용 등의 가산 | 1,822 |
| 3. 현금의 유입이 없는 수익 등의 차감 | −460 |
| 4. 영업활동으로 인한 자산・부채의 변동 | −128 |
| Ⅱ. 투자활동으로 인한 현금흐름(1−2) | −1,681 |
| 1. 투자활동으로 인한 현금유입액 | 1,821 |
| 가. 유동자산의 감소 | 1,114 |
| 나. 투자자산의 감소 | 428 |
| 다. 유형자산의 감소 | 143 |
| (토지의 처분) | (45) |
| (건물・구축물의 처분) | (15) |
| (기계장치의 처분) | (35) |
| 라. 기타 | 136 |
| 2. 투자활동으로 인한 현금유출액 | 3,502 |
| 가. 유동자산의 증가 | 1,164 |
| 나. 투자자산의 증가 | 685 |
| 다. 유형자산의 증가 | 1,421 |
| (토지의 취득) | (46) |
| (건물・구축물의 취득) | (37) |

| | |
|---|---:|
| (기계장치의 취득) | (101) |
| (건설중인자산의 증가) | (517) |
| 라. 기타 | 232 |
| Ⅲ. 재무활동으로 인한 현금흐름(1－2) | －252 |
| 1. 재무활동으로 인한 현금유입액 | 4,384 |
| 가. 유동부채의 증가 | 2,661 |
| (단기차입금의 증가) | (2,587) |
| 나. 비유동부채의 증가 | 1,560 |
| (회사채의 발행) | (251) |
| (장기차입금의 증가) | (1,031) |
| 다. 자본의 증가 | 137 |
| 라. 기타 | 26 |
| 2. 재무활동으로 인한 현금유출액 | 4,636 |
| 가. 유동부채의 감소 | 3,111 |
| (단기차입금의 상환) | (2,583) |
| 나. 비유동부채의 감소 | 1,078 |
| (회사채의 상환) | (75) |
| (장기차입금의 상환) | (737) |
| 다. 자본의 감소 | 404 |
| (배당금의 지급) | (292) |
| 라. 기타 | 43 |
| Ⅳ. 현금의 증가(순현금흐름)(Ⅰ＋Ⅱ＋Ⅲ) | 233 |
| Ⅴ. 기초의 현금 | 1,000 |
| Ⅵ. 기말의 현금 | 1,233 |

<표 9-16>에서 보듯이, 한국기업(H기업)은 영업활동으로 인한 현금흐름 2,166을 활용해서 투자활동에서 1,681의 순투자를 하였고 252는 재무활동에서 순상환을 하였으며 나머지 233은 기초의 현금에 더해졌다. 전체적으로 볼 때 영업활동에서 순조달하여 투자활동에 순투자하고 재무활동으로 순상환하고도 기초의 현금에 더해져서 기말의 현금이 증가하는 비교적 양호한 현금흐름 방향을 보이고 있다.

## 2. 한국기업(H기업)의 현금흐름비율

<표 9-17>은 2016년에 발행된 한국은행의 「기업경영분석」 자료에 따른 한국기업(H기업)의 전년도와 금년도의 현금흐름비율이다.

〈표 9-17〉 한국기업(H기업)의 현금흐름비율

(단위: %)

| 내 역 | 전년도 | 금년도 |
|---|---|---|
| 영업활동현금흐름 대 차입금 | 27.8 | 38.9 |
| 영업활동현금흐름 대 총부채 | 14.1 | 20 |
| 현금흐름보상비율 | 54.2 | 72 |
| 현금흐름이자보상비율 | 799.6 | 1,175.9 |
| 투자안정성비율 | 133.5 | 169.5 |
| 영업활동현금흐름 대 투자활동현금지출 | 94.8 | 128.7 |

<표 9-17>에서 보듯이, 한국기업(H기업)의 금년도 현금흐름비율은 전년도에 비해 모두 높아졌다. 먼저 영업활동으로 인한 현금흐름으로 차입금 및 총부채를 커버하는지를 평가하는 영업활동현금흐름 대 차입금과 영업활동현금흐름 대 총부채가 각각 38.9%, 20%로서 전년도에 비해 상승하였다.

그리고 영업활동으로 인한 현금흐름으로 단기차입금 및 이자비용을 커버하는지를 평가하는 현금흐름보상비율과 현금흐름이자보상비율도 각각 72%, 1,175.9%로서 전년도에 비해 상승하였다. 이로부터 전반적으로 H기업의 부채수용능력이 유지되고 있으며 전년도에 비해 상대적으로 높아지고 있음을 알 수 있다.

한편, H기업의 투자안정성을 평가하는 투자안정성비율과 영업활동현금흐름 대 투자활동현금지출은 각각 169.5%, 128.7%로서 전년도에 비해 모두 상승하였다. 이 비율들이 100%를 상회하는 것으로 볼 때, H기업의 투자안정성은 유지되고 있는 것으로 판단된다.

종합적으로 볼 때 H기업은 부채수용능력과 투자안정성이 향상되고 있음을 알 수 있다. 그러나 다른 한편으로 이는 기업들이 적정 규모의 투자를 하지 못하고 있는 것으로도 해석할 수 있다.

## 연·습·문·제

1. 다음을 간략히 설명하시오.

① 자금
② 순운전자본
③ 총운전자본
④ 현금예산
⑤ EFN
⑥ 영업활동으로 인한 현금흐름
⑦ 투자활동으로 인한 현금흐름
⑧ 재무활동으로 인한 현금흐름
⑨ 주당현금흐름
⑩ 주가현금흐름비율(PCR)
⑪ 배당지급능력배수
⑫ 영업활동현금흐름 대 차입금
⑬ 영업활동현금흐름 대 총부채
⑭ 현금흐름보상비율
⑮ 현금흐름이자보상비율
⑯ 투자안정성비율
⑰ 영업활동현금흐름 대 투자활동 현금지출

2. 매출액백분율법에 의한 소요자금 예측방법에서 매출액 변화에 따른 재무상태표 항목의 변화를 설명하시오.

3. 현금흐름표에서 $\Delta CASH$의 변동원인을 규명하는 방정식을 제시하고 이를 자세히 설명하시오.

4. 현금유입이 없는 수익 등 항목과 현금유출이 없는 비용 등 항목을 예시하여 설명하시오.

5. 마포기업의 금년도 말 현재 재무상태표와 재무자료는 다음과 같다.

재무상태표

마포기업 (금년도 말) (단위 : 천원)

| 현금 | 80,000 | 매입채무 | 40,000 |
|---|---|---|---|
| 매출채권 | 180,000 | 미지급금 | 80,000 |
| 재고자산 | 140,000 | 사채 | 200,000 |
| 유형자산 | 300,000 | 자본금 | 300,000 |
| | | 잉여금 | 80,000 |
| 자산총계 | 700,000 | 부채와 자본 총계 | 700,000 |

① 금년도 매출액은 500,000천원(조업도 50%)임.
② 금년도 예상매출액은 1,200,000천원임.

③ 마포기업의 배당성향은 40%이고 매출액순이익률은 10%이며 이 비율들은 당분간 동일하게 유지될 것으로 예상됨.
④ 외부자금조달액 중 40%는 사채 발행으로, 나머지 60%는 보통주 발행으로 충당함.

이상의 자료를 사용하여 매출액백분율법에 의하여 마포기업의,

(1) 내년도 중의 외부자금조달액(EFN)을 추정하시오.
(2) 내년도 말 현재의 추정재무상태표를 작성하시오.
단, 100% 조업도까지 유형자산은 변하지 않으며 100% 이상의 조업도에서는 유형자산이 매출액 변화와 비례하여 증가한다.

6. 갈마기업의 지난 6년간의 매출액과 소요자금에 관한 자료는 다음과 같고, 내년도의 매출액은 70억원이 되리라 예상하고 있다. 회귀분석을 이용하여 갈마기업의 소요자금 예측식을 추정하고 내년도의 소요자금을 추정하시오.

매출액과 소요자금

갈마기업 (단위 : 억원)

| 연 도 | 매출액($X$) | 소요자금($Y$) |
|---|---|---|
| 1 | 40 | 15 |
| 2 | 45 | 18 |
| 3 | 48 | 22 |
| 4 | 50 | 25 |
| 5 | 62 | 28 |
| 6 | 73 | 36 |

7. 가나(주)는 다가오는 3/4분기(7~9월)의 현금예산을 추정하려고 한다. 가나(주)의 6월 30일 현재의 재무상태표는 다음과 같다.

재무상태표

가나(주) (6월 30일) (단위 : 만원)

| 자산 | 금액 | 부채와 자본 | 금액 |
|---|---|---|---|
| 현 금 | 1,500 | 미지급임금 | 1,000 |
| 매 출 채 권 | 2,400 | 매 입 채 무 | 2,900 |
| 재 고 자 산 | 4,300 | 사 채 | 1,500 |
| 유 형 자 산 | 5,800 | 자 본 금 | 6,300 |
| (감가상각충당금) | (500) | 잉 여 금 | 1,800 |
| 자 산 총 계 | 13,500 | 부채와 자본 총계 | 13,500 |

월별 매출액 및 임금지급액은 다음과 같이 추정되었다.

(단위 : 만원)

| 월 별 | 매 출 액 | 임금지급액 |
|---|---|---|
| 7월 | 4,000 | 400 |
| 8월 | 5,000 | 500 |
| 9월 | 7,000 | 600 |
| 10월 | 8,000 | |

월별 판매비와 관리비(감가상각비 제외)는 매월 매출액의 10%, 감가상각비는 매월 유형자산의 1%로 예상된다. 그리고 가나(주)의 현금예산 편성에 필요한 자료는 다음과 같다.

① 매출액의 40%는 현금매출이고 60%는 외상매출인데, 외상매출액은 다음 달에 전액 현금으로 회수된다.
② 매출액총이익률(=1－매출원가율)은 30%이다.
③ 재고자산 중 50%는 현금으로, 나머지 50%는 다음달에 현금으로 지급하는 조건으로 구입하며 안전재고는 1,500만원을 항상 유지한다. 그리고 가나(주)는 다음달 예상 매출액의 70%에 해당하는 재고자산을 매월 구입한다.
④ 최소현금보유액(minimum cash balance)은 1,200만원이다.
⑤ 사채 이자는 매월 1%씩 지급한다.
⑥ 미지급임금, 사채, 자본금에는 아무런 변동이 없다.
⑦ 세금과 신규차입금 이자는 현금예산 편성에서 고려하지 않는다.

(1) 가나(주)의 7, 8, 9월에 걸친 현금예산을 추정하시오.
(2) 7월 1일부터 9월 30일까지의 추정손익계산서를 추정하시오.
(3) 9월 30일 현재의 추정재무상태표를 작성하시오.

8. 다음의 비교재무상태표와 추정손익계산서에 의거하여,

(1) 추정 현금흐름표(직접법과 간접법)를 작성하시오(단, 배당금은 지급되지 않는다고 가정할 것).
(2) 다음을 측정하고 평가하시오(괄호안은 경쟁기업 수치임).
① 주가현금흐름비율(PCR) (3배)
② 배당지급능력배수(2배)
③ 영업활동현금흐름 대 차입금(50.5%)
④ 영업활동현금흐름 대 총부채(20.7%)

⑤ 현금흐름보상비율(61.2%)
⑥ 현금흐름이자보상비율(572.3%)
⑦ 투자안정성비율(31.5%)
⑧ 영업활동현금흐름 대 투자활동현금지출(61.5%)

비교재무상태표

국민기업 (단위 : 백만원)

| 구 분 | 금년도 말 | 내년도 말 | 증 가 | 감 소 |
|---|---|---|---|---|
| 현 금 예 금 | 2,300 | 1,600 | | 700 |
| 매 출 채 권 | 1,100 | 3,000 | 1,900 | |
| 재 고 자 산 | 1,900 | 1,500 | | 400 |
| 투 자 자 산 | 2,000 | 1,400 | | 600 |
| 유 형 자 산 | 6,400 | 9,200 | 2,800 | |
| (감가상각충당금) | (2,000) | (3,000) | (1,000) | |
| 총 자 산 | 11,700 | 13,700 | | |
| 매 입 채 무 | 3,100 | 3,200 | 100 | |
| 단기차입금 | 1,200 | 1,400 | 200 | |
| 장기차입금 | 1,300 | 1,500 | 200 | |
| 자 본 금 | 4,000 | 4,850 | 850 | |
| 자본잉여금 | 1,750 | 1,500 | | 250 |
| 이익잉여금 | 350 | 1,250 | 900 | |
| 부채와 자본 | 11,700 | 13,700 | | |

추정손익계산서

국민기업 (내년도 중) (단위 : 백만원)

| 구 분 | 금 액 |
|---|---|
| 매 출 액 | 25,000 |
| −매 출 원 가 | 18,000 |
| 매 출 총 이 익 | 7,000 |
| −판매비와 관리비 | 3,900 |
| 영 업 이 익 | 3,100 |
| +영 업 외 수 익 | 800 |
| −영 업 외 비 용(이자비용130) | 2,100 |
| 법인세비용차감전순이익 | 1,800 |
| −법 인 세 비 용 | 900 |
| 당 기 순 이 익 | 900 |

* 감가상각비(1,000백만원)의 70%는 매출원가에 속하며, 배당성향은 20%임
** 발행주식수는 100만주이며, 현재 주가는 9,500원임.

10. 다음의 자료를 이용해서 현금흐름표(간접법)를 작성하고 간략히 분석하시오.

비교 재무상태표

일산기업 (단위 : 억원)

| 계정과목 | 전년도 말 | 금년도 말 | 증 가 | 감 소 |
|---|---|---|---|---|
| 현금 | 100 | 110 | 10 | |
| 매출채권 | 80 | 60 | | 20 |
| 단기대여금 | 70 | 180 | 110 | |
| 재고자산 | 130 | 180 | 50 | |
| 투자자산 | 120 | 100 | | 20 |
| 설비자산 | 600 | 680 | 80 | |
| (감가상각충당금) | (100) | (110) | (10) | |
| 총자산 | 1,000 | 1,200 | | |
| 매입채무 | 100 | 60 | | 40 |
| 단기차입금 | 220 | 350 | 130 | |
| 회사채 | 230 | 300 | 70 | |
| 자본금 | 100 | 110 | 10 | |
| 자본잉여금 | 150 | 160 | 10 | |
| 이익잉여금 | 200 | 220 | 20 | |
| | 1,000 | 1,200 | | |

* 감가상각비 중 80%는 매출원가에서 발생하고 나머지는 판매비와 관리비에서 발생함.

손익계산서

일산기업 (금년도 중) (단위 : 억원)

| 계 정 과 목 | 금 액 |
|---|---|
| 매출액 | 1,300 |
| −매출원가 | 1,170 |
| 매출총이익 | 130 |
| −판매비와 관리비 | 50 |
| 영업이익 | 80 |
| +영업외수익 | 10 |
| −영업외비용 | 50 |
| (이자비용) | (40) |
| 세전순이익 | 40 |
| −법인세비용 | 8 |
| 당기순이익 | 32 |

* 배당금은 12억원임.

** 영업외비용 중 설비자산처분손실 5억원이 포함됨.

# 제 10 장 기업부실 예측

재무학자들은 기업의 부실을 예측하는 데 어떤 재무정보가 가장 유용한지에 대하여 많은 관심을 가져왔다. 이를테면 유동성 정보가 더 유용한지 아니면 수익성 정보가 더 유용한지에 대하여 연구해 왔다. 재무학자들은 결국 어떤 하나의 재무정보를 기준으로 하여 기업부실을 예측하는 것보다는 몇 개의 정보를 함께 사용하여 예측하는 방법이 훨씬 더 유용함을 알게 되었다.

본장에서는 먼저 기업부실의 의의와 단순예측방법을 설명하고 기업부실의 통계적 예측모형으로서 하나의 재무정보를 기준으로 하는 단일변량모형과 몇 개 재무정보를 기준으로 하는 다변량모형을 설명하기로 한다. 그리고 그동안 개발되었던 실제 기업부실 예측모형과 이를 활용하는 방법에 대해서도 검토하기로 한다.

## 10.1 기업부실과 경제적 실패

기업부실(corporate financial distress)이란 우리가 흔히 쓰는 용어이면서도 그 의미에 대해서는 각양 각색의 해석이 내려지고 있다. 또한 IMF구제금융 신청 이후에 기업부실은 사회적인 톱 이슈(top issue)로 등장하면서 많은 사람들의 관심의 대상이 되고 있다. 특히 경영분석가는 기업부실의 징후를 재무자료로부터 찾아내어 기업의 이해관계자에게 전달함으로써 기업부실에 따른 손실을 최소화하려고 노력하고 있다. 본절에서는 기업부실의 의의와 기업부실화 과정에 대해서 설명하기로 한다.

## 1. 기업부실의 의의

우리는 흔히 어떤 기업이 부실화되었다느니 또는 부실기업을 정리한다느니 하는 말을 자주 듣게 된다. 기업부실의 구체적 의미는 무엇일까? 기업부실은 의미가 광범위하여 한마디로 정의 내리기가 쉽지 않다. 기업부실은 대체로 기업이 경제적 실패(economic failure) 또는 지급불능상태(insolvency)에 있거나 법원에 의하여 파산선고(bankruptcy)를 받는 경우를 총칭하고 있다.

그렇다면 기업이 부실화된 기준을 무엇으로 할 것인가? 일률적인 기준은 없고 필요에 따라 위의 세 가지 기준이 두루 이용되고 있다. 또한 경제적 실패, 지급불능상태, 파산선고 등은 기업부실화의 수준을 나타내기도 한다.[1]

일반적으로 기업의 부실은 경제적 실패에서 시작되는 것으로 보고 있다. 본서에서도 기업부실을 경제적 실패로 정의하기로 한다. 다음에는 경제적 실패가 구체적으로 어떤 상태를 의미하는지를 설명하기로 한다.

경제적 실패란 기업의 수익성이 저하된 상태를 의미한다. 수익성 저하의 기준은 다음 세 가지 경우로 세분할 수 있다.

### 1 총수익 < 총비용인 경우

기업이 획득하는 총수익이 총비용보다 적으면, 즉 순손실이 발생하면 기업은 경제적 실패에 있다고 한다. 회계적 순손실이 발생한다는 것은 기업의 수익성이 저하된 상태를 의미하나, 이것이 반드시 영업활동의 부진을 의미하는 것은 아니다. 다시 말해서 영업활동이 정상적으로 이루어져도 순손실이 발생할 수 있다.

---

1) E. I. Altman, *Corporate Financial Distress*(New York : John Wiley & Sons, 1983), pp. 5～7 ; 『경영분석』(박정식 · 신동령 공저, 다산출판사, 1997, pp. 291～294)을 참조.

영업이익이 정상적으로 창출되어도 과도한 부채사용으로 이자비용이 과다하거나 비경상적인 손실이 발생하여도 회계적 순손실이 발생할 수 있다. 대체로 회계적 순손실의 발생은 기업이 부실화되는 징후로 생각해도 무방하나, 영업활동상의 부실화인지 아니면 그 이외의 활동(예를 들면 재무활동, 일시적 활동 등)에서 나타나는 부실화인지를 구별하여야 한다.

## 2 투자수익률 < 자본비용인 경우

이론적으로는 총수익과 총비용을 비교하는 것보다 투자수익률과 자본비용을 비교하는 것이 더 정확한 방법이다. 왜냐하면 기업의 부실화는 궁극적으로 영업활동의 부실화를 의미하므로, 기업부실화는 영업활동을 통해 벌어들인 수익성이 최소한도로 요구되는 자본비용을 초과하느냐의 여부로 판정되어야 하기 때문이다.

영업활동을 통해 벌어들이는 투자수익률이란 기업의 투자수익률을 의미하며 일종의 사후적 내부수익률(internal rate of return : IRR)을 말한다. 현실적으로 기업의 투자수익률은 총자산영업이익률에다 평균성장률을 더한 값으로 대용되기도 한다.[2]

자본비용(cost of capital)이란 자본 제공자가 최소한도로 요구하는 수익률을 의미한다. 자본비용에는 채권자가 요구하는 타인자본비용과 주주가 요구하는 자기자본비용이 있다. 자본비용은 타인자본비용과 자기자본비용을 평균한 것으로서, 일반적으로 가중평균자본비용(weighted average cost of capital : WACC)을 뜻한다.

그런데 부채를 많이 사용하는 기업들은 타인자본비용이 더 관심의 대상이 된다. 더구나 많은 기업들이 공개기업이라 할지라도 대주주의 지분율이 높은 실정에 있으므로 자기자본비용이 기업 외부로 유출된다는 느낌을 갖지 못하는 것이 보통이다. 따라서 이런 기업들의 자본비용은 평균이자율로 대표해도 큰 무리는 없을 것이다.

기업이 영업활동을 통해 벌어들이는 투자수익률이 자본제공자가 요구

2) 이에 대한 설명은 제6장의 「6.4」를 참조.

하는 수익률을 초과해야 기업의 부(wealth)는 증가한다. 즉, 투자수익률 > 자본비용일 때 기업의 부(富)는 늘어나기 마련이다. 기업 부의 증가(net present value : NPV)는 결국 주주의 부를 증가시켜 주가의 상승으로 이어진다.

만약에 투자수익률이 자본비용을 보상하지 못하면, 기업의 부는 감소하고 주가는 하락할 것이다. 따라서 투자수익률이 자본비용을 보상하지 못한다는 것은 기업이 실질적으로 부실화되고 있음을 보여주는 가장 좋은 지표가 된다.

### 3 투자수익률 < 동일업종 평균투자수익률인 경우

경제적 실패를 나타내는 지표로서 기업이 실현한 투자수익률을 동일업종 평균투자수익률과 비교하는 방법이 이용되기도 한다. 이 방법은 산업내에서 특정 기업의 위치를 파악하여 경제적 실패 여부를 판정하는 방법이다.

기업의 투자수익률이 동일업종 평균치보다 낮다는 것은 그 기업이 평균적으로 경제적 실패에 있음을 보여주는 간접적인 징후이다. 그러나 이 방법은 어디까지나 기업부실을 판정하는 간접적인 방법이므로 보조적인 지표로만 이용되는 것이 보통이다.

## 2. 기업부실화 과정

이론적으로 경제적 실패의 가장 의미있는 판정기준은 두번째로 설명한 투자수익률과 자본비용을 비교하는 방법이다. 그러나 일반적으로 이들 세 가지 기준 중 어느 한 가지라도 해당되면 그 기업은 경제적 실패에 있는 것으로 간주할 수 있다.

기업은 경제적 실패에서 회복하여 다시 정상적 상태로 돌아가기도 하고 또는 그 상황이 더욱 악화되어 지급불능상태(insolvency)에 이르기도 한다. 지급불능상태는 경제적 실패보다도 기업의 부실화가 더욱 진행된 상태이다.

지급불능상태란 기업이 이행해야 할 채무변제, 즉 원금과 이자의 변제가 불가능한 상태를 말한다. 기업이 채무변제를 이행할 수 없는 상태는 크게 기술적 지급불능상태(technical insolvency)와 실질적 지급불능상태(real insolvency)로 나누어 볼 수 있다. 이들 두 가지의 상태를 차례로 설명하면 다음과 같다.

먼저 기술적 지급불능상태가 무엇인지를 살펴보기로 하자. 기업은 경영활동을 수행하면서 항상 일정수준의 자금을 확보하고 있어야 한다. 기업의 지급능력은 보유자산에 의해 결정되는 것이 아니라 결제에 필요한 현금을 얼마나 확보하고 있느냐에 의해 결정된다.

부채 규모와 비교해서 자산 규모가 충분히 크더라도 장기적으로 묶여 있는 자산이 많고 현금화시킬 수 있는 자산이 적으면 현금결제에 차질이 생길 수 있다. 이때 기업은 기술적 지급불능상태에 이르게 된다.

다시 말해서 기술적 지급불능상태는 일시적인 유동성(liquidity) 부족에 의해 발생하는 지급불능상태이다. 일시적인 유동성 부족은 단기적으로 현금화시킬 수 있는 자산이 부족하다는 의미일 뿐, 아직도 자산가치가 부채가치를 초과하고 있어 장기적으로는 유동성 확보가 가능한 경우가 대부분이다.

기술적 지급불능상태와 유사한 개념으로 흑자도산상태란 용어가 실무적으로 많이 사용되고 있다. 엄밀히 말하면 이들간에는 차이점이 있으나 둘 다 일시적 유동성 부족에 기인한다는 의미에서 혼용해서 사용되고 있다.

다음에는 실질적 지급불능상태가 무엇인지를 살펴보기로 하자. 기업의 경영성과가 누적적으로 나빠져서 부채가치가 자산가치를 초과하게 되어 발생한 지급불능상태를 실질적 지급불능상태라고 부른다.

일시적 유동성 부족으로 인한 기술적 지급불능상태는 장기적으로는 대체로 정상적인 상태로 회복되는 경우가 많으나, 실질적 지급불능상태는 장기적으로도 정상화되기 어려운 경우가 많다. 실질적 지급불능상태에서

그림 10-1 기업부실화 과정

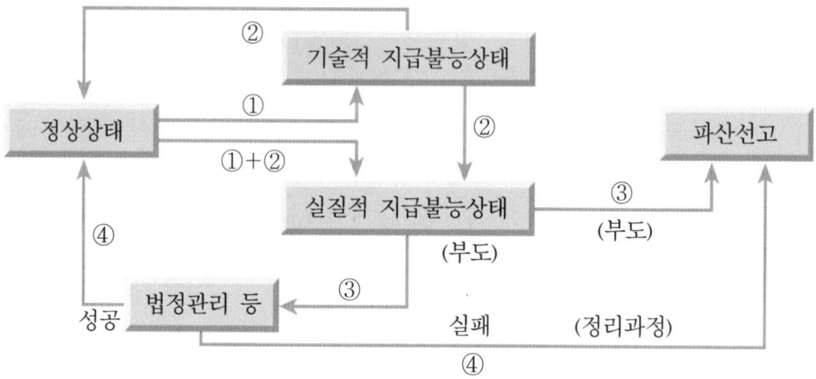


는 자산가치가 부채가치에 미치지 못하므로 주주의 잔여재산 분배청구권이 사실상 의미를 상실하게 된다.

실무적으로 '기업부도'는 대체로 실질적 지급불능상태에서 발생한다. 기업은 부도가 나면 정리절차를 밟고 파산선고를 받아 채권자 변제과정을 거친 후 생명을 다하게 된다. 기업부도시 기업이 법정관리에 들어가는 경우가 있는데, 이 경우 정상화될 때까지 기업의 모든 채무변제는 일정기간 동안 유예된다.

이상에서 설명한 기업부실화 과정을 그림으로 설명하면 [그림 10-1]과 같다. [그림 10-1]에서 볼 수 있는 바와 같이, 기업의 부실화는 일반적으로 정상상태에서 기술적 지급불능상태로 진행된다. 그리고 이것이 다시 실질적 지급불능상태로 심화되고(정상상태에서 곧 바로 실질적 지급불능상태로 이행되는 경우도 있다), 결국 파산선고에 이르는 과정을 밟는다.

물론 기술적 지급불능상태에서 호전되어 정상상태로 회귀하는 경우도 있다. 또한 실질적 지급불능상태에서 부도가 나서 법정관리에 이르렀다가 다시 정상상태에 이르기도 하고 파산에 이르기도 한다.

## 10.2 단순예측모형

기업이 부실화되면 그 징후가 재무정보에 점차 나타나기 시작한다. 정상적인 영업활동을 하는 기업의 재무정보와 부실화되는 기업의 재무정보는 차이가 나기 마련이다. 기업부실의 예측이란 이미 부실화된 기업의 재무정보 특성을 활용하여 특정 기업의 부실 여부를 예측하는 것을 말한다. 여기서는 기업부실의 단순예측모형으로 비버(W. H. Beaver)의 프로파일분석(profile analysis), 즈뮤스키(M. E. Zmijewski)의 예측모형을 소개하기로 한다.

### 1. 비버의 예측모형

비버는 1954년부터 1964년 사이에 파산, 수표부도, 우선주배당 미지급 등의 경험이 있는 79개의 부실기업과 상대표본추출법에 의해 선정된 79개의 정상기업을 표본으로 프로파일분석과 이원분류검정(dichotomous classification test)을 실시하여 재무비율의 기업부실 예측능력을 평가하였다.[3]

비버는 기업부실화를 예측하기 위하여 기업이 부실화되기 5년 전부터 부실기업과 정상기업의 재무비율을 30개씩 선정하여 각 재무비율의 평균을 산출하여 비교하였다. 이와 같이 어떤 재무비율이 부실예측에 이용될 수 있는지를 평가하기 위하여 재무비율의 평균차이를 분석하는 것을 프로파일분석이라고 한다.

프로파일분석 결과, 30개의 재무비율 중에서 [그림 10-2]에 나타나 있는 6개 재무비율의 평균차이가 가장 크게 나타났다. 특히 현금흐름 대 총부채 비율과 총자산순이익률이 부실 5년 전부터 큰 차이를 보이고 있다.

3) W. H. Beaver, "Financial Ratios as Predictors of Failure," *Journal of Accounting Research* (1966), pp. 71～111.

**그림 10-2** **비버의 프로파일분석**

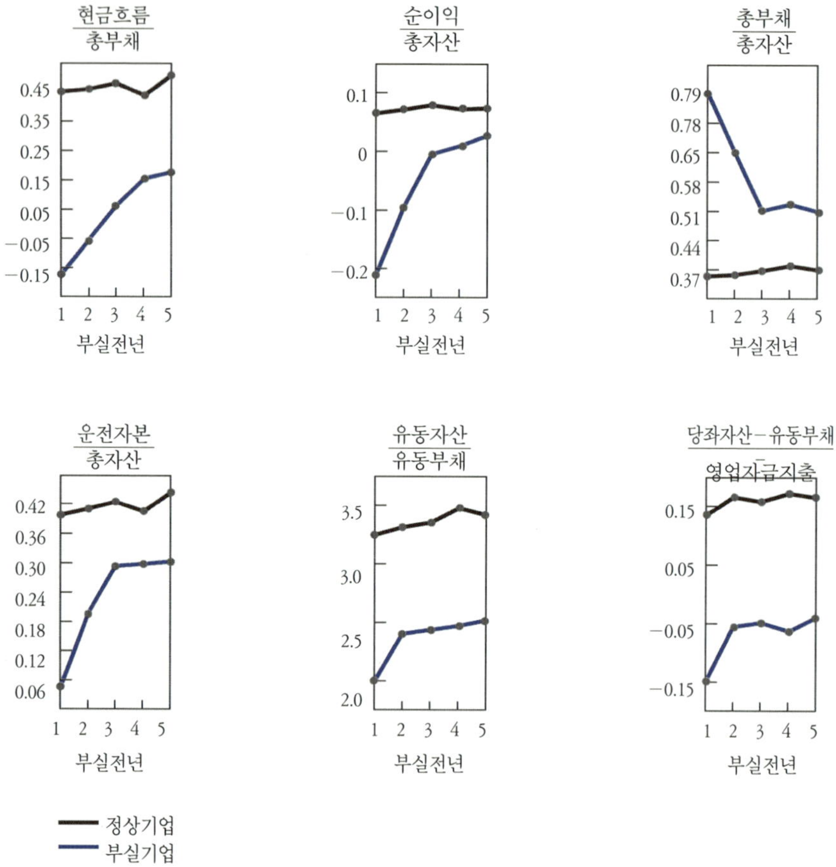


자료: 전게서, 비버, p. 82.

프로파일분석만으로는 기업부실화를 예측하는 데 어려움이 있기 때문에 비버는 재무비율의 기업부실 예측능력을 검토하기 위하여 이원분류검정법을 사용하였다. 즉, 비버는 이원분류검정법을 이용하여 양집단을 가장 잘 판별할 수 있는 최적절사점(optimal cut-off point)을 찾아내고 그 절사점을 기준으로 오분류율을 계산하여 각 비율의 예측력을 평가하였다.

<표 10-1>은 이원분류검정법을 이용한 부실예측의 오분류율을 나타낸 것이다.

〈표 10-1〉 비버의 오분류율

| 재 무 비 율 | 부실 전년도 | | | | |
|---|---|---|---|---|---|
| | 1 | 2 | 3 | 4 | 5 |
| 현금흐름/총부채 | 0.13(0.10) | 0.21(0.18) | 0.23(0.21) | 0.24(0.24) | 0.22(0.22) |
| 순이익/총자산 | 0.13(0.12) | 0.20(0.15) | 0.23(0.22) | 0.29(0.28) | 0.28(0.25) |
| 총부채/총자산 | 0.19(0.19) | 0.25(0.24) | 0.34(0.28) | 0.27(0.24) | 0.28(0.27) |
| 운전자본/총자산 | 0.24(0.20) | 0.34(0.30) | 0.33(0.33) | 0.45(0.35) | 0.45(0.35) |
| 유동자산/유동부채 | 0.20(0.20) | 0.32(0.27) | 0.36(0.31) | 0.38(0.32) | 0.45(0.31) |
| 당좌자산−유동부채 / 영업자금지출 | 0.23(0.23) | 0.38(0.31) | 0.43(0.30) | 0.38(0.35) | 0.37(0.30) |

* ( ) 안은 추정표본 기준이고 앞의 숫자는 확인표본 기준임.
자료 : 전게서, 비버, Table 3.

<표 10-1>에서 볼 수 있는 바와 같이, 부실발생이 임박할수록 오분류율이 낮아지는 경향이 있다. 그리고 오분류율이 가장 낮은 재무비율은 현금흐름 대 총부채 비율이며 현금흐름 관련비율이 기업의 부실화를 미리 알려주는 데 유용함을 알 수 있다. <표 10-1>에서 보듯이 추정표본 기준의 오분류율이 확인표본 기준의 오분류율보다 낮은 이유는 모형설정시 최적절사점을 추정표본 기준으로 결정하기 때문이다.

## 2. 즘쥬스키의 예측모형

즘쥬스키는 1983년에 과거 27년간(1952~1978)의 미국기업 자료를 기준으로 부실기업의 재무특성을 추출한 바 있다.[4] 즘쥬스키는 72개 부실기업의 재무특성들을 분석하여 이들이 3,573개 정상기업들의 재무특성들과 어떤 차이를 보이는지 분석하였다. 즘쥬스키는 100개의 재무특성들 중에서 75개의 재무특성들의 도산 1년 전 기준의 평균값과 예측능력을 규명하였다. 즘쥬스키의 연구결과는 <표 10-2>에 제시되어 있다. <표 10-2>에

4) M. E. Zmijewski, "Predicting Corporate Bankruptcy : An Empirical Comparison of the Extant Financial Distress Models," *Working Paper* (State University of New York at Buffalo, 1980).

〈표 10-2〉 부실기업과 정상기업의 재무특성 비교(즘쥬스키의 연구)

(부실 1년전)

| 재 무 변 수 | 평균값 | | 정확도 (%) |
|---|---|---|---|
| | 부실기업 | 정상기업 | |
| ① 수익성비율 | | | |
| · 현금흐름/자기자본 | 0.119 | 0.316 | 93.64 |
| · 자기자본순이익률 | −0.591 | 0.091 | 97.06 |
| ② 당좌자산구성비율 | | | |
| · 당좌자산/총자산 | 0.258 | 0.273 | 50.41 |
| ③ 유동성비율 | | | |
| · 유동비율 | 1.860 | 2.381 | 46.69 |
| · 당좌비율 | 0.838 | 1.231 | 51.92 |
| ④ 레버리지비율 | | | |
| · 자기자본 시장가치/총자본 | 0.995 | 0.999 | 88.08 |
| · 부채구성비율(=부채/총자본) | 0.785 | 0.476 | 86.02 |
| ⑤ 활동성비율 | | | |
| · 매출원가/재고자산 | 9.991 | 10.432 | 21.29 |
| · 매출채권평균회수기간 | 0.188 | 0.147 | 66.43 |
| · 총자산회전기간 | 0.836 | 0.783 | 68.52 |
| ⑥ 금융비용보상능력 | | | |
| · 영업활동에서 얻은 현금흐름/총부채 | −0.049 | 0.249 | 84.39 |
| ⑦ 위험 | | | |
| · 자기자본순이익률의 표준편차 | 3.330 | 0.179 | 97.03 |
| · 순이익의 변동성 | 2.403 | 1.610 | 80.49 |
| ⑧ 기업규모 | | | |
| · 총자산 | 153.760 | 769.050 | 27.84 |
| ⑨ PER과 변동성 | | | |
| · PER | −0.045 | 0.003 | 72.21 |
| · PER의 분산 | 0.011 | 0.004 | 86.81 |

자료: 전게서, 즘쥬스키, pp. 28∼30.

서 보듯이, 부실기업과 정상기업을 판정하는 데 예측력이 비교적 높은 재무변수에는 수익성비율, 재무레버리지비율, 금융비용보상능력 그리고 위험 등이 있다. 한편 기업규모, 유동성비율, 활동성비율 등은 상대적으로 예측력이 떨어지는 것으로 나타났다.

## 10.3 단일변량기준 판별모형

기업부실을 미리 예측한다는 것은 기업 이해관계자에게 매우 유용한 일이다. 기업이 부실화되기 이전이라도 부실화의 징조는 여러 가지 재무정보에 반영되어 있다. 예를 들어 수익성이 누적적으로 악화된다든지 유동성이 급격하게 떨어진다든지 하는 것은 기업부실화의 전(前)단계에서 흔히 관찰될 수 있다.

본절에서는 하나의 재무정보를 기준으로 기업부실을 판별하는 단일변량기준 판별모형(univariate discriminant model)을 설명하기로 한다. 단일변량기준 판별모형은 다변량기준 판별모형을 이해하는 데 많은 도움을 준다.

### 1. 표본기업의 선택

하나의 재무정보를 기준으로 기업부실을 예측하는 단일변량기준 판별모형을 소개하면 다음과 같다. 단일변량기준 판별모형을 구축하기 위한 첫번째 단계는 표본기업을 선택하는 단계이다. 이를 추정표본(estimation sample)의 선택단계라 한다.

| 1단계 : 실제 부실화된 기업들(B집단)과 정상적인 기업들(N집단)을 선택한다. |
|---|

단일변량기준의 판별모형을 구축하기 위해서는 먼저 실제로 부실화된 기업들과 정상적인 기업들을 표본으로 선택해야 한다. 예를 들어, 주식시장에서 관리대상종목으로 분류된 기업들 가운데 5개 기업(B집단)과 정상적인 거래가 이루어지는 기업들 가운데 5개 기업(N집단)을 <표 10-4>와 같이 선택하였다고 하자(물론 실제모형을 구축하기 위해선 훨씬 더 많은 표본기업이 필요하다).

<표 10-3>에서 볼 수 있는 바와 같이 실제로 부실화된 기업으로 가

철강 ~ 마 목재까지 5개 기업을 선택하고, 이 기업들과 각각 동일산업에 속해 있는 a 철강 ~ e 목재까지 5개의 정상기업들을 짝을 맞추어 선택했다.

이렇듯 짝을 맞춰서 표본을 추출하는 이유는 산업간 재무정보 특성의 차이를 제거하기 위함이다. 좀더 구체적으로 말하면 철강기업의 재무특성은 수산기업의 재무특성과는 많은 점에서 다르다. 그래서 부실기업으로 가 철강기업을 선택하면 정상기업으로 동일산업에 속하는 a 철강기업을 선택함으로써, 특정산업의 재무특성을 B집단과 N집단 모두에 포함시켰다.

본 예에서는 부실기업과 정상기업을 각각 5개씩 짝을 맞춰서 표본추출하였다. 그러나 이는 어디까지나 설명을 단순화하기 위한 것이고 실제로는 충분한 표본을 추출해서 모형을 구축해야만 실효성이 있다. 엄밀히 말하면 짝을 이룬 표본(상대표본)을 추출함에 있어 짝을 이룬 기업들은 동일산업 내의 기업일 뿐만 아니라 규모, 영업위험 기준에서 동질적이어야 한다.

**〈표 10-3〉 부실기업과 정상기업의 선택**

| 부실기업 (B집단) | 정상기업 (N집단) |
|---|---|
| 가 철강 | a 철강 |
| 나 맥주 | b 맥주 |
| 다 섬유 | c 섬유 |
| 라 화학 | d 화학 |
| 마 목재 | e 목재 |

## 2. 분류기준 재무정보의 선택

표본기업을 선택한 후에는 부실기업집단과 정상기업집단을 분류하는 데 적절한 재무정보를 선택해야 한다.

> 2단계 : 양집단을 잘 분류할 수 있는 재무정보를 선택한다.

모형구축을 위한 표본기업을 선택한 후에는, 어느 재무정보가 부실기업집단과 정상기업집단을 잘 분류할 수 있는지 검토해야 한다. 여기서 말하는 '잘 분류한다'는 것은 무엇을 의미하는가? 결론적으로 말하면 양집단의 특정 재무정보의 값의 차이가 많을수록 그 재무정보는 양집단을 잘 분류한다고 볼 수 있다. <표 10-4>는 이자보상비율과 유동비율이 양집단을 잘 분류하는지 알려준다.

<표 10-4>에서 보듯이 이자보상비율을 기준으로 양집단을 분류하는 것이 유동비율을 기준으로 할 때보다 훨씬 더 정확하다는 것을 쉽게 알 수 있다. 즉, 가 기업을 제외하고는 B집단에 속하는 기업들의 이자보상비율이 N집단에 속하는 어떤 기업의 이자보상비율보다 낮은 것으로 보아서, 이자보상비율이 양집단을 비교적 잘 분류할 수 있을 것으로 판단된다.

반면에 유동비율을 기준으로 하면 양집단을 분류하기가 쉽지 않다. 즉, B집단에 속하는 기업들 중에도 가, 다, 마 기업은 N집단에 속하는 기업들인 c, d, e 기업보다 더 높은 유동비율을 갖고 있어, 양집단간에 유동비율의 차이를 발견할 수 없다. 결국 이자보상비율이 유동비율보다 양집단을 분류하는 재무정보로서 더 적합함을 알 수 있다.

〈표 10-4〉 표본기업의 재무정보

| 이자보상비율(배) | | 유동비율(%) | |
|---|---|---|---|
| 부실기업(B집단) | 정상기업(N집단) | 부실기업(B집단) | 정상기업(N집단) |
| 가 : 0.9 | a : 2.5 | 가 : 150 | a : 250 |
| 나 : 0.4 | b : 3.2 | 나 : 70 | b : 220 |
| 다 : 0.6 | c : 0.8 | 다 : 180 | c : 110 |
| 라 : 0.5 | d : 1.6 | 라 : 50 | d : 90 |
| 마 : 0.3 | e : 2.1 | 마 : 130 | e : 80 |

## 3. 최적절사점의 결정

양집단을 잘 분류할 수 있는 재무정보로서 이자보상비율을 선택한 후에, 모형구축을 위해서 해야 할 일은 이자보상비율의 최적절사점(optimal cut-off point)을 결정하는 것이다.

> 3단계 : 양집단을 분류하는 데 기준이 되는 최적절사점을 결정한다.

단일변량기준 판별모형에서 최적절사점은 흔히 이원분류검정법으로 결정한다. 이원분류검정법이란 실제 부실화된 기업과 실제 정상인 기업을 특정 재무정보의 크기로 배열한 후 분류오류를 최소화시키도록 최적절사점을 결정하는 방법이다. 위의 예에서 이원분류검정법에 의한 최적절사점을 구해 보기로 하자.

<표 10-5>는 이원분류검정법으로 최적절사점을 구하기 위해 표본기업들을 이자보상비율의 크기 순으로 나열한 것이다. 어느 점을 기준으로 할 때 분류정확도가 가장 클 것인가?

예를 들어 b 기업과 a 기업 사이의 2.85(3.2와 2.5의 중간점)를 기준으로 한다고 하자. 즉, 이자보상비율이 2.85보다 크면 정상기업으로 분류하고 작으면 부실기업으로 분류한다고 하자. 이 기준으로 집단을 분류하면, b 기업은 정상으로 그리고 가, 다, 라, 나, 마 기업은 부실로 분류됨으로써 실제상태와 일치하는 결과를 얻을 수 있다.

〈표 10-5〉 이원분류검정법

| 기업명 | 이자보상비율 | 실제 부실여부 | 판정결과 |
|---|---|---|---|
| b 맥주 | 3.2 | 정상 | 정상 |
| a 철강 | 2.5 | 정상 | 부실 |
| e 목재 | 2.1 | 정상 | 부실 |
| d 화학 | 1.6 | 정상 | 부실 |
| 가 철강 | 0.9 | 부실 | 부실 |
| c 섬유 | 0.8 | 정상 | 부실 |
| 다 섬유 | 0.6 | 부실 | 부실 |
| 라 화학 | 0.5 | 부실 | 부실 |
| 나 맥주 | 0.4 | 부실 | 부실 |
| 마 목재 | 0.3 | 부실 | 부실 |

그러나 이 기준에 따르면, 실제는 부실인데 정상으로 분류하는 1종오류(type Ⅰ error)는 발생하지 않지만, a, e, d, c 기업처럼 실제는 정상인데 부실로 분류하는 2종오류(type Ⅱ error)가 발생한다. 1종오류와 2종오류에 대해 좀더 구체적으로 살펴보기로 하자.

[그림 10-3]은 표본기업, 즉 부실기업집단과 정상기업집단의 특정 재무정보의 분포를 나타낸 것이다. 지금까지 설명한 예에서는 편의상 5개씩 10개의 표본을 이용하였지만, 실제로 모형을 추정하는 데에는 훨씬 더 많은 표본이 필요하다. 표본의 수가 충분히 많으면 특정 재무정보의 분포는 정규분포를 나타낼 것이다. 부실기업집단과 정상기업집단의 특정 재무정보분포는 겹쳐서 나타나는 것이 보통이다.

양집단의 분포로부터 분류정확도를 최대로 하는 최적절사점($X_C$)을 선택해야 한다. 양집단의 분포가 겹치는 한, 특정절사점($X_C$)을 기준으로 부실 여부를 분류하면 그 판정결과는 실제결과와 동일할 수도 있고 다를 수도 있다. 그림에서 기준점 $X_C$이하에 위치하는 기업을 부실기업으로 분류하고 그 이상에 위치하는 기업을 정상기업으로 분류한다면, 실제결과를

그림 10-3 1종오류와 2종오류

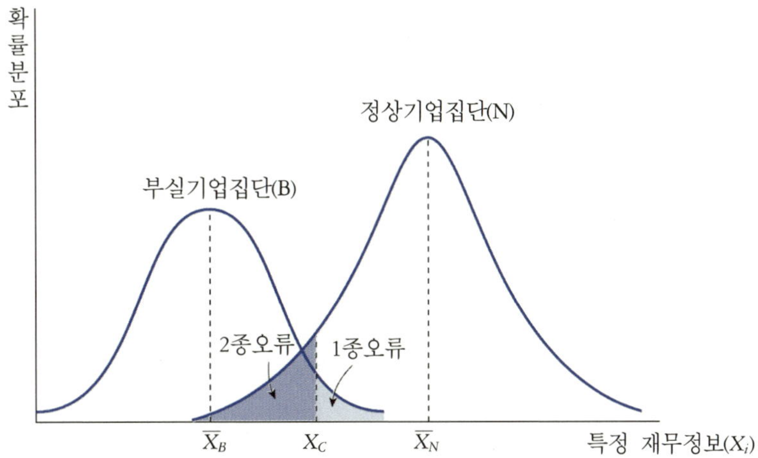


$\overline{X}_B$ : 부실기업집단의 평균치
$X_C$ : 최적절사점
$\overline{X}_N$ : 정상기업집단의 평균치

기준으로 볼 때 오류가 발생한다.

재무정보 $X_i$가 $X_C$ 이상이어서 정상기업으로 분류된 기업 중에는 실제로 부실기업이 있고, 재무정보 $X_i$가 $X_C$ 이하이어서 부실기업으로 분류된 기업 중에는 실제로 정상기업이 있다. 이와 같이 실제 부실기업을 정상기업으로 분류하는 오류를 1종오류라 하고, 실제 정상기업을 부실기업으로 분류하는 오류를 2종오류라고 한다.

최적절사점은 결과적으로 1, 2종오류가 최소가 되어 분류정확도를 가장 높이는 기준점을 의미한다. 그런데 여기서 유의해야 할 점은 1종오류와 2종오류가 미치는 상대적 영향이 다르다는 점이다. 기업부실을 예측하려는 목적은 입장에 따라 다소 차이가 있으나, 채무이행 여부를 미리 파악하여 신규대출 의사결정에 이용하려는 목적이 가장 일반적이다.

이때 의사결정자가 우선적으로 회피해야 할 오류는 1종오류이다. 왜냐하면 실제는 정상인데 부실로 분류하는 오류인 2종오류도 물론 회피하여야 하지만, 1종오류의 결과로 여신자가 부담하는 비용이 훨씬 더 크기 때문이다.

대출수요가 공급을 만성적으로 초과해 온 한국의 경우 2종오류로부터 발생하는 기회비용은 거의 없었다. 그러나 자금공급이 충분한 미국의 경

〈표 10-6〉 분류기준에 따른 분류오류

| 기준점 | 분류오류의 수 | | | 분류정확도 |
|---|---|---|---|---|
| | 1종오류 | 2종오류 | 합 계 | |
| 2.85 | 0 | 4 | 4 | 60% |
| 2.30 | 0 | 3 | 3 | 70% |
| 1.85 | 0 | 2 | 2 | 80% |
| 1.25 | 0 | 1 | 1 | 90% |
| 0.85 | 1 | 1 | 2 | 80% |
| 0.70 | 1 | 0 | 1 | 90% |
| 0.55 | 2 | 0 | 2 | 80% |
| 0.45 | 3 | 0 | 3 | 70% |
| 0.35 | 4 | 0 | 4 | 60% |

우 2종오류의 기회비용은 1종오류의 약 30%에 이르는 것으로 보고되고 있다.

<표 10-5>의 예를 확장하여 각 기준점에서의 분류오류 및 분류정확도를 비교하면 <표 10-6>과 같다. <표 10-6>은 기준점에 따른 분류오류와 분류정확도를 나타낸 것이다. 중간점을 기준으로 측정한 결과 분류정확도$\left(=1-\frac{\text{오류의 수}}{\text{표본의 수}}\right)$가 최고인 점은 1.25와 0.70이다. 그런데 이미 설명했듯이 1종오류의 기회비용이 훨씬 크므로, 일반적으로 1종오류를 우선적으로 회피하는 것이 보통이다. 따라서 두 경우의 분류오류의 수가 모두 1개씩이지만, 여신자의 입장에서 최적절사점은 1종오류가 없는 1.25가 된다.

## 4. 추정모형의 확인

최적절사점을 결정하였다고 모형구축이 완료된 것은 아니다. 지금까지 추정한 모형은 어디까지나 추정표본을 기초로 해서 구축된 것이다. 이 모형을 일반화하기 위해서는 새로운 표본, 즉 확인표본(실험표본)을 대상으로 모형의 유효성을 검증해야 한다.

> 4단계 : 확인표본을 대상으로 추정모형의 예측정확도를 검증한다.

지금까지 단일변량인 이자보상비율이 부실기업집단과 정상기업집단을 잘 분류할 수 있으며, 분류정확도를 가장 높이는 최적절사점이 1.25임을 알았다. 그런데 이러한 단일변량모형은 일정한 표본을 기초해서 만든 모형이므로 모든 기업을 대상으로 이 모형을 사용할 수 있는지는 확실하지 않다. 따라서 이 모형이 일반화될 수 있는지를 검증해야 한다.

좀더 전문적으로 말하면, 모형을 일반화하기 위해서는 모형추정에 사용한 추정표본(estimation sample) 이외의 확인표본(validation sample)을 대상으로 추정모형의 일반화 가능성을 확인해야 한다. 즉, 이미 추정한 모형을 추정표본과는 별도인 확인표본에 적용하여 예측정확도를 측정해 보아야 한다. 예측정확도가 높을 때 이 모형은 일반화될 수 있다. 결국 추정표본에 의한 분류정확도와 확인표본에 의한 예측정확도가 높을 때, 판별모형은 일반모형으로 사용할 수 있는 것이다.

## 10.4 다변량기준 판별모형

기업부실은 기업의 다양한 내적 또는 외적 요인이 복합적으로 작용한 결과이며, 시간적으로도 여러 요인이 계속되어 작용한 결과이기 때문에 어떤 단일요인으로만 설명될 수는 없다. 또한 단일 재무비율에 의한 기업부실예측 결과들은 상호 모순되는 결과를 가져오기도 하여 모형의 해석에 어려움이 따른다. 이와 같은 단일변량기준 예측모형의 한계점을 극복하기 위하여 다수의 재무정보를 기준으로 한 판별모형(discriminant model)이 등장하게 되었다.

### 1. 표본기업의 선택

하나의 재무정보를 기준으로 기업부실 여부를 판정하기는 어렵기 때문에 실제로는 두 개 이상의 재무정보를 기준으로 기업부실을 예측하는 모형이 많이 이용되고 있다. 여러 종류의 재무정보를 이용한 판별모형을 다변량기준 판별모형(multivariate discriminant model)이라 한다. 다변량 재무정보를 기준으로 한 판별모형을 구축하는 절차는 단일변량 재무정보를 기준으로 할 때와 거의 동일하다. 다만 두 개 이상의 재무정보를 사용한다는 점에서 차이가 있을 뿐이다.

다변량기준 판별모형을 구축하기 위한 첫번째 단계는 표본기업, 즉 추정표본을 선택하는 단계이다.

1단계 : 실제 부실화된 기업들(B집단)과 정상적인 기업들(N집단)을 선택한다.

다변량기준의 판별모형을 구축하기 위해서는 단일변량기준의 판별모형에서와 같이 먼저 실제로 부실화된 기업들과 정상적인 기업들을 표본으로 선택해야 한다. 예를 들어 <표 10-3>과 같이 주식시장에서 관리대상종목으로 분류된 기업들 가운데 가, 나, 다, 라, 마 기업(B집단)을 선택하고, 정상적으로 거래가 이루어지는 기업들 가운데 a, b, c, d, e 기업(N집단)을 선택하였다고 하자. 이미 설명한 바와 같이 양집단의 표본기업은 짝을 이루어서 추출해야 한다.

## 2. 분류기준 재무정보의 선택

표본기업을 선택한 후에는 부실기업집단과 정상기업집단을 분류하는 데 적절한 재무정보들을 선택해야 한다.

> 2단계 : 양집단을 분류하는 기준으로 2개 이상의 재무정보를 선택한다.

양집단을 분류하는 기준으로 이자보상비율과 자기자본비율이 적절하다고 보고 이들 재무정보를 선택하여 다변량기준 판별모형을 구축해 보도록 하자. 표본으로 선정한 10개 기업의 이자보상비율과 자기자본비율은

〈표 10-7〉 표본기업의 재무정보

| 구 분 | 기 업 명 | 이자보상비율(X) | 자기자본비율(Y) |
|---|---|---|---|
| 부실기업 | 가 철강 | 0.9 | 10% |
| | 나 맥주 | 0.4 | 5% |
| | 다 섬유 | 0.6 | 15% |
| | 라 화학 | 0.5 | 20% |
| | 마 목재 | 0.3 | 30% |
| 정상기업 | a 철강 | 2.5 | 50% |
| | b 맥주 | 3.2 | 30% |
| | c 섬유 | 0.8 | 40% |
| | d 화학 | 1.6 | 35% |
| | e 목재 | 2.1 | 45% |

다음과 같다.

## 3. 판별함수의 결정

다변량기준의 판별모형을 구축하는 단계 중에서 가장 중요한 것이 판별함수를 추정하는 단계이다. 판별함수란 다변량 재무정보를 단일변량 정보로 전환시켜 주는 역할을 한다.

> 3단계 : 2개 이상의 재무정보를 변량으로 하는 판별함수를 추정한다.

이자보상비율과 자기자본비율을 변량으로 하는 다변량 판별함수를 추정하는 방법을 설명해 보기로 하자. 추출한 표본기업들을 이자보상비율(X축)과 자기자본비율(Y축)을 기준으로 평면좌표에 표시해 보면 [그림 10-4]와 같다.

**그림 10-4 다변량 분포**

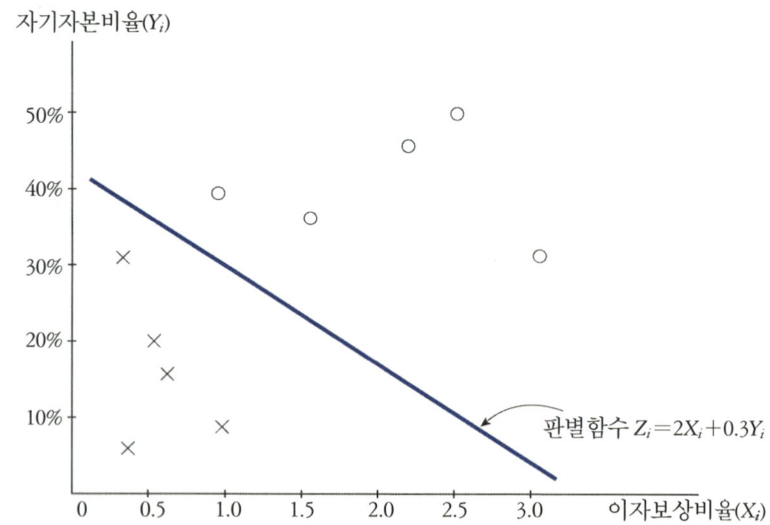

[그림 10-4]에서 정상기업(○)은 대체로 평면좌표 우측 위에 표시되고, 부실기업(×)은 평면 좌측 아래에 표시되어 있음을 알 수 있다. 그림에서 볼 수 있는 바와 같이, 이들 두 집단을 가장 잘 분류하는 선을 $Z_i = 2X_i + 0.3Y_i$ 라고 하자. 이 함수를 판별함수라 부르는데, 판별함수는 통계학적으로 분류오류를 최소로 하는 함수이다.

판별함수는 구체적으로 다변량 판별분석(multivariate discriminant analysis : MDA)을 통하여 추정할 수 있다. 이를 간략히 설명하면 다음과 같다.

판별분석을 하는 단계 중에서 가장 중요한 것은 판별함수의 추정이다. 예를 들어 정상기업과 부실기업을 판정할 수 있는 변수로 이자보상비율($X_i$)과 자기자본비율($Y_i$)이 선정되었다면, 정상기업집단과 부실기업집단을 구분하기 위한 경계선으로서 다음과 같은 1차함수식을 생각할 수 있다.

$$Z_i = a \cdot X_i + b \cdot Y_i \tag{10.1}$$

$Z_i$ : 판별평점(Z-Score)
$X_i$ : 이자보상비율
$Y_i$ : 자기자본비율
$a, b$ : $X_i$, $Y_i$의 계수

식 (10.1)이 정상기업과 부실기업을 가장 잘 구분할 수 있는 판별함수식이 되기 위하여는 다음의 조건이 충족되어야 한다. 정상기업의 판별평점의 평균 $\overline{Z}_N$가 부실기업의 판별평점의 평균 $\overline{Z}_B$로부터 가능한 한 멀리 떨어지고 각각의 판별평점의 분산이 작아지도록 $X_i$, $Y_i$의 계수 $a$, $b$가 추정되어야 한다. 이렇게 해주는 $a$, $b$는 통계적으로 다음과 같이 구할 수 있다.

$$a = \frac{S_y^2 \cdot d_x - S_{xy} \cdot d_y}{S_x^2 \cdot S_y^2 - (S_{xy})^2} \tag{10.2}$$

$$b = \frac{S_x^2 \cdot d_y - S_{xy} \cdot d_x}{S_x^2 \cdot S_y^2 - (S_{xy})^2} \tag{10.3}$$

$S_x^2$ : $X_i$분포의 분산
$S_y^2$ : $Y_i$분포의 분산
$S_{xy}$ : $X_i$와 $Y_i$의 공분산
$d_x$ : 정상기업집단과 부실기업집단의 $X_i$변수의 평균차이
$d_y$ : 정상기업집단과 부실기업집단의 $Y_i$변수의 평균차이

## 4. 최적절사점의 결정

단일변량 분석에서와 마찬가지로 분류정확도를 기준으로 최적절사점을 결정한다.

4단계 : 양집단을 분류하는 데 기준이 되는 Z평점의 최적절사점을 결정한다.

판별함수를 추정한 후에는 표본기업의 다변량변수를 판별함수에 대입하여 표본기업의 Z평점을 산출한다. 그리고 분류정확도를 가장 높게 하는 최적절사점을 결정해야 한다. 이때에도 단일변량 분석에서와 같이 이원분류검정법을 사용한다. 판별함수가 아무리 잘 추정되었다 하더라도 최적절사점을 잘못 결정하면 분류오류가 커지게 된다.

[그림 10-5]에서 살펴볼 수 있는 바와 같이, 분류오류는 부실기업을 정상기업으로 잘못 분류하는 1종오류와, 반대로 정상기업을 부실기업으로 잘못 분류하는 2종오류로 구분된다. 최적절사점($Z_C$)은 1종 및 2종오류를

**그림 10-5** 최적절사점과 분류오류

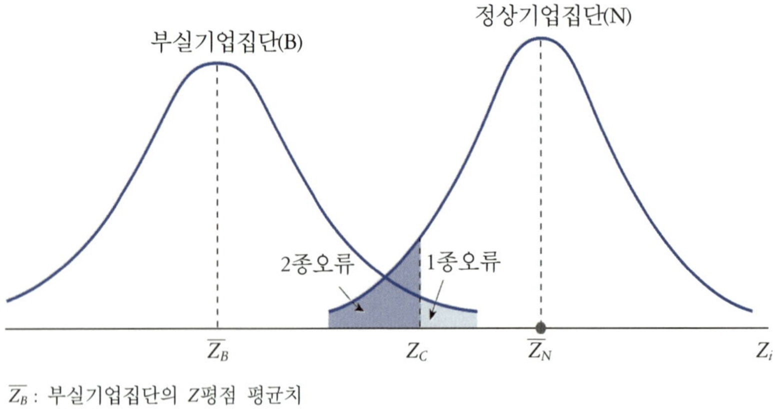


$\overline{Z_B}$ : 부실기업집단의 Z평점 평균치
$Z_C$ : 최적절사점
$\overline{Z_N}$ : 정상기업집단의 Z평점 평균치

〈표 10-8〉 다변량기준 판별모형의 최적절사점

| 기업명 | Z평점 | 실제 부실 여부 | 판정결과 |
|---|---|---|---|
| a 철강 | 20.0* | 정상 | 정상 |
| e 목재 | 17.7 | 정상 | 정상 |
| b 맥주 | 15.4 | 정상 | 정상 |
| d 화학 | 13.7 | 정상 | 정상 |
| c 섬유 | 13.6 | 정상 | 정상 |
| 마 목재 | 9.6 | 부실 | 부실 |
| 라 화학 | 7.0 | 부실 | 부실 |
| 다 섬유 | 5.7 | 부실 | 부실 |
| 가 철강 | 4.8 | 부실 | 부실 |
| 나 맥주 | 2.3 | 부실 | 부실 |

* $20.0 = 2X_i + 0.3Y_i = 2 \times 2.5 + 0.3 \times 50$

최소화하는 판별점수에서 결정된다. 다시 말해서 최적절사점은 표본기업 모두의 재무정보를 판별함수식에 대입하여 표본기업별 판별점수를 구한 후, 정상기업과 부실기업을 가장 적은 오류로써 구분할 수 있는 판별점수의 중간점에서 결정된다.

<표 10-8>은 표본기업의 이자보상비율과 자기자본비율을 판별함수에 대입하여 Z평점을 구하고, 그것의 크기 순으로 기업을 나열한 것이다. 최적절사점은 1종오류와 2종오류가 전혀 없는 $Z_C = 11.6$ [$=(13.6 + 9.6) \div 2$]에서 결정되며, 이때 분류정확도는 100%이다.

## 5. 추정모형의 확인

판별함수의 분류정확도는 표본기업으로 선정된 기업들을 정상기업과 부실기업으로 얼마나 정확하게 분류하는지로 측정된다. 판별함수의 분류정확도는 표본기업을 대상으로 한 판정결과가 실제 표본기업의 상태(정상 또는 부실)와 일치하는 기업의 수를 전체 대상기업의 수로 나누어서 구한다.

판별함수를 일반화시키고 보다 신뢰성을 높이기 위하여는 새로이 추출한 확인용 표본기업에 대해서도 판별함수의 예측력을 평가하여야 한다. 확인표본에 대한 예측력을 분류정확도와 구별해서 예측정확도라 함은 이미 설명한 바 있다.

> 5단계 : 확인표본을 대상으로 추정모형의 예측정확도를 검증한다.

본 예에서 다변량기준으로 추정한 기업부실 판별모형은 $Z_i = 2X_i + 0.3Y_i$ (최적기준점 $Z_C = 11.6$)이다. 이 모형은 추정표본에 기초해서 구축한 모형이다. 분류정확도가 아무리 높아도 확인표본을 기초로 한 예측정확도가 높지 않으면 이 모형을 판별모형으로 사용할 수 없다. 다시 말해서 모형을 일반화하기 위해서는 모형추정에 사용한 추정표본 이외의 확인표본을 대상으로 추정모형의 일반화 가능성을 확인해야 한다.

## 10.5 기업부실 판별모형의 적용 및 한계점

본절에서는 그동안 구축되어 공개된 국내외의 기업부실 판별모형을 소개하기로 한다. 기업부실 판별모형은 수없이 많이 개발되고 있으나 모형이 공개된 것은 그리 많지 않다. 여기서는 Z-Score모형, Z′-Score모형, Zeta모형 및 한국은행이 제시했던 모형을 설명하기로 한다. 그리고 기업부실 판별모형이 갖고 있는 한계점에 대해서도 간략히 살펴보기로 한다.

### 1. 기업부실 판별모형의 실제

기업부실 판별모형을 구축하여 기업부실 여부를 예측하는 것은 매우 유용한 작업이다. 그러나 개인이 판별모형을 구축하기는 현실적으로 어렵다. 금융기관에서는 나름대로 판별모형을 구축하고 이를 활용함으로써 대출의사결정에 이용하려고 노력하고 있다.

최근에는 정확도가 상당히 높은 모형이 개발되고 있어 많은 관심을 끌고 있다. 여기서는 미국에서 개발된 Z-Score모형, Z′-Score모형, Zeta모형 및 한국은행이 제시했던 모형을 소개하고, 이의 적용사례를 살펴보기로 하자.

## 1 Z-Score 모형

알트만(E. I. Altman)은 1946년부터 1965년 사이에 파산한 미국의 33개 제조기업과 이들 기업과 업종·규모 등이 유사한 정상적인 33개 제조기업을 추정표본으로 하여 다음과 같은 Z-Score모형을 개발하였다.[5)]

〈판별함수〉

$$Z = 0.012X_1 + 0.014X_2 + 0.033X_3 + 0.006X_4 + 0.0099X_5 \qquad (10.4)$$

〈변량명〉 $X_1$ : 순운전자본/총자산

$X_2$ : 이익잉여금/총자산

$X_3$ : $EBIT$/총자산 (EBIT=세전순이익+이자비용)

$X_4$ : 자기자본 시장가치/총부채

$X_5$ : 매출액/총자산

($X_1 \sim X_5$ : %)

〈판정기준〉 $Z < 1.81$ : 부실판정

$1.81 \leq Z \leq 2.99$ : 판정보류

$Z > 2.99$ : 정상판정

Z-Score모형의 추정표본에 대한 분류정확도는 도산 1년 전 자료인 경우 95%, 도산 2년 전 자료인 경우 74%이었다.

## 2 Z′-Score 모형

알트만은 비상장기업의 부실예측을 위하여 Z-Score모형을 약간 변형한 Z′-Score모형을 제시한 바 있다.[6)] Z′-Score모형은 $X_4$ 이외에는 Z-Score모형과 동일한 투입변수를 사용한다. 즉, Z′-Score모형에서 사용하는 $X_4$변수는

---

5) E. I. Altman, "Financial Ratios, Discriminant Analysis and the Prediction of Corporate Bankruptcy," *Journal of Finance* (September 1968), pp. 589~609.

6) E. I. Altman, *Corporate Financial Distress* (New York : John Wiley & Sons, 1983).

자기자본 장부가치를 총부채로 나누어서 구한다. Z′-Score모형은 다음과 같다.

〈판별함수〉

$$Z' = 0.007X_1 + 0.008X_2 + 0.031X_3 + 0.004X_4 + 0.001X_5 \tag{10.5}$$

〈변량명〉 $X_1$ : 순운전자본/총자산
$X_2$ : 이익잉여금/총자산
$X_3$ : $EBIT$/총자산 (EBIT=세전순이익+이자비용)
$X_4$ : 자기자본 장부가치/총부채
$X_5$ : 매출액/총자산
($X_1 \sim X_5$ : %)

〈판정기준〉 $Z' < 1.23$ : 부실판정
$1.23 \leq Z' \leq 2.90$ : 판정보류
$Z' > 2.90$ : 건전판정

Z′-Score모형의 추정표본에 대한 분류정확도는 도산 1년전의 자료인 경우 부실기업은 90.7%, 건전기업은 97.0%이었다.

## 3 Zeta모형

알트만, 할드만 그리고 나라야난(Altman, Harldeman, Narayanan)은 1977년에 Z′-Score모형보다 분류정확도가 더 우수한 모형을 개발하였는데 이를 Zeta모형이라 부른다.[7] Zeta모형의 추정표본은 총 111개(도산기업 : 53개, 정상기업 : 58개)인데, 이들은 모두 대기업들이다. Zeta모형은 Zeta서비스회사에서 상업용으로 이용하고 있어 그 내용이 구체적으로 알려져 있지 않다. 다만 Zeta모형에 투입되는 변량명과 그것의 중요도 순위는 다음과 같이 공개되어 있다(( ) 안은 중요도 순임).

〈변량명〉 $X_1(7)$ : $EBIT$/총자산 (EBIT=세전순이익+이자비용)
$X_2(2)$ : 과거 10년간 $X_1$의 표준편차
$X_3(6)$ : $EBIT$/이자비용
$X_4(1)$ : 이익잉여금/총자산

---

7) E. I. Altman, R. Harldeman & P. Narayanan, "Zeta Analysis : A New Model to Identify Bankruptcy Risk of Corporations," *Journal of Banking and Finance* (June 1977), pp. 29~54.

$X_5(5)$ : 유동자산/유동부채
$X_6(3)$ : 자기자본 시장가치/5년 평균 총자본 시장가치
$X_7(4)$ : 총유형자산

위에서 보듯이 Zeta모형에서 사용하는 변량은 총 7개이다. 이들 중 $X_4$(이익잉여금/총자산)의 중요도가 가장 크며 $X_2$(과거 10년간의 총자산영업이익률의 표준편차)와 $X_6$(시가기준 자기자본비율)이 다음의 순서를 차지하고 있다.

## 4 한국은행의 D모형

한국은행에서는 1982년에 제조업을 대상으로 다음과 같은 판별모형을 개발하여 소개한 바 있다.[8)]

〈판별함수〉

$$D = 5.323 - 0.033X_1 - 0.026X_2 - 0.008X_3 + 0.060X_4 - 0.004X_5 + 2.271X_6 - 2.783X_7 \quad (10.6)$$

〈변량명〉 $X_1$ : 자기자본/총자본
$X_2$ : 유동자산/유동부채
$X_3$ : (자기자본+비유동부채)/비유동자산
→ 비유동장기적합률의 역수
$X_4$ : 순운전자본/총자산
$X_5$ : 세전순이익/자본금
$X_6$ : 매출액/총자산
$X_7$ : 매출액/경영자본*
($X_1 \sim X_5$ : %, $X_6 \sim X_7$ : 회전)

* 경영자본 = 총자산 − 투자자산 − 건설중인자산

〈판정기준〉

| 판정 | 그룹 | 구분 |
|---|---|---|
| $D < -1.597$ | A그룹 | 건전그룹 |
| $-1.597 \le D < 0.0380$ | B그룹 | 건전그룹 |
| $0.0380 \le D < 1.673$ | C그룹 | 불건전그룹 |
| $D \ge 1.673$ | D그룹 | 불건전그룹 |

한국은행이 제시한 모형의 추정표본에 대한 분류정확도는 97.7%인 것으로 알려져 있다.

8) 『판별분석에 의한 기업평가방법』, 한국은행, 여신관리국, 1982.

### 5 한국은행의 K-Score 모형

한국은행은 1996년에 알트만(Altman)과 공동으로 K-Score 모형을 개발하여 소개한 바 있다.[9] (K1: 비상장기업, K2: 상장기업)

〈판별함수〉

$$K1 = -17.862 + 1.472X_1 + 3.041X_2 + 14.839X_3 + 1.516X_4$$

$$K2 = -18.696 + 1.501X_1 + 2.706X_2 + 19.760X_3 + 1.146X_4$$

〈변량명〉 $X_1$ : $ln$(총자산)

$X_2$ : $ln$(매출액/총자산)

$X_3$ : 이익잉여금/총자산

$X_4$ : 자기자본/총부채

(K1: 자기자본 장부가치)

(K2: 자기자본 시장가치)

(총자산은 백만원 단위이고 비율은 소수 단위임)

| 〈판정기준〉 | | | |
|---|---|---|---|
| | $K1 > 0.75$. | $K2 > 0.75$ | :부실가능성 없음 |
| | $-2.00 \le K1 \le 0.75$. | $-2.30 \le K2 \le 0.75$ | : 판정유보 |
| | $K1 < -2.00$ | $K2 < -2.30$ | : 부실가능성 심각 |

## 2. 기업부실 예측의 사례분석

다음에는 예제를 통하여 Z-Score모형과 한국은행모형의 적용사례를 분석해 보기로 하자.

9) E. I. Altman, “International Bankruptcy Classification Model”, 은행의 부도위험관리. 한국금융연구원. 1996. 381~410.

### 사례 1

병수기업의 재무자료가 다음과 같을 때, Z-Score모형과 한국은행의 D모형과 K-Score모형을 기준으로 이 기업의 부실 여부를 판정하시오.

[주요 자료]

총자산순운전자본비율 : 5%
총자산이익잉여금비율 : 1%
EBIT/총자산 : 3%
부채에 대한 자기자본 시장가치 비율 : 30%
총자산회전율 : 0.5회전
총자산: 452,416백만원
자기자본비율 : 2%
유동비율 : 50%
비유동장기적합률 : 250%
자본금세전순이익률 : 1%
경영자본회전율 : 1회전

### 해 설

병수기업의 재무자료를 Z-Score모형과 한국은행모형에 대입하면 다음과 같다.

(1) Z-Score모형으로 판정하면 다음과 같다.

$$Z = 0.012(5) + 0.014(1) + 0.033(3) + 0.006(30) + 0.0099(50)$$
$$= 0.848$$

$(X_1 = 5\%,\ X_2 = 1\%,\ X_3 = 3\%,\ X_4 = 30\%,\ X_5 = 50\%)$

∴ 부실판정

(2) 한국은행의 D모형으로 판정하면 다음과 같다.

$$D = 5.323 - 0.033(2) - 0.026(50) - 0.008(40) + 0.060(5)$$
$$- 0.004(1) + 2.271(0.5) - 2.783(1) = 2.2855$$

$$X_1 = 2\%,\ X_2 = 50\%,\ X_3 = \frac{1}{2.5} = 40\%,\ X_4 = 5\%,\ X_5 = 1\%,\ X_6 = 0.5,\ X_7 = 1$$

∴ 부실판정(D그룹)

(3) 한국은행의 K-Score 모형으로 판정하면 다음과 같다(상장기업 기준).

$$K2 = -18.696 + 1.501(13.022) + 2.706(-0.693) + 19.760(0.01) + 1.146(0.3)$$
$$= -0.484$$

$X_1 = ln(452.416) = 13.022$
$X_2 = ln(0.5) = -0.693$
$X_3 = 0.01$
$X_5 = 0.3$
∴ 판정유보

## 3. 판별모형의 유용성과 한계점

기업부실 판별모형은 기업부실 예측에는 물론 신용평가, 주식평가, 채권의 등급평가 등에도 사용되는 등 그 적용범위가 점차 확대되고 있다. 기업부실 판별모형의 적용범위가 이와 같이 확대되는 이유는 다음과 같은 유용성에 기인하고 있다.

첫째, 판별모형은 분석대상기업의 재무변수를 개별적으로 검토하는 것이 아니라 여러 재무변수를 동시에 고려하는 종합적인 재무분석 기법이다.

둘째, 판별모형은 많은 기업을 대상으로 동일한 기준으로 동시에 평가하는 분석이므로 분석자의 주관이 개입할 여지가 없다.

그러나 이와 같은 유용성에도 불구하고 판별모형은 다음과 같은 한계점을 지니고 있다.

첫째, 판별모형은 이미 발표된 과거의 재무자료를 사용하여 판별함수를 추정하고 이를 기준으로 미래 상황을 예측하는 기법이다. 따라서 기업환경이 전체적으로 변하거나 또는 기업의 경영패턴이 변하면 모형의 예측력이 떨어진다.

둘째, 어떤 재무변수가 판별함수를 추정하는 데 최적인가에 대한 객관적 산정기준과 이론적 근거가 명확하지 못하다.

셋째, 판별모형은 기업가치에 영향을 미치는 비회계적 자료를 고려하지 못하고 있다. 또한 표본기업들간에 회계처리 방법이 상이할 경우 판별함수의 예측력이 감소한다.

넷째, 판별분석에 의한 기업부실 판별모형은 판별집단의 예측치에 대한 분산-공분산행렬이 동일하고, 예측치의 분포가 정규분포를 갖는다는 가정을 충족해야만 하는 통계적인 한계점을 지니고 있다.

이와 같은 기업부실 판별모형의 한계점을 해소하기 위하여 최근에는 여러 가지 통계기법과 비회계적 자료를 이용한 기업부실 판별모형이 다양하게 개발되고 있다. 이들을 간략히 소개하면 다음과 같다.

첫째, 판별분석에 사용될 재무변수를 객관적으로 선정하고 이에 대한 이론적 근거를 제시하려는 노력이 이루어지고 있다. 예를 들면, 변수간에 상관성이 큰 재무변수를 사용함에 따라 발생하는 다중공선성의 문제를 해결하기 위한 방법으로서 요인분석을 이용한 기업부실 예측모형이 있다.

둘째, 재무제표는 과거의 영업실적을 나타내는 회계자료로서 기업의 현재와 미래가치를 정확히 반영하지 못하며, 작성기준도 기업간에 상이하다는 한계점을 갖는다. 이런 한계점을 보완하기 위하여 최근 이론적으로 기업가치를 보다 적절하게 나타내는 주식시장 정보를 이용한 기업부실 판별모형이 개발되고 있다.

셋째, 판별분석에서 요구되고 있는 판별집단의 예측치에 대한 분산-공분산 행렬이 동일하여야 한다는 가정 없이도 사용할 수 있는 모형이 개발되고 있다.

## 연·습·문·제

1. 다음을 간략히 설명하시오.
   ① 경제적 실패　　② 지급불능상태
   ③ 프로파일분석　　④ 추정표본과 확인표본
   ⑤ 최적절사점　　⑥ 1종오류와 2종오류

2. 투자수익률과 자본비용을 기준으로 기업의 부실화과정을 설명하시오.

3. 비버(W. H. Beaver)의 기업부실 예측모형에서 나타난 특징들을 열거하고 이들을 설명하시오.

4. 즈뮤스키(M. E. Zmijewski)의 기업부실에 관한 연구결과에서 나타난 특징을 열거하고 이들을 설명하시오.

5. 다변량판별함수를 이용한 부실예측모형의 구축과정을 설명하시오.

6. Z-Score모형, Z′-Score모형 및 한국은행의 D모형과 K-Score모형을 각각 설명하고 이들을 비교하시오.

7. 상록건설의 재무자료는 다음과 같다. Z-Score모형과 한국은행의 D모형과 K-Score모형을 기준으로 이 기업의 부실여부를 평가하시오.

재무상태표

상록건설　　(단위 : 백만원)

| | | | |
|---|---|---|---|
| 유동자산 | 7,108 | 유동부채 | 8,111 |
| 비유동자산 | 9,447 | 비유동부채 | 1,982 |
| (건설중인 자산) | (1,080) | 자본금 | 1,000 |
| | | 자본잉여금 | 0 |
| | | 이익잉여금 | 5,462 |
| 총자산 | 16,555 | 부채와 자본 | 16,555 |

손익계산서

| 상록건설 | (단위 : 백만원) |
|---|---|
| 매 출 액 | 20,117 |
| −매 출 원 가 | 16,945 |
| 매출총이익 | 3,172 |
| −판매비와 관리비 | 738 |
| (감가상각비) | (11) |
| 영 업 이 익 | 2,434 |
| +영업외수익 | 130 |
| −영업외비용(이자비용 461) | 591 |
| 세전순이익 | 1,973 |
| −법인세비용 | 534 |
| 당기순이익 | 1,439 |

* 발행주식수 : 200,000주
** 주가 : 15,000원

# 자산가치평가의 이론과 실제

제 5 편

제11장 기업가치평가

제12장 증권가치평가

최근 들어 기업의 인수합병(mergers & acquisitions : M&A)와 구조조정이 많은 사람들의 관심의 대상이 되면서 자산가치를 평가하는 일이 중요한 이슈가 되고 있다. 또한 IMF구제금융 신청 이후에 경영자들도 경영의 패러다임(paradigm)이 외형 중심에서 가치 중심으로 바뀌어야 한다는 사실을 피부로 직접 느끼면서 자산가치평가의 중요성을 새삼 인식하게 되었다.

본편에서는 기업가치와 증권가치의 평가방법을 설명하기로 한다. 기업가치의 평가에서는 장부가치와 시장가치의 차이를 설명하고 가치평가의 요소, 즉 현금흐름과 적정할인율의 추정에 대해 설명하기로 한다. 또한 본편에서는 기업이 발행하는 증권, 즉 주식과 채권의 가치평가 과정과 사례를 분석하기로 한다.

# 제 11 장 기업가치평가

기업가치(value of a firm)를 정확히 추정하는 것은 대단히 중요하지만 또한 어려운 작업이기도 하다. 왜냐하면 기업가치는 미래상황에 따라 계속해서 변하므로 이를 정확히 예측하는 것이 어렵기 때문이다. 그러나 과거와 현재의 상황을 미루어서 미래의 상황을 예측하는 것이 불가능한 일만은 아니다. 특히 영업활동을 정상적으로 수행하는 기업의 경우, 미래의 상황을 어느 정도 정확히 예측하는 것은 가능한 일이다.

본장에서는 현금흐름을 이용한 기업가치의 평가에 대해서 설명하기로 한다. 먼저 기업의 장부가치와 시장가치의 의미를 비교하고, 기업가치의 평가과정인 현금흐름의 추정과 적정할인율의 추정에 대해서 살펴보기로 한다. 마지막으로 사례를 들어 실제로 기업가치의 평가가 어떻게 이루어지는지를 설명하기로 한다.

## 11.1 기업가치평가의 기초

최근 들어 기업가치를 정확히 평가하는 것에 대해 관심이 커지고 있다. 기업가치는 인수합병관련자, 주주, 채권자, 노동자뿐만 아니라 경영분석가에게도 중요한 의미를 갖는다. 본절에서는 기업가치평가의 중요성 및 장부가치와 시장가치의 차이에 대해 설명하기로 한다.

## 1. 기업가치평가의 중요성

재무이론을 공부하는 사람들뿐만 아니라 금융기관에서 일하는 사람들은 누구나 기업의 가치를 어떻게 하면 정확하게 평가할 수 있을 것인가에 대해 지대한 관심을 갖기 마련이다. 즉, 기업의 가치를 평가하는 일이야말로 재무이론과 실무에서 가장 핵심적인 이슈 중의 하나이다.

기업의 가치를 정확히 평가하기 위해서는 논리적으로 합당한 방법이 적용되어야 한다. 무릇 자산의 가치란 그 자산으로부터 미래 얻을 수 있는 현금흐름을 위험이 반영된 적정할인율로 할인한 현재가치이다. 기업자산의 시장가치, 즉 기업가치를 정확히 평가하기 위해서는 기업이 영업활동을 통해 얻는 현금흐름과 자본을 제공한 채권자와 주주가 요구하는 수익률, 즉 적정할인율을 정확히 추정해야 한다.

기업의 현금흐름은 기업잉여현금흐름(free cash flow to the firm : FCFF)으로 측정되며, 이는 기업의 영업이익에 법인세, 감가상각비, 자본적 지출 그리고 추가운전자본을 조정한 현금흐름이다. 그리고 적정할인율은 채권자가 요구하는 수익률과 주주가 요구하는 수익률을 평균해서 측정되며, 이는 타인자본비용과 자기자본비용을 평균한 가중평균자본비용(weighted average cost of capital : WACC)이다.

현금흐름과 적정할인율은 기업이 처한 환경에 따라 여러 가지 패턴을 갖기 마련이다. 가장 대표적인 패턴으로는 안정성장형과 2단계성장형이 있다. 이외에도 본장에서는 언급하지 않겠지만 3단계성장형과 한계기업형이 있다. 기업가치를 평가하는 기본논리를 올바르게 이해하고, 미래 성장패턴에 적합한 모형을 선택할 수 있는 능력은 기업가치를 정확히 평가하는 데 가장 중요하다.

우리나라는 1990년대 이후 지속적인 자본시장 개방화정책을 추진하여 주식시장의 개방과 채권시장의 개방이 부분적으로 이루어져 왔으며, 1997년 12월 IMF에 구제금융을 신청한 이후 자본시장의 개방화는 전에 없이 봇물처럼 밀려오고 있다. 외국자본의 적극적인 유치정책은 주식시장과

M&A시장에 파격적인 개방화를 촉진할 것으로 예상되고 있다. 이런 과정에서 기업가치의 평가는 무엇보다도 중요한 관심의 대상이 되고 있다.

요즈음 우리나라의 기업들도 '가치경영'을 경영의 목표로 앞세우기 시작하고 있다. 이는 기업들이 기업가치의 중요성을 인식하고 가치극대화 경영에 눈을 뜨기 시작하고 있음을 보여주는 증거이다.

기업뿐만 아니라 개인에 있어서도 자산가치를 기준으로 투자 의사결정을 내리려는 자세는 자본국제화 시대에 걸맞는 투자자세이다. 또한 금융기관의 입장에서도 신용대출을 위한 기초자료로서 기업가치평가 정보는 대출심사시 매우 유익한 자료가 될 것이다.

## 2. 장부가치와 시장가치

기업가치를 평가하는 방법을 알아보기 전에 우선 기업의 장부가치와 시장가치는 어떻게 다르고, 시장가치의 본질이 무엇인지를 검토해 보기로 하자.

### 1 재무제표의 가치기준

재무제표에 표시된 금액은 어떤 의미를 가질까? 특히 기업의 자산, 부채, 자본을 나타내는 재무상태표에 표시된 금액은 무엇을 의미하는 것일까? 예를 들어 A기업의 재무상태표가 다음 <표 11-1>과 같다고 하자.

<표 11-1>에서 A기업의 총자산 400억원은 무슨 의미일까? 그것이 현재시점의 기업가치를 의미하는 것일까? 결론적으로 말해서 그렇지 않다. 총자산 400억원은 구입시점을 기준으로 한 기업자산의 가치이다. 따라서 그 금액은 현재시점의 기업가치와는 거리가 있기 마련이다.

예를 들면 5년 전에 구입한 비유동자산의 금액은 감가상각만을 고려한 채 5년 전 구입시점의 가치를 기준으로 표시되어 있기 때문에 현재시점의 가치와는 차이가 있다. 회계학에서는 장부가치(book value)와 시장가치의 차이를 없애기 위하여 자산재평가가 이용되기도 하나 어찌되었든 장

〈표 11-1〉 장부가치 기준의 재무상태표

재무상태표

A기업 (금년도 말) (단위 : 억원)

| 유동자산 | 50 | 유동부채 | 30 |
|---|---|---|---|
| 비유동자산 | 350 | 비유동부채 | 70 |
| | | 자본금 | 200 |
| | | 잉여금 | 100 |
| 자산총계 | 400 | 부채와 자본 총계 | 400 |

*부채는 모두 차입금이고 차입금의 장부가치는 시장가치와 동일하다.

부상의 자산가치는 시장가치와 괴리가 있기 마련이다.

다음으로 유동부채와 비유동부채로 구성된 부채의 장부가치 100억원(모두 차입금)은 시장가치를 나타내는가? 부채 100억원은 정확히 시장가치를 나타낸다고 할 수는 없으나, 일부분을 제외하고는 일반적으로 시장가치로 받아들일 수 있다. 즉, 부채 100억원은 과거 조달시점을 기준으로 한 금액이지만, 기업은 현재시점에서도 거의 그만큼의 부채를 부담하고 있으므로 부채의 장부가치와 시장가치는 거의 같다고 보아도 큰 무리는 없을 것이다.

장부상의 부채금액이 시장가치(market value)와 큰 괴리를 나타내는 경우도 있다. 그 경우를 구체적으로 설명하면 다음과 같다. 기업이 채무불이행상태가 지속되어 파산상태에 이르렀을 때, 부채의 현재가치는 장부상의 금액보다도 훨씬 작아진다. 즉, 자산을 처분한 가치가 부채의 장부가치보다 작을 때, 부채의 시장가치는 장부가치보다 작아진다. 자산을 처분한 가치가 부채의 장부가치보다 작을 때, 부채가치는 자산의 처분가치로 제한된다.

또한 시장에서 거래되는 부채의 가치는 시장가치를 기준으로 측정해야 한다. 예를 들어 기업이 회사채를 발행하여 자본을 조달한 경우, 회사채의 가치는 시장에서 형성되는 회사채 가격을 기준으로 평가되어야 한다. 그러나 대부분의 경우 부채의 장부가치는 시장가치와 큰 차이가 나지 않는 것으로 간주된다.

한편, 자본금과 잉여금으로 구성된 자기자본 300억원은 시장가치를 나타내는가? 결론적으로 말해서 그렇지 않다. 자기자본의 가치는 자산가치에서 부채가치를 차감하여 구한다. 자산의 장부가치 400억원이 시장가치와 다르므로, 자본의 장부가치 300억원이 시장가치와 다른 것은 당연하다.

자본금 200억원은 액면가×발행주식수(=5,000원×400만주)를 나타낼 뿐, 그 이상의 의미를 갖지 못한다.[1] 그리고 잉여금 100억원은 그동안 축적된 이익잉여금과 자본잉여금으로서 장부가치를 기준으로 기록된 것이다.

지금까지 재무상태표상의 장부가치가 역사적 원가(historical cost)를 기준으로 표시되어 있으므로 현실가치 또는 시장가치와는 괴리가 있음을 설명하였다. 물론, 장부가치가 클수록 대체로 시장가치도 커지게 마련이지만 반드시 그런 것은 아니다.

또한, 손익계산서의 금액도 역사적 원가를 기준으로 기록되어 있어 시장가치를 정확히 반영한다고 볼 수 없다. 그러나 손익계산서상의 금액은 재무상태표상의 금액과 비교할 때 훨씬 더 시장가치에 근접하여 표시되어 있다고 할 수 있다.

일반적으로 기업가치라 함은 기업 총자산의 시장가치를 지칭한다. 재무상태표상의 금액은 역사적 원가를 기준으로 표시되어 있으므로, 장부상의 가치를 기준으로 기업가치를 추정할 수는 없다. 재무제표를 작성할 때 역사적 원가를 기준으로 하는 것은 객관성을 확보하기 위함이다.

역사적 원가는 객관적으로 그 크기를 알 수 있으므로 객관성을 중시하는 회계처리에 있어서 기준이 되고 있다. 그러나 현실적으로 가치란 역사적 원가가 아니라 현재의 시장가치를 의미하므로 기업가치도 시장가치를 기준으로 평가해야 한다.

## 2 시장가치의 본질

기업의 시장가치를 설명하기 전에 우선 시장가치의 본질을 설명하기로 하자. 다음과 같은 예는 시장가치 개념을 이해하는 데 큰 도움을 줄

1) 실무적으로 자본금과 자본을 혼동하는 경우가 많이 있는데, 자본금은 액면가 기준의 납입자본금을 의미하고 자본은 자본금과 잉여금을 합한 것이다.

것이다.

김유명 선수는 세계 마라톤 대회에서 우승을 차지했다. 정부가 다음과 같은 두 가지 상금을 제시했다.

①안 : 1억원의 상금을 현재 지급함.

②안 : 매달 100만원씩의 연금을 영구적으로 지급함.

위의 예에서 ①안의 현재가치는 1억원임을 쉽게 알 수 있다. 그런데 ②안의 현재가치(또는 시장가치)는 얼마가 될 것인가? 매달 100만원씩 영원히 지급하는 ②안의 현재가치를 알아야 김 선수는 두 안 중 하나를 선택할 수 있을 것이다.

②안의 현재가치를 알기 위해서는 매달 지급받는 현금흐름 외에 할인율을 알아야 한다. 매달 100만원의 현금흐름은 확실하게 보장되므로 할인율은 위험이 반영되지 않은 은행이자율 또는 무위험자산수익률로 대신할 수 있다. 은행이자율을 월 1%라 하고 ②안의 현재가치를 구하면 [그림 11-1]과 같다.

[그림 11-1]에서 볼 수 있는 바와 같이, ②안의 현재가치는 1억원이 된다. 따라서 김유명 선수는 ①안의 가치와 ②안의 가치를 동일하게 평가할 것이다. 이는 ①안의 현재 1억원을 은행에 예금하면 매월 100만원씩(=1억원×1%) 받을 수 있다는 것과 동일한 의미이다.

조금 이야기를 바꾸어서 은행이자율이 월 0.5%라는 것 이외에 모든 조건이 동일하다고 하자. 김유명 선수는 어느 안을 선택할 것인가?

매달 100만원씩의 확실한 현금흐름을 영구히 지급받을 때, 그것의 현재가치는 2억원(=100만원/0.05)이 된다. 다른 관점에서 본다면, 이는 현재 2억원의 현금을 은행에 예금해야만 매달 100만원씩의 현금흐름을 얻을 수 있다는 얘기이다. 따라서 이런 제의를 받을 때 ②안의 가치가 훨씬 더 큰 것으로 평가된다.

이상에서 살펴보았듯이 시장가치를 추정하기 위해서는 두 가지 요소, 즉 미래현금흐름과 적정할인율을 알아야 한다. 동일한 미래현금흐름이 기

**그림 11-1** 연금의 현재가치(시장가치)

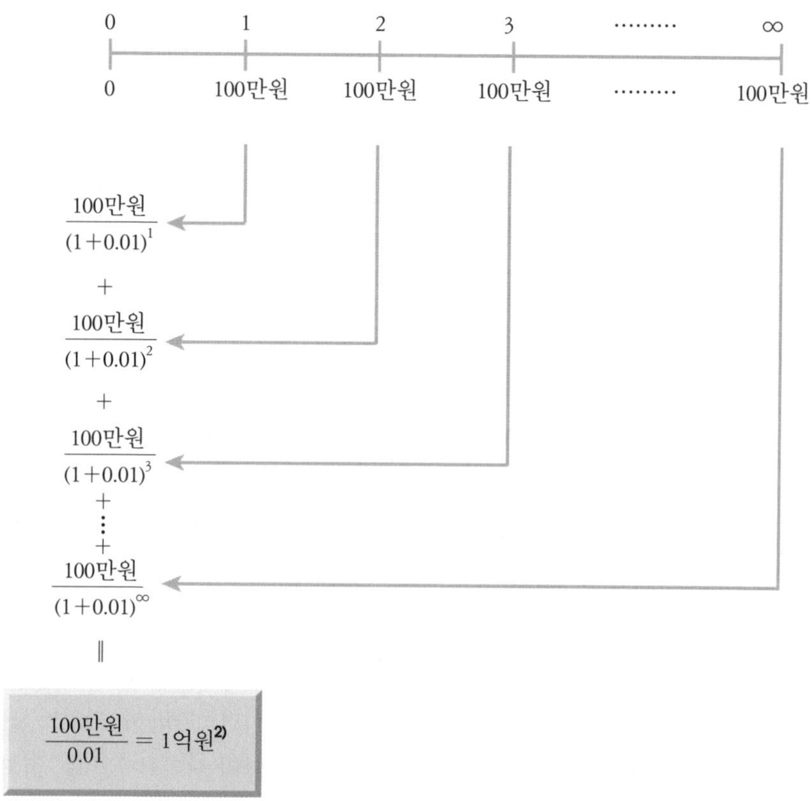


대되어도 적용되는 할인율이 다르면 가치가 달라진다. 앞의 예에서 국내에서 미래 발생되는 현금흐름이 은행이자흐름과 같이 확실하기 때문에 월 1%의 할인율이 적용된 것이다.

김유명 선수가 ①안과 ②안의 가치를 동일하다고 생각한다는 것은 할인율을 월 1%로 적용하고 있기 때문이다. 월 1%의 할인율은 1억원을 현재 투자하고 매달 100만원씩 영구히 지급받을 수 있는 투자안의 투자수익률(internal rate of return : IRR)로 이해할 수 있다.

---

2) 매년 동일한 현금흐름($C$)을 영원히 받는 경우, 그것들의 현재가치($A$)는 다음과 같다.

$$A = \frac{C}{r}$$

(단, $r$ : 적정할인율)

$$1\text{억원} = \frac{100\text{만원}}{(1+r)^1} + \frac{100\text{만원}}{(1+r)^2} + \cdots + \frac{100\text{만원}}{(1+r)^\infty}$$

$$= \frac{100\text{만원}}{r}$$

$$\therefore \text{ 투자수익률(IRR)} \quad r = 1\%$$

1%란 김유명 선수가 1억원의 현금을 현재 투자하여 얻을 수 있는 수익률을 의미한다. 만약에 미래 발생되는 현금흐름 100만원이 불확실하다면, 현금흐름의 현재가치는 1억원보다 클 것인가 아니면 작을 것인가? 당연히 1억원보다 작아져야 한다.

이는 두 가지로 설명할 수 있다. 먼저 위험이 있는 현금흐름이므로 할인율을 1%보다 높여야 한다. 할인율이 1%보다 높아지면 현재가치는 1억원보다 작아진다. 또는 위험이 없는 투자(1억원)에 대하여 얻을 수 있는 수익률이 월 1%이므로 위험이 추가된 투자에 대해서는 더 많은 수익률을 요구해야 한다. 결국 이들은 위험이 추가될수록 할인율이 높아져야 한다는 얘기이다.

이상의 설명에서 알 수 있듯이, 시장가치란 다음 식과 같이 미래현금흐름을 적정할인율로 할인한 현재가치이다. 따라서 기업가치를 정확히 평가하기 위해서는 미래현금흐름과 적정할인율(위험반영)을 정확히 추정하는 일이 무엇보다도 중요하다.

$$\text{시장가치} = \sum_{t=1}^{n} \frac{\text{미래현금흐름}}{(1+\text{적정할인율})^t}$$

## 11.2 기업가치의 평가과정

자산의 시장가치를 평가하기 위해서는 두 가지 요소, 즉 미래현금흐름과 적정할인율을 추정해야 함은 이미 설명한 바와 같다. 기업가치를 평가하기 위한 미래현금흐름과 적정할인율의 추정방법을 설명하면 다음과

같다.[3)]

## 1. 현금흐름의 추정

기업가치는 기업총자산의 가치를 의미한다. 더욱 정확히 표현하면 기업가치란 기업총자산의 시장가치를 의미한다. 기업가치는 재무상태표 차변에 기록된 자산의 크기로 추정할 수 없음은 이미 설명한 바 있다. 왜냐하면 재무상태표상에 기록된 자산의 크기는 역사적 원가를 기준으로 평가되어 있기 때문이다.

기업을 정리할 때에는 기업가치를 자산의 매각가치 또는 대체가치를 기준으로 추정하기도 한다. 이때에는 기업의 기능이 거의 정지된 상태이기 때문에 영업활동에 따른 미래현금흐름을 기대할 수 없기 때문이다. 이런 기준을 청산가치 기준이라 한다. 이 방법은 은행이 부실기업을 정리할 때 많이 이용하는 방법으로서 자산의 가치를 개별자산의 매각가격을 기준으로 추정한다.

우리에게 더 관심이 있는 것은 정상적으로 영업활동을 수행하는 기업의 가치를 어떻게 추정하느냐이다. 이런 기준을 계속기업가치 기준이라 한다. 이미 설명한 바와 같이, 시장가치란 미래에 발생하는 현금흐름을 적정할인율로 할인한 현재가치이다. 따라서 기업가치를 추정하기 위해서는 기업이 자산을 활용한 영업활동의 결과로 얻게 되는 미래의 현금흐름을 알아야 하고, 미래현금흐름의 위험이 반영된 적정할인율을 추정하여야 한다.

먼저, [그림 11-2]를 이용해서 기업이 자산을 활용한 영업활동의 결과로 얻는 미래현금흐름의 추정방법을 설명해 보기로 하자.

자산을 보유해서 미래에 얻는 현금흐름은 자산의 종류에 따라 다르다. 예를 들어 주식의 미래현금흐름은 배당과 주식매각대금이고, 회사채의 미래현금흐름은 이자와 원금(액면가액)이다. 그렇다면 기업자산으로부터 얻는

3) 제5장에서 주식의 가치를 평가하기 위해 이용한 PER모형, PBR모형 및 PSR모형은 상대가치 평가모형이라고도 부른다. 본장에서 설명하는 현금흐름을 이용한 기업가치 평가모형은 절대가치 평가모형이라 부르기도 한다.

**그림 11-2** 기업의 미래현금흐름

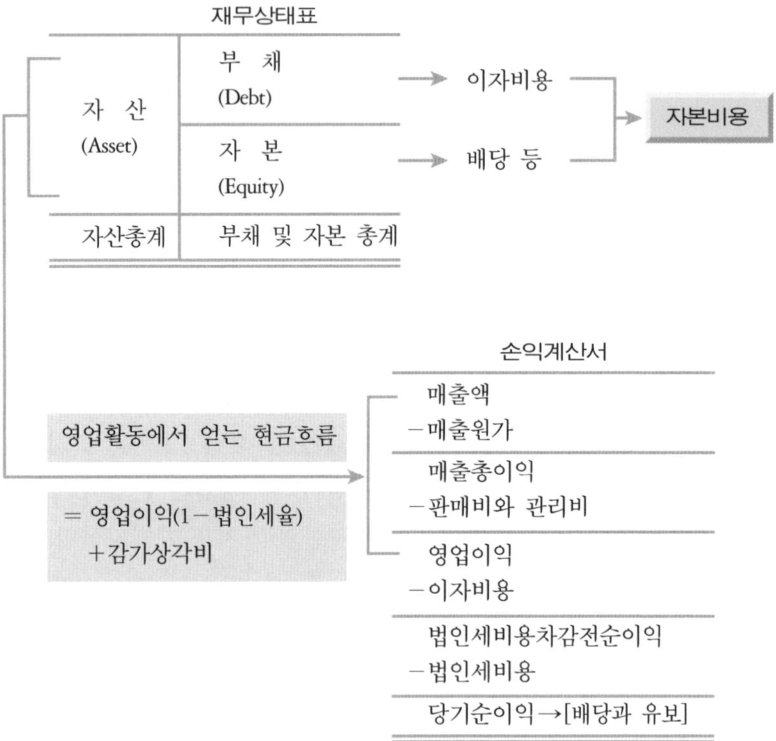


미래현금흐름은 무엇인가? [그림 11-2]에서 볼 수 있는 바와 같이 기업자산으로부터 얻게 될 현금흐름의 원천은 영업활동에서의 이익, 즉 영업이익이 된다.

구체적으로 설명해서 기업가치를 평가하기 위한 현금흐름, 즉 기업잉여현금흐름(free cash flow to the firm : FCFF)은 영업이익을 기준으로 다음과 같이 추정한다.

$$FCFF = \text{영업활동에서 얻는 현금흐름}^{4)} - \text{자본적 지출} - \text{추가운전자본}$$
$$= \text{영업이익}(1-\text{법인세율}) + \text{감가상각비} - \text{자본적 지출} - \text{추가운전자본} \quad (11.1)$$

식 (11.1)의 FCFF 추정공식과 관련해서 몇 가지 내용을 검토해 보기로 하자.

## 1 영업이익과 법인세

재무이론을 처음 공부하는 사람에게 위의 공식은 몇 가지 점에서 다소 의아하게 보일 수도 있다. 예를 들면, 왜 법인세를 조정하며 기업이익 중에서 하필이면 왜 영업이익을 사용하는가 등이 이해하기 어려울 것이다. 이에 대해 간략히 설명하면 다음과 같다.

법인세는 기업 외부로 현금이 유출되어 정부의 몫이 되므로 기업고유의 가치로 볼 수 없다. 따라서 기업가치 추정시에 법인세를 차감하는 것이다.

문제는 영업이익을 기준으로 현금흐름을 추정하는 이유이다. 기업이 자산을 보유하는 주 목적은 영업활동을 하기 위함이다. 영업활동이란 말 그대로 구매·제조·판매·회수 등의 일련의 활동을 말한다. 자산으로부터 얻는 현금흐름이란 자산을 보유함으로써 얻는 것이 아니라 자산을 활용하여 영업활동을 함으로써 얻는 현금흐름이다. 영업활동에서 얻는 현금흐름이란 영업수익으로 나타나는 현금유입에서 영업비용으로 나타나는 현금유출을 차감한 순현금흐름이므로 이는 곧 영업이익을 의미한다. 그렇기

---

4) 영업활동에서 얻는 현금흐름(영업현금흐름)
= 당기순이익 + 감가상각비* + 이자비용(1 − 법인세율)**
= (영업이익 − 이자비용)(1 − 법인세율) + 감가상각비 + 이자비용(1 − 법인세율)
= 영업이익(1 − 법인세율) + 감가상각비

* 감가상각비는 현금유출이 수반되지 않는 비용이므로 영업활동에서 얻는 현금흐름을 구할 때 다시 더해 준다.

** 이자비용(1 − 법인세율)을 가산하는 이유는 영업활동에서 얻는 현금흐름이 이자비용을 지출하기 전의 현금흐름이고, 기업의 입장에서 실질적인 이자비용은 절세효과로 인해 이자비용(1 − 법인세율)이 되기 때문이다.

때문에 기업자산으로부터 얻는 미래현금흐름을 영업이익 기준으로 측정하는 것이다.

재무이론을 처음 공부하는 사람은 이자비용과 배당 등의 현금흐름은 어떻게 되는지에 대해 의문을 품을 수가 있다. 이자비용과 배당은 자본을 제공한 채권자와 주주에게 배분되는 몫으로서 자산운용 결과로 얻어지는 영업이익에서 지급된다. 재무이론에서는 이자비용과 배당 등의 현금흐름을 자본비용(cost of capital)이라는 특별한 개념으로 이해하고 있다.

자본비용이란 자본제공의 대가로 자본제공자에게 분배되는 비용으로 정의된다. 자본비용은 현금유입의 개념으로 다시 정의하면 '자본제공시 요구하는 최소한의 수익률'이다. 자산의 시장가치는 그로부터 발생하는 미래현금흐름을 요구하는 수익률 또는 적정할인율로 할인한 현재가치임은 이미 설명한 바 있다. 기업자산의 시장가치, 즉 기업가치를 추정하는 데 이용되는 적정할인율은 자본제공자가 요구하는 수익률인 자본비용(가중평균자본비용)이 된다.

이자비용과 배당 등은 자본비용으로 분류되어 할인율에서 감안되므로, 미래에 얻게 될 현금흐름은 이자비용과 배당 등을 차감하지 않은 상태의 이익, 즉 영업이익을 기초로 측정되어야 한다. 다시 말해서, 미래현금흐름을 이자비용과 배당 등이 차감된 순이익을 기준으로 측정한다면, 자본비용은 현금흐름에서도 차감되고 할인과정에서도 반영되어 이중계산된다.

## 2 감가상각비와 자본적 지출

감가상각비(depreciation)는 손익계산서상의 비용으로 처리되어 영업이익을 줄이지만 실제로는 현금유출이 수반되지 않는 비용이다.[5] 따라서 영업활동으로부터의 현금흐름을 구하는 데 있어 감가상각비(감모상각비 포함)는 다시 가산되어야 한다.

기업이 성장하기 위해서는 영업현금흐름 중 일부 또는 전부를 기존자산을 유지하거나 새로운 자산을 구입하는 데 재투자해야 한다. 예를 들면,

5) 무형자산에 대한 감모상각비(amortization)인 무형자산상각비도 감가상각비와 마찬가지로 현금유출이 수반되지 않는다.

어떤 기업이 자본적 지출(capital expenditure) 없이 성장한다는 것은 비현실적이다. 일반적으로 성장률이 높은 기업들은 자본적 지출이 감가상각비보다 많으며 성장률이 안정적인 기업들은 자본적 지출이 감가상각비와 거의 동일수준을 유지한다.

### 3 추가운전자본

운전자본은 순운전자본(net working capital : NWC)이라고도 부르며 유동자산에서 유동부채를 차감하여 계산된다. 운전자본은 기업의 영업활동과 관련하여 묶여 있는 자본이므로 추가적으로 소요되는 운전자본은 현금유출로 처리하여야 한다. 구체적으로 말해서 운전자본의 증가분은 현금유출로 처리하고, 운전자본의 감소분은 현금유입으로 처리해야 한다.

일반적으로 추가운전자본의 크기는 기업의 성장성과 밀접한 관계를 갖는다. 동일업종의 기업이라도 성장성이 높은 기업일수록 추가로 소요되는 운전자본이 커지는 경향이 있다. 통상적으로 추가운전자본을 고려하지 않으면 현금흐름이 과대평가되어 기업가치가 과대평가되기 쉽다.

## 2. 적정할인율(자본비용)의 추정

기업가치 평가시의 적정할인율(자본비용)은 채권자와 주주가 평균적으로 요구하는 수익률이다. 재무이론에서 채권자와 주주가 요구하는 수익률은 자본비용으로 추정된다. 여기서는 자본비용에 대해 자세히 설명하기로 한다.

### 1 원천별 자본비용

기업자산에 대해 요구하는 수익률이란 무엇인가? 이 물음에 답하기 전에 영업활동을 위해 기업이 보유한 자산은 어떤 재원으로 충당되는지를 생각해 보는 것이 필요하다. 자본제공자가 여러 형태로 기업에 자본을 제

**그림 11-3** 영업이익의 분배

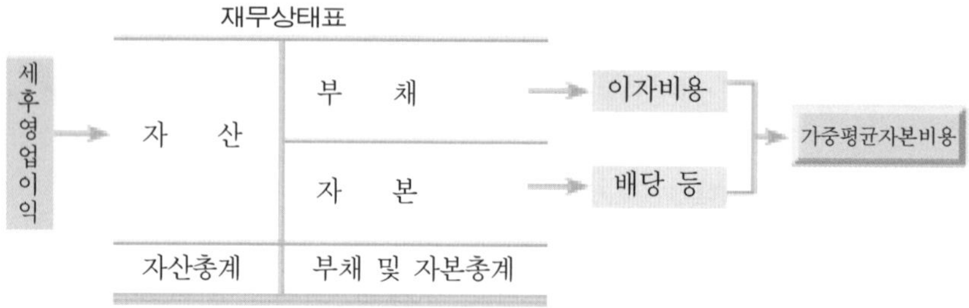


공하고 기업은 그 자본으로 필요한 자산을 구입하고 영업활동을 수행한다. 따라서 영업활동에서 얻는 현금흐름인 세후영업이익은 자본제공자에게 분배되어져야 한다. 자본제공의 형태는 여러 가지이지만 크게 타인자본(부채)과 자기자본(자본)으로 분류된다.

[그림 11-3]에서 볼 수 있듯이, 채권자와 주주는 나름대로 일정수준의 수익률을 요구하면서 기업에게 자본을 제공한다. 채권자와 주주가 요구하는 수익률은 차이가 나기 마련이다. 왜냐하면 채권자와 주주가 부담하는 위험이 다르기 때문이다.

채권자는 제공한 원금을 일정기간이 지난 후 회수할 수 있으며, 이자를 배당에 앞서 지급받는다. 기업이 파산에 이를 때에도 채권자는 주주에 앞서 우선적으로 채권을 변제받을 수 있다.

반면에 주주는 제공한 원금을 기업으로부터 직접 돌려받을 수 없으며, 이익이 창출되어야 배당을 지급받을 수 있다. 기업이 파산에 이르면 주주는 기업의 모든 채무를 변제한 후에 잔여재산에 대해서만 청구권을 행사할 수 있다. 따라서 자본제공자로서 주주는 채권자보다 위험을 더 부담하게 되어 있기 때문에 주주의 요구수익률($r_E$)이 채권자의 요구수익률($r_D$)보다 높다.

채권자와 주주가 요구하는 수익률은 기업의 입장에서는 자본비용(cost of capital : COC) 즉, 가중평균자본비용이 된다. 채권자와 주주에게 귀속되는 원천별 자본비용을 소개하면 다음과 같다.

### ① 타인자본비용

먼저 채권자의 요구수익률에 대해 생각해 보자. 채권자는 자본제공의 대가로 미리 정해진 이자율($r_D$)을 요구한다. 주지하다시피 이자율 $r_D$는 기업이 지급하는 이자비용을 차입한 원금으로 나누어서 다음과 같이 구한다.

$$r_D = \frac{\text{이자비용}}{\text{차입원금}} \times 100 \tag{11.2}$$

<표 11-1>의 예에서 A기업이 차입한 타인자본 100억원에 대해 매년 7억원씩 이자를 지급하는 경우, 이자율 $r_D$는 연 7%이다. A기업은 경영활동의 결과로 얻는 이익에 대해 법인세를 정부에 내야 한다. 그런데 이자비용은 과세대상이 되는 이익을 줄여줌으로써 궁극적으로 법인세를 줄여주는 효과를 갖는다. 마치 기업이 1억원의 수재의연금을 낼 때, 기업의 입장(법인세율 30% 가정)에서는 3,000만원(=1억원×0.3)의 절세효과(tax shield)를 얻는 것과 같다.

법인세율이 30%로 유지된다면 타인자본 100억원을 사용하는 A기업의 절세효과는 2.1억원(=7억원×0.3)이 되며 실질적 이자비용은 4.9억원(=7억원−2.1억원)에 불과하게 된다. 따라서 타인자본비용은 다음과 같이 측정된다.

$$\begin{aligned}\text{타인자본비용} &= \frac{\text{이자비용}-\text{절세효과}}{\text{타인자본}} \times 100 \\ &= \frac{7\text{억원}-2.1\text{억원}}{100\text{억원}} \times 100 \\ &= 4.9\%\end{aligned}$$

또는,

$$\begin{aligned}\text{타인자본비용} &= r_D(1-t) \\ &= 7\%(1-0.3) \\ &= 4.9\%\end{aligned} \tag{11.3}$$

$r_D$ : 이자율
$t$ : 법인세율

채권자가 A기업에 자본을 제공하여 얻을 수 있는 수익률은 연 7%이다. 그러나 자본을 제공받은 A기업의 입장에서는 타인자본을 투자하여 얻어야 할 최소한의 수익률은 이자율 7%가 아니라 타인자본비용 4.9%이다. 즉, 기업은 타인자본으로 투자된 자산에 대하여 최소한 4.9%의 수익률을 벌어들여야 한다.

**② 자기자본비용(보통주 자본비용)**

주주의 요구수익률인 자기자본비용 $r_E$를 CAPM(제5장의 부록 참조)을 사용하여 측정해 보기로 하자. $r_E$는 CAPM의 증권시장선(security market line : SML)모형을 이용하여 다음과 같이 구할 수 있다.[6]

$$
\begin{aligned}
r_E &= \text{기다리는 것에 대한 보상} + \text{위험에 대한 보상} \\
&= r_f + [E(r_m) - r_f] \times \beta_i \qquad (11.4)
\end{aligned}
$$

$r_f$ : 무위험자산수익률
$E(r_m)$ : 주식시장 평균수익률(시장포트폴리오 기대수익률)
$\beta_i$ : 보통주베타(주식베타)

예를 들어 A기업의 보통주베타가 1.2이고 과거 10년 동안에 연간 주식시장의 평균수익률이 13%이며, 무위험자산수익률이 연 5%라면 식 (11.4)로 구한 A기업의 자기자본비용 $r_E$는 14.6%가 된다.

$$
\begin{aligned}
r_E &= 5\% + [13\% - 5\%] \times 1.2 \\
&= 14.6\%
\end{aligned}
$$

한편, 유보이익의 자본비용은 외형적으로는 없는 것처럼 보이나 실질적으로는 보통주자본비용만큼의 기회비용이 있는 것으로 간주한다. 왜냐하면 유보이익은 보통주주가 배당받지 않고 기업에 유보시켜 놓은 자본으로서 보통주주가 요구하는 수익률을 최소한 벌어들여야 하는 자본이기 때문이다.

---

6) 비상장기업의 자기자본비용은 업종 · 부채비율 · 규모 · 제품의 질 · 시장점유율 등이 유사한 상장기업의 자기자본비용으로 대신할 수 있다.

### ③ 우선주자본비용

우선주주는 보통주주보다 약정된 배당을 우선적으로 지급받을 수 있으므로 보통주주 입장에서 우선주는 일종의 타인자본으로 간주된다. 그러므로 우선주자본비용($r_P$)은 절세효과만 없이 타인자본비용과 동일한 방법으로 다음과 같이 측정된다(A기업의 예에서는 우선주로 조달한 자본이 없다).

$$r_P = \frac{\text{우선주 주당배당금}}{\text{우선주 주가}} \tag{11.5}$$

## 2 가중평균자본비용

기업자산에 대한 요구수익률은 자본을 제공한 채권자와 주주가 평균적으로 요구하는 수익률을 의미한다. 왜냐하면 자산은 채권자와 주주가 제공한 자본으로 구입된 것이기 때문이다.

기업자산의 요구수익률은 흔히 가중평균자본비용(weighted average cost of capital : WACC)이라고 불리어진다. WACC는 $r_D(1-t)$와 $r_E$를 시장가치 기준의 차입금 구성비율과 자기자본 구성비율로 가중평균하여 구한다.[7] 가중치를 장부가치 기준의 구성비율이 아닌 시장가치 기준의 구성비율로 하는 이유는 주주와 채권자의 현재 청구권에 대한 요구수익률을 측정하기 위해서이다.

$$WACC = r_D(1-t)\left(\frac{D}{D+E}\right) + r_E\left(\frac{E}{D+E}\right) \tag{11.6}$$

$D$ : 차입금의 시장가치
$E$ : 자기자본의 시장가치

7) 우선주로 조달한 자본이 있는 경우, $r_P$도 우선주 구성비율로 가중평균한다.

〈표 11-2〉 A기업의 자본비용 자료

| $r_D$ : 7%, $t$ : 0.3, $r_E$ : 14.6%, 법인세율 : 30% |
|---|
| 차입금총액 : 100억원(시장가치 100억원) |
| 자기자본총액 : 300억원(시장가치 400억원) |

식 (11.6)의 공식을 사용하여 A기업 자산의 요구수익률, 즉 가중평균자본비용을 구하는 예를 들어보면 <표 11-2>와 같다.

<표 11-2>의 자료로부터 A기업의 부채(차입금) 및 자기자본은 장부가치 기준으로 각각 100억원, 300억원이고 시장가치 기준으로 각각 100억원, 400억원임을 알 수 있다.

여기서 자기자본 시장가치, 즉 시가총액이 400억원이란 의미를 좀더 설명해 보기로 하자. 이는 자기자본의 장부가치가 자본금 200억원(발행주식수 400만주), 잉여금 100억원으로 구성되어 있는데 주식시장에서 이를 400억원으로 평가하고 있다는 의미이다. 다시 말해서 발행주식수가 400만주이므로 액면가 5,000원인 1주가 시장에서 10,000원씩 거래되고 있음을 뜻한다.

가중평균자본비용은 시장가치를 기준으로 한 개념이므로 A기업의 WACC를 구하면 다음과 같다.[8)]

$$
\begin{aligned}
WACC &= r_D(1-t)\left(\frac{D}{D+E}\right)+r_E\left(\frac{E}{D+E}\right) \\
&= 7\%\,(1-0.3)\left(\frac{100\text{억원}}{100\text{억원}+400\text{억원}}\right)+14.6\%\left(\frac{400\text{억원}}{100\text{억원}+400\text{억원}}\right) \\
&= 12.66\%
\end{aligned}
$$

A기업의 WACC는 12.66%이며, 이것이 기업가치를 추정할 때 적정할인율로 이용된다. WACC는 기업가치 추정뿐만 아니라 신규투자안의 경제성 평가시에도 널리 이용되고 있다.

---

8) 원칙적으로는 시장가치를 기준으로 가중평균해야 하나, 실무에서는 시장가치 측정이 어려운 경우 장부가치를 기준으로 가중평균하기도 한다.

## 3. 가치평가의 단순사례

기업잉여현금흐름(FCFF)과 기업자산의 요구수익률 등에 관한 다음의 재무자료를 이용하여 A기업의 가치를 평가해 보기로 하자.

〈표 11-3〉 A기업의 가치평가를 위한 기초자료

| A기업의 내년도 예상 재무자료 : |
|---|
| 매출액 = 600억원, 영업비용 = 491.7억원 |
| 영업이익 = 108.3억원, 당기순이익 = 45.2억원 |
| 감가상각비 = 20.2억원, 자본적 지출 = 22.5억원 |
| 추가운전자본 = 14.53억원, 현재 주가 = 10,000원 |
| WACC = 연 12.66%, 기업성장률(영구적) = 연 5%, 법인세율 = 30% |

<표 11-3>을 사용하여 먼저 A기업의 기업잉여현금흐름, 즉 FCFF를 추정해 보자. 이미 설명한 바와 같이 FCFF는 세후영업이익을 기준으로 다음과 같이 측정된다.

$$
\begin{aligned}
1\text{년도 } FCFF &= \text{영업이익}(1-\text{법인세율})+\text{감가상각비} \\
&\quad -\text{자본적 지출}-\text{추가운전자본} \\
&= 108.3(1-0.3)+20.2-22.5-14.53 \\
&= 58.98\text{억원}
\end{aligned}
$$

A기업이 내년도(1년도)에 얻게 될 FCFF는 58.98억원이며, 이것은 5%씩 증가하면서 영구적으로 발생한다. <표 11-4>는 매년 FCFF를 나타내 주고 있다. 기업가치는 이들 FCFF를 12.66%의 WACC로 할인한 현재가치이다.

〈표 11-4〉 A기업의 매년 FCFF

| 0 | 1 | 2 | 3 | ……… | ∞(기간) |
|---|---|---|---|---|---|
| | 58.98 | $58.98(1.05)^1$ | $58.98(1.05)^2$ | ……… | $58.98(1.05)^{\infty-1}$ |

$$A기업의\ 가치 = \frac{58.98}{(1+0.1266)^1} + \frac{58.98(1+0.05)^1}{(1+0.1266)^2} + \frac{58.98(1+0.05)^2}{(1+0.1266)^3} + \cdots + \frac{58.98(1+0.05)^{\infty-1}}{(1+0.1266)^{\infty}}$$

$$= \frac{58.98억원}{0.1266-0.05}$$

$$= 770억원$$

기업가치를 추정한 결과 A기업의 가치는 770억원이다. 즉, A기업의 이론시장가치(내재가치)는 장부가치 400억원보다 370억원만큼 높게 평가된 셈이다. <표 11-1>의 A기업의 재무상태표를 이론시장가치로 다시 작성하면 <표 11-5>와 같다.

<표 11-5>에서 볼 수 있는 바와 같이, 이론시장가치를 기준으로 했을 때 기업자산의 가치는 장부가치를 기준으로 했을 때보다 370억원만큼 증가한다. 부채가치는 장부가치 기준과 이론시장가치 기준에서 모두 100억원으로 동일하다고 가정하면, 자산가치 증가분은 모두 자본가치에 귀속된다. 따라서 자본(자기자본)의 이론시장가치는 장부가치 기준시보다 370억원만큼 증가한 670억원이다.

A기업의 자기자본 이론시장가치가 670억원이고 발행주식수는 400만주이므로, A기업 주식의 주당 이론가치 또는 내재가치(intrinsic value)는 16,750원이 된다. 앞에서 A기업의 실제주가가 10,000원이라고 하였는데, 이는 주가가 이론가치보다 저평가되어 있음을 의미한다. 자본시장이 효율적일수록 주가는 이론가치에 근접하기 마련이다.

**〈표 11-5〉 이론시장가치 기준의 재무상태표**

재무상태표
(금년도 말)

A기업 (단위: 억원)

| | | | |
|---|---|---|---|
| 자 산 (370억원 증가) | 770 | 부 채(차입금) | 100 |
| | | 자 본 (370억원 증가) | 670 |
| 자산총계 | 770 | 부채와 자본 총계 | 770 |

## 11.3 기업가치평가의 사례분석

기업가치를 평가하는 기본원리는 어떤 경우에나 동일하다. 그러나 기업이 처해 있는 상황, 예를 들면 미래 성장가능성, 위험 등에 따라 구체적인 적용모형은 달라져야 한다. 다음에는 안정성장기업과 2단계성장기업의 가치를 추정하는 모형을 실제 2개 기업에 적용하여 기업의 가치를 평가해 보기로 한다.[9)]

### 1. 안정성장기업의 가치평가

현금흐름이 안정성장률로 성장하는 기업은 안정성장모형을 사용하여 평가할 수 있다. 즉, 안정성장률로 성장하는 FCFF를 갖는 기업은 다음 모형을 이용하여 평가할 수 있다.

$$\text{기업의 가치} = \frac{FCFF_1}{(WACC - g_S)} \tag{11.7}$$

$FCFF_1$ : 다음 연도의 기대 $FCFF$
$WACC$ : 가중평균자본비용
$g_S$ : $FCFF$의 영구성장률

안정성장기업의 자본적 지출은 감가상각비보다 크지 않은 경우가 일반적이다. 왜냐하면 특별한 고속성장기회가 없으므로 추가적 자본투자의 필요성을 덜 갖기 때문이다.

다음에는 안정성장기업인 마산기업의 가치를 평가해 보기로 하자.

9) 기업가치평가모형은 『가치평가론』(정한규 · 김철중 · 윤평식 공역, 경문사, 2003, pp. 329~332)를 참조.

### 사례 1

현재 마산기업의 주요 자료는 다음과 같다. 이를 기초로 마산기업의 가치를 평가하시오(자본비용은 동일산업 기준으로 한다).

[주요 자료]

- 금년의 영업이익은 20억원이다.
- 금년의 감가상각비는 6억원이고 자본적 지출은 5억원이다.
- 금년의 운전자본은 2억원만큼 증가했고 내년의 운전자본은 2천만원만큼 증가할 것으로 기대된다.
- 동일산업에 속한 기업들의 평균 보통주베타는 1.4이고 시가기준 평균 부채구성비율(=부채/총자본)은 25%이며 세전이자율은 9%이다.
- 법인세율은 40%이고 장기채권수익률은 5%이다.
- 시장위험프리미엄은 6%이다.
- 영업이익, 감가상각비 및 자본적 지출은 매년 4%씩 성장할 것으로 기대된다.
- 2년 후부터 FCFF는 장기적으로 매년 4%씩 성장할 것으로 기대된다.

**해 설**

(1) 마산기업의 금년과 내년(추정)의 FCFF는 다음과 같다.

(단위 : 백만원)

| 구 분 | 금년도(기준) | 내년도(안정성장기 시작) |
|---|---|---|
| 영업이익$(1-t)$ | 1,200* | 1,248** |
| + 감가상각비 | 600 | 624** |
| − 자본적 지출 | 500 | 520** |
| − 추가운전자본 | 200 | 20 |
| = *FCFF* | 1,100 | 1,332 |

* 1,200 = 2,000(1−0.4), $t$= 법인세율

** 1,248 = 1,200×1.04, 624 = 600×1.04, 520 =500×1.04

(2) 자본비용은 동일산업에 속한 기업들을 토대로 다음과 같이 계산할 수 있다.

- 보통주베타 : 1.4 (동일산업 기준)
- 장기채권수익률 : 5%

- 자기자본비용 : 5%+6%×1.4 = 13.4% (동일산업 기준)
- 세전이자율 : 9%
- 타인자본비용(세후이자율) : 9%(1−0.4) = 5.4%
- 부채구성비율 : 25% (동일산업 기준)
- 가중평균자본비용 : 5.4%×0.25+13.4%×0.75=11.4% (동일산업 기준)

(3) 11.4%의 WACC와 4%로 예상되는 성장률 및 FCFF 자료를 사용하여 마산기업의 가치를 추정하면 다음과 같다.

$$\text{기업의 가치} = \frac{1{,}332\text{백만원}}{0.114-0.04} = 18{,}000\text{백만원}$$

## 2. 2단계성장기업의 가치평가

처음에는 높은 성장률로 성장하다가 일정기간 후에는 안정성장률로 성장하는 기업은 2단계성장모형을 사용하여 평가하여야 한다. 즉, 성장률이 처음에는 높다가 $n$년 이후에 안정성장 상태에 도달하는 기업의 가치는 다음 모형을 이용해 평가할 수 있다.

$$\text{기업의 가치} = \sum_{t=1}^{n} \frac{FCFF_t}{(1+WACC)^t} + \frac{FCFF_{n+1}/(WACC_S - g_S)}{(1+WACC)^n} \quad (11.8)$$

$WACC$ : 고속성장기의 $WACC$
$WACC_S$ : 안정성장기의 $WACC$
$g_S$ : 안정성장기의 일정한 성장률

식 (11.8)을 구체적으로 설명해 보면 다음과 같다. 우변의 첫번째 항은 고속성장기($n$년까지)의 FCFF의 현재가치이다. 그리고 우변의 두번째 항은 안정성장기($n+1$년 이후 영구적)의 FCFF의 현재가치이다. 우변의 첫번째 항과 두번째 항을 더하면 2단계성장기업의 가치가 된다.

여기서 식 (11.8)의 우변의 두번째 항에 대해 좀더 설명해 보기로 하자. 분자인 $FCFF_{n+1}/(WACC_S -\quad)$는 안정성장기의 FCFF를 $n$기말의 현재가치로 나타낸 것이다. 이를 $(1+WACC)^n$으로 나눈 것은 현재 시점의 가치로 환산하기 위함이다. 여기서 주의할 점은 성장유형이 다름에 따라 적용하는 가중평균자본비용이 다르다는 점이다.

2단계성장모형은 현재는 고속성장하고 있으나 점차 규모가 커지고 경쟁기업에 대해 갖는 강점들이 사라짐에 따라 성장률이 감소하는 기업에 잘 적용될 수 있는 모형이다.

다음에는 2단계성장 형태를 갖는 선린기업의 가치를 평가해 보기로 하자.

### 사례 2

선린기업은 향후 3년간 연 7%의 성장률로 고속성장하고 이후에는 연 3%의 성장률로 영구히 안정성장할 것으로 예상된다. 현재 선린기업의 주요 자료는 다음과 같다. 이를 기초로 선린기업의 가치를 평가하시오.

[주요 자료]

① 기준년도 정보
- 금년의 영업이익 : 600백만원
- 금년의 감가상각비 : 100백만원
- 금년의 자본적 지출 : 200백만원
- 금년의 매출액 : 6,500백만원(작년 매출액 6,075백만원)
- 매출액 대 운전자본 비율 : 20%
- 법인세율 : 40%
- 장기채권수익률 : 5%
- 시장위험프리미엄 : 6%
- 매출액 대 운전자본 비율, 법인세율, 장기채권수익률 및 시장위험프리미엄은 기업이 존속하는 한 계속해서 유지될 것임.

② 고속성장단계의 재무변수
- 고속성장기간 : 3년
- 기대성장률 : 7%
- 보통주베타 : 1.8
- 세전이자율 : 9%
- 시가기준 부채구성비율(=부채/총자본) : 40%
- 매출액, 영업이익, 감가상각비, 자본적 지출, 추가운전자본은 매년

7%씩 성장함.

③ 안정성장단계의 재무변수
- 기대성장률 : 3%
- 보통주베타 : 1.3
- 세전이자율 : 8%
- 시가기준 부채구성비율(=부채/총자본) : 20%
- 자본적 지출과 감가상각비는 상쇄됨.
- 매출액, 영업이익, 추가운전자본은 매년 3%씩 영구히 성장함.

**해 설**

(1) 고속성장단계의 예상FCFF와 자본비용을 측정하면 다음과 같다.

① 향후 3년간의 예상 FCFF 측정

(단위 : 백만원)

| 구　분 | 금년도 (기준) | 1년도 | 2년도 | 3년도 | 4년도 (안정성장기 시작) |
|---|---|---|---|---|---|
| 영업이익$(1-t)$ | 360* | 385.2 | 412.2 | 441.1 | 454.3 |
| + 감가상각비 | 100 | 107.0 | 114.5 | 122.5 | —*** |
| − 자본적 지출 | 200 | 214.0 | 229.0 | 245.0 | —*** |
| − 추가운전자본 | 85* | 91.0 | 97.4 | 104.2 | 47.8*** |
| = *FCFF* | 175 | 187.2** | 200.3 | 214.4 | 406.5 |

* 360 = 600(1 − 0.4), $t$ = 법인세율, 85 = (6,500 − 6,075)×0.2
** 187.2 = 175×1.07
*** 감가상각비 = 자본적 지출을 의미함.
*** $47.8 = \{6,500\times(1+0.07)^3\times(1+0.03)-6,500\times(1+0.07)^3\}\times0.2$

② 자본비용의 측정

자기자본비용 = 5% + 6%×1.8 = 15.8%

가중평균자본비용 = 9%(1 − 0.4)×0.4 + 15.8%×0.6 = 11.64%

(2) 안정성장단계의 예상FCFF와 자본비용 및 3년도 말의 기업가치를 측정하면 다음과 같다.

① 안정성장기가 시작되는 4년도의 FCFF 측정

4년도 *FCFF* = 4년도 영업이익$(1-t)$ − 추가운전자본
= 454.3 − 47.8

= 406.5백만원

② 자본비용의 측정

자기자본비용 = 5% + 6%×1.3 = 12.8%
가중평균자본비용 = 8%(1 − 0.4)×0.2 + 12.8%×0.8 = 11.2%

③ 3년도 말의 기업가치

$$3\text{년도 말의 기업가치} = \frac{406.5\text{백만원}}{0.112 - 0.03} = 4{,}957.32\text{백만원}$$

(3) 기업가치를 추정하면 다음과 같다.

현재의 기업가치는 3년간 기대 FCFF의 현재가치와 3년도 말 기업가치의 현재가치를 합한 값이므로 다음과 같이 4,045.25백만원이 된다.

3년간 FCFF의 현재가치 =482.48백만원[10]
3년도 말 기업가치의 현재가치 = 3,562.77백만원[11]
기업가치 = 4,045.25백만원

## 11.4 EVA와 기업가치

경제적 부가가치(economic value added : EVA) 또는 경제적 부가이익은 기업가치의 증가분을 의미한다. EVA개념은 회계적 이익이 가지고 있는 한계성을 보완하기 위하여 등장하였다. EVA는 기업의 시장가치, 즉 기업가치 추정에 좋은 실마리를 제공하고 있다.

본절에서는 EVA의 본질과 추정 그리고 이론주가의 추정에 대해서 설명한 후, 한국기업들의 EVA와 EVA의 사례분석 등을 소개하기로 한다.

---

10) $482.48 = \frac{187.2}{(1+0.1164)^1} + \frac{200.3}{(1+0.1164)^2} + \frac{214.4}{(1+0.1164)^3}$

11) $3{,}562.77 = \frac{4{,}957.32}{(1+0.1164)^3}$

## 1. EVA의 본질

경제적 부가가치, 즉 EVA란 기업의 영업활동 성과를 좀더 정확하게 파악하기 위하여 개발된 개념으로서, 회계적 이익을 보완해 주기 위해 착안된 일종의 경영성과지표이다. 기업의 EVA는 간단히 설명하면 영업이익에서 법인세를 공제한 값에서 기업의 투하자본 조달비용을 차감하여 산출한다.

EVA는 회계적 이익과 사전적으로 요구되는 자기자본 조달비용을 동시에 고려한 개념으로서 주주에게 유익한 정보를 제공해 준다. EVA는 기업이 영업활동으로부터 얻은 영업이익에서 법인세를 차감한 값에 자본조달에 대한 대가(투하자본조달비용)를 다시 차감하여 측정된다. 자본조달에 대한 대가에는 타인자본 사용에 대한 대가인 이자비용 외에도 자기자본 사용에 대한 대가인 주주의 요구수익, 즉 자기자본 조달비용(기회비용)이 포함된다.

EVA가 회계적 이익과 다른 큰 특징은 사전 자기자본 조달비용을 비용으로 인식한다는 점이다. 결국 EVA는 기업의 수익성을 주주의 입장에서 좀더 정확하게 파악할 수 있도록 조정한 경영성과지표이다. 최근에 미국과 한국의 유수의 대기업들이 EVA개념을 기업의 경영 의사결정에 활용하여 상당한 성과를 올리고 있는 것으로 알려지고 있다.

그러나 이와 같은 EVA는 의외로 전혀 새로운 개념이 아니다. EVA는 재무이론에서 가장 기본적으로 여기고 있는 개념인 투자수익률과 자본비용을 대비시킨 개념이다. 즉, EVA는 기업이 영업활동을 통해서 벌어들이는 영업이익을 기초로 한 투자수익률(*IRR*)과 요구수익률인 자본비용을 비교한 개념이다.

기업의 투자수익률이 채권자 및 주주의 요구수익률(또는 최저필수수익률)보다 커야 기업의 부(富)가 늘어난다는 것은 기업재무이론의 근간을 이루는 원리이다. 그러나 지금까지는 경영성과를 평가함에 있어서 주당이익, 영업이익, 자기자본순이익률 또는 총자본순이익률 등의 회계적 이익정보가 많이 이용되어 왔다. 아울러 투자자들도 이런 회계적 이익정보를 그들의 투자 의사결정의 중요한 기준으로 삼아온 것이 현실이다.

기업의 경영성과를 회계적 이익으로 판단하려는 사고는 자기자본 사용에 대한 대가로 지불하는 자기자본 조달비용을 비용으로서 인식하지 않는 결과를 초래했다. 즉, 회계적 이익을 기준으로 경영성과를 판단하는 것은 기업실체의 진정한 경영성과를 바르게 이해하는 데 장애가 되고 있다. 주주에게 지급하는 자기자본 조달비용에 대한 인식의 차이는 경영자와 주주간의 마찰 소지를 만들고 있다. 경영자의 목표와 주주의 목표가 일치하지 않음으로 해서 발생하는 대리문제(agency problem)는 소유와 경영이 분리될수록 기업들의 공통된 문제로 부각되고 있다.

EVA개념이 기업경영에서 관심의 대상으로 부각되고 있는 이유를 좀더 구체적으로 설명하면 다음과 같다. 기업이 부담해야 할 투하자본 조달비용을 차감하고도 영업활동을 통하여 기업가치가 증가되었는지를 파악하는 데 EVA개념이 효과적이다. 다시 말해서 세후영업이익에서 타인자본 조달에 따른 이자비용은 물론 자기자본 조달비용까지도 차감한 후의 가치가 기업의 진정한 영업성과라는 것이다.

## 2. EVA와 이론주가의 추정

EVA의 개념은 그렇게 복잡하지는 않으나 EVA를 실제로 추정하는 데에는 다소 복잡한 절차가 요구된다. 왜냐하면 EVA는 기업의 회계자료를 기초로 추정하는데, 회계자료가 간단치 않기 때문이다. 본절에서는 EVA의 추정방법을 소개하고 이를 이용한 이론주가의 추정방법을 설명하기로 한다.

### 1 EVA의 추정방법

EVA는 주주의 추가 부를 창출하는 원천으로서, 주주의 부의 극대화라는 기업의 목표를 달성하는 데 기준이 되는 경영성과지표이다. EVA를 추정하는 구체적인 방법을 살펴보면 다음과 같다.[12]

$$EVA = NOPLAT - \text{투하자본 조달비용}$$
$$= (\text{영업이익} - \text{조정된 법인세}) - \text{투하자본 조달비용}$$
$$= \text{투하자본} \times (ROIC - WACC) \quad (11.9)$$

*NOPLAT* : 세후영업이익(=영업이익-조정된 법인세)
*ROIC* : 투하자본수익률(=*NOPLAT*/투하자본)
*WACC* : 가중평균자본비용
(투하자본은 기초금액과 기말금액의 평잔임)

식 (11.9)에서 볼 수 있듯이, EVA는 세후영업이익(net operating profit less adjusted tax : NOPLAT)에서 투하자본 조달비용을 차감하여 구한다. 식 (11.9)에서 투하자본(또는 투하자산)은 다음과 같이 계산된다.

총자산 = 영업자산+비영업자산*
총자본 = 비이자발생부채(영업부채)+이자발생부채(금융부채)
　　　　+자기자본
투하자본(투하자산) = 총자산-비영업자산-비이자발생부채 (11.10)
　　　　= 영업자산-비이자발생부채
* 비영업자산 = 적정금액 이상의 금융자산+투자자산+건설중인자산 등

식 (11.10)의 투하자본 추정공식을 좀더 쉽게 이해하기 위해 그림을 그려보면 [그림 11-4]와 같다. [그림 11-4]는 재무상태표에 근거해서 투하자본을 산출하는 방법을 보여주고 있다.

먼저 총자산을 영업자산과 비영업자산으로 구별한다. 비영업자산에는 적정금액 이상의 금융자산, 투자자산, 건설중인자산 등이 포함된다. 마지막으로 건설중인자산은 당기의 영업활동과는 무관하므로 영업자산에서 제외한다. 특히 조심해야 할 것은 무형자산 중에서 개발비 등은 영업자산에 포함해야 한다는 것이다.

또한 부채를 비이자발생부채, 이자발생부채로 구별한다. 비이자발생부채는 매입채무, 미지급금, 예수금, 미지급비용 등을 말한다. 결국 투하자본은 실제 영업활동에 이용된 영업자산 중에서 이자비용이 발생되지 않는 비이자발생부채를 차감한 것을 말한다.

---

12) "상장기업과 EVA분석", 한국상장회사협의회, 『상장협자료』.

**그림 11-4** 재무상태표에 근거한 투하자본의 산출

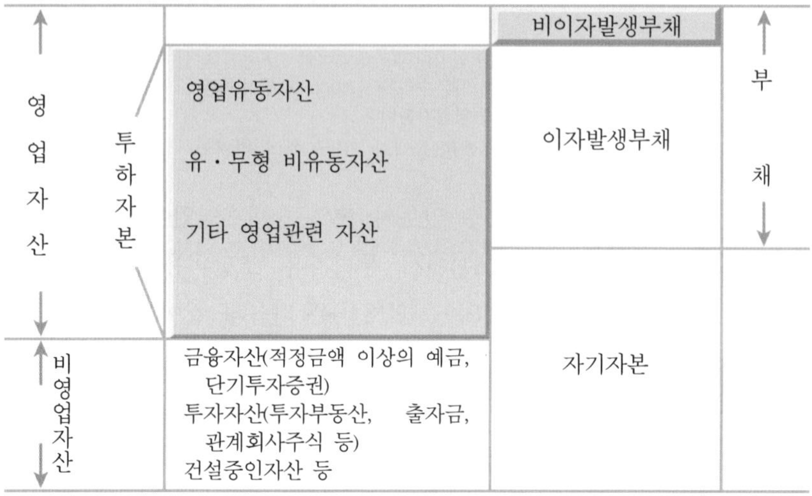


자료 : "상장기업과 EVA분석", 한국상장회사협의회, 『상장협자료』.

## 2 시장부가가치와 이론주가

시장부가가치(market value added : MVA)는 미래에 발생가능한 모든 EVA를 개별기업의 가중평균자본비용(WACC)으로 할인한 현재가치이다. MVA는 일정시점에 있어서 기업가치의 총 증가분을 의미한다. MVA가 양(+)의 값을 갖는다는 것은 장부가치에 부가되는 가치가 있음을 의미하고, 음(−)의 값을 갖는다는 것은 장부가치에서 차감할 가치가 있음을 의미한다. MVA를 기초로 다음과 같이 자기자본 시장가치(이론)를 추정할 수 있다.

$$\text{자기자본 이론시장가치} = \text{자기자본 장부가치} + \text{MVA} \qquad (11.11)$$

여기서 MVA는 미래 EVA의 현재가치로서 성장률이 감안된 EVA를 기업의 가중평균자본비용으로 할인하여 구한다. 물론 자기자본 이론시장가치를 발행주식수로 나누면 이론주가가 된다.

이와 같은 주식평가모형은 지금까지의 회계적 이익지표에만 초점을 맞추

던 것에서 벗어나 재무상태표의 순자산 항목과 기업이 투자한 자기자본에 대한 기회비용 이상의 이익창출 능력에 초점을 맞춘 모형이다.

만약 기업이 미래에 계속해서 자기자본 조달비용만큼의 이익만을 창출한다면 MVA는 0이 되며, 이 경우 이론주가는 주당 자기자본의 장부가치와 동일하게 된다. 만약 기업이 자기자본 조달비용 이상의 이익을 창출한다면 MVA는 0보다 클 것이며, 이 경우 이론주가는 주당 자기자본의 장부가치보다 높아질 것이다. 주식시장이 효율적이라면 실제주가는 MVA를 기준으로 추정한 이론주가에 근접할 것이다.

## 3. 2000년 전후 한국기업들의 EVA 추이

한국기업들의 EVA는 대체로 양(+)의 값을 가질까 아니면 음(−)의 값을 가질까? 여기서는 1987년부터 2004년까지 한국기업들을 대상으로 EVA를 추정함으로써 한국기업들의 EVA분포를 살펴보기로 한다.

한국기업들의 세후영업이익이 타인자본조달비용 및 주주가 요구하는 자기자본조달비용을 어느 정도 보상해 주는지를 살펴보기로 하자.

<표 11-6>에서 볼 수 있는 바와 같이, 1987년부터 1992년까지 6년 동안 주당EVA를 측정해 본 결과, 약 70%~80%에 이르는 기업들의 주당EVA가 음(−)의 값을 갖는 것으로 나타났다.[13] 표본 상장기업의 EPS는 모두 양의 값을 갖고 있음을 감안할 때, 이는 상당수 기업들이 영업활동을 통해

〈표 11-6〉 연도별 주당EVA의 분포

| 구 분 | 1987년 | 1988년 | 1989년 | 1990년 | 1991년 | 1992년 | 계 |
|---|---|---|---|---|---|---|---|
| 표 본 기 업 수 | 45개 | 45개 | 45개 | 45개 | 45개 | 45개 | 270개 |
| 양의 EVA기업수 | 12 | 12 | 8 | 11 | 7 | 7 | 58 |
| 음의 EVA기업수 | 33 | 33 | 37 | 34 | 37 | 38 | 212 |

* 표본기업의 EPS는 모두 양(+)의 값임.

13) 김철중, "경영성과지표로서의 경제적 부가가치의 유용성에 관한 연구", 『재무관리논총』, 제 2권 1호, 한국재무관리학회, 1995, pp. 101~126.

서 얻는 수익성으로 자기자본조달비용을 충분히 보상하지 못하고 있음을 보여주는 결과이다. 더구나 1987년~1989년간의 경기가 호황국면임에도 불구하고 대다수의 기업들이 영업활동을 통해서 자기자본조달비용을 보상하지 못하고 있음은 시사하는 바가 크다.

이와 같이 많은 기업들이 주주가 요구하는 자기자본 조달비용을 충분히 보상하지 못하고 있음은 주주, 특히 소액주주의 부(富)가 충분히 보호받지 못하고 있음을 의미한다. 한편, 최근에 발표된 자료는 이러한 사실을 더욱 뒷받침해 주고 있다.[14]

<표 11-7>에서 볼 수 있는 바와 같이, 1992년부터 2000년까지 상장기업의 EVA를 측정한 결과 EVA가 양(+)인 기업의 수는 전체 기업의 20~40%에 지나지 않았다. 특히 IMF구제금융 신청년도인 1997년에는 전체 상장기업의 불과 20% 정도만이 양의 EVA를 얻은 것으로 나타났다. 1999년에는 상황이 호전되어 전체 기업의 40% 정도가 양의 EVA를 얻었다.

한편, 2001년부터 2003년까지 상장기업의 EVA를 측정한 결과 EVA가 양(+)인 기업의 수는 전체 기업의 45% 내외를 유지하고 있어 과거에 비하여 많은 향상을 보이고 있다. 더구나 2004년 한 해 동안에는 유가증권시장 전체 기업의 56.1%가 양(+)의 EVA를 얻고 있어 전체적으로 기업의 가치가 과거에 비해 크게 증가하고 있음을 보이고 있다.

〈표 11-7〉 EVA가 양인 기업의 비중

| 구 분 | 1992년 | 1993년 | 1994년 | 1995년 | 1996년 | 1997년 | 1998년 | 1999년 |
|---|---|---|---|---|---|---|---|---|
| +EVA 기업수 | 180 | 174 | 165 | 186 | 163 | 104 | 164 | 184 |
| 전체 기업수 | 508 | 513 | 531 | 560 | 561 | 518 | 490 | 466 |
| 비 중(%) | 35.4 | 33.9 | 31.1 | 29.1 | 29.1 | 20.1 | 33.5 | 39.5 |

| 구 분 | 2000년 | 2001년 | 2002년 | 2003년 | 2004년 | |
|---|---|---|---|---|---|---|
| | | | | | 유가 | 코스닥 |
| +EVA 기업수 | 178 | 223 | 236 | 254 | 309 | 371 |
| 전체 기업수 | 468 | 487 | 531 | 548 | 551 | 732 |
| 비 중(%) | 38.0 | 45.8 | 44.6 | 46.4 | 56.1 | 50.7 |

14) "상장기업 EVA분석", 증권선물거래소.

〈표 11-8〉 5년간 경제적 부가가치 기준 30대 기업

(단위 : 억원)

| 순 위 | 기 업 | EVA 5년누계액 |
|---|---|---|
| 1 | 삼 성 전 자 | 235,258 |
| 2 | SK 텔 레 콤 | 66,684 |
| 3 | 포 스 코 | 50,004 |
| 4 | 케 이 티 | 35,846 |
| 5 | 현 대 자 동 차 | 30,175 |
| 6 | 현 대 모 비 스 | 13,738 |
| 7 | 케 이 티 엔 지 | 12,778 |
| 8 | LG 전 자 | 12,272 |
| 9 | 삼 성 SDI | 9,371 |
| 10 | S - Oil | 8,097 |
| 11 | 한국가스공사 | 7,895 |
| 12 | 기 아 자 동 차 | 7,053 |
| 13 | LG 화 학 | 6,646 |
| 14 | SK | 6,319 |
| 15 | 신 세 계 | 6,284 |
| 16 | LG 건 설 | 6,117 |
| 17 | 현대산업개발 | 5,169 |
| 18 | 한 진 해 운 | 5,097 |
| 19 | 동 국 제 강 | 4,843 |
| 20 | I N I 스 틸 | 4,462 |
| 21 | 태 평 양 | 3,924 |
| 22 | L G 상 사 | 3,193 |
| 23 | 롯데칠성음료 | 2,895 |
| 24 | 대 림 산 업 | 2,756 |
| 25 | 하 이 트 맥 주 | 2,627 |
| 26 | LG석유화학 | 2,465 |
| 27 | 삼 성 물 산 | 2,454 |
| 28 | 현 대 상 선 | 2,452 |
| 29 | 강 원 랜 드 | 2,448 |
| 30 | CJ | 2,273 |

* 자료 : 증권선물거래소, 「상장기업 EVA분석」

또한 증권선물거래소는 2000년부터 2004년까지 5년간 경제적 부가가치의 상위 30개 기업을 <표 11-8>과 같이 발표한 바 있다. <표 11-8>에서 볼 수 있듯이 5년간 경제적 부가가치가 가장 높은 기업은 삼성전자로서

이 기업의 누적 EVA는 23조 5,258억원이다. 2위는 SK텔레콤으로서 이 기업의 누적 EVA는 6조 6,684억원이고 3위는 포스코로서 5조 4억원이다. 이들 상위 30대 기업들은 대부분 대기업 집단에 소속되어 있다는 점이 큰 특징이다.

## 4. 국내외 주요 기업들의 EVA 비교

<표 11-9>는 국내 주요 기업들의 2012년~2014년 3개년 평균 EVA를 보여준다.

〈표 11-9〉 국내주요기업들의 EVA

(단위 : 억원)

| 기업명 | EVA | 기업명 | EVA |
|---|---|---|---|
| 삼성전자 | 99,291 | 현대건설 | 1,473 |
| 현대자동차 | 19,078 | CJ제일제당 | 655 |
| SK하이닉스 | 13,744 | 신세계 | 529 |
| 기아자동차 | 7,678 | 농심 | 258 |
| SK텔레콤 | 7,357 | 대한항공 | −168 |
| 포스코 | 5,587 | LG전자 | −3,944 |
| 두산중공업 | 1,840 | 현대중공업 | −7,240 |
| 현대글로비스 | 1,825 | | |

자료: Kis line, 2015년 3월.

<표 11-9>에서 보듯이 국내 기업 중에서는 삼성전자의 EVA가 9조 9,291억원으로 가장 많고, 현대자동차의 EVA가 1조 9,078억원으로 그 다음이고, 이어서 SK하이닉스, 기아자동차, SK텔레콤의 순이다. 최근의 상황을 반영하듯이 대한항공, LG전자, 현대중공업의 EVA는 음(−)의 값을 나타내었다.

<표 11-10>은 미국 주요 기업들의 2014년도 EVA실적을 보여준다.

〈표 11-10〉 미국기업 EVA 상위 10개

(억달러: USD)

| 기업명 | EVA |
|---|---|
| CITIGROUP | 447 |
| APPLE | 329 |
| MICROSOFT | 114 |
| VERIZON COMMUNICATIONS | 102 |
| GILEAD SCIENCES | 96 |
| WAL-MART STORES | 90 |
| INTL BUSINESS MACHINES | 89 |
| JOHNSON & JOHNSON | 76 |
| PHILIP MORRIS INTERNATIONAL | 67 |
| NISOURCE | 50 |

자료: Bloomberg, 2015년 2월.

<표 11-10>에서 보듯이 미국 기업 중에서는 CITIGROUP의 EVA가 447억달러(49조 1,700억원)으로 가장 많고, APPLE의 EVA가 329억 달러(36조 1,900억원)으로 그 다음이고, 이어서 MICROSOFT, VERIZON COMMUNICATIONS, GILEAD SCIENCES의 순이다.

국내 주요 기업들과 미국 기업들을 비교해 보기로 하자. 미국의 최상위 기업인 CITIGROUP과 APPLE의 EVA는 각각 49조원, 36조원을 넘고 있어 한국의 삼성전자 9.9조원에 비하면 각각 5배와 3.6배에 이르고 있음을 알 수 있다. 한국의 삼성전자는 WAL-MART STORES와 비슷한 가치창조력을 갖고 있으며, 국내 상위 10개 기업의 EVA의 합(15.9조원)이 CITIGROUP의 $\frac{1}{3}$정도의 수준에 있음을 알 수 있다.

## 5. 가치창조 요소의 이해

EVA는 투자수익률인 투하자본수익률(ROIC)이 요구수익률인 가중평균자본비용(WACC)을 초과함으로써 발생하는 기업가치 창조분을 의미한다. [그림 11-5]는 EVA를 결정하는 요소(key drivers)를 분해해서 도표화한 것이다.

그림 11-5 EVA의 결정요소 분해

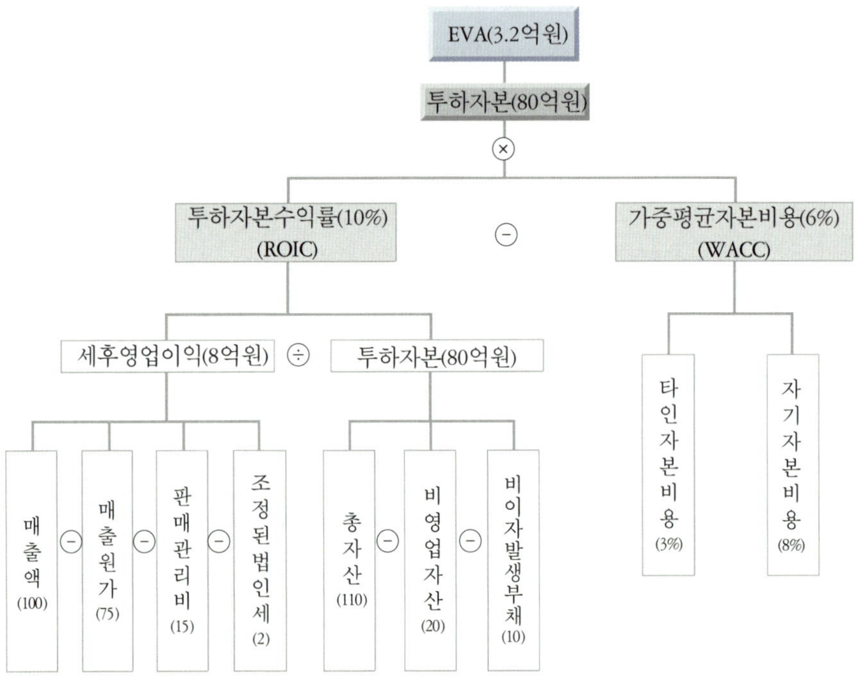


[그림 11-5]에서 보듯이, A기업의 세후영업이익=매출액−매출원가−판매관리비−조정된 법인세=100억원−75억원−15억원−2억원=8억원이다. 그리고 투하자본=총자산−비영업자산−비이자발생부채=110억원−20억원−10억원=80억원이다. 따라서 투하자본수익률(ROIC)=8억원/80억원=10%이다. 한편 가중평균자본비용(WACC)은 타인자본비용 3%와 자기자본비용 8%를 자본구조로 결합해서 6%이다. 따라서 EVA=투하자본×(투하자본수익률−가중평균자

본비용)=80억원×(10%−6%)=3.2억원이 된다.

이와 같이 EVA를 결정하는 요소로는 투하자본수익률과 가중평균자본비용이 있다. 투하자본수익률(RDIC)은 세후영업이익과 투하자본에 의해 결정되고, 세후영업이익은 매출액, 매출원가, 판매관리비 및 조정된 법인세에 의해 결정된다. 투하자본은 총자산에서 비영업자산을 차감한 영업자산과 비이자발생부채에 의해 결정된다. ROIC를 높이기 위해서는 매출수익성(매출액세후영업이익률)과 자본효율성(투하자본회전율)을 향상시켜야 한다.

한편, 기업의 자본조달비용인 가중평균자본비용(WACC)은 타인자본비용과 자기자본비용 및 자본구조에 의해 결정된다. 자본비용을 낮추기 위해서는 매출안정성을 높이고 영업고정비와 재무고정비를 줄임으로써 기업 전체의 위험을 낮추어야 한다.

## 6. EVA의 유용성

지금까지는 EVA의 본질, 추정방법 그리고 실제 추정결과 등을 살펴보았다. 그 결과 EVA개념은 가치경영의 입장에서 볼 때 성과지표로서 매우 유용한 개념임을 알 수 있었다. 여기서는 EVA의 유용성을 체계적으로 논의함으로써 EVA개념의 경영학적 의미를 정리하려고 한다.

### 1 대리문제의 해소가능성

경영자가 항상 주주의 부(富) 또는 기업이윤의 극대화를 추구하는 것은 아니다. 경영자는 자신의 지위유지와 특권적 소비를 통한 자신의 편익에 더 관심을 가질 수 있다. 이와 같은 이유로 주주와 경영자간의 대리문제가 발생되는 것이다. 경영자와 주주간의 대리문제를 줄이는 데 있어 EVA는 큰 역할을 할 수 있다.

경영자와 주주간에는 자기자본 조달비용에 대한 시각차이가 있는 것이 현실이다. 경영자는 자기자본 조달비용을 비용으로 인식하고 있지 않다. 왜냐하면 경영자는 당기순이익을 기준으로 주주로부터 평가받는 것으로 인식하고 있기 때문이다. 따라서 경영자는 당기순이익의 크기에 대하여는 많은 관심을 갖고 있지만, 이것이 사전적 자기자본 조달비용을 보상하고 있는지에 대하여는 관심이 덜하다.

그러나 주주들은 자본제공에 대한 대가로서 사전적 자기자본 조달비용이 실제로 보상되는지에 대하여 지대한 관심을 갖는다. 사전적 자기자본 조달비용만큼의 수익이 주주 자신들에게 지급되지 않았을 때 주주들은 기업을 이탈하고 그 결과 주가는 하락하게 될 것이다.

경영자와 주주간의 대리문제는 자기자본 조달비용에 대한 재인식이 이루어질 때 해결의 실마리를 찾을 수 있다. 결론적으로 말해서 EVA개념은 경영자의 목표를 주주의 목표와 일치시키는 데 기여할 수 있다. 즉, 경영자의 경영성과를 EVA에 기초하여 평가함으로써 주주의 목표를 보호할 수 있다. 경영자로 하여금 자기자본 조달비용을 재인식하게 하여 EVA극대화를 추구하도록 함으로써 주주에게 보상되는 이익이 보호될 수 있다.

### 2 투자판단 기준으로서의 적합성

회계적 이익이 기업의 진정한 가치를 나타내는지에 대해서는 많은 논란이 있다. 물론 회계적 이익이 클수록 기업가치가 커지므로 회계적 이익도 중요하다. 그러나 기업의 이해관계자 특히 주주의 입장에서는 회계적 이익보다는 진정한 기업가치를 나타내주는 경영성과지표가 더욱 필요하다. 왜냐하면 회계적 이익은 일정기간의 수익과 비용을 대응시켜 계산된 결과일 뿐, 주주가 요구하는 수익은 감안하지 않는 개념이기 때문이다.

주주가 요구하는 수익, 즉 사전적인 자기자본 조달비용이 감안된 성과지표야말로 주주의 투자판단 기준으로서 적합할 것이다. 다시 말해서 주주가 사전에 요구하는 수익이 충분히 보상될 수 있는지를 파악하는 데 회계적 이익은 한계를 갖고 있으며, 이런 한계를 극복하는 데 경제적 부가가치가 큰 역할을 할 수 있다.

이론적으로 EVA를 기초로 추정한 주가는 진정한 주식가치, 즉 주식의 내재가치이어야 한다. 그리고 여러 실증분석에서도 EVA를 기준으로 추정한 이론주가가 주식의 내재가치로서의 역할을 할 수 있다는 가능성을 보여 주고 있다. 이런 점을 고려할 때 주주의 입장에서 EVA가 회계적 이익보다 자신들의 이해에 더 직접적인 관련을 맺고 있다.

1990년대 후반 이후 한국의 기업들이 어느 정도의 회계적 이익을 얻었음에도 불구하고 대다수의 기업들의 EVA가 음(−)의 값을 갖고 있었음은 우리에게 시사하는 바가 매우 크다. 특히 자기자본 조달비용을 실질적인 비용으로 인식하지 않는 기업풍토하에서 EVA개념은 실질적인 경영성과지표로 강조되어야 할 것이다. 또한 EVA가 이론적으로 진정한 기업가치를 나타낼 수 있음을 생각할 때, EVA의 공시는 기업경영의 투명성을 높이는 데 매우 효과적일 것이다.

## 7. EVA의 사례분석

다음의 사례를 통해 기업의 EVA와 이론주가를 추정하는 방법을 좀더 구체적으로 설명하기로 하자.

### 사례 3

다음의 자료를 사용하여 신촌기업의 EVA와 이론주가를 평가하시오.

재무상태표

신촌기업 (금년도 말) (단위 : 억원)

| | | | |
|---|---|---|---|
| 현 금 | 10 | 매입채무 | 30 |
| 매출채권 | 60 | 단기차입금 | 20 |
| 재고자산 | 70 | 장기차입금 | 50 |
| 투자자산 | 10 | 자 본 금 | 200 |
| 기 계 | 140 | 잉 여 금 | 100 |
| 비 품 | 50 | | |
| 건설중인자산 | 40 | | |
| 개 발 비 | 20 | | |
| 자산총계 | 400 | 부채와 자본 총계 | 400 |

주요 재무자료

신촌기업 (내년도)

| | |
|---|---|
| 매 출 액 | : 570억원 |
| 영 업 이 익 | : 71.28억원 |
| WACC | : 10% |
| 기업성장률(영구적) | : 3% |
| 조정된 법인세 | : 30억원 |
| 발행주식수 | : 400만주 |

**해 설**

(1) 투하자본을 측정하면 다음과 같다.

EVA를 추정하기 위해 총자산을 영업자산과 비영업자산으로 나누고 부채와 자본을 비이자발생부채, 이자발생부채 그리고 자기자본으로 구별해 보면 다음 표와 같다.

재무상태표

신촌기업 (단위 : 억원)

| | | | |
|---|---|---|---|
| 영 업 자 산 | 350 | 비이자발생부채 | 30** |
| 비영업자산 | 50* | 이자발생부채 | 70 |
| | | 자기자본 | 300 |
| 총 자 산 | 400 | 부채와 자본 총계 | 400 |

* 비영업자산(50) = 투자자산(10) + 건설중인 자산(40)
** 비이자발생부채 = 매입채무(30)

위의 표에서 볼 수 있듯이 편의상 당해 연도 자료로 구한 신촌기업의 투하자본은 320억원이다.

$$\begin{aligned} \text{투하자본} &= \text{총자산} - \text{비영업자산} - \text{비이자발생부채} \\ &= 400\text{억원} - 50\text{억원} - 30\text{억원} \\ &= 320\text{억원} \end{aligned}$$

(2) EVA를 측정하면 다음과 같다.

신촌기업의 재무자료로부터 EVA를 추정하면 9.28억원이 된다.

$$\begin{aligned} EVA &= \text{투하자본} \times (ROIC^{*} - WACC) \\ &= 320\text{억원} \times (0.129 - 0.1) \\ &= 9.28\text{억원} \end{aligned}$$

$$ROIC^* = \frac{\text{세후영업이익}}{\text{투하자본}}$$
$$= \frac{71.28\text{억원} - 30\text{억원}}{320\text{억원}}$$
$$= 0.129$$

(3) MVA를 측정하면 다음과 같다.

신촌기업의 내년도 EVA 9.28억원과 WACC 10% 및 성장률 연 3%를 사용하여 기업의 시장부가가치(MVA)를 구해 보도록 하자.

| 0 | 1 | 2 | 3 | ……… | ∞ |
|---|---|---|---|---|---|
| | 9.28 | $9.28(1.03)^1$ | $9.28(1.03)^2$ | ……… | $9.28(1.03)^{\infty-1}$ |

신촌기업의 MVA는 위 그림의 매년 EVA흐름을 WACC로 할인하여 구할 수 있다.

$$MVA = \frac{9.28\text{억원}}{(1+0.1)^1} + \frac{9.28\text{억원}(1+1.03)^1}{(1+0.1)^2} + \frac{9.28\text{억원}(1+1.03)^2}{(1+0.1)^3}$$
$$+ \cdots + \frac{9.28\text{억원}(1+1.03)^{\infty-1}}{(1+0.1)^{\infty}}$$
$$= \frac{9.28\text{억원}}{0.1-0.03}$$
$$= 132.57\text{억원}$$

(4) 이론주가를 추정하면 다음과 같다.

EVA를 기초로 한 신촌기업의 이론주가는 다음과 같이 10,814원이 된다.

자기자본 시장가치(이론) = 자기자본 장부가치+MVA
= 300억원+132.57억원
= 432.57억원

이론주가 = 자기자본 시장가치(이론) ÷ 발행주식수
= 432.57억원 ÷ 400만주
= 10,814원

## 연·습·문·제

1. 다음을 간략히 설명하시오.
   ① 기업가치 ② 영업활동에서 얻는 현금흐름
   ③ 기업잉여현금흐름 ④ 타인자본비용
   ⑤ 자기자본비용 ⑥ 가중평균자본비용
   ⑦ 안정성장기업 ⑧ 2단계성장기업
   ⑨ EVA ⑩ MVA

2. 기업잉여현금흐름을 영업이익 기준으로 추정하는 이유를 설명하시오.

3. 기업잉여현금흐름을 구할 때 배당과 이자비용을 차감하지 않는 이유를 설명하시오.

4. 기업잉여현금흐름을 추정할 때 감가상각비를 가산하고 추가운전자본을 차감하는 이유를 설명하시오.

5. 기업가치 추정시 할인율로 가중평균자본비용를 사용하는 이유를 설명하시오.

6. EVA의 추정방법과 EVA를 이용한 주식평가모형을 설명하시오.

7. 본장의 <표11-7>의 EVA추정 결과를 기초로 우리나라 기업들의 경영성과를 평가하시오.

8. EPS가 양(+)의 값을 가짐에도 불구하고 EVA가 음(−)의 값을 가질 수 있는가? 그 이유를 설명하시오.

9. 평화기업의 내년도 예상 재무자료는 다음과 같다. 이를 기초로 평화기업의 가치를 평가하시오.

| 구 분 | 내 년 도 |
|---|---|
| 영 업 이 익 | 59.4 억원 |
| 감 가 상 각 비 | 10.07억원 |
| 자 본 적 지 출 | 11.24억원 |
| 추가운전자본 | 2.25억원 |

· 보통주베타는 0.92이고, 장기국채수익률은 연 7.5%이며 시가기준 부채구성비율(=부채/총자본)은 68%이다.
· 세전이자율은 연 8.75%이다.
· 법인세율은 40%이고 시장위험프리미엄은 5.5%이다.
· FCFF는 연 6%씩 영구히 성장할 것으로 기대된다.

10. 한라기업의 내년도 예상 재무자료는 다음과 같다. 한라기업의 현재 주가가 30,000원일 때 이 주식의 과대 또는 과소평가 여부를 판단하시오.

한라기업의 내년도 예상 재무자료 :
매출액 = 1,000억원, 영업비용 = 737.5억원
영업이익 = 262.5억원, 당기순이익 = 130.2억원
감가상각비 = 30.5억원, 자본적 지출 = 40.3억원
추가운전자본 = 25.7억원
WACC = 연 15.4%, 기업성장률 = 연 6%(영구적)
법인세율 = 40%, 발행주식수 = 400만주, 부채시장가치 = 200억원

11. 현재 백두기업은 향후 5년 동안은 높은 성장률로 성장하다가 그후에는 안정성장률로 성장할 것으로 기대된다. 백두기업의 가치를 평가하시오.

| 금 년 도 | | 고속성장기(향후 5년간) | | 안정성장기(6년도부터) | |
|---|---|---|---|---|---|
| 영업이익 | 140백만원 | 기대성장률 | 13% | 기대성장률 | 6% |
| 감가상각비 | 88백만원 | 보통주베타 | 1.2 | 보통주베타 | 0.95 |
| 자본적 지출 | 95백만원 | 세전이자율 | 8.25% | 세전이자율 | 7.7% |
| 매출액 | 3,000백만원 | 부채구성비율 | 63% | 부채구성비율 | 45% |
| 매출액 대 운전자본비율 | 2% (지속적임) | 매출액, 영업이익, 자본적 지출, 감가상각비, 추가운전자본의 성장률 | 13% | 매출액, 영업이익, 추가운전자본의 성장률 | 6% |

* 법인세율($t$) : 40%, 전년도 매출액 : 2,655백만원, 장기국채수익률 : 연 7.5%, 시장위험프리미엄 : 연 5.5%, 안정성장기 : 감가상각비 = 자본적 지출, 부채구성비율 = 부채/총자본

12. 다음의 자료를 사용하여 예산기업의 (1) EVA와 (2) 이론주가를 평가하시오.

재무상태표

예산기업 (금년도 말) (단위 : 억원)

| | | | |
|---|---|---|---|
| 현 금 | 15 | 매입채무 | 20 |
| 매출채권 | 20 | 단기차입금 | 50 |
| 재고자산 | 35 | 장기차입금 | 150 |
| 투자자산 | 20 | 자 본 금 | 180 |
| 기 계 | 300 | 잉 여 금 | 100 |
| 비 품 | 10 | | |
| 건설중인자산 | 60 | | |
| 개 발 비 | 40 | | |
| 자산총계 | 500 | 부채와 자본 총계 | 500 |

주요 재무자료

예산기업 (내년도)

| | |
|---|---|
| 매 출 액 | 680억원 |
| 영업이익 | 138억원 |
| WACC | 10% |
| 기업성장률(영구적) | 2% |
| 조정된 법인세 | 48억원 |
| 발행주식수 | 360만주 |

# 제 12 장 증권가치평가

증권의 가치도 현금흐름을 이용해서 평가할 수 있다. 즉, 증권의 가치는 증권으로부터 얻는 미래현금흐름을 투자자가 요구하는 수익률로 할인한 현재가치이다. 문제는 증권으로부터 미래에 얻는 현금흐름과 적정할인율을 무엇으로 할 것인지에 있다.

본장에서는 먼저 증권가치평가의 기본모형을 설명한 후, 주식 및 채권의 가치평가모형을 설명하기로 한다. 또한 각 모형을 이용하여 증권의 내재가치가 어떻게 추정되는지도 살펴보기로 한다.

## 12.1 기본모형

기업이 발행한 증권, 이를테면 주식, 회사채 등의 내재가치(intrinsic value)는 어떻게 추정할 수 있을까? 기업가치를 설명할 때 이미 언급했듯이, 모든 자산의 가치는 그 자산으로부터 기대되는 미래현금흐름을 적정할인율로 할인하여 추정한다. 증권의 가치는 증권을 보유함으로써 얻는 미래현금흐름을 투자자가 요구하는 수익률로 할인하여 추정한다. 증권의 가치를 평가하는 기본모형은 다음과 같다.

$$\begin{aligned} S_0 &= \frac{CF_1}{(1+k)^1} + \frac{CF_2}{(1+k)^2} + \cdots + \frac{CF_n}{(1+k)^n} \\ &= \sum_{t=1}^{n} \frac{CF_t}{(1+k)^t} \end{aligned} \tag{12.1}$$

$S_0$ : 증권의 가치(내재가치)
$CF_t$ : $t$시점의 현금흐름
$k$ : 적정할인율

식 (12.1)은 증권의 가치($S_0$)를 추정하는 기본모형이다. 식 (12.1)에 따르면, 증권의 가치는 증권을 보유하여 얻는 현금흐름($CF_t$)을 적정할인율로 할인하여 추정한다. $CF$는 구체적으로 무엇일까? 주식인 경우 $CF$는 배당금과 주식매각대금이다. 그리고 채권의 경우 $CF$는 이자와 원금이다.

식 (12.1)에서 적정할인율 $k$는 무엇일까? 앞에서 언급했던 바와 같이 적정할인율은 현금흐름의 위험을 반영하여 시장에서 결정된다. 즉, 기대되는 현금흐름의 불확실성이 클수록 적정할인율은 커지게 마련이다. 예를 들어 주식투자로부터 얻는 현금흐름의 불확실성은 채권투자로부터 얻는 현금흐름의 그것보다 큰 것이 보통이다. 따라서 동일기업이 발행한 증권인 경우, 주식이 회사채보다 높은 할인율을 적용받는다.

증권의 내재가치를 추정하는 이유는 무엇일까? 결론적으로 말해서 내재가치를 정확히 추정함으로써 투자자는 적절한 투자전략을 세울 수 있기 때문이다. 시장이 충분히 효율적이라면 증권시장에서 형성되는 가격은 내재가치와 거의 일치하게 된다. 그러나 현실시장은 충분히 효율적이지 않기 때문에 시장에서 형성되는 증권의 가격이 증권의 내재가치와 정확히 일치하지는 않는다.

역설적으로 표현하면 내재가치에 입각해서 투자하는 투자자가 늘어날수록 증권시장의 효율성은 향상된다. 증권시장에서 형성되는 증권의 가격이 내재가치와 차이를 보일 때 투자자는 내재가치에 기초한 투자전략으로 이익을 얻을 수 있다. 이런 과정을 통해 시장가격은 결국 내재가치에 접근하게 된다.

다시 말해서 시장가격이 내재가치와 다르게 형성될 때 시장에서는 그 증권에 대해서 곧바로 초과공급 또는 초과수요가 발생한다. 그리고 초과공급 또는 초과수요는 증권의 시장가격을 변하게 하여 시장가격은 궁극적으로 내재가치와 일치하게 된다.

현실시장은 정도의 차이는 있지만 완전히 효율적이라 할 수 없다. 예를 들어 미국의 증권시장이 한국의 증권시장보다는 효율적이지만 그렇다고 미국의 증권시장이 완전한 효율성을 갖는 것은 아니다. 또한 한국 증권시장의 효율성은 미국 증권시장의 그것보다 떨어지지만, 한국 증권시장은 후진국의 증권시장보다는 상대적으로 효율적이라 할 수 있다.

완전한 효율성을 갖는 증권시장은 존재하지 않으므로 현실 증권시장에서 증권의 시장가격은 내재가치와 다르게 나타나기 마련이다. 따라서 정확한 내재가치를 추정하는 것은 증권의 미래가격을 예측하는 데 필수적이다.

## 12.2 주식가치의 평가

주식가치는 앞절의 기본모형을 응용하여 추정할 수 있다. 즉, 주식의 미래현금흐름은 배당 등이 되고 할인율은 자기자본비용이 된다. 본절에서는 배당평가모형과 성장기회평가모형을 이용해서 주식가치를 추정해 보기로 한다.

### 1. 기본모형

주식의 내재가치는 주식을 보유함으로써 기대할 수 있는 미래의 현금흐름을 적정할인율로 현가화시킨 금액이다. 이를 모형으로 제시하면 다음과 같다.

$$P_0 = \frac{CF_1}{(1+r_E)^1} + \frac{CF_2}{(1+r_E)^2} + \cdots + \frac{CF_\infty}{(1+r_E)^\infty} = \sum_{t=1}^{\infty} \frac{CF_t}{(1+r_E)^t} \quad (12.2)$$

$P_0$ : 주식의 가치(내재가치)
$CF_t$ : 주식보유로 기대되는 $t$시점의 현금흐름
$r_E$ : 적정할인율(자기자본비용)

식 (12.2)는 주식의 내재가치를 추정하는 모형이다. 주식가치평가에 사용되는 적정할인율(또는 자기자본비용) $r_E$를 추정하는 방법은 제11장에서 설명한 바 있는데 편의상 다시 한번 정리하면 다음과 같다.

$$r_E = r_f + [E(r_m) - r_f] \times \beta_i \tag{12.3}$$

$r_f$ : 무위험자산수익률
$E(r_m)$ : 주식시장 평균수익률(시장포트폴리오 기대수익률)
$\beta_i$ : 보통주베타

## 2. 배당평가모형

배당평가모형은 주식의 가치를 미래 주당배당의 현재가치로 추정하는 모형이다. 즉, 주식의 가치는 당기순이익 중에서 주주에게 귀속하는 배당금의 크기에 의해 결정된다는 모형이다.

골든(M. J. Gordon)은 이를 '손안의 새'(birds in hand)라는 말로 표현하고 있다. 이는 숲 속에 아무리 많은 새가 있더라도 자기 손 안에 있는 한 마리의 새가 더 가치있다는 의미이다. 다시 말하면 기업의 이익이 아무리 많더라도 주주에게는 확실한 현금흐름인 배당이 실질적으로 더 중요하다는 것이다.

배당평가모형을 식으로 나타내면 다음과 같다.

$$P_0 = \frac{D_1}{(1+r_E)^1} + \frac{D_2}{(1+r_E)^2} + \cdots + \frac{D_n}{(1+r_E)^n} + \frac{D_{n+1}}{(1+r_E)^{n+1}} + \cdots + \frac{D_\infty}{(1+r_E)^\infty} \tag{12.4}$$

$P_0$ : 주식의 가치(내재가치)
$D_t$ : $t$시점의 주당배당

그런데 $n+1$시점 이후에 발생하는 배당의 $n$시점의 가치는 $n$시점의 주식가치, 즉 $P_n$이 되므로 다음 식이 성립한다.

$$P_0 = \frac{D_1}{(1+r_E)^1} + \frac{D_2}{(1+r_E)^2} + \cdots + \frac{D_n}{(1+r_E)^n} + \frac{P_n}{(1+r_E)^n}$$
$$= \sum_{t=1}^{n} \frac{D_t}{(1+r_E)^t} + \frac{P_n}{(1+r_E)^n}$$

$P_n$ : $n$시점의 주식가치

배당평가모형의 기본모형인 식 (12.4)를 기초로 보다 현실성 있는 모형을 유도해 보기로 하자. 기업의 수명이 지속되고 있다는 것은 기업이 유지·발전되고 있음을 뜻한다. 즉, 기업은 어느 정도의 성장을 통해서만 유지될 수 있다. 기업의 성장가능성을 인정하고 배당(또는 이익)의 성장률이 매년 $g$%로 일정하다면 식 (12.4)의 배당평가모형은 다음과 같이 단순화될 수 있다. 이를 골든의 항상성장 배당평가모형이라 한다.

$$P_0 = \frac{D_1}{(1+r_E)^1} + \frac{D_2}{(1+r_E)^2} + \cdots + \frac{D_\infty}{(1+r_E)^\infty}$$
$$= \frac{D_1}{(1+r_E)^1} + \frac{D_1(1+g)^1}{(1+r_E)^2} + \cdots + \frac{D_1(1+g)^{\infty-1}}{(1+r_E)^\infty}$$
$$= \frac{D_1}{r_E - g} \quad (\text{단, } r_E > g) \tag{12.5}$$

$P_0$ : 주식의 가치(내재가치)
$g$ : 배당성장률(또는 기업성장률)
$D_t$ : $t$시점의 주당배당
($D_2 = D_1(1+g)^1,\ D_3 = D_1(1+g)^2,\ \cdots,\ D_\infty = D_1(1+g)^{\infty-1}$)

식 (12.5)를 사용하여 배당성장률(기업성장률)이 일정한 경우, 주식의 가치를 계산하는 예를 들어보면 다음과 같다.

### 예제 1

B기업의 현재 주당배당이 1,500원이고 향후 매년 5%씩 일정하게 성장한다고 하자. B기업의 자기자본비용(보통주 적정할인율)이 15%라고 할 때, B기업 주식의 가치를 평가하시오.

**해 설**

배당성장률이 매년 일정하므로 식 (12.5)를 사용하여 B기업 주식의 가치를 구하면 15,750원이 된다.

$$P_0 = \frac{D_1}{r_E - g} = \frac{D_0(1+g)}{r_E - g}$$
$$= \frac{1,500(1+0.05)}{0.15-0.05}$$
$$= 15,750\text{원}$$

## 3. 성장기회 평가모형

성장기회가 있는 주식의 가치는 다음과 같이 성장이 없는 경우의 주식가치와 성장기회의 현재가치(present value of growth opportunity : PVGO)로 구분하여 추정할 수 있다.

$$\text{성장주식의 가치} = \text{성장이 없는 경우의 주식가치}^{1)} + \text{성장기회의 현재가치(PVGO)} \quad (12.6)$$

성장이 없는 경우의 주식가치는 1년 후의 주당이익($E_1$)이 영구적으로 발생하고 주당이익 전부를 배당으로 지급한다는 가정하에서의 주식가치이다. 따라서 성장이 없는 경우의 주식가치는 1년 후 주당이익을 자기자본비용($r_E$)으로 할인하여 구한다.

$$\text{성장이 없는 경우의 주식가치} = \frac{E_1}{r_E} \quad (12.7)$$

그렇다면 PVGO는 어떻게 구할 수 있을까? 성장기회의 현재가치는 재투자로부터 매년 얻을 것으로 기대되는 순현가(net present value : NPV)의 현재가치로 정의할 수 있다. 다시 말하면 PVGO는 투자수익률($r$)이 자기자본비용($r_E$)을 초과하는 투자기회가 갖는 순현가의 현재가치이다. 이를 식으

1) 성장이 없는 경우의 주식가치란 성장성을 제외한 상태에서의 주식가치를 의미한다. 여기서는 성장이 유보를 통해서 이루어지는 것으로 가정한다.

로 정리하면 다음과 같다.

$$PVGO = \frac{NPV_1}{(1+r_E)^1} + \frac{NPV_2}{(1+r_E)^2} + \cdots + \frac{NPV_\infty}{(1+r_E)^\infty} \tag{12.8}$$

$PVGO$: 성장기회의 현재가치
$NPV_t$: $t$년 후의 재투자로부터 얻는 순현가

NPV가 매년 $g$%씩 일정하게 증가한다고 가정하면 식 (12.8)은 다음과 같이 간략화될 수 있다.

$$\begin{aligned} PVGO &= \frac{NPV_1}{(1+r_E)^1} + \frac{NPV_1(1+g)^1}{(1+r_E)^2} + \cdots + \frac{NPV_1(1+g)^{\infty-1}}{(1+r_E)^\infty} \\ &= \frac{NPV_1}{r_E - g} \end{aligned} \tag{12.9}$$

1년 후의 유보이익을 재투자해서 얻는 순현가 $NPV_1$을 구체적으로 어떻게 구할까? 기업이 1년 후에 창출한 주당이익($E_1$) 중에서 내부유보된 자본은 $b \cdot E_1$이다($b$: 유보율). 그리고 $b \cdot E_1$을 재투자하여 2년 후부터 매년 얻는 재투자이익은 $b \cdot E_1 \cdot r$이다($r$: 자기자본의 재투자수익률). 재투자이익이 매년 일정하게 영구적으로 발생한다면, 재투자이익 현금흐름의 순현가($NPV_1$)는 다음과 같이 구할 수 있다.

$$\begin{aligned} NPV_1 &= \text{현금유입의 현가} - \text{현금유출의 현가} \\ &= \left[\frac{b \cdot E_1 \cdot r}{(1+r_E)^1} + \frac{b \cdot E_1 \cdot r}{(1+r_E)^2} + \cdots + \frac{b \cdot E_1 \cdot r}{(1+r_E)^{\infty-1}}\right] - b \cdot E_1 \\ &= \frac{b \cdot E_1 \cdot r}{r_E} - b \cdot E_1 \\ &= b \cdot E_1\left(\frac{r}{r_E} - 1\right) \end{aligned} \tag{12.10}$$

$NPV_1$: 1년 후의 재투자로부터 얻는 순현가(1년도 말 기준)
$b$: 유보율
$E_1$: 1년도 EPS
$r$: 자기자본의 재투자수익률
$r_E$: 자기자본비용

식 (12.10)을 다시 한번 설명해 보기로 하자. 1년 후에 발생할 주당이익 $E_1$ 중에서 $b$%만큼을 내부유보한다. 그리고 내부유보된 $b \cdot E_1$의 자기자본을

재투자하여 기대되는 매년의 투자수익률이 $r$%라고 할 때, 재투자로부터 얻는 매년의 현금유입은 $b \cdot E_1 \cdot r$이 된다. 따라서 재투자이익 현금흐름의 순현가(1년도 말 기준)는 매년의 현금유입 $b \cdot E_1 \cdot r$을 자기자본비용 $r_E$로 할인한 현가에서 재투자금액인 현금유출의 현가 $b \cdot E_1$을 차감한 값이다.

식 (12.10)에서 볼 수 있듯이 재투자수익률 $r$이 자기자본비용 $r_E$(할인율)를 초과하면 $NPV_1 > 0$이고, 이때에 기업은 성장한다. 성장기회가 있는 보다 일반적인 상황에서의 주식가치는 식 (12.7), 식 (12.9)와 식 (12.10)을 정리하여 다음과 같이 구할 수 있다.

$$
\begin{aligned}
P_0 &= \frac{E_1}{r_E} + \frac{NPV_1}{r_E - g} \\
&= \frac{E_1}{r_E} + \frac{b \cdot E_1}{r_E - g}\left(\frac{r}{r_E} - 1\right) \qquad (12.11)
\end{aligned}
$$

$P_0$ : 주식의 가치, $E_1$ : 주당이익
$r_E$ : 자기자본비용, $g$ : 배당성장률(기업성장률)
$b$ : 유보율, $r$ : 자기자본의 재투자수익률

식 (12.11)에서 볼 수 있는 바와 같이, $P_0$는 $E_1$, $r_E$, $g$, $b$, $r$의 함수이며 $P_0$와 이들간의 관계는 다음과 같다.

$$
P_0 = f(\underset{(+)}{E_1},\ \underset{(-)}{r_E},\ \underset{(+)}{g},\ \underset{(+)}{b},\ \underset{(+)}{r}) \qquad (12.12)
$$

즉, 주식의 가치는 주당이익, 배당성장률, 유보율, 재투자수익률 등이 높아질수록 커지는 반면에, 자기자본비용이 커질수록 작아지는 속성을 갖는다. 자기자본비용이 커진다는 것은 위험이 커지는 것을 의미하므로 주식의 가치는 위험과 반비례한다.

식 (12.11)을 다음 예제에 적용하여 성장기회가 존재하는 기업의 주식가치를 추정해 보기로 하자.

### 예제 2

앞에서 들었던 B기업의 예에서 현재 주당이익이 2,000원이고, 향후 배당성향은 75%를 유지하며, 배당성장률이 매년 5%로 일정할 것으로 예상된다. 그리고 자기자본비용이 15%, 재투자수익률이 20%로 예상된다. PVGO개념을 이용하여 B기업 주식의 가치를 구하시오.

**해 설**

식 (12.11)을 이용하여 주식의 가치를 구하면 다음과 같다.

$$P_0 = \frac{E_1}{r_E} + \frac{NPV_1}{r_E - g} = \frac{2,000(1+0.05)}{0.15} + \frac{175}{0.15-0.05}$$
$$= 15,750\text{원}$$

$$NPV_1 = \frac{b \cdot E_1 \cdot r}{r_E} - b \cdot E_1$$
$$= \frac{0.25^{*} \times 2,100^{**} \times 0.2}{0.15} - 0.25 \times 2,100$$
$$= 175\text{원}$$

* $b = 1 - \text{배당성향} = 1 - 0.75 = 0.25$
** $E_1 = E_0(1+g)^1 = 2,000(1+0.05)^1 = 2,100$원

이론적으로 골든의 항상성장 배당평가모형으로 구한 값이나 성장기회 평가모형으로 구한 값은 일치한다(앞의 예제 1 참조).

## 4. 주식가치 평가모형의 비교

다음은 골든의 항상성장 배당평가모형과 PVGO를 이용한 성장기회 평가모형에 의해서 구한 주식가치가 동일함을 보여주는 예제이다.

### 예제 3

C기업의 1년후 예상 주당이익($E_1$)은 전기보다 10% 증가한 3,000원이고, 이 증가율은 미래에도 영구히 계속될 전망이다. 또한 C기업의 배당성향은 50%로 계속 유지될 전망이며 자기자본의 재투자수익률은 연 20%, 자기자본비용은 연 18%로 예상된다. 골든의 항상성장 배당평가모형에 의하여 C기업 주식의

가치를 추정하고, 이를 성장이 없는 경우의 주식가치와 성장기회의 현재가치(PVGO)로 분해하시오.

---

해 설

골든모형을 사용하여 C기업 주식의 가치를 구하면 다음과 같다.

$$P_0 = \frac{D_1}{r_E - g} = \frac{3{,}000 \times 0.5}{0.18 - 0.10}$$
$$= 18{,}750\text{원}$$

그리고 PVGO를 이용한 성장기회 평가모형을 사용하여 주식의 가치를 분해하면 다음과 같다.

$$\text{성장주식의 가치} = \text{성장이 없는 경우의 주식가치}^{*} + \text{PVGO}^{**}$$
$$= 16{,}666\text{원} + 2{,}084\text{원}$$
$$= 18{,}750\text{원}$$

* 성장이 없는 경우의 주식가치

$$= \frac{E_1}{r_E} = \frac{3{,}000}{0.18} = 16{,}666\text{원}$$

$$** \; PVGO = \frac{NPV_1}{r_E - g} = \frac{166.7}{0.18 - 0.10} = 2{,}084\text{원}$$

$$NPV_1 = \frac{b \cdot E_1 \cdot r}{r_E} - b \cdot E_1$$
$$= \frac{0.5 \times 3{,}000 \times 0.2}{0.18} - 0.5 \times 3{,}000$$
$$= 166.7\text{원}$$

따라서 골든모형에 의하여 추정된 주가 18,750원은 성장이 없는 경우의 주식가치 16,666원과 성장기회의 현재가치(PVGO) 2,084원으로 분해될 수 있음을 알 수 있다.

## 5. 기업성장률의 추정

앞의 B, C기업의 사례에서 알 수 있는 한 가지 사실이 있다. 그것은 바로 다음과 같이 기업성장률 또는 배당성장률($g$)이 유보율($b$)과 자기자본의 재투자수익률($r$ ; 일반적으로 ROE)의 곱으로 나타난다는 사실이다(수식 증명은 제4장의 <부록 4A-1> 참조).

$$g = b \times r \qquad (12.13)$$

B기업 : $g_B = 0.25 \times 0.12 = 5\%$

C기업 : $g_C = 0.5 \times 0.2 = 10\%$

식 (12.13)을 증명하기 위하여 다음의 예제를 검토해 보기로 하자.

### 예제 4

D기업의 현재 총자본은 200억원이고, 이 중 60%에 해당하는 120억원이 타인자본이다. 그리고 D기업의 총자산(총자본)영업이익률은 20%이고 평균이자율은 연 15%이다. D기업은 현재의 자본구조를 계속 유지하려고 하며 또한 현재의 배당성향 40%도 계속 유지하려고 한다. 총자산영업이익률과 평균이자율이 현재와 같이 유지된다고 할 때, 기업성장률($g$)=유보율($b$)×자기자본의 재투자수익률($r$)임을 증명하시오(법인세는 무시).

**해 설**

D기업의 영업이익, 이자비용 및 순이익은 다음과 같다.

영업이익 = 200억원×20% = 40억원
이자비용 = 120억원×15% = 18억원
순이익 = 40억원－18억원 = 22억원

D기업의 자기자본은 80억원(=200억원×40%)이므로 자기자본순이익률, 즉 재투자수익률은 27.5%가 된다.

$$\text{자기자본의 재투자수익률} = \frac{22\text{억원}}{80\text{억원}} = 27.5\%$$

그리고 D기업의 배당예정액은 8.8억원(=22억원×40%)이고, 내부유보예정액은 13.2억원(=22억원－8.8억원)이다. 따라서 자기자본은 80억원에서 93.2억원으로 16.5%만큼 증가하게 될 것이다.

$$\text{자기자본증가율} = \frac{(80+13.2)-80}{80} = 16.5\%$$

그런데 총자산영업이익률, 이자율, 자본구조 및 배당성향이 향후 일정하게 유지된다고 가정하므로, 기업성장률 = 배당성장률 = 이익성장률 = 자기자본증가율이 될 것이다. 그러므로 D기업의 기업성장률은 16.5%로 추정된다.

한편, 기업성장률 16.5%는 유보율($b$)과 자기자본의 재투자수익률($r$)이 다음과 같이 반영되어 결정된 것으로도 볼 수 있다.

$$\text{기업성장률} = 16.5\% = b \times r = 0.6 \times 27.5\%$$

## 12.3 채권가치의 평가

채권의 가치도 미래현금흐름을 이용하여 평가할 수 있다. 즉, 채권의 가치는 채권으로부터 얻는 미래현금흐름을 채권자가 요구하는 수익률로 할인한 현재가치이다. 채권으로부터 얻는 미래현금흐름은 이자와 원금이다. 그리고 채권자가 요구하는 수익률은 채권의 위험이 반영되어 결정된다. 본절에서는 채권가치의 평가모형을 살펴보고 채권수익률의 결정요인과 채무불이행 위험프리미엄에 대해 설명하기로 한다.

### 1. 기본모형

채권의 가치는 채권을 보유함으로써 기대할 수 있는 미래현금흐름을 적정한 할인율로 현가화시킨 금액이다. 이를 모형으로 제시하면 다음과 같다.

$$\begin{aligned} B_0 &= \frac{CF_1}{(1+r)^1} + \frac{CF_2}{(1+r)^2} + \cdots + \frac{CF_n}{(1+r)^n} \\ &= \sum_{t=1}^{n} \frac{CF_t}{(1+r)^t} \end{aligned} \tag{12.14}$$

$B_0$ : 채권의 가치(내재가치)
$CF_t$ : 채권보유로 기대되는 $t$시점의 현금흐름
$r$ : 적정할인율(채권자의 요구수익률)

식 (12.14)는 채권의 가치를 추정하는 기본모형이다. 채권을 보유하여 얻을 수 있는 현금흐름($CF$)에는 어떤 것이 있을까? 말할 필요도 없이 그것

은 이자와 원금이다. 그리고 현가계산에 적용되는 할인율은 미래현금흐름의 위험 정도에 따라 다르다.

할인율 $r$은 위험이 유사한 채권의 평균수익률을 의미한다. 여기서 말하는 평균수익률이란 특정 채권에 대해 투자자가 요구하는 수익률을 의미한다. 채권의 미래현금흐름과 적정할인율이 결정되면, 채권의 가치는 다음과 같이 추정된다.

$$B_0 = \frac{I_1}{(1+r)^1} + \frac{I_2}{(1+r)^2} + \cdots + \frac{I_n}{(1+r)^n} + \frac{F}{(1+r)^n}$$
$$= \sum_{t=1}^{n} \frac{I_t}{(1+r)^t} + \frac{F}{(1+r)^n} \tag{12.15}$$

$B_0$ : 채권의 가치(내재가치)
$I_t$ : $t$시점에서 발생하는 이자
$r$ : 적정할인율(채권자의 요구수익률)
$F$ : 원금(액면가)
$n$ : 만기기간

식 (12.15)는 채권의 가치가 미래 기대되는 이자와 원금을 적정할인율로 할인한 현재가치임을 보여준다. 그런데 $t$시점의 이자 $I_t$는 $F \times i$($F$ : 액면가, $i$ : 액면이자율)이므로 다음 식이 성립한다.

$$B_0 = \sum_{t=1}^{n} \frac{F \times i}{(1+r)^t} + \frac{F}{(1+r)^n} \tag{12.16}$$

식 (12.16)은 이자를 액면가×액면이자율로 표시한 것 이외에는 식 (12.15)와 동일한 식이다.

## 2. 채권가격, 액면이자율 및 채권수익률

채권의 가격은 액면이자율과 채권수익률에 의해 결정된다. 이들의 관계를 설명하면 다음과 같다.

## 1 내재가치와 실제가격

식 (12.16)을 사용하여 채권의 가치(내재가치)를 추정하는 예제를 풀어 보기로 하자.

### 예제 5

J채권의 액면가는 10만원이고 액면이자율은 연 10%이며 만기는 3년이다. J채권과 동질적 위험을 갖는 채권에 대해서 요구하는 평균수익률은 연 13%이며, 이자는 매년 말에 지급되고 3년 후에 원금이 상환된다. J채권의 현재 시장가격이 96,000원일 때, 이 채권의 과대 또는 과소평가 여부를 판단하시오.

**해 설**

식 (12.16)을 이용하여 J채권의 가치를 추정하면 다음과 같다.

$$
\begin{aligned}
B_J &= \sum_{t=1}^{n} \frac{F \times i}{(1+r)^t} + \frac{F}{(1+r)^n} \\
&= \frac{10\text{만원} \times 10\%}{(1+0.13)^1} + \frac{10\text{만원} \times 10\%}{(1+0.13)^2} + \frac{10\text{만원} \times 10\%}{(1+0.13)^3} + \frac{10\text{만원}}{(1+0.13)^3} \\
&= 92{,}916\text{원}
\end{aligned}
$$

채권의 현재 시장가격이 96,000원이므로 J채권은 과대평가되었다.

위의 예제에서 J채권을 92,916원에 매입할 때, 투자수익률은 요구수익률과 동일한 13%가 된다. 즉, J채권을 92,916원에 매입하면 채권수익률(yield to maturity : YTM)은 연 13%가 된다. 그러나 현재가격이 그보다 높은 96,000원에 형성되어 있으므로 J채권을 현재가격대로 매입하면 채권수익률은 연 13%보다 당연히 낮아진다.

J채권을 액면가보다 낮은 현재가격, 즉 96,000원에 매입하면 현재 채권수익률($r'$)은 다음과 같이 액면이자율 10%보다 높게 된다.

현재 J채권의 수익률 : $r'$

$$96{,}000\text{원} = \frac{1\text{만원}}{(1+r')^1} + \frac{1\text{만원}}{(1+r')^2} + \frac{1\text{만원}}{(1+r')^3} + \frac{10\text{만원}}{(1+r')^3}$$

$$\therefore\ r' = 11.8\%$$

J채권의 현재가격이 내재가치보다 높게 형성되었으므로, 향후 J채권의 가격은 하락할 것으로 예상된다.

다음에는 K기업이 발행한 채권의 가치를 추정해 보기로 하자.

### 예제 6

K채권의 액면가는 10만원이고 액면이자율은 연 10%이며 만기는 3년이다. K채권과 동질적 위험을 갖는 채권의 평균수익률은 연 8%이며 K채권의 이자는 매년 말에 지급하고 원금은 3년 후에 액면가대로 회수된다. K채권의 현재가격이 102,500원일 때, 이 채권의 과대 또는 과소평가 여부를 판단하시오.

**해 설**

식 (12.16)으로 K채권의 가치를 추정하면 다음과 같다.

$$B_K = \frac{10\text{만원} \times 10\%}{(1+0.08)^1} + \frac{10\text{만원} \times 10\%}{(1+0.08)^2} + \frac{10\text{만원} \times 10\%}{(1+0.08)^3} + \frac{10\text{만원}}{(1+0.08)^3}$$

$$= 105{,}154\text{원}$$

채권의 현재 시장가격이 102,500원이므로 K채권은 과소평가되었다.

K채권을 액면가보다 높은 현재가격, 즉 102,500원에 매입하면 현재 채권수익률($r'$)은 다음과 같이 액면이자율 10%보다 낮게 된다.

현재 K채권의 수익률 : $r'$

$$102{,}500\text{원} = \frac{1\text{만원}}{(1+r')^1} + \frac{1\text{만원}}{(1+r')^2} + \frac{1\text{만원}}{(1+r')^3} + \frac{10\text{만원}}{(1+r')^3}$$

$$\therefore\ r' = 9.0\%$$

K채권의 현재가격이 내재가치보다 낮게 형성되었으므로, 향후 K채권의 가격은 상승할 것으로 예상된다.

### 2 채권수익률과 액면이자율

J채권과 K채권의 예제에서 알 수 있는 사실이 하나 있다. 채권수익률(유통수익률이라고도 함)이 액면이자율보다 높다는 것은 채권의 가격이 액면가보다 낮다는 것을 의미한다. 또한 채권수익률이 액면이자율보다 낮다는 것은 채권의 가격이 액면가보다 높다는 것을 의미한다. 그리고 채권수익률과 액면이자율이 동일하다는 것은 채권의 가격이 액면가와 동일하다는 것을 의미한다. 이상의 내용을 정리하면 다음과 같다.

만약에 $r > i$ 이면, $B_0 < F$ 이고
$r < i$ 이면, $B_0 > F$ 이며
$r = i$ 이면, $B_0 = F$ 이다.

$r$ : 채권수익률, $i$ : 액면이자율
$B_0$ : 채권의 가격, $F$ : 액면가

예를 들어 J채권의 경우 채권수익률(13%)은 액면이자율(10%)보다 높으므로 채권의 가격(92,916원)은 액면가(100,000원)보다 당연히 낮다. 그리고 K채권의 경우 채권수익률(8%)은 액면이자율(10%)보다 낮으므로 채권의 가격(105,154원)은 액면가(100,000원)보다 당연히 높다.

## 12.4 채권수익률의 결정요인과 채무불이행위험

채권수익률을 이해하기 위해서는 채권수익률을 결정하는 요인과 선도이자율 개념을 충분히 알아야 한다. 본절에서는 채권수익률의 결정요인과 선도이자율을 설명하기로 한다. 그리고 마지막으로 채무불이행 위험프리미엄에 대해서도 설명하기로 한다.

## 1. 채권수익률의 결정요인

채권수익률을 결정하는 요인으로는 무엇이 있을까? 채권수익률을 결정하는 요인은 한마디로 다 설명할 수는 없으나 자본의 한계생산력, 물가상승률, 채권이 갖고 있는 위험 그리고 채권의 만기 등을 들 수 있다. 이들을 차례대로 설명하면 다음과 같다.

### 1 자본의 한계생산력

자본의 한계생산력은 자본 한 단위가 추가 지출될 때 얻을 수 있는 생산력을 의미한다. 예를 들어 개발도상국의 자본의 한계생산력은 후진국의 자본의 한계생산력보다 훨씬 높다. 자본의 한계생산력이 커질수록 자본을 쓰려고 하는 수요가 늘어난다. 자본의 수요가 많아지면 자본제공자는 높은 수익률을 요구하므로, 자본의 한계생산력이 커질수록 채권수익률은 높아지게 마련이다.

### 2 물가상승률

향후 물가가 오를 것으로 예상되면 채권의 가격은 하락하게 된다. 왜냐하면 일반적으로 채권투자로부터 미래 기대되는 현금흐름은 이미 약속되어 있기 때문이다. 즉, 물가가 오를 것으로 예상되더라도 미래현금흐름이 변하지 아니하므로 물가상승은 현재의 채권가격만을 하락시킬 것이다. 채권가격의 하락은 채권수익률을 상승시킨다.

여기서 명목수익률(nominal rate of return)과 실질수익률(real rate of return)에 대해 잠깐 살펴보기로 하자. 명목수익률은 화폐의 명목가치로 계산된 수익률을 의미하는데, 우리가 앞에서 측정한 채권의 수익률은 모두 명목수익률이다. 실질수익률은 물가상승률을 감안한 실질구매력으로 계산된 수익률을 의미하는데, 명목수익률에 비해 측정이 용이하지 않다. 왜냐하면 실질수익률을 정확히 추정하기 위해서는 미래 물가상승률을 정확히 예측할 수 있어야 하기 때문이다.

피셔(I. Fisher)는 명목수익률($R$)과 실질수익률($R_r$)간에 다음과 같은 관계가 있음을 증명한 바 있다.

$$(1+R)=(1+R_r)(1+\alpha) \tag{12.17}$$

$$\therefore\ R=R_r+\alpha+R_r\cdot\alpha \tag{12.18}$$

$R$: 명목수익률, $R_r$: 실질수익률, $\alpha$: 예상물가상승률

식 (12.18)을 사용하여 채권의 실질수익률을 계산하는 예제를 풀어 보기로 하자.

**예제 7**

H채권의 명목수익률이 15%이고 인플레이션율이 6%일 때 H채권의 실질수익률은 얼마인가?

**해 설**

식 (12.18)을 사용하여 H채권의 실질수익률을 추정하면 다음과 같다.

$$R=R_r+\alpha+R_r\cdot\alpha$$
$$0.15=R_r+0.06+R_r\cdot 0.06$$
$$\therefore\ R_r=\frac{0.09}{1.06}=8.5\%$$

## 3 채권의 위험

자본의 한계생산력이나 물가상승률은 모든 채권에 공통적으로 영향을 미치는 요인인데 비하여, 채권의 위험은 개별채권 고유의 특성에서 비롯되는 요인이다. 채권을 발행한 주체가 약속한 원리금을 갚지 못하거나, 채권 자체의 속성에 기인하여 유동성이 떨어지는 등의 채권의 위험은 채권수익률에 큰 영향을 미치게 된다.

예를 들어, 신용상태가 좋지 못한 기업이 발행한 채권은 시장에서 낮은 가격으로 거래될 수밖에 없다. 왜냐하면 채권자는 채무불이행의 가능성을 고려하여 그 채권에 대해 높은 수익률을 요구하기 때문이다.

채권의 신용상태는 전문기관에서 주기적으로 평가해서 공표하고 있다. 예를 들면, 미국에서는 무디스사(Moody's)와 스탠다드 앤드 푸어스사(Standard & Poor's)와 같은 전문평가기관이 채권의 등급을 평정하고 있다.

무디스사는 미국에서 발행되는 25,000개 이상의 회사채, 공채에 대하여 매년 등급을 매기고 있는데, 등급의 종류는 Aaa, Aa, A, Baa, Ba, B, Caa, Ca, C의 9개가 있다. 그리고 스탠다드 앤드 푸어스사도 수많은 채권들에 대하여 AAA, AA, A, BBB, BB, B, CCC, CC, C, D의 10등급으로 구별하여 평정하고 있다. 우리나라에서는 이와 같은 기능을 수행하는 기관으로 한국신용평가(주), 한국기업평가(주), 한국신용정보(주) 등이 있다.[2)]

신용등급에 따라 채권수익률이 차이가 나는 것은 당연하다. 이와 같이 채권의 위험정도는 채권수익률에 중요한 영향을 미친다. 채권의 위험과 수익률의 관계를 채권수익률의 위험구조(risk structure of yield to maturity)라 한다.[3)]

## 4 채권의 만기

다른 모든 조건이 동일할 때 3년만기 채권의 수익률이 높을까 아니면 5년만기 채권의 수익률이 높을까? 미래 시장이자율이 상승할 것으로 예상되면 투자자는 장기채권일수록 높은 수익률을 요구할 것이다. 반면에 미래 시장이자율이 하락할 것으로 예상되면 투자자는 단기채권일수록 높은 수익률을 요구할 것이다.

따라서 채권만기의 장단에 따라 채권수익률이 어떻게 될 것인지는 미래 시장이자율에 따라 달라질 것이다. 다른 모든 조건이 일정하다 하더라도 채권의 만기가 서로 상이함에 따라 채권수익률이 서로 다르게 되는데,

2) 우리나라의 채권등급과 기업어음등급에 대해서는 본장의 <부록 12A-1>을 참조.
3) 채권수익률의 위험구조에 대해서는 본절의 3.「채무불이행 위험프리미엄」을 참조.

이런 관계를 채권수익률의 기간구조(term structure of yield to maturity)라 한다.

그러면 채권수익률의 기간구조는 어떻게 분석할 것인가? 예를 들면 채권의 기간구조를 추정하기 위해서는 만기만 서로 다른 동종 국채의 수익률을 분석하면 된다. 왜냐하면 이들 채권은 위험이 없다든지, 이자지급조건 등이 동일하므로 채권수익률의 차이는 오직 만기 차이에만 기인하기 때문이다.

## 2. 선도이자율

이미 설명한 바와 같이 채권수익률은 채권투자로부터 얻는 1기간의 평균수익률을 의미한다. 이에 비해 선도이자율(forward interest rate)은 미래 일정 기간에서의 채권수익률(시장이자율)을 의미한다.

### 1 선도이자율의 의의

채권수익률과 선도이자율의 관계로부터 선도이자율의 의미를 살펴보기로 하자. 예를 들어 현재 1년만기 통화안정증권의 가격이 86,956원이고, 2년만기 통화안정증권의 가격이 73,051원이라고 하자. 이들 각각의 채권수익률 ${}_0r_1$과 ${}_0r_2$를 구해 보자.

여기서 ${}_0r_1$이란 현재에서 1년 후까지의 1년간의 채권수익률을, 그리고 ${}_0r_2$는 현재부터 2년 후까지의 2년간의 연평균 채권수익률을 의미한다. 통화안정증권(액면가 100,000원)은 이자지급은 별도로 없고 만기일에 액면가를 상환하는 순수할인채권(pure discount bond) 또는 무이표채(zero coupon bond)이다.

먼저 각 채권의 연평균 채권수익률 ${}_0r_1$과 ${}_0r_2$를 구해 보기로 하자.

$$1\text{년만기 통화안정증권}: 86{,}956\text{원} = \frac{100{,}000\text{원}}{(1+{}_0r_1)^1}$$

$$\therefore\ {}_0r_1 = 15\%$$

$$2\text{년만기 통화안정증권}: 73{,}051\text{원} = \frac{100{,}000\text{원}}{(1+{}_0r_2)^2}$$

$$\therefore\ {}_0r_2 = 17\%$$

즉, 1년만기 통화안정증권의 연평균 채권수익률은 15%이고, 2년만기 통화안정증권의 연평균 채권수익률은 17%이다.

[그림 12-1]에서 볼 수 있듯이, 통화안정증권의 2년간의 연평균 채권수익률은 17%(${}_0r_2$)이고, 처음 1년간의 연평균 채권수익률은 15%(${}_0r_1$)이다. 그렇다면 1년 후부터 2년까지의 채권수익률 또는 선도이자율(${}_1r_2$)은 얼마일까?

미래 1년 후부터 2년까지의 선도이자율은 다음 식으로부터 추정할 수 있다.

$$2\text{년만기 통화안정증권}: 73{,}051\text{원} = \frac{100{,}000\text{원}}{(1+{}_0r_2)^2} = \frac{100{,}000\text{원}}{(1+{}_0r_1)(1+{}_1r_2)}$$

위의 식은 2년 동안 연평균할인율(${}_0r_2$)을 사용하여 두번 할인한 값과 처음 1년간은 ${}_0r_1$로 할인하고 다음 1년간은 ${}_1r_2$로 할인한 값이 동일함을 보여주는 식이다. ${}_0r_1$은 15%이므로 위의 식을 다시 정리하면 다음과 같다.

$$73{,}051\text{원} = \frac{100{,}000\text{원}}{(1+0.15)(1+{}_1r_2)}$$

$$\therefore\ {}_1r_2 = 19\%$$

즉, 1년 후부터 2년까지 1년간의 선도이자율 ${}_1r_2$는 19%이다. 2년간 연평균

**그림 12-1** 선도이자율(${}_1r_2$)의 의미

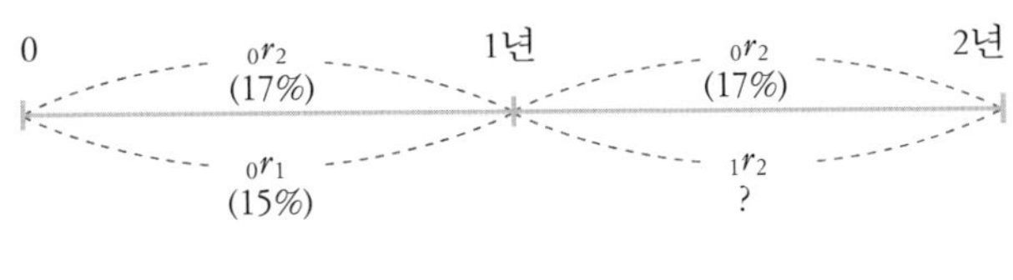

채권수익률 17%는 처음 1년간 15%와 다음 1년간 19%가 결합된 것이다.

## 2 채권수익률과 선도이자율의 관계

앞의 내용을 정리하면 다음을 쉽게 이해할 수 있을 것이다.

$$\frac{1}{(1+{}_0r_2)^2}=\frac{1}{(1+{}_0r_1)}\times\frac{1}{(1+{}_1r_2)} \tag{12.19}$$

또는,

$$(1+{}_0r_2)^2=(1+{}_0r_1)(1+{}_1r_2) \tag{12.20}$$

식 (12.20)을 사용하여 위의 예에서 ${}_1r_2$를 구해 보기로 하자.

$$(1+{}_0r_2)^2=(1+{}_0r_1)(1+{}_1r_2)$$

$$(1+0.17)^2=(1+0.15)(1+{}_1r_2)$$

$$\therefore\ {}_1r_2=19\%$$

한편, 식 (12.20)을 일반화하면 다음과 같은 식을 얻을 수 있다.

$$\begin{aligned}(1+{}_0r_n)^n&=(1+{}_0r_1)(1+{}_1r_2)(1+{}_2r_3)\cdots(1+{}_{n-1}r_n)\\&=(1+{}_0r_2)^2(1+{}_2r_3)(1+{}_3r_4)\cdots(1+{}_{n-1}r_n)\\&=(1+{}_0r_{n-1})^{n-1}(1+{}_{n-1}r_n)\end{aligned} \tag{12.21}$$

$$\begin{aligned}{}_0r_n&=\sqrt[n]{(1+{}_0r_1)(1+{}_1r_2)(1+{}_2r_3)\cdots(1+{}_{n-1}r_n)}-1\\&=\sqrt[n]{(1+{}_0r_{n-1})^{n-1}(1+{}_{n-1}r_n)}-1\end{aligned} \tag{12.22}$$

다음은 3년간의 채권수익률을 사용하여 기간별 선도이자율을 추정하는 예제를 풀어 보기로 하자.

### 예제 8

${}_0r_1 = 21\%$, ${}_0r_2 = 18\%$, ${}_0r_3 = 16\%$일 때 선도이자율 ${}_1r_2$, ${}_2r_3$을 구하시오.

**해 설**

위의 자료를 식 (12.21)에 대입하여 기간별 선도이자율을 구해 보면 다음과 같다.

$$(1+{}_0r_2)^2 = (1+{}_0r_1)(1+{}_1r_2)$$

$$(1+0.18)^2 = (1+0.21)(1+{}_1r_2)$$

$$\therefore\ {}_1r_2 = \frac{(1+0.18)^2}{(1+0.21)} - 1 = 15.1\%$$

그리고,

$$(1+{}_0r_3)^3 = (1+{}_0r_1)(1+{}_1r_2)(1+{}_2r_3)$$

$$= (1+{}_0r_2)^2(1+{}_2r_3)$$

$$(1+0.16)^3 = (1+0.18)^2(1+{}_2r_3)$$

$$\therefore\ {}_2r_3 = \frac{(1+0.16)^3}{(1+0.18)^2} - 1 = 12.1\%$$

마지막으로 선도이자율로부터 채권수익률을 추정하는 예제를 풀어 보기로 하자.

### 예제 9

${}_0r_1 = 12\%$, ${}_1r_2 = 14\%$, ${}_2r_3 = 13\%$일 때 채권수익률 ${}_0r_2$, ${}_0r_3$을 구하시오.

**해 설**

위의 자료를 식 (12.22)에 대입하여 채권수익률을 구하면 다음과 같다.

$${}_0r_2 = \sqrt{(1+{}_0r_1)(1+{}_1r_2)} - 1$$

$$= \sqrt{(1+0.12)(1+0.14)} - 1$$

$$\therefore\ {}_0r_2 = 12.995\%$$

그리고,

$${}_0r_3 = \sqrt[3]{(1+0.12)(1+0.14)(1+0.13)} - 1$$

$$\therefore\ {}_0r_3 = 12.997\%$$

**그림 12-2** 채무불이행 위험프리미엄

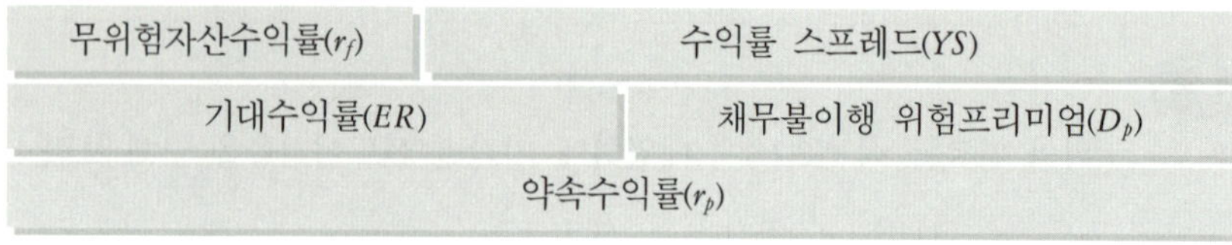


## 3. 채무불이행 위험프리미엄

미리 약속된 원금과 이자가 순조롭게 지급될 때의 채권수익률을 약속수익률($r_p$)이라 한다. 일반적으로 채권수익률은 약속수익률을 의미한다. 그러나 미래상황에 따라 원리금 지급의 약속이행 여부가 불투명한 채권인 경우, 그 채권으로부터 평균적으로 기대되는 수익률은 약속수익률과 차이가 나기 마련이다.

[그림 12-2]에서 볼 수 있는 바와 같이, 원리금 지급이 사전에 정해진 대로 이루어질 경우의 채권수익률을 약속수익률($r_p$)이라 한다. 수익률 스프레드(yield spread : YS)란 약속수익률과 무위험자산수익률간의 차이를 의미한다. 그리고 약속수익률과 기대수익률($ER$)간의 차이는 채무불이행 위험프리미엄($D_p$)이 된다.

간단한 예제를 통하여 채권의 약속수익률, 기대수익률, 수익률 스프레드 및 채무불이행 위험프리미엄을 설명하기로 하자.

### 예제 10

신용평가전문기관에서는 액면가가 100,000원, 현재 시장가격이 90,000원, 액면이자율이 연 20%, 이자지급이 연 1회 후급, 그리고 2년 후에 만기가 도래하는 L무보증사채의 원리금 상환가능성을 다음과 같은 확률분포로 예상하고 있다(단, 무위험자산수익률은 연 6%임).

| 상 황 | 확 률(%) |
|---|---|
| a. 이자, 원금전액 수령불능 | 5 |
| b. 제1회의 이자만 수령가능 | 5 |
| c. 2년째에는 액면가의 50%만 수령가능 | 10 |
| d. 완전약속이행 | 80 |

L무보증사채의 약속수익률, 기대수익률, 수익률 스프레드 그리고 채무불이행 위험프리미엄을 구하시오.

---

**해 설**

약속수익률($r_p$)은 회사채 발행조건이 완전히 이행될 때의 채권수익률이므로 다음과 같이 추정된다.

$$90{,}000\text{원} = \frac{20{,}000\text{원}}{(1+r_p)^1} + \frac{120{,}000\text{원}}{(1+r_p)^2}$$

$$\therefore\ r_p = 27\%$$

기대수익률은 확률분포를 기준으로 한 채권의 평균수익률이므로 미래상황별 수익률을 평균하여 측정한다.

| 상 황 | 수 익 률 | | 확 률(%) |
|---|---|---|---|
| a | $90{,}000\text{원} = 0/(1+r_1)^1 + 0/(1+r_1)^2$ | $\therefore\ r_1 = -100\%$ | 5 |
| b | $90{,}000\text{원} = 20{,}000/(1+r_2)^1 + 0/(1+r_2)^2$ | $\therefore\ r_2 = -78\%$ | 5 |
| c | $90{,}000\text{원} = 20{,}000/(1+r_3)^1 + 50{,}000/(1+r_3)^2$ | $\therefore\ r_3 = -14\%$ | 10 |
| d | $90{,}000\text{원} = 20{,}000/(1+r_4)^1 + 120{,}000/(1+r_4)^2$ | $\therefore\ r_4 = 27\%$ | 80 |

따라서 L무보증사채의 기대수익률($ER$), 수익률 스프레드($YS$), 채무불이행 위험프리미엄($D_P$)은 다음과 같이 추정된다.

$$\begin{aligned} ER &= 0.05(-100\%) + 0.05(-78\%) + 0.1(-14\%) + 0.8(27\%) \\ &= 11.3\% \\ YS &= \text{약속수익률} - \text{무위험자산수익률} \\ &= 27\% - 6\% \\ &= 21\% \\ D_P &= \text{약속수익률} - \text{기대수익률} \\ &= 27\% - 11.3\% \\ &= 15.7\% \end{aligned}$$

이들을 그림으로 나타내면 다음과 같다.

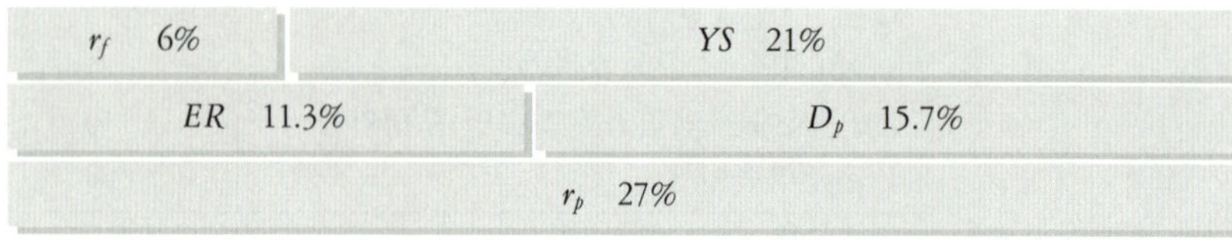


## 12.5 채권의 듀레이션과 이자율 탄력성

채권가치를 분석함에 있어서 듀레이션(duration)은 중요한 역할을 한다. 듀레이션은 채권의 위험을 나타내는 지표로 이용되기도 하고, 위험을 헷지(hedge)하기 위한 투자전략에 이용되기도 한다. 여기에서는 채권의 듀레이션을 설명하고 듀레이션을 이용한 이자율 탄력성을 설명하기로 한다.

### 1. 듀레이션

시장이자율은 변하기 마련이고 시장이자율이 변하면 채권의 가격이 변한다. 이런 위험을 이자율위험이라 한다. 듀레이션은 채권의 이자율을 파악하는 데 좋은 정보를 제공해 준다.

#### 1 가중평균회수기간

듀레이션이란 현재가치 기준으로 채권의 이자와 원금이 회수되는 이른바 채권의 가중평균회수기간을 의미한다. 간단한 예를 들어 채권의 듀레이션을 설명해 보기로 한다.

예를 들어 만기가 2년, 액면가가 10만원, 액면이자율이 연 10%, 그리고 이자는 매년 말 지급되고 요구수익률이 12%인 M채권의 듀레이션을 구해 보기로 하자. 먼저 M채권의 가치를 원리금 현금흐름을 기초로 평가

**그림 12-3 채권가치의 평가**

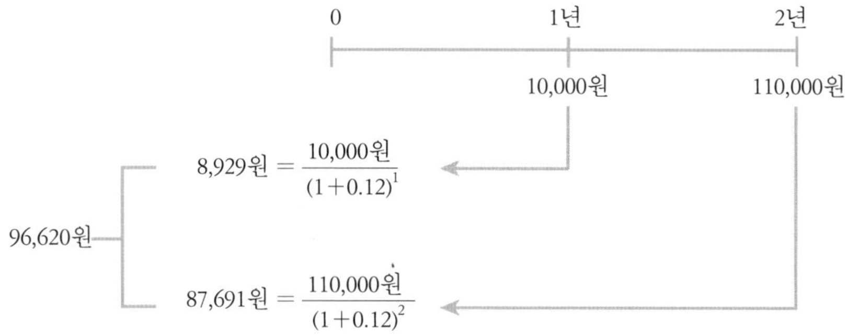


하면 [그림 12-3]과 같다.

[그림 12-3]에서 볼 수 있는 바와 같이, 12%의 요구수익률로 원리금을 할인하여 구한 M채권의 가치는 96,620원이다. 96,620원 중 9.24%인 8,929원은 1년 만에 상환되고 나머지 90.76%인 87,691원은 2년 만에 상환된다. 다시 말해서 원리금 상환기간은 채권가치 기준으로 1년인 것이 전체의 9.24%이고 2년인 것이 전체의 90.76%이다. 결국 원리금의 가중평균회수기간, 즉 채권의 듀레이션(D)은 다음과 같이 1.91년이 된다.

$$\text{듀레이션}(D) = 1\text{년} \times 9.24\% + 2\text{년} \times 90.76\%$$
$$= 1.91\text{년}(22.9\text{개월})$$

예에서 살펴 본 바와 같이, 듀레이션은 채권원리금의 현재가치(채권의 가치)가 회수되는 평균기간이다. 듀레이션이 1.91년이란 것은 M채권의 가치 96,620원이 회수되는 평균기간이 1.91년이라는 의미이다. 듀레이션이 짧다는 것은 채권으로부터 얻는 현금흐름이 빨리 발생함을 의미한다.

## 2 듀레이션 측정공식

이상의 예를 기초로 듀레이션을 구하는 공식을 소개하기로 하자. 채권의 듀레이션 공식은 다음과 같다.

$$D = \sum_{t=1}^{n} t \cdot \frac{\frac{CF}{(1+r)^t}}{\sum_{t=1}^{n} \frac{CF_t}{(1+r)^t}} \tag{12.23}$$

$D$ : 듀레이션
$t$ : 현금흐름 발생시점
$CF_t$ : $t$시점의 현금흐름
$r$ : 채권자의 요구수익률(채권수익률)[4]
$n$ : 채권의 만기

식 (12.23)은 언뜻 보기에 복잡하게 보일 수도 있다. 그러나 이 식은 간단한 원리로 이루어진 식이다. 식 (12.23)을 앞에서 살펴본 M채권과 연관지어 설명해 보기로 하자.

먼저 식 (12.23)의 우변에서 $\sum_{t=1}^{n}[CF_t/(1+r)^t]$은 무엇을 의미할까? 이것은 M채권의 예에서 원리금의 총현재가치인 96,620원에 해당한다. 즉, 이는 채권으로부터 미래 발생하는 현금흐름인 이자와 원금상환액의 총현재가치이다. 그리고 $CF_t/(1+r)^t$은 말할 것도 없이 매기 발생하는 이자 또는 원금상환액의 현재가치이다. 이는 M채권의 예에서 8,929원 또는 87,691원에 해당한다. 따라서 다음을 쉽게 알 수 있다.

$$\frac{\frac{CF_t}{(1+r)^t}}{\sum_{t=1}^{n} \frac{CF_t}{(1+r)^t}} = \frac{\text{이자 또는 원금상환액의 현재가치}}{\text{원리금의 총현재가치}}$$
$$= \text{구성비율(가중치)}$$

M채권의 예에서 구성비율은 9.24% 또는 90.76%에 해당한다. 원리금의 총현재가치(채권의 가치) 중에서 각 기간에 회수되는 이자 또는 원금상환액의 현재가치가 차지하는 구성비율은 채권의 듀레이션을 구하는데 가중치로 이용된다.

따라서 식 (12.23)은 다음과 같이 요약할 수 있다.

$$D = \sum_{t=1}^{n} t \times \text{구성비율} \tag{12.24}$$

$t$ : 현금흐름 발생시점(M채권의 예에서는 1년과 2년)

4) 채권자의 요구수익률은 시장이자율이라고도 부르며, 시장이 효율적일 때 채권자의 요구수익률은 시장에서 채권수익률로 나타난다. 따라서 효율적인 자본시장에서는 채권자의 요구수익률=시장이자율=채권수익률이 된다.

식 (12.23)을 이용하여 채권의 듀레이션을 구하는 예제를 풀어 보기로 하자.

### 예제 11

다음의 조건을 갖는 N채권의 듀레이션을 측정하시오.

액면가: 100,000원 만기까지의 기간: 3년
액면이자율: 연 10% 이자지급방법: 연 1회 후급
채권자의 요구수익률: 연 13%(시장이자율)

**해 설**

예제의 자료를 듀레이션 측정공식에 대입하면 다음과 같다.

$$\frac{CF_t}{(1+r)^t} : \frac{CF_1}{(1+r)^1} = \frac{100{,}000\text{원} \times 10\%}{(1+0.13)^1} = 8{,}850\text{원}$$

$$\frac{CF_2}{(1+r)^2} = \frac{100{,}000\text{원} \times 10\%}{(1+0.13)^2} = 7{,}831\text{원}$$

$$\frac{CF_3}{(1+r)^3} = \frac{100{,}000\text{원} \times (1+10\%)}{(1+0.13)^3} = 76{,}236\text{원}$$

$$\therefore \sum_{t=1}^{n} \frac{CF_t}{(1+r)^t} = 92{,}917\text{원}$$

$$\text{구성비율(가중치)}: 1\text{년} \rightarrow \frac{8{,}850\text{원}}{92{,}917\text{원}} = 9.5\%$$

$$2\text{년} \rightarrow \frac{7{,}831\text{원}}{92{,}917\text{원}} = 8.4\%$$

$$3\text{년} \rightarrow \frac{76{,}236\text{원}}{92{,}917\text{원}} = 82.1\%$$

$$\therefore \text{듀레이션}(D) = 1\text{년} \times 9.5\% + 2\text{년} \times 8.4\% + 3\text{년} \times 82.1\% = 2.73\text{년}$$

듀레이션은 채권의 만기보다는 짧거나 같다. 만약에 채권투자로부터 얻는 현금흐름이 만기일에만 모두 발생한다면(예를 들어 무이표채 또는 순수할인채권인 경우) 듀레이션은 만기와 같아진다. 그리고 채권투자로부터 얻는 현금흐름이 만기일 이전부터 발생하기 시작한다면 듀레이션은 만기보다 짧아지게 마련이다.

## 2. 이자율 탄력성

듀레이션과 관련하여 한 가지 더 알아야 할 것이 있다. 그것은 채권가격의 이자율 탄력성(interest rate elasticity)이다. 여기서는 듀레이션과 이자율 탄력성의 관계를 설명하기로 한다.

### 1 이자율 탄력성의 의의

이자율 탄력성이란 시장이자율(채권수익률) 변화율에 대한 채권가격 변화율의 비율이다. 이자율 탄력성을 공식화하면 식 (12.25)와 같다.

$$EL = \frac{\text{채권가격 변화율}}{\text{시장이자율 변화율}} = \frac{\dfrac{\Delta B_0}{B_0}}{\dfrac{\Delta r}{r}} \tag{12.25}$$

$EL$: 채권가격의 이자율 탄력성
$B_0$: 채권가격
$\Delta B_0 / B_0$: 채권가격의 변화율
$r$: 채권자의 요구수익률(채권수익률)
$\Delta r / r$: 시장이자율(채권수익률)의 변화율

식 (12.25)에서 이자율 탄력성을 듀레이션으로 나타내면 다음과 같다.[5)]

$$EL = -D \times \frac{r}{1+r} = -MD \times r \tag{12.26}$$

$D$: 듀레이션, $r$: 채권자의 요구수익률(채권수익률)
$MD$: 수정듀레이션$\left(=\frac{D}{1+r}\right)$

5) 식 (12.26)의 이자율 탄력성 측정공식과 식 (12.27)의 채권가격의 변화분($\Delta B$) 측정공식에 대한 증명은 본장의 <부록 12A-2>를 참조.

식 (12.25)와 식 (12.26)을 이용하여 이자율 탄력성을 구하는 예제를 풀어보기로 하자.

### 예제 12

듀레이션이 2.73년인 앞의 N채권에서 시장이자율(채권자의 요구수익률)이 연 13 %에서 연 10%로 변할 때 가격변화 기준과 듀레이션 기준으로 이자율 탄력성을 구하고 이들을 비교하시오.

**해 설**

채권수익률이 13%일 때 N채권의 가격은 92,917원(앞의 예제에서 이미 계산함)이다. 그리고 채권수익률이 10%로 액면이자율과 동일해지면 채권가격은 액면가와 동일한 100,000원이 된다. 먼저 식 (12.25)를 이용하여 가격변화 기준의 이자율 탄력성을 구해 보면 다음과 같다.

$$EL = \frac{\frac{\Delta B_0}{B_0}}{\frac{\Delta r}{r}} = \frac{\frac{(100{,}000\text{원} - 92{,}917\text{원})}{92{,}917\text{원}}}{\frac{(10\% - 13\%)}{13\%}}$$
$$= -0.33$$

이자율 탄력성이 −0.33이라는 것은 시장이자율의 1% 변화율에 따른 채권가격의 변화율이 −0.33%임을 의미한다.
다음에는 식 (12.29)를 이용하여 듀레이션 기준의 이자율 탄력성을 구해 보기로 하자.

$$EL = -D \times \frac{r}{1+r} = -2.73 \times \frac{0.13}{1.13} = -2.416 \times 0.13 \quad = -0.314$$

듀레이션 기준의 이자율 탄력성이 가격변화 기준의 이자율 탄력성과 약간 차이가 나는 이유는 듀레이션 기준의 이자율 탄력성은 이자율과 채권가격간에 선형성(linearity)을 가정하고 구한 것이기 때문이다.

## 2 시장이자율의 변화와 채권가격의 변화

이번에는 시장이자율의 변화($\Delta r$)에 따라 채권가격이 얼마나 변화($\Delta B$)하는지 듀레이션을 이용하여 설명하기로 하자. 이는 식 (12.25)와 식 (12.26)을 묶어서 정리하면 쉽게 알 수 있다.

$$\frac{\frac{\Delta B_0}{B_0}}{\frac{\Delta r}{r}} = -D \times \frac{r}{1+r}$$

$$\therefore\ \Delta B_0 = -D \times \frac{\Delta r}{1+r} \times B_0 = -MD \times \Delta r \times B_0 \qquad (12.27)$$

식(12.27)에서 $\frac{D}{1+r}$를 수정듀레이션(Modified Duration)이라 하고 $MD$로 표시한다. 앞의 N채권의 예에서 $B_0 = 92{,}917$원, $D = 2.73$년, $r = 13\%$, $\Delta r = -3\%(=10\% - 13\%)$이므로 $\Delta B_0$는 다음과 같이 된다.

$$\Delta B_0 = -2.73 \times \frac{(-0.03)}{1.13} \times 92{,}917\text{원} = -2.416 \times (-0.03) \times 92{,}917\text{원}$$

$$= +6{,}734\text{원}$$

즉, 시장이자율이 13%에서 10%로 3% 포인트 하락할 때 채권의 가격은 6,734원만큼 상승한다. 이 값은 실제 가격변화분 7,083원(=100,000−92,917)과 차이가 나는데, 이것 역시 듀레이션을 이용한 측정식이 선형성을 가정하기 때문이다.[6]

6) 실제로 채권수익률의 변화와 채권가격의 변화는 비선형적(non-linear)인 관계에 있다. 이런 비선형적인 관계를 채권의 볼록성(convexity)이라 부른다. 채권의 볼록성이 심할수록, 그리고 채권수익률(시장이자율)의 변화폭이 클수록 듀레이션을 이용해서 구한 채권가격 변화폭과 실제 채권가격 변화폭의 차이는 커진다.

## 12.6 주요 재무정보의 요약

제9장, 10장, 11장 및 12장에 걸쳐 설명한 주요 재무정보의 추정공식을 종합적으로 정리하면 <표12-1>과 같다.

〈표 12-1〉 주요 재무정보의 요약

| 구 분 | 정 보 | 공 식 |
|---|---|---|
| 현금흐름정보 | 외부자금조달액 ($EFN$) | $\frac{A}{TR_1}(\varDelta TR) - \frac{D}{TR_1}(\varDelta TR) - m \cdot TR_2 \cdot (1-d)$<br>$TR_1$ : 매출액, $\varDelta TR$ : 매출액 증가분<br>$TR_2$ : 예상매출액<br>$A$ : 매출액 변동에 따라 변하는 자산<br>$D$ : 매출액 변동에 따라 변하는 부채<br>$m$ : 매출액순이익률, $d$ : 배당성향 |
| | 현금계정의 변동 ($\varDelta CASH$) | ⊿이익잉여금 + ⊿기타유동부채 − ⊿기타유동자산<br>− ⊿비유동자산 + ⊿단기차입금 + ⊿비유동부채<br>+ ⊿자본금 + ⊿자본잉여금 |
| | 주당현금흐름 | $\frac{\text{주주현금흐름}}{\text{발행주식수}}$<br>(주주현금흐름 = [illegible] 이익 + 현금의 유출이 없는<br>현금의 유입이 없는 수익) |
| | 주가현금흐름비율 ($PCR$) | $\frac{\text{주가}}{\text{주당현금흐름}}$ |
| | 배당지급능력배수 | $\frac{\text{영업활동으로 인한 현금흐름}}{\text{배당금}} \times 100$ |
| | *현금흐름 대 차입금 비율 | $\frac{\text{영업활동으로 인한 현금흐름}}{\text{차입금}} \times 100$ |
| | *현금흐름 대 총부채 비율 | $\frac{\text{영업활동으로 인한 현금흐름}}{\text{총부채}} \times 100$ |
| | 현금흐름이자보상비율 | $\frac{\text{영업활동으로 인한 현금흐름} + \text{이자비용}}{\text{이자비용}} \times 100$ |

| 구 분 | 정 보 | 공 식 |
|---|---|---|
| 기업부실예측 | ZETA 모형의 주요 변수 | $X_1(7)$ : $EBIT$ / 총자산<br>$X_2(2)$ : 과거 10년간 $X_1$의 표준편차<br>$X_3(6)$ : $EBIT$ / 이자비용<br>$X_4(1)$ : 이익잉여금 / 총자산<br>$X_5(5)$ : 유동자산 / 유동부채<br>$X_6(3)$ : 자기자본시장가치 / 5년 평균 총자본 시장가치<br>$X_7(4)$ : 총유형자산<br>(( )안은 중요도 순임) |
| 기업가치평가 | 기업잉여현금흐름 ($FCFF$) | 영업이익(1－법인세율)＋감가상각비<br>－자본적 지출－추가운전자본 |
| | 타인자본비용 | $r_D(1-t)$ ($r_D$: 이자율, $t$: 법인세율) |
| | 자기자본비용 ($r_E$) | $r_f+[E(r_m)-r_f]\times\beta_i$<br>($r_f$ : 무위험자산수익률, $E(r_m)$ : 주식시장기대수익률<br>$\beta_i$ : 주식베타) |
| | 가중평균자본비용 ($WACC$) | $r_D(1-t)(\frac{D}{D+E})+r_E(\frac{E}{D+E})$<br>($D$: 차입금시장가치, $E$: 자기자본시장가치) |
| | 기업가치 | 영업자산의 시장가치＋비영업자산의 시장가치 |
| | 투하자본($IC$) | 총자산－비영업자산－비이자발생부채 |
| | *투하자본수익률 ($ROIC$) | $\frac{\text{세후영업이익}}{\text{투하자본}}\times 100$ |
| | 경제적 부가가치 ($EVA$) | 투하자본×($ROIC-WACC$) |
| | 시장부가가치 ($MVA$) | 미래 $EVA$들의 현재가치 |
| 증권가치평가 | 골든의 배당평가모형 | $P_o$ : $\frac{D_1}{r_E-g}$<br>($P_o$ : 주식의 가치, $r_E$: 자기자본비용<br>$D_1$ : 일시점의 주당배당, $g$ : 배당성장률) |
| | 성장기회의 현재가치 ($PVGO$) | $\frac{NPV_1}{r_E-g}$<br>($NPV_1$ : $t$시점의 재투자로부터 얻는 순현가) |
| | 채무불이행 위험프리미엄 ($D_p$) | 약속수익률－기대수익률<br>(약속수익률 : 발행조건 완전 이행시 채권수익률<br>기대수익률 : 발생확률에 따른 기대채권수익률) |

| 구 분 | 정 보 | 공 식 |
|---|---|---|
| 증권가치평가 | 듀레이션(D)<br>(Duration) | $\sum_{t=1}^{n} t \cdot \frac{\frac{CF}{(1+r)^t}}{\sum_{t=1}^{n}\frac{CF_t}{(1+r)^t}}$<br>($t$ : 현금흐름 발생시점<br>$CF_t$ : $t$시점의 현금흐름<br>$r$ : 채권자의 요구수익률(채권수익률)<br>$n$ : 채권의 만기) |
| | 수정듀레이션(MD)<br>(Modified Duration) | $\frac{D}{1+r}$ |
| | 이자율 탄력성<br>($EL$) | $-D\times\frac{r}{1+r}=-MD\times r$<br>($D$: 듀레이션, $r$ : 채권수익률, $MD$: 수정듀레이션) |

* 표시한 재무비율의 분모는 가초금액과 기말금액의 평균잔액(평잔)을 사용함.

## 연·습·문·제

1. 다음을 간략히 설명하시오.
   ① 성장기회의 현재가치 ② 채권수익률
   ③ 자본의 한계생산성 ④ 채권수익률의 위험구조
   ⑤ 채권수익률의 기간구조 ⑥ 선도이자율
   ⑦ 채무불이행 위험프리미엄 ⑧ 수익률 스프레드

2. 항상성장 배당평가모형을 설명하시오.

3. 성장기회 평가모형을 설명하시오.

4. '기업성장률 = 유보율×자기자본의 재투자수익률'임을 설명하시오.

5. 채권가격, 액면이자율 그리고 채권수익률간의 관계를 설명하시오.

6. 한라기업의 현재 주당배당이 3,750원이고, 이는 향후 매년 8%씩 일정하게 성장한다. 한라기업의 자기자본비용(보통주 적정할인율)이 16%라고 할 때, 한라기업 주식의 가치를 평가하시오.

7. 설악기업의 1년후 예상 주당이익($E_1$)은 전년보다 12% 증가한 3,200원이고, 이 증가율은 미래에도 영구히 계속될 전망이다. 또한 설악기업의 배당성향은 60%로 계속 유지될 계획이며 자기자본의 재투자수익률은 연 30%, 자기자본비용은 연 14%로 예상된다.

   (1) 골든의 항상성장 배당평가모형에 의하여 설악기업 주식의 가치를 추정하시오.
   (2) (1)에서 구한 주식가치를 성장이 없는 경우의 주식가치와 성장기회의 현재가치(PVGO)로 분해하시오.

8. S채권의 액면가는 5만원이고 액면이자율은 연 14%이며 만기는 5년이다. S채권과 동질적 위험을 갖는 채권에 대해서 요구하는 평균수익률은 연 15%이며, 이자는 매년 말에 지급되고 5년 후에 원금이 상환된다. S채권의 현재 시장가격이 49,000원일 때, 이 채권의 과대 또는 과소평가 여부를 판단하시오.
9. ${}_0r_1=17\%$, ${}_0r_2=15\%$, ${}_0r_3=13\%$일 때 선도이자율 ${}_1r_2$, ${}_2r_3$을 구하시오.

10. 액면가가 150,000원, 만기까지의 기간이 4년, 액면이자율이 연 12%인 Q 채권의 듀레이션을 측정하시오. 단, 이자는 연 1회 후급이며 채권자의 요구수익률은 연 15%이다.

11. 문제 10의 Q채권에서 시장이자율(채권자의 요구수익률)이 연 15%에서 연 12%로 변할 때 이자율 탄력성과 채권가격의 변화분을 구하시오(듀레이션 이용).

## 부록 12A-1 우리나라의 채권등급과 기업어음등급

우리나라에서는 1985년 신용평가제도가 도입된 이후 1997년까지는 무보증회사채와 기업어음에 한해서만 등급평정이 이루어졌다. 그러나 1999년부터는 국채와 지방채를 제외한 모든 채권이 등급평정의 대상이 되고 있다. 특히 1998년 11월 15일부터 시행된 시가평가제도는 합리적인 등급평정을 앞당기는 촉매제가 되었다.

현재 국내에서는 금융감독위원회가 지정한 3개의 전문신용평가기관이 채권과 기업어음의 등급평정업무를 맡고 있다. 국내의 전문신용평가기관의 등급체계를 소개하면 다음과 같다.*

<표 12A-1>의 신용등급 중 회사채의 경우 AAA~BBB등급까지, 기업어음의 경우 A1~A3까지의 등급은 적기상환능력이 인정되는 투자등급이다. 한편 회사채의 경우 BB~C등급까지, 기업어음의 경우 B, C등급은 환경변화에 의해 영향을 받을 수 있는 투기적 등급으로 분류된다.

<표 12A-1>에서 회사채의 경우 AA~B등급까지, 기업어음의 경우 A2~B등급까지 동일 등급 내에서의 상대적 위치에 따라 + 또는 − 부호를 붙일 수 있다. 그리고 신용등급에 영향을 줄 수 있는 중대한 사건이 발생할 경우, 등급은 사후적으로 변경 또는 취소될 수 있고 일정기간 동안 유보될 수 있다. <표 12A-1>의 각 등급별 (　　)속의 숫자는 2017년 1월말 현재 구성률이다.

---

* 『신용평가』, 한국신용평가(주).

### 〈표 12A-1〉 국내의 회사채와 기업어음의 등급체계

(회사채의 등급체계) (433개)

| 등 급 | 정 의 |
|---|---|
| AAA | 원리금 지급능력이 최상임. (15.7%) |
| AA | 원리금 지급능력이 매우 우수하나 AAA의 채권보다는 다소 열위임. (37.4%) |
| A | 원리금 지급능력은 우수하지만 상위등급보다 경제여건 및 환경악화에 따른 영향을 받기 쉬운 면이 있음. (31.9%) |
| BBB | 원리금 지급능력은 양호하나 상위등급에 비해서 경제여건 및 환경악화에 따라 장래 원리금의 지급능력이 저하될 가능성을 내포하고 있음. (7%) |
| BB | 원리금 지급능력이 당장은 문제가 되지 않으나 장래 안전에 대해서는 단언할 수 없는 투기적 요소를 내포하고 있음. (4.9%) |
| B | 원리금 지급능력이 결핍되어 투기적이며 불황시에 이자지급이 확실하지 않음. (2.3%) |
| CCC | 원리금 지급에 관하여 현재에도 불안요소가 있으며 채무불이행의 위험성이 커서 매우 투기적임. (0.7%) |
| CC | 상위등급에 비하여 더욱 불안요소가 큼. (0%) |
| C | 채무불이행의 위험성이 높고 전혀 원리금 상환능력이 없음. (0.1%) |
| D | 채무불이행의 상태에 있으며 원리금의 일방 또는 양방이 연체, 부도상태에 있음. (0%) |

자료 : 『신용평가』, 한국신용평가(주).

(기업어음의 등급체계) (196 개)

| 등 급 | 정 의 |
|---|---|
| A1 | 적기상환능력이 최상이며 상환능력의 안정성 또한 최상임. (55.1%) |
| A2 | 적기상환능력이 우수하나 그 안정성은 A1에 비해 다소 열위임. (34.7%) |
| A3 | 적기상환능력이 양호하며 그 안정성도 양호하나, A2에 비해 열위임. (9.7%) |
| B | 적기상환능력은 적정시되나 단기적 여건변화에 따라 그 안정성에 투기적인 요소가 내포되어 있음. (0%) |
| C | 적기상환능력 및 안정성에 투기적인 요소가 내포되어 있음. (0%) |
| D | 상환불능 상태임. (0%) |

자료 : 『신용평가』, 한국신용평가(주).

## 부록 12A-2

### 듀레이션을 이용한 이자율 탄력성 및 채권가격 변화분 측정공식의 유도

채권의 이자율 탄력성은 듀레이션을 이용해서 측정할 수 있다. 먼저 본장의 식 (12.14)를 이용해서 채권의 가치를 구하면 다음과 같다.

$$B_0 = \frac{CF_1}{(1+r)^1} + \frac{CF_2}{(1+r)^2} + \frac{CF_3}{(1+r)^3} + \cdots + \frac{CF_n}{(1+r)^n} \qquad (12A.1)$$

$\Delta B_0/\Delta r$을 구하기 위해 식 (12A.1)을 $r$(채권수익률 또는 채권자의 요구수익률)에 대해 1차 미분하면 다음과 같다.

$$\frac{\Delta B_0}{\Delta r} = -\frac{1}{1+r}\left[\frac{CF_1}{(1+r)^1} + \frac{2 \cdot CF_2}{(1+r)^2} + \frac{3 \cdot CF_3}{(1+r)^3} + \cdots + \frac{n \cdot CF_n}{(1+r)^n}\right] \qquad (12A.2)$$

식 (12A.2)를 식 (12A.1)로 나누면 다음 식이 성립한다.

$$\frac{\Delta B_0}{B_0 \cdot \Delta r} = -\frac{1}{1+r}\left[\frac{\dfrac{CF_1}{(1+r)^1} + \dfrac{2 \cdot CF_2}{(1+r)^2} + \dfrac{3 \cdot CF_3}{(1+r)^3} + \cdots + \dfrac{n \cdot CF_n}{(1+r)^n}}{\dfrac{CF_1}{(1+r)^1} + \dfrac{CF_2}{(1+r)^2} + \dfrac{CF_3}{(1+r)^3} + \cdots + \dfrac{CF_n}{(1+r)^n}}\right] \qquad (12A.3)$$

식 (12A.3)의 우변의 [ ] 속의 값은 듀레이션($D$)을 의미한다. 따라서 식 (12A.3)은 다음과 같이 간략화된다.

$$\frac{\Delta B_0}{B_0 \cdot \Delta r} = -\frac{1}{1+r} \times D = -D \times \frac{1}{1+r} \qquad (12A.4)$$

식 (12A.4)의 양변에 $r$을 곱하면 이자율 탄력성($EL$)을 구할 수 있다(본장의 식(12.26) 증명).

$$\frac{\Delta B_0 \cdot r}{B_0 \cdot \Delta r} = \frac{\frac{\Delta B_0}{B_0}}{\frac{\Delta r}{r}} = EL = -D \times \frac{r}{1+r} = -MD \times r \tag{12A.5}$$

또한 식 (12A.4)를 $\Delta B_0$에 대해 풀면 다음 식이 성립한다(본장의 식 (12.27) 증명).

$$\Delta B_0 = -D \times \frac{\Delta r}{1+r} \times B_0 = -MD \times \Delta r \times B_0 \tag{12A.6}$$

# 종합 사례분석

제 6 편

환경이 급속히 변하는 현대사회에서 기업을 정확히 분석한다는 것은 매우 힘든 일이다. 경영분석가들은 전문적인 지식과 경험을 바탕으로 이런 일에 도전한다. 기업을 분석하는 데에는 "나무"를 보는 눈도 중요하지만, 기업을 전체적으로 분석하는 "숲"을 보는 눈도 중요하다. 다시 말해서 기업의 재무상태 및 경영성과를 종합적으로 정확히 판단하는 것은 부분적인 원리와 방법을 습득하는 것 못지 않게 중요하다.

지금까지는 기업의 재무자료를 분석하는 원리 및 방법을 부분적으로 설명하고, 그것을 기준으로 기업의 재무상태와 경영성과를 제한적으로 진단해 보았다. 본편에서는 하나의 기업을 예시하고 지금까지 공부한 재무분석의 원리 및 방법을 종합적으로 동원해서 기업을 전체적으로 분석하는 사례를 들어 보기로 한다.

# 제 13 장 종합 사례분석

경영분석에 관한 수많은 지식들을 부분적으로 습득하는 것 못지 않게 이런 지식이 어떻게 연결되어 있으며, 어떻게 종합적으로 이용될 수 있는가를 공부하는 것은 매우 중요하다. 본장에서는 경영분석에 관한 지식을 종합적으로 습득하기 위해 하나의 기업을 예로 들어 전체적으로 분석해 보기로 한다. 왜냐하면 지금까지 공부한 경영분석 지식을 동원하여 하나의 기업을 종합적으로 분석함으로써 경영분석에 관한 단편적인 지식들을 통합하고 조직화할 수 있기 때문이다.

## 13.1 사례연구 대상기업

본장에서 사례연구의 대상으로 선정한 기업은 심기(心已)기업으로서, 이 기업은 화학제품을 생산하는 기업이다. 심기기업은 국운이 쇠하던 1905년에 창업하여 각종 화학제품을 생산하면서 지속적으로 성장한 민족기업으로서, 현재는 30%의 시장점유율을 갖고 있다. 심기기업은 부가가치 높은 제품을 생산하는 전략과 비가격 경쟁력을 확보하는 전략 및 환경변화에 대해 신속히 적응하는 전략을 지속적으로 펴나가고 있다. 심기기업의 전년도와 금년도의 재무자료는 <표 13-1>, <표 13-2> 및 <표 13-3>과 같다.

다음에는 이들 자료를 사용하여 심기기업을 분석해 보기로 한다. 경영분석은 우리가 지금까지 공부한 순서대로 실시하기로 한다. 즉, 재무상태표와 손익계산서에 대한 분석, 시장가치 분석 및 ROI와 ROE에 대한 분석을 먼저 실시한다. 그리고 비용구조 분석, BEP분석, 현금흐름 분석 및 부실예측 분석을 실시하고 마지막으로 기업가치평가 분석을 실시한다.

〈표 13-1〉 심기기업의 재무상태표

재무상태표 (단위 : 억원)

| 과 목 | 전년도말 | 금년도말 | 과 목 | 전년도말 | 금년도말 |
|---|---|---|---|---|---|
| 유 동 자 산 | 315 | 254 | 유 동 부 채 | 285 | 215 |
| 현금・예금 | 95 | 62 | 매 입 채 무 | 138 | 99 |
| 매 출 채 권 | 157 | 132 | 단기차입금 | 147 | 116 |
| 재 고 자 산 | 63 | 60 | 비유동부채 | 210 | 220 |
| | | | 장기차입금 | 152 | 130 |
| 비유동자산 | 310 | 321 | 사 채 | 58 | 90 |
| 투 자 자 산* | 71 | 85 | 자 본 | 130 | 140 |
| 유 형 자 산** | 289 | 394 | 자 본 금 | 50 | 50 |
| (감가상각충당금) | (50) | (158) | 자본잉여금 | 45 | 48.6 |
| | | | 이익잉여금 | 35 | 41.4 |
| 자 산 총 계 | 625 | 575 | 자본 및 부채 총계 | 625 | 575 |

* 투자자산의 수익률은 연속한 두 해에 각각 3%, 2.5%임(투자자산의 장부가치는 시장가치와 동일함).

** 유형자산에는 건설중인자산 29억원이 포함됨(건설중인 자산의 장부가치는 시장가치와 동일함).

### 〈표 13-2〉 심기기업의 손익계산서

손익계산서 (단위 : 억원)

| 과 목 | 전년도 | 금년도 |
|---|---|---|
| 매출액 | 870 | 980 |
| −매출원가* | 780 | 876 |
| 재료비 | 410 | 447 |
| 노무비 | 89 | 85 |
| 경 비 | 281 | 344 |
| (감가상각비) | (85) | (92) |
| 매출총이익 | 90 | 104 |
| −판매비와 관리비 | 32 | 41 |
| (급여 및 복리후생비) | (16) | (18) |
| (감가상각비 및 무형자산상각비) | (10) | (16) |
| 대손상각비 | (2) | (3) |
| (조세공과) | (1) | (2) |
| 영업이익 | 58 | 63 |
| +영업외수익 | 22 | 25 |
| (이자수익) | (5) | (6) |
| −영업외비용 | 50 | 50 |
| (이자비용) | (32) | (30) |
| 법인세차감전순이익(세전순이익) | 30 | 40 |
| −법인세비용 | 6 | 8 |
| 당기순이익 | 24 | 32* |

* 매출원가는 편의상 재료비, 노무비, 경비로 표시함.
** 당기순이익에는 배당금 25.6억원이 포함됨(즉, 배당성향 = 20%).

〈표 13-3〉 주요 재무자료

| | |
|---|---|
| 평균종업원수 : | 전년도 600명, 금년도 550명 |
| 발행주식수 : | 전년도 100만주, 금년도 100만주 |
| 연평균주가 : | 전년도 13,250원, 금년도 16,350원 |
| 금년도기준 : | 배당성향 = 80%, 무위험자산수익률 = 8%,<br>시장위험프리미엄 = 7.5%, $\beta$=1.2, 감가상각비 = 108억원<br>자본적 지출 = 130억원 |
| 성 장 률 : | 고속성장기(3년) 연 8%, 안정성장기(3년 이후 영구히) 연 3% |
| 주 식 베 타 : | 고속성장기 1.2, 안정성장기 0.6 (단일 베타는 0.9로 가정) |
| 이 자 율 : | 연 10% (지속됨) |
| 추가운전자본 : | 매출액 증가분 대비 10%임. |
| 기 타 자 료 : | 법인세율 = 20%<br>재료비 100%와 노무비 50%는 변동비로, 나머지는 모두 고정비로 분해함.<br>부채구성비율은 이자발생부채를 기준으로 하며, 일정하게 유지됨.<br>영업이익, 감가상각비 그리고 자본적 지출은 기업성장률과 동일한 성장률로 증가함.<br>안정성장기에는 감가상각비와 자본적 지출이 상쇄됨.<br>EVA는 기업성장률과 동일하게 성장함 |

* 분석시 편의상 평잔을 사용하지 않고 당해 연도 금액을 사용한다.

## 13.2 재무상태표 분석

심기기업의 재무상태표를 사용하여 유동성, 레버리지, 자본배분의 안정성 및 자산구성에 관한 비율을 분석하면 다음과 같다.

### 1. 유동성 분석

심기기업의 자료를 사용하여 유동성 비율을 측정하면 <표 13-4>와 같다. <표 13-4>에서 보듯이, 심기기업은 언뜻 보기에 유동비율이 2년에 걸쳐 불량해서 유동성에 문제가 있는 것으로 판단된다. 그러나 실질적인 기업의 유동성을 나타내는 당좌비율과 현금비율이 상대적으로 양호하므로

〈표 13-4〉 유동성 분석

| 구 분 | 전년도 | | | 금년도 | | |
|---|---|---|---|---|---|---|
| | 심기기업 | 산업평균 | 평가 | 심기기업 | 산업평균 | 평가 |
| 유 동 비 율 | 110.5% | 140.2% | 불량 | 118.1% | 130.5% | 불량 |
| 당 좌 비 율 | 88.4% | 72.5% | 양호 | 90.2% | 71.4% | 양호 |
| 현 금 비 율 | 33.3% | 21.2% | 양호 | 28.8% | 20.5% | 양호 |
| 순운전자본비율 | 4.8% | 4.3% | 보통 | 6.8% | 6.1% | 보통 |

유동성에는 큰 문제가 없는 것으로 판단된다. 즉, 가장 직접적인 유동성인 현금을 충분히 보유하고 재고자산을 상대적으로 적게 보유함으로써 심기기업은 직접적인 유동성을 어느 정도 확보하고 있는 것으로 판단된다.

## 2. 레버리지 분석

심기기업의 자료를 사용하여 레버리지 비율을 측정하면 <표 13-5>와 같다.

<표 13-5>에서 보듯이, 심기기업은 2년에 걸쳐 부채비율과 차입금의존도 및 자기자본비율이 모두 불량한 것으로 나타났다. 즉, 심기기업은 동

〈표 13-5〉 레버리지 분석

| 구 분 | 전년도 | | | 금년도 | | |
|---|---|---|---|---|---|---|
| | 심기기업 | 산업평균 | 평가 | 심기기업 | 산업평균 | 평가 |
| 부 채 비 율 | 380.8% | 245.2% | 불량 | 310.7% | 251.5% | 불량 |
| 자 기 자 본 비 율 | 20.8% | 29.0% | 불량 | 24.3% | 28.4% | 불량 |
| 차 입 금 의 존 도 | 57.1% | 40.3% | 불량 | 58.4% | 42.5% | 불량 |
| 이 자 보 상 비 율 | 1.9배 | 1.4배 | 양호 | 2.1배 | 1.5배 | 양호 |
| 순 이 자 보 상 비 율 | 2.1배 | 1.6배 | 양호 | 2.6배 | 1.7배 | 양호 |
| 차입금평균이자율 | 9.0% | 8.6% | 불량 | 8.9% | 8.5% | 보통 |
| EBITDA/이자비용비율 | 4.9배 | 4배 | 양호 | 5.9배 | 4.8배 | 양호 |

일업종 기업들에 비해서 부채와 차입금을 많이 사용하고 있다. 그러나 차입에 따른 이자비용을 지급할 수 있는 능력을 측정하는 이자보상비율과 순이자보상비율 및 EBITDA/이자비용비율은 산업평균에 비해서 높은 것으로 나타났다. 즉, 현재와 같은 상황이 지속되는 한, 심기기업은 영업활동으로부터 얻는 현금흐름을 가지고 이자비용을 지급하고 차입원금을 부분적으로 상환할 수 있는 능력을 갖고 있다. 하지만 이자보상비율이 3배에 미치지 못하는 것으로 보아서 불경기에는 이자비용을 지급하는 데 어려움이 발생할 수 있다. 따라서 심기기업은 불경기를 대비하여 차입금을 점진적으로 줄여 나가는 정책을 수행해야 할 것이다.

## 3. 자본배분의 안정성 분석

심기기업의 자료를 사용하여 자본배분의 안정성 비율을 측정하면 <표 13-6>과 같다.

〈표 13-6〉 자본배분의 안정성 분석

| 구 분 | 전년도 | | | 금년도 | | |
|---|---|---|---|---|---|---|
| | 심기기업 | 산업평균 | 평가 | 심기기업 | 산업평균 | 평가 |
| 비 유 동 비 율 | 238.5% | 200.2% | 불량 | 229.3% | 195.3% | 불량 |
| 비유동장기적합률 | 91.2% | 86.5% | 불량 | 89.2% | 82.4% | 불량 |

<표 13-6>에서 보듯이, 심기기업은 2년에 걸쳐 비유동비율과 비유동장기적합률이 모두 불량한 것으로 나타났다. 즉, 심기기업은 동일업종 기업들에 비해서 자본의 고정화 정도가 높다. 한국기업들의 자본의 고정화 정도를 분석할 때 비유동장기적합률이 더 유용한 지표이다. 이 기업의 비유동장기적합률이 100% 미만임을 감안하면, 심기기업의 자본배분의 안정성은 결정적으로 우려할 만한 수준은 아닌 것으로 판단된다. 그러나 장기적으로 유동부채를 줄이고 비유동부채를 늘리거나, 부채를 줄이고 자기자본을 늘리는 정책이 필요할 것으로 사료된다.

## 4. 자산구성 분석

심기기업의 자료를 사용하여 자산구성 상태를 분석하면 <표 13-7>과 같다. <표 13-7>에서 보듯이, 심기기업의 유동자산구성비율은 산업평균과 비교하여 낮은 수준을 보이고 있고, 투자자산구성비율은 산업평균과 비교하여 높은 수준을 보이고 있다. 그리고 유형자산구성비율은 산업평균 수준을 유지하고 있다. 따라서 심기기업은 유동자산을 다소 늘리는 정책과 투자자산을 줄이는 정책이 필요할 것이다. 특히, 투자자산의 수익률은 2~3% 수준으로서 정상적인 영업활동상의 수익률인 총자산영업이익률 9~11% 수준보다 훨씬 낮은 상태에 있음을 감안할 때, 투자자산을 감소시키는 정책이 필수적이다.

〈표 13-7〉 자산구성 분석

| 구 분 | 전년도 | | | 금년도 | | |
|---|---|---|---|---|---|---|
| | 심기기업 | 산업평균 | 평가 | 심기기업 | 산업평균 | 평가 |
| 유동자산구성비율 | 50.4% | 58.5% | 낮음 | 44.2% | 57.5% | 낮음 |
| 유형자산구성비율 | 24.0% | 24.9% | 보통 | 29.9% | 28.9% | 보통 |
| 투자자산구성비율 | 11.4% | 8.5% | 높음 | 14.8% | 9.2% | 높음 |

# 13.3 손익계산서 분석

심기기업의 손익계산서를 사용하여 수익성, 활동성, 생산성 및 성장성을 분석하면 다음과 같다.

## 1. 수익성 분석

심기기업의 자료를 사용하여 수익성(매출수익성과 자본수익성) 비율을 측정하면 <표 13-8>과 같다. <표 13-8>에서 보듯이, 심기기업의 매출액총이익률은 두 해 동안 산업평균 수준을 유지하고 있어 생산마진은 동일업종 기업들의 그것과 유사함을 알 수 있다. 심기기업의 매출액영업이익률은 두 해 동안 모두 산업평균보다 높은 수준을 유지하고 있고, 매출액세전순이익률과 매출액순이익률은 산업평균 수준을 유지하고 있다. 이로부터 심기기업은 영업마진이 높은 수준에 있고, 영업외활동에서 지출하는 비용, 즉 이자비용을 많이 지출하고 있음을 알 수 있다. 이자비용을 많이 지출하는 것은 심기기업의 재무레버리지 수준이 높은 데 기인하고 있다.

또한 심기기업의 총자본영업이익률, 기업세전순이익률, 자기자본순이익률 및 총자본순이익률 등의 자본수익성 비율은 모두 산업평균보다 높은 수준을 유지하고 있다. 기업 전체의 투자수익률의 대용치인 총자본영업이익률과 기업세전순이익률은 금년도에 11% 수준으로서 차입금평균이자율(=이자비용/총차입금) 8.9%(=30/336)보다 높은 수준을 유지하고 있어, 차입금을 잘 활용하고 있는 것으로 나타났다.

〈표 13-8〉 수익성 분석

| 구 분 | 전년도 | | | 금년도 | | |
|---|---|---|---|---|---|---|
| | 심기기업 | 산업평균 | 평가 | 심기기업 | 산업평균 | 평가 |
| 매출액총이익률 | 10.3% | 11.0% | 보통 | 10.6% | 10.5% | 보통 |
| 매출액영업이익률 | 6.7% | 5.2% | 양호 | 6.4% | 5.1% | 양호 |
| 매출액세전순이익률 | 3.3% | 3.2% | 보통 | 3.9% | 3.8% | 보통 |
| 매출액순이익률 | 2.8% | 3.0% | 보통 | 3.3% | 3.2% | 보통 |
| 총자본영업이익률 | 9.3% | 7.5% | 양호 | 11.0% | 8.2% | 양호 |
| 기업세전순이익률 | 9.8% | 8.8% | 양호 | 11.8% | 9.2% | 양호 |
| 자기자본순이익률 | 18.5% | 12.1% | 양호 | 22.9% | 9.9% | 양호 |
| 총자본순이익률 | 3.8% | 2.5% | 양호 | 5.6% | 2.8% | 양호 |
| 총자본회전율 | 1.4회전 | 0.8회전 | 양호 | 1.7회전 | 0.9회전 | 양호 |

자기자본순이익률은 작년에 비해 올해 상당히 증가하였는데, 이는 호경기 때의 재무레버리지 효과에 기인하고 있다. 또한 총자본순이익률도 상당히 증가하면서 산업평균보다 높은 수준을 유지하고 있다. 매출액순이익률이 산업평균과 유사한 것으로 보아서, 이는 높은 수준의 총자본(산)회전율에 기인하고 있음을 알 수 있다. 즉, 심기기업의 ROI가 높은 것은 매출마진이 높은 것보다는 회전속도가 빠른 데 그 원인이 있다.

## 2. 활동성 분석

심기기업의 자료를 사용하여 활동성 비율과 1회전 운전기간을 측정하면 <표 13-9>와 같다.

〈표 13-9〉 활동성 분석

| 구 분 | 전년도 | | | 금년도 | | |
|---|---|---|---|---|---|---|
| | 심기기업 | 산업평균 | 평가 | 심기기업 | 산업평균 | 평가 |
| 총자산회전율 | 1.4회전 | 0.8회전 | 양호 | 1.7회전 | 0.9회전 | 양호 |
| 자기자본회전율 | 6.7회전 | 6.2회전 | 보통 | 7.0회전 | 5.3회전 | 양호 |
| 비유동자산회전율 | 2.8회전 | 2.6회전 | 보통 | 3.1회전 | 2.9회전 | 보통 |
| 재고자산회전율 | 13.8회전 | 10.2회전 | 양호 | 16.3회전 | 11.5회전 | 양호 |
| 매출채권회전율 | 5.5회전 | 9.5회전 | 불량 | 7.4회전 | 10.3회전 | 불량 |
| 매입채무회전율 | 6.3회전 | 6.9회전 | 보통 | 9.9회전 | 7.6회전 | 양호 |
| 1회전 운전기간 | 0.096년 (35일) | 0.058년 (21일) | 불량 | 0.095년 (35일) | 0.05년 (19일) | 불량 |

<표 13-9>에서 보듯이, 총자산회전율, 자기자본회전율 등이 양호한 것으로 보아 심기기업은 자원을 효율적으로 이용하고 있는 것으로 판단된다. 심기기업은 동일업종 기업들과 비교해서 재고자산은 상대적으로 적게 보유하고 있으나, 매출채권은 상대적으로 많이 보유하는 것으로 나타났다. 매출채권의 과다보유는 매입채무와 비교하면 더욱 명확해진다. 즉, 매입채무회전율은 산업평균보다 양호한데 비해서 매출채권회전율은 불량한 것으

로 보아 심기기업은 상대적으로 매출채권을 많이 보유하고 있음을 알 수 있다. 매입채무와 비교해서 매출채권을 많이 보유한다는 것은 심기기업이 운영자금의 압박을 받고 있음을 뜻한다.

심기기업의 전체적인 운영자금 사정은 1회전 운전기간을 통해서도 알 수 있다. 심기기업의 금년도 1회전 운전기간은 35일로서 동일업종 기업들의 평균적인 1회전 운전기간인 19일보다 길다. 다시 말해서 심기기업은 동일업종 기업들보다 운영자금 사정이 좋지 않은 것으로 나타났다. 심기기업의 금년도 1회전 운전자본은 다음과 같이 76.9억원이다.

1회전 운전자본 = (매출액 − 영업이익 − 감가상각비) × 1회전 운전기간
= (980억원 − 63억원 − 108억원)×0.095년
= 76.9억원

## 3. 생산성 분석

심기기업의 영업잉여를 구하면 다음과 같다.

영업잉여 = 영업이익 + 대손상각비 − 금융비용
전년도 영업잉여 = 58억원 + 2억원 − 32억원 = 28억원
금년도 영업잉여 = 63억원 + 3억원 − 30억원 = 36억원

그리고 심기기업의 생산성을 분석하기 위하여 부가가치(VA)를 구하면 다음과 같다.

부가가치 = 영업잉여 + 인건비 + 금융비용 + 조세공과 + 감가상각비
전년도 VA = 28억원 + 105억원 + 32억원 + 1억원 + 95억원 = 261억원
금년도 VA = 36억원 + 103억원 + 30억원 + 2억원 + 108억원 = 279억원
(단, 인건비 = 노무비 + 급여 및 복리후생비)

〈표 13-10〉 생산성 분석

| 구 분 | 전년도 | | | 금년도 | | |
|---|---|---|---|---|---|---|
| | 심기기업 | 산업평균 | 평가 | 심기기업 | 산업평균 | 평가 |
| 부 가 가 치 율 | 30% | 29.5% | 보통 | 28.5% | 27.9% | 보통 |
| 노 동 생 산 성 | 4,350만원 | 4,210만원 | 보통 | 5,073만원 | 4,350만원 | 양호 |
| 자 본 생 산 성 | 41.8% | 40.8% | 보통 | 48.5% | 41.5% | 양호 |
| 노동소득분배율 | 63.6% | 62.3% | 보통 | 60.9% | 67.5% | 양호<br>(기업입장) |

다음으로 심기기업의 요소비용 부가가치를 구하면 다음과 같다.

요소비용 부가가치 = 영업잉여 + 인건비 + 금융비용

전년도 요소비용 부가가치 = 28억원 + 105억원 + 32억원 = 165억원

금년도 요소비용 부가가치 = 36억원 + 103억원 + 30억원 = 169억원

이상에서 구한 부가가치와 재무자료를 사용하여 심기기업의 생산성을 분석하면 <표 13-10>과 같다. <표 13-10>에서 보듯이, 심기기업의 금년도 생산성은 전년도에 비해서 많이 향상되었다. 즉, 노동생산성과 자본생산성 모두 괄목할만하게 향상되었다. 이는 종업원수와 총자본 규모가 줄어들고 동시에 부가가치가 늘어난 데 기인하고 있다.

노동생산성이 늘어난 데 비해 노동소득분배율은 줄어들었다. 이로부터 심기기업은 현재보다 더 양질의 노동력을 갖출 수 있는 여건을 가지게 되었다고 판단된다. 다시 말해서 심기기업은 현재보다 인건비를 더 지급함으로써 노동의 질을 높일 수 있는 여력을 갖고 있는 것으로 사료된다. 한편, 종업원의 입장에서는 인건비의 상승을 주장할 수 있는 근거를 갖게 되었다.

### 4. 성장성 분석

심기기업의 자료를 사용하여 성장성 비율을 측정하면 <표 13-11>과 같다.

<표 13-11>에서 보듯이, 심기기업은 총자산증가율을 제외하고는 모든 성장성비율이 양호한 것으로 나타났다. 총자산증가율은 음(−)의 값을 갖는데, 이는 유동부채와 유동자산이 동시에 감소한데 기인한다. 총자산은 감소하였지만 매출액, 자기자본, 순이익 및 주당이익이 큰 폭으로 성장한 것을 볼 때, 심기기업은 내실있게 성장한 것으로 판단된다. 특히 주당순이익증가율이 매출액증가율보다 훨씬 큰 것으로 볼 때, 외형성장뿐만 아니라 비용절감이 함께 이루어진 것으로 판단된다. 한편, 심기기업의 지속가능성장률은 유보율 × ROE = (1 − 0.8) × 22.9% = 4.58%이다.

〈표 13-11〉 성장성 분석

| 구 분 | 심기기업 | 산업평균 | 평 가 |
|---|---|---|---|
| 매출액증가율 | 12.6% | 5.7% | 양호 |
| 총자산증가율 | −8.0% | 2.5% | 불량 |
| 자기자본증가율 | 7.7% | 4.2% | 양호 |
| 순이익증가율 | 33.3% | 12.0% | 양호 |
| 주당이익증가율* | 33.3% | 9.5% | 양호 |

* 전년도 EPS = 24억원 / 100만주 = 2,400원
금년도 EPS = 32억원 / 100만주 = 3,200원

## 13.4 시장가치 분석

심기기업의 재무자료를 사용하여 금년도 기준의 PER, PBR 및 PSR 등을 기준으로 시장가치를 분석하면 다음과 같다(단, 성장률은 편의상 유보비율×ROE로 구함).

실제치

$$PER = \frac{\text{실제주가}}{\text{주당이익}} = \frac{16{,}350\text{원}}{3{,}200\text{원}} = 5.11 \ (\text{주당순이익}=32\text{억원}/100\text{만주})$$

$$PBR = \frac{\text{실제주가}}{\text{주당장부가치}} = \frac{16{,}350\text{원}}{14{,}000\text{원}} = 1.17 \ (\text{주당장부가치}=140\text{억원}^{*}/100\text{만주})$$

$$PSR = \frac{\text{실제주가}}{\text{주당매출액}} = \frac{16{,}350\text{원}}{98{,}000\text{원}} = 0.17 \ (\text{주당매출액}=980\text{억원}/100\text{만주})$$

* 자기자본 장부가치 = 총자산 − 부채
= 575 − 435
= 140억원

정상치

$$PER^{*} = \frac{(1-b)\times(1+g)}{r_E - g} = \frac{(1-0.2)\times(1+0.0458)}{0.1475-0.0458}$$
$$= 8.23$$

$g$ = 유보율×$ROE$ = (1 − 0.8) × 0.229 = 0.0458 (ROE는 <표 13-8> 참조)

$r_E = r_f + [E(r_m) - r_f] \times \beta_i = 0.08 + 0.075 \times 0.9 = 0.1475$

$$PBR^{*} = \frac{(ROE-g)\times(1+g)}{r_E - g} = \frac{(0.229-0.0458)\times(1+0.0458)}{0.1475-0.0458}$$
$$= 1.88$$

$$PSR^{*} = \frac{ROS(1-b)\times(1+g)}{r_E - g} = \frac{0.033(1-0.2)\times(1+0.0458)}{0.1475-0.0458}$$
$$= 0.27$$

(ROS는 <표 13-8> 참조)

이상의 시장가치 비율을 비교분석하면 <표 13-12>와 같다.

**〈표 13-12〉(a) 시장가치 분석**

| 구 분 | 실제치 | 정상치 | 비 교 |
|---|---|---|---|
| PER | 5.11 | 8.23 | 저평가 |
| PBR | 1.17 | 1.88 | 저평가 |
| PSR | 0.17 | 0.27 | 저평가 |

<표 13-12>(a)에서 보듯이, 심기기업의 시장가치 비율은 모두 저평가되어 있는 것으로 판단된다. 즉, 예상되는 수익성, 성장성 그리고 위험을 기준으로 할 때, 심기기업은 시장에서 저평가되어 있는 것으로 판단된다.

한편, 심기기업의 금년도 기준 PCR과 EV/EBITDA 비율을 구하면 다음과 같다.

$$PCR = \frac{\text{실제주가}}{\text{주당현금흐름}^{*}} = \frac{16{,}350\text{원}}{14{,}000\text{원}} = 1.17$$

* 주당현금흐름 = 140억원** / 100만주 = 14,000원
** 주주현금흐름 = 당기순이익 + 감가상각비
= 32억원 + 108억원
= 140억원

$$EV/EBITDA\text{비율} = \frac{\text{EV}^{*}}{\text{EBITDA}^{**}} = \frac{437.5\text{억원}}{178\text{억원}} = 2.46$$

* EV = 기업가치 = 시가총액 + 순차입금
= 주가×발행주식수+(총차입금 − 현금예금)
= 16,350원×100만주+(336억원 − 62억원)
= 437.5억원
** EBITDA = 세전순이익 + 이자비용 + 감가상각비
= 40억원 + 30억원 + 108억원
= 178억원

이상의 시장가치비율을 비교분석하면 다음과 같다.

〈표 13-12〉(b) 시장가치 분석

| 구 분 | 심기기업 | 경쟁기업 | 비 교 |
|---|---|---|---|
| PCR | 1.17배 | 2.22배 | 저평가 |
| EV / EBITDA비율 | 2.46배 | 3.15배 | 저평가 |

<표 13-12> (b)에서 보듯이, 심기기업의 PCR과 EV / EBITDA비율은 경쟁기업과 비교해서 모두 저평가 되어 있다. 즉, 심기기업은 경쟁기업과 비교해서 순이익과 영업이익에 기초한 현금흐름 기준에서 모두 저평가 되어 있음을 알 수 있다.

## 13.5 ROE 분석과 지수법 분석

심기기업의 재무자료를 사용하여 종합적인 비율분석인 ROE분석과 지수법 분석을 실시하면 다음과 같다.

### 1. ROE 분석

금년도 기준으로 심기기업의 ROE와 산업의 평균적인 ROE를 비교하면 [그림 13-1]과 같다. [그림 13-1]에서 보듯이, 심기기업의 ROE는 산업평균의 ROE보다 훨씬 높다. 즉, 심기기업의 주주에게 귀속되는 수익률이 산업

그림 13-1 ROE 분석

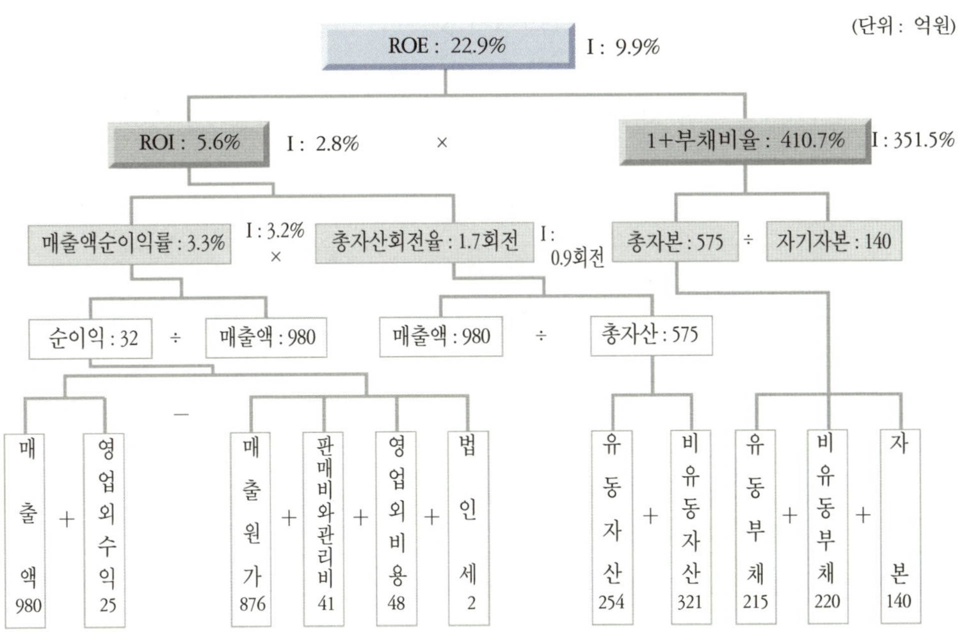

평균보다 높고, 주주가 요구하는 수익률 즉, 자기자본비용(17%)보다 높다(자기자본비용은 13.9 참조). 따라서 주주의 부(富)는 증가하고 있는 것으로 판단된다.

$$ROE = P \times A \times T$$

$$\text{심기기업: } 22.9 = 3.3\% \times 1.7\text{회전} \times (1+3.107)$$

$$\text{산업평균: } 9.9\% = 3.2\% \times 0.9\text{회전} \times (1+2.515)$$

심기기업의 높은 ROE는 주로 높은 ROI에 기인하고 있다. 그리고 높은 ROI는 회전속도가 빠른 것과 높은 재무레버리지에 기인한다. 다시 말해서 심기기업의 높은 수익성은 마진보다는 회전속도에 의해 창출되고 재무레버리지에 의해 일부 확대되는 것으로 판단된다.

## 2. 지수법 분석

금년도 기준으로 심기기업의 지수평점(월의 지수법 이용)을 구하면 <표 13-13>과 같다. <표 13-13>에서 보듯이, 금년도 기준으로 심기기업을 평가한 결과 심기기업은 산업평균에 비해 전체적으로 약간 불량한 것으로 나타났다. 월의 지수법이 주로 재무유동성과 재무안정성을 중시하고 수익

〈표 13-13〉 월의 지수평점

| 구 분 | 가중치 (a) | 심기기업 (b) | 산업평균 (c) | 관계비율 (d)=(b/c)×100 | 평 점 (e)=(a)×(d) |
|---|---|---|---|---|---|
| 유동비율 | 25 | 118.1% | 130.5% | 90% | 22.5 |
| 부채비율 | 25 | 310.7% | 251.5% | 81%* | 20.3 |
| 비유동비율 | 15 | 229.3% | 195.3% | 85%* | 12.8 |
| 매출채권회전율 | 10 | 7.4회전 | 10.3회전 | 72% | 7.2 |
| 재고자산회전율 | 10 | 16.3회전 | 11.5회전 | 142% | 14.2 |
| 비유동자산회전율 | 10 | 3.1회전 | 2.9회전 | 107% | 10.7 |
| 자기자본회전율 | 5 | 7.0회전 | 5.3회전 | 132% | 6.6 |
| 지수평점 | 100 | – | – | – | 94.3 |

* 관계비율 = (c / b)×100

성을 감안하지 않기 때문에 이런 결과가 나온 것이다. 심기기업의 재무유동성과 재무안정성은 산업평균에 비하여 다소 불량하나, 수익성은 산업평균에 비하여 상당히 높은 수준에 있다. 따라서 수익성을 감안하여 지수평점을 구하면 다른 결과(양호한 결과)가 나올 것이다.

## 13.6 레버리지 분석과 BEP 분석

심기기업의 자료를 사용하여 비용구조와 BEP를 분석해 보면 다음과 같다.

### 1. 레버리지 분석

심기기업의 손익계산서(포괄손익계산서)(금년도 기준)를 고정비와 변동비 기준으로 다시 작성하면 <표 13-14>와 같다(비용은 한국은행 방법으로 분해함)*. <표 13- 14>의 자료를 사용하여 심기기업의 DOL, DFL 및 DCL을 구하면 다음과 같다.

$$DOL = \frac{TR-VC}{TR-VC-FC} = \frac{980-489.5}{980-489.5-427.5}$$

$$= 7.79$$

$$DFL = \frac{TR-VC-FC}{TR-VC-FC-I^*} = \frac{980-489.5-427.5}{980-489.5-427.5-25}$$

$$= 1.66$$

$$(I^* = 50-25=25)$$

$$DCL = DOL \times DFL = 7.79 \times 1.66$$

$$= 12.93$$

심기기업의 DOL, DFL 및 DCL은 각각 7.79, 1.66, 12.93이다. 이로부터 심기기업은 매출액이 1% 변할 때 영업이익은 7.79% 변하고, 당기순이익은 12.93% 변함을 알 수 있다. 즉, 심기기업은 영업고정비를 많이 부담하는 비용구조를 갖고 있어 경기변동에 따라 영업이익이 크게 변동할 것으로 예상된다.

**〈표 13-14〉 비용분해**

손익계산서

심기기업 (단위 : 억원)

| 매 출 액 | | 980 | *TR* | 980 |
|---|---|---|---|---|
| −매출원가 | | 876 | | |
| 재료비 | 447 | | −*FC* | 427.5 |
| 노무비 | 85 | | | |
| 경 비 | 344 | | | |
| 매출총이익 | | 104 | −*VC* | 489.5 |
| −판매비와 관리비 | | 41 | | |
| 영업이익 | | 63 | *EBIT* | 63 |
| +영업외수익 | | 25 | +영업외수익 | 25 |
| −이자비용 | | 30 | −이자비용 | 30 |
| −기타영업외비용 | | 20 | −기타영업외비용 | 20 |
| 세전순이익 | | 38 | 세전순이익 | 38 |

* 재료비 100%와 노무비 50%는 변동비(VC)로, 나머지는 모두 고정비(FC)로 분해함.

현재는 수익성이 좋아 이자비용을 지급하는 데 큰 어려움이 없다. 그러나 경기가 후퇴하는 경우 영업이익이 크게 줄어들 가능성이 높고 따라서 이자비용을 지급하는 데 어려움이 발생하기 쉽다. 구체적으로 말해서 매출액이 6~7% 정도만 줄어들어도 영업이익으로 이자비용을 지급하지 못하고 당기순이익도 내지 못하게 되어, 채권자와 주주가 부담하는 위험이 비교적 큰 편이다.

## 2. BEP 분석

심기기업의 비용구조 자료를 사용하여 금년도 기준의 BEP, 손익분기점률 및 MS 비율을 측정하면 다음과 같다.

$$TR^* = \frac{FC}{1-\frac{VC}{TR}} = \frac{427.5}{1-\frac{489.5}{980}} = 855\text{억원}$$

$$\begin{aligned}\text{손익분기점률} &= \frac{\text{BEP매출액}}{\text{실현한 매출액}}\times 100 = \frac{855\text{억원}}{980\text{억원}}\times 100 \\ &= 87\%\end{aligned}$$

$$\begin{aligned}\text{MS비율} &= 1-\text{손익분기점률} = 1-87\% \\ &= 13\%\end{aligned}$$

심기기업의 BEP매출액은 855억원이고 손익분기점률은 87%이다. 그리고 MS비율은 13%이다. 심기기업의 BEP수준을 BEP도표로 나타내면 다음과 같다.

**그림 13-2 BEP 분석**

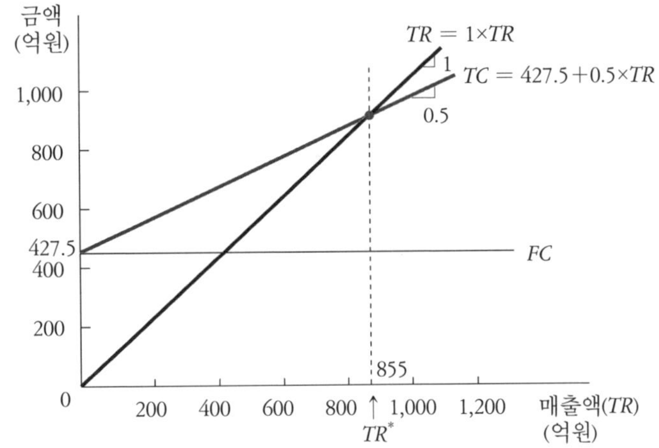


다음에는 한국은행식 손익분기점(세전순이익 기준)을 측정해 보기로 하자.심기기업의 한국은행식 BEP매출액은 905억원으로서 영업이익 기준의 BEP매출액보다 50억원 더 많다. 손익분기점률은 92.3%이고, MS비율은 7.7%이다.

$$TR_K^* = \frac{FC+NOC-NOR}{1-\frac{VC}{TR}} = \frac{427.5+50-25}{1-\frac{489.5}{980}} = 905\text{억원}$$

$FC$ : 영업고정비 = 427.5억원
$NOC$ : 영업외비용 = 50억원
$NOR$ : 영업외수익 = 25억원
$VC$ : 영업변동비 = 489.5억원
$TR$ : 매출액 = 980억원

$$\text{손익분기점률} = \frac{\text{BEP매출액}}{\text{실현한 매출액}} \times 100 = \frac{905\text{억원}}{980\text{억원}} \times 100$$
$$= 92.3\%$$
$$\text{MS비율} = 1 - \text{손익분기점률} = 1 - 92.3\% = 7.7\%$$

세전순이익 기준의 손익분기점률과 MS비율이 영업이익 기준의 그것들에 비해 충분치 못한 것으로 나타났다. 이는 이자비용을 포함한 영업외비용이 영업외수익보다 상대적으로 많은데 기인하는 것이다.

## 13.7 현금흐름표 분석

심기기업의 자료를 사용하여 현금흐름표(간접법)를 작성하고 현금흐름을 분석해 보기로 하자.

### 1. 현금흐름표 작성

심기기업의 전년도와 금년도의 재무제표를 사용하여 현금흐름표(간접법)를 작성하면 <표 13-15>와 같다.

〈표 13-15〉 현금흐름표

현금흐름표(간접법)

심기기업 (금년도 중) (단위 : 원)

| 구 분 | 금 액 | |
|---|---|---|
| Ⅰ. 영업활동으로 인한 현금흐름 | | +129 |
| 1. 당기순이익 | +32 | |
| 2. 현금유출이 없는 비용 | +108 | |
| 3. 현금유입이 없는 수익 | −0 | |
| 4. 영업활동으로 인한 자산·부채의 변동 | | |
| 가. 매출채권 감소 | +25 | −119 |
| 나. 재고자산 감소 | +3 | |
| 다. 매입채무 감소 | −39 | |
| Ⅱ. 투자활동으로 인한 현금흐름 | | |
| 1. 투자활동으로 인한 현금유입액 | +0 | |
| 2. 투자활동으로 인한 현금유출액 | | −43 |
| 가. 투자자산 증가 | −14 | |
| 나. 유형자산 증가 | −105 | |
| Ⅲ. 재무활동으로 인한 현금흐름 | | |
| 1. 재무활동으로 인한 현금유입액 | +32 | |
| 가. 회사채 증가 | +3.6 | |
| 나. 자본잉여금 증가 | | |
| 2. 재무활동으로 인한 현금유출액 | −31 | |
| 가. 단기차입금 감소 | −22 | |
| 나. 장기차입금 감소 | −25.6* | |
| 다. 배당금 지급 | | |
| Ⅳ. 현금의 증가(순현금흐름) | | −33 |
| Ⅴ. 기초의 현금 | | 95 |
| Ⅵ. 기말의 현금 | | 62 |

* 배당금 = 32×0.8 = 25.6억원.

## 2. 현금흐름표 분석

<표 13-15>의 현금흐름표(간접법)를 사용하여 현금흐름을 분석한 표는 <표 13-16>과 같다. <표 13-16>에서 보듯이, 심기기업의 총현금유입액 203.6억원 중에서 82.5%가 영업활동으로 인한 유입액이고, 17.5%는 재무활동으로 인한 유입액이다. 즉, 총현금유입액의 대부분이 영업활동에서 창출되었고 일부가 회사채 증가 등으로 창출되었다.

그리고 심기기업의 총현금유출액 236.6억원 중에서 50.3%가 투자활동에서 지출된 유출액이고, 다음으로 33.2%가 재무활동으로 인한 유출액이며, 나머지 16.5%는 영업활동에서 발생한 유출액이다. 즉, 총현금유출액의 절반 정도가 투자자산 및 유형자산을 취득하는 데 사용되었으며, 나머지는 차입금 상환 및 배당금 지급 등에 사용되었다.

**〈표 13-16〉 현금흐름표 분석**

현금흐름표 분석
(금년도중)

심기기업 (단위 : 억원)

| 구 분 | 현금유입 | | 현금유출 | | 순현금흐름 |
|---|---|---|---|---|---|
| | 금액 | % | 금액 | % | |
| Ⅰ. 영업활동으로 인한 현금흐름 | | | | | |
| 1. 당기순이익 | 32 | 15.7 | | | |
| 2. 현금유출이 없는 비용 | 108 | 53.0 | | | |
| 3. 현금유입이 없는 수익 | (0) | (0) | | | |
| 4. 영업활동으로 인한 자산·부채의 변동 | | | | | |
| 가. 매출채권 감소 | 25 | 12.3 | | | |
| 나. 재고자산 감소 | 3 | 1.5 | | | |
| 다. 매입채무 감소 | | | 39 | 16.5 | |
| 영업활동으로 인한 현금흐름 | 168 | 82.5 | 39 | 16.5 | 129 |
| Ⅱ. 투자활동으로 인한 현금흐름 | | | | | |
| 1. 투자활동으로 인한 현금유입액 | 0 | 0 | | | |
| 2. 투자활동으로 인한 현금유출액 | | | | | |
| 가. 투자자산 증가 | | | 14 | 5.9 | |
| 나. 유형자산 증가 | | | 105 | 44.4 | |
| 투자활동으로 인한 현금흐름 | 0 | 0 | 119 | 50.3 | −119 |
| Ⅲ. 재무활동으로 인한 현금흐름 | | | | | |
| 1. 재무활동으로 인한 현금유입액 | | | | | |
| 가. 회사채 증가 | 32 | 15.7 | | | |
| 나. 자본잉여금 증가 | 3.6 | 1.8 | | | |
| 2. 재무활동으로 인한 현금유출액 | | | | | |
| 가. 단기차입금 감소 | | | 31 | 13.1 | |
| 나. 장기차입금 감소 | | | 22 | 9.3 | |
| 다. 배당금 지급 | | | 25.6 | 10.8 | |
| 재무활동으로 인한 현금흐름 | 35.6 | 17.5 | 78.6 | 33.2 | −43 |
| Ⅳ. 현금유입 | 203.6 | 100 | | | |
| Ⅴ. 현금유출 | | | 236.6 | 100 | |
| Ⅵ. 현금의 증가(순현금흐름) | | | | | −33 |

심기기업의 금년도 총현금유출액은 236.6억원이고 총현금유입액은 203.6억원으로서, 1년 동안에 현금이 33억원 감소되었다. 이를 활동별로 나누어 보면 다음과 같다. 영업활동에서 129억원의 순현금유입이 있었으나, 투자활동과 재무활동에서 162억원(=119+43)의 순현금유출이 발생하여 결국 현금이 33억원 감소되었다.

## 3. 현금흐름과 관련된 재무분석

심기기업의 현금흐름 자료를 사용하여 현금흐름의 내용을 파악하고, 이를 경쟁기업의 그것과 비교하면 <표 13-17>과 같다. <표 13-17>에서

**〈표 13-17〉 재무자료 및 현금흐름 관련 비율**(금년도 기준)

| 재 무 자 료 | 심기기업 | 경쟁기업 |
|---|---|---|
| 주주현금흐름 | 140억원 | 150억원 |
| 영업활동으로 인한 현금흐름 | 129억원 | 134억원 |
| 단기차입금 | 147억원 | 180억원 |
| 차입금 | 336억원 | 327억원 |
| 총부채 | 435억원 | 375억원 |
| 이자비용 | 30억원 | 36억원 |
| 발행주식수 | 100만주 | 200만주 |
| 연평균주가 | 16,350원 | 16,670원 |
| 배당금 | 25.6억원 | 26.8억원 |
| **현금흐름 관련 비율** | **심기기업** | **경쟁기업** |
| 주당현금흐름 | 14,000원* | 7,500원 |
| 주가현금흐름비율(PCR) | 1.17배 | 2.22배 |
| 배당지급능력배수 | 5배 | 5배 |
| 영업활동현금흐름 대 차입금 | 38.4% | 41.0% |
| 영업활동현금흐름 대 총부채 | 29.7% | 35.7% |
| 현금흐름보상비율 | 89.8% | 78.7% |
| 현금흐름이자보상비율 | 530% | 472.2% |
| 투자안정성비율 | 122.8% | 105.3% |
| 영업활동현금흐름 대 투자활동현금지출 | 108.4% | 92.5% |

* (당기순이익+감가상각비) / 발행주식수=(32억원+108억원) / 100만주=14,000원

보듯이, 심기기업의 주당현금흐름은 14,000원으로서 경쟁기업의 7,500원에 비해 높은 수준이나 주가현금흐름비율(PCR)은 경쟁기업의 그것과 비교해서 낮은 수준을 유지하고 있다. 이로부터 심기기업이 창출하는 현금흐름에 비하여 저평가되었음을 알 수 있다. 그리고 심기기업의 배당지급능력배수는 5배로서 경쟁기업의 그것과 동일한 수준에 있다.

한편, 기업의 상환능력을 보여주는 영업활동현금흐름 대 차입금과 영업활동현금흐름 대 총부채는 경쟁기업의 그것들과 비교해서 다소 낮은 수준을 보이고 있다. 이는 차입금을 더욱 줄이는 정책이 필요함을 보여 주는 결과이다. 그러나 심기기업의 현금흐름보상비율과 현금흐름이자보상비율은 각각 89.8%와 530%로서, 현재와 같은 영업활동으로부터 얻는 현금흐름으로 이자비용은 충분히 보상할 수 있으나 단기차입금까지 모두상환할 수 있을 정도는 아님을 알 수 있다.

또한 투자안정성비율과 영업활동현금흐름 대 투자활동현금지출도 100%를 초과하고 있어, 심기기업의 투자안정성이 유지되고 있음을 알 수 있다.

종합적으로 볼 때, 심기기업은 현재와 같은 영업활동이 유지되면 이자비용을 커버할 수 있는 능력이 충분히 있으나 차입금이 상대적으로 많기 때문에 불황시를 대비하여 차입금을 상환하는 정책이 필요할 것이다. 그리고 심기기업은 창출하는 현금흐름과 비교할 때 시장에서 저평가되어 있는 것으로 유추된다. 한편 심기기업은 영업활동으로 얻는 현금흐름으로 투자지출액을 커버할 수 있을 정도로 투자안정성이 유지되는 것으로 판단된다.

## 13.8 부실예측 분석

심기기업의 자료(금년도 기준)를 부실기업 예측모형에 적용하여 부실여부를 판단해 보기로 하자. Z-Score모형과 한국은행모형에 투입할 변수의 값은 <표 13-18>과 같다.

〈표 13-18〉 투입변수의 측정

| 구 분 | 비 율 | Z-Score모형 | 한국은행의 D모형 | 한국은행의 K모형 |
|---|---|---|---|---|
| 순운전자본비율 | 6.8% | $X_1$ | $X_4$ | – |
| EBIT/총자산 | 12.2% | $X_3$ | – | – |
| 총자산회전율 | 1.7회전 | $X_5$ | $X_6$ | – |
| *ln* 총자산 | 10.960 | – | – | $X_1$ |
| *ln* (매출액/총자산) | 0.533 | – | – | $X_2$ |
| 유동비율 | 118.1% | – | $X_2$ | – |
| 자본금세전순이익률 | 54.3% | – | $X_5$ | – |
| 총자산이익잉여금비율 | 5.5% | $X_2$ | – | $X_3$ |
| 부채에 대한 자기자본시장가치비율* | 37.6% | $X_4$ | – | $X_4$ |
| 자기자본비율 | 24.3% | – | $X_1$ | – |
| 비유동장기적합률의 역수 | 112.1% | – | $X_3$ | – |
| 경영자본회전율** | 2.1회전 | – | $X_7$ | – |

* 자기자본시장가치 = 연평균주가×발행주식수 = 16,350원×100만주 = 16,350,000,000원
** 경영자본 = 총자산－투자자산－건설중인자산 = 575－85－29 = 461억원

<표 13-18>에서 측정한 투입변수의 값을 Z-Score 모형과 한국은행 모형에 적용한 결과는 다음과 같다.

$$Z = 0.012X_1 + 0.014X_2 + 0.033X_3 + 0.006X_4 + 0.0099X_5$$
$$= 0.012(6.8) + 0.014(5.5) + 0.033(12.2) + 0.006(37.6) + 0.0099(170)$$
$$= 2.4698$$

∴ 판정보류

$$D = 5.323 - 0.033X_1 - 0.026X_2 - 0.008X_3 + 0.060X_4$$
$$- 0.004X_5 + 2.271X_6 - 2.783X_7$$
$$= 5.323 - 0.033(24.3) - 0.026(118.1) - 0.008(112.1) + 0.060(6.8)$$
$$- 0.004(54.3) + 2.271(1.7) - 2.783(2.1)$$
$$= -1.2391$$

∴ 건전그룹(B그룹)

$$K2 = -18.696 + 1.501(10.960) + 2.706(0.533)$$
$$+ 19.760(0.055) + 1.146(0.376)$$
$$= 0.7150$$

∴ 판정유보

이상과 같이 심기기업을 부실예측 모형으로 평가한 결과, Z-Score모형과 한국은행의 K모형에서는 판정보류의 판정을 받았고 한국은행의 D모형에서는 건전그룹(B그룹)의 판정을 받는다.

## 13.9 기업가치평가 분석

심기기업의 자료를 사용하여 기업잉여현금흐름과 EVA를 기준으로 한 기업가치(1주당가치)를 평가해 보기로 하자.

### 1. 기업잉여현금흐름 기준 분석

심기기업의 기업잉여현금흐름을 기준으로 기업가치를 평가하면 다음과 같다.

#### ① 고속성장기와 안정성장기의 기업잉여현금흐름 추정

〈표 13-19〉 기업잉여현금흐름의 추정

(단위 : 억원)

| 구 분 | 고속성장기 | | | 안정성장기 시작년도 |
|---|---|---|---|---|
| | 1년도 | 2년도 | 3년도 | 4년도 |
| 매 출 액 | 1,058.40 | 1,143.07 | 1,234.52 | 1,271.56 |
| 영업이익 $(1-t)$ | 54.43* | 58.78 | 63.48 | 65.38 |
| +감가상각비 | 116.64* | 125.97 | 136.05 | – |
| –자본적 지출 | 140.40* | 151.63 | 163.76 | – |
| –추가운전자본 | 7.84* | 8.47 | 9.14 | 3.70** |
| = *FCFF* | 22.83 | 24.65 | 26.63 | 61.68 |

* 54.43 = 63(1 − 0.2) × 1.08, t= 법인세율, 116.64 = 108 × 1.08
140.40 = 130 × 1.08, 7.84 = (1,058.4 − 980) × 0.1
** 3.70 = (1,271.56 − 1,234.52) × 0.1

### ② 고속성장기와 안정성장기의 자본비용(WACC) 추정

**고속성장기**

$r_D(1-t) = 10\%(1-0.2) = 8\%$

$r_E = r_f + [E(r_m)-r_f] \times \beta_i$

$= 8\% + 7.5\% \times 1.2$

$= 17\%$

$WACC = 8\% \times (0.673)^* + 17\% \times (0.327) = 10.94\%$

* 0.673 = (116+220)/499.5
(499.5억원=116+220+163.5. 116억원과 220억원은 차입한 금액이고, 163.5억원은 자기자본의 시장가치임)

**안정성장기**

$r_D(1-t) = 10\%(1-0.2) = 8\%$

$r_E = r_f + [E(r_m)-r_f] \times \beta_i$

$= 8\% + 7.5\% \times 0.6$

$= 12.5\%$

$WACC = 8\% \times (0.673) + 12.5\% \times (0.327) = 9.47\%$

### ③ 기업가치 평가

$$3\text{년간 FCFF의 현재가치} = \frac{22.83}{(1+0.1094)^1} + \frac{24.65}{(1+0.1094)^2} + \frac{26.63}{(1+0.1094)^3} = 60.11\text{억원}$$

$$3\text{년도 말 기업가치의 현재가치} = \left(\frac{61.68}{0.0947-0.03}\right) / \ (1+0.1094)^3 = 698.2\text{억원}$$

심기기업의 가치 = 60.11억원+698.2억원 = 758.31억원

심기기업의 가치 758.31억원은 엄밀히 말해서 영업자산가치이다. 기업가치는 영업자산가치에 투자자산 및 건설중인자산 등의 비영업자산의 매각가치를 더해서 구해진다.

기업가치 = 영업자산가치+투자자산의 매각가치
+건설중인자산의 매각가치

= 758.31억원 + 85억원 + 29억원
= 872.31억원

④ 자기자본 시장가치(이론) = 기업가치 − 이자발생부채*

= 872.31억원 − 336억원

= 536.31억원

* 이자발생부채는 336억원(= 116 + 130 + 90)임.

⑤ 1주당 가치(이론주가) = 자기자본 시장가치(이론) ÷ 발행주식수

= 536.31억원 ÷ 100만주
= 53,631원

∴ 심기기업의 현재 주가 16,350원은 상당히 과소평가된 것으로 판단된다.

## 2. EVA 기준 분석

금년도 자료를 기준으로 심기기업의 EVA를 평가하면 다음과 같다.

### ① 고속성장기와 안정성장기의 EVA 추정

먼저 금년도 EVA를 추정하면 다음과 같다.

$EVA$ = 투하자본($ROIC - WACC$)
= 362 (0.139 − 0.1094)
= 10.72억원

$ROIC$ = $NOPLAT$/투하자본 = 50.4/362 = 13.9%
$NOPLAT$ = 영업이익(1 − 법인세율) = 63(1 − 0.2) = 50.4억원
투하자본 = 영업자산 − 비이자발생부채 = 461 − 99 = 362억원
영업자산 = 총자산 − 비영업자산 = 575 − 114 = 461억원
비영업자산 = 투자자산 + 건설중인 자산 = 85 + 29 = 114억원

고속성장기(3년간)와 안정성장 시작년도(4년도)에서의 EVA를 추정하면

<표 13-20>과 같다.

**〈표 13-20〉 EVA의 추정***

(단위 : 억원)

| 1년도 | 2년도 | 3년도 | 4년도 |
|---|---|---|---|
| 11.58 | 12.51 | 13.51 | 13.92 |

* EVA는 기업성장률과 동일하게 성장하는 것으로 함.
(11.58=10.72 × 1.08, 13.92 = 13.51 × 1.03)

### ② MVA의 추정

$$3\text{년간 EVA의 현재가치} = \frac{11.58}{(1+0.1094)^1} + \frac{12.51}{(1+0.1094)^2} + \frac{13.51}{(1+0.1094)^3}$$

$$= 30.46\text{억원}$$

$$4\text{년도 이후 EVA의 현재가치} = \left(\frac{13.92}{0.0947-0.03}\right) / \ (1+0.1094)^3$$

$$= 164.32\text{억원}$$

MVA = 30.46억원+164.32억원 = 194.78억원

(3년간 WACC = 10.94%, 4년도 이후 WACC = 9.47%를 적용함)

### ③ 1주당 가치(이론주가) 평가

자기자본 시장가치(이론) = 자기자본 장부가치 + MVA
= 140억원+194.78억원
= 334.78억원

1주당가치(이론주가) = 자기자본 시장가치(이론) / 발행주식수
= 334.78억원 / 100만주
= 33,478원

∴ 심기기업의 현재 주가 16,350원은 상당히 과소평가된 것으로 판단된다.

## 13.10 분석결과 요약

심기기업에 대한 경영분석 결과를 요약하면 다음과 같다.

① 유동비율은 불량하나 직접적인 유동성은 어느 정도 확보하고 있는 것으로 판단된다. 따라서 점진적으로 유동자산을 늘리거나, 유동부채를 줄이는 정책이 필요하다.

② 부채를 상대적으로 많이 사용하고 있느나, 부채 사용에 따른 원리금을 상환할 수 있는 능력을 갖추고 있는 것으로 판단된다. 그러나 장기적으로 불경기에 대비해서 부채를 줄이는 정책이 필요하다.

③ 자본의 고정화 정도가 상대적으로 높으나, 자본배분의 안정성이 결정적으로 우려할 만한 수준에 있는 것은 아니다. 그러나 장기적으로 유동부채를 줄이고 비유동부채를 늘리거나, 부채를 줄이고 자기자본을 늘리는 정책이 필요하다.

④ 수익성이 전반적으로 양호하다. 매출수익성은 동일업종 수준을 유지하나, 자본수익성은 상당히 높은 수준에 있다. 이는 매출의 회전속도가 빠른 데 기인한다. 투자수익률과 자본비용 관계에서 볼 때 대략적으로 기업가치가 증가하는 것으로 판단된다. 단지 수익성이 떨어지는 투자자산을 줄이는 정책이 필요하다.

⑤ 1회전 운전기간이 동일업종의 그것과 비교해서 길다. 이는 매입채무와 비교해서 매출채권을 많이 보유하는 데에 기인한다. 따라서 매출채권과 매입채무의 균형을 맞추는 것이 필요하다.

⑥ 생산성이 전반적으로 양호하다. 이는 종업원수와 총자본 규모가 줄어들고 동시에 부가가치가 늘어난 데 기인한다. 또한 노동소득분배율이 줄어들고 있는데, 이로부터 현재보다 더 양질의 노동력을 갖출 수 있는 여건을 가지고 있는 것으로 판단된다.

⑦ 총자산은 감소하였지만 매출액, 자기자본, 순이익 및 주당이익이

큰 폭으로 성장한 것으로부터 내실있는 성장이 이루어진 것으로 판단된다.

⑧ 수익성, 성장성 그리고 위험을 기준으로 시장가치 비율을 추정한 결과, 시장에서 주가가 저평가된 것으로 판단된다.

⑨ 주주에게 귀속되는 수익률인 ROE가 동일업종 평균보다 훨씬 높은데, 이는 매출액의 회전속도가 빠른 데 기인한다. 또한 ROE가 주주의 요구수익률($r_E$)보다 높은 것으로부터 기업가치가 증가하는 것으로 판단된다.

⑩ 월의 지수법으로 평가한 결과, 다소 불량하게 평가된다. 이는 재무유동성과 안정성 측면에서 심기기업의 수준이 산업평균 수준에 다소 못 미친다는 의미이다. 이런 결과는 이 기업의 높은 수익성이 반영되지 않은 결과이다. 수익성을 반영하여 평가한다면 평가결과는 다르게(양호하게) 나올 것이다

⑪ 비용구조를 분석한 결과, 영업 고정비 부담이 높은 것으로 나타났다. 이로부터 경기변동에 따라 영업이익이 크게 변동할 것으로 예상된다. 즉, 불경기에는 영업이익이 크게 줄어들어서 이자비용을 지급하는 데 어려움이 발생하기 쉽다. 구체적으로 말해서 매출액이 7~8%만 감소해도 영업이익으로 이자비용을 지급하지 못하고 당기순이익도 내지 못할 수도 있어, 채권자와 주주가 부담하는 위험이 비교적 큰 편이다. 또한 영업이익과 세전순이익 기준의 손익분기점률과 MS비율을 볼 때, 영업이익 기준에서는 양호하나 세전순이익 기준에서는 충분치 못한 것으로 나타났다. 이는 이자비용을 포함한 영업외비용이 영업외수익보다 상대적으로 많은 데 기인한다.

⑫ 총현금유입액의 대부분이 영업활동에서 창출되었고, 일부가 사채발행 및 무형자산 감소 등으로 창출되었다. 그리고 총현금유출액의 절반 이상이 유형자산 및 투자자산을 취득하는 데 사용되었으며, 나머지는 차입금 상환 및 배당금 지급 등에 사용되었다. 또한 주당현금흐름은 상대적으로 높은 수준이나 차입금 비중이 아직도 높아 상환능력이 다소 떨어지는 것으로 보인다. 그러나 현금흐름보상비율과 현금흐름이자보상비율이 상대적으로나 절대적으로 상당히 높아서, 이자비용을 커버하는 데 무리가 없을 것으로 판단된다. 한편, 창출하는 현금흐름과 비교할 때 시장에서 주

가가 저평가되어 있는 것으로 유추된다.

⑬ Z-Score모형과 한국은행모형으로 부실 여부를 예측한 결과, Z-Score 모형과 한국은행의 K모형에서는 판정보류 판정을 받았고 한국은행의 D모형에서는 건전그룹(B그룹) 판정을 받았다. 이런 결과에 기초할 때 심기기업은 현재로서는 부실기업은 아닌 것으로 사료된다.

⑭ 기업잉여현금흐름과 EVA를 기준으로 기업가치를 평가한 결과, 시장가치 기준의 자기자본가치(이론)가 주가 기준의 자기자본가치(시가총액)보다 모두 큰 것으로 평가되었다. 즉, 이 기업의 주가는 모두 상당히 저평가된 것으로 추정되었다.

# 연습문제 해답

## 제 3 장

9. (1) ① 142.4%, ② 72.7%, ③ 15.2%, ④ 16.3%
   (2) 산업평균에 비해 유동비율과 순운전자본비율은 높으나, 직접적인 유동성을 나타내는 당좌비율 및 현금비율은 낮다. 재고자산의 과다문제가 있으며, 재고자산의 현금화가 확보되지 않는다면 전체적으로 유동성은 불량하다.

10. (1) 유동비율 : 180%, 당좌비율 : 120%, 현금비율 : 40%
   순운전자본비율 : 13.3%
   (2) ① 유동비율 : 150%, 당좌비율 : 90%, 현금비율 : 10%
   순운전자본비율 : 8.3%
   ② 유동비율 : 166.7%, 당좌비율 : 100%, 현금비율 : 33.3%
   순운전자본비율 : 12.9%
   ③ 유동비율 : 187%, 당좌비율 : 121.7%, 현금비율 : 34.8%
   순운전자본비율 : 13.5%
   ④ 유동비율, 당좌비율, 순운전자본비율은 변동 없음, 현금비율 : 50%
   ⑤ 유동비율 : 250%, 당좌비율 : 150%, 현금비율 : 50%
   순운전자본비율 : 18.8%

11. (1) ① 부채비율 : 157.7%　　② 자기자본비율 : 38.8%
   ③ 차입금의존도 : 54.7%　　④ 차입금평균이자율 : 7.8%
   ⑤ 이자보상비율 : 1.3배　　⑥ 순이자보상비율: 1.5배
   ⑦ EBITDA/이자비용비율 : 2.2배
   (2) 부채의존도는 산업평균에 비해 양호하나 차입금의존도는 매우 불량하다. 또한 이자지급능력도 많이 떨어지고 있어, 단기적인 부채수용능력에 문제가 있다.

12. (1) ① 비유동비율 : 253.2%
   ② 비유동장기적합률 : 114.2%
   (2) 장기자산에 투자된 일부 자본이 유동부채에서 충당되고 있어 자본배분의 안정성이 비교적 많이 훼손되었다.

**제 4 장**

10. (1) ① 유동비율 : 184% ② 당좌비율 : 77.6%
③ 재고자산회전율 : 3.7회전 ④ 총자산회전율 : 1.2회전
⑤ 매출액순이익률 : 1.33% ⑥ 총자산순이익률 : 1.62%
⑦ 자기자본순이익률 : 2.68% ⑧ 매출액영업이익률 : 4.44%
⑨ 총자산영업이익률 : 5.41%

(2) 매출액순이익률과 총자산회전율이 모두 낮은 데 기인한다.

11. (1) 총자산회전율 : 1.1회전, 자기자본회전율 : 1.9회전,
비유동자산회전율 : 2.0회전, 재고자산회전율 : 7.5회전
매출채권회전율 : 7.5회전, 매입채무회전율 : 9.8회전
매입채무회전율을 제외한 모든 활동성비율이 불량하다. 매출채권회전율과 매입채무회전율이 불균형되어 있어 자금압박이 있는 것으로 생각된다.

(2) ① 1회전 운전기간 = 0.165년 또는 60일(산업평균 0.072년 또는 26일)
② 1회전 운전자본 = 858백만원
산업평균에 비해 1회전 운전기간이 34일이 길다.

12. (1) 부가가치 : 2,350백만원, 요소비용 부가가치 = 1,132백만원

(2) 노동생산성 : 47백만원, 자본생산성 : 78.3%
부가가치율 : 47%, 노동소득분배율 : 53%

(3) 부가가치율과 자본생산성은 산업평균보다 높으나 노동생산성과 노동소득분배율은 산업평균에 비해 많이 떨어진다. 과다한 종업원수와 저임금의 문제가 내포되어 있다.

**제 5 장**

9. (1) $r_E = 13.1\%$
$PER^* = 5.19$

(2) 과대평가

10. (1) $r_E = 9.8\%$
$g = 3.92\%$
실제PER = 6.19
$PER^* = 10.6$

(2) 과소평가

11. (1) 자기자본의 가치 = 76.5억원

(2) $PER^* = 19.5$
자기자본의 가치 = 97.5억원

(3) 비교기업의 평균PER을 이용할 때 자기자본의 가치는 보다 작게 나타난다. 그 이유는 화학산업에 속한 기업들의 가치가 과소평가되었기 때문일 수도 있고 기대성장률이 작기 때문일 수도 있다.

12. (1) $r_E = 9.8\%$, $g = 4\%$, $PBR^* = 1.08$
    (2) 과대평가

13. $r_E = 11.48\%$, $ROE = 14\%$, $PBR^* = 1.51$, 자기자본의 시장가치(이론) = 226.5억원

## 제 6 장

12. ① 150,000천원 ② 200,000천원 ③ 400,000천원
    ④ 250,000천원 ⑤ 500,000천원 ⑥ 300,000천원
    ⑦ 2,000,000천원 ⑧ 1,600,000천원

13. (1) 328.8백만원
    (2) 87.7백만원을 줄인다.

14. (1) 총자본회전율의 하락, 즉 매출액 증가의 둔화로 고정비 부담이 상대적으로 커짐에 따라 수익성이 떨어졌고, 이것이 매출액순이익률의 하락으로 나타난 것으로 생각된다.
    (2) 유동부채의 증가
    (3) 지수 = 86.5

15. (1) ⓐ 101.4% ⓑ 52.9% ⓒ 347.4% ⓓ 2.1배
    ⓔ 9.4회전 ⓕ 8.9회전 ⓖ 2.4회전 ⓗ 1.6회전
    ⓘ 1.7% ⓙ 1.1% ⓚ 7.8%
    (2) ① 경영자 입장 : 자기자본 확충과 장단기차입금 상환을 통한 재무구조 개선노력이 요망된다.
    ② 채권자 입장 : 신규여신을 억제하고 기존대출금을 회수하는 것이 요망된다.
    (3) 생략
    (ROE : 7.8%, ROI : 1.7%, 1+부채비율 : 447.4%
    매출액순이익률 : 1.1%, 총자산회전율 : 1.6회전)

16. (1) 97.82, 다소 불량하다.
    (2) 104.6, 다소 양호하다.

## 제 7 장

6. (1) 보통주 발행시 EPS = 1,371원, 타인자본 조달시 EPS = 1,613원
   ∴ 타인자본 조달시 EPS가 더 크다.
   (2) FBEP = 23억원
   예상 영업이익이 23억원을 초과하면 타인자본 조달이 유리하고 예상 영업이익이 23억원 미만이면 보통주 발행이 유리하다.

7. 전년도 :
   DOL : 1.67, DFL : 1.5, DCL : 2.5
   금년도 :
   DOL : 2, DFL : 1.5, DCL : 3

8. DOL : 4, DFL : 2.5, DCL : 10
   매출액이 1% 변하면 영업이익은 4% 변하고 주당이익은 10% 변한다.

9. (1) EPS : 사채 발행시 63원, 보통주 발행시 55.6원
   (2) 도입전 DCL = 2.11
   도입후 DCL : 사채 발행시 4.76, 보통주 발행시 3.92

## 제 8 장

8. (1) $Q^*$ = 40,000개, $TR^*$ = 16,000만원
   (2) $TR^*_{TP}$ = 20,000만원
   (3) $\pi$= −4,650만원

9. (1) $Q^*$ = 62,500개
   (2) $TR^*$ = 50억원 $\left(\text{단위당 변동비 : 48,000원} = \text{80,000원} \times \frac{48}{80}\right)$
   (3) 생략
   (4) MS비율 = 37.5%

10. (1) $TR^*$ = 160억원
    (2) $TR^*_c$ = 120억원
    (3) CBEP가 40억원만큼 작은 이유는 현금유출이 없는 비용을 보상하지 않기 때문이다.

11. 삼청기업 : ① $Q^*$ = 140만개, ② $TR^*$ = 140억원, ③ 생략
    ④ MS비율 = 30%
    종로기업 : ① $Q^*$ = 80만개, ② $TR^*$ = 80억원, ③ 생략
    ④ MS비율 = 60%

12. (1) $TR^*_F$ = 32,258만원
    (2) $TR^*_C$ = 19,355만원
    (3) $TR^*_{TP}$ = 35,484만원
    (4) $DOL$ = 5.17
    (5) 대체전 이익 = 2,400만원
    대체후 이익 = 2,380만원
    따라서 제품을 대체하지 않는 것이 유리하다.

13. (1) $TR^*_{\%} = 24.8\%$
    (2) 이익 = 11,099,200,000원
    (3) $TR^*_{TP\%} = 37.3\%$
    (4) $DOL = 1.26$

14. (1) $TR^* = 833.3$억원
    (2) 손익분기점률 = 27.8%
    (3) MS비율 = 72.2%

15. (1) 추정영업비용 = 1,000억원
    (2) $VC = 750$억원
    $FC = 250$억원

16. (1) $DOL$ : 금수기업 = 3, 강산기업 = 4
    $DFL$ : 금수기업 = 1.43, 강산기업 = 1.25
    $DCL$ : 금수기업 = 4.29, 강산기업 = 5
    (2) $TR^*_{금수} = 333.3$억원
    $TR^*_{강산} = 375$억원
    금수 : 손익분기점률 = 66.7%, MS비율 = 33.3%
    강산 : 손익분기점률 = 75%, MS비율 = 25%
    (3) $TR^*_{K} = 383.3$억원

## 제 9 장

5. (1) 외부자금조달액($EFN$) = 380,000천원
   (2) 추정재무상태표

추정재무상태표

마포기업 (금년도 말) (단위 : 천원)

| 차 변 | | 대 변 | |
|---|---|---|---|
| ① 현 금 | 192,000 | ⑤ 매입채무 | 96,000 |
| ② 매출채권 | 432,000 | ⑥ 미지급금 | 192,000 |
| ③ 재고자산 | 336,000 | ⑦ 사 채 | 352,000 |
| ④ 유형자산 | 360,000 | ⑧ 자 본 금 | 528,000 |
| | | ⑨ 잉 여 금 | 152,000 |
| 자산 총계 | 1,320,000 | 부채와 자본 총계 | 1,320,000 |

6. Y = −7.75+0.599X (단위 : 억원)
   ∴ 소요자금 = 34.18억원

7. (1) 현금예산

(단위 : 만원)

| 구 분 | 7월 | 8월 | 9월 |
|---|---|---|---|
| 매 출 액 | 4,000 | 5,000 | 7,000 |
| <현금유입> | | | |
| ① 현금매출 | 1,600 | 2,000 | 2,800 |
| ② 매출채권 회수 | | 2,400 | 3,000 |
| 합 계 | 1,600 | 4,400 | 5,800 |
| <현금유출> | | | |
| ③ 재고자산 매입 | 1,750 | 2,450 | 2,800 |
| ④ 매입채무 지급 | | 1,750 | 2,450 |
| 임 금 | 400 | 500 | 600 |
| ⑤ 판매비와 관리비 | 400 | 500 | 700 |
| ⑥ 이자비용 | 15 | 15 | 15 |
| 합 계 | 2,565 | 5,215 | 6,565 |
| ⑦ 월중 현금흐름 | (965) | (815) | (765) |
| ⑧ 누적 현금흐름 | (965) | (1,780) | (2,545) |
| ⑨ 누적 차입액 | 665 | 1,480 | 2,245 |

※ ( )는 −를 의미함.

(2) 추정손익계산서

추정손익계산서

가나(주) (7월 1일~9월 30일) (단위 : 만원)

| | | | |
|---|---|---|---|
| ② 매출원가 | 11,200 | ① 매 출 액 | 16,000 |
| ③ 임 금 | 1,500 | | |
| ④ 판매비와 관리비 | 1,600 | | |
| ⑤ 감가상각비 | 174 | | |
| ⑥ 이자비용 | 45 | | |
| ⑦ 세전순이익 | 1,481 | | |
| 합 계 | 16,000 | 합 계 | 16,000 |

(3) 추정재무상태표

추정재무상태표

가나(주) (9월 30일) (단위 : 만원)

| 차 변 | | 대 변 | |
|---|---|---|---|
| ① 현 금 | 1,200 | 미지급금 | 1,000 |
| ② 매출채권 | 6,600 | ⑤ 매입채무 | 5,700 |
| ③ 재고자산 | 7,100 | ⑥ 차 입 금 | 2,245 |
| 유형자산 | 5,800 | 사 채 | 1,500 |
| ④ (감가상각충당금) | (674) | 자 본 금 | 6,300 |
| | | 잉 여 금 | 1,800 |
| | | 세전순이익 | 1,481 |
| 자 산 총 계 | 20,026 | 부채와 자본 총계 | 20,026 |

8. (1)

**현금흐름표(직접법)**

국민기업 (내년도 중) (단위 : 백만원)

| 구 분 | 금 액 | |
|---|---|---|
| Ⅰ. 영업활동으로 인한 현금흐름 | | +500 |
| 1. 매출 등 수익활동으로부터의 유입액 | +23,100 | |
| 2. 매입 등 수익활동에 따른 유출액 | −16,800 | |
| 3. 기타수입액 | +800 | |
| 4. 기타지급액 | −5,700 | |
| 5. 법인세 지급액 | −900 | |
| Ⅱ. 투자활동으로 인한 현금흐름 | | −2,200 |
| 1. 투자활동으로 인한 현금유입액 | | |
| 가. 투자자산의 감소 | +600 | |
| 2. 투자활동으로 인한 현금유출액 | | |
| 가. 유형자산의 증가 | −2,800 | |
| Ⅲ. 재무활동으로 인한 현금흐름 | | +1,000 |
| 1. 재무활동으로 인한 현금유입액 | | |
| 가. 단기차입금의 증가 | +200 | |
| 나. 장기차입금의 증가 | +200 | |
| 다. 자본금의 증가 | +850 | |
| 2. 재무활동으로 인한 현금유출액 | | |
| 가. 자본잉여금의 감소 | −250 | |
| Ⅳ. 현금의 증가(순현금흐름) | | −700 |
| Ⅴ. 기초의 현금 | | 2,300 |
| Ⅵ. 기말의 현금 | | 1,600 |

주) 작성근거 : 감가상각비 1,000은 매출원가에서 700, 판매관리비에서 300임.

Ⅰ-2) 매출원가 − 감가상각비＋재고자산증가분−매입채무증가분
= 18,000 − 700 + (−400) − 100 = 16,800

Ⅰ-4) 판매비와 관리비 − 감가상각비 + 영업외비용
= 3,900 − 300 + 2,100 = 5,700

**현금흐름표(간접법)**

국민기업 (내년도 중) (단위 : 백만원)

| 구 분 | 금 액 | |
|---|---|---|
| Ⅰ. 영업활동으로 인한 현금흐름 | | +500 |
| 1. 당기순이익 | +900 | |
| 2. 현금의 유출이 없는 비용 가산 | +1,000 | |
| 3. 현금의 유입이 없는 수익 차감 | −0 | |
| 4. 영업활동으로 인한 자산·부채의 변동 | | |
| 가. 매출채권의 증가 | −1,900 | |
| 나. 재고자산의 감소 | +400 | |
| 다. 매입채무의 증가 | +100 | |

| | | |
|---|---|---|
| Ⅱ. 투자활동으로 인한 현금흐름 | | −2,200 |
| 1. 투자활동으로 인한 현금유입액 | | |
| 가. 투자자산의 감소 | +600 | |
| 2. 투자활동으로 인한 현금유출액 | | |
| 가. 유형자산의 증가 | −2,800 | |
| Ⅲ. 재무활동으로 인한 현금흐름 | | +1,000 |
| 1. 재무활동으로 인한 현금유입액 | | |
| 가. 단기차입금의 증가 | +200 | |
| 나. 장기차입금의 증가 | +200 | |
| 다. 자본금의 증가 | +850 | |
| 2. 재무활동으로 인한 현금유출액 | | |
| 가. 자본잉여금의 감소 | −250 | |
| Ⅳ. 현금의 증가(순현금흐름) | | −700 |
| Ⅴ. 기초의 현금 | | 2,300 |
| Ⅵ. 기말의 현금 | | 1,600 |

(2) ① 주주현금흐름 = 1,900백만원
주당현금흐름 = 1,900원
PCR = 5배
② 배당지급능력배수 = 2.8배
③ 영업활동현금흐름 대 차입금 = 18.5%
④ 영업활동현금흐름 대 총부채 = 8.5%
⑤ 현금흐름보상비율 = 44.1%
⑥ 현금흐름이자보상비율 = 484.6%
⑦ 투자안정성비율 = 17.9%
⑧ 영업활동현금흐름 대 투자활동현금지출 = 22.7%

[평가]

주가현금흐름비율이 높은 수준을 유지하고 있어 고평가된 것으로 보인다. 배당지급능력배수도 약간 높은 수준을 유지하고 있어 배당지급 여력은 있는 것으로 판단된다. 그리고 영업활동현금흐름 창출능력에 비해 차입금과 부채의존도가 상대적으로 높은 수준을 보인다. 또한 투자안정성이 비교적 낮은 수준을 유지하고 있어 영업활동현금흐름에 비해 투자지출액이 많은 것으로 판단된다.

10. (1) 현금흐름표

현금흐름표(직접법)

일신기업 (내년도 중) (단위: 억원)

| 구 분 | 금 | 액 |
|---|---|---|
| Ⅰ. 영업활동으로 인한 현금흐름 | | −23 |
| 1. 당기순이익 | +32 | |
| 2. 현금유출이 없는 비용 등 | +15 | |
| 3. 현금유입이 없는 수익 등 | −0 | |
| 4. 영업활동으로 인한 자산·부채변동 | | |
| 가. 매출채권의 감소 | +20 | |
| 나. 재고자산의 증가 | −50 | |
| 다. 매입채무의 감소 | −40 | |
| Ⅱ. 투자활동으로 인한 현금흐름 | | −175 |
| 1. 투자활동으로 인한 현금유입액 | | |
| 가. 투자자산의 감소 | +20 | |
| 2. 투자활동으로 인한 현금유출액 | | |
| 가. 단기대여금의 증가 | −110 | |
| 나. 설비자산의 증가 | −85 | |
| Ⅲ. 재무활동으로 인한 현금흐름 | | +208 |
| 1. 재무활동으로 인한 현금유입액 | | |
| 가. 단기차입금의 증가 | +130 | |
| 나. 회사채의 증가 | +70 | |
| 다. 자본금의 증가 | +10 | |
| 라. 자본잉여금의 증가 | +10 | |
| 2. 재무활동으로 인한 현금유출액 | | |
| 가. 배당금 지급 | −12 | |
| Ⅳ. 현금의 증가(순현금흐름) | | +10 |
| Ⅴ. 기초의 현금 | | 100 |
| Ⅵ. 기말의 현금 | | 110 |

* Ⅰ−2) 감가상각비+설비자산처분손실 = 10+5 = 15
감가상각비 = 110−100 = 10
Ⅱ−2−나) 설비자산처분손실 = 5
설비자산 증가 = 80+설비자산처분손실 = 80+5 = 85

(2) 일산기업은 재무활동으로 현금을 208억원 순조달하여 단기투자자산과 설비자산을 구입하는 등 투자활동에 175억원을 순투자하고, 재고자산을 구입하며 매출채권을 회수하고 매입채무를 갚는 등 영업활동에 23억원을 더 사용함으로써 기말의 현금은 기초에 비해 10억원이 순증가하였음.

**제 10 장**

7. $Z$ = 2.2406이므로 상록건설은 판정보류에 해당한다.
   $D$ = −1.0023이므로 상록건설은 건전기업(B)으로 판정된다.
   $K2$=3.2721이므로 상록건설은 부실가능성 없음으로 판정된다.

**제 11 장**

9. FCFF = 32.22억원
   가중평균자본비용 = 7.59%
   기업가치 = 2,026.42억원

10. ① 내년도 FCFF = 122억원
    ② 한라기업의 가치 = 1,297.87억원
    ③ 한라기업의 1주당 주식가치 = 27,447원
    ∴ 한라기업의 주가는 과대평가되었다.

11. ① FCFF : 1년도 79.21백만원, 2년도 89.51백만원
    3년도 101.14백만원, 4년도 114.29백만원
    5년도 129.14백만원, 6년도 157.42백만원
    ② 가중평균자본비용(고속성장기) = 8.34%
    ③ 가중평균자본비용(안정성장기) = 9.08%
    ④ 5년도 말의 기업가치 = 5,111.04백만원
    ⑤ 기업가치 = 3,822.63백만원

12. (1) EVA = 50억원
    MVA = 625억원
    (2) 이론주가 = 25,139원

**제 12 장**

6. $P_0$= 50,625원

7. (1) $P_0$= 96,000원
   (2) ① 성장이 없는 경우의 주식가치 = 22,857원
   ② 성장기회의 현재가치($PVGO$) = 73,143원
   ($NPV_1$=1,463원)

8. 채권의 가치 = 48,324원, 과대평가

9. ① ${}_1r_2$ = 13%
   ② ${}_2r_3$ = 9.1%

10. 듀레이션($D$) = 3.374년

11. $EL$ = −0.44
    $\Delta B$ = 12,072원

# 찾아보기

ㅇ



ㅈ

## ■ 저자 소개


성균관대학교 경영학과 졸업(경영학사)
한국산업은행 근무
서울대학교 대학원 졸업(경영학 석사)
성균관대학교 대학원 졸업(경영학 박사)
미국 University of Texas at Austin 연구교수
공인회계사 시험위원, 홍익대 경영대학장 · 대학원장
한국재무관리학회 회장
현, 홍익대학교 경영대학 교수


• 저서 및 역서

파생상품의 평가와 헷징전략(피어슨)
가치평가론(경문사)
VAR-시장위험관리(경문사)
금융기관 시장위험관리(한국금융연수원)
선물 · 옵션 투자의 이론과 전략(피어슨)
재무관리(탐진)

• 주요 논문

주식대량거래자의 투자행태에 관한 실증적 연구(증권학회지)
소유권구조, 자본조달정책 및 배당정책의 상호 관련성에 관한 연구(재무관리연구)
기업공개 전 무상증자의 실시동기와 영향(재무관리연구)
원/달러 선물환시장의 위험프리미엄에 관한 연구(재무연구)
IR활동과 투자행태에 관한 연구(증권학회지)
M&A에 있어서 가격결정과 주가행태(재무연구)


**제5판** 기업가치 중심의- **경영분석**

2006년 12월 25일 초 판 1쇄 발행
2008년 2월 28일 제2판 1쇄 발행
2009년 3월 10일 제3판 1쇄 발행
2012년 8월 30일 제4판 1쇄 발행
2018년 1월 10일 제5판 1쇄 인쇄
2021년 1월 10일 제5판 4쇄 발행

저 자 **김 철 중**
발행인 **한 의 명**
발행처 **명 경 사**

주소: 경기도 파주시 탄현면 금산리 345-10
전화: 02)2164-1591(代) 팩스: 02)2164-1594
Home-page: www.mkpub.co.kr
E-Mail: mkspub@daum.net
등록 2000년 8월 9일 제10-2024(倫)

• **정가 39,000원**

※저자와 합의하에 인지 생략함. ISBN 979-11-88052-08-0